2011 SHENZHEN CULTURAL INDUSTRIES YEARBOOK

2011
SHENZHEN
CULTURAL INDUSTRIES
YEARBOOK
深圳文化产业年鉴

深圳出版发行集团
海 天 出 版 社

加快发展文化产业，推动文化产业成为国民经济支柱性产业

发展文化产业是社会主义市场经济条件下满足人民多样化精神文化需求的重要途径。必须坚持社会主义先进文化前进方向，坚持把社会效益放在首位、社会效益和经济效益相统一，按照全面协调可持续的要求，推动文化产业跨越式发展，使之成为新的经济增长点、经济结构战略性调整的重要支点、转变经济发展方式的重要着力点，为推动科学发展提供重要支撑。

（一）构建现代文化产业体系

加快发展文化产业，必须构建结构合理、门类齐全、科技含量高、富有创意、竞争力强的现代文化产业体系。要在重点领域实施一批重大项目，推进文化产业结构调整，发展壮大出版发行、影视制作、印刷、广告、演艺、娱乐、会展等传统文化产业，加快发展文化创意、数字出版、移动多媒体、动漫游戏等新兴文化产业。鼓励有实力的文化企业跨地区、跨行业、跨所有制兼并重组，培育文化产业领域战略投资者。优化文化产业布局，发挥东中西部地区各自优势，加强文化产业基地规划和建设，发展文化产业集群，提高文化产业规模化、集约化、专业化水平。加大对拥有自主知识产权、弘扬民族优秀文化的产业支持力度，打造知名品牌。发掘城市文化资源，发展特色文化产业，建设特色文化城市。发挥首都全国文化中心示范作用。规划建设各具特色的文化创业创意园区，支持中小文化企业发展。推动文化产业与旅游、体育、信息、物流、建筑等产业融合发展，增加相关产业文化含量，延伸文化产业链，提高附加值。

（二）形成公有制为主体、多种所有制共同发展的文化产业格局

加快发展文化产业，必须毫不动摇地支持和壮大国有或国有控股文化企业，毫不动摇地鼓励和引导各种非公有制文化企业健康发展。要培育一批核心竞争力强的国有或国有控股大型文化企业或企业集团，在发展产业和繁荣市场方面发挥主导作用。在国家许可范围内，引导社会资本以多种形式投资文化产业，参与国有经营性文化单位转企改制，参与重大文化产业项目实施和文化产业园区建设，在投资核准、信用贷款、土地使用、税收优惠、上市融资、发行债券、对外贸易和申请专项资金等方面给予支持，营造公平

参与市场竞争、同等受到法律保护的体制和法制环境。加强和改进对非公有制文化企业的服务和管理，引导他们自觉履行社会责任。

（三）推进文化科技创新

科技创新是文化发展的重要引擎。要发挥文化和科技相互促进的作用，深入实施科技带动战略，增强自主创新能力。抓住一批全局性、战略性重大科技课题，加强核心技术、关键技术、共性技术攻关，以先进技术支撑文化装备、软件、系统研制和自主发展，重视相关技术标准制定，加快科技创新成果转化，提高我国出版、印刷、传媒、影视、演艺、网络、动漫等领域技术装备水平，增强文化产业核心竞争力。依托国家高新技术园区、国家可持续发展实验区等建立国家级文化和科技融合示范基地，把重大文化科技项目纳入国家相关科技发展规划和计划。健全以企业为主体、市场为导向、产学研相结合的文化技术创新体系，培育一批特色鲜明、创新能力强的文化科技企业，支持产学研战略联盟和公共服务平台建设。

（四）扩大文化消费

增加文化消费总量，提高文化消费水平，是文化产业发展的内生动力要创新商业模式，拓展大众文化消费市场，开发特色文化消费，扩大文化服务消费，提供个性化、分众化的文化产品和服务，培育新的文化消费增长点。提高基层文化消费水平，引导文化企业投资兴建更多适合群众需求的文化消费场所，鼓励出版适应群众购买能力的图书报刊，鼓励在商业演出和电影放映中安排一定数量的低价场次或门票，鼓励网络文化运营商开发更多低收费业务，有条件的地方要为困难群众和农民工文化消费提供适当补贴。积极发展文化旅游，促进非物质文化遗产保护传承与旅游相结合，发挥旅游对文化消费的促进作用。

——摘自《中共中央关于深化文化体制改革推动社会主义文化大发展大繁荣若干重大问题的决定》

（2011 年 10 月 18 日中国共产党第十七届中央委员会第六次全体会议通过）

《深圳文化产业年鉴》编辑委员会

《深圳文化产业年鉴》编辑部

出品人

尹昌龙

编辑部主任

毛世屏

特邀编辑

韩望喜　金吉武　王为理　刘文斌　王远辉　陈锐锋

责任编辑

蒋鸿雁　王　民

编辑

赖欢海　顾童乔　王胜辉　刘　艺

书籍设计

韩湛宁

特约单位编辑

（以姓氏笔画为序）

于　洲　王　化　王　序　王小明　王汉城　王明祥
邓银玉　卢爱华　叶红英　龙　娇　任培文　伍宇梦
刘　杰　刘　振　刘居红　刘晓岚　刘晓静　吕建杰
朱树玉　闫铭弟　何海辉　张俊皞　张文波　张四奇
张建福　李　娇　李良胜　杨　夏　杨邦胜　沈雨燕
肖　娟　苏芷霈　苏金玲　邱　强　陈　秘　陈　琼
陈　曦　陈乐裕　陈孟玲　陈晓君　陈瑞利　周　卓
林延岳　范升龙　俞连生　封昌红　段睿明　胡　晋
胡　敏　赵　蓉　宴　锋　秦　晴　崔天柱　曹伶俐
梁　荦　麻根生　黄　虎　黄欣雅　程红坤　廉建利
赖　铁　蔡晓永　裴艳华　谭艳丽　薛春露

2011 SHENZHEN CULTURAL INDUSTRIES YEARBOOK

2011 SHENZHEN CULTURAL INDUSTRIES YEARBOOK

CONTENTS 目 录

A 领导的关怀

B 特稿

C 发展概况

D 产业服务平台

E 主要产业园区（基地）

（排名不分先后）

CONTENTS 目 录

F
上市企业
（排名不分先后）

G

重点领域典型企业（选介）

（排名不分先后）

CONTENTS 目 录

CONTENTS 目 录

政策与法规

2010 年度深圳市文化产业大事记

A

领导的关怀

2011 SHENZHEN CULTURAL INDUSTRIES YEARBOOK

争当中国文化产业发展的“领头羊”

——胡锦涛总书记考察深圳文化产业

2011 年 8 月 11 日至 15 日，中共中央总书记、国家主席、中央军委主席胡锦涛由中共中央政治局委员、广东省省委书记汪洋等陪同，到深圳等地考察。

近年来，深圳市大力实施文化立市战略，取得了积极进展。胡锦涛在听取深圳市文化建设情况汇报后，要求认真总结成功做法，进一步做好文化改革发展这篇大文章，使深圳物质文明建设和精神文明建设取得“双丰收”。

深圳华强文化科技集团股份有限公司主要从事特种电影、数字动漫、主题公园等文化产品的设计、研发、生产。胡锦涛考察了这家企业的特种电影生产线和数字电影特效实验室，饶有兴致地观看了企业制作的 4D 电影片段，还面对电子屏幕与一个可爱的动漫角色进行了风趣对话。这家企业的文化与科技相融合的经营思路，给总书记留下深刻印象。他希望企业坚持以市场需求为导向，以创新创意为动力，进一步打造具有更高知名度和更强竞争力的自主品牌，争当文化产业发展的领头羊，向广大群众提供更多更好的文化产品，为推动社会主义文化大发展大繁荣作出积极贡献。看到企业员工都很年轻，胡锦涛大声对他们说：“文化产业是大有希望的产业，希望就在你们身上！”总书记热情的话语让员工们深受鼓舞，大家情不自禁地鼓起掌来。

看到企业员工都很年轻，胡锦涛大声对他们说：“文化产业是大有希望的产业，希望就在你们身上！”总书记热情的话语让员工们深受鼓舞，大家情不自禁地鼓起掌来。

为进一步推动深圳市读书热潮，深圳设立了 160 台 24 小时自助图书馆服务机，方便群众借阅图书。胡锦涛走到一台服务机前，尝试自助借书。他输入《深圳之路》一书的编号，服务机的借书口很快就送出了这本书。从现场工作人员那里得知，深圳已形成一个智能化的公共图书馆服务网络，总书记十分高兴。他希望深圳在构建公共文化服务体系方面继续努力，不断提高公共文化服务能力和水平。

中共中央政治局委员、中央书记处书记、中央宣传部部长刘云山，中共中央政治局委员、国务委员刘延东，中共中央书记处书记、中央办公厅主任令计划，中共中央书记处书记、中央政策研究室主任王沪宁，以及中央军委委员李继耐分别陪同考察。（选自新华网）

打造出中国文化产业的"航母"

——李长春同志考察深圳的重要指示精神

（一）李长春同志对深圳文化改革发展的重要指示

中共中央政治局常委李长春同志一直热切关注着深圳文化改革发展、自主创新体系建设发展情况。

2011 年 11 月 10 日至 11 日，在党的十七届六中全会胜利闭幕之际，李长春在中共中央政治局委员、省委书记汪洋，省委副书记、代省长朱小丹，省委常委、市委书记王荣，市长许勤等领导陪同下，先后到深圳市天朗时代科技有限公司、东部华侨城、深圳光启高等理工研究院、深圳华强文化科技集团考察。中宣部副部长、文化部部长蔡武，人民日报社社长张研农，新华社社长李从军，中宣部副部长孙志军，国家广电总局副局长张海涛，新闻出版总署副署长蒋建国，光明日报社社长胡占凡，经济日报社社长徐如俊；省市领导林雄、梁伟发、徐少华、王京生、王毅、李铭、吴以环等全程或部分陪同考察。

10 日下午，刚下飞机不久，李长春就来到天朗时代公司进行调研。天朗时代是深圳市"文化＋科技"型示范企业，发明了多媒体印刷有声读物（MPR）这一新的出版物种。李长春关切询问："MPR 的国际标准制定出来没有，公司目前在参与标准创建方面还有什么困难？"

时隔 3 年，李长春同志再次来到华强集团考察，在听到华强快速发展的喜讯后心情格外愉快。李长春对华强员工说，"希望华强在党的十七届六中全会精神鼓舞下，为打造中国文化产业的航母，当好中国文化产业的领头羊，积极走出去，与全世界最顶尖的同类企业竞争，打造出中国在世界上著名的文化品牌！"李长春的一番殷切期望激起现场一片热烈掌声。

希望华强在党的十七届六中全会精神鼓舞下，为打造中国文化产业的航母，当好中国文化产业的领头羊，积极走出去，与全世界最顶尖的同类企业竞争，打造出中国在世界上著名的文化品牌。

10 日下午，李长春来到东部华侨城参观考察。李长春指出，改革开放以来，我国文化演艺事业蓬勃发展，特别是与旅游、科技结合发展的势头很好。希望华侨城集团能够推出更多的创新型节目，积极影响、引领全国演艺事业发展。

打造核心技术自主创新国家队、加快建立自主创新体系是李长春此次来深考察的重要内容之一。"知识创新的主体是高校，技术创新的主体是企业。""政府的科研投入要敢于、舍得往企业投。"李长春强调，不仅国有企业，民营企业好的科研项目也要大力支持，各级政府一定要树立这个观念。

（二）李长春同志对中国（深圳）国际文化产业博览交易会的重要指示

中国（深圳）国际文化产业博览交易会（以下简称"文博会"）是国家级、国际性、综合性的文化产业博览交易会。对这一规模宏大的中外文化企业交流盛会，中共中央政治局常委李长春早在其孕育之时，就给予具体指导，要求“办成中国文化领域的‘广交会’”。

2004 年 3 月 31 日，李长春在深圳准备举办首届文博会的工作简报上作了重要批示：“国际文化产业博览会的创意很好，望加强协调指导。建议搞成全国性的，产品是我国的，客户是中外的，类似广交会。”中央领导的批示极大地鼓舞了深圳的士气，深圳市委决定要打造出一流的国际平台，把中国的文化产品推向世界。

2006 年 5 月 19 日，李长春同志观看并询问第二届文博会展览交易情况后，高度评价这次文博会。他说：“好戏连台，有四大亮点！一是起点高，创意好；二是规模大，主会场 10 万平方米的建筑面积全部用完，还设了 6 个分会场；三是气氛热烈，精品佳作很有看头；四是参加广泛，全国各地高度重视，踊跃参展，连国外的洋买家也来得不少！”眼前的场景让这位推动中国文化产业发展的领头人兴致勃勃。

2007 年 5 月 18 日，李长春来到第三届文博会主会场—深圳会展中心参观。李长春指出，文博会创办三年来，规模和影响越来越大，已经成为我国文化产品对外交易的一个重要窗口。要大力发展文化创意产业，培育创意市场，催生新的文化业态，不断创造具有自主知识产权的文化知名品牌，增强我国文化创意产业的影响力和竞争力。李长春还高兴地鼓励大家：“要把朝阳产业办得蒸蒸日上！”

2009 年 5 月 26 日，李长春在深圳市委《关于中国（深圳）国际文化产业博览交易会开展情况的报告》上批示：“望不断总结经验，把中国（深圳）文博会办成我国文化产业走向世界的国际知名品牌。”

2010 年 5 月 16 日，李长春同志再次亲临第六届中国（深圳）国际文化产业博览会现场视察，充分肯定了文博会多年来的积极探索。

李长春同志先后 9 次对文博会作出重要批示，并亲临第一、二、三、六届文博会视察。（年鉴编辑部根据报刊等相关资料整理）

李长春还高兴地鼓励大家：“要把朝阳产业办得蒸蒸日上！”

放宽视野　大胆探索
努力推进文化大发展、大繁荣

——刘云山同志考察深圳的重要讲话精神

中共中央政治局委员、书记处书记、中宣部部长刘云山同志多次考察深圳，充分肯定深圳文化体制改革和文化产业发展取得的成绩，希望深圳继续当好排头兵，在深化文化体制改革、加快文化产业发展、提供公共文化服务、推动中华文化走向世界等方面为全国作出示范。

2004年11月18日，刘云山听取了深圳市文化体制改革工作的汇报。深圳市市委常委、宣传部部长王京生及市文化局、报业集团、广电集团等有关单位作了汇报。

刘云山高度评价深圳市文化体制改革工作。一是先行一步，富于创造。深圳在全面做好经济体制改革工作的同时，重视文化体制的改革、创新，注重以改革精神推动整个文化建设，具有超前的眼光、创新的意识和大胆探索的精神。因此，许多工作动手比较早。二是全面规划，整体推进。深圳市委、市政府高度重视文化建设和文化体制改革，较早地提出了“文化立市”战略，把文化发展放到经济社会发展之中通盘考虑，并为此研究制订了发展纲要和总体规划。三是完善政策，保障有力。为深化文化体制改革，加快文化事业和文化产业发展，出台了一系列配套政策。四是创造了一批经验，形成了一些亮点。

刘云山对深圳实施“文化立市”战略、深化文化体制改革寄予了殷切期望，认为深圳市委市政府可以结合深圳实际，从文化事业、群众性文化和文化产业三个方面切入，放宽视野，大胆探索，开拓进取。

刘云山对深圳实施“文化立市”战略、深化文化体制改革寄予了殷切期望，认为深圳市委市政府可以结合深圳实际，从文化事业、群众性文化和文化产业三个方面切入，放宽视野，大胆探索，开拓进取。他对深圳提出了四点希望：

第一，在深化文化体制改革方面作出示范。深圳作为全国文化体制改革的综合试点城市，肩负重要责任，除了把自己的工作做好，还要为全国提供经验。

第二，在加快文化产业发展方面作出示范。深圳要成为全国重要的文化产业基地，应该做好两方面的工作。一是从实际出发，在已有相当实力基础的领域中选出几个重点产业，如动漫画、印刷、文化旅游等，加大支持力度，尽快形成规模，扩大市场份额，占领国内外市场。二是着力培育一批国有或国有控股的文化产业集团，让深圳涌现一批在国内外都具有影响力的文化企业，使之成为文化领域里新兴市场的中坚力量，成为文化产业的龙头。

第三，在提供公共文化服务方面作出示范。作为新兴的移民城市，深圳有大量的外来建设者，不断加大投入力度，为他们提供普遍的文化服务，既是党和政府的责任，也是深圳持续发展的必要条件和内在要求。

第四，在推动中华文化走向世界方面作出示范。要制订规划和政策措施，积极推动文化产品的出口，打造外向型文化产业和文化品牌，使深圳成为我国文化产业的出口基地。要在今后几年时间内，形成一批大型文化产品出口企业，在国际市场上叫响文化产品的“中国制造”。

2009 年 5 月，第五届文博会成功克服了金融危机等不利因素的影响，取得了新的突破。刘云山同志对本届文博会作出重要批示，强调“要总结前几届的经验，研究如何进一步提升文博会水平，扩大其影响，真正成为国际性的品牌。”

要总结前几届的经验，研究如何进一步提升文博会水平，扩大其影响，真正成为国际性的品牌。

2010 年 5 月 14 日，刘云山同志出席文博会开幕式并参观了文博会展馆，考察了深圳文化事业和文化产业发展情况，强调要建设好、运用好文博会平台，加大国际文化市场开拓力度，努力打造国际知名品牌。

刘云山同志先后出席第一、四、六届文博会开幕式，并对文博会的健康、快速发展给予了充分肯定。（年鉴编辑部根据报刊等相关资料整理）

深圳要走在全国文化建设前列

——刘延东同志考察深圳的重要讲话精神

2011年10月20日，中共中央政治局委员、国务委员刘延东在省委常委、市委书记王荣，市长许勤等陪同下考察深圳观澜版画基地。

刘延东同志殷切寄望深圳进一步弘扬社会主义核心价值体系，大力加强文化创作，发展文化产业，培养创新人才，为社会主义文化大发展大繁荣作贡献。"党的十七届六中全会为文化建设指明了方向，希望深圳在新的发展时期继续走在全国文化建设的前列。"刘延东说，"没有文化建设，现代化不可能实现。"这是六中全会后刘延东首次考察地方文化建设情况，也是刘延东今年以来第六次考察深圳。

刘延东在仔细听取情况汇报后，逐个参观了丝网印刷、铜版画制作等各式版画创作流程，并与爱尔兰以及中国的艺术家们对话交流，了解他们在基地的生活、工作情况。

> 我们要树立起强烈的发展文化、繁荣文化的意识，大力支持文化事业、文化产业发展。

"我们要树立起强烈的发展文化、繁荣文化的意识，大力支持文化事业、文化产业发展。"刘延东指出，首要之义是要大力弘扬社会主义核心价值体系，这是我们的兴国之魂，也是这次文化体制改革、建设文化强国的一个重要内容，希望广东省和深圳市结合省情和市情，进一步推进社会主义核心价值体系完善和发展，创建改革开放前沿地区的核心价值观和理念，更好地引导人民，推动我们事业的发展。其二，要大力加强文化创作，要持续创造出无愧于时代、无愧于人民、无愧于历史的精品力作。其三，要大力发展文化产业，满足人民群众多样化需求并充分发挥市场在资源配置中的积极作用，推动文化繁荣和发展，并通过文化发展推动经济、政治、社会发展，惠及民生，实现社会效益和经济效益的结合。其四，要通过各种措施，大力培养文化创新人才。

中科院院长白春礼、教育部副部长鲁昕、科技部副部长王志刚、文化部副部长赵少华、中科院副院长詹文龙，省市领导朱小丹、徐少华、宋海、王京生、王毅、吴以环等陪同考察。（年鉴编辑部根据《深圳特区报》相关资料整理）

深圳目标是叫板世界

——汪洋同志对深圳的殷切期望

（一）深圳目标是叫板世界。2008 年，中共中央政治局委员、广东省委书记汪洋同志希望深圳目标是叫板世界。“深圳作为全中国的窗口和形象，现在就是要和全世界比，不能在国内比，这就是深圳将来的任务。我们将来能牛的就是深圳可以跟新加坡叫板。不要在国内叫板，在国内叫板是没有出息的行为，得到全世界去叫板，这就是目标。不但是物质文明叫板，精神文明也可以叫板。将来考核广州、深圳，目标就是在全世界给你找几个典型，你就给我瞄准这几个典型，五年以后干到什么程度。”2010 年年初，面对刚届而立之年的深圳特区，汪洋同志对深圳又提出了“三问”：“而立之年，立起了什么？迎接 30 年，要做什么？未来 30 年，要干什么？”，希望深圳继往开来，不断开拓创新，能够取得令世界瞩目的辉煌业绩。

（二）深圳“文化＋科技”为中国文化产业发展探索出了一条成功道路。深圳经济高速发展 30 年后，文化产业正成为深圳加快经济发展方式转变的新亮点。汪洋认为，近年来，在高科技土壤上孕育而出的“文化＋科技”，为深圳文化产业的发展提供了强大的技术支撑，也为中国文化产业发展探索出了一条成功道路。在广东省委十届七次全会上，汪洋在讲到“加快文化科技创新，提高原创能力”时，脱稿讲起了深圳 A8 音乐集团。汪洋说，A8 音乐集团可以为个人定制自己喜欢的音乐。它没有销售环节，成本低。这就是新的销售模式、新的产业链。汪洋同志说，“我们希望像深圳 A8 音乐、华强文化科技、迅雷网络等‘科技＋文化’的公司如雨后春笋般大量涌现”。“文化＋科技”为文化企业插上了腾飞的翅膀。汪洋希望深圳争做文化产业龙头城市，成为我国文化创意产业的中坚代表力量。（年鉴编辑部根据报刊等相关资料整理）

2010 年年初，面对刚届而立之年的深圳特区，汪洋同志对深圳又提出了“三问”：“而立之年，立起了什么？迎接 30 年，要做什么？未来 30 年，要干什么？”，希望深圳继往开来，不断开拓创新，能够取得令世界瞩目的辉煌业绩。

出席第一至第六届“文博会”的有关领导及相关情况

第一届中国（深圳）国际文化产业博览交易会

2004年11月17日至22日举行。11月21日，中共中央政治局常委李长春考察文博会展馆。中共中央政治局委员、中宣部部长刘云山出席首届文博会开幕式。

出席开幕式的国家部委领导有：文化部副部长、文博会组委会副主任孟晓驷，国家广播电影电视总局副局长、文博会组委会副主任赵实，新闻出版总署副署长、文博会组委会副主任柳斌杰，文化部副部长赵维绥，新闻出版总署副署长邬书林。

出席开幕式的有关省市领导有：北京市市委副书记龙新民，海南省省委副书记罗保铭，海南省省委常委、宣传部部长周文彰，浙江省省委常委、宣传部部长陈敏尔，甘肃省副省长李膺，新疆维吾尔自治区人民政府副主席库热西·买合苏提。

出席开幕式的广东省领导有：广东省省长、文博会组委会主任黄华华，广东省省委副书记、深圳市市委书记、市人大常委会主任黄丽满，广东省省委常委、宣传部部长朱小丹，广东省副省长、文博会组委会副主任雷于蓝。

本届文博会合同成交额和意向成交额达356.9亿元。

第二届中国（深圳）国际文化产业博览交易会

中宣部领导多次听取广东省、深圳市对文博会筹办工作的汇报，并对文博会需要中央和国家有关部门协调解决的重点问题进行具体研究。

2006年5月18日至21日举行。中共中央政治局常委李长春，中共中央政治局委员张德江，国务委员陈至立视察了文博会主会场各大展区。来自全国各地的70多位省部级领导，柬埔寨、韩国、毛里求斯、塞黑、委内瑞拉等5个国家文化部长出席文博会。

在筹办阶段主持召开第二届文博会工作会议，中宣部领导多次听取广东省、深圳市对文博会筹办工作的汇报，并对文博会需要中央和国家有关部门协调解决的重点问题进行具体研究。

本届文博会签订项目1918个，总签约金额达275.4亿元。

第三届中国（深圳）国际文化产业博览交易会

2007年5月17日至20日举行。中共中央政治局常委李长春出席开幕式。

展会期间，全国人大常委会副委员长李铁映，国务委员陈至立参观文博会。

中共中央政治局委员、广东省省委书记张德江和中宣部常务副部长、中央文明办主任吉炳轩，新闻出版总署署长柳斌杰，广东省省委副书记、省长黄华华等领导到文博会主会场——深圳会展中心参观。

本届文博会各项活动总成交额约 499 亿元，其中过亿元签约项目达 58 个。

第四届中国（深圳）国际文化产业博览交易会

2008 年 5 月 16 日至 19 日举行。中央政治局委员、书记处书记、中宣部部长刘云山同志，中央政治局委员、广东省省委书记汪洋同志，全国政协副主席、全国文联主席孙家正同志出席开幕式。“文博会”组委会主任、广东省省长黄华华致辞。出席开幕式的还有党中央、国务院各相关部委领导、广东省及国内各省区市领导、港澳台地区嘉宾、海内外文化名人、海外政要等。

本届文博会总成交额 702 亿元，过亿元项目 102 个。

第五届中国（深圳）国际文化产业博览交易会

2009 年 5 月 15 日至 18 日举行。中共中央政治局委员、国务委员刘延东宣布大会开幕，中共中央政治局委员、广东省省委书记汪洋、全国政协副主席厉无畏等出席了开幕式。

开幕式之前，刘延东会见了前来出席本届文博会的外国政府官员、知名人士以及海外机构和企业的代表。

开幕式之前，刘延东会见了前来出席本届文博会的外国政府官员、知名人士以及海外机构和企业的代表。

本届文博会共有 29 个省区市的 1708 个政府组团、机构和企业参展，其中台湾地区首次设立了“台湾文化精品馆”，与香港和澳门特别行政区组团一起在主展馆各显风采。

本届文博会总成交额 880 亿元。

第六届中国（深圳）国际文化产业博览交易会

2010 年 5 月 14 日至 17 日举行。中共中央政治局委员、中央书记处书记、中央宣传部部长刘云山，中共中央政治局委员、广东省省委书记汪洋，全国政协副主席白立忱，中国贸促会会长万季飞，广东省省委副书记、省长黄华华等出席开幕式。

展会期间，中共中央政治局常委李长春到主会场及相关分会场参观。

与往届相比，本届文博会规模更大、档次更高、融资交易功能更强、国际化程度更高、配套活动更充实，其共吸引 1797 家政府组团、企业和机构参展，比上一届增加 89 家。

本届文博会总成交额 1088 亿元。

第一至第六届文博会成交额图表（亿元）

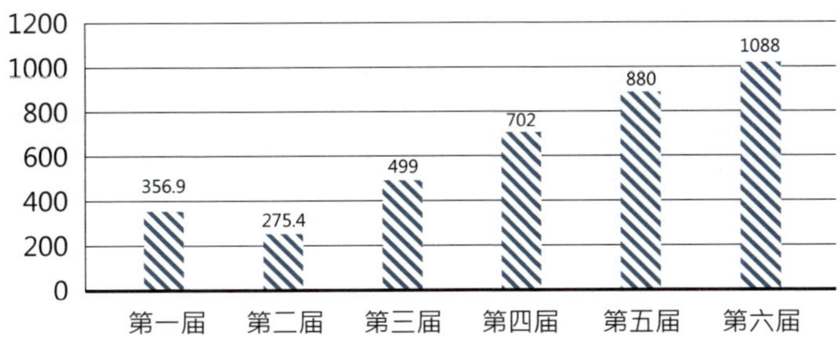

B

特稿

2011 SHENZHEN CULTURAL INDUSTRIES YEARBOOK

HAPPY
NEW YEAR

全面落实科学发展观
争当文化产业发展“领头羊”

中共广东省委常委、深圳市委书记　王荣

今年 8 月，胡锦涛总书记在出席深圳第二十六届世界大学生夏季运动会开幕式期间，专门考察了深圳的文化建设，要求深圳认真总结成功做法，进一步做好文化改革发展这篇大文章，使物质文明建设和精神文明建设取得双丰收。总书记特别寄望深圳要争当文化产业发展的领头羊，把广东、把全国的文化产业做大做强。

深圳经济特区是在几代中央领导同志的亲切关怀下成长和快速发展起来的。总书记寄予深圳的期望，是对特区所肩负的历史使命提出的新要求，意味着在全面落实科学发展观、实现中华民族伟大复兴的时代背景下，深圳要当好推动科学发展促进社会和谐的排头兵，不仅要继续在经济体制改革和经济发展方面发挥好探路先锋的积极作用，还要以高度的文化自觉和文化自信，牢牢把握社会主义先进文化前进方向，争当文化体制改革和文化产业发展的领头羊，为促进社会主义文化大发展大繁荣做出新贡献。

一、全面落实科学发展观，做大做强文化产业

文化产业是市场经济条件下发展繁荣社会主义文化的重要载体，是满足人民群众多样化、多层次、多方面精神文化需求的重要内容，是推动产业结构优化升级、转变经济发展方式的重要途径，是增强文化软实力和综合竞争力，提升国家形象，扩大中华文化国际影响力的重要举措。大力发展文化产业，是贯彻“三个代表”重要思想，深入落实科学发展观的必然要求，是实现社会主义文化大发展大繁荣的题中应有之义，也是全面建设小康社会的重大战略任务。

贯彻“三个代表”重要思想，深入落实科学发展观的必然要求，是实现社会主义文化大发展大繁荣的题中应有之义，也是全面建设小康社会的重大战略任务。

深圳市区鸟瞰图　刘必健　摄

（一）做大做强文化产业，有助于丰富活跃广大人民群众的文化生活，保障人民群众文化权益。

科学发展观最根本的出发点和落脚点，就是以人为本，实现人的全面发展。人的需求是多方面的，不仅有物质生活的需要，也有精神生活的追求；不仅要实现经济上的权益，也要实现文化上的权益。在市场经济条件下满足人们的精神文化需求，越来越需要借助市场的力量，以产业为载体，以市场为纽带，充分调动一切可用资源和社会各方面的积极性，提供丰富多样的文化产品和文化服务，最大限度地满足人民群众多样化、多层次、多方面的精神文化需求，充分保障人民群众的文化权益。改革开放以来，深圳人在创造和享受物质财富的同时，生活方式也发生了天翻地覆的变化，人们对生活品质的要求越来越高，精神文化层面的需求越来越多。加快推动文化产业发展，是落实以人为本，丰富广大人民群众文化生活的本质要求，也是深圳在新时期面临的一项紧迫任务。

（二）做大做强文化产业，有助于发挥先进文化的引领作用，提升公民素质和城市品位。

文化产业不同于其他产业，不但具有产业的经济属性，还具有意识形态方面的属性和社会教育的特殊功能。先进的文化，借助先进的技术手段、表现形式和市场化的传播渠道，能够更好地发挥引导社会、教育人民、推动发展的功能。大力发展文化产业、构建城市文化品质和品牌，在陶冶人民情操、提升市民文化素质和品位、增强城市的精神力量方面具有不可替代的积极作用。近年来，深圳从一座历史文化资源底子薄、甚或被称为“文化沙漠”的城市，巨变为一片郁郁葱葱的“文化绿洲”，蝉联“全国文明城市”、荣获“杰出的发展中的世界知识城市”称号，除了在发展文化事业、构建公共文化服务体系等方面付出的不懈努力外，文化产业的迅速发展和产业发展模式创新所引起的瞩目，也是这座城市文化含量提升的重要因素。过去的发展经验表明，深圳要进一步弘扬社会主义核心价值观，锻造创新型、智慧型、力量型城市文化，提升城市人文精神和文明程度，增进民生幸福，就必须以科学发展观为指导，紧紧抓住难得的战略机遇，大力推动文化产业实现新的发展。

先进的文化，借助先进的技术手段、表现形式和市场化的传播渠道，能够更好地发挥引导社会、教育人民、推动发展的功能。

（三）做大做强文化产业，有助于转变经济发展方式，促进国民经济可持续发展。

全面协调可持续是科学发展观的基本要求。文化创意产业作为新兴的智慧型产业，具有高附加值、低能耗、低排放、低碳绿色、生态环保的重要特征和优结构、扩内需、增就业、促跨越、可持续的独特优势，其影响力与渗透力大大超出了一般产业的范围，是加快转变经济发展方式、推进经济结构战略性调整的重要抓手。当前，日趋严峻的人口、资源、环境压力已经成为世界范围内的发展难题，粗放式发展的局限性、经济结构层次较低以及资源环境矛盾等问题越来越突出。另一方面，国际产业发展的最新趋势表明，文化创意和创新已经成为城市发展与繁荣的基本动力，知识和理念推动着财富的创造和社会的现代化。深圳作为我国对外开放的窗口，要以国际视野把握未来产业发展方向，积极适应国际需求结构调整和国内消费升级新变化，将发展文化产业作为实现经济发展突围转型的重要途径，积极培育新的经济增长点，以增量调整带动存量调整，加快推动产业结构优化升级，率先转变经济发展方式，不断提高经济增长的质量和效益，促进国民经济可持续发展。

（四）做大做强文化产业，有助于增强文化软实力和综合竞争力，扩大中华文化的国际影响力。

当今世界，文化传播出现了崭新的特点，文化的传播渠道范围及速度发生了极大变化，文化价值观念及生活方式更多地附载在文化产品和服务当中，并随全球化的过程而流动、扩散。强势经济支撑着强势文化的渗透，文化贸易成为新的国际竞争热点，各个国家和城市纷纷制定文化产业发展战略，抢占发展先机，维护本国文化安全，提升国家或城市形象。在新的国际竞争格局下，可以说，没有强大的文化产业，就谈不上社会主义文化的大发展大繁荣。只有拥有了雄厚的文化产业基础，拥有了强大的文化传播能力，才能在国际上赢得更大的发展空间。2010 年，深圳文化产品出口占全国的 20%，进口占全国的 18%，深圳已成为我国文化产品进出口的重要基地和主要口岸。大力发展文化产业，是深圳进一步做大文化贸易，提升城市国际形象的重要基础，也是深圳为更好地维护国家文化安全和文化主权所应承担的重大责任。

没有强大的文化产业，就谈不上社会主义文化的大发展大繁荣。

二、大力实施文化立市战略，推动文化产业实现跨越式发展

深圳高度重视文化建设，早在 2003 年就在全国较早实施“文化立市”战略，将文化产业作为四大支柱产业之一，推动文化产业跨越式发展。2010 年，全市文化创意产业增加值达 726 亿元，占 GDP 的比重从 2004 年的 4.6% 提高到 7.6%；发展模式特色鲜明，形成了“文化＋创意”、“文化＋科技”、“文化＋金融”、“文化＋旅游”等产业发展新模式；行业发展全国领先，创意设计、动漫游戏、网络内容、数字电视、数字音乐、文化旅游、高端印刷等均占全国较大份额；深圳还首创文博会，设立了文化产权交易所，参与发起首支国家级大型文化产业投资基金，文化投融资体系建设日趋完善。在发展文化产业的历程中，深圳始终坚持做到“五个结合”：

（一）坚持内容导向与市场需求相结合，不断提升文化产品的内涵和质量。

就文化而言，内容永远是根本，是核心竞争力，发展文化产业要把内容摆在十分突出的位置。深圳在推动文化产业发展过程中，牢固树立“内容为王”的观念，坚持以文化产业承载文化理想和文化价值，以价值创新提升文化产品的内涵和质量，以高尚品位支撑文化创意，以丰富供给满足文化需求，以内容质量开拓文化市场，以价值优势赢得产业发展优势。由深圳组织创作的《春天的故事》、《走进新时代》、《走向复兴》等优秀歌曲，就是以内容的价值赢得了老百姓的喜爱，唱遍大江南北。同时，作为市场经济发育较早的地区，深圳注重通过市场机制把握文化供需动向、发现优质文化元素、引导高尚文化生活，依靠市场运作使文化内容延伸到文化产品和服务的生产、制作、传播、营销、消费各个环节，大力挖掘文化资源，提升文化创意，打造文化品牌。

（二）坚持科技创新和体制改革相结合，增强文化产业发展的活力与动力。

科技创新和体制改革是推动文化发展的两大动力。深圳作为国内较早发展高新技术产业的城市，充分认识到科技进步对于文化发展的重要作用，以创新精神走出了一条“文化＋科技”的发展道路，涌现出一批以腾讯、华强文化科技、A8音乐为代表的“文化＋科技”企业，催生了一批新兴文化产业形态，有效延伸了文化产业链。以华侨城为代表的“文化＋旅游”模式和以文化产权交易所、中国文化产业投资基金为代表的“文化＋金融”模式，也都成为文化产业创新发展的亮点。同时，不断深化文化体制改革为文化科技创新给力加油。深圳作为全国首批文化体制改革综合性试点地区之一，着力推进国有经营性文化单位、文化事业单位、文化行政管理体制、国有文化资产监督管理体制和文化投融资体制的改革创新，以改革创新优化文化资源配置，解放和发展文化生产力，壮大文化产业发展主体，推动文化产业健康快速发展，取得了明显效果，两次被中宣部等国家部委评为“全国文化体制改革先进地区”。

（三）坚持社会效益和经济效益相结合，充分发挥文化产业的综合功能。

坚持经济效益与社会效益相结合，反映了文化产业发展的内在要求。深圳在推动文化产业发展过程中，坚持把社会效益放在首位，努力实现社会效益和经济效益的有机统一，强调人文价值和市场价值并重，引导文化企业树立文化自觉、履行社会责任，使文化产品反映正确的价值理念、传播先进的思想文化，以合格的文化产品服务社会，在满足文化消费的过程中引导文化需求。深圳对报业、广电和出版发行三大国有文化传媒集团提出建设“效益集团”目标，在探索国有文化资产监督体制机制创新中，统筹考量导向要求和利润指标，要求三大集团不仅当好新闻宣传的组织者、策划者，还要当好社会文化建设的参与者、促进者，做到社会效益最大化、经济效益最优化。

坚持经济效益与社会效益相结合，反映了文化产业发展的内在要求。

（四）坚持政府引导和企业主导相结合，形成文化产业发展的联动机制。

政府引导和企业主导是文化产业发展的两个“轮子”，只有“双轮”驱动，才能实现产业发展提速。一方面，深圳注重抓方向、抓规划、抓扶持，以立法手段出台了《深圳市文化产业发展促进条例》，制定了《深圳文化产业发展规划纲要（2007～2020）》、《关于加快文化产业发展若干规定》、《关于促进创意设计业发展的若干意见》、《关于支持和促进深圳文化产权交易所发展的若干意见》等一系列规划和政策措施，为文化产业发展提供了有力的政策保障。另一方面，注重发挥文化企业的主体作用，培育和涌现华侨城、腾讯、华强文化科技等一批领军文化企业，汇聚了田面“设计之都”创意产业园、怡景国家动漫产业基地、大芬油画村等一批国家级文化产业园区和基地，文化要素市场日益健全。

（五）坚持立足国内开发与“走出去”相结合，培育和开拓文化产业广阔市场。

统筹好国际国内两个市场，发掘国际国内两种资源，是文化产业发展的必然选择。深圳毗邻港澳，面向东南亚，在利用两个市场、两种资源上拥有独特优势。深圳着力打造“文博会”品牌，七届文博会累计成交额超过 5000 亿元，已经成为国家级、国际化、综合性文化产业博览交易会和中华文化走向世界的重要平台。一批文化创意企业借助政府的政策和服务跳板，迅速实现国际化发展。华强文化科技集团将自主开发的高科技文化主题公园项目出口到伊朗、南非、乌克兰等多个国家，实现了我国自主品牌文化主题公园向国外输出，嘉兰图设计公司接连拿到跨国公司的设计订单，雅昌公司连续 9 年荣获 18 座素有全球印刷“奥斯卡”之称的“班尼”金奖……这些充满活力的文化企业,已成为推动我国文化产品和服务“走出去”的市场先锋。深圳创意设计业在国际上崭露头角，被联合国教科文组织授予世界第七个、中国第一个“设计之都”称号，实现了中国城市参与国际创意设计组织的突破。

深圳创意设计业在国际上崭露头角，被联合国教科文组织授予世界第七个、中国第一个“设计之都”称号，实现了中国城市参与国际创意设计组织的突破。

三、加快文化强市建设，争当文化产业发展的领头羊

我们理解，党中央寄语深圳争当文化产业发展的领头羊，就是要求深圳紧紧围绕科学发展主题和转变发展方式主线，在文化体制改革和文化产业发展上先行一步，努力在推动社会主义文化大发展大繁荣的进程中发挥好示范和辐射带动作用；就是要求深圳在文化产业发展的道路和模式上进一步探索创新，着力推动经济结构优化升级，努力增进社会文明和民生幸福；就是要求深圳以国际视野把握文化产业发展趋势，积极借鉴和引进国外新兴产业发展理念、先进管理方式和优秀创意灵感，着力推动文化产业走向国际市场。站在新的历史起点，承担新的历史使命，深圳将牢记总书记嘱托，朝着文化产业发展领头羊的目标，拿出特区人“敢为天下先”的气魄，锐意进取，勇于担当，加强文化改革发展各项工作，重点实施“六大工程”，努力建设文化产业龙头大市和文化强市，打造“文化深圳”，率先实现社会主义文化大发展大繁荣。

（一）实施高端引领工程，着力构建现代文化产业体系。

实践证明，立足产业发展前沿，着力发展高端产业，是构建现代文化产业体系的首要内容。目前，深圳制定的《文化创意产业振兴发展规划》及其配套政策，就是在把握文化产业发展的基本规律和趋势的基础上，着眼处于产业价值链高端的文化内容、创意成果和知识产权，一手抓新兴文化业态发展，一手抓传统优势产业升级，不断优化文化产业结构。我们将每年集中 5 亿元专项资金，以前所未有的力度重点支持发展创意设计、文化软件、动漫游戏、新媒体及文化信息服务、数字出版、影视演艺、文化旅游、非物质文化遗产开发、高端印刷、高端工艺美术等十大产业，做大做强以创意内容为核心的文化服务业。我们的目标是，到 2015 年，深圳文化创意产业增加值将达到 2200 亿元，占全市 GDP 的比重超过 14.5%，使文化创意产业成为重要的战略性新兴产业和国民经济支柱性产业，成为推动全市产业结构优化升级和经济发展方式转变的主导产业之一。

（二）实施文化创新工程，着力提升文化产业核心竞争力。

高新技术是文化产业发展的重要支撑，科技的每一次革新都会带来文化产业的快速跃升。深圳将依托高科技城市的既有优势，自觉利用科技发展的最新成果，不断完善文化与科技相融合的产业发展模式，做到“文化与科技紧密结合，创意与创新水乳交融”，抢占文化产业的制高点，牢牢掌握文化产业发展的主动权。积极利用数字技术、互联网、软件等高新技术改造传统文化产业，推动文化生产方式、营销方式、传播方式的创新，拓展新型文化产品和服务，延伸产业发展的新空间。进一步完善以企业为主体、市场为导向、产学研相结合的文化科技创新体系，推动在创意设计、动漫游戏、数字出版、影视制作、新媒体等领域加快建设一批技术水平先进、服务功能强大的文化创意产业公共技术平台，在关键技术领域和重点企业建设一批企业技术中心、工程中心、工程实验室和重点实验室，大幅提高文化企业的装备水平和研发能力，提高文化产品的科技含量和文化产业整体创新能力，使深圳成为重要的文化产业应用研发中心。

（三）实施品牌建设工程，着力打造一批国家级领军文化企业。

文化企业是文化产业发展的主体，决定着文化产业发展的总体水平，文化企业强则文化产业强。只有在文化产业的各个领域加快培育和扶持发展一批真正的领军企业，深圳才能当好全国文化产业发展的领头羊。我们将牢牢把握先进文化前进方向，密切关注国内外文化市场需求，以创新创意为动力，进一步鼓励和支持优势文化企业走创新发展道路，不断提高经营管理水平和市场竞争能力，以多种形式进行跨地区、跨行业、跨所有制兼并重组，提高产业规模效益；支持国有文化集团大力发展新媒体、新技术、新业务，增强舆论引导能力和文化传播能力，打造现代大型文化传媒集团；同时促进中小文化企业向“专、精、特、新”方向发展，形成富有活力的文化企业集群。重点要在“文化＋创意”、“文化＋科技”、“文化＋金融”、“文化＋旅游”等领域打造一批业态先进、掌握核心技术、拥有原创品牌、具有较强国际竞争力的骨干文化企业和企业集团，打造具有更高知名度和更强竞争力的自主品牌，塑造文化产业领域的“华为”、“中兴”，引领我国文化产业实现腾飞发展。

文化企业是文化产业发展的主体，决定着文化产业发展的总体水平，文化企业强则文化产业强。

（四）实施集约发展工程，着力增强文化产业可持续发展能力。

大力发展文化产业园区，是实现文化产业内涵式增长、集约化发展的有效途径。深圳将大力发展文化产业总部经济，统筹文化产业园区建设，整合各方面有效资源，在现有基础上着力打造一批主业突出、集聚效应明显、具有国际影响力的优势文化产业集聚区，促进文化资源合理配置。加强产业集群内部的有机联系，进一步推动产业融合、集聚以及产业链整合，提高产业集中度和单位面积的经济效益。依托重点文化产业园区和龙头文化企业，引进和建设一批投资规模大、辐射带动作用强、科技含量高、市场前景好的文化产业大项目，不断增强文化产业发展后劲，使深圳成为具有领先水平的文化产业集聚区。

（五）实施人才集聚工程，着力构筑文化产业人才高地。

文化产业是智慧型、知识密集型产业，文化人才的数量和素质决定了文化产业的前途与命运。深圳将牢固树立人才是第一资源的观念，积极创造有利于培养、吸引、汇集全球创意创新人才的政策环境和人文环境，使深圳成为文化人才创新创业、成就事业的一片热土。积极探索健全文化产业人才评价体系、资质认证和激励机制，加快培养和引进一批既懂文化、又善于经营管理的高层次文化管理人才，一批掌握高新技术、善于运用科技手段推动文化产业发展的文化创新人才和一批熟悉文化贸易规则、善于开拓国际文化市场的文化贸易人才，为文化产业发展提供坚强的人才保障和智力支撑。

（六）实施“走出去”工程，着力打造国家级文化产业发展平台。

文化产业市场广阔，借助更高更大的平台才可以走得更好更远。深圳将着眼于“服务全国、面向世界”，不断做强文博会、深圳文交所、中国文化产业投资基金等国家级文化产业发展平台，大力促进文化创意产品与项目的国际贸易，努力扩大我国文化产品和服务在国际市场的份额，提升中华文化在全世界的影响力。坚持“专业化、国际化、市场化、精品化、规范化”的办展方针，进一步提升文博会的国际知名度，使文博会成为展示我国文化改革发展成果的重要窗口、促进文化创意产业发展的重要引擎、推动中华文化“走出去”的重要平台。加强深圳文交所建设，支持中国文化产业投资基金发展，构筑国家级的文化产权交易、文化无形资产评估和投融资综合服务平台。利用深圳独特的区位优势，把“引进来”和“走出去”更好结合起来，广泛借鉴国外先进文化发展成果、理念和经验，积极引进资金、技术、项目和人才培养机制，加强文化创意领域的国际交流与合作，提升深圳文化产业的国际化水平。

坚持“专业化、国际化、市场化、精品化、规范化”的办展方针，进一步提升文博会的国际知名度，使文博会成为展示我国文化改革发展成果的重要窗口、促进文化创意产业发展的重要引擎、推动中华文化“走出去”的重要平台。

文化与科技紧密结合
创意与创新水乳交融

深圳市市委常委、宣传部部长　王京生

一、文化与科技结合，是文化走向大发展大繁荣的重要条件、基本内容和基本标志

首先，文化与科技创新的互动是人类社会文明演进的主旋律。综观人类历史，文化的发展始终与科技进步紧密联系在一起。农业社会时期，古代中国的四大发明，特别是造纸术和印刷术，大大降低了学习的成本，提高了知识传播的效率，推动教育从贵族向平民社会迅速普及，社会生产力随之得到提高；十七、十八世纪的西方，由培根、莎士比亚等人所推动的人文主义思潮，为牛顿等科学家们进行科学探索并提出新的理论提供了优越环境，加上海上贸易的扩大和市场意识的形成，为纺织机、蒸汽机等技术的发明和产业化创造了有利条件，从而将人类带入了工业革命的崭新时代；而上世纪下半叶以来的信息技术革命，特别是 90 年代互联网、移动通信技术的不断升级和在全球范围的广泛应用，更是极其深刻地改变了人们的工作和生活方式，催生出新的文化样式，精彩纷呈的文化产品和文化消费，无一不是文化与科技有机结合的产物。

在科学技术迅猛发展的当今时代，科技正日益广泛地渗透到文化领域，革命性地改变了文化的生产方式、传播方式和消费方式，赋予文化新的内涵、新的功能和新的形态，科技与文化的相互融合和相互促进从来没有像今天这样紧密。无论是从中国发展的路径，还是从世界发展范围来看，文化与科技的结合正是文化大发展的先决条件，甚至可以说，文化要大发展大繁荣，文化与科技相结合是铁律。这个铁律，已经被整个人类文化发展史所证明。

无论是从中国发展的路径，还是从世界发展范围来看，文化与科技的结合正是文化大发展的先决条件，甚至可以说，文化要大发展大繁荣，文化与科技相结合是铁律。

第二，文化与科技紧密结合是落实科学发展观的必然要求。胡锦涛总书记代表党中央在十七大报告中提出，要“运用高新技术创新文化生产方式，培育新的文化业态”，这是一个闪烁着科学发展观光辉思想的重要论断，是推动社会主义文化大发展大繁荣的指导方针。

随着人类社会进入 21 世纪，国家、地区、城市之间的竞争态势发生了很大的改变。竞争的着眼点已经从二次世界大战以来的“拼经济、拼管理”发展到“拼文化”的阶段，世界各国、各大城市纷纷把文化作为占领竞争制高点的关键和决定性因素，将文化战略提升到发展战略的重要层面，以文化论输赢、以文明比高低、以精神定成败。人们形象地将文化产业称为 21 世纪的“朝阳产业”，文化产业已经成为体现各国核心竞争力的重要内容。但是，并非所有的文化产业都具备核心竞争力，从发达国家文化产业的发展经验来看，科技进步对提升文化产业的竞争力起到了不可估量的作用，科技已成为文化产业发展的不竭动力和源泉。是否有高新科技支撑，成为检验各国文化产业的发展质量和发展前景的重要指标。现代文化产业作为知识密集、信息密集、技术密集的新兴产业创意是促使其发

展的原动力，科技是支撑其发展的推动力。以“文化＋科技”为其标志的文化科技产业正是符合十七大要求的新型业态，是符合科学发展观要求的创新型、集约型、环境友好型产业，具有科技含量高、资源消耗低、环境污染少的特殊优势。确切地说，文化科技产业才是真正的21世纪“朝阳产业”。

第三，文化与科技紧密结合极大地提升了文化产业的竞争优势。在文化产业中，“内容为王”，没有内容，机器、设备等硬件只是空壳。但内容的创新和发展又必须以科技为前提和手段，文化产品的生产和文化服务的提供都需要现代科技支持。文化只有借助于科技的力量，才能以更快的速度、更新的内容、更活的形式、更广的受众得以传播。文化与科技的结合，一方面将极大地提高文化产业的科技含量，丰富文化产品的表现形式，提高文化产品的附加值，另一方面也将使高科技找到新的应用领域，提升科技产品的文化内涵，拓展市场空间，降低发展风险。文化科技产业作为一种新型的产业业态，可以实现文化与科技之间的优势互补和相互促进，大大增强产业的整体竞争力和可持续发展能力。我们致力于建设先进文化，就要占领文化产业竞争的制高点，用最先进的技术发展和振兴民族文化，用最先进的技术传播和弘扬社会主义先进文化。

文化与科技的结合，一方面将极大地提高文化产业的科技含量，丰富文化产品的表现形式，提高文化产品的附加值，另一方面也将使高科技找到新的应用领域，提升科技产品的文化内涵，拓展市场空间，降低发展风险。

第四，文化与科技紧密结合是推动中国文化产业发展的方向。曾在亚洲金融危机中陷入经济谷底的韩国仅用了短短5年时间，就再度崛起，又一次创造了经济增长的奇迹。这一奇迹的背后，正是韩国政府力推的文化科技产业所起到的关键性作用。韩国在网络宽带基础设施建设上十分迅速，但他们更把发展网络游戏等应用作为关键，把电子游戏产业作为21世纪的核心产业，不仅要将其培养成重要的出口行业，还要借游戏和影视剧向全世界推广韩国文化。实践证明，韩国推动文化科技产业的远见，使他们重新赢得了市场。

在深圳，“文化＋科技”的“华强模式”为中国文化产业发展探索了一条成功的道路。这一模式的特征正是文化与科技紧密结合，核心是坚持文化创意和自主创新。令我们骄傲的是，除了华强文化科技集团以外，腾讯、网域、雅图、A8音乐集团等一批深圳本土文化科技型企业都是循着这样一条“文化与科技紧密结合、创意与创新水乳交融”的发展道路取得了成功。它们的实践证明，通过加大文化产业的科技含量，不仅将极大地提升中国文化产业的档次和水平，也将终结中国文化产业难以在国际市场竞争的历史。集中体现高科技含量、高文化含量的新兴文化科技产业，是真正的高端产业，也是最具发展潜力和前景的产业，是中国文化产业发展的希望所在。

二、推动文化与科技紧密结合是深圳文化产业发展的重要命题和基本路径

深圳作为我国改革开放的试验田和窗口，有责任、也有能力在文化科技产业发展上先行一步，以“文化力”“科技力”促进经济更好更快地发展，并为推动中国文化走出去，提升我国综合国力作出应有的贡献。当前，深圳发展文化科技产业拥有前所未有的良好机遇和优势条件。

首先，各级领导对深圳文化科技产业高度重视和支持。去年10月，中共中央政治局常委李长春同志在深圳考察指导工作期间，专程赴华强文化科技集团调研，对华强的发展模式给予高度评价，指出华强填补了全国文化科技产业的空白，极大地提升了产业层次，勉励华强文化科技集团“学习迪斯尼，超越迪斯尼”。今年4月，温家宝总理来深视察，也专门考察了华强文化科技集团，并认为华强的发展前景不可限量。中共中央政治局委员、中宣部部长刘云山同志认为，文化发展有两个动力：一是改革，一是科技。他特别要求，第五届文博会期间举行的文化发展战略论坛要把推动文化科技产业发展作为一个重要论题。这些，都体现了中央领导同志对深圳文化科技产业的巨大关怀和支持。

深圳市市委市政府对文化科技产业的发展也极为重视。2003年，深圳以超前的眼光，在全国率先确立了文化立市战略，对文化产业始终高看一眼、厚爱三分，出台了一系列扶持政策和措施，设立并运作了文化产业专项资金，在中央领导和中宣部等国家各部委、广东省的大力支持下，建立了文博会等国际性的交易平台，并把文化产业确定为深圳市的第四大支柱产业，为文化产业提供了良好的政策环境和发展空间。刘玉浦书记多次赴腾讯、华强文化科技、A8、网域、雅图等文化科技企业调研，并提出将文化科技产业作为深圳现代产业体系建设的重要内容，要求有关部门专题研究如何扶持文化科技产业更好更快发展，加快规划建设一批重点文化科技产业项目。着力发展文化科技产业，已经成为深圳构建具有国际竞争力的产业体系，推动经济可持续发展的重要命题。

第二，深圳具备加快发展文化科技产业的良好基础。深圳历史文化底子较薄，在传统文化底蕴上难以与国内外文化名城相比。但深圳作为新兴的移民城市，多元包容的现代城市文化和创新型城市的浓厚氛围，使得深圳发展文化产业具有独特的优势。一是技术力量支撑。深圳是全国著名的高科技城市，高新技术产业比较发达，企业的研发能力较强，创新科技赋予传统文化以新形式、新内容，也使创意得到最大限度的发挥，从而为文化科技产业的发展提供了雄厚的技术支撑。据统计，2008年，深圳全社会研发投入占GDP的比重达到3.3%；深圳市发明专利授权量达5404件，增长1.39倍；PCT国际专利申请2 2709件，占全国的44.5%，城市的科技创新能力日益增强。二是市场主体支撑。经过十多年的发展，深圳一批民营文化科技企业异军突起，成为具有较强竞争力和较大发展潜力的市场主体。三是人才支撑。今天的深圳，在动漫游戏、设计、互联网信息服务等文化产业的各个领域，都吸引和培养了一大批业界英才，这是发展文化科技产业的一笔巨大财富。四是环境支撑。深圳发展文化产业特别是创意设计产业的努力得到了国际上的承认。2008年11月21日，联合国教科文组织正式批准深圳市加入全球创意城市网络，并授予深圳“设计之都”称号，深圳成为该网络的第16个成员，也是中国首个加入全球创意城市网络的城市。今后，深圳的文化企业都可以充分利用这一创意领域国际合作与交流的最权威和便捷的平台，以更宽广的国际视角推进文化产业的整体发展，

中共中央政治局委员、中宣部部长刘云山同志认为，文化发展有两个动力：一是改革，一是科技。

引领珠三角乃至全国文化科技产业潮流。总而言之，深圳文化产业发展要后来居上，就要充分发挥城市特色，把四大支柱产业中的科技与文化两个产业高度结合，甚至结合金融产业，加大对“文化＋科技”企业的资金保障和扶持力度。把文化与科技结合作为推动深圳文化产业发展的基本路径予以推动，这是深圳必须走的路。

第三，全球金融危机中蕴含着文化科技产业加快发展的重大机遇。危机也是契机，关键要看在危机到来之前如何精心准备，在危机中如何积极应对，在危机过后如何实现腾飞。应该看到，在这次席卷全球的金融危机中，文化科技产业发展面临着许多难得的机遇。一是国际金融危机使人们更多地追求文化和精神上的抚慰，从而扩大了部分文化产业和服务的需求。二是国际金融危机使文化产业面临一次新的调整，技术落后、竞争力弱的劣势产业将逐步萎缩，而知识密集、附加值高的优势产业将得到充分发展，新兴的文化科技产业将获得更多的发展机会和更大的发展空间。三是国际金融危机大大降低了科技研发、技术引进、人才引进的成本，为加快文化科技创新提供了新的机会。我们可以用较低的成本和价格引进国外的先进技术和文化科技设备，增加文化的科技含量，提高文化产业的附加价值，也能够利用文化科技产业加速发展的良好态势，吸引一批具有国际水准的高素质人才。四是一些发达国家文化企业经营面临困境，低价待售，为我国文化企业并购海外企业、拓展海外市场提供了有利契机。最近，深圳的部分文化科技企业正在加紧筹备进行国际并购，积极开拓、布局国内国际两个市场。五是国际金融危机使国际社会对中国模式和中华文化的关注度上升，为通过产业渠道推动中华文化走出去提供了新机遇。机会总是钟爱有准备的头脑，在困难面前唉声叹气、徘徊不前的人永远得不到历史的垂青。具有改革创新精神的深圳人从来都是历史的弄潮儿，在稍纵即逝的机遇面前，深圳文化产业必将踏上“文化＋科技”的快车。

全球金融危机中蕴含着文化科技产业加快发展的重大机遇。危机也是契机，关键要看在危机到来之前如何精心准备，在危机中如何积极应对，在危机过后如何实现腾飞。

三、推动文化与科技的紧密结合是各级党委、政府和文化企业的共同责任

在社会主义市场经济条件下，产业结构的调整和优化升级要充分发挥政府和企业两个方面的积极作用，调动政策和市场两种优势资源。作为具有意识形态和市场经济双重属性的文化产业，各级党委必须牢牢把握好其发展方向。多年来，深圳市委市政府按照社会效益和经济效益相统一的原则，在政策、服务、法制、市场、人才、文化舆论等方面营造了有利于文化产业发展的良好环境，培育出一批具有国际竞争力、自主创新能力强、技术先进的优秀文化科技企业群体。这说明，深圳是文化科技企业发展的一块沃土。但也要看到，深圳市文化科技产业发展环境仍然有待进一步完善：相关部门对发展文化产业的认识程度不一，政策扶持还存在薄弱环节，尚未形成合力。一些部门对民营企业仍然存在偏见，民营文化企业在获取土地、资金、人才等生产要素的渠道上还存在一些障碍。

目前，我们已初步明确了下一步扶持文化科技产业加快发展的思路。一方面，各级党委和政府部门要从优化扶持政策和资源配置

深圳市民中心一角

等方面入手，深入了解文化科技企业的需求，认真研究和破解企业面临的发展难题，进一步完善促进文化科技产业发展的政策措施，努力提供优质服务，全力推动文化科技企业做强做大。一是抓重点。文化科技产业发展的重点是打造领军文化企业，包括具有行业领先地位、国际竞争力强的行业领军企业，自主创新能力强、技术先进、主业突出的行业骨干企业，以及拥有自主知识产权、发展较快、产品市场前景好的优质成长企业。我们将针对不同类型、不同发展阶段的企业分别给予个性化、针对性的扶持和服务，切实帮助它们解决实际困难，力争在文化科技企业中培育出一批像华为、中兴一样的优秀企业，形成更加强大的企业梯队，不断增强深圳文化科技产业的整体实力。二是抓难点。土地问题、融资问题、服务问题是深圳民营文化科技企业集中反映的热点、难点问题，也是优化相关扶持政策的着力点。当前，深圳土地资源十分紧缺，如何在紧约束条件下满足文化科技企业发展的空间需求，需要从增量供应和存量挖潜，主要是在三旧改造等方面创新思路，取得突破。同时，高起点规划建设好国家级创意产业园区，推动文化科技产业的规模化、聚集化发展。针对企业融资难问题，我们将积极在文化产业投融资领域先行先试，加快推进设立文化产业投资基金和文化产权交易中心等工作，拓宽文化企业投融资渠道。同时，根据文化“走出去”发展战略，鼓励银行体系针对大型文化产业项目出口，提供包括买方信贷在内的多种金融支持。在提供优质服务方面，主要是帮助企业充分利用好国家和省市对于文化产业、高新技术产业的优惠和扶持政策，特别是带领“深圳队”积极争取国家重大项目，用好产业发展资金，重点支持企业自主创新，加快打造公共技术平台和公共服务平台。三是抓宣传。积极协调新闻媒体，在文化科技企业有效应对金融危机、自主品牌的国内外宣传推广等方面提供有力支持，不断提升深圳文化科技企业在国内外的品牌形象和影响力、竞争力。

另一方面，文化企业作为发展文化科技产业的市场主体，则要在搞好经营的同时，树立产业报国、文化报国的理念，以做强做大民族产业、弘扬民族文化为己任。在这个特殊的时期、特殊的领域，我们的文化企业肩负着多重责任和国人的多重期待，不仅是经济责任、科技责任，还有文化责任、社会责任。企业要自觉地把自身的发展与国家民族的命运紧密地结合起来，肩负起发展民族经济、弘扬民族文化的重任。要面向世界，勇于参与国际竞争，努力打造具有自主知识产权的文化产品和自主文化品牌，在文化产业领域“加快培育我国的跨国公司和国际知名品牌”，扩大我国文化产品和服务在国际市场的份额。特别值得注意的是，深圳的文化科技企业在发展中一定要以文化内容为灵魂，让自己的文化产品和服务融入中国元素、中国文化、中国价值观，这才是真正的中国人的原创，这样的产品能够走向国际市场并取得成功，才是中华文化的真正胜利。要善于通过经济活动和市场行为，提升中国在国际社会的文化话语权、科技话语权和经济话语权，提升中华文化在全世界的影响力。同时，要以自主创新为依托，依靠科学的理念，准确分析产业趋势，敏锐把握市场机会，寻找适合自身发展的有效商业模式，锻造企业的核心竞争力，从而在市场搏击中做强做大，推动深圳文化科技产业迈上新的台阶，成为引领全国文化产业发展潮流和方向的先锋力量。

2008 年，源于美国的次贷危机迅速发展成为一场席卷全球的金融海啸，进而从金融领域延伸到实体经济，世界经济正面临着一场百年不遇的重大危机。各国纷纷出台救市措施，国际经济起伏不定，动荡不已，至今仍难断言何时方能触底回升。然而，在这场全球金融危机的寒冬中，总体而言，深圳文化产业却一派生机勃勃。2009 年一季度，一大批文化企业迎难而上，带来了一串串更加振奋人心的数字，显示出强大的生命力、创新力和竞争力。腾讯公司预计实现收入 11 亿元，同比增长 90%；华强文化科技集团销售收入和利润分别同比增长 100% 和 164%；雅图公司在全国投影仪行业的市场份额跃升到第三位，并在继续赶超行业国际巨头；华视传媒收入较上年同期增长 100%；网域公司利润增长 116%；A8 音乐集团预计 2009 年出口额增长 50% 以上。

要以自主创新为依托，依靠科学的理念，准确分析产业趋势，敏锐把握市场机会，寻找适合自身发展的有效商业模式，锻造企业的核心竞争力，从而在市场搏击中做强做大，推动深圳文化科技产业迈上新的台阶，成为引领全国文化产业发展潮流和方向的先锋力量。

深圳传统文化资源相对薄弱，文化产业发展却能够取得如此不俗的成绩，成为全国关注的焦点，这不能不引发人们的思考。进一步细加探究，我们发现，这一批成长迅速的文化企业，都具有一个共同的特征，就是文化和科技结合得比较好，在文化创意和科技创新两个方面都有着独到的建树，做出了积极的努力，从而在行业中取得了领先地位。正是“文化 + 科技”的模式，增强了文化企业抵御风险的能力，这样一批文化科技企业，代表了深圳文化产业当前的发展水平、方向和成功实践。“文化与科技紧密结合，创意与创新水乳交融”，正是深圳文化产业发展的基本特色和基本经验，也是深圳文化产业抵御金融危机的根本“法宝”。

从更宏观、更长远的角度看，推动文化与科技结合，加快文化产业发展，不仅是应对金融危机挑战的有效措施，更是落实科学发展观，推动社会主义文化大发展大繁荣的一项重要课题，值得作进一步研究和探讨。

C

发展概况

2011 SHENZHEN CULTURAL INDUSTRIES YEARBOOK

1979~2010 年深圳文化产业发展历程

C1

深圳是中国当代文化产业的重要发源地，经济特区成立 30 年来，深圳文化产业从无到有，从弱到强，文化产业的核心竞争力和整体实力不断增强，文化产业对城市经济的贡献率不断提高，文化产业在发展中逐渐形成一定的自身特色，文化产业发展在全国处于相对领先的位置。从 1979 年到 2010 年，深圳文化产业发展大体经历了四个发展阶段：1979~1991 年文化市场的发育与文化产业的萌芽阶段；1992~1999 年文化产业的初步发展阶段；2000~2005 年文化产业作为“支柱产业”的新定位阶段；2006~2010 年“十一五”期间文化产业大发展阶段。

文化市场的发育与文化产业的萌芽（1979~1991）

1979 年 3 月 5 日，国务院批复同意广东省宝安县改设为深圳市。1980 年 8 月 26 日，深圳经济特区成立。在深圳建市及深圳经济特区创立和发展的约前十年内（1979~1991 年），深圳没有形成明确的“文化产业”发展理念，文化产业处于萌芽状态。

一、以文补文与文化产品、文化服务商品属性的初步显露

深圳在早期文化建设上采取的一项特殊措施是开展“以文补文”活动。深圳的“以文补文”，是从 1979 年市群众文化馆创办美术广告公司开始的。“以文补文”主要有两种方式：一是非盈利的文化事业单位作为自身业务的延伸，开展一些盈利性的业务经营活动，所得盈利用来补进一步拓展原有业务的经费不足。二是社会部门和团体依靠吸引外资或社会集资等方式兴办文化企业，盈利部分除用于文化企业本身发展外，上缴部分用于一些非盈利性或带公益性的文化活动。

深圳经济特区成立之前，具有企业性质的文化单位只有电影公司、深圳戏院、新华书店 3 家。1981 年以后，深圳相继办起一批带有文化性质的企业。从 1981 年到 1985 年，深圳引进企业 7 家，投资 2,100 万人民币；内联企业 7 家，投资 2,300 万元；自办企业 8 家，投资 1,000 多万元。每年获利 100 多万元。这对改善文化设施，补助文艺活动经费，解决职工家属就业，改善生活福利等，起了积极的

从 1979 年到 2010 年，深圳文化产业发展大体经历了四个发展阶段：1979~1991 年文化市场的发育与文化产业的萌芽阶段；1992~1999 年文化产业的初步发展阶段；2000~2005 年文化产业作为“支柱产业”的新定位阶段；2006~2010 年“十一五”期间文化产业大发展阶段。

作用。

“以文补文”为深圳早期文化事业的发展提供了必要资金，丰富了特区的文化生活，培养了文化管理人才和文化经营人才，积累了文化经营的经验，为深圳文化建设带来了勃勃生机。更重要的是，“以文补文”引起了观念的革新。正是因为一些文化单位在“以文补文”工作中开展经营活动，部分单位试行企业化经营管理，使得文化产品和文化服务的商品属性开始显露，也播撒下了文化产业未来发展的种子。

二、社会办文化

深圳市委、市政府在早期文化建设上采取的另一项特殊措施是“开辟社会办文化的途径”，以调动社会上各方面的积极性，建设文化设施，弥补政府投资办文化的不足。

在政府有关政策的引导下，通过外引内联等多种形式兴办的文化场所如雨后春笋般不断出现，其中既有各种服务型的群众文化设施，也有利用海外资金兴建的各种文化娱乐场所，如西丽湖度假村、香蜜湖中国娱乐城、南国影联、海上世界，以及一大批形式多样的歌舞厅、卡拉OK厅等。据统计，到1985年9月前，企业兴建的文化设施有19间（其中剧院4间），座位上万个；企业办专业文艺团体10个，固定队伍近百人。

在“社会办文化”的大背景下，深圳的文化娱乐业开始迈出历史性的一步。1980年，深圳第一家帐篷歌舞厅在西丽湖出现，1981年西丽湖歌舞厅诞生。她可能是改革开放后中国内地最早出现的营业性歌舞厅。随着第一家歌舞厅的应运而生，歌舞厅娱乐在深圳迅速发展起来。在第一家歌舞厅出现后的10年间，深圳歌舞厅包括卡拉OK厅、民歌酒廊等，很快发展到346家，拥有座位9万多，从业人员3,000多人。

歌舞厅的出现以不可阻挡之势，带动了深圳文化娱乐业的发展。此后，音乐茶座、音乐酒廊、卡拉OK、的士高、桌球、电子游戏机等各类文化娱乐设施和场所随着市场需求的扩大而不断出现。深圳文化娱乐业由此走上从无到有、由小到大的征途。也正是由于歌舞厅行业迅猛发展所产生的拉动效应，使深圳娱乐市场的发展在相当长的时间里同内地大多数地区相比处于相对领先的位置。

三、文化企业的早期发展

这一时期，深圳在坚持“为文而办、为文而用、以文补文”的方针、坚持把社会效益放在首位的思想指导下，通过外引内联，采取来料加工、补偿贸易和合作经营等多种形式继续兴办文化企业。文化企业在经营过程中实行经济承包责任制，独立核算，自负盈亏，在市场自身力量的作用和推动下，按经济规律发展，经济效益逐年提高。

1986年深圳开始对文化企业进行重新登记和整顿，要求文化企业把社会效益放在首位。博雅艺术公司、文化服务公司、广告公司、宇宙影视中心、天明美术印刷公司等文化企业都有不同程度的发展和提高。到1987年，文化企业已经发展到33家，其中自营企业16家，集体企业2家，内联企业5家，“三资”企业10家。共引进外资6,047万港元，内地资金1,770万元。这一年仅市属文化企业总营业额就达5,551.8万元，实现利润362.88万元，上缴税金135.2万元。1988年，隶属于市文化局的深圳文化企业发展公司管理的文化企业已经发展到28家，文化企业1988年营业额为7,705万元，实现利润929万元，上缴各项税金178万元。1989年，文化系统所属企业的营业额达到7,632万元，实现利润929万元，上缴税金233万元。1990年，深圳文化企业再次进行整顿，并调整经营结构，拓展经营项目，扩大销售市场，取得较好经济效益，如博雅艺术公司全年销售额达到2,100万元，比上年增长44.5%。

1980年代后期深圳文化发展迈开了两条腿走路的步子。在加强精神文明建设的总体框架下，一方面抓群众文化建设，另一方面抓文化企业。而文化企业的社会效益，主要是通过为文化事业发展积累资金的形式来体现。这一时期，文化企业每年从企业盈利中提取15%作为文化活动经费，用于补贴文艺团体演出、文化网络建设和群众文化活动的开展等。

但是，文化部门兴办的文化企业无论是数量、规模，还是产值和利税，都存在一定的局限。在商品经济和对外开放的大潮涌动之中，其他与文化相关的企业在1980年代后期的深圳开始蓬勃发展，并在总量规模、从业人员和所创利税上迅速超过文化部门兴办的文化企业。这一时期，深圳的印刷业、音像出版业、文化旅游业、动漫业开始起步和成长，其中部分行业开始确立在全国的领先地位，并成为后来深圳文化产业的支柱产业。

四、文化市场的形成

城市崛起刺激起的日益膨胀的文化需求，改革和对外开放带来的勃勃生机，特区成立初期深圳市委、市政府为加快文化建设所采取的特殊措施，等等这些因素共同作用的结果，是深圳文化市场的发育。随着商品经济的发展，特区先后建起营业性的歌舞厅 92 间，录像制品企业 12 家，录像放映场 62 处，图书门市部 28 间，大型游乐场 5 处，桌球 768 台，电子游戏机 650 台，总投资累计人民币 5 亿多元，从而形成一个活跃的文化市场。

随着商品经济的发展，特区先后建起营业性的歌舞厅 92 间，录像制品企业 12 家，录像放映场 62 处，图书门市部 28 间，大型游乐场 5 处，桌球 768 台，电子游戏机 650 台，总投资累计人民币 5 亿多元，从而形成一个活跃的文化市场。

除了文化娱乐市场的兴旺之外，艺术表演、图书报刊、电影和音像制品等市场都有不俗的表现。如在艺术表演方面，从 1981 年到 1984 年底深圳共接待内地文艺团体 109 个，演出近 500 多场次，观众达 50 万人次；在图书发行方面，1984 年销售 3,068,900 册；在电影放映方面，从 1981 年到 1984 年末深圳共有放映单位 77 个（其中特区内 41 个，市辖宝安县 36 个），放映电影 1.06 万场，观众 501 万人次，发行收入 55 万元；在音像制品方面，“八十年代初，深圳的一些文化个体经销商开始以销售录音带为起点进入市场。尔后，销售、租赁、录像投影等多种形式的音像制品市场逐步形成。”

从 1980 年代中期到 1990 年代初，深圳的文化市场进一步发育和形成，并日趋繁荣，包括图书报刊发行、歌舞厅演出、电影放映、工艺美术、音像制品、文化娱乐、文化旅游等项目在内的文化经营活动极为活跃。

文化市场中最为突出的仍然是以歌舞娱乐为主体的文化娱乐业。到 1988 年底，深圳共有歌舞厅 58 家（其中内资 41 家，合资 17 家），拥有 12,000 个座位，演出人员 290 多人，平均约每万人有 1 家歌舞厅。1989 年，特区内营业性歌舞厅达到 120 家，卡拉 OK 厅 48 家，大型游乐场 5 个，总投资累计 5 亿多元。到 1990 年，深圳共有歌舞厅 120 家，卡拉 OK 厅 67 家，大型综合游乐场 6 个，小型游乐场 17 个，电子游戏机 1,293 台，桌球 768 台。而据 1991 年底的统计，深圳市社会办（包括外资办、工商企业办、个体户办）的经营性歌舞厅已有 142 家，卡拉 OK 厅 192 家，其中百分之七八十集中在罗湖区内。

随着深圳音像出版业的起步和深圳文化娱乐市场的进一步繁荣，深圳的音像制品市场也不断扩大。到 1987 年年底，特区内有录像放映点 31 家，比 1986 年增长 82.3%；1988 年，深圳的录像投影场达到 72 家，比 1987 年增加 1.3 倍，音像制品零售点和租赁点也有所增加；1989 年，录像放映场已经达到 179 个；到 1990 年，深圳市共有投影场 179 间，录音带销售点 160 个，录像带销售点 90 多个，出租点 8 个。

深圳的图书市场也得到进一步发展。1986 年，深圳特区发行图书总额 860 万元；1987 年，仅新华书店直属门店就销售图书 584 万元；到 1988 年，新华书店销售图书达 1,000 万册，销售金额 1,500 万元；1989 年特区内已经有新华书店 42 家，图书销售额达 2,000 多万元；

到 1990 年，深圳新华书店（不含宝安县店）销售图书 1,257 万册，销售总额 3,200 万元；1990 年，特区共有图书门市部 28 间，流动书摊 112 个，深圳共有国营书报刊批发网点 4 个，零售网点 54 个。

此外，深圳的艺术表演市场也逐步繁荣。1987 年，来深圳演出的内地表演团体达到 206 个，比 1986 年增加 1.7 倍。深圳粤剧团、深圳特区艺术团、青春艺术团、工人轻音乐团、宝安县轻音乐团等 5 个市属表演团体在市内演出 807 场，演出收入 75.5 万元。到 1991 年，深圳共接待国内各类艺术表演团体 385 个，比 1990 年增加 57%，演出 1,771 场，观众达 128.1 万人次；接待法国、捷克等国外和港澳台地区文艺表演团体 11 个，演出 18 场。

文化市场的出现是深圳文化产业发展的先声。在“文化产业”的理念出场之前，“文化市场”概念在相当程度上蕴涵着后来的“文化产业”的内容，文化市场实际上是文化产业发育的温床，是对文化产业未来发展基础平台的一种重要建构。

文化产业的初步发展（1992~1999）

1992 年 1 月，邓小平第二次视察深圳并发表重要谈话以后，深圳经济特区进入开拓发展阶段，深圳进入了一个“提高整体素质、增创新优势”的发展新阶段。这一时期，“文化产业”在深圳开始引起政府的关注并得到初步发展。

1992 年 6 月 18 日，国家颁布加快发展第三产业的方针政策，其中将“文化卫生事业”列为“投资少、收效快、效益好、就业容量大、与经济发展和人民生活关系密切的行业”之一，并将其确定为加快发展第三产业的重点之一。1992 年，国务院办公厅综合司编著《重大战略决策——发展第三产业》一书，政府主管部门第一次使用“文化产业”概念，将“文化产业”明确地列为第三产业的主要行业之一。1992 年 1 月，邓小平第二次视察深圳并发表重要谈话以后，深圳经济特区进入开拓发展阶段，深圳进入了一个“提高整体素质、增创新优势”的发展新阶段。这一时期，“文化产业”在深圳开始引起政府的关注并得到初步发展。

一、1990 年代前期文化产业基本状况

1990 年代前期，深圳的“文化产业”概念与“社会（企业）办文化”“以文补文”“多业助文”“文化市场”等概念纠合在一起。文化产业最初被理解为那些非政府投资兴办的，也就是所谓“社会办”的企业。

关于 1990 年代前期的文化产业发展，并没有十分准确的数据可以反映。根据 1992 年的有关调查，当时深圳的文化产业大致可分为文化娱乐业，演出经营业，电影和音像制品业，文化艺术品经营业，图书报刊的印刷、发行、销售经营业，广播电视业与广告业，图书文献信息业，文艺培训业，营业性的文化活动的经营和文化旅游业等 10 个部分。但这种分类在当时并没有取得足够的认同，“文化市场”仍然是当时用来描述类似于今天所说的“文化产业”的最关键词语，只不过从 1990 年代初开始夹杂着一些“文化产业”方面的话语。

综合起来，反映深圳当时文化产业发展的有关数据按编年顺序有如下几个：

（一）1992 年，深圳文化产业从业人员已达 3 万人，营业收入 20 亿元；到 1992 年，歌舞、卡拉 OK 等文化娱乐场所每年的营业总额超过 10 亿元；1992 年，以文补文纯收入用于文化事业达 1,958 万元，占当年国家拨文化事业经费的 70%。

（二）据 1993 年统计，深圳有各类歌厅、舞厅、卡拉 OK 厅 600 多家，大型游乐场 5 个，总投资累计 5 亿多元。到 1990 年，深圳共有歌舞厅 120 家，电子游戏室 70 间，桌球室 180 多间，大型综合游乐场 17 个，其中歌舞厅行业发展最快，每年的总收入达 15 亿元。例如，1993 年，罗湖区文化产业已经步入空前繁荣的阶段，初步形成了包括传统的演出市场、书报刊市场、美术市场、电影市场、文物市场和新兴的娱乐市场、音像市场、中外文化交流市场、文化艺术培训市场在内的综合型市场体系，有统计的各类文化企业 1,080 家，其中“三厅”285 家，饭市卡拉 OK210 家，电子游戏机室 43 家，摊位游戏 8 家，桌球室 96 家，电影场 12 家，录像投影 66 家，音像租赁点 23 家，书报刊零售 152 家，音像销售 180 家，还有为数众多的无证经营者。

（三）据 1994 年 8 月统计，深圳有歌舞厅、卡拉 OK 厅 886 家，投影场 533 家，录像租赁点 36 家，音像销售点 524 家，电动无奖游戏机 136 家，书报刊零售点 388 家，书刊二级批发点 5 家，桌球 287 家，摊位游戏 81 家，中餐卡拉 OK 厅（登记注册）356 家，文化市场已形成相当规模。1994 年，是深圳电影放映的鼎盛时期，深圳放映单位 182 个，有电影院 55 个，影剧院 36 个，放映队 41 支，全年放电影近 5.5 万场，观众 1,840 万人次，发行收入 1,920 万元，居全省第一。当年，南国电影院票房收入达 2,000 万元，为全国电影院效益之首。

1990 年代前期的深圳文化产业发展虽然已经具备一定规模，但总体而言还是处在自发阶段，在生产、经营、管理和政策等诸多方面都存在不少问题，其中主要有：无证经营，超范围经营；经营手段不正常，经营内容不健康；缺少规划和调控机制；产业政策不完善，产业结构不合理等等。

不过，文化产业的一些重要门类在这一时期进一步形成并取得进展。这一时期，深圳文化产业比较有代表性的行业是文化娱乐业、文化旅游业、印刷业、设计业和动漫业等。

1990 年代前期的深圳文化产业大体包括四类：第一类是社会办的文化企业，与当时的“文化市场”所涵盖的范围有比较多的重合，这类企业在这一时期已经初步取得“文化产业”的身份认同，如文化娱乐业等；第二类是在市场中自发产生的与文化相关的企业，这类企业在当时并不被考虑在文化产业之列，如印刷业等；第三类是政府用各种形式兴办的以“以文补文”为目的的企业，这类企业的“文化产业”身份并不十分明确，如图书发行等；第四类是部分需要从事文化经营活动的文化事业单位，如广播电视和出版等。

二、1990 年代后期文化产业的主要特点

总体来说，这一时期的深圳文化产业开始呈现出一些新的特点：

第一，文化产业进一步形成规模并取得一定效益。据 1997 年有关方面的粗略统计，当年深圳 GDP 为 1,130 亿元，文化产业增加值总量规模约在 20 亿元左右，约占深圳经济特区 GDP 的 1.7%。据《中国文化文物统计年鉴》，1998 年深圳的文化产业总产出为 10.79144 亿元，增加值为 6.05188 亿元，其中艺术表演团体实现增加值 923.8 万元，艺术表演场所实现增加值 1,800.8 万元，图书馆业实现增加值 1,196.7 万元，群众文化业实现增加值 2,444.6 万元，出版实现增加值 90.8 万元，文化艺术经纪及代理业实现增加值 14.1 万元，娱乐业实现增加值 4,295.3 万元，文物保护业实现增加值 560.3 万元，其他文化艺术业实现增加值 1.89745 亿元。据 1999 年不完全统计，深圳有各类文化经营单位 5,000 余家，从业人员逾 10 万人，深圳文化产业总产值为 100 亿元人民币左右，约占深圳 GDP 的 5%，占第三产业总产值的 15%。

这些数据由于统计口径不一，相互之间可比性不强，有些甚至相互矛盾。但是，这些数据在一定程度上还是能够反映出深圳的文化产业已经形成一定的规模和效益，以及发展水平在全国相对领先的事实。例如，1998 年深圳文

化产业的总产出和增加值虽然远远低于上海的水平，但高于北京，更是远远高于天津等其他城市以及内地大部分省（区）。

第二，文化产业发展主体继续呈现多元化格局，文化产业中多种经济成分并存的局面进一步形成。如，“在深圳 5,000 余家文化经营单位中，国有经济成分所占比例不到 10%；在所有已建成的文化基础设施中，由社会自筹资金兴建的占 43.4%。”

第三，文化产业开始向规模化和集约化方向发展。其中，新闻出版业表现尤为突出，高能耗、低效率分散经营开始向产业化、规模化和集约化经营发展。1997 年，深圳公开发行的报纸 12 家，期刊 32 家，全年出版报纸 5.43 亿份，杂志 1441.97 万册。 1999 年 11 月 1 日深圳特区报业集团正式成立，1999 年《深圳特区报》广告收入 4.8 亿元，总资产 13.21 亿元，集团全年实现利税 8,411 万元。 在图书出版和发行方面，至 1998 年底，全年出版图书码洋 5,380 万元；市新华书店 1998 年销售额 1.9 亿元；1999 年新华书店图书销售额 2.2 亿元。

文化产业作为“支柱产业”的新定位（2000~2005）

2010 年代前期，随着“文化立市”发展战略走向前台，文化产业升格为深圳经济第四大支柱产业，深圳文化产业发展迎来了新纪元。虽然文化产业发展的社会支持仍然不足，但文化产业工作会议的召开表明，深圳已经形成文化产业发展的优质政府要素，文化产业发展成为深圳的一个重要产业门类和城市经济新的增长点。

从 2000 年起，“文化产业”概念开始在深圳高层领导的有关讲话和政府有关文件中反复出现。2000 年 5 月 22 日中国共产党深圳市第三次代表大会上的报告中，“文化繁荣发达”被确定为深圳率先基本实现现代化的六大目标之一，“文化产业迅速发展”被列为其中的内容之一。

一、“文化立市”发展战略与文化产业的支柱产业定位

从 2000 年起，“文化产业”概念开始在深圳高层领导的有关讲话和政府有关文件中反复出现。2000 年 5 月 22 日中国共产党深圳市第三次代表大会上的报告中，“文化繁荣发达”被确定为深圳率先基本实现现代化的六大目标之一，“文化产业迅速发展”被列为其中的内容之一。2001 年 3 月 31 日通过的《深圳市国民经济和社会发展第十个五年计划纲要》也将“文化产业迅速发展”列入“十五”期间深圳市经济和社会主要发展目标中的内容，“加快发展文化产业”问题更是得到专门论述。

这一时期，深圳文化部门也对文化产业问题进行了进一步思考。如深圳市文化局局长王京生在《关于文化产业发展的几个问题》中认为，文化产业的发展是经济发展到一定阶段的历史必然，文化产业在国民经济发展中正迅速上升到一个十分重要的位置，文化竞争已经成为综合国力竞争的主要领域；文化产业既是经济发展的重要增长点，又是现代社会中文化发展的基本方式，文化产业的制造能力和传播能力在某种意义上将决定中华民族在世界上的影响能力。该文同时指出，在文化产业的发展环境、发展方针、发展步骤上存

在误区，绝不能陷于误区，在旧有的文化管理体制和模式下去阐释文化产业的发展。良好的政策法律环境是文化产业发展的重要保障，文化产业能不能迎来发展的春天，决定于法律所给予的气候；在文化产业的发展上，必须坚持改革开放的方针，消极的抵抗没有出路；可以设想建立中国文化产业发展的试验区，除必要的限制外，在文化产业发展进行一次性到位的与国际惯例的衔接；必须强化对国有文化产业的改革力度。

2001年底，深圳市委、市政府把文化体制改革和文化产业发展作为重大调研课题，批准成立深圳市文化产业发展办公室。2002年4月初，为积极应对“入世”大局，强化市场意识，完善产业政策，促进深圳市文化产业的繁荣，深圳市正式设立市文化产业发展办公室，专门对深圳市的文化产业发展进行统筹、指导和协调。

2002年4月28日颁布实施的《深圳市社会主义精神文明建设“十五”规划》则明确提出“十五”期间，深圳将围绕建设现代文化名城的目标，努力初步建成中外文化交流窗口、文化精品和优秀文化人才荟萃中心、文化艺术商品交易中心和区域性文化产业中心；提出要“大力发展文化产业”，“制定《深圳市文化产业发展五年规划》，逐步把深圳的文化产业建设成国民经济的支柱产业”；其中甚至提到，2005年“文化产业总收入突破50亿元”。

中共十六大以来，文化产业得到深圳市委、市政府的进一步重视。2003年1月2日，深圳市委二届六次全会报告提出“要确立‘文化立市’战略”。为确保“文化立市”战略的顺利实施，进一步深化文化体制改革，推动文化产业发展，深圳市委、市政府于2003年4月24日决定，成立“文化立市”及文化体制改革与文化产业发展领导小组。2003年6月6日，深圳市委召开常委会，通过《关于实施“文化立市”战略的决定》。2004年3月2日深圳市委、市政府召开实施“文化立市”战略工作会议。

2004年3月深圳市实施“文化立市”战略工作会议报告《大力实施“文化立市”战略，努力把深圳建设成为高品位文化城市》进一步提出：“把发展文化产业摆到更加突出位置，力争使文化产业像高新技术产业、物流业、金融业一样，成为深圳市国民经济的支柱产业，成为新的经济增长点，为优化深圳市产业结构、加快深圳市经济发展发挥更大的作用。”

2005年1月13日召开的中共深圳市委三届十一次全体（扩大）会议上，深圳市委、市政府首次在经济工作安排上提出了除高新技术、物流和金融三大支柱产业之外，“最有潜力成为第四大支柱的文化产业”，指出要“确立和强化文化产业作为支柱产业的地位”。

2005年11月10日深圳文化产业工作会议召开。会议讨论了一系列促进文化产业发展的文件，具体包括：《中共深圳市委深圳市人民政府关于大力促进文化产业发展的决定（征求意见稿）》《深圳市文化产业发展专项资金管理暂行办法（征求意见稿）》《深圳市人民政府关于扶持动漫游戏产业发展的若干意见（征求意见稿）》《深圳市人民政府关于建设文化产业基地的实施意见（征求意见稿）》《深圳市人民政府关于加快文化产业发展若干经济政策（征求意见稿）》《深圳市文化产业发展“十一五”规划（征求意见稿）》《深圳经济特区文化产业促进条例草案（征求意见稿）》这些文件在文化产业发展政策、文化产业基地建设、文化产业发展基金和文化产业发展规划等方面做出了具体详尽的规定。

这次会议也进一步明确了深圳文化产业的发展目标。第一，到2010年，深圳市文化产业增加值占GDP比重大幅度提升，城市居民人均文化娱乐消费支出占全部消费性支出的比重明显提高，使深圳成为具有国内领先地位和国际影响力的文化产业发展中心城市之一。第二，未来5年，深圳要培育“三个核心产业群”，即形成一个包括动漫游戏、创意设计、印刷、艺术创作等在内的“创意产业群”；一个包括传媒出版、数字影视、演艺娱乐、艺术培训等在内的“传播产业群”；一个包括数字技术、法律、专利、品牌、版权服务、咨询、中介、营销等在内的“文化服务产业群”。第三，未来5年，深圳建设“四大基地”，即中国（国际）文化产业博览基地、全国动漫创意设计基地、区域文化产品生产制作基地和区域文化市场消费基地。第四，深圳还要打造“五个一批”，即建成一批标志性现代文化产业发展重点设施；构建一批文化产业基地和特色文化产业园区；形成一批具有竞争实力的文化企业或集团；启动一批文化产业重点骨干项目；培育一批具有较强聚集和辐射功能的文化交易市场。

二、2000～2005 年深圳文化产业发展的基本情况

21 世纪初期，深圳仍然没有建立统一、稳定的文化产业统计标准。反映深圳文化产业发展状况的不少数据，还是建立在对文化市场的统计基础之上。不过，由于“文化市场”概念并不能完整、准确反映文化产业发展的全貌，渐渐开始退出历史舞台，文化产业的统计也逐步走向规范。

直接反映 2000 年深圳文化产业发展的有关数据不多，多少能看出 2000 年深圳文化产业发展的基本情况的相关数据有如下几个方面：

（一）从文化市场角度看，2000 年深圳共有文化经营单位 3,534 家，其中歌舞娱乐场所 950 家，投影场则被压缩至 710 家，电子游戏厅剩下 134 家，批发市场内图书批发单位 26 家，图书零售网点 1,385 家；全年放映电影 2.66 万场，观众 235 万人次，发行收入 416 万元，票房收入 2,304 万元，电影市场下滑趋势得到一定程度的缓解；2000 年接待外来演出团体 280 个，其中国内团体演出 1,340 场，涉外团体演出 80 场，本市团体演出 1,300 场。

（二）在新闻出版方面，至 2000 年，深圳共有 7 家报社，公开出版发行的报纸 14 种，全年出报 56,453 万份，总收入超过 10 亿元，其中《深圳特区报》广告收入 5.47 亿元；深圳特区报业集团资产总额突破 14 亿元，综合实力居全国报业第 4 位，深圳商报社实现年营业收入 5 亿元，其中广告收入 4.1 亿元；深圳共有各类期刊 32 种，年发行总量 2,531 万册，全年总收入 5,000 万元，刊社固定资产 2 亿元；深圳广播电台广告经营收入达 6,000 万元；深圳拥有电视台 1 座，有线电视台 3 座，自办节目 7 套，有线电视转播节目 31 套；市新华书店一般图书销售量仅次于北京、上海和广州，居全国大城市第 4 位，其中深圳书城单店营业额突破 2 亿元，仅次于北京西单图书大厦，居全国大型书城第 2 位；海天出版社出版图书 470 种，3 家音像出版社、9 家音像复录和光盘制作单位出版音像制品 270 种，发行 223 万片（盒）

（三）在印刷业方面，经清理整顿后 2000 年深圳深圳市共有书刊装潢包装印刷企业 1,208 个，总产值 97 亿元（不含纸箱、纸板包装业），从业人员 7 万人，税利约 10 亿元。

2002 年深圳市文化产业发展办公室对深圳文化产业的发展现状作出了第一次较为准确的统计。在这次统计中，文化产业被认定为“文化部门所管理和指导的、从事文化生产和服务的经营性行业”，主要包括：印刷制作业、大众传媒业、出版发行业、文艺演出和文化娱乐业、文化旅游业、艺术培训业、艺术品业、游戏软件业、文化中介服务业、文化科技业等。

根据这次统计，2001 年深圳主要文化产业的年总产值达到 178.24 亿元，增加值 54.05 亿元，占深圳当年 GDP1,908 亿元的 2.8%。其中，印刷业年产值 117 亿元，增加值 35.1 亿元；报业年收入 14 亿元，增加值 5 亿元；期刊业年收入 1.2 亿元，增加值 0.3 亿元；图书出版业年收入 0.2433 亿元，增加值 0.0308 亿元；音像制品出版收入 0.12 亿元，增加值 0.018 亿元；图书销售收入 3.48 亿元，增加值 0.85 亿元；音像制品和电子出版物年销售收入 2.7 亿元，增加值 0.81 亿元；广电业年收入 6.33 亿元，增加值 1.9 亿元；文化娱乐业年收入 18 亿元，增加值 5.4 亿元；旅游业中的旅游景点（包括主题公园、历史遗迹、纪念地等人文景观）一项，其年收入 15.19 亿元，增加值 4.6 亿元；游戏软件业的年收入 0.1 亿元，增加值 0.025 亿元。

但是，2002 年的文化产业发展情况并无准确统计，各种数据相互之间无法统一。在有些材料中，文化市场概念也再次被用来反映有关文化产业发展的情况。相关数据主要有如下几种：

（1）2002 年深圳文化产业增加值总量规模约为 55 亿元左右，约占深圳市 GDP 的 2.5%。

（2）在文化产业方面，据 2002 年 9 月底调查统计，深圳市 6 个区文化市场 10 大门类共有经营单位近 5,000 家，从业人员逾 10 万人，总产值约 178 亿元人民币，约占深圳市 GDP 的 2.8%。

（3）据不完全统计，2002 年深圳文化产业

总产值为 258.05 亿元，其增加值占深圳市 GDP 的 3.48%。

（4）从 1997 年至 2002 年，深圳文化产业年均递增 22.42%，这种速度高于同期深圳市 GDP14.5% 的年均增幅。

（5）深圳文化产业已经初步形成了以报刊出版、广播电视、文化娱乐为三大先导的产业主体框架。在报刊出版方面，2002 年深圳市公开发行的报纸 17 家，期刊 40 家，图书出版社 1 家，印刷企业 1,375 家，产值约 180 亿元；全年出版报纸约 5.6 余亿份，杂志 2,530 余万册；其中深圳报业集团总资产达 50 亿元，净资产 15 亿元，2002 年利税 1.1 亿元，广告额 8.3 亿元；图书出版 500 多种，总印数 400 万册，销售额 0.68 亿元；音像制品 427 个品种，发行 2,053 万片（盒）；市新华书店图书销售额 1.9 亿元。在广播电视方面，深圳电视台和广播电台累计总资产超过 20 亿元，2002 年经营收入 6.6 亿元（其中广告收入 4.3 亿元），全年利润 6,100 余万元，上缴利税 4,200 万元。在文化娱乐方面，2002 年深圳市 6 个区文化市场 9 大门类共有经营单位 3,586 家，其中歌舞娱乐场所 487 家、电子游戏机室 134 家、桌球室 320 多家、录像投影场 316 家、音像制品零售单位 335 家、书报刊零售点（含批发）1,916 家、艺术品经营单位（含艺术品拍卖公司）44 家、文艺培训单位 136 家、电影放映场所 142 家，此外还有 1,000 多家中餐厅附设卡拉 OK 厅。深圳市娱乐场所投资额约 26 亿元，营业收入约 20 亿元，上缴利税约 1.85 亿元。

（6）截止 2002 年底，深圳市 4,044 家文化经营单位，有从业人员 12,572 人，其中专业 800 人。深圳市娱乐场所固定投资总额 81,743.8 万元，营业（销售）收入 391,988.6 万元，上缴国家税收 28,347.97 万元。音像市场从业人员 2,358 人，投资总额 9081 万元，营业（销售）收入 20,435.7 万元，纳税 1,231.5 万元。书报刊市场从业人员 4,875 人，投资总额 32,957.97 万元，营业（销售）收入 133,393.2 万元，纳税 3,641.436 万元。

2003 年 1 月，根据深圳市领导尽快建立深圳市文化产业统计指标体系的指示，深圳市委宣传部、市文化局和市统计局联合市内外有关专家成立深圳市文化产业统计指标体系研究课题组，形成《深圳市文化产业统计指标体系研究》，其中将文化产业理解为"从事文化产品的生产、流通及提供文化服务的经营性活动的行业总称"，将深圳市文化产业的统计范围具体分为新闻出版业、广播电视电影音像业、文化艺术业、印刷和记录媒介复制业、社会文化娱乐服务业、文化旅游业、文化信息传输服务业、广告业、创意设计业、会展业、文化产品制造业、文化产品批发零售业等 12 类。以此为基础，在全国尚无统一的文化产业统计指标的情况下，深圳市文化局、统计局联合发布了《深圳文化产业统计报表制度》，这为推动深圳市文化产业发展进行了制度化建设的尝试。

根据这一新的标准统计，2003 年深圳文化产业总产出 403.14 亿元，实现增加值 135.3 亿元，占 GDP 总量的 4.73%，比上年增长 19.65%。2003 年深圳 GDP 比上年增长 17.3%，文化产业的增长率较之高出 2.35%。其中，新闻出版业年总产出 20.52 亿元，增加值 6.35 亿元，占当年总增加值的 4.7%；广播电视电影音像业年总产出 8.34 亿元，增加值 2.5 亿元，占当年总增加值的 1.8%；文化艺术业年总产出 3.14 亿元，增加值 1.38 亿元，占当年总增加值的 1%；印刷和记录媒介复制业年总产出 189.75 亿元，增加值 55.37 亿元，占当年总增加值的 40.9%；社会文化娱乐服务业年总产出 46.3 亿元，增加值 11.74 亿元，占当年总增加值的 8.7%；文化旅游业年总产出 19.04 亿元，增加值 5.77 亿元，占当年总增加值的 4.3%；文化信息传输服务业年总产出 2.4 亿元，增加值 0.72 亿元，占当年总增加值的 0.5%；广告业年总产出 28.61 亿元，增加值 21.59 亿元，占当年总增加值的 16%；文化产品制造业总产出 53.26 亿元，增加值 18.08 亿元，占当年总增加值的 13.4%；文化产品批发零售业年总产出 7.72 亿元，增加值 2.18 亿元，占当年总增加值的 1.6%；体育业年总产出 24.06 亿元，增加值 9.62 亿元，占当年总增加值的 7.1%。

2004 年 4 月 1 日国家统计局印发《文化及相关产业分类》，并于 2005 年 1 月 6 日正式实施《文化及相关产业指标体系框架》。深圳市统计局暂未能根据这一指标进行深圳市文化产业统计。2005 年 4 月，由于工作急需，深圳市文化局按《深圳文化产业统计报表制度》对 2004

年深圳文化产业发展基本情况进行了快报数调查。据快报数调查汇总，2004 年深圳文化产业实现增加值 163.39 亿元，占深圳市 GDP 的 4.77%，与去年同口径相比增长 20.76%，2004 年深圳 GDP 比上年增长 17.3%,文化产业的增长率较之高出 3.46%。此外,据不完全统计，2004 年末深圳深圳市文化产业经营单位已超过 8,187 家，文化产业从业人员数达到 22.11 万人，占深圳市从业人员数 的 4.85%。根据该调查分析，2004 年深圳的印刷和记录媒介复制、新闻出版、文化产品制造和社会文化娱乐服务、文化旅游等对深圳市文化产业贡献率继续保持领先地位。文化产业增加值排名前四位的印刷和记录媒介复制、新闻出版、文化产品制造和社会文化娱乐服务对深圳市文化产业增加值的贡献率达到 70.57%。

这些数据并不十分确切，而且年度数据之间缺乏连续性和可比性。但是这些数据还是能够表明，文化产业已经成为深圳的一个重要产业门类和城市经济新的增长点。

文化产业增加值排名前四位的印刷和记录媒介复制、新闻出版、文化产品制造和社会文化娱乐服务对深圳市文化产业增加值的贡献率达到70.57%。

根据深圳市统计局依据国家统计局《文化及相关产业分类》的统计调查，深圳市 2005 年文化及相关产业统计的主要数据如下：

①总量及其占 GDP 比重。2005 年深圳市文化及其相关产业的增加值为 3004654 万元，占深圳市 GDP 的比重 6.1%；按可比价格计算，比 2004 年增长 16.2%。

②分层构成。从分层来看，核心层增加值 501423 万元，占 16.7 %，比 2004 年增长 20.8 %；外围层增加值 387058 万元，占 12.9%，增长 8.3%；相关层增加值 2116173 万元，占 70.4%，增长 16.7%。

③分类构成。从类别来看,新闻服务的增加值 2319 万元,占 0.1%，比 2004 年增长 65.6%；出版发行和版权服务的增加值 400726 万元，占 13.3%，增长 25.0%；广播、电视、电影服务的增加值 68332 万元，占 2.3%，增长 2.3%；文化艺术服务的增加值 30046 万元，占 1.0%，增长 15.2%；网络文化服务的增加值 38500 万元，占 1.3%，增长 13.0%；文化休闲娱乐服务的增加值 197416 万元,占 6.6%，增长 6.5%；其他文化服务的增加值 151142 万元，占 5.0%，增长 9.6%；文化用品、设备及相关文化产品的生产的增加值 1878278 万元，占 62.5%，增长 17.5%；文化用品、设备及相关文化产品的销售的增加值 237895 万元，占 7.9%，增长 11.2%。

“十一五”期间文化产业的大发展（2006~2010）

“十一五”期间，深圳大力实施“文化立市”战略，积极推进文化体制改革，大力培育文化市场主体，解放和发展文化生产力，推动文化产业快速发展，形成了较为完备的产业发展体系，竞争力和整体实力进一步增强，对城市经济的贡献率进一步提高，已成为深圳第四大支柱产业。在“十五”期间文化产业增加值年均增速达到14%，总量连续突破100亿、200亿和300亿元大关，占深圳市生产总值的比重由2.8%提高到6.1%的基础上，2006年深圳市文化产业增加值达到382亿元，占深圳市GDP的6.7%。2007年文化产业增加值465.5亿元，同比增长18.2%，占GDP的比重为6.88%。2008年文化产业全年增加值504.5亿元，同比增长7.8%，占GDP的比重为6.46%。2009年深圳文化产业实现增加值518.68亿元，同比增长2.81%，占深圳市生产总值（GDP）的6.32%。据市统计局2010年年度快报统计，深圳文化产业实现增加值637.23亿元，同比增长22.86%，占深圳市生产总值（GDP）的6.7%，文化产业增长速度比同年深圳市生产总值（GDP）（9510.91亿元）增长幅度（12%）高出12.86个百分点。尤其是在创意设计、动漫游戏、数字音乐、互联网信息服务、高端印刷等领域涌现出一批逆势上扬、高速增长的骨干企业，成为引领深圳市文化产业发展的中坚力量，呈现良好的发展态势。

一、文化与科技高度融合，代表未来文化产业发展方向的新业态不断涌现

“文化＋科技”是深圳市文化产业快速发展的重要经验。深圳高新技术产业非常发达，为文化产业的发展奠定了良好的基础，涌现出了一批以高新技术为依托、数字内容为主体、自主知识产权为核心的高成长型文化科技型企业，比如：腾讯公司注重加强科研创新力量，不断在互联网信息和网络游戏等业务上推陈出新，成就显著，公司市值上已进入全球互联网行业前三甲，仅次于美国的谷歌和亚马逊公司，2009年收入突破100亿元，2010年总收入196.460亿元人民币，同比增长57.9%，净利润80.536亿元人民币，同比增长56.2%；A8音乐集团一直以来专注于新媒体原创音乐，已成功在香港主板上市；华强文化科技的“环幕立体电影”系统及影片打入了包括美国、加拿大在内的四十多个国家。2005年成立的深圳华视传媒通过自主创新，成功创设了中国乃至全球最大的户外数字移动电视广告联播网，已覆盖全国26个经济发达的城市。

二、文化与传统制造相互结合，传统优势文化制造企业优化升级

印刷、工艺品制造等一批传统文化制造类企业充分利用高新技术手段，不断强化创意设计环节，使先进的创意设计理念快速渗透到传统文化制造业，推动了传统文化制造企业的优化升级，加快“深圳制造”向“深圳创造”转变。以劲嘉集团、雅昌彩印等为代表的一批印刷企业通过不断革新烟标、包装、印刷等技术，迅速抢占了国内印刷行业的制高点；华侨城集团、华强文化科技的第四代文化主题公园通过不断丰富创意设计和动漫游戏内涵，引领我国主题公园的潮流；永丰源、斯达高等陶瓷工艺企业依托设计和技术的创新，成功打造了颇具盛名的“深圳瓷”。

三、文化产业园区基地建设不断发展，产业聚集带动效应逐步呈现

面对深圳土地资源紧缺的硬约束，深圳出台了关于建设文化产业园区（基地）的实施意见等一系列政策措施，不断加强文化产业公共技术、服务、信息平台建设，引进了一批有实力、有特色的文化产业园区和基地落户深圳，发挥产业聚集效应和企业创新能力，推动文化产业向集群化、集约化发展。同时鼓励各区在自身发展优势的基础上，通过与旧城区、旧工业区、旧商业区改造相结合，置换出更多的发展空间，造就了田面设计之都、怡景动漫基地、华侨城LOFT创意园、观澜版画基地、宝福珠宝产业园等一批优质的文化产业园区和基地。目前，深圳共有各类文化产业园区、基地40多个，涵盖了动漫游戏、创意设计、数字内容、出版发行、工艺美术等领域，其中，华侨城集团、雅昌企业集团、大芬油画村、深圳古玩城被评为国家文化产业示范基地，华侨城集团同时又是国家文化产业示范园区。深圳文化产业园区和基地的繁荣发展，已成为拉动文化产业发展、提升产业运行质量的重要支撑。

四、文博会国家级平台初步确立，为文化产业发展的提供了强力支撑

文博会作为国家重点扶持的国家级、国际化、综合性文化产业会展，不仅为中国文化产业发展搭建起一个高起点、高规格的展示、交易、信息平台，而且使大量资金、项目、信息、技

术、人才在深圳汇聚，有力推动了区域文化产业的发展。到2010年，文博会已成功举办六届，累计成交额达3780多亿元，展会规模、观众数量、国际化程度、交易成果连年攀升。刚刚落幕的第六届文博会整体质量和水平再上新台阶，更是刷新历届文博会的记录。1797家政府组团、企业和机构参加文博会，比上一届增加89家；全国31个省、自治区、直辖市及港澳台地区全部参展，首次实现“满堂红”和“全家福”；分会场增至35家，比上一届增加5家；总成交额达1088.56亿元，超过上届总成交额207.87亿元，同比增长23.6%，其中合同成交额351.03亿元，占总成交额的32.25%，同比增长101%；文化产业核心层成交额395.59亿元，占总成交额36.34%；出口交易达114.06亿元，占总成交金额的10.48%，比上一届增长30.12%；骨干文化企业及重大项目成交喜人，骨干文化企业参展率达51%，比上一届的29%增长22个百分点。投资规模超亿元的项目131个，签约总额788.75亿元，占总成交额72.5%。文博会形成的“文化＋科技”的特色在本届文博会上更加突出，科技型文化产业成交额达403.76亿元，比上届增长61.76%；“文化＋旅游”特色逐步显现，文化与旅游相结合产业成交额104.55亿元。已成为新的增长点。本届文博会引起社会各界和新闻媒体的高度关注，参观人数达367.49万人次，比上届增加9.80万人次；专业观众达39.013万人次，比上届增加1.523万人次，其中海外专业观众8.493万人次，比上届增加1.033万人次，超过1500名中央、各省市及境外媒体记者参访，并在相关媒体的重要版面、重要时段聚焦报道文博会盛况。文博会的规模和影响力不断扩大，已发展成为中国文化产业领域规格最高、规模最大、最具实效和影响力的展会，为拉动全国文化产业发展、促进中华文化走向世界搭建了重要的国家级平台，同时也成为推动深圳文化产业发展、引领深圳产业结构优化调整的“助力器”。

五、体制机制和政策配套进一步完善，产业发展环境不断优化

2003年，深圳被中央确立为全国文化体制改革试点城市，出台了《深圳市文化体制改革综合试点方案》，成立了专门机构负责制定文化产业发展规划和配套的经济政策，以及提供协调、管理、行业指导和相关的公共服务，先后颁布了《深圳市文化产业发展“十一五”规划（2006～2010）》和《深圳市文化产业发展规划纲要（2007～2020）》，率先制定了第一部扶持文化产业发展的地方性法规《深圳市文化产业发展促进条例》，先后出台了《中共深圳市委深圳市人民政府关于大力发展文化产业的决定》《关于加快文化产业发展若干规定》《关于建设文化产业园区（基地）的实施意见》《关于扶持动漫游戏产业发展的若干意见》《深圳市文化产业发展专项资金管理暂行办法》《深圳市鼓励“三旧”改造建设文化产业园区（基地）若干措施（试行）》《深圳市重点文化企业认定和考核暂行办法》《深圳市文化产业园区和基地认定管理办法（试行）》《关于促进创意设计业发展的若干意见》《关于促进和支持深圳文化产权交易所发展的若干意见》等一系列政策措施，并设立文化产业发展专项资金，“十一五”期间，市区两级财政共安排文化产业发展专项资金8.5亿元，其中，市财政安排3亿元，各区财政合计安排5.5亿元，其中，市文化产业资金从2007年正式运作以来，已认定重点文化企业161家，共资助218个项目，资助总额合计1.75亿元，重点为一批原创研发、高速成长型的文化企业和项目提供了资助和扶持，有力地推动深圳文化产业的快速发展。同时，积极探索完善文化产业投融资机制，于2010年11月份组建了深圳文化产权交易所，近百项文化产权项目进入文交所系统挂牌交易，并积极推动文化产业投资基金的设立，文化产业投资基金已获国家有关部委批准，首期募集60亿元，通过设立深圳文交所和文化产业投资基金，为文化企业、文化产品和项目交易与投融资搭建起文化产业专业化、市场化、高效化的平台，促进更多的风险资本、创业资本和社会资金进入文化产业领域，进一步畅通文化产业交易与投融资渠道。

（作者为深圳市社会科学院文化研究所所长、研究员　王为理）

深圳文化产业发展概况

C2

2010年深圳文化产业发展概况

2010年深圳文化产业在较为复杂的大环境中发展。从国内经济环境看，国家宏观经济政策从“保增长”转向“促转变”，复杂的整体经济环境直接影响着深圳文化产业的发展。从文化产业宏观政策环境看，2010年3月国家九部委出台《关于金融支持文化产业振兴和发展繁荣的指导意见》，文化产业在政策层面获得现代金融手段支持。2010年7月胡锦涛在中共中央政治局第二十二次集体学习时强调深入推进文化体制改革，促进文化事业全面繁荣和文化产业快速发展，文化产业发展方向进一步明确。2010年10月中共中央十七届五中全会提出“十二五”期间“推动文化产业成为国民经济的支柱性产业”，文化产业被定位为国家战略性支柱产业。从深圳情况看，深圳市委市政府于2010年3月发布《关于全面提升深圳文化软实力的实施意见》，提出加强国际文化创意中心工程建设和加强文化产业发展工程建设。对在广东省建设文化强省的大背景下，深圳市委市政府进一步提出全力把文化创意产业打造成深圳第四大战略性新兴产业。这一情况与文化产业在全球范围内获得政府重视的国际背景大致契合，深圳市文化产业发展的实际与在部分发达国家或地区的经济发展中，文化产业取得举足轻重的地位，无论是在产业增值、就业水平，还是在对外贸易中，文化产业的重要性都在日益增强的状况也趋向一致。

一、基本情况

（一）总体情况

据深圳市统计局2010年年度快报统计，深圳文化产业快速增长，实现增加值637.23亿元，同比增长22.86%，占深圳市生产总值（GDP）的6.7%。文化产业增长速度比同年深圳市生产总值（GDP）（9510.91亿元）增长幅度（12%）高出12.86个百分点。

2009年深圳文化产业实现增加值518.68亿元，同比增长2.81%，占深圳市生产总值（GDP）的6.32%。

（二）分层情况

由新闻服务、出版发行和版权服务、广播电影电视服务和文化艺术服务等四个类别构成的文化产业“核心层”实现增加值84.24亿元，同比增长14.93%。以互联网信息为主的网络文化服务，以旅

	类别名称 单位（万元）	工业 增加值	商业 增加值	服务业 增加值	合计	同比增长 （%）	比重 （%）
第一部分 文化服务	总计	3207016.6	800088.2	1179651.1	5186756.0	2.81	100.00
	第一部分 合计	426155.1	302310.5	984854.5	1713320.1	22.09	33.03
	核心层 小计	426155.1	133509.8	282757.8	842422.7	14.93	16.24
	新闻服务	——	——	6341.0	6341.0	59.39	0.12
	出版发行和版权服务	426155.1	133509.8	85687.4	645352.3	6.24	12.44
	广播、电视、电影服务	——	——	183226.7	183226.7	58.67	3.53
	文化艺术服务	——	——	7502.6	7502.6	23.10	0.14
	外围层 小计	0.0	168800.7	702096.7	870897.5	29.92	16.79
	网络文化服务	——	——	43798.3	43798.3	132.75	0.84
	文化休闲娱乐服务	——	——	381250.0	381250.0	64.90	7.35
	其他文化服务	——	168800.7	277048.5	445849.2	6.07	8.60
第二部分 相关文化服务	第二部分 合计	2780861.5	497777.7	194796.6	3473435.8	-4.62	66.97
	相关层 小计	2780861.5	497777.7	1947796.6	3473435.8	-4.62	66.97
	文化用品、设备及相关文化产品的生产	2780861.5	——	194796.6	2975658.1	-7.10	57.37
	文化用品、设备及相关文化产品的销售	——	497777.7	——	497777.7	13.47	9.60

表一 2009年深圳市文化产业主要指标

游、娱乐为主的文化休闲娱乐服务和以广告、会展、文化商务代理为主的其他文化服务等类别构成的文化产业“外围层”实现增加值87.09亿元，同比增长29.92%。由文化用品、设备及相关文化产品的生产和销售活动构成的文化产业“相关层”实现增加值347.34亿元，同比增长-4.62%。核心层、外围层和相关层的比重为16.24 : 16.79 : 66.97。

（三）分类别情况

从实现的增加值看，文化用品、设备及相关文化产品的生产实现增加值297.57亿元，占深圳市文化产业增加值的57.37%。出版发行和版权服务，实现增加值64.53亿元，占深圳市文化产业增加值的12.44%。文化用品、设备及相关文化产品的销售实现增加值49.78亿元，占深圳市文化产业增加值的9.60%。其他文化服务实现增加值44.58亿元，占深圳市文化产业增加值的8.60%。文化休闲娱乐服务实现增加值38.13亿元，占深圳市文化产业增加值的7.35%。广播电视电影服务实现增加值18.32亿元，占深圳市文化产业增加值的3.53%。网络文化服务实现增加值4.38亿元，占深圳市文化产业增加值的0.84%。文化艺术服务实现增加值0.75亿元，占深圳市文化产业增加值的0.14%。新闻服务实现增加值0.63亿元，占深圳市文化产业增加值的0.12%。

从增长速度看，网络文化服务同比增长132.75%，文化休闲娱乐服务同比增长64.90%，新闻服务同比增长59.39%，广播电视电影服务同比增长58.67%，文化艺术服务同比增长23.10%，文化用品、设备及相关文化产品的销售同比增长13.47%，出版发行和版权服务同比增长6.24%，其他文化服务同比增长6.07%，文化用品、设备及相关文化产品的生产同比增长-7.10%。

核心层、外围层和相关层的比重（%）

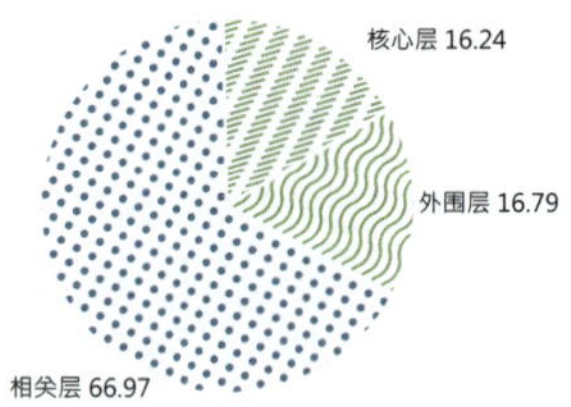

图一 2009年深圳市文化产业核心层、外围层和相关层比重

核心层、外围层和相关层增长速度（%）

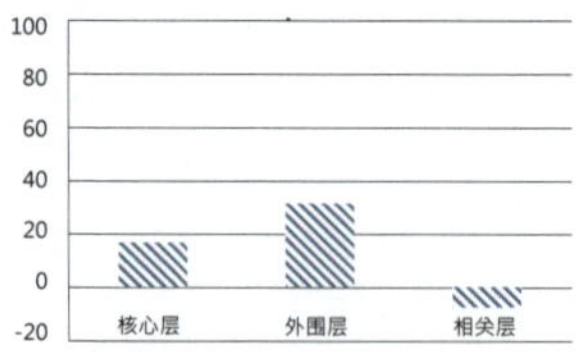

图二 2009年深圳市文化产业核心层、外围层和相关层增长速度

二、主要进展

（一）受金融危机影响的增长速度快速恢复

2008 年和 2009 年，深圳文化产业发展受到金融危机巨大冲击，作为深圳文化产业主体的文化制造业出现负增长，其中 2008 年占深圳市文化产业增加值比重达 63.49% 的文化用品、设备及相关文化产品的生产在 2009 年负增长 7.1%。2008 年深圳市文化产业增加值同比增长速度由 2006 年的 25.9% 和 2007 年的 18.2% 快速下降为 7.8%，比同年深圳市 GDP 增长幅度（12.1%）低 4.3 个百分点。2009 年深圳市文化产业增加值同比增长速度进一步下降到 2.8%，比同年深圳市 GDP 增长幅度（10.7%）低 7.9 个百分点。据市统计局快报统计，2010 年深圳文化产业增长快速恢复，同比增长速度达到 22.86%，比同年深圳市 GDP 增长幅度（12.0%）高出 10.86 个百分点。金融危机对文化产业的影响初步得到克服，“十一五”期间深圳市文化产业增加值年均增速也得以达到 10.78%，与深圳市 GDP“十一五”期间年均增速 10.84% 基本持平。

（二）产业规模实现翻番

2010 年深圳市文化产业实现增加值 637.23 亿元，总量连续突破 400 亿、500 亿和 600 亿元大关，增加值由“十五”期末（2005 年）的 300.47 亿元提高到 2010 年的 637.23 亿元，实现翻一番。2010 年深圳市文化产业增加值占深圳市生产总值（GDP）的比重由“十五”期末（2005 年）的 6.1% 提高到 6.7%。2006 年深圳市文化产业实现增加值 381.96 亿元，占深圳市生产总值（GDP）的 6.7%。2007 年深圳市文化产业实现增加值 465.5 亿元，占 GDP 的比重为 6.88%。2008 年深圳市文化产业实现增加值 504.49 亿元，占 GDP 的比重下降到 6.46%，2009 年深圳市文化产业实现增加值 518.68 亿元，占 GDP 比重进一步下降为 6.32%。

（三）新兴文化科技型企业发展态势良好

发达的高新技术产业为深圳文化产业的发展奠定了良好基础，一批以高新技术为依托、以数字内容为主体、自主知识产权为核心的高成长型文化科技型企业在 2010 年继续具有良好表现。网络文化服务业 2009 年同比增长速度达到 132.75%，成为增长最快的产业类别。腾讯公司注重科研创新，不断在互联网信息和网络游戏等业务上推陈出新，成就显著，公司市值进入全球互联网行业前三甲，仅次于美国的谷歌和亚马逊公司，2010 年总收入 196.460 亿元人民币，同比增长 57.9%，净利润 80.536 亿元人民币，同比增长 56.2%。华视传媒通过自主创新，成功创设中国最大的户外数字移动电视广告联播网，已覆盖全国 26 个经济发达的城市，2010 年度总收入为 1.38 亿美元，较 2009 年度的 1.21 亿美元增长 14.4%。A8 音乐集团继续专注于新媒体原创音乐，2010 年完成以音乐为主线的战略调整，积极在移动互联网音乐等市场大胆布局和投入，通过投资并购及自营发展相结合的方式加快行业的布局，2010 年全年收入虽然较 2009 年的 7.071 亿元人民币同比下降 3.58%，但仍然达到亿 6.818 亿元人民币。华强文化科技集团大胆将现代高新科技和文化产业相结合，以文化

九大类别增加值比重（%）

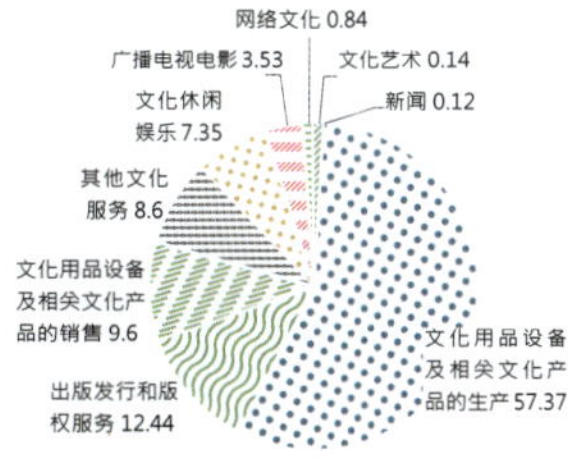

图三 2009 年深圳市文化产业九大类别增加值比重

九大类别增长速度（%）

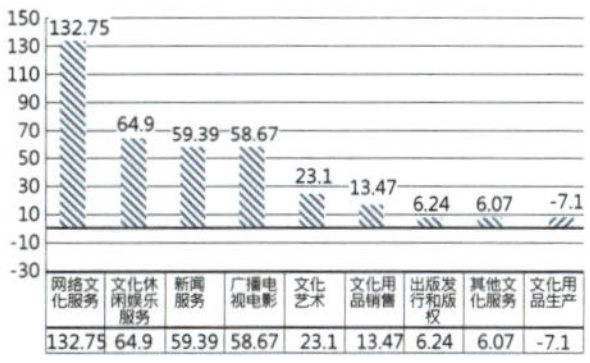

图四 2009 年深圳市文化产业九大类别增长速度

“十一五”期间文化产业增长速度变化情况（%）

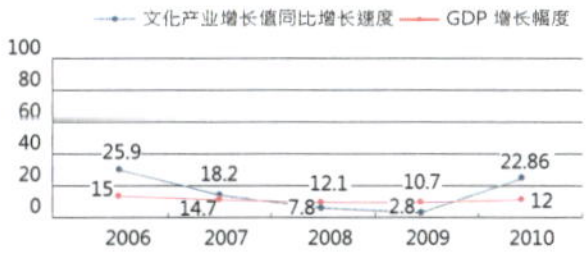

图五 “十一五”期间深圳市文化产业增长速度变化情况

为核心，以科技为依托，逐步打造出集“创、研、产、销”于一体的文化科技产业链，较好地解决了文化科技产业创新与创意、开发与研究、规模化生产以及市场营销等从源头到末端市场的一系列问题，形成企业的核心竞争力，拥有一百多项国内外专利、百余项著作权和电影、动画片作品版权，其中环幕 4D 电影系统已输出到全球 40 多个国家和地区，4D 影片每年出口 20 余部，动漫产品 2010 年产量达到 12818 分钟，位居全国产量亚军，数万分钟作品出口美国、俄罗斯、克罗地亚、新加坡等 100 多个国家和地区。

（四）传统优势文化制造业实现优化升级

印刷、工艺品制造等一批传统文化制造类企业充分利用高新技术手段，不断强化创意设计环节，使先进的创意设计理念快速渗透到传统文化制造业，推动了传统文化制造企业的优化升级，加快“深圳制造”向“深圳创造”转变。以劲嘉集团、雅昌集团等为代表的一批印刷企业通过不断革新烟标、包装、印刷等技术，迅速抢占了国内印刷行业的制高点。2010 年深圳劲嘉彩印集团股份有限公司实现营业总收入 20.23 亿元，实现利润总额 4.64 亿元。雅昌集团独创的“印刷 + IT 技术 + 文化艺术”崭新的商业模式，将为艺术家、艺术机构的服务与为大众提供艺术教育、艺术普及紧密结合起来，将企业经营战略和实现社会责任紧密结合起来，被评为“中国最佳商业模式”，2010 中国版权年会授予雅昌“年度中国版权产业最具影响力企业奖”。永丰源等陶瓷工艺企业依托设计和技术的创新，成功打造了颇具盛名的“深圳瓷”。永丰源拥有 93 项外观专利，526 件产品获得版权，2010 年永丰源获得深圳知识产权优势企业称号，并入选第四批国家文化产业示范基地。

（五）文化产业园区（基地）的产业聚集带动效应逐步呈现

面对深圳土地资源紧缺的硬约束，深圳出台《关于建设文化产业园区（基地）的实施意见》等一系列政策措施，不断加强文化产业公共技术、服务、信息平台建设，引进了一批有实力、有特色的文化产业园区和基地落户深圳，发挥产业聚集效应和企业创新能力，推动文化产业向集群化、集约化发展。同时鼓励各区在自身发展优势的基础上，通过与旧城区、旧工业区、旧商业区改造相结合，置换出更多的发展空间，先后造就了田面设计之都、怡景动漫基地、华侨城 LOFT 创意园、观澜版画基地、宝福珠宝产业园等一批优质的文化产业园区和基地。截止 2010 年底，深圳市共有各类文化产业园区、基地 40 多个，涵盖动漫游戏、创意设计、数字内容、出版发行、工艺美术等领域，其中，华侨城集团、雅昌企业集团、大芬油画村、深圳古玩城被评为国家文化产业示范基地，华侨城集团同时又是国家文化产业示范园区，华侨城集团的文化主题公园通过不断丰富创意设计和动漫游戏内涵，引领我国主题公园的潮流。2010 年，华侨城集团总资产达到 680 亿元，净资产达 190 亿元，营业收入 340 亿元，利润总额 40 亿元，其中文化旅游业务综合收入合计约 90 亿元。2010 年华侨城旅游接待人数突破 2000 万人次，截至 2010 年底累计接待游客突破 1.7 亿人次。深圳文化产业园区（基地）的繁荣发展，

2006～2010 文化产业增加值总量（亿元）

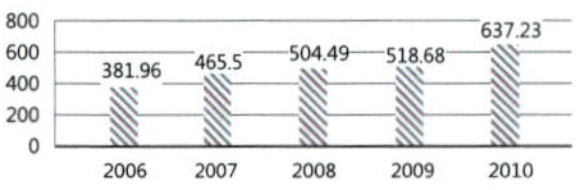

图六“十一五”期间深圳市文化产业增加值变化情况

“十一五”期间深圳市文化产业增加值占GDP 比重变化情况（%）

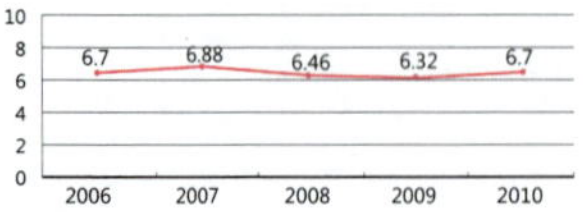

图七“十一五”期间深圳市文化产业增加值占 GDP 比重变化情况

已成为拉动文化产业发展、提升产业运行质量的重要支撑。

（六）“文博会”的规模和影响力进一步扩大

作为国家重点扶持的国家级、国际化、综合性文化产业会展，2010年第六届中国（深圳）国际文化产业博览交易会在展会规模、观众数量、国际化程度、交易成果等方面均有新的进步。1797家政府组团、企业和机构参加2010年第六届“文博会”，比上一届增加89家；全国31个省、自治区、直辖市及港澳台地区全部参展，首次实现“满堂红”和“全家福”；分会场增至35家，比上一届增加5家；总成交额达1088.56亿元，超过上届总成交额207.87亿元，同比增长23.6%，其中合同成交额351.03亿元，占总成交额的32.25%，同比增长101%；文化产业核心层成交额395.59亿元，占总成交额36.34%；出口交易达114.06亿元，占总成交金额的10.48%，比上一届增长30.12%；骨干文化企业及重大项目成交喜人，骨干文化企业参展率达51%，比上一届的29%增长22个百分点。投资规模超亿元的项目131个，签约总额788.75亿元，占总成交额72.5%。“文博会”形成的“文化＋科技”的特色在第六届“文博会”上更加突出，科技型文化产业成交额达403.76亿元，比上届增长61.76%；“文化＋旅游”特色逐步显现，文化与旅游相结合产业成交额104.55亿元。第六届“文博会”参观人数达367.49万人次，比上届增加9.80万人次；专业观众达39.013万人次，比上届增加1.523万人次，其中海外专业观众8.493万人次，比上届增加1.033万人次。

作为国家重点扶持的国家级、国际化、综合性文化产业会展，2010年第六届中国（深圳）国际文化产业博览交易会在展会规模、观众数量、国际化程度、交易成果等方面均有新的进步。

（七）“设计之都”建设全面推进

2010年深圳认真履行在申请“设计之都”时所做出的承诺，在完善组织结构、扩大对外交流、营造创意环境、推动市场运作、培养设计人才、保护知识产权等方面均取得突出成绩，主要包括：启动深圳市创意设计行业联系会议制度；积极与联合国教科文组织和创意城市网络成员城市展开友好交流；成功举办联合国教科文组织创意城市网络2010年深圳大会；开发“设计之都”这一称号的重要价值，策划开展多个以“设计之都”为主题的活动，如参加联合国教科文组织“设计之都”海报竞赛、开展“创意十二月”活动，包括中国（深圳）国际工业设计节、2010深港文化创意论坛、深圳平面设计回顾展、设计之都CODE海报展、“创意之旅”——深圳市民看设计之都、设计之都（中国·深圳）公益广告大赛等一批创意项目。这些活动营造了尊重创意的社会氛围，将创新意识渗透到市民的日常生活中去，增强了城市对持续创新的关注和自信。此外，深圳市创意设计行业中有较大影响力的几家企业联合发起成立创意设计知识产权促进会；第六届“文博会”期间以保护知识产权为核心的优务网也开通运行，为保护知识产权提供了有效的途径，给创意设计产业营造了公平健康的环境。

（八）体制机制和政策配套进一步完善

在先后颁布《深圳市文化产业发展“十一五”规划（2006~2010）》和《深圳市文化产业发展规划纲要（2007~2020）》，率先制定国内第一部扶持文化产业发展的地方性法规《深圳市文化产业发展促进条例》，先后出台《中共深圳市委深圳市人民政府关于大力发展文化产业的决定》《关于加快文化产业发展若干规定》《关于建设文化产业园区（基地）的实施意见》《关于扶持动漫游戏产业发展的若干意见》《深圳市文化产业发展专项资金管理暂行办法》《深圳市鼓励“三旧”改造建设文化产业园区（基地）若干措施（试行）》《深圳市重点文化企业认定和考核暂行办法》《深圳市文化产业园区和基地认定管理办法（试行）》《关于促进创意设计业发展的若干意见》等一系列政策措施，2010 年 5 月《中共深圳市委、深圳市人民政府关于促进和支持深圳文化产权交易所发展的若干意见》正式颁布，从鼓励文化产权进场交易、财政支持、金融支持等方面推出 20 多条措施，积极探索完善文化产业投融资机制，为促进更多的风险资本、创业资本和社会资金进入文化产业领域，进一步畅通文化产业交易与投融资渠道提供了积极的政策支持。

（九）深圳文化产权交易所实现常态化运营

在中央领导和有关部委的统一部署下，作为深圳市贯彻落实《文化产业振兴规划》，由深圳市委市政府主导的促进文化产业发展、加快文化市场建设的重要工程，2010 年 5 月深圳文化产权交易所（以下简称“深圳文交所”）正式成立，并完成创业阶段的组织机构建设和团队建设，初步完成行政人事管理制度及核心业务制度的设计工作，实现常态化运营。2010 年，深圳文交所的综合顾问服务模式基本形成，投融资服务取得成效，逐步形成以“雅图”“永丰源”“雅诺信”“波特网”为特色的四种综合服务模式，综合金融顾问服务有别于市场常规方式，取得比较明显的进步，在国内文化产权市场的影响力初步形成；交易品种渐成雏形，实现场内多品种交易格局，截止 2010 年 12 月，已完成场内三个资产包合计 5900 万元权益的拆分、定向转让认购，完成场内高端艺术品基金私募四期，规模达 5000 万元以上，成功发行中信信托有限责任公司中信闻道艺术品信托投资基金 4000 万，实现实物交易 3500 万元；以促进交易为核心的会员体系基本形成，场内主题文化交流活动频繁，文化氛围浓厚，截止 2010 年 12 月底，已办理入会申请审批 347 家，开通权益账户 373 家；文化产权交易平台、文化产权交易集成系统及网站、艺术品保管服务、艺术品鉴定、估值等公共服务平台系统建设有序推进，交易系统上线的工作已经基本完成，场内交易产品的交易系统已进入试运行阶段，网上模拟交易客户端已开通，网上适时交易即将展开，为各项业务、工作的开展打下了坚实基础。

中央财政注资引导的中国文化产业投资基金的组建筹备取得实质进展，中国国家发展和改革委员会批复核准中国文化产业投资基金管理有限公司的设立方案。

（十）中国文化产业投资基金管理有限公司获准设立

2010 年 12 月 30 日，由中央财政注资引导的中国文化产业投资基金的组建筹备取得实质进展，中国国家发展和改革委员会批复核准中国文化产业投资基金管理有限公司的设立方案。该公司由中银国际控股有限公司、中国国际电视总公司及深圳国际文化产业博览交易会有限公司共同组建，担任中国文化产业投资基金的管理人。中国文化产业投资基金将成为我国首支以“中国”冠名的大型文化产业投资基金，是贯彻落实国务院《文化产业振兴规划》的一项重大举措，并将致力于发挥中央财政资金的引导示范和杠杆作用，带动社会资本投资文化产业，完善文化产业投融资机制，推动我国文化产业的振兴和发展，为加快转变经济发展方式作出贡献。

三、存在问题

（一）对整体经济的贡献低于高新技术、金融、物流三大支柱产业

据市统计局年度快报统计，2010 年深圳市文化产业的增加值为 637.23 亿元，同比增长 22.86%，占深圳市 GDP 的比重为 6.7%。这一数据显示，除增长速度外，文化产业对整体经济的贡献远远低于四大支柱产业中的高新技术产业、金融业和物流业。2010 年深圳市生产总值 9510.91 亿元，其中高新技术产业实现增加值 3058.85 亿元，同比增长 17.1%，占 GDP 的 32.2%；金融业实现增加值 1279.27 亿元，同比增加 10.6%，占 GDP 的 13.5%；物流业增加值达到 926.30 亿元，占 GDP 比重为 9.7%，同比增长 15.0%。

2010 年深圳市四大支柱产业增加值占 GDP 比重（%）

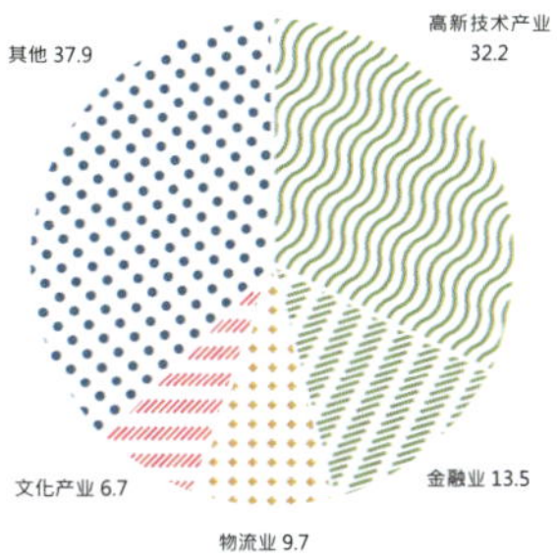

图八 2010 年深圳市四大支柱产业增加值占 GDP 比重

（二）相对整体经济的发展速度落后于英国和美国等发达国家

根据英国文化、媒体与体育部 2010 年 12 月发布的《创意产业经济评估》，2008 年未包括工艺品行业数据的英国创意产业增加值达到 591 亿英镑占英国 GVA（国民增加总值）的 5.6%（按修正后的统计标准计算）。此前于 2010 年 2 月公布的《创意产业经济评估》数据则显示：2007 年未包括工艺品和设计业数据英国创意产业的占英国总附加价值（GVA）的 6.2%（按修正后的统计标准计算为 5.2%），创意产业在 1997 年至 2007 年之间，年均增长 5%，同时期总体经济增速为 3%。

美国国际知识产权联盟 2009 年发布的《美国经济中的版权产业：2003～2007 年报告》2003～2007 年，版权产业在美国的年增长持续优于其他产业。从事版权产业的员工薪酬也超过美国整体水平。据统计，2007 年，核心版权产业的增值是 8,891 亿美元，大约占美国国内生产总值的 6.44 %。而总体版权产业的增值上升到 1.52 兆美元，是 2007 年国内生产总值的 11.05 %。从 2004 年、2005 年、2006 年和 2007 年，核心版权产业和总体版权产业的实际年增长率是美国整体经济增长率的两倍多。在就业方面，2007 年，在核心版权产业就业人数近 560 万人，占美国就业总人数的 4.05%。而 2007 年受雇于总体版权产业的就业人数为 1,170 万人，占美国就业总人数的 8.51%。2007 年，受雇于核心版权产业的平均年薪为 73,554 美元，与美国就业平均年薪 56,817 美元相比，超过了 30 %。受雇于总体版权产业的平均年薪为 66,498 美元，与美国就业平均年薪相比，超过了 18%。同时，美国版权产品的销售继续扩大海外市场。2006 年核心版权产业在国外市场的总销售额超过 1,160 亿美元，2007 年接近 1,260 亿美元，增加了 8%。

英国创意产业和美国版权产业与我国文化产业的定义有所不同，但内涵和外延具有大体相似性。单纯从深圳文化产业“十一五”期间增加值占深圳市生产总值的比重在 6.32% 至 6.88% 之间波动的情况看，深圳文化产业对整体经济的贡献与英国创意产业和美国核心

2010 年四大支柱产业增加值增长速度（%）

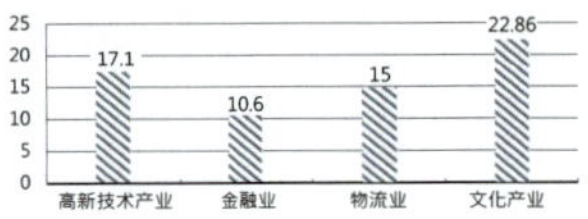

图九 2010 年深圳市四大支柱产业增加值增长速度

文化产业核心层占文化产业增加值比重变化情况（%）

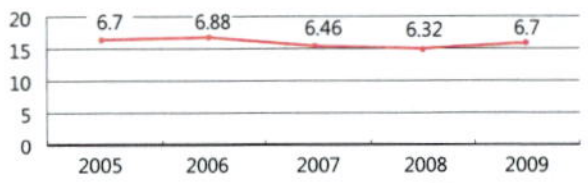

图十 2005~2009 年深圳市文化产业核心层占文化产业增加值比重变化情况

文化产业核心层占文化产业增加值比重变化情况（%）

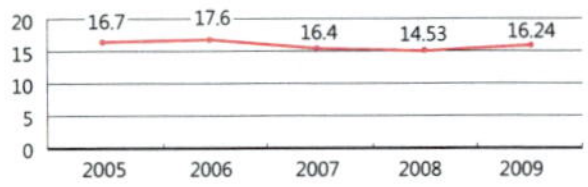

图十 2005~2009 年深圳市文化产业核心层占文化产业增加值比重变化情况

文化产业外围层占文化产业增加值比重变化情况

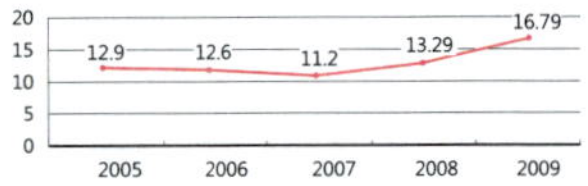

图十一 2005~2009 年深圳市文化产业外围层占文化产业增加值比重变化情况

版权产业对经济的贡献大致相当。但是，英国创意产业的增长速度高出英国整体经济增长速度近 70%，美国核心版权产业和总体版权产业的实际年增长率是美国整体经济增长率的两倍多。而“十一五”期间深圳文化产业年均增长速度 10.78% 略低于同期深圳市生产总值年均增长速度 10.84%，说明文化产业发展的巨大潜力在深圳没有得到有效的挖掘，深圳文化产业的发展水平远远低于英国和美国等发达国家。

（三）相对依赖相关层

与“十五”期末相比，2009 年深圳市文化产业增加值中，核心层所占比重由 2005 年的 16.7% 降低为 16.24%，其中 2006 年核心层增加值所占比重为 17.6%，2007 年核心层增加值所占比重为 15.4%，2008 年核心层增加值所占比重为 14.53%。

2009 年深圳市文化产业增加值中，外围层所占比重由 2005 年的 12.9% 上升为 16.79%，其中 2006 年外围层增加值所占比重为 12.6%，2007 年外围层增加值所占比重为 11.2%，2008 年外围层增加值所占比重为 13.29%。

2009 年深圳市文化产业增加值中，相关层所占比重由 2005 年的 70.4% 降低为 66.97%，其中 2006 年相关层增加值所占比重为 69.8%，2007 年相关层增加值所占比重为 73.4%，2008 年相关层增加值所占比重为 72.18%。

这种结构导致深圳市文化产业发展速度的变化与文化产业相关层增加值的变化，特别是与文化用品、设备及相关文化产品的生产的增加值变化高度相关。2005 年文化用品、设备及相关文化产品的生产的增加值同比增长 17.5%，深圳市文化产业增长 16.2%；2006 年文化用品、设备及相关文化产品的生产的增加值同比增长 21.84%，深圳市文化产业增长 25.9%；2007 年文化用品、设备及相关文化产品的生产的增加值同比增长 27.7%，深圳市文化产业增长 18.2%；2008 年文化用品、设备及相关文化产品的生产的增加值同比增长 6.01%，深圳市文化产业增长 7.8%；2009 年文化用品、设备及相关文化产品的生产的增加值同比增长 −7.10%，深圳市文化产业增长 2.81%。

这表明，深圳文化产业的发展仍然主要靠文化制造业支撑。文化产业中资源消耗多、附加值低和人工密集型的文化制造业比重过高，而能源消耗少、附加值高和智力密集型的文化服务业比重过低。也说明，高端原创不足、终端营销能力不强的产业链缺陷，仍然制约着深圳文化产业的核心竞争力和总体规模。

四、发展前景

2011 年是“十二五”开局之年，深圳文化产业将迎来新的机遇。深圳市将召开文化强市工作会议，打造文化产业龙头大市将被确定为深圳文化产业发展的目标。围绕这一目标，深圳将推进文化行政审批制度改革，加强文化市场准入制度改革，进一步鼓励和支持民营企业、社会资本参与文化建设、发展文化产业，并积极推动各类文化企业上市。深圳市还将出台实施《深圳市文化发展“十二五”

规划》《深圳文化创意产业振兴规划》及其配套政策，加快建设国家创意产业园区、前海创意信息港、华强文化创意产业基地等重大项目，扶持腾讯、华强文化科技等创新型文化企业加快发展，巩固和打造“文博会”、文交所、中国文化产业投资基金等国家级文化产业发展平台。

深圳文化产业也将继续面临如何优化产业结构、提高核心竞争力、实现又好又快发展的挑战。根据国内外经济环境和深圳市文化产业近年来的发展情况，总体判断，2011 年深圳市文化产业将在世界经济增长迟缓、外部需求收缩、国内经济面临通胀压力的环境中继续保持增长势头。

文化产业相关层占文化产业增加值比重变化（%）

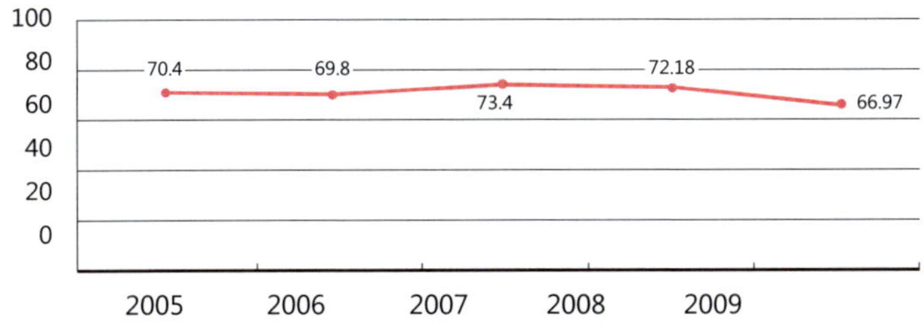

图十二 2005~2009 年深圳市文化产业相关层占文化产业增加值比重变化情况

文化用品、设备及相关文化产品生产的增加值增长程度与深圳市文化产业增长速度的相关程度

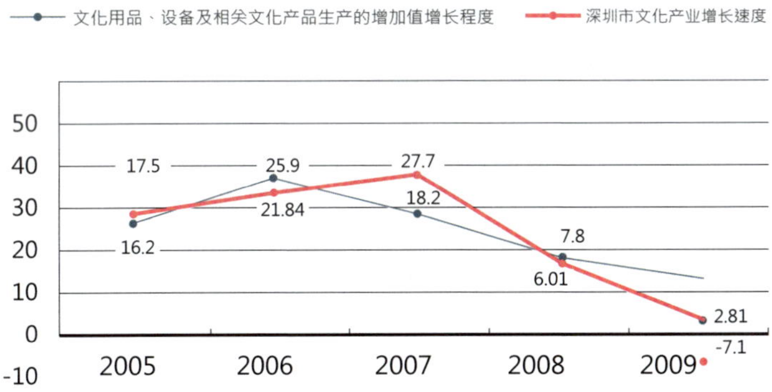

图十三 2005~2009 年深圳市文化用品、设备及相关文化产品生产的增加值增长程度与深圳市文化产业增长速度的相关程度

（作者为深圳市社会科学院文化研究所所长、研究员　王为理）

C3 各区文化产业发展概况

福田区文化产业发展概况

2009年福田区文化产业营业收入为474亿元，同比增长8.6%，增加值突破百亿大关，达到101亿元，同比增长8.7%，增加值占地区生产总值的比重提高到6.2%，成为拉动经济增长的重要力量。辖区内现有田面设计之都创意产业园、深圳文化创意产业园、雅昌艺术馆、深圳中心书城、中国茶宫、深圳乐器城等六个文化产业园区，形成了以新媒体、创意设计、品牌推广、影视动漫、高端工艺品等为优势产业的文化产业格局。福田区创新文化产业发展方式，坚持文化与市场、科技、品牌相结合，与总部相结合，通过政府扶持引导、激发市场主体活力、提高文化产品科技含量、塑造文化产品品牌、聚集总部等方式，以大转型促进大发展，提升文化产业发展质量，形成了以创意设计、影视动漫、新媒体服务、高端工艺品、新闻出版等为优势的高端文化产业体系，成为辖区创建“转变经济发展方式标兵区”的重要抓手。

2009年福田区文化产业营业收入为474亿元，同比增长8.6%，增加值突破百亿大关，达到101亿元，同比增长8.7%，增加值占地区生产总值的比重提高到6.2%，成为拉动经济增长的重要力量。

一、文化产业“福田模式”

福田区根据自身区位优势及产业特色总结出文化产业的“文化+科技、文化+市场、文化+品牌、文化+总部”发展模式，推动了文化产业的快速发展。福田区文化产业发展模式得到了各级领导的充分肯定，黄华华省长2010年4月28日作出批示，要求认真总结并在全省推广福田区发展文化产业的好经验。同时凭借该发展模式，福田区在全国47个城市评比中脱颖而出，荣获“2010中国城市管理进步奖”。

（一）文化+市场

一是推动文化体制改革，释放市场主体活力。福田区为盘活国有资产，打破文化事业与产业分离的局面，引入雅昌公司将区文化馆彩田分馆改造成为文化事业与产业相结合的新型市场主体，在保证文化事业功能基础上拓展文化产业市场，2006年该馆被评为“国家文化产业示范基地”，2009年实现营业额2500万元，纳税230万元。二是创新文化产业园区开发机制，拓展市场平台建设。在环CBD高端产业带建设中通过“厂房改造、产业置换”，建成田面设计之都创意产业园和世纪工艺品文化广场等文化产业园区项目。政府搭建平台，提供配套服务，鼓励优势企业参与运营，形成政府、企业、市场相结合的文化产业园区开发机制。目前，世纪工艺品文化广场项目为政府物业由梓盛发公司运营，田面设计之都创意产业园项目为田面股份公司物业由灵狮公司园区运营，改造后的产业园区经济效益显著提升，成为该区重要的文化产业市场平台。三是积极宣传推介，增强市场参与度。福田区将“文博会”作为推动文化产业市场拓展的重要抓手，每年拿出 200 多万元为辖区企业展示自我和媒体宣传推介提供便利。2010 年第六届“文博会”期间，该区华视传媒、中国研成顾问机构、采纳营销、宜搜科技等 30 多家企业和机构亮相，宣传效果良好。“文博会”期间主会场福田展区及六个分会场接待观众 70 万人次，成交总金额达 96.859 亿元，其中合同交易项目 465 个，成交金额 53.3 亿元，比上届增长 545%。同时，为帮助文化企业解决融资难问题，福田区成功组织“福田区文化企业投融资洽谈会”，邀请 20 多家金融机构和 70 多家进行投融资对接，在洽谈会上万科影视等多家文化企业与金融机构达成合作意向。6 月 29 日，中宣部新闻局《新闻阅评第 389 期》对本次活动给予全面报道和高度评价，认为这是帮助中小企业破解融资难题的重要方式。

福田区鼓励企业拓展推介销售平台，对参加国内外各种大型品牌展览推介活动的企业给予展位费 50% 补贴。2009 年该区组织参加“中国兰州投资贸易洽谈会”，实现合同及意向成交近 4 亿元。

（二）文化 + 科技

一是将“文化 + 科技”型文化产业项目列为文化产业专项资金扶持重点。鼓励辖区科技与文化交叉发展，重点扶持影视动漫、新媒体服务、网络游戏等科技含量较高的行业，关注新兴文化业态发展，并及时列入扶持范围。对掌握核心技术的文化企业增大扶持力度，或采取“一事一议”方式给予专项资助。2009 年扶持的文化产业项目中，“文化 + 科技”型项目 54 个，占 63.5%，其中扶持资金 2561.3 万元，占全年度已扶持资金的 60.5%。二是推动“文化 + 科技”文化圈建设。利用高新技术产业与文化企业相对集中的优势，通过文化产业专项资金引导及龙头文化企业带动，打造以现代文化与科技相结合为核心的天安——泰然文化产业圈，形成品牌效应和聚集效应，发挥科技与文化产业相辅相成的优势，培育以软件开发、数码娱乐和网络游戏为主体，打造文化与科技结合为方向的文化产业圈。

福田中心区

三是加强银企沟通合作，帮助“文化 + 科技”型企业解决融资难问题。该区政府与 5 家银行签订金融合作协议，帮助银行和企业牵线搭桥，解决部分企业融资瓶颈。2009 年共推荐 13 家文化企业给相关银行，其中 10 家为“文化 + 科技”型企业，推动银企合作；利用辖区创投公司聚集优势，搭建文化企业与创投公司合作平台，解决科技型文化企业研发期对资金的巨大需求，推动企业规模化发展。近两年，从事手机搜索业务的宜搜科技共获得 2000 万美元风险投资，从事网络游戏服务的壹柒伍公司获得 2000 万元风险投资，从事新媒体传播的新动广告获得 585 万美元风险投资，这些资金推动了企业快速发展。目前辖区“文化 + 科技”型企业已经成为文化产业发展的重要力量。华视传媒现已拥有全国乃至全球最大的户外数字电视广告联播网，拥有 13 万个电视终端，覆盖受众 4 亿人，并于 2007 年 12 月在美国纳斯达克上市，现市值 45 亿美元；2009 年 10 月成功收购国内最大的地铁移动电视广告商上海数码媒体集团 DMG，巩固了行业龙头地位。2009 年公司实现营业收入 8.3 亿人民币，同比增长 16%，实现利润 2.6 亿人民币，纳税 6401 万元。

（三）文化 + 品牌

一是提升“创意福田”品牌。该区是深圳市创意设计产业的主要聚集地，近年来落实重大项目带动品牌发展战略，通过产业聚集、资金扶持等方式提升“创意福田”品牌建设，通过“文博会”“创博会”“室内设计文化节”“福田国际服饰文化旅游节”等活动进行宣传推介。目前深圳市 70% 的创意设计人才聚集福田，深圳市 80% 的创意设计业务在福田完成。“创意福田”作品已遍及全国大型机构和场所，如国华标识公司参与国家体育场的标识设计、姜峰室内设计公司参与国家大剧院室内设计等。

二是打造文化产业园区“品牌”。通过参与“文博会”等大型展会活动促进辖区文化产品品牌凸现。田面设计之都创意产业园连续获得第三、四、五届“文博会”分会场一等奖，被科技部认定为“深圳国家工业设计高新技术产业化基地”，其园区建设和开发模式受到

李岚清篆刻艺术展

中央领导的充分肯定。目前，该园区已有162家优秀设计企业入驻，其中外资企业30家，推动了中心城区产业优化升级，并陆续接待国家及各省、市考察团300余次，其品牌正向国内多个城市输出。世纪工艺品文化广场并被广东省文化厅命名为广东文化（创意）产业园区，同时，还是全国第一个被国家知识产权局授予“中国传统知识与民间工艺美术精品展示基地”称号的文化产业基地。第六届“文博会”期间，上海世博会、广州亚运会及深圳大运会的贵金属礼品特约供应商的北京金一文化公司签约入驻世纪工艺，并将投资一亿元在园区建立黄金珠宝首饰创意总部。2010年，深港影视传媒产业基地项目正式入驻福田。目前，从事港、澳、台影视产业整合运营的普蓝公司已在福田区世纪工艺品文化广场注册成立，曾拍摄《锦衣卫》与《叶问2》等电影作品的大胜国际传媒和拥有甄子丹、陈凯歌等签约艺人的星汇天姬电影投资公司及知名话剧导演孟京辉的先锋话剧院等正在办理入驻福田的工商注册手续。此外，贾樟柯影视制作公司、舒楠电影音乐工作室等正在商议有关入驻福田事宜。

三是推动企业品牌塑造工程。在文化产业专项资金中设立原创产品市场推广补贴，鼓励企业以精品塑品牌，对企业办展或参展给予资金补贴，推动深圳“智造”。目前辖区创意设计、影视、新媒体服务都创立了一定品牌。万科影视拍摄的电视剧《地下地上》获中宣部“五个一工程奖”，单集售价92万元，“万科影视出品”已成为业界的“金字招牌”。新经典广告制片厂电影《走路上学》获金鸡奖和华表奖等，受到中央领导高度评价。由中国研成顾问机构打造的红岁、彩云红等高端品牌已经逐步被市场认可。公司创建出一种全新的“利用智力创意策划作价投资入股”的商业模式，积极培育高端文化产业链。目前，机构控股投资6家集团公司，参股达39家企业。

在文化产业专项资金中设立原创产品市场推广补贴，鼓励企业以精品塑品牌，对企业办展或参展给予资金补贴，推动深圳“智造”。

（四）文化＋总部

目前，该区总部型文化企业正在福田不断聚集。华视传媒、通产丽星、天威视讯、中青宝网等在福田成长壮大并设立总部，在全国不断发展分支机构。此外，国内外优秀文化企业在福田建立总部或区域总部，如凤凰卫视在深圳建立内地总部，50%的节目在深圳录制。2009年，纳税2000万元以上的广电集团、报业集团、华视传媒、天威视讯等15家总部型文化企业营业收入70.7亿元，增加值35.6亿元，增加值占福田区文化产业比重为34.9%。

一是制定总部经济和高端服务业的“双轮驱动”战略，为总部文化企业提供良好的发展环境。对总部企业开展“一卡通”式快捷办事服务，对具有重要影响力的文化产业项目和企业实施“一企一策”“一项一策”和文化产业专项资金“一事一议”政策和资金服务。二是努力改善文化产业人才发展环境，为总部经济提供人力资源支持。2009年为文化企业提供人才住房54套，通过采取劳动技能大赛、优秀建设者活动获奖者入户福田等方式，激励辖区文化产业人才不断提高自身素质；首批5家文化企业成为大学生实习基地，为文化企业提供人力资源储备库。三是积极引进国内外优秀文化企业总部入驻，福田区相关部门开展对接服务，并提供选址、落户等跟踪服务。

2010 年康达富公司拍摄的《相思树》获得广东省“五个一工程”奖，深广传媒拍摄的《和空姐一起的日子》取得很高的收视率，华夏英杰墨宝园拍摄的《春暖南粤》荣获全国优秀农村题材电视剧一等奖，李长春、汪洋、王荣等中央、省市领导分别作出重要批示。

二、大力推进文化产业园区、项目建设

（一）加大文化企业（园区）政策扶持力度

2010 年，福田区共扶持辖区文化企业 91 家次，扶持金额 3729.25 万元，一大批受到扶持的企业快速成长起来，如华视传媒、中青宝网等在受到扶持之后已经在国内外上市，发展非常迅速。此外，亚太传媒、易尚展示、宜搜科技、五巨科技等被纳入上市后备军，福田区将给予重点支持，鼓励尽快进入资本市场，推动企业做大做强,带动福田区文化产业发展。一些文化产品得到社会广泛认可，如 2010 年康达富公司拍摄的《相思树》获得广东省“五个一工程”奖，深广传媒拍摄的《和空姐一起的日子》取得很高的收视率，华夏英杰墨宝园拍摄的《春暖南粤》荣获全国优秀农村题材电视剧一等奖，李长春、汪洋、王荣等中央、省市领导分别作出重要批示。

同时，辖区内一批文化产业园区不断发展壮大，形成了自身的特色与竞争力。8 月 27 日,温家宝总理视察田面设计之都创意产业园，并给予高度评价。

（二）加速推进重大产业项目

世纪工艺品文化广场是深圳市文化产业发展“十一五”规划项目，也是市、区两级政府的“直通车服务”项目。园区二期开业运营之际，园区改名为“深圳市文化创意产业园”。同时，根据园区区位优势以及福田区文化产业发展趋势，经过在深圳和北京召开两次专家研讨会，福田区确定园区二期重点引进数字新媒体、创意设计、品牌设计运营、影视动漫优秀企业以及相关行业协会和公共配套服务运营商。全国知名贵金属创意设计企业金一文化公司入驻园区一期，项目投资一亿元。

“深圳影视创意产业孵化器”项目落户福田，为国内优秀影视企业落户提供服务。2010 年从事影视产业整合运营的普兰公司以及大盛国际等 4 家国内知名影视公司落户深圳文化创意产业园，深港影视产业基地的微型孵化器已初步形成。

（三）努力营造良好的文化产业氛围

福田区组织和参与举办了“创博会”、室内设计文化节、雅乐音响节、和顺坛（6 期）、茶博会等国内重要展会活动。同时与联合国人居规划署、埃迪优公司联合主办“设计改变世界”国际知名设计大师中国行活动及第 22 届世界模特小姐大赛中国总决赛、国际总决赛活动等，不断扩大福田区文化产业企业知名度和影响力。

三、启发与思考

近年来，福田区坚持文化产业与市场、科技、品牌、总部四相结合全方位发展战略，通过政府扶持引导、激发市场主体活力、提高文化产品科技含量、塑造品牌、建立总部等方式，加快辖区转变经济发展方式，取得了较为显著的成效。

（一）以大转型促进大发展，不断扩大文化产业发展规模。

福田区是深圳的中心城区，面临着四个“难以为继”（土地、空间有限；能源、水资源短缺；人口不堪重负；环境承载力严重透支）

的制约，而发展文化产业这一朝阳产业，是突破这些制约因素的有效途径。为了最大限度地让文化产业在福田区落户生根，福田区在深圳市率先启动了旧工业区改造的具体项目，置换了原有的破、旧、损、社会经济效益低的两大老工业区，为文化产业发展腾出了新的空间。

旧工业区项目改造刚刚启动，早已嗅到文化产业发展先机的企业便“闻风而动”，田面设计之都创意产业园和世纪工艺品文化广场这两座深圳文化产业典型的示范园区以“瞬间崛起”之势呈现在深圳文化产业发展的时间轴上。

与此同时，这一次的“旧变”不仅让原有破旧不堪的工业区换了“新颜”，而且形成了内外环境优美、周边居住人群素质不断提升、社会经济效应不断增高的新局面。其中，田面设计之都创意产业园的崛起先后吸引了国内外各方面的创意人才和知名创意设计机构的进驻，并成为国家级工业设计产业化基地；世纪工艺品文化广场聚集了知名工艺品品牌和大师，并成为深圳地区的工艺品交易出口基地。在此期间，国内印刷产业的领跑者——雅昌企业（集团）有限公司也率先以“文化 + 科技”的发展模式，在福田区设立了雅昌艺术馆，通过建设《中国艺术品数据库》核心平台和雅昌艺术网，向海内外提供高仿真艺术品、艺术品市场信息、艺术家综合服务等文化产品及服务项目。

到目前为止，福田区几大类文化产业价值链已初具规模，并形成了四大文化产业圈。一是以文化设施和主要媒体集团为中心的文化产业圈；二是以印刷业为核心，文化产品物流业为支撑体系的八卦岭文化产业圈；三是以软件开发、数码娱乐和网络游戏为主体，以“科技 + 文化”为特色的天安——泰然文化产业圈；四是以世纪工艺品文化广场为核心的集工艺品研发、鉴定、展览、展示、交易及加工、服务配套等于一体的新洲南文化产业圈。

这些文化产业圈带来的聚集效应和品牌效应，为福田区吸引了更多的文化总部企业，继而形成完整有序的文化产业链条。

（二）以产业扶持政策改善产业大转型环境，提升文化产业发展质量。

福田区率先实施一系列产业扶持政策，不仅加快了文化产业发展的进程，引导文化产业走上了转型发展之路，而且通过制定配套政策和投入产业专项扶持资金，营造了良好的文化产业转型发展“大环境”，积极为处于新兴时期的文化企业转型和发展“输血、造血”。

“十一五”期间福田区政府每年财政拨款 5000 万元，作为文化产业发展专项资金，用于奖励、扶持在福田区注册、纳税的文化企业、文化产业行业协会以及具有突出贡献的个人，主要包括奖励、项目补贴、配套资助和专项资助。

（三）培育行业龙头企业，发展文化产业“总部经济”。

2010 年，福田区制定了《深圳市福田区扶持总部经济发展实施细则》，通过了总部企业认定奖励、纳税奖励、区财政贡献奖励以及相关配套资助等，并对在福田区新购置或新租赁自用办公用房的总

为了最大限度地让文化产业在福田区落户生根，福田区在深圳市率先启动了旧工业区改造的具体项目，置换了原有的破、旧、损、社会经济效益低的两大老工业区，为文化产业发展腾出了新的空间。

部企业，给予其一次性 12 个月物业管理费全额补助。

华视传媒是福田区文化产业专项资金首批扶持的重点文化企业，也是中国首家在纳斯达克上市的户外数字移动电视企业，被纳斯达克誉为“来自中国文化概念的一面旗帜”。公司成立短短 4 年时间已发展成为全国最大的数字移动电视运营公司。2009 年，华视传媒逆市增长，实现营业收入 8.3 亿元，纳税 6401 万元。

中青宝网公司是福田区重点文化企业和深圳市重点软件企业，2010 年 2 月 11 日，中青宝网正式在创业板挂牌上市，成为首家在国内上市的中国网游公司。

在全球华人世界具有巨大影响力的凤凰卫视将其三大区域总部所在地之一设在福田。目前，为人所熟知的《凤凰大视野》《今日看世界》《南粤纪事》《美女私房菜》《龙行天下》等近 20 个精品节目都在福田制作完成。一大批国内知名的文化总部企业不但选择了福田，而且在福田不断实现着跨越式发展。

福田区充分结合辖区的产业结构“双轮驱动”战略，推动福田区文化产业在“量”和“质”上全面提升，加快培育一批新兴的高端文化龙头企业，使福田从点（重点企业）——线（产业链）——面（文化产业）全面产业繁荣，从而把福田建设成为具有国内领先地位和一定国际影响力的文化产业强区。

福田区将以创意设计产业为龙头，整合辖区创意设计资源，打造具有特色的创意产业群，加大对田面设计之都创意产业园、世纪工艺品文化广场、雅昌艺术馆等重点文化产业园区的建设力度。在迈向“文化 + 科技”的高端化发展道路方面，福田区将大力发展新闻出版、动漫游戏业、数字视听、新媒体产业、演艺娱乐业、高端工艺美术业、广告会展业等核心产业；积极争取引进北京金一文化公司，建立黄金珠宝首饰创意设计总部；大力扶持华视传媒、拇指天下、宜搜科技、中青宝网、深广传媒、天朗时代科技公司等做大做强。

福田区将以创意设计产业为龙头，整合辖区创意设计资源，打造具有特色的创意产业群，加大对田面设计之都创意产业园、世纪工艺品文化广场、雅昌艺术馆等重点文化产业园区的建设力度。

罗湖区文化产业发展概况

一、现状和特点

（一）基本状况

过去 5 年，罗湖区文化产业总量规模不断扩大 ,2005 年罗湖区实现文化产业增加值 21.62 亿元，2006 年为 26.26 亿元，2007 年为 33.89 亿元 ，2008 年为 39.87 亿元，2009 年为 35.65 亿元，年均增长幅度 16.7%，成为罗湖经济发展新的增长点。“文博会”罗湖分会场每届的成交额实现逐年递增，2006 年，成交额为 14.5 亿元；2007 年，成交额跃至 67.64 亿元；2008 年达到 101.79 亿元；2009 年为 104.08 亿元；2010 年，成交总额再次超过百亿，连续多年位居深圳市首位。

2010年，深圳古玩城、满京华艺展中心和怡景国家动漫基地被评为优秀分会场三等奖。

2009年，罗湖区通过多方积极争取，将中国工艺美术界最高奖项——“百花奖”颁奖大会安排到罗湖举办。展会共收到来自全国30多个省、市、区的工艺美术作品6000余件，其中入围作品1460余件，最后获奖作品372件，这些作品充分展示了中国当代工艺美术发展的新水平，受到国内外的广泛关注和普遍好评。

（二）发展特点

1. 产业发展基础扎实。罗湖区作为深圳最早的建成区，经济基础牢固，第三产业比较发达。2008年，第三产业占GDP比重为89.9%。随着第三产业的快速发展，文化娱乐、工艺美术、珠宝设计、古玩、动漫、信息等文化产业逐步发展起来。除了在历届“文博会”取得的成绩之外，罗湖区还拥有“国家级文化产业示范基地”1个(深圳市3个)，“省级文化（创意）产业园区”1个，“市级重点文化企业”28家，“市级文化产业园区（基地）”3个，“文博会”分会场6个。2009年，罗湖区文化产业经营法人单位2862家，从业人员6.39万人，占罗湖区法人单位从业人员总数的10.80%。特别是近年来，在面临土地、空间、能源、资源“四个难以为继”的紧约束条件下，区委、区政府创造性地提出了“功能罗湖”的发展理念，将文化创意产业确立为罗湖区四大重点支柱产业之一，集中人力、物力、财力和精力对重点支柱产业进行倾斜，有力地促进了文化产业的快速发展。

2. 聚集效应比较明显。这几年，我们通过实施品牌带动战略，大力推动优势文化产业集群发展，初步形成了黄金珠宝、工艺美术和动漫产业三足鼎立的局面。一是黄金珠宝业。水贝珠宝项链街区作为“深圳市文化产业基地”，占地面积56.63万平方米，入驻的国内外珠宝设计、加工、销售企业共1400多家，拥有26家“中国名牌”企业和5个“中国驰名商标”，成为全国黄金珠宝产业基地和广东省产业聚集升级示范区。二是工艺美术业。深圳古玩城、满京华艺展中心、航诚艺都、笋岗工艺礼品城等在工艺美术专业市场并驾齐驱。深圳古玩城作为“国家文化产业示范基地”，建筑面积6万平方米，内设展馆1000余间，现有各类经营商户2000多家，是我国规模大、品种全、配套服务设施优良的三大古玩专业市场之一。艺展中心作为“深圳市文化产业基地”，经营面积4.5万平方米，建成了覆盖全国30多个省市区工艺美术品的综合销售平台，成为国内家居工艺品进出口的重要集散地之一。航诚艺都经营面积1万多平方米，商铺及柜台228个，建成了“航诚艺都网络商城”销售平台，开创了“一店双铺”经营模式，正极力打造具有中国文化特色的一流工艺精品交易场所和文化专业市场国门第一品牌店。笋岗工艺礼品城地处深圳市罗湖区笋岗物流园核心位置，总建筑面积约30万平方米，分三期建设。一、二期已营业，建筑面积约10万平方米，目前拥有商铺近千个，是一个工艺品、家居饰品、礼品、休闲用品汇集的大型展示交易平台，集商流、物流、资金流、信息流于一体的工艺文化专业MALL，正在认真精心打造一艘“文化航母”。三是动漫产业。怡景国家动漫基地作为“广东省文化（创意）产业园区”和“深圳市文化产业基地”，总建筑面积为4.25万平方米，入驻了国际、国内知名企业61家，在国产动画片、手机动画制作和网络游戏开发方面取得了可喜的成绩。目前，该基地计划投资3亿元，兴建8万多平方米的动漫大楼，进一步完善公共技术、制作、展示和交易平台及其他配套服务设施。

3、创意文化氛围初步形成。近年来，我们大力促进文化产业公共技术、服务、信息平台建设，运用高新技术促进产业升级，促进文化产业与高新技术产业的融合。如水贝的黄金珠宝产业，已经从简单的加工制造阶段，转向了重设计、重文化、重个性、重品位的高层次发展，实现了从“产品制造”转向“文化创造”，品牌价值日益凸显。罗湖创意产业比重大幅增加，业界普通公认的13个门类都得到不同程度的发展，而且产业规模不断扩大，产业效益逐年提高，呈现高端化、精品化、高附加值的发展态势。2008年，罗湖区创意设计规模以上法人单位75个，比2004年增加了37个；营业收入达到12.96亿元，年均增长速度为24.59%，其中，动漫游戏、现代传媒、设计服务、文化休闲旅游等文化创意产业发展迅速。

二、主要做法和体会

（一）坚持以市场为主导。罗湖市场经济发育比较早，为文化产业的发展提供了良好的市场优势和产业环境。坚持以市场为导向，尊重市场经济规律，尊重产业发展趋势，充分发挥市场在资源配置中的基础性作用，不离开罗湖的实际谈文化，不做“只赚吆喝不赚钱”的产业，始终把主要精力放在激活文化生产要素上，因势利导，推动文化产业朝着多元化、规模化的方向发展，如水贝珠宝项链街区、深圳古玩城，都是这样发展起来的。这几年，罗湖文化产业发展的路子之所以走得比较扎实，关键是坚持了这一条。

（二）坚持以企业为主体。目前，罗湖区有6个文化产业园区（基地）。园区（基地）的营运都是由企业自己按照市场经济规律进行的。企业自主经营，自负盈亏，政府不直接介入产业园区的运营。如满京华艺展中心实行以批发为主、零售为辅的双重经营模式，与多家厂商组建商业联盟，拥有自主品牌和新产品开发能力的商户370家，拥有出口经营、符合出口资质的商户269家。该中心的商铺近两年一直供不应求，出租率达到100%，年销售业绩一直保持在20%的速度增长，目前正在谋求新的扩张发展。

（三）坚持加强政府指导。近年来，罗湖先后出台了《加快建设文化罗湖的决定》《罗湖区文化发展规划纲要（2005～2010年）》《关于扶持罗湖区重点产业发展的若干意见》和《深圳市罗湖区产业发展专项资金管理暂行办法》等政策和措施，大力促进文化产业实现可持续发展。参照市里的相关政策，区里在财政、税收、补贴等方面对重点行业、重点企业和重点项目进行扶持；加大为文化企业服务的力度，大力协调解决企业在用水、用电、用地、市容环境、交通设施等方面存在的困难和问题；加强对知识产权的保护，努力营造公平、有序的市场环境。

（四）坚持以园区建设为抓手。产业园区建设是文化产业发展最基本、最便捷、最有效的方式。罗湖以建设产业园区为切入点，推进产业聚集，先后改造建成了水贝珠宝项链街区等6个文化产业园区（基地），使之成为文化科技创新的孵化器、文化企业快速成长的助推器、文化产业聚集发展的大平台。在园区（基地）建设中，我们的主要做法是：一是遵循政府主导和市场机制相结合的原则，发挥好政府在公共服务、基础设施建设、产业引导、政策调控、招商引资等方面的作用，发挥好市场在园区产业资源配置中的基础性作用，让两者相辅相成、相得益彰；二是重视市场调查、产业分析，准确把握园区（基地）的市场定位，使商户引得进来，来了之后能够做大做强，逐步发展成为领军企业和行业龙头；三是注重园区（基地）总体规划和大环境的改造升级，以及相关配套设施和公共服务平台的建设和完善，改善入驻商户经营环境，促进产业链不断延伸，刺激资本持续投入；四是加大对产业园区的宣传推介力度，政府拨出专项经费，利用新闻推介、招商引资和文体联谊等活动，通过专题策划、刊登广告、投放海报等方式，积极推介园区，为文化企业穿针引线、搭桥铺路。

（五）坚持发挥好“文博会”的交易平台作用。“文博会”为文化产业发展搭建了一个高起点、高规格的展示和交易平台。承办好“文博会”罗湖分会场是我区每年文化产业工作的一项重要任务。实践证明，利用好“文博会”这个平台，对推动文化产业发展具有十分重要的作用：一是可以实现集中交易。如第五届“文博会”，罗湖取得了合同成交额19.89亿元、意向成交额64.08亿元、零售总额20.10亿元的好成绩，而且成功举办了国家级的工艺美术“百花奖”，实现了经济效益、社会效益双丰收；二是有利于宣传罗湖区的投资环境，特别是罗湖区的文化产业投资环境。从连续几届“文博会”罗湖分会场的成交额和人流量来看，罗湖区的商业氛围和人气指数都在深圳市居于领先地位，精明的商家一眼就看出罗湖区的投资环境和产业前景；三是文化企业的品牌形象影响得到扩大，企业做大做强的动力得到强化，在业界的地位不断得到提升。

罗湖区文化产业的发展证明，罗湖区所确立的发展理念是符合科学发展观要求的，同时也取得了初步的成效。当然，在充分肯定罗湖文化产业发展成果、进一步增强发展自信的同时，我们也非常清醒地认识到，虽然在文化产业上有先发优势，但也存在一些不足和挑战：一是文化产业核心层比例不高，新兴产业竞争力不强。集中表现为传统文化产业比重比较大，新兴文化产业比重比较小，需要花更大力气引导和推动新兴产业发展。二是文化产业人才结构性矛盾突出。随着现代传媒、动漫游戏、数字视听等新兴产业的迅速扩张，文化产业专门人才匮乏的矛盾日益突出，一定程度上阻碍了新兴产业的发展。三是支持文化产业发展的政策体系要进一步完善，要进一步加大政策的引导和支持。四是从深圳市角度来看，文化产业存量尚可，但增量乏力，特别是深圳市兄弟区文化产业发展势头十分迅猛，罗湖区面临的挑战越来越大，发展后劲亟待加强。

罗湖区文化产业的发展证明，罗湖区所确立的发展理念是符合科学发展观要求的，同时也取得了初步的成效。

三、未来展望及探索性思考

（一）大力发展创意产业。据统计，全球创意产业每天创造的产值高达220亿美元，并且正以5%左右的速度递增。文化创意产业已经成为文化产业的精髓和核心，将在城市经济转型中获得巨大的发展机遇和空间。下阶段，在现有文化产业的基础上，罗湖区尽力把“文化创意”这一支柱产业做大做强，全力打造“四城一镇”，建设国际消费中心。

“四城一镇”是指金融城、万象城、珠宝城、工艺城和艺术小镇。其中，珠宝城、工艺城和艺术小镇是文化产业的重要内容，以“四城一镇”为抓手，大力发展高端服务业和总部经济，实现城市经济的繁荣发展，促进产业结构的优化升级，进一步放大“功能罗湖”的价值。

1. 提升“珠宝城”。在深圳市9个传统产业聚集基地中，罗湖区水贝黄金珠宝产业聚集基地率先建成，发展态势良好，获得了企业和社会的好评。加快水贝黄金珠宝产业聚集基地建设，继续大力推动黄金珠宝产业的转型升级，支持其向设计研发和展示交易高端发展。全力推广黄金珠宝区域品牌，促进黄金珠宝产业由“罗湖制造”向“罗湖创造”转变，提升市场竞争力，开拓国际市场。加快黄金珠宝产业公共服务平台建设。推动黄金珠宝产业与文化创意、高端旅游等融合发展，让黄金珠宝走进寻常百姓家。

2. 巩固“工艺城”。深圳市工艺品十大专业市场有七家在罗湖，要充分发挥这一聚集优势，继续改造治理“工艺城”周边环境，提高“工艺城”的品味内涵，美化居民精神文化生活。鼓励、引导工艺行业创新和业态升级，完善产业链配套。借助“文博会”的平台，加大宣传推介力度，努力打造国内工艺品市场门类最齐全、产业链条最完整、服务水平最高的“工艺城”。

3. 打造“艺术小镇”。依托梧桐山景观资源，改造大望、梧桐山村环境，吸引文化创意机构和个人聚集创业、发展。整合民间博物馆、文化高地、兰花基地、景观河等资源，与创意设计者之家有机和谐结合，营造生态文明、文化盎然、创意勃兴、短途休闲的城市乐园。

（二）拓宽新的发展空间。21 世纪以来，以电子商务为重要特征的互联网产业发展迅猛，已经成为推动世界经济增长的重要力量。如经营网络钻石珠宝销售的戴维尼，刚刚成立 4 年，但是其凭借独特的网络销售模式，赢得了月销售量 1600 万元的佳绩。在物理空间有限、难以改变的情况下，一是充分挖掘利用好存量空间，推动产业转型，实施产业置换，特别是要以文化创新为动力，将现代科技引入文化创作、生产、经营和服务等环节，改造传统文化产业；二是加快转变发展模式，突破发展局限，充分利用深圳创建首个“国家电子商务示范城市”的大好契机，借助现代信息技术，开辟虚拟空间，积极培育以电子商务为重点的新商业模式及新业态；三是继续加大对文化产业产品的挖掘和产业价值链的延伸，打造一批科技含量高、文化内涵深、影响力大的原创文化品牌；四是重点引进和培养一批文化产业领域的领军人物、创意创新人才、专业技术人才和经营管理人才，营造有利于优秀文化产业人才脱颖而出的成长环境。

（三）办好“文博会”罗湖分会场。认真总结历届“文博会”罗湖的经验和做法，组织好区属重点文化企业参加并承办好“文博会”罗湖分会场。着力在产业实效方面下工夫，在引进重点核心文化企业上下工夫，在整体宣传推介上下工夫，使“文博会”罗湖分会场年年有亮点、年年有进步，为增强罗湖的文化软实力更加有所作为。

南山区文化产业发展概况

一、南山区文化产业概况

南山区文化产业发展态势迅猛，支柱产业作用日益明显，已逐渐形成自身的优势、特色和亮点。南山区文化产业园区示范效应明显，文化产业领军企业龙头作用突出，在全国率先提出并不断推进“文化＋科技”发展新模式，得到了中央、省、市有关领导的肯定、鼓励和称赞。

截止 2010 年 12 月底，南山区文化产业法人单位 1100 多家，具有规模以上文化产业企业 193 家，实现营业收入 478.31 亿元，同比增长 13.59%；实现增加值 144.44 亿元，同比增长 13.97%。下表是南山区文化产业法人单位 2010 年主要经济指标的情况以及与 2009 年主要经济指标的对比情况：

截止 2010 年 12 月底，南山区文化产业法人单位 1100 多家，具有规模以上文化产业企业 193 家，实现营业收入 478.31 亿元，同比增长 13.59%；实现增加值 144.44 亿元，同比增长 13.97%。

	规模以上企业数（个）	全年营业收入（亿元）	增加值（亿元）
2009 年	203	421.09	126.74
2010 年	193	478.31	144.44

总体来看，2010 年南山区文化产业稳步增长，其中腾讯、康佳、华侨城集团、华强集团产值同比增长超 20%，为下一阶段增长奠定坚实的基础。

二、南山区发展文化产业的特色之路

文化产业园区（基地）建设，是南山文化产业重点工作之一。南山区目前共有 22 个南山文化产业示范园区（基地），分为两类：具有文化企业聚集空间性质和孵化器功能的“文化产业园区”13 家；“文化产业示范基地”9 家；建筑面积合计约 100 万平方米，项目总投资合计约 90 亿元，入驻文化企业及机构约 700 家。

其中具有孵化器功能和文化企业聚集物理空间性质的“文化产业示范园区”包括 OCT—LOFT 华侨城创意文化园、南海意库、深圳设计产业园、深圳动漫园、南山数字文化产业基地、深港动漫及网游产业孵化基地、香年文化创意广场、美年文化创意广场、深圳大学文化产业研究院、蛇口网谷（含招商数码大厦、科技大厦二期）、深圳南山电子商务创新基地、欢乐海岸 OCT BAY、深圳（南山）互联网产业基地。

“文化产业示范基地”包括深圳市腾讯计算机系统有限公司、深圳市华动飞天网络技术开发有限公司（A8）、深圳雅昌彩色印刷有限公司、深圳市嘉兰图设计有限公司、深圳华强文化科技集团股份有限公司、深圳市网域计算机网络有限公司、环球数码媒体科技研究（深圳）有限公司、深圳市迅雷网络技术有限公司、深圳雅图数字视频技术有限公司。

其中被认定为深圳市文化产业园区的有 1 家，被认定为深圳市文化产业基地的有 12 家。深圳大学文化产业研究院获评为“深圳市文化产业教学与培训基地”。环球数码媒体科技研究（深圳）有限公司、深圳市腾讯计算机系统有限公司、雅昌企业（集团）有限公司被评为“广东省文化产业示范基地”。华侨城集团获评全国首批“国家级文化产业示范园区”；雅昌企业（集团）有限公司、深圳市腾讯计算机系统有限公司和深圳华强文化科技集团股份有限公司获评为“国家级文化产业示范基地”。

（一）注重合理布局。南山区在园区和基地规划建设过程中，避免园区（基地）功能同质化，力求各园区和基地有所侧重，鼓励错位发展和有序竞争，布局上力求形成合理的结构。比如OCT-LOFT园区主要是以艺术、创意机构为主，深圳动漫园以动漫、网游为主，南海意库以建筑设计、环境设计为主，蛇口网谷以互联网为主，南山数字文化产业基地以数字娱乐内容为主，深圳大学文化产业研究院以艺术创作为主，设计产业园以工业设计为主。经过功能定位的不断调整，区内逐步形成了分工明确、优势互补的良好的园区发展布局。

创新发展“文化十科技”文化产业新模式。南山区科技力量雄厚，深圳市高新技术企业大部分云集在南山区。南山区充分利用这一优势，坚持“以文化为核心、以科技为依托，以文化为内容、以科技为工具”，积极探索文化产业发展的新路子，创新文化产业发展模式，培育成长了如华强文化、腾讯、迅雷、A8音乐、环球数码等一批文化科技融合型的企业。腾讯、A8音乐已上市，华强文化、环球数码的母公司已上市，网域、雅图等公司也正在做上市准备。2010年5月，深圳市首批20家“文化＋科技型示范企业”中，南山区共占了9家。其中华强文化科技集团自主创新品牌，将高新技术引入到文化产业发展中，打造完整的产业链，实施全球战略，推动文化产品出口，成为国内唯一一家为欧美、中东等30多个国家4D影院提供影片的内容供应商，在国外设计并建成大型文化产业主题公园，是我国首次实现文化产业主题公园向国外出口的案例。

（二）培育文化产业领军企业。坚持以南山区具有良好技术基础、市场前景良好的数字内容产业为突破口，集中力量发展和提升以网络游戏、动画漫画、数字视听等为主的互联网产业。比如：腾讯已成为中国最大的互联网即时通信软件开发商，构建了QQ、QQ.com、QQ游戏以及拍拍网四大网络平台，分别形成了规模巨大的网络社区；A8音乐集团是中国电媒音乐市场的领导者，中国十大无线增值服务品牌之一，中国第一大音乐门户，内地第一个以数字音乐概念上市的公司；雅昌产品遍及国内和美国、日本、欧洲等海外市场，在中国艺术品拍卖图录印制方面，占有全国95%以上的市场份额，独创了“传统印刷＋现代IT技术＋文化艺术”崭新的运营模式；环球数码是目前亚洲规模最大、技术设备最精尖、性价比最高的三维动画影视公司之一；网域是华南地区最大的从事网络游戏开发和运营的高科技软件技术公司之一，自主研发国产绿色民族网游；迅雷已成为中国互联网最流行的应用服务软件之一，成为全球最大的多媒体下载引擎；嘉兰图、浪尖发展成为中国工业设计领军企业。

三、强化严格的管理和完善的服务

专项资金使用和管理：南山区文化产业专项资金的使用，始终坚持几条原则：第一，集中力量扶持文化产业园区（基地），有助于产业聚集和形成规模；第二，集中力量扶持重点环节发展项目，有助于产业链的形成和完善；第三，集中力量扶持原创开发和拥有完全自主知识产权的产品，有助于品牌塑造和产业创新；第四，集中力量扶持创新性创业型的项目和个体，有助于吸引高端人才和培育有潜质的企业。以上措施保证有限的政府资金能真正使有发展前景的企业多受益。2009年，第一批共资助32个项目，合计金额1971.1万元。第二批共资助37个项目，合计金额1369.1万元。第三批共资助31个项目，合计金额1146.9万元。总计资助100个项目4487.1万元。同时，2009年度南山区共29家企业40个项目获得2964万元的市专项资金扶持，约占深圳市的38%。2009年度深圳市、南山区两级文化产业专项资金共投入7451.1万元。2010年第一批共资助136个项目，合计金额2945.1万元。第二批共资助112个项目，合计金额2518.47万元。2010年度总计资助246个项目5463.57万元。同时，组织辖区文化企业申报市文化产业发展专项资金扶持。

为企业提供全方位个性化服务：一是加强政策引导，帮助企业塑造品牌，打造文化产业名片。如全力支持华强文化科技集团、雅图公司等文化企业做大做强。积极协调深圳市市委宣传部、深圳市文体旅游局、深圳市文改办等上级有关部门，并以简报、内参等形式向中央汇报情况。二是尽力寻求土地资源，帮助企业扎根发展。一方面利用旧改资源，大力推进安乐工业区、茶光工业区、荔山工业区、蛇口片区部分厂房等改造建设；另一方面积极协助华强文化科技集团、雅图公司、迅雷公司、嘉兰图公司等企业申报用地需求。三是策划举办各类文化产业活动，为企业搭建平台，充分展示文化企业的创新性。如积极配合深圳市市委宣传部的"创意十二月"活动，组织举办系列活动。四是了解企业所需，及时帮助企业解决各种实际问题。如为园区引进优质企业、协调有关消防工商等问题。五是加大宣传，充分利用《深圳特区报》《深圳商报》《蛇口消息报》、深圳南山网、南山文化产业网等平台，设立专版、专题，帮助企业走出去，促进交易。

为企业提供全方位个性化服务：一是加强政策引导，帮助企业塑造品牌，打造文化产业名片。二是尽力寻求土地资源，帮助企业扎根发展。三是策划举办各类文化产业活动，为企业搭建平台，充分展示文化企业的创新性。

四、在"文博会"上浓墨重彩展示南山实力

2007年第三届"文博会"，在主展馆设立了450平方米的南山展区，组织了区内6个园区和36家企业参展，全面展示了南山区文化产业的整体实力，第一次申办了OCT—LOFT华侨城创意文化园、蛇口和南山数字文化产业基地3个各具特色的分会场，交易总额为26.17亿元，其中合同金额19.776亿元。2008年第四届"文博会"，在会展中心一号馆设立南山主展区，组织36家企业、6个文化产业园区（基地）统一参展；组织申办了深圳大学、深圳动漫园、南海意库3个分会场；组织腾讯、网域、华强文化、嘉诺德、大漠堂等企业设立了独立展位。在深圳市率先推出"虚拟"文博会"分会场"，组织各类文化活动40余项，实际成交17.41亿元。2009年第五届"文博会"，在会展中心一号馆包租468平方米设立了南山展区；组织华强文化、雅图、网域等9家大型文化企业在多个专业场馆设立了1257平方米的独立展位；组织申办了华强文化科技集团、深圳动漫园、深圳大学3号艺栈艺术原创基地、数字文化产业基地4个分会场；共成交项目69个，交易金额达77.9亿元，其中合同成交19亿元。2010年第六届"文博会"，在会展中心一号馆包租450平方米设立了南山展区，策展了4号演艺产业馆和6号创意设计馆，华强文化、雅图、腾讯、网域等部分大型企业独立参展；组织申办了深圳设计产业园、深圳大学、华强文化科技集团和深圳动漫园4个分会场；总成交70.6亿元，其中合同成交51.1亿元。

五、领导的亲切关怀

2010年9月5日下午，胡锦涛总书记在中共中央政治局委员、广东省省委书记汪洋陪同下，考察了腾讯计算机系统有限公司。总书记听取了腾讯公司的发展历程、业务情况、腾讯人的风貌和腾讯对自主创新的追求等四方面内容汇报，观看了QQ最新概念版、眼

动仪实验演示等。总书记殷切勉励年轻员工充分发挥聪明才智、坚持自主创新，为壮大民族互联网产业贡献力量。

2009 年 4 月 20 日上午，中共中央政治局常委、国务院总理温家宝在中共中央政治局委员、广东省省委书记汪洋等陪同下，视察了华强文化科技集团。温家宝总理听取了华强文化科技集团经营发展情况汇报，视察了华强文化科技集团的展示中心，二维、三维动漫制作等研发中心，体验了环幕 4 D电影等文化产品。温家宝总理认为，把科技与文化结合在一起，再加上五千年的中华文化传统，确实使文化科技产业的发展有了深厚的根基。他同时勉励华强文化科技集团："靠你们的创新意识和能力，一定能够带来科技文化的大发展。"2010 年 8 月 20 日，温家宝在中共中央政治局委员、广东省委书记汪洋陪同下视察迅雷网络技术有限公司，与青年科研人员交谈，勉励公司快速发展。

盐田区文化产业发展概况

文化产业，作为继高新技术产业、物流业、金融业之后的深圳市第四支柱产业，近年来得到快速发展。特别是面对全球金融危机，文化产业逆市飘红，成为引人注目的新的增长点，其发展前景引发广泛关注。盐田区委、区政府历来重视文化产业发展，2002 年区第二次党代会提出"文化立区战略"和建设"高品位文化生态城区"的发展目标；2007 年区第三次党代会提出在精品战略基础下实施特色提升战略，在发展文化产业工作中按照"不求最大、但求最优；不求最全，但求最特"的发展战略，盐田区文化产业得到快速发展。

东部华侨城自 2007 年 7 月试业以来，至 2010 年底超过 430 万人次入园。提出打造"世界级度假旅游目的地"，表明以东部华侨城为代表的文化旅游企业开始走出中国，开拓海外市场，树立国际品牌形象。

一、盐田区文化产业发展现状

（一）核心层文化产业的企业数量少、规模小，但外围层的旅游文化产业发展迅速。核心层文化产业包括新闻服务、出版发行和版权服务、广播电视电影服务、文化艺术服务。目前，盐田区仅盐田广电中心一家提供新闻服务及广播电视服务，区影剧院等 3 家单位提供电影放映服务。外围层的网吧、文化服务也较为薄弱。2009 年，辖区有网吧 21 家，500 平方米以上的仅 6 家；歌舞娱乐经营场所 11 家，经营面积 1000 平方米以上的仅 1 家；游艺娱乐场所 2 家，经营面积都在 300 平方米以下；音像销售单位 10 家，注册资金达 100 万元的仅一家；图书经营单位 9 家，除深圳书城盐田店以外，其余均为个体私营单位；印刷包装企业 15 家，注册资金达到 1000 万元的仅 5 家；文化艺术培训机构 3 家，都规模较小。其他如出版发行、版权服务、文化艺术等核心类别几乎空缺。但是以东部华侨城为代表的文化旅游企业发展态势较好。东部华侨城自 2007 年 7 月试业以来，至 2010 年底超过 430 万人次入园。提出打造"世界级度假旅游目的地"，表明以东部华侨城为代表的文化旅游企业开始走出中国，开拓海外市场，树立国际品牌形象。

（二）文化产业占 GDP 比重迅速提升，发展前景非常乐观。根据国家统计局《文化及相关产业分类》的标准，2008 年第二次全国经济普查数据显示，2008 年盐田区从事文化及相关产业活动单位 118 家，文化产业总产值 192.92 亿元，增加值 35.57 亿元，占盐田区 GDP 的 15.3%，比重领先其他区。而全国第一次经济普查数据显示，2004 年盐田区文化产业增加值仅 3.77 亿元，占 GDP 的 3.2%。随着区内处于加工制造业低端水平的三来一补企业外迁、旧工业区改造升级，为文化产业特别是文化创意产业的发展带来了新的机遇。2008 年起，东部华侨城、深圳梅沙原创音乐前沿基地连续两届成功申报为“文博会”分会场，标志着盐田区文化产业已经迈上了一个新的发展阶段。

2008 年起，东部华侨城、深圳梅沙原创音乐前沿基地连续两届成功申报为“文博会”分会场，标志着盐田区文化产业已经迈上了一个新的发展阶段。

（三）文化产业的特色品牌初具规模，对经济的拉动力逐年提升。龙岗区的大芬油画村、南山区的数字内容产业、宝安区的印刷业都形成了一定的产业优势，有自己的特色品牌。盐田区的文化产业发展的亮点就是厚重的历史人文资源和得天独厚的“山、海”自然资源，形成了如中英街、三洲田等历史人文品牌，打造了全国十大节庆品牌“黄金海岸旅游节”和深圳十大文化品牌“沙滩音乐节”。虽然这些特色文化品牌正处在成长阶段，还有待于进一步与市场相结合，但其特色文化品牌的产业链逐年完善，特别是京基喜来登酒店的落成、大梅沙湾游艇会投入运营，长期困扰盐田区的“旺丁不旺财”现象也正在逐步消除。

（四）文化产业的引导机制正在形成，财政投入逐年增长。在盐田区区委、区政府统一协调下，区文化、发改、贸工、财政、旅游等部门通力配合。盐田区通过定期召开文化产业发展领导小组会议，研究盐田区文化产业发展方向、重点项目，协调解决文化产业发展中存在的实际困难，把文化产业纳入盐田区特色经济、循环经济建设，文化产业被纳入盐田区产业发展资金的扶植对象，被纳入总部经济扶持范围。从深圳梅沙原创音乐前沿基地落户盐田区来看，把金沙街改造和音乐基地建设同步推进，财政资金在发展文化产业、打造

盐田海景

产业的外部发展环境方面的投入增长迅速。

二、以重点项目强势带动盐田区文化产业快速发展

十七大报告指出："发展文化产业，实施重大文化产业项目带动战略。"盐田区区委、区政府充分利用盐田区依山傍海的独特优势，按产业规划要求，以重点文化项目带动片区文化产业快速发展。

（一）东部华侨城。2002 年，由华侨城集团投资 35 亿元人民币精心打造的东部华侨城，坐落于中国深圳大梅沙，占地近 9 平方公里，是以"世界级度假旅游目的地"为目标、以文化旅游为特色的国家生态旅游示范区，主要包括大侠谷探险乐园、茶溪谷度假公园、云海谷体育公园、华兴寺、茵特拉根主题酒店群、天麓大宅等 6 大板块，体现了人与自然的和谐共处。2007 年 7 月 28 日项目一期开放，2009 年 5 月整体营业。截至目前，共接待游客超过 950 万人次，成为全国旅游景区的一颗闪亮新星。

（二）深圳梅沙原创音乐前沿基地。该项目于 2008 年第四届"文博会"期间挂牌成立，由著名音乐制作人许晓峰策划建设，选址大梅沙金沙街，并整合大梅沙愿望塔及海滨公园等资源，成为国内首个以音乐为主题的文化产业基地。其发展定位是成为国家级文化产业示范基地、华语音乐最大生产交易平台、国际音乐文化产业交易中心之一。2009 年，音乐基地引进了中国 10 大音乐创作人（小柯、水木年华、丁薇、栾树等），全年举办《中国音乐流行榜向中国原创音乐致敬颁奖会》等大型活动 7 场，举办《当街舞爱上芭蕾》舞台剧、许巍《今天》演唱会等 12 场，参与投资拍摄《乐火男孩》等电影 3 部，出版哈辉《新雅乐》等唱片专辑 4 张。2010 年 5 月份，成功申报了国家音乐创意产业基地。

（三）大梅沙湾游艇会。深圳大梅沙湾游艇会成立不久，就成为深圳滨海时尚的新地标。其陆路距深圳市区约 12 公里，水路距香港 50 多海里，距澳门约 70 海里，水陆交通极其方便，总规划面积约 6 万平方米，其中水域面积约 5.6 万平方米。大梅沙湾游艇会拥有 200 多个泊位和 100 多个干舱位。深圳大梅沙国际水上运动中心与大梅沙湾游艇会携手，通过举办大型的游艇或帆船展览，提升大梅沙海滨度假区的档次和品质；通过普及水上运动，提倡一种滨海时尚的休闲方式；通过着力把大梅沙建设为国际化的"风帆之湾"，成为深圳市建设现代化国际性城市的一大亮点。

（四）梁子时装公司。梁子时装公司成立于 1995 年，由著名设计师梁子担任设计总监。她曾连续多年获得中国国际时装周"最佳女装设计师""十佳设计师"奖，荣获 2005 年"中国设计业十大杰出青年"及中国国际时装周十周年"十大设计名师"称号，2007 年更是同时荣获中国时装设计最高荣誉"金顶奖"和"最佳女装设计师"奖双重殊荣。

此外，周大福珠宝、百泰珠宝、万科艺术中心等一批高端文化产业项目也相继落户盐田区，文化产业将助推盐田区经济结构不断优化调整，盐田区文化品位不断提升，实现经济社会又好又快发展。

三、发展思路

（一）组建文化产业机构，加强对文化产业的指导。文化产业，特别是创意经济，是继高新技术产业之后的又一经济增长点，是助推产业结构升级，由中国制造向中国创造转型的最有力推手。要紧抓深圳市大力发展文化产业的契机，适应大部制要求，在盐田区文化局组建单独的文化科，配备 2-3 名工作人员，专职从事文化产业工作。

（二）制定规范的产业政策，扶持文化产业快速发展。结合深圳市现有的产业政策，结合盐田区的实际，制定一批扶持文化产业的规范性文件，让来盐田区发展文化产业的企业都知道能在盐田区享受到什么样的优惠政策。特别是要制定关于盐田区重点文化企业的认定办法和资助办法、关于在三旧改造中发展文化产业的经济政策等。

（三）发挥龙头企业优势，打造完整的文化产业链。一是要以东部华侨城为依托，聚集一批文化演艺、舞台造型、灯光特效、文化娱乐等行业相关企业，以文化加旅游的方式，促进演艺文化产业链的形成。二是要发挥音乐基地的优势，聚集一批音乐制作、演艺经纪、音频视频器材展销、音乐投融资交易等音乐产业

深圳《百泰和合盘》被国家珍宝馆收藏

相关企业，以文化加科技的方式，促进原创音乐产业链的形成。三是要以大梅沙湾游艇会、万科会展为中心，推进南方游艇博览中心项目建设，聚集一批会展策划、会展组织、创意设计、艺术拍卖等服务型文化企业，以文化加创意的方式，促进文化服务业的产业链形成。

（四）全力挖掘辖区资源，培育独具特色的文化企业。一是建设人文中英街。按照“突出人文，带旺旅游，复兴商贸”的原则，以“消费香港概念、再现近代中国、体验南粤风情、感受爱国情怀”为核心内容，重振中英街。二是培育鱼灯舞产业。充分挖掘国家级非物质文化遗产的内涵，通过鱼灯舞开发授权的方式，引进有实力的文化公司从演艺传承、影视制作、衍生品开发等方面做文章，密切与香港联动，以全球视野扩大其国际影响力，形成文化与经济的良性互动。

一是建设人文中英街。按照“突出人文，带旺旅游，复兴商贸”的原则，以“消费香港概念、再现近代中国、体验南粤风情、感受爱国情怀”为核心内容，重振中英街。二是培育鱼灯舞产业。

（五）充分用足保税区优势，建设创意经济示范区。盐田区有沙头角保税区和盐田港保税区，要向上海外高桥保税区学习，加快保税区产业结构调整，充分发挥好保税区境内关外的优势，利用境外高科技设备在保税区内零关税的政策优势，大力发展文化创意、影视后期制作、动漫制作、文化产品展销、文化产业投融资交易等产业，把盐田区打造成为一个文化创意经济的示范区。

宝安区文化产业发展概况

一、发展概况

在“文化强区”战略指导下，围绕做大做强文化产业支柱产业，宝安区坚持文化与产业“双轮推进”，注重完善政策体系、培育市场主体、加强规划指导、创新体制机制、强化资金保障等关键环节，完善文化市场体系，优化文化产业结构，提升文化创新能力，进一步发展文化生产力，各项工作取得显著成绩，宝安区文化产业保持了良好的发展势头。2010 年实现文化产业增加值 137.8 亿元，同比增长 18％。截至目前，宝安区文化产业限额以上企业 671 家，从业人员 230529 人（预测数）。辖区内现有观澜版画原创产业基地、永丰源瓷文化创意产业园、深圳 F518 时尚创意园、127 陈设艺术产业园、雁盟酒店文化产业园、中国（观澜）山水田园文化产业园、深圳 22 艺术区、宝安国际珠宝交易中心、西部国际珠宝城、宝安艺术城等文化产业园区（基地），形成了以产业实体为基础、融入文化内涵、与城市更新改造相结合自发自生、聚集文化企业搭建平台运营园区等的文化产业发展模式。深圳市永丰源实业有限公司获得文化部文化产业示范基地命名授牌，实现宝安国家级文化产业示范基地零的突破；观澜版画基地被保加利亚文化部、外交部、艺术家联合会共同授予“发展和普及现代版画艺术贡献奖”；宝安区文化产业发展办公室被第六届“文博会”组委会授予优秀组织奖；F518 时尚创意园获联合国人居环境发展促进会等 6 个组织颁发的“中国最具发展潜力园区”“中国最佳文化创意产业示范区”奖。

在“文化强区”战略指导下，围绕做大做强文化产业支柱产业，宝安区坚持文化与产业“双轮推进”，注重完善政策体系、培育市场主体、加强规划指导、创新体制机制、强化资金保障等关键环节，完善文化市场体系，优化文化产业结构，提升文化创新能力，进一步发展文化生产力，各项工作取得显著成绩，宝安区文化产业保持了良好的发展势头。

二、会展情况

从首届“文博会”起，宝安区就高度重视“文博会”筹备工作，成立由区长为组长的筹备领导小组，区领导对主会场和分会场包点负责，高效推进了“文博会”的各项工作。强大的展示交易平台使区内优秀文化企业、项目得到充分展现，企业签约项目连年递增，交易数额大幅攀升。2006 年第二届“文博会”宝安区尚无分会场，“文博会”后成立文产办主抓文化产业，“文博会”参展水平不断提升，连续三届被组委会授予优秀组织奖和优秀展示奖，并作为代表上台领奖，参展、交易均实现了质的飞跃。

“文博会”参展规模不断扩大、档次不断提高。第三、四、五届“文博会”宝安区分别有 2、5、6 个分会场，发展到第六届“文博会”有 8 个分会场，规模空前。2010 年圆满完成第六届“文博会”主会场参展工作，成功承办观澜版画基地、国瓷永丰源、中国（观澜）山水国画基地、F518 时尚创意园、宝安国际珠宝交易中心、深圳 22 艺术区、雁盟酒店文化产业园、万众空间站等 8 个分会场和 1 个专项活动点，展示规模空前，观展、交易成果喜人、影响广泛，受到各级领导、媒体、业界的高度关注和充分肯定。版画基地获优秀分会场二等奖，国瓷永丰源、F518 时尚创意园获优秀分会场三等奖。

第六届“文博会”主展馆宝安展区和分会场合计总成交额 180.1 亿元，同比增长 10%。2010 年参加“文博会”宝安展区各项活动的观众达 56 万人次，创历届新高。

三、项目进展

集中力量推进重点产业项目，进一步提升重大项目对宝安区文化产业的引领能力、服务能力、竞争能力和创新能力，文化产业园区（基地）的孵化能力大幅提升，文化产业项目亮点纷呈。

观澜原创版画产业基地连续 4 年举办了以版画为主题的、具有国际影响的“文博会”分会场，并成功打造了“中国・观澜国际版画双年展”“中国（观澜）原创版画交易会”“版画学术论坛”三个品牌项目，同时制定出台了《中国观澜版画公约》，中国版画有了第一个专业的行业标准和规范。2011 年 11 月 4 日至 10 日，观澜原创版画在中国美术馆展出，标志着观澜版画进入国家最高美术殿堂，中国美术馆也欣然加入主办方。观澜版画基地已经成为中国文化走向世界、赢得国际话语权的有力媒介和闪亮名片。观澜版画继在中国美术馆成功展出后，再次走出国门，“中国・观澜版画展”12 月 6 日在保加利亚首都索菲亚文化部艺术中心展出。此次展览荣获了由保加利亚文化部、外交部、艺术家联合会共同授予“发展和普及现代版画艺术贡献奖”。

集中力量推进重点产业项目，进一步提升重大项目对宝安区文化产业的引领能力、服务能力、竞争能力和创新能力，文化产业园区（基地）的孵化能力大幅提升，文化产业项目亮点纷呈。

深圳市永丰源实业有限公司通过高新技术改造传统产业，加快文化企业的技术升级，努力探索“文化＋科技”“文化＋创意”“文化＋品牌”等综合创新模式，2010 年 12 月 9 日被文化部命名为国家文化产业示范基地并授牌。永丰源瓷器多次被选为国礼赠送给俄罗斯、马来西亚、菲律宾等多国元首，受到欧洲和东南亚多国皇室的喜爱，成为代表中国瓷器的“响当当的中国货”。

深圳 F518 时尚创意园除获得联合国人居环境发展促进会等 6 个组织颁发的“中国最具发展潜力园区”“中国最佳文化创意产业示范区”奖外，还被中国（北京）国际文化创意产业博览会组委会办公室和中国光华科技基金会共同主办的“光华龙腾奖”授予目前国内

前海开发规划

创意产业领域最权威奖项——“中国最佳创意产业园区奖”。深圳F518时尚创意园获评深圳市第二批授牌文化产业基地，被评为深圳市“文化＋旅游型示范园区（基地）”，深圳市创意文化投资发展有限公司被评为“深圳市重点文化企业”。

劲嘉彩印用文化成就“印刷航母”，已成为中国大型高新技术包装印刷企业集团、中国包装印刷龙头企业，连续三年蝉联“中国印刷企业百强”第一名。在深圳经济特区建立30周年之际，劲嘉荣获“深圳经济特区30年杰出贡献企业”。深圳市劲嘉彩印集团有限公司获评深圳市第一批授牌文化产业基地，被评为深圳市“文化＋科技型示范企业”。

星光集团被《福布斯》杂志评选为“亚洲200家最佳上市公司”之一。全国印刷标准化技术委员会在星光成立了中国首家“包装印刷标准化试验与推广基地”，以星光为龙头，带动和提升了整个印刷行业的标准化技术水平。

雁盟酒店文化产业园是中国首家集高端酒店文化用品、酒店艺术品及设备展示、销售、酒店物流配送为一体，以酒店文化用品、酒店建筑、装饰、陈列、工艺、礼品创意设计为辅助，集酒店策划定位、运营管理、人才培训、行业高峰论坛、旅游观光等高端服务为一体的体验式酒店文化产业园。深圳市雁盟文化产业投资有限公司被评为“深圳市重点文化企业”。

宝安国际珠宝交易中心规划集研发设计、展示交易、配套服务、旅游文化等功能于一体，并配合周边即将形成的珠宝产业链，形成创意孵化区、珠宝交易展示区、生产加工区、教育研究区和文化旅游区五大功能区域。在不断完善产业链条的同时，从产业价值链条的低端向高端发展，吸取国外在珠宝文化、珠宝品牌方面的建设经验；从简单的加工制造阶段，向重设计、重文化表现、重高附加值的层次发展，注重创意与文化相结合，提升品牌价值。深圳市大王山中饰国际珠宝交易股份有限公司被评为“深圳市重点文化企业”。

在不断完善产业链条的同时，从产业价值链条的低端向高端发展，吸取国外在珠宝文化、珠宝品牌方面的建设经验；从简单的加工制造阶段，向重设计、重文化表现、重高附加值的层次发展，注重创意与文化相结合，提升品牌价值。

中国（观澜）山水田园文化产业园为国家4A级旅游景区，坚持以文化产业和旅游产业为基础的“双业并举”发展战略，是以生态文化、客家文化及乡村民俗文化为主背景的旅游观光度假酒店，包括文化娱乐、休闲养生、会议、演艺等的旅游文化产业园，也是中国首家以旅游度假国画创作为主题的“中国（观澜）山水国画基地”，被评为深圳市“文化＋旅游型示范园区（基地）”。

四、产业环境

宝安区政府出台了一系列惠企政策，在制定出台《加快文化产业发展的若干办法》《深圳市宝安区文化产业发展规划纲要》的基础上，出台了《宝安区文化产业发展专项资金管理办法（试行）》《宝安区文化产业园区（基地）认定与管理暂行办法》，为推进文化产业进一步发展提供了制度保障，优化了文化产业经营环境，初步形成了较为完善的文化产业运行机制。政府的重视成为文化产业发展的风向标、集结号，区内外一批有实力的企业纷纷跨入宝安文化产业领域，形成了争相发展文化产业的局面。

宝安区文产办建立政企沟通桥梁，不断健全对文化企业的服务举措，为它们提供高效优质服务。一是组织区内 50 家文化产业企业成立了“宝安区文化产业协会”，建立企业交流平台，深入了解企业的要求和呼声，优化服务水平，提升服务质量，引导文化产业协同发展。文化产业协会切实树立文化产业发展的新理念，明确总体发展思路，着力构建文化产业发展的新格局，借鉴国内外成功经验，积极探索文化产业发展的新路子，发挥市场导向作用，完善文化产业发展的新机制，弥补区内文化产业行业管理方面的不足，当好区委区政府的决策参谋，服务好广大文化产业企业。二是与宝安日报、宝安区文化产业协会联合推出《文产周刊》，借助宝安区文化产业协会、宝安区创意产业联合会等文化产业交流与合作平台，深化协作机制，优势互补、交流融合，进一步优化文化产业发展环境。三是编辑出版 19 期《宝安文化产业信息》，印发各街道、相关部门以及重点企业学习参考。四是组织各街道和文化产业协会重点企业开展以“全国文化产业现状解说、文化产业发展趋势和政策解读、文化产权交易解说”“创意园区的策划与运营探讨”为内容的两期素质工程培训，并通过召开研讨会等方式提升文化产业从业人员综合素质。五是组织区内重点文化企业相关负责人和文产办工作人员到深圳市各兄弟区文化产业园区（基地）考察，学习借鉴龙岗、盐田、罗湖、福田、南山区文化产业园区（基地）的先进经验，进一步提升宝安文化产业品牌建设。

宝安区文产办建立政企沟通桥梁，不断健全对文化企业的服务举措，为它们提供高效优质服务。

五、产业分布

宝安区文化产业空间布局采用“轴线 + 板块 + 节点”的“丁”字形总体空间格局，由点状分散推进向带状整合推进演变，以空间优化布局承载文化产业发展战略目标。

“板块”：板块是宝安区文化产业发展的若干个能量动力核心区，每一个板块承担一种或几种文化产业聚集、扩散和辐射功能。

“轴线”：将文化产业发展动力和空间向东、西两侧成“丁”字形延伸，连接整合现有文化资源和产业，形成“一道一走廊”。“一道”是指以新安——西乡——福永——沙井——松岗为发展主轴的“宝安国际文化产业大道”“一走廊”指以观澜——龙华——石岩为发展次轴的“观石”岭南商业文化走廊。两条轴线共同形成一张开弓箭式的“丁”字形发展轴。在两条轴线上，依托现有龙头企业及初具规模的产业群，进行重新整合、聚集和布局，结合城市更新改造和产业置换，以园区、基地和中心等多种形式进行开发建设。

“节点”：依托区内现有基础和发展规划，以“政府主导、企业主体、专家策划、市场运作”为原则，以“扶持一批、引进一批、聚集一批、开发一批”为思路，重点建设一批创意新、凝聚强、科技高、效益好的重大文化产业带动项目，作为“牵一发而动全身”的产业提升和空间优化节点。

六、经验启示

（一）推动重点产业发展，促进文化产业结构优化升级

一是根据宝安实际，通过政策引导、资金扶持、优势聚集、市场环境优化等办法，着力促进文化、创新与科技深度融合，以创意、创造、创新为根本手段，以文化内容和创意成果为核心价值，以知识产权实现或消费为交易特征，培养、打造特色鲜明、具有一定影响力、附加值高的工业设计、产业型园区等品牌，提升宝安文化产品生产和销售的品位，增强市场竞争力。二是加大对国家倡导并在宝安有一定基础的影视制作业、工业设计业、印刷复制业、综合时尚业、演艺业、娱乐业、文化会展业、数字内容和动漫产业等内容产业的扶持力度，培育我区新的经济增长点。三是着力建设一批直接服务于我区服装、模具、汽车、电子、钟表、珠宝等重点工业行业的专业创意设计园区，用文化创意设计推动宝安电子信息业、新型装备制造业、现代物流业、循环经济产业的发展和提升。

（二）推进重大项目建设，以点带面提升文化产业整体水平

大力发展精品文化产业，推动一批优势重点项目的引进培植、建设和发展。深挖资源，“扶持一批”区内名牌企业优化升级。坚持文化塑人与文化兴业相结合，促进“人化”和“物化”相统一，社会效益和经济效益双丰收。宝安是经济大区，产业基础雄厚，各类企业数以万计，被称为“世界工厂”。宝安实施“两条腿”走路，既扶持原有文化企业的发展，也在传统产业中大力挖潜，推动有条件的名牌企业向文化产业核心层靠拢。“引进一批”区外优秀企业落户宝安。宝安毗邻香港，是改革开放的最前沿，区位、信息、交通优势明显。宝安区筑巢引凤，以优良规划和优质服务吸引优秀企业落户宝安，变物质产业为文化产业。“聚集一批”创意机构入园集中发展，以“城市更新”打破文化产业发展土地瓶颈。为突破土地资源不足的约束，宝安区利用产业转型的契机对旧工业区、旧厂房、旧村进行更新改造，大力发展文化产业，既拓展了文化产业发展的空间，又优化了环境，提升了城市文化底蕴。“开发一批”国字号原创文化产业基地，占领文化产业发展制高点。宝安区站在时代前沿，与国家级专业协会合作，打造具有国际竞争力的原创产业基地和园区，推动宝安文化产业实现质的飞跃。

（三）办好两项大活动，将“文化软实力”做成“产业硬实力”

吸收借鉴往年及兄弟省、市、区会展的运作经验，进一步提高“文博会”“创意十二月之中国（深圳）国际工业设计节”的办展办会水平，把“文博会”本区主展馆和分会场以及国际工业设计节做成品牌，同时办好“创意十二月”其他活动及平时各园区基地的自办活动，充分利用这些国际化文化产业平台，推动文化产业的交流与合作，发挥政府、园区、企业、媒体及公共服务平台的作用，加大文化产业招商引资和产品推介力度。

第六届“文博会”宝安区签约会上签约的127陈设艺术产业园、宝安艺术城、山水国画产业基地等项目皆先后正式营业、开园及完成交易，履约率100%；加上其他开业的西部国际珠宝城、松岗朴园雕塑园，项目的成活率和“亩产”皆大幅提高。

宝安区主办的第三届中国（深圳）国际工业设计节作为深圳“创意十二月”活动的首个项目和重头戏，成功举行了区内企业与国内工业设计企业、院所的产业对接会，并正式发布了“中国工业设计宣言”，进一步奠定深圳作为中国工业设计重镇的地位。

（四）完善体制机制，增强文化产业的发展活力

进一步完善文化产业规划政策，大胆探索具有自我循环能力的产业化运作机制和体制，探索文化产业企业服务体系，适时出台相关政策，发挥政府规划的刚性约束作用，推进文化产业健康快速地发展。

1. 出台《宝安区文化产业发展专项资金管理暂行办法（试行）》，规范专项资金的申报和发放程序，完善资金的运作和管理机制。根据产业发展的实际情况，及时研究调整资金投放重点，优先支持重大项目和文化产业核心层的发展，充分发挥专项资金的杠杆作用。2010年度宝安文化产业发展专项资金共资助了29家单位38个项目，资助金额约2729.5万元，充分发

挥了文化产业发展专项资金的使用效益，为帮助文化产业企业建设和发展提供了有力支持。

2. 出台《宝安区文化产业园区（基地）认定与管理暂行办法》，以文化产业园区为龙头，最大化利用园区的聚集和带动作用，推动我区文化产业形成产业集群，实现规模化和可持续发展。通过政策的引导、扶持作用，为企业经营创造良好的外部环境。

3. 开展重点文化产业企业认定工作。参照国家统计局公布的《文化产业及相关产业分类》，结合本区实际，开展宝安区重点文化产业企业认定工作，进一步明确宝安区文化产业发展专项资金受资助企业范围。

4. 建立区文化产业专项资金及重点园区认定网上申报系统，整合多个审批业务环节，推动工作规范化、公开化、系统化，确保资金使用公开、公正、公平，提高资金使用效率。

5. 做好文化产业项目资金的申报评审工作。编制《宝安区文化产业发展专项资金项目申报指南》，明确专项资金重点扶持的行业。采取项目补贴、贷款信用担保、贷款贴息、奖励资助四种资助方式，对符合政府重点支持方向的文化产品、服务和项目予以扶持，加大资金监管力度，整合资金审批环节，进一步发挥财政资金对文化产业的引导作用。引导各街道结合自身产业优势和功能定位，建立相应配套资金，积极发展本区域文化产业。

为使宝安成为深圳未来30年发展的一个“主战场”，宝安区将进一步做大做强文化产业，有效提升宝安文化产业整体实力，实现产业创意化、创意产业化，强化文化产业的支柱性产业地位。

七、产业规划

近几年来宝安区大力实施“文化强区”战略，按照“政府主导、企业主体、专家策划、市场运作”的原则，不断加大扶持力度，有力地推动了宝安区文化产业的稳步发展。“十一五”期间文化产业增加值连年攀升，宝安区的文化产业增加值从2005年的58.9亿元增加到2010年的137.8亿元（2006年69.1亿元、2007年84亿元、2008年102亿元、2009年117亿元），年均增长18.5%，5年间翻了一番多，并且发展前景越来越好。展望“十二五”，宝安将根据《宝安区文化产业发展“十二五”规划》，依托制造业大区的产业基础优势，强力推进宝安产业的“高端化”发展，力争实现“五大新的突破”，即：力争在重大项目推进上有新的突破；在园区基地建设上有新的突破；在公共服务平台营造上有新的突破；在产业核心层提升上有新的突破；在品牌塑造上有新的突破。为使宝安成为深圳未来30年发展的一个“主战场”，宝安区将进一步做大做强文化产业，有效提升宝安文化产业整体实力，实现产业创意化、创意产业化，强化文化产业的支柱性产业地位。

龙岗区文化产业发展概况

近几年来，龙岗区大力实施“文化强区”战略，围绕“转型发展、创新发展、安全发展、人本发展”的要求，大力发展文化产业，将文化产业发展作为促进产业转型、加快城市更新、提升龙岗文化软实力的重要抓手，着力促进文化和经济的融合与互动，区内文化产业经历了企业自发形成、政府扶持引导、市场自主运营的发展阶段，产业市场化程度日益提高，呈现出区域性产业集群形成、基地品牌凸显、重大项目崛起的快速提升态势。

2010 年，根据中国（深圳）“文博会”组委会办公室的评审，龙岗区有 9 个园区成为第六届“文博会”分会场，至此，龙岗区“文博会”分会场数量跃居深圳市各区之首。根据文化部评定，龙岗区大芬油画村、南岭丝绸创意产业园获得“国家文化产业示范基地”称号。据不完全统计，2010 年，龙岗区全区共有文化经营单位 2000 多家，全年营业收入 258 亿多元，从业人员超过 15 万人。

一、工艺美术、现代印刷、文化旅游三大拳头产业迅速崛起

（一）以大芬油画、三联玉石、南岭丝绸、宝福珠宝、陶瓷文化为代表的工艺美术产业迅速崛起。大芬油画村以原创油画及复制油画为主，被誉为“中国油画第一村”。目前已形成以大芬村为中心，辐射闽、粤、湘、赣及港澳地区的油画产业圈；三联水晶玉石文化村以水晶玉石雕刻为主，是集水晶玉石加工、销售、设计为一体的新型产业园区；深圳宝福李朗珠宝文化产业园将成为全球最大的铂金首饰研发中心、制造中心和交易中心；南岭·中国丝绸文化产业创意园以丝绸文化为依托，构筑中国丝绸文化产业的展示、研发和销售平台；中国（深圳·龙园）观赏石基地以打造“华南地区最大奇石基地”为目标，力求建设成集展览、销售、培训和鉴定于一体的观赏石基地；深圳陶瓷文化产业园将形成研发、制版、花纸生产

第 26 届世界大学生运动会主会场（龙岗）之一

及烤花、镶金一条龙的瓷艺研发生产链。

（二）增强以中华商务、力嘉、当纳利为代表的现代印刷业产业实力。经过多年发展，以现代印刷业为龙头、以音像类产品制造为支撑的记录媒介复制产业，已成为龙岗区最具实力的文化产业集群，几乎囊括印刷行业的所有门类，涌现了中华商务、力嘉、当纳利、鹰达、天时等实力雄厚的大型印刷企业。据统计，龙岗区共有音像类制品生产企业近 100 家，印刷企业 570 家，龙岗区印刷业年产值占深圳市的 40% 以上，每年增加值超过 16 亿元，并且有 3 家印刷企业进入“全国印刷业百强”行列。

据统计，龙岗区共有音像类制品生产企业近 100 家，印刷企业 570 家，龙岗区印刷业年产值占深圳市的 40% 以上，每年增加值超过 16 亿元，并且有 3 家印刷企业进入“全国印刷业百强”行列。

（三）加快发展以大鹏半岛、客家文化为核心的文化休闲旅游产业。龙岗区拥有客家围屋、大鹏所城等古民居，高岭村、俄公村等古村落，舞龙舞狮舞麒麟、渔民娶亲等非物质文化遗产，以及生态保护非常完好的大鹏半岛，这些都是发展文化休闲旅游产业的重要资源。近年来，龙岗区在合理保护的基础上，积极开发这些文化旅游资源，建设了一批独具特色的旅游项目和配套设施，以大鹏半岛和客家文化为核心的文化旅游业日益兴旺。2010 年，龙岗区共接待游客近 1037 万人次，与上年同比增长达 15.2%，龙岗区旅游收入超过 58.3 亿元。

二、有序开展文化展览、文化研讨等活动

（一）以“文博会”为主要抓手，大力发展“文博会”分会场。2010 年，根据中国（深圳）“文博会”组委会办公室的评审，龙岗区第六届“文博会”分会场在原 5 个基础上再增加 4 个，达到 9 个，动漫创意产业园、陶瓷文化产业园的入驻，丰富了龙岗区文化产业的门类，葵涌玫瑰海岸婚庆文化产业基地则填补了“文博会”分会场在内容上的空白，而且 2010 年龙岗区分会场在数量上超过宝安区跃居深圳市各区之首，实现了由“文博会”分会场开创者到分会场领跑者的重大转变。“文博会”期间，龙岗区除积极参展主会场展览外，各分会场各显神通，活动举办有声有色，交易数额节节攀升，总成交额超过 50 亿元。主会场龙岗展区获“文博会”组委会颁发第六届“文博会”优秀组织奖和优秀展示奖两项大奖。

（二）举办首届世界葡萄酒文化节。主题是“新世界・新体验，华世界・华标准”，通过亚洲葡萄酒质量大赛、OIV 国际葡萄与葡萄酒高级研讨班、拍卖会等系列活动，普及和推广葡萄酒文化，探索中国葡萄酒市场的开发和销售渠道的拓展，推进中国葡萄酒文化向个性化、多元化的健康方向发展。

（三）举办首届中国（深圳）国际工业设计博览会。该会于 2010 年 4 月 24 日—27 日在深圳龙岗华南城举办，以“引领产业・改变生活”为主题，汇聚了以清华大学、北京洛可可设计公司、飞亚达为代表的国内知名设计院校和企业，有来自全国各地 230 余家单位前来参展，是近年国内举办的规格最高、水平最高的工业设计博览会。

（四）举办中国汝窑研讨会。以抢救保护与继承宋汝窑这一华夏珍稀历史文化遗产为宗旨，为关心并真心保护宋汝窑的人提供建言

的平台，通过研究和探索，找到宋瓷造极于中国瓷器的秘方，促进现代陶瓷工艺研究及产业化发展。研讨会已于 2010 年 5 月 11-13 日在深圳市龙岗区成功举行。

（五）举办首届中国（深圳）大芬国际油画博览交易会暨2010中国(深圳)大芬国际油画节。鉴于大芬丽莎在上海世博会的深远影响，画博会于 2010 年 12 月 3 日在大芬油画村举行，开幕式签约金额超 4 亿元，包含百幅世界名画临摹作品展、大芬油画创意大赛作品展、商品油画交易会等活动，实现了与世博会的成功对接。

（六）举办亚洲航海文化发展（龙岗）论坛和龙岗区文化产业精品展。论坛以“亚洲航海，面向未来”为主题，以“促进航海运动的推广、航海文化交流和航海文化产业发展”为宗旨，借助航海论坛举办了文化产业精品展，宣传龙岗区文化产业，推介龙岗，得到了深圳市许勤市长的充分肯定。

（七）举办“深圳龙岗文化产业周 · 山东周村站暨家居饰品文化节”活动，深化龙岗区和包括周村区在内的国内众多城市在文化产业领域内交流与合作。有来自龙岗的家居饰品文化企业 50 家以统一形象参展，展位面积超过 10000 平方米，吸引了众多国内家居饰品设计师以及行业内人士到场参加盛会。

三、巩固、提升重大文化产业项目

在龙岗区文产办的直接推介、推动下，斯达高陶瓷与爱联社区正式签约在清林径共同打造深圳陶瓷文化产业园，其位于深圳福田的总部已迁至龙岗区。

华夏动漫将总部从罗湖区迁至龙岗区，并打造深圳（龙岗）动漫创意产业园，该项目将成为集原创研发、加工制作、出版发行及衍生产品研发生产于一体的综合性全功能动漫产业园区。

2010 年，大芬油画村商户、商铺营业额与去年同期相比都有增加，很多商铺开始由行画为主转为原创画为主，不少商铺门面都进行了艺术装修，艺海拍卖、集艺源、太阳山等重点油画生产、营销企业收入有 25% 以上的增长。

受益于黄金玉石的收藏热，主营玉石业务的三联水晶玉石文化村各商户的营业收入也大幅上扬；深圳陶瓷文化产业园主体企业斯达高的销售收入同期增长了 9% 左右；深圳宝福李朗珠宝文化产业园由生产性园区向文化旅游型园区转变，园区主体企业宝亨达公司的销售收入同比增加 10%；中丝园第三季度营业收入和去年同期比较增加 68%。

规模以上企业中，龙岗书城、区电影公司等核心层文化产业企业经济效益开始回升向好，营业收入与上年同期相比有所增长；文化产业相关层和外围层企业，比如工艺美术企业、印刷企业、动漫企业、珠宝首饰规模以上企业效益回升势头得到巩固。

四、未来展望及探索性思考

为贯彻落实中央、省、市有关特区内外一体化的精神，贯彻落实深圳市第五次党代会和深圳市“两会”精神，加快推进龙岗区文化产业发展，发挥文化产业在“调结构、促转型”的独特作用，今后将按照以下思路探索性地开展工作。

（一）优化文化产业发展结构，重点发展文化创意产业。正确处理存量与增量、培育与引进、保护与开发、近期与远期的关系，深度挖掘固有文化资源，将资源优势转变为创意产业发展优势，加快推动文化体制的改革，催生文化创意产业活力。加快制订《深圳市龙岗区文化创意产业振兴规划》，加快制订文化创意产业重点扶持领域，提高文化创意作为生产、生活要素的渗透力，促进文化创意产业与传统产业的紧密结合，促进文化创意产业与城市更新的紧密结合，促进文化创意产业与社区经济转型发展的紧密结合。实现文化创意与文化科技结合、文化与旅游结合，重点发展创意设计业、动漫游戏业、新媒体产业，推动大鹏半岛、大运新城开发，大力发展文化旅游、体育休闲业、高端体育用品业、文化会展演艺产业。推进中新国际创意设计产业园、坂田创意设计产业园、中国大学生创意创业实验基地、大鹏国际影视基地、科技文化产业园等项目建设，引进一批国际、国内知名的创意设计企业，力争在每个街道建设一个文化创意产业街区。

（二）实施重大文化产业项目带动战略。继续巩固提升既有的九大文化产业园区，通过打造“中国（深圳）大芬国际油画节”，强化大芬美术馆作用，建设大芬油画交易官网等手段，提升大芬油画村交易博览功能；通过打造三联“南中国翡翠原料交易展示节”，提升三联玉石文化村在珠三角地区的影响力和辐射力；通过打造龙园“国际观赏石交易展示节”来加快龙园观赏石基地的市场化、产业化进程；力争在龙岗区形成全国最大的集油画、珠宝、水晶玉石、丝绸、陶瓷、工艺品、手工制品及相关衍生品的高端工艺美术产业集群。同时，积极筹建龙岗区文化创意产业园，重点支持坂田手造街、葡萄酒文化产业城、世纪工艺品基地等重大项目建设，加快推动以鹤湖新居为代表的客家民居和大鹏所城的保护性开发。

（三）培育文化产业新品牌、新亮点，搭建文化产业发展新平台。重点发展内生性、内涵型文化产业，打造文化产业发展平台，打造产业升级转型平台，打造设计营销平台，扶持建立若干产业行业标准。理顺政府主导发展的文化产业园区的管理体制，积极探索灵活多样的政府投入模式，积极引进社会资金参与园区建设，切实改善和提高政府财政资金的使用效率，保障文化产业园区健康、有序、科学发展；打造高端工艺美术产业发展平台，扶持举办世界葡萄酒文化节、中国陶瓷文化艺术节、中国（深圳）国际工业设计博览会、“龙岗·金凤凰”中国工艺美术精品奖大赛、中国丝绸文化节等高端工艺美术赛事；联合清华大学打造中国大学生创意创业试验基地，将其建设成为在校大学生创意产业的孵化发展平台。

（四）推动大鹏半岛、大运新城开发，大力发展文化旅游、体育休闲业。以大鹏半岛的开发建设为重心，充分利用龙岗区依山傍海、山清水秀的自然资源优势以及历史文物遗迹众多的人文资源优势，加快文化旅游及其相关产业发展，重点推动传统古村落改造成文化旅游园区，引进大型影视文化产业园项目，打造影视文化产业基地和大芬油画原创基地。在玫瑰海岸婚庆文化产业基地成功举办第六届“文博会”分会场的基础上，推动玫瑰海岸婚庆文化产业品牌化、市场化、国际化，将其打造成为华南地区最大的婚庆文化产业基地。借助大鹏所城保护性开发的历史契机，加快大鹏所城的产业开发，将大鹏所城打造成为深圳市文化产业示范基地，借助中国杯帆船赛、万科浪骑游艇会、七星湾游艇会、深圳市航海学校等基础设施和平台，大力发展海上运动休闲产业，力争把南澳打造成为世界航海文化名镇，把大鹏半岛打造成为吸引国际国内高端度假旅游的生态型、滨海型休闲度假旅游产业区，为将深圳建设成为国际化滨海城市作出贡献。

依托深圳建设“国家体育产业基地”和 2011 年“大运会”主场在龙岗的优势，以及建设“大运”新城的契机，积极发展以健身休闲、体育赛事、竞赛表演为主要内容的特色体育服务业，以体育用品研发、检测与展示为核心的高端体育用品业，以体育演艺娱乐、文化演出为主体的文化会展演艺产业。

（五）做好文化产业发展的政策保障和人才保障工作。积极贯彻落实中央、省、市有关文化产业发展的各项政策措施，用活用好上级有关政策，争取上级的产业政策扶持。继续抓好《龙岗区经济发展资金（文化产业类）管理暂行办法实施细则》《龙岗区加快文化产业发展暂行办法》等已颁布政策的落实工作，加大宣传力度，提高政策的执行效力，根据新情况新形势制定有关加快我区文化创意产业发展的政策措施。鼓励园区产、学、研有机结合，培养文化产业经营人才；由区文化产业办牵头建立龙岗区文化产业人才库，实施龙岗区文化产业人才培训计划，与清华大学合作开办文化产业高端人才培训基地，依托深圳信息职业技术学院建立文化产业技能人才培训学院，扶持建立大芬油画画工培训中心、玉石雕刻培训中心等文化产业人才培训基地；根据《龙岗区关于聚集中高层次人才的若干意见》及配套性文件规定，大力吸引文化产业类中高层次人才。

文化产业园区和基地建设情况

C4

深圳市文化产业园区和基地建设发展情况综述

近年来，深圳市市委、市政府加快发展文化产业，通过推动文化产业园区和基地建设，深圳市涌现出一批具有典型示范作用和聚集效应的文化产业园区和基地。具体情况如下：

一、总体情况

（一）园区和基地数量。截止 2010 年 5 月，深圳市经国家、省、市有关部门认定的文化产业园区和基地 41 个。其中：华侨城集团、大芬油画村、雅昌企业集团、腾讯、深圳古玩城等 5 家单位先后被评为国家级文化产业示范基地，华侨城集团同时被评为国家级文化产业示范园区；环球数码、腾讯、天威视讯、雅昌彩印等 4 家单位被评为广东省文化产业示范基地；田面设计之都创意产业园、世纪工艺品文化广场、怡景国家动漫画产业基地、汉玉立体艺术创意园等 4 家单位被广东省文化厅命名为第二批广东文化（创意）产业园区。

截止 2010 年 5 月，深圳市经国家、省、市有关部门认定的文化产业园区和基地 41 个。

（二）园区和基地类型。园区（基地）主要分为四种类型。第一类是“企业示范园区（基地）”，是依托现有大型文化企业（集团）或机构设立的文化产业园区（基地）和动漫游戏、创意设计等专业性园区（基地），如：腾讯、雅昌等知名企业；第二类是具有孵化器功能和文化企业聚集物理空间的“孵化园区（基地）”，包括“创意产业园区（基地）”等，如：田面设计之都、深圳动漫园等；第三类是具有一定规模，从事文化产业行业培训、人才培养、产业研究的“教学和培训园区（基地）”，如：深圳大学、深职院等。第四类是具有文化产品经营、展示、流通，甚至兼有旅游、娱乐功能的文化产品专业市场（街），如：东部华侨城、古玩城等。

（三）园区和基地建设情况。从园区建设的形式来看，除企业类型的基地（21 家）外，以“三旧”改造类为主，新建类为辅。有 16 个属于“三旧”改造项目，新建类 4 个。在“三旧”改造的园区和基地中既有像田面设计之都、南海意库、华侨城 LOFT 这样的旧厂房、旧仓库，也有像怡景动漫基地、大芬油画村、南山数字文化产业基地等园区和基地对旧写字楼、旧屋村和烂尾楼的改造。新建类目前的园区基地在产业类型上基本涵盖创意、制作、流通、服务、人才培训等环节，经营种类多种多样。按经营范围来看，包括创意设计、艺术创作、动漫游戏、工艺礼品、珠宝首饰、休闲娱乐等。

园区和基地有东部华侨城、李朗·宝福珠宝文化产业园、中心书城、购书中心等4个。

（四）园区和基地业态业种。目前的园区基地在产业类型上基本涵盖创意、制作、流通、服务、人才培训等环节，经营种类多种多样。按经营范围来看，包括创意设计、艺术创作、动漫游戏、工艺礼品、珠宝首饰、休闲娱乐等。在具体功能上既有定位于单一业态业种功能的园区和基地，如怡景动漫基地、大芬油画村、梅沙原创音乐前沿基地，也有一些混合业态的定位园区和基地，如南山数字文化产业基地、古玩城、F518、世纪工艺品文化广场等。

（五）园区和基地经营情况。古玩城入园企业和商户最多，达到1570余户；满京华艺展中心入园企业经营收入超过36亿元；大芬油画村从业人员超过6000人。一些园区和基地招商引入了一些国内外知名的文化企业和名人进驻，如“水贝珠宝项链街区”拥有雅诺信等26家“中国品牌”企业及5家“中国驰名商标”企业；田面设计之都引入了包括嘉兰图、浪尖、中信国华、心雷、拓腾、创世零壹工业设计、澳大利亚DETEKT等知名创意设计企业；华侨城LOFT进驻的有香港著名设计师高文安和梁景华工作室、国际青年旅社、凤凰卫视studio公司等20多家企业和顶尖创意机构。

二、管理模式

面对土地资源紧缺的硬约束，深圳市出台了关于建设文化产业园区（基地）的实施意见等一系列政策措施，不断加强文化产业公共技术、服务、信息平台建设，引进了一批有实力、有特色的文化产业园区和基地落户深圳，发挥产业聚集效应和企业创新能力，推动文化产业向集群化、集约化发展。同时鼓励各区在自身发展优势的基础上，通过与旧城区、旧工业区、旧商业区改造相结合，置换出更多的发展空间，造就了华侨城LOFT创意园、观澜版画基地、宝福珠宝产业园等一批优质的文化产业园区和基地。现已形成了以下几种管理模式：

（一）大芬油画、南山数字基地——政府管家模式

深南大道地王路段夜景

“海上世界”夜景

1. 大芬油画村。大芬油画村以政府主导，进行基础设施和外部环境改造，由大芬村管理委员会办公室统一管理。大芬油画村以订单式油画创作销售为主，逐步形成了从原材料供应到生产、交易、运输等比较完整的产业链，具备了较强的运营能力。

2. 南山数字文化产业园。它是南山区科技局下属事业机构直接管理的园区，主要为企业提供日常办公场地和部分创意设计领域的公共技术平台服务。由于其管理机构的事业性质，给予入驻企业以较大的租金和其他运行费用的优惠，并提供科技管理范围的政策直接对接扶持，比如其租金只相当于周边写字楼 40% 不到，优秀品牌企业甚至享受全免租金优惠政策等。因此，与其他同类园区尤其是民营创意园区相比，这种直接投入政府财政和人力资源管理的模式，招商优势非常明显，入驻率也较高，形成了其他园区不可比拟的政府资源优势。这种“政府管家”模式在一定程度上对目前尚处于初级发展阶段的创意产业市场起到了积极的推进作用，尤其是一些中小型成长期的企业，在短期内形成的孵化成效显著。但从长期来看，这类产业园区在市场化程度、资本集约化程度和促进产业健康发展等方面，还需要经受市场的考验。

南山数字文化产业园。它是南山区科技局下属事业机构直接管理的园区，主要为企业提供日常办公场地和部分创意设计领域的公共技术平台服务。

（二）华侨城 LOFT 文化创意园——创意地产模式

华侨城 LOFT 创意产业园由华侨城集团投入建设，在保留工业遗迹的基础上，搭建现代艺术创意平台，以展带业，不定期举办各种形式的文化艺术交流活动，吸引国内外知名设计机构进驻。它是华侨城集团下属地产企业直接管理运营的产业园区。其采用的是全国目前绝大多数创意园区的管理和运营模式，主要提供出租场地和物业管理等基础服务，管理方基本不参与入园企业在入园后的发展。这种模式在目前全国类似产业园区中之所以具有普遍性，一个主要原因就是受西方产业模式的影响，即利用“旧厂房改造”来盘活并提升产业结构。像北京、上海这些快速发展的核心城市，其工业制造产业转移后，遗留大量成型建筑空间，无法在短期内突破城市土地规划的限制，即土地变性问题，而创意园区很好地解决了这个问题，使城市发展和产业遗迹从“资产闲置”到“资产盘活”，并使价值放大。通俗讲，这也就是目前最流行的“创意地产”模式，这种模式优势是“短平快”地解决了城市空间发展规划问题，但因为该模式带有强烈的地产理念，从产业的高度来推动整个创意行业的产业化发展有较大局限，因此对产业的持续发展不利。

（三）深职院——创意转化模式

由深圳市培养动漫人才的高等职业技术学院自主投资开发，打造“动漫一条街”，利用国内领先的教学力量和动漫制作设备，为本院师生提供工作室，为社会动漫设计制作机构提供公共技术服务平台，使创意设计实现产业化、商品化、货币化。其不足是缺少强有力的产业支撑和平台支撑。

（四）田面“设计之都”产业园——增值服务模式

田面“设计之都”产业园是由民营文化企业——灵狮文化公司直接投资、管理和运营的一个以工业设计为主导的创意产业园区，并在全国首创了“数字化一站式增值服务平台运营模式”。“设计之都”产业园的主要特色：一是园区的产业定位较明确，依托深圳雄厚的产业基础，将园区定位为以工业设计为主导的产业聚集地和工业设计高端服务基地；二是管理运营模式与产业发展紧密结合，园区拥有增值服务六大商业平台，搭建了符合市场规律、具有可操作性的商业模式。通俗讲，这种模式即基础服务 + 经纪人的增值服务运营模式，比较好地解决了推动创意产业向产业化方向发展问题。但从运营实际情况来看，纯粹的民营机制在推动该模式进一步做实、做大、做强方面尚有很长的路要走，仅仅是树立了一面行业旗帜，面对尚处于发展初期的整个创意产业现状，还急需企业与政府资源的对接与捆绑，使政府资源和市场资源得到有效整合。

为推动深圳市文化产业园区和基地的发展，深圳市市政府于 2005 年 12 月 28 日颁布了《关于建设文化产业基地的实施意见》（深府〔2005〕218 号），首次对深圳市文化产业园区和基地的发展作出规定。

三、扶持方式

（一）制定专门扶持政策支持园区和基地发展

为推动深圳市文化产业园区和基地的发展，深圳市市政府于 2005 年 12 月 28 日颁布了《关于建设文化产业基地的实施意见》（深府〔2005〕218 号），首次对深圳市文化产业园区和基地的发展作出规定。2008 年 7 月 15 日，市政府根据实际情况，再次修改颁布了《关于建设文化产业基地的实施意见》（深府〔2008〕160 号），对深圳市文化产业园区和基地的发展目标、组织管理、认定程序、政策支持和检查评估等方面作出了明确规定，具有很强的指导意义和可操作性。根据该政策，深圳市对各个文化产业园区和基地进行了考核和认定，并将优秀的文化产业园区和基地推荐到上级部门认定为省级和国家级文化产业园区和基地。

（二）加大深圳市文化产业发展专项资金资助力度

根据《关于建设文化产业基地的实施意见》和《深圳市文化产业发展专项资金管理暂行办法》的规定，进入园区（基地）的文化企业、机构和项目可享受深圳市文化产业发展专项资金的资助。据不完全统计，市文化产业发展专项资金资助园区和基地内的文化企业占已资助金额的 50% 以上。同时，文化产业发展专项资金重点资助园区和基地公共服务平台建设，鼓励园区和基地建设公共信息服务平台、公共技术服务平台、展示交易平台、投融资平台、人才培训平台等公共服务平台建设，促进园区和基地形成完善的配套服务体系，增强园区和基地的增值盈利能力，促进园区和基地良性发展。2009 年对观澜版画基地的公共服务平台给予了200万元的资助；对田面设计之都、深圳动漫园两个园区和基地的建设给予了贷款贴息资助。

（三）支持“三旧”改造建设文化产业园区和基地

土地等资源紧张和产业升级的必然趋势，使深圳的文化产业园区和基地必须以三旧改造为主要形式。近年来，深圳市鼓励结合旧城区、旧村、旧工业区的实际情况改造建设文化产业园区和基地。“三旧”改造的园区和基地，可免交城市基础设施配套费、公共消防设施配套费、供水设施增容费、城市房屋拆迁管理费。涉及的其他属于深圳市的行政事业性收费给予减收或免收。

从总体上看，深圳文化产业园区和基地建设取得了一定成绩。但与深圳目前的经济社会发展水平和地位相比，与国内外代表性的文化产业园区和基地相比，深圳的文化产业园区和基地建设仍处于初、中级阶段，还存在功能定位重叠、投融资不够畅、产业链尚未完全形成、核心层还不够突出等问题。下一步，深圳市将加强科学规划，统筹安排园区和基地建设，同时加强园区和基地产业链整合能力建设，打造完整的产业链，引导园区和基地优化产业结构，加快优势产业聚集，促进深圳市文化产业园区和基地发展再上新台阶。

深圳市文化产业相关行业发展情况综述

一、2010年深圳市新闻出版行业发展概况

2010年，深圳市新闻出版业继续蓬勃发展，具体体现在以下几个方面：

（一）新闻出版业取得了社会效益和经济效益的双丰收。

2010年，深圳报业集团把握服务大局，遵循新闻事业与报业经济同步健康稳定发展的方针，坚持党的宣传事业属性和文化产业属性的统一，并获得了2001～2010中国报业“领军品牌”称号。在第七届中国500最具价值品牌排行榜中，深圳报业集团旗下两大报入围前200强，品牌价值均有所提升，其中，《深圳特区报》品牌价值60.37亿元，居151位，《深圳商报》品牌价值47.15亿元，居190位；在“中国500最具价值品牌”媒体榜单上，《深圳特区报》和《深圳商报》分别排在第12位和第19位。

2010年，深圳报业集团把握服务大局，遵循新闻事业与报业经济同步健康稳定发展的方针，坚持党的宣传事业属性和文化产业属性的统一，并获得了2001～2010年中国报业“领军品牌”称号。

深圳出版发行集团按照“社会效益最大化，经济效益最优化”的要求，集团践行社会责任，积极参加公共文化服务体系建设，积极探索在市场经济条件下做强做大产业集团、两个效益并重、服务深圳城市发展的新路子；以深圳读书月为抓手，营造全民阅读良好氛围；开设“新高度”“新阅读”等五大板块403项主题活动，努力使广大市民能够从读书活动中感受到光荣、快乐，从而成为更加文明、更具素质的市民。该集团2010年举行数百场次的文化活动，三

大书城年接待读者近2000万人次（其中港澳读者约占10%）。2010年，集团实现销售额6.8亿元，同比增长8.14%；实现利润3693万元，同比增长47.7%。

2009年，在国际金融海啸肆虐、我国面临经济周期调整的情况下，深圳新闻出版业成功实现行业发展企稳回升，全年行业总产值达348亿元，较2008年增长12亿元，增幅3.6%。

（二）第六届"文博会"新闻出版馆展示交易效果突出，取得圆满成功。

2010年，在新闻出版总署大力指导下，市新闻出版部门积极协调相关部门，按照"差异化、高端化"原则创新新闻出版馆参展思路，以数字出版和绿色印刷为亮点，突出产业发展的高端和前端，大力展现文化产业核心层企业风采。中宣部刘云山部长亲临印刷精品展，总署蒋建国副署长及省新闻出版局有关领导多次深入场馆参观考察参展项目，对新闻出版馆办展特色、实际成交给予高度评价，认为是该馆在前五届基础上的一大突破。"文博会"期间，新闻出版馆共有8.5万观众入场参观，展馆实现总交易额6.16亿元，其中印刷产业交易额占80%，大大超过去年的1000万元。

（三）积极扶持数字出版业发展。

2010年，市新闻出版局联合盐田区政府，大力支持梅沙音乐基地建设及做好第六届"文博会"新闻出版馆分会场的各项工作。经过反复争取，广东国家音乐创意产业基地（深圳园区）于第六届"文博会"开展前获得总署批准并举办了隆重的挂牌仪式，蒋建国副署长亲临仪式现场，这也是全国首家挂牌的国家音乐创意产业基地，并在"文博会"期间成功举办中国音乐产业交易会、金沙街先锋艺术节和音乐产业投融资洽谈等活动，共实现各项交易约9000万元，为该项目的可持续发展开创了良好的局面。

同时，大力推动A8音乐集团成为中国最有代表性的数字音乐企业。在第六届"文博会"数字出版展区的显著位置为A8音乐集团和梅沙音乐基地设立了联合展位。展会期间举办了丰富多彩的活动，很好地宣传了企业品牌，展示了数字音乐、原创音乐的魅力和风采。

为了更好地摸清深圳市数字出版行业的发展状况，探索推动该行业可持续发展的途径，2010年6至9月，深圳市新闻出版局局长陈威等局领导亲自带队，多次深入企业现场了解情况，同时通过召开调研座谈会、外出学习、问卷调查等方式，多角度、多层次地进行调研，最终完成《深圳数字出版行业发展状况调研报告》，供上级部门和政府决策参考。

（四）保障深圳市新闻出版领域的规范有序。2010年，对出版物生产环节、发行市场文化安全加强审查，对印刷企业安全生产和文化安全进行大规模业务培训。结合印刷许可证换证、年审工作，深圳市分区举办了大规模印刷企业法规培训，深圳市共举办培训8次，参加人员2000多人，为确保深圳市印刷业文化安全提供了坚实保证。

同时，大力支持深圳出版发行集团落实全省新华书店业务重组改革，整合珠海市新华书店、揭阳市新华书店。协调市教育局等有关部门，妥善处理了2010年春、秋季深圳市免费教辅教材的招标、征订工作。深圳市还成功举办深圳市"我的书屋，我的家"全国农家书屋演讲活动。

（五）不断创新管理体制机制。2010年，努力探索建立对合法网络出版的监督管理机制，提高对涉及深圳市文体旅游领域网络重大突发舆情的掌握引导能力。

增强审读工作的时效性。举办2次"社长总编沙龙"，开展"面对面"的专题讨论，通过畅所欲言的谈心方式了解总编们的心声，共同研究当前报刊出版领域出现的新问题。这是深圳市新闻出版局调整审读机制、加强导向管理的新举措。继续完善快速审读机制，对综合文化类、内容敏感、较易出现问题报刊进行正确引导。积极督促文改办、国资委等部门，出台期刊转企改革配套政策，成立期刊管理中心，确保主管主办单位变更期间舆论导向管理不出现真空，促进期刊转制工作取得新进展。进一步推进网上审批，目前除音像连锁企业和驻深记者站设立等少数审批项目外，已全面实现网上审批和年审。同时在各相关领域建立起以QQ群、飞信和短信等即时通信手段为媒介，全方位、即时性和互动性的信息化管理网络。

二、2010年深圳市广播电影电视业发展概况

2010年，深圳市依法加强广播影视行业管

理，不断完善广播影视公共服务，加快发展广播影视事业产业。各项重点工作成效显著。

（一）广播影视成果丰硕。指导影视制作机构围绕经济特区成立30周年创作生产相关题材的作品。成功组织第十七届深圳新闻奖（广播电视部分）评选工作，评选出优秀作品86件，其中10部作品在广东省广播电视节目奖评选中荣获一等奖。电视剧《命运》《和空姐一起的日子》《家有爹娘 II》《天地民心》在央视电视剧频道黄金时间播出，引起强烈的社会反响。《春满南粤》在央视播出并获得同时段的收视冠军。深圳市影视动画企业全年备案公示电视剧18部、1598集，动画片32部、2328集、25267分钟。

（二）广电产业快速发展。三网融合工作取得了突破性进展，深圳被确定为全国三网融合试点城市，《深圳市三网融合试点工作方案》经市政府同意并正式发布。按照分业监管的要求，落实网络监管任务，推进三网融合网络视听节目传播监管中心建设，确保三网融合工作的顺利实施。组织广电集团、天威公司制订了《IPTV集成播控平台建设方案》《三网融合试点电信业务方案》，推进广电电信业务双向进入。2010年，深圳广电集团各项工作取得显著成绩。集团总资产从2001年的10余亿元上升为2010年的超过60亿元。在产业经营方面，该集团营业收入突破30亿元大关，同比增长15.49%。电影放映市场继续保持高速增长的势头，2010年吸引社会资本投入5亿元，新增影院12家，影院设施标准、等级和服务全国领先；成功举办首届中国国际新媒体影视动漫节，吸引了26个国家和地区的作品参展参赛，受到了国内外媒体的高度关注。

按照分业监管的要求，落实网络监管任务，推进三网融合网络视听节目传播监管中心建设，确保三网融合工作的顺利实施。

（三）广电服务进一步完善。有线数字电视普及工程圆满完成100万电视户完成整转目标，全面实现深圳市有线电视从模拟电视向数字电视的转换，提高了广电网络的信息化服务水平，促进了深圳市有线电视服务均等化。出台《深圳市公益电影管理意见》，明确各区公益电影放映的目标任务。深入开展万场电影惠百姓活动，全年组织公益电影放映场次达7368场，观众34.9万人次。依法做好审批工作。新审批接收境外卫星电视的单位10家，新审批广播电视节目制作经营单位15家，完成了86家境外卫星电视接收单位、100家广播电视节目制作经营机构、35家视频点播许可证年审换证工作。

（四）圆满完成有线数字电视普及工程。有线数字电视普及工程是2010年深圳市市政府民生工程之一。为确保完成此项重点工程，制订了《宝安、龙岗区和坪山新区有线数字电视整体转换工作总体方案》，并积极协调有关部门对整体转换工作予以财税政策扶持，还召开了特区外有线数字电视整体转换工作动员会，由许勤等市领导进行工作动员和部署。3月28日，全面启动了特区外整转实施工作，经过8个月的努力，克服了宝安、龙岗区和坪山新区城中村较多、网络基础条件薄弱以及机顶盒供应紧张等多种不利因素和困难，顺利完成100万户整转目标，全面实现有线电视从模拟电视向数字电视的转换，提高了广电网络的信息化服务水平，有力促进了深圳市有线电视服务均等化。

（五）电影放映覆盖面进一步扩大。市广电局与各区广电局签订了公益电影放映责任书，明确各区电影放映的工作任务和目标，研究提出了《深圳市公益电影管理意见》。积极指导协调电影发行放映协会发挥作用，开展万场电影惠百姓活动。截止9月底公益电影放映场次达7368场，观众34.9万人次。同时电影放映市场继续保持高速增长的势头，至9月底电影票房已达3.79亿元，比去年同期增长67%，预计全年票房超过4亿元。

三、2010年深圳市工艺美术行业发展概况

工艺美术行业是一个涉及经济、文化、艺术众多领域和人们衣食住行用，并随着社会物质文化需求增长而快速发展的创意产业。

2010年是深圳经济特区建立30周年。深圳工艺美术行业从30年前年产值仅几百万元的几家草编、胶花、珍珠厂，经过成长（1979～1991年）、大发展（1992～2003年）、协调发展（2004年至今）三个发展阶段后，深圳工艺美术行业已形成了金属工艺、树脂、人造植物、首饰珠宝、家居饰品等优势产业集群，建立起经营总面积达52万平方米、年度营业额达212亿的13家专业市场，加快了深圳工艺美术的产业化、高端化、国际化发展进程，开辟了由传统工艺美术向高端工艺美术发展的新路径。

截止2010年12月，深圳市工艺美术行业已有由各级政府授牌国家级文化产业基地3个、省级文化产业园区1个、市级文化产业基地13个、重点文化企业12家。

（一）行业总产值、出口额、企业及从业人员

2010年，行业年度总产值446.7亿元（不含珠宝、玩具，下同），占全国行业总产值的9%；年出口额33.8亿美元，占全国行业出口额的17%；产供销企业1995家，从业人员21.2万人。产值、出口、规模、加工工艺均居全国同行前列。2010年固定资产249.6亿元，产业增加值47亿元，同比增长8.4%。

1. 企业情况

所有制类型：港资企业977家，49%；民营企业820家，占41%；台资企业180家，占9%；外资企业18家，约占1%。

2. 从业队伍

在21.2万从业人员中，具有大专及以上学历人员23300人，占11%；具有高中学历人员89040人，占42%；初中学历人员99660人，占47%。中级工以上技术人员25446人，占从业人员12%。

（二）行业综合研究开发能力

1. 行业品牌、商标、专利情况

截止2010年12月，本行业获评中国名牌3家：百泰珠宝首饰有限公司、雅诺信集团公司、斯达高瓷艺发展（深圳）有限公司；深圳市名牌13家；创吉尼斯纪录6项；本年度获专利证书915个；注册商标1063件。

2. 创新能力与制作技艺

全年开发新产品65000余件，年度开发新产品1000件以上的企业有31家。据初步统计，深圳工艺美术精品因其创意独特、设计新颖、工艺精湛，2010年获国家级工艺美术金奖29项、银奖62项、铜奖139项。

（三）行业市场状况及特征

1. 市场规模及在国内外市场所占的份额

金属工艺品：2010年销售收入56.4亿元，占国内金属工艺市场35%的份额。

树脂（POLY）工艺品：销售收入74.6亿元，占国内树脂工艺品市场的53%。

仿真圣诞树及配饰：销售收入70.1亿元，出口交货值7.05亿美元，占北美仿真圣诞树市场70%份额。

饰品、雕塑：销售收入98.9亿元，占国内饰品、雕塑工艺品销售市场16%的份额。

人造花果：销售收入29.4亿元，占国内人造花果市场32%的份额。

水晶、琉璃、玻璃工艺品：销售收入20.5亿元，占国内水晶、琉璃工艺品市场32%的份额。

2. 市场特征

一是具有规模优势。如树脂工艺品占有国内同类产品50%以上市场份额；金属类、人造花果、琉璃水晶类均占有国内同类产品30%以上市场份额；仿真圣诞树占有美国70%仿真圣诞树市场份额。

二是具有外销优势。外销额占行业销售总额的51%。外销市场主要集中在欧美、东南亚国家。每年一届的“文博会”工艺美术精品展，以博览交易为核心，同时举办高层次论坛、评审、拍卖、项目合作、海内外考察、文化产业基地（分会场）设立及联动，搭建了国家级、国际化、

多功能的交流交易平台。每年两届的（深圳）励展华博礼品展，也是国内规模最大的行业展，展位面积10万平方米，4900个标准展位。

三是形成比较成熟的专业特色市场集群。现有专业市场13家，经营总面积52万平方米。如罗湖区集中了艺展中心、水贝珠宝城、鸿基工艺城、笋岗工艺礼品城、黄贝岭古玩城、航城艺都、楼尚、艺美家、艺茂9大专业市场，经营面积达31万平方米，并形成了各自特色。

四、2010年深圳市印刷业发展概况

深圳市印刷业产值占深圳市新闻出版业的半壁江山，是深圳市文化产业的重要组成部分。2009年深圳市共有各类印刷企业2140家，工业总产值317亿元，年均增长率为50.2%，总资产288亿元，从业人员18.2万余人，出口额20亿美元（约占深圳市印刷工业总产值的50%）。多年来，深圳市印刷业共荣获省级以上奖项6000多项，荣获美国和香港地区的印制大奖5000余项。在近5年中国印刷企业100强评比中，深圳市印刷企业平均每年稳占20席，总销售额占百强总销售额的30%以上，在全国印刷产业中，深圳名列前茅。

近5年中国印刷企业100强评比中，深圳市印刷企业平均每年稳占20席，总销售额占百强总销售额的30%以上，在全国印刷产业中，深圳名列前茅。

深圳市印刷业从1979年建市至今，经历了四个发展阶段：

（一）起步时期(1979至1987)。1978年，党中央决定建立深圳经济特区，深圳的印刷业也和其他行业一样乘改革开放的春风得到了空前的发展。1979年8月，第一家“三来一补”印刷企业——深圳市印刷制品厂成立，到1987年底深圳市已有各类印刷企业45家，其中“三资”企业17家，从业人员达3000人，年工业总产值1亿元。

（二）快速成长的提升时期(1988至1996)。随着深圳经济特区改革开放进程的加快，各项优惠政策的不断落实，投资环境的不断改善，来深投资办厂的外商在1993年创纪录达到了79家。在此时期深圳印刷业得到了前所未有的发展，从1987年的1亿元到1996年的62.3亿元，9年间深圳市印刷工业总产值以年均58.26%的速度增长。

（三）稳步发展时期(1997至2003年)。尽管1997年到1999年经济环境比较严峻，但深圳印刷业在困境之中稳步地发展，深圳市印刷工业总产值从1997年的78.61亿元，到2003年达到182亿元，平均年增长率为15%。截至2003年底，深圳市共有各类印刷企业1600家，从业人员13万余人。

（四）新的快速增长阶段(2004年起至今)。自2004年起，深圳的印刷产业又进入了一个新的快速增长阶段，成长起一大批拥有强大实力的企业。深圳印刷业自身产业升级势头明显，已逐渐向高技术、多元化、综合性高端产业发展。

“印在深圳”——已成为中国乃至世界的品牌。深圳印刷企业设备先进、设计精美、工艺精良、管理规范，高度重视产品质量和新产品开发，使深圳印刷产品屡获国际和国内大奖。深圳印刷企业荣获“美国印制大奖”“中国出版政府奖”“中华印制大奖”和“香港印制大奖”的数量分别占全国总获奖量的92%、40%、60%和60%。多年来，深圳印刷业承印了国际、国内一大批优秀的、读者喜闻乐

见的书刊和获国际国内大奖的出版物。

近两年，面对全球金融危机，自然灾害、汇率变化、原辅材料涨价、节能环保、劳动力成本提高等诸多不利因素，印刷行业遭受了一定的冲击。但是，各印刷企业将“危机”视为机遇和挑战，深圳市印刷企业转危为机，取得了可喜的成绩。

一是挖掘企业发展潜力。加强企业成本管理和质量管理，积极拓展国内市场，加强自主创新能力，利用政府对文化产业扶持的相关政策增强企业自身抗风险的能力。政府也对印刷企业在进口贴息、政策性贷款、企业用电、建立公共服务平台等方面给予支持和帮助。

二是积极推进标准化建设工作，为深圳印刷业注入可持续发展的动力。努力推进全国印刷标准化技术委员会的书刊印刷和包装印刷两个分技术委员会在深圳落户工作。大力推动深圳印刷业在标准竞争中领跑全国，巩固深圳印刷业在全国的领先地位。制定印刷行业标准、实施标准、提供标准化咨询服务，让标准化为企业发展保驾护航。

三是加强安全生产。各印刷企业在确保政治安全的前提下，加强企业安全生产工作。

五、2010年深圳市勘察设计行业发展概况

深圳市勘察设计行业秉持先进的设计理念、超前的技术水平和现代的服务意识，成为国内设计界的翘楚之一。据统计，全国各省市重大居住项目设计的招投标中，深圳设计企业的被邀标率和中标率位居榜首。在全国历年勘察设计工程评选活动中，深圳企业获奖数量位居前列。2009 年，深圳勘察设计行业纯设计产值 90 亿元，直接关联建设工程投资额 3000 亿元。深圳勘察设计作为“深圳设计”一张响亮的城市名片，担当起“设计之都”的主力军角色。

至 2010 年，深圳市共有 200 多家勘察设计相关企业，从业人员 2 万余人，其中 9 成以上为专业技术人员。根据建设部行业年报统计系统得知，近 5 年来，深圳勘察设计行业总体营业收入以年均 9% 速度增长，其中 2009 年度本市本行业营业总收入达 90 亿元，人均年产值 40 万元，人均创利税 3 万元。深圳勘察设计企业“走出去”日益增多，约 80% 营业收入来自市外、省外，基本实现“设计输出”。2009 年，在深圳市政府初步认定公示的深圳市 180 家“总部企业”中，深圳勘察设计行业占据 9 席。近三年来，该协会会员单位荣获省部级以上“优秀工程勘察设计奖”超百项。

建筑能耗要占社会总能耗三成之多。在建设“资源节约型、环境友好型社会”之中，深圳勘察设计行业坚持倡导设计绿色理念，力行节能减排，引导行业的正确发展方向，每年度要开展大量关于绿色、节能等先进设计理念的宣传、培训工作。为了将建筑节能落到实处，该行业及时组建建筑节能专家库，并在行业标准编制和“优秀工程评奖”中，将“建筑节能”作为前置条件。此外，主动调查、了解建筑节能在政策层面存在的问题，及时向政府相关部门建言献策，力促改进和完善。

该行业在建筑节能设计技术标准体系建设方面，获得了业内人士的充分肯定。近 5 年来所设计的建筑物，凡建筑节能设计不合格的图纸，不得用于施工和建设。

为了开阔行业视野，推动行业发展，深圳勘察设计行业定期主办“规划设计行业发展论坛”。2009 年 4 月，协会与政府部门联手，成功主办了以“活力城市，多彩建筑”为主题的第二届论坛，旨在促进深圳市规划及设计行业与外界的融合、交流和合作，把握行业最新脉动，提升深圳市乃至全国的规划及设计水准。这次论坛，包括港澳台代表在内的 800 多名专家、学者及专业人员齐聚鹏城。该论坛树立了深圳市在全国城市规划及建筑等设计领域的标杆地位。此外，协会协助深圳市政府部门等举办“深圳——香港城市 / 建筑双城双年展”，启动城市间、行业间关于思想文化和设计理念的碰撞、交流。协会还开发了“深圳市建设工程专家库信息管理系统”，向全社会开放，无偿提供给相关用户使用。现有 1437 名专业技术专家入库，已为职称评审、工程评优及工程评标等业务多次提供专家评审服务。

六、2010年深圳市黄金珠宝首饰行业发展概况

2010 年，深圳市黄金珠宝首饰行业深入贯彻落实科学发展观，继续应对复杂多变的国内外经济形势，开拓创新，锐意改革，使得深圳

珠宝产业结构不断完善，行业自律进一步加强，行业整体形象不断提升，“深圳珠宝”区域品牌建设成果显著，科技与文化、创意与设计成为行业主流。企业参与国内外竞争的意识和能力不断提高，新材料、新工艺、新技术、新款式层出不穷。同时，全行业产业标准化建设、人才培养、展览交易、现代化企业管理等方面，都取得了较大的进步。

截止 2010 年 11 月底，全行业工商注册各类珠宝企业超过 2400 多家，从业人员达到十几万人，全年新增“中国驰名商标”产品 6 件，广东省名牌产品 5 个，广东省著名商标 6 件，使深圳成为名副其实的中国珠宝制造交易之都、品牌之都、创意设计之都。全行业将立足产业、紧扣市场、贴近客户、提升形象，进一步扩大“深圳珠宝”的影响力。

（一）搭建国际一流的珠宝首饰创意设计交流的大平台，促进深圳市黄金珠宝首饰创意设计产业的发展。为搭建国际一流的珠宝首饰创意设计交流的大平台，弘扬中华文化，彰显东方元素，演绎现代珠宝首饰文化，由中国珠宝玉石首饰行业协会、国土资源部珠宝玉石首饰管理中心、深圳市文体旅游局、深圳市罗湖区人民政府、深圳市黄金珠宝首饰行业协会联合主办，深圳市黄金珠宝首饰行业协会承办，联合十八家协办单位，共同举办“2010 中国（深圳）国际珠宝首饰设计大赛”。2010 年 6 月 24 日在香港会展中心举行了大赛全球新闻发布会暨启动仪式。大赛以“蓝天·家园”为主题，让参赛者能够用珠宝的设计语汇传达出爱护环境、保护生态的良好意愿，呈现珠宝行业心系社会的强烈责任感。此届大赛被列入市、区两级政府重大赛事活动安排，又被市“设计之都”建设办公室列为深圳创意设计系列重大赛事活动，与全球九大“设计之都”的其他赛事活动互动。

（二）加强深圳珠宝区域品牌建设，帮助深圳珠宝“走出去”。为帮助深圳珠宝企业拓展西部市场，提升深圳珠宝产业的知名度，促进珠宝企业与西部企业深度合作，市、区政府组织了“深圳珠宝”区域品牌成员企业 36 家，参加了 2010 年 10 月 22 日至 26 日在成都举办的第十一届中国西部国际博览会（以下简称“西博会”）。5 天展期内，深圳珠宝展团与上百家西部企业达成合作意向。西博会成为深圳珠宝展示品牌风采，进入西部广阔市场的良好平台。

（三）建设行业公共服务平台，巩固“中国珠宝之都”的地位。2010 年，公共服务平台建设继续不断完善，为行业提供各项优质服务。

建设行业公共服务平台，巩固“中国珠宝之都”的地位。2010 年，公共服务平台建设继续不断完善，为行业提供各项优质服务。

（1）公共信息服务平台：“深圳珠宝网”提供政策法规发布、重大事件通报、潮流新品发布的最佳信息平台，力争做到快捷、高效，更好地为企业服务。《深圳珠宝》杂志改版后大获成功，更多注重视觉、形象和品味，受到业内好评。

（2）公共培训服务平台：帮助企业培训各类技术和管理人才。开展了首饰制作一、二、三级技工、技师与高级技师的培训、鉴定与考评，以及钻石鉴定中高级检验员的培训与考评，提升全行业的人才技术素质。

（3）公共技术服务平台：发挥好深圳市珠宝检测中心、贵金属材料研究室和珠宝设备研究室作用，积极推动自主创新，用先进适用技术改造传统珠宝产业。开展珠宝首饰科学研究、设计、检测鉴定、评估等技术服务，推动产品款式设计和花色品种创新、加工设备和仪器研制等技术活动，促使珠宝产品设计特色化、产品工艺精致化、市场导向质量化，促进行业的整体技术进步。

（四）开展业界合作与交流，提升企业经营管理水平。2010 年 3 月 8 日，为全面促进中国珠宝业的国际化发展与设计水平的提升，搭建中外珠宝业互动的交流平台，在瑞士巴塞尔国际钟表珠宝展览会期间，参与主办“中国珠宝市场国际化合作”高端论坛。2010 年，还举办“TTF 华美珠宝之夜”“中国 K 金第一家”“2010 唯有金・纯金精品”“品牌战略专家论坛”“2010‘宝亨达’国际铂金文化创意设计大赛”“珠宝零售管理论坛”等交流活动。

经过十年的沉淀，深圳国际珠宝展已经发展成为提升“深圳珠宝”整体形象的重要载体和珠宝交易的大平台。

（五）举办 2010 深圳国际珠宝展和 2010 深圳珠宝节，打造国际化珠宝交易大平台。经过十年的沉淀，深圳国际珠宝展已经发展成为提升“深圳珠宝”整体形象的重要载体和珠宝交易的大平台。深圳珠宝节经过三年的发展，达到了贴近百姓、扩大社会影响力的目标。2010 年“一展一节”，同期举办，强强联合，成为市民的嘉年华，带旺了深圳本土的黄金珠宝消费市场，进一步提升和巩固深圳珠宝在全国乃至国际上的影响力，加快“深圳——中国珠宝之都”向设计之都的转变。

2010 深圳国际珠宝展览会，有超过 25 个国家与地区的超过 1000 多家国内外参展商盛装参展，展览面积 5.25 万平方米，吸引全球超过 73 个国家与地区的逾 4 万名专业买家莅临参观、洽谈和交易，共有 4 万名国内外买家参观采购订货，其中海外买家 9619 名，整个展会期间，进场参观人次超过 20 万，海外买家来自印度、美国、马来西亚、英国、意大利、加拿大、法国、德国、澳大利亚、新加坡、南非、比利时、泰国、韩国、日本、以色列以及中国的香港、台湾和澳门等 73 个国家和地区。展会现场交易火爆，碧玺、红蓝宝石开始走俏，钻石、黄金销售持续走高，翡翠首饰交易火爆。展会签订的订单和批发量总计超过 80 亿元人民币。

深圳湾

深圳夜景

产业服务平台

2011 SHENZHEN CULTURAL INDUSTRIES YEARBOOK

2010年第六届中国（深圳）国际文化产业博览交易会基本情况

由中华人民共和国文化部、中华人民共和国商务部、国家广播电影电视总局、中华人民共和国新闻出版总署、中国国际贸易促进委员会、广东省人民政府和深圳市人民政府联合主办的中国（深圳）国际文化产业博览交易会（以下简称“文博会”）作为中国唯一一个国家级、国际化、综合性文化产业博览交易会，以博览和交易为核心，全力打造中国文化产品与项目交易平台，促进和拉动中国文化产业发展，积极推动中国文化产品走向世界。

“文博会”作为国家重点扶持的文化会展，已被纳入《国家“十一五”时期文化发展规划纲要》《文化产业振兴规划》的重点项目，迄今已成功举办了6届，并发展成为我国文化产业领域规格最高、规模最大、最具实效和影响力的展会，成为弘扬中华文化、扩大我国文化产品和服务出口、展示我国文化产业发展成果的重要平台。“文博会”不仅是文化产业的展会品牌，更担负着推动我国文化产业发展、促进中华文化“走出去”的国家责任和使命，是实施国家文化产业发展战略的重要举措。

“文博会”不仅是文化产业的展会品牌，更担负着推动我国文化产业发展、促进中华文化“走出去”的国家责任和使命，是实施国家文化产业发展战略的重要举措。

主要成果

在第六届“文博会”的承办过程中，按照李长春同志关于把“文博会”打造成为国际知名品牌的重要批示精神，中宣部主动牵头、加强指导，各主办单位进一步加大了扶持力度，建立了主办单位指导承办、深圳市直部门协调承办、相关单位具体承办的三级联动机制，注入了更多优质会展资源，第六届“文博会”在规模档次、成交量、专业化水平、国际化程度、社会关注度等各方面都刷新历届“文博会”的记录，文化产业核心层更加突出，骨干文化企业参展更加踊跃，“文化＋科技”特色更加明显，投融资交易功能更加完善。主要表现在以下几个方面：

一是规模扩大，国家级展会内涵进一步丰富。主展馆展览面积10.5万平方米，设置了文化产业项目交易馆、创意生活馆、影视动漫游戏馆、演艺产业馆、创意设计馆、新闻出版馆、美术馆、工艺美术馆等8个专业展馆，设立了中国（深圳）设计之都创意产业园等35个分会场，比上一届增加5个。1797家政府组团、企业和机构参加“文博会”，比上一届增加89家。全国31个省、自治区、直辖市及港澳台地区全部参展，首次实现“满堂红”和“全家福”。前几届没有参展的省市区与组委会积极联系，踊跃组团参展。港澳台地区参展规模进一步突破，台湾文化创意精品馆面积7500平方米，是上一届的4倍。一批国家文化产业示范基地和海内外知名文化企业亮相“文博会”。参展展品达到10万个品种，比上一届增长20%。

第六届“文博会”开幕式

二是成交活跃，总成交额和对外出口持续攀升。第六届“文博会”成交活跃，总成交额、文化产品出口、中西部地区、版权贸易等各项指标再创新高，完成了总成交额突破1000亿元，出口交易额突破100亿元的计划目标。

本届“文博会”总成交额达1088.56亿元，比上届总成交额增加207.87亿元，同比增长23.6%，合同成交额351.03亿元，占总成交额32.25%，同比增长101%。其中，版权贸易交易成交额400.91亿元，占总成交额36.83%；文化产品交易242.08亿元，文化产业项目投融资达158.83亿元；中西部地区成交额293.57亿元，占总成交额26.97%，比上届增加105.17亿元，增长55.82%。

文化产品出口交易额114.06亿元，占总成交额10.48%，比上届增长30.12%。其中，港澳台地区57.78亿元，占出口总额50.66%；欧美地区35.99亿元，占31.55%；其他地区20.29亿元，占17.79%。年度国家文化出口重点企业成交额3.29亿元，占总成交额0.3%。

骨干文化企业及重大项目成交喜人，骨干文化企业参展率达51%，比上一届的29%增长22个百分点。投资规模超亿元的项目131个，签约总额788.75亿元，占总成交额72.5%，“文博会”重大项目聚集带动功能进一步凸显。

三是专业化水平提升，文化产业核心层、八大重点文化产业的展陈内容更加突出。本届“文博会”文化产业核心层成交额395.59亿元，占总成交额36.34%；八大重点文化产业项目成交额259.54亿元，占总成交额23.84%。文化产业核心层、八大重点文化产业两项成交叠加统计（即两项成交相加扣除重复统计部分），签约金额252.07亿元。其中，中国移动手机阅读、汉王科技等新兴数字出版产业、海德堡是德国的设备等印刷行业新成果、各类新媒体影视动漫、华强文化科技3D影视制作技术等一批代表我国文化产业前端和高端的文化产品在“文博会”上集中展示，进一步增强“文博会”的专业化水平。

四是国际化程度提高，国际性展会定位进一步确立第六届“文博会”努力在国际化方面下工夫，出口交易、海外专业观众和采购商全面提升，出口交易达 114.06 亿元，占总成交额 10.48%，比上届增长 30.12%；海外专业观众 8.693 万人次，比上届增加 1.23 万人次。受邀参会海外采购商达 10680 人，来自包括美国、法国、日本、加拿大等 86 个国家和地区，比上一届增加 30 个国家和地区。尤其是贸促会通过发挥驻外代表处等海外资源，大力邀请海外专业买家参会，对促进“文博会”国际采购起到很大作用。比如埃及电视台采购电视信号接收器材、机顶盒项目约 24 亿元，日本动漫联盟技术合作项目 3000 万等，仅通过贸促会达成的出口交易额就达 89.72 亿元。同时“文博——世博”资源共享平台成功搭建，引进包括哥斯达黎加、卡塔尔等国家高级官员和上海世博会各主要国家馆馆长、总设计师等在内的“世博高端访问团”，举办了“世博展馆展示设计论坛”“国际演出团体文博献艺”等配套活动，“文博会”的国际影响力进一步提升。

五是人气兴旺，专业观众和各界人士踊跃参加。本届“文博会”引起社会各界的高度关注。参观人数达 367.49 万人次，比上届增加 9.80 万人次。其中参观主展馆 121.955 万人次，参观分会场 164.57 万人次，参加各相关活动 80.965 万人次。在“文博会”期间访问网上“文博会”达 468 万人次。专业观众积极参与，达 39.013 万人次，比上届增加 1.523 万人次，其中海外专业观众 8.493 万人次，比上届增加 1.033 万人次。

本届“文博会”活动精彩纷呈，国家级、重量级活动明显增加。

六是资讯丰富，配套活动更加权威、更加精彩。本届“文博会”活动精彩纷呈，国家级、重量级活动明显增加。总活动 409 项，其中主展馆 63 项，分会场 332 项，其他配套活动 14 项；列为重要活动的 22 项，由中央有关部委牵头主办的 13 项。包括全国宣传文化系统“四个一批”经营管理人才文化产业专题研讨班开班仪式、文化产业权威信息发布会（中国文化企业 30 强评选）、中国文化产品和服务出口工作座谈会、文化产业投融资公共服务平台上线暨文化企业信贷申报评审系统开通仪式、中国新媒体影视动漫节、中国数字出版高峰论坛、版权贸易发展高峰论坛、世界博览会展馆展示设计

第六届“文博会”展览区

第六届“文博会”中欧文化产业论坛

论坛等。山西、山东、湖南、湖北、河北、西藏等各省市举办项目推介会 23 项，“文博会”艺术节、第九届中国艺术节深圳分会场共上演 35 台剧目和 65 场演出 400 多场文化活动。“文博会”的信息交流、资讯互动功能、丰富文化生活功能进一步完善，权威性和影响力进一步增强。

七是“文化 + 科技”和“文化 + 旅游”特色进一步凸显，不断形成新的增长点。“文博会”形成的“文化 + 科技”的特色在本届“文博会”上更加突出，科技型文化产业成交额达 403.76 亿元，比上届增长 61.76%。与此同时，“文化 + 旅游”特色逐步显现，文化与旅游相结合产业成交额 104.55 亿元。文化产品交易达 38.85 亿元，文化产业项目投融资达 65.70 亿元，已成为新的增长点。

八是分会场规模和档次不断提高，展会整体质量进一步提升。第六届“文博会”共设置 35 家分会场，总展览面积 130 万平方米，比上一届增加 6 万平方米，参展商 8453 家，比上一届增加 6282 家。初步估算分会场成交额 391.86 亿元。各分会场活动丰富，活动创意度更加突出，组织“设计之都——深圳、上海文化产业合作双城论坛”等各类专业配套活动 323 场，档次和水平比上一届有较大提升。同时分会场展陈内容精品化不断提高，文化精品层出不穷，永丰源骨瓷釉下雕花壁画——南粤风情迎宾图、清朝象牙十八罗汉雕件、圆明园兽首、中国文房四宝精粹博览、高仿《富春山居图 · 无用师卷》等珍贵艺术品亮相“文博会”，引起业界和买家的强烈反响。

境内外媒体对本届“文博会”高度关注，超过 1500 名中央、各省市及境外媒体记者参访，并在相关媒体的重要版面、重要时段聚焦报道“文博会”盛况。

九是新闻媒体对“文博会”关注度进一步增强，报道量大增。境内外媒体对本届“文博会”高度关注，超过 1500 名中央、各省市及境外媒体记者参访，并在相关媒体的重要版面、重要时段聚焦报道“文博会”盛况。特别是中央媒体报道力度空前，如经济日报连续在重要版面推出系列报道、中央电视台派出 3 个采访小组同时深入采访报道“文博会”，《香港商报》、中通社、凤凰卫视、《大公报》等媒体开辟了专题专版，《星岛日报》《成报》等媒体对本届“文博会”

也积极关注。人民网、光明网、新华网、中国经济网、腾讯网、深圳新闻网、中国时刻网、南方网、奥一网都开辟了专题报道，在境内外形成了强大的宣传攻势。

一是得益于中央领导同志的高度重视和亲切关怀。一直以来，李长春、刘云山、刘延东等中央领导同志对“文博会”高度关注，寄予厚望。李长春同志对“文博会”发展作出 9 次重要批示，明确提出要把“文博会”打造成为国际知名品牌，为“文博会”指明了发展方向。刘云山、刘延东同志也多次作出重要批示，关心、支持“文博会”的发展。本届“文博会”举办期间，李长春、刘云山、白立忱等中央领导同志亲临“文博会”视察，对本届“文博会”给予充分肯定。李长春同志更是第 4 次视察“文博会”，并考察深圳文化产权交易所和雅图、A8 音乐等文化企业，对“文博会”的发展和深圳文化企业自主创新不断涌现新成果给予了高度评价。中央领导同志的鞭策和鼓励，是“文博会”也是深圳文化产业发展的巨大动力。

二是得益于中宣部和各主办单位的直接指导和大力支持。本届“文博会”中宣部和各主办单位深度介入，中宣部牵头成立由中宣部常务副部长雒树刚为组长，中宣部副部长孙志军和轮值主办单位分管负责同志为副组长的“文博会”协调领导小组，并下发《第六届深圳中国（深圳）国际文化产业博览交易会筹备任务分解》，明确中宣部和各主办单位的“文博会”筹备工作职责，支持建立主办单位指导承办、深圳市直部门协调承办、相关单位具体承办的三级联动机制，确保了“文博会”高效运转，也保证了招商招展的质量。文化部、商务部、国家广电总局、新闻出版总署、中国贸促会、广东省政府等主办单位主动与深圳方面对接，积极调度和整合各方面资源，尽可能把优质资源注入“文博会”，尽可能将文化产业骨干文化企业引入“文博会”，对办好“文博会”给予了全力支持。

三是得益于深圳市委、市政府的强力推动和各省市区、社会各界的积极参与。深圳市委、市政府举深圳市之力筹办本届“文博会”，市主要领导亲自部署，市分管领导具体抓落实，市各相关部门分工负责，并安排 4500 多万元专项资金扶持“文博会”发展。展会期间，公安、交通运输、城管、卫生和人口计生、市场监督管理、海关、边检、出入境检验检疫、打黄扫非等相关部门派驻专门工作组进驻主展馆和分会场，确保了“文博会”安全稳定、万无一失。同时，在中宣部和各主办单位的大力号召下，全国各省、自治区、直辖市以及港澳台地区积极响应、全部参展，“文博会”首次实现“满堂红”。行业协会、骨干文化企业、会展机构等社会各界积极支持，踊跃参加。“文博会”已从初创期向培育发展期、从国内文化产业“第一展”向国际知名品牌会展迈出坚实的步伐。

深圳市委、市政府举深圳市之力筹办本届“文博会”，市主要领导亲自部署，市分管领导具体抓落实，市各相关部门分工负责，并安排 4500 多万元专项资金扶持“文博会”发展。

发展展望

“文博会”是伴随着改革开放的浪潮应运而生的产物，在中央各级领导的高度关怀、重视下，在深圳市市委、市政府坚强有力的领导下，在社会各界的鼎立支持下，“文博会”在过去的七年里迅速发展。

在第六届“文博会”期间发布的《中国（深圳）国际文化产业博览交易会发展规划（2010—2020）》对“文博会”未来的发展目标、办展思路、主要任务、努力方向等作了进一步的明确。将于2011年5月13日至16日在深圳举办的第七届“文博会”作为完成《“文博会”发展规划（2010—2020）》提出近三年目标的关键一届，也是承上启下、提升质量的一届“文博会”。第七届“文博会”将进一步提升专业化水平，进一步提高国际化程度，进一步突出文化产业核心层内容，进一步强化“文化＋科技”“文化＋旅游”及“工艺美术”的特色，进一步引领产业高端发展，进一步扩大交易融资规模，打造国际知名品牌展会。

未来，“文博会”将全面贯彻党的十七大精神，坚持以邓小平理论和“三个代表”重要思想为指导，深入贯彻落实科学发展观，紧紧围绕《文化产业振兴规划》的战略部署，坚持“专业化、国际化、市场化、精品化、规范化”的办展方针，通过投资贸易展览、招商引资项目推介、专项合作洽谈、高峰论坛等多种形式，为中外客商搭建文化产业交流与合作的平台；突出文化产业核心层，突出和催生有实力、有竞争力的大型文化企业或企业集团，增强出口交易，拉动中西部文化产业发展，展示文化产业高科技化发展的特色；全面提升办好“文博会”的软环境，完善办展机制，提高服务水平，把“文博会”打造成为检验和促进我国文化产业发展的平台，推动中华文化走出去的平台，服务中西部文化产业发展的平台，办成我国文化产业走向世界的国际知名品牌。

2010年深圳文化产权交易所基本情况

深圳文化产权交易所（以下简称“深圳文交所”）成立于2010年5月，是深圳市贯彻落实《文化产业振兴规划》，在中央领导和有关部委的统一部署下，由深圳市市委市政府主导的促进文化产业发展、加快文化市场建设的重要工程。继实现与“文博会”的全面对接、在第六届“文博会”期间成功开市以来，“深圳文交所”已逐步步入常态化运营阶段。

业务运营基本情况

经过半年的探索，“深圳文交所”已在业务结构、服务模式、业务创新等方面实现了突破，全面领先于全国同类机构，成为发展深圳市文化产业的重要品牌。

经过半年的探索，“深圳文交所”已在业务结构、服务模式、业务创新等方面实现了突破，全面领先于全国同类机构，成为发展深圳市文化产业的重要品牌。

“深圳文交所”是以交易商、项目商、服务商、投资商等四大类会员为市场参与主体，以文化投融资服务和文化产权交易为两大核心业务，以重点交易产品（高端艺术品和影视动漫）和相关交易制度为突破，吸引各类资本进场，逐步覆盖文化产业九大门类的综合金融服务体系。

一、综合顾问服务模式基本形成，投融资服务取得成效。

第六届"文博会"期间，"深圳文交所"积极开展针对文化企业、文化项目的综合顾问业务，与30家分会场签署了免费顾问协议。"文博会"后，"深圳文交所"不断探索综合顾问服务模式，通过举办银企对接会、创投和私募基金推介等形式，实现部分本地文化企业与金融资本的对接，共完成银行融资1700万元。先后为深圳一立动画影业有限公司《天籁》三维动画项目成功融资700万元，为深圳盈富通科技有限公司《笨笨和卡卡》影视动漫项目融资200万元；成功与深圳欢乐动漫有限公司、深圳市哈哈动漫有限公司、深圳市哈林影视文化传播有限公司等3家企业签署融资顾问服务协议，确定融资意向。其中，深圳欢乐动漫有限公司成功实现融资800万元。通过对文化企业的深度了解，"深圳文交所"逐步形成了以"雅图""永丰源""雅诺信""波特网"为特色的四种综合服务模式。综合金融顾问服务相对于市场常规方式，取得了比较明显的进步，在国内文化产权市场的影响力初步形成。

通过对文化企业的深度了解，"深圳文交所"逐步形成了以"雅图""永丰源""雅诺信""波特网"为特色的四种综合服务模式。

"深圳文交所"针对内地文化项目融资需求，广泛接触国内其他地区文化项目，探索有效服务方式。如协助开展镇江文化产业项目深圳招商事宜，将"深圳文交所"投融资平台与招商活动相结合，组织35个重点文化产业项目参与招商，投融资金额达210亿元人民币；"深圳文交所"组织20家实力投资机构进场与文化项目对接，实现现场签约110亿元人民币，后续将有100亿元项目陆续进场融资招商，成为服务异地文化项目的成功范例。

针对创意文化产业发展的需求，"深圳文交所"积极开展创意文化产业市场的调研，寻找服务文化创意企业、文化创意项目的切入点，完成了《关于设立中国（深圳）文化创意赛事活动项目的构想》《中国（深圳）文化创意大赛策划方案》。通过将大赛与创新投融资结合的服务手段，发挥"深圳文交所"在文化对接资本中的平台功能，建立符合创意文化项目价值的市场机制，为解决文化创意项目成果转化难、创意项目产业化难、投资周期长、缺乏创业资本等发展瓶颈，创新金融服务手段，提供了有效的解决路径和孵化机制。

二、交易品种渐成雏形，实现场内多品种交易的格局。

面对不同形态、不同内涵、不同属性的文化项目、文化产品，"深圳文交所"引入资产证券化的创新理念，在世界范围内首创文化产业领域类证券化交易模式。经过对比和甄选，将艺术品和影视动漫创意作品首先纳入场内，作为以市场化、金融化手段运营的产品。场内艺术品所有权份额定向募集等市场理念、业务模式、交易制度已得到社会各界的广泛认同和积极回应。

截至2010年12月，"深圳文交所"已完成了场内三个资产包合计5900万元权益的拆分、定向转让认购；完成场内高端艺术品基金私募四期，规模达5000万元以上；成功发行中信信托有限责任公司中信闻道艺术品信托投资基金4000万，实现实物交易3500万元。此外，"深圳文交所"与联交所共同受理深圳艺能数字影视技术有限

"深圳文交所"积极开拓场内文化艺术交流、艺术品品鉴等活动，配合运营模式扩大市场影响，充分发挥平台功能，初步确立了以"琴、棋、书、画、诗、酒、茶"为主题的文化艺术交流活动形式，已开展了钢琴演艺欣赏交流、书画艺术品鉴赏、茶文化论坛、财富女性赛事等系列活动。

公司股权转让挂牌申请，交易额1350万元。通过上述工作，"深圳文交所"开创性地为场内注入了新的金融资源，为吸引更多项目进场创造条件。此外，从2010年12月开始，"深圳文交所"陆续推出若干个资产包定向转让，包括中仁关山月资产包、中仁林凤眠资产包、景文投资"南黄（黄宾虹）北齐（齐白石）"资产包等，市场价值1.5亿元左右。

目前，影视动漫作品已被确定为现阶段又一个市场重点交易品种。"深圳文交所"探索尝试将编剧（含创意）、制片（含导演、监制等项目团队）、发行（含院线、电视台、新媒体）、结算（含版权管理、支付责任转移、利益清算）等四个环节工业化生产模式引入场内，并配套建立编剧基金和影视动漫投资基金，通过上述模式引导和规范场内投资群体的投资行为。

三、以促进交易为核心的会员体系基本形成，场内主题文化交流活动频繁，文化氛围浓厚。

"深圳文交所"以促进交易为宗旨，在《会员管理（暂行）办法》的指导下，细化了投资会员、项目会员、交易商会员、服务商会员的分类管理细则，实施会员服务积分升级管理制度，为各类会员入会申请、投资交易产品等场内活动建立渠道。截止2010年12月底，"深圳文交所"已办理入会申请审批347家，开通权益账户373家。

"深圳文交所"积极开拓场内文化艺术交流、艺术品品鉴等活动，配合运营模式扩大市场影响，充分发挥平台功能，初步确立了以"琴、棋、书、画、诗、酒、茶"为主题的文化艺术交流活动形式，已开展了钢琴演艺欣赏交流、书画艺术品鉴赏、茶文化论坛、财富女性赛事等系列活动。2011年元月开始，陆续举办"2011'俄罗斯列宾美术学院画家作品展"等多项文化交流、展示、交易和鉴赏活动。

公司治理情况

一、完成了创业阶段的组织机构建设和团队建设。

2010年5月下旬，在实现与"文博会"紧密对接后，"深圳文交所"将工作重心转移到组织机构建设和团队建设等公司治理的基础性工作上，先后完成了部门设置、人员配置及阶段性人员招聘等工作。

目前，"深圳文交所"共有员工30名。其中，59%的员工具有本科以上学历，具有研究生学历的员工9名，具有海外留学经验的员工5名。根据市委市政府对"深圳文交所"的功能定位，"深圳文交所"构建了较为完善的业务管理体系和行政后勤管理体系，形成了研究发展部、交易中心、会员中心、登记托管部、市场推广部等8个部门，搭建了"深圳文交所"基础运营框架，为"深圳文交所"有序开展各项业务、陆续开发各类产品提供了基本保障。

二、初步完成行政人事管理制度及核心业务制度的设计工作。

已经制定了人事管理、财务管理、行政管理、业务管理制度及工作激励暂行办法等规章制度。

三、公共服务平台系统建设有序推进。

"深圳文交所"公共服务平台主要包括：文化产权交易平台、文化产权交易集成系统及网站、艺术品保管服务、艺术品鉴定、估值等基础配套服务。目前，交易系统上线的工作已经基本完成，场内交易产品的交易系统已进入试运行阶段，网上模拟交易客户端已开通，网上适时交易即将展开，为各项业务、工作的开展打下了坚实基础。此外，“深圳文交所”顺利完成 IT 平台架设及 IT 管理工作，网站修改及搜索引擎得到优化。会员信息管理系统已进入研究开发期，信息管理系统待需求论证后将进行统一开发。

“深圳文交所”对实物集保、托管、鉴定、评估给予了高度重视，已开展实物集保托管业务，为交易商会员、项目商会员提供专业服务。截至 2010 年底，已托管艺术品字画、大众消费品等文化实物产品 1209 件。

此外，“深圳文交所”与全国二十多个省市文体局和文化企业行业协会、故宫博物院、首都博物馆、文化部艺术评估中心、西泠印社等多家专业机构建立了战略合作关系，为全面开展业务合作奠定了良好基础。“深圳文交所”还在馆际文物交流、馆际文物借展、异地实物集保托管等方面与专业机构建立了有效的合作模式。

2010年深圳·设计之都建设情况

深圳创意文化中心

2010 年是深圳经济特区成立 30 周年，也是深圳获得“设计之都”称号后的第二年。在这一年里,深圳认真履行在申请“设计之都”时所做出的承诺，在完善组织结构、促进产业发展、完善公共服务、扩大对外交流、推动全民创意、保护知识产权等方面做出了很大的努力，“设计之都”影响力进一步彰显。在这一年里，深圳市重组深圳市创意文化中心，认定一批“文化＋科技”“文化＋旅游”示范园区（基地），成功举办“第六届中国（深圳）国际文化产业博览交易会”“2010 中国（深圳）国际创意·设计·品牌博览会”“2010 首届中国（深圳）创意生活展”等 3 个大型博览会，配合做好全球创意城市网络大会，继续举办“创意十二月”系列活动，正式成立深圳市创意设计知识产权促进会，充分展示了“设计之都”建设的成果，推动了设计理念在全社会的普及。

2010 年 7 月，深圳报业集团加挂深圳创意文化中心牌子，作为“设计之都”工作的专门办事机构，统筹协调“设计之都”的品牌宣传推广工作。

一、完善组织结构，落实相关任务

设计之都的建设客观上要求各领域之间的交流合作，需要文化、科技、企业、商业、金融、法律、设计产业、设计教育等相关各领域的协同创新，因此，要建立相适应的推进机构，落实和实施相关任务。2010 年 7 月，深圳报业集团加挂深圳创意文化中心牌子，作为“设计之都”工作的专门办事机构，统筹协调“设计之都”的品牌宣传推广工作。深圳市创意文化中心正式成立后，迅速建立深圳市创意设计行业联席会议制度，联合各行业协会的力量，有效整合

深圳市青少年活动中心

产业资源，促进深圳创意设计各行业间的交流与合作发展，积极打造深圳创意设计领域的“四个平台”，即媒体宣传推广平台、人才培训与国际交流平台、活动策划组织平台和深圳市资源整合服务平台，争取利用五年时间，完成“一展、一坛、一网、一奖、一馆”的目标，即实现中国联合国教科文组织全国委员会提出的，在深圳市举办一个国际专业展会、设立一个国际专业论坛、组建一个国际专家网络、创办一个全国性创意设计大奖和建设一个创意设计博物馆的任务。

这些星罗棋布的园区犹如一个个新地标，带动各区在巩固自身发展优势的基础上形成差异化格局，为深圳设计产业做深、做强提供了有力支撑。

二、加强基地建设，促进产业聚集

深圳的创意设计行业采用集中式空间发展模式，规划建设国家级创意产业园区，吸引国际知名创意企业总部、中介组织和研究培训机构进驻，打造中国乃至亚太地区国际创意产业基地。同时，还通过与旧城区、旧工业区、旧商业区改造相结合，加强基地建设，促进产业聚集。

2010 年 5 月，继 23 家文化产业园区和基地被正式认定为首批深圳市文化产业园区和基地之后，F518 时尚创意园等 14 家单位又被认定为第二批深圳市文化产业基地。同时，为进一步引导和促进文化与科技、旅游的结合，催生一批富有竞争力的文化产业新兴业态，天威、华侨城集团等 28 家园区（基地）被首次授牌为“文化 + 科技、文化 + 旅游型示范园区（基地）”。这些星罗棋布的园区犹如一个个新地标，带动各区在巩固自身发展优势的基础上形成差异化格局，为深圳设计产业做深、做强提供了有力支撑。

这些园区在 2010 年积极参与或开展各类创意设计活动，推进创意产业的发展。深圳田面设计之都创意产业园借助“设计之都”的影响力，在 2010 年的第六届“文博会”上，深圳田面设计之都的分会场以“引领”“价值”“共生”为主题吸引了来自深、港、沪三地的设计企业和众多设计师，为三地文化创意企业间的合作营造产业氛围、交流公共产业资源，并在此基础上建立合作机制。园区的快速发展，也吸引了中央领导的关注，2010 年 8 月 20 日，国务院总理温家宝，来到设计之都创意产业园，了解园区的发展情况，并和这里的设计师进行亲切的交谈。深圳设计产业园与南山图书馆共同建设和管理的南山图书·设计图书馆正式开馆。馆内设计类图书占总藏书的一半以上，聚集全球最新的研究成果、潮流与资讯。40多种境内外设计专业的期刊、上万册设计专业领域的图书，向设计师和普通市民提供最新、最全的设计信息。利用这一平台，设计园还免费开展设计领域的学术交流、公益讲座、展览等系列活动，以此普及设计知识，让设计走入生活，提升市民的创意设计意识，营造良好的设计氛围，努力将图书馆打造成为深圳乃至全国最具特色、最有影响力的专业设计类图书馆。深圳怡景国家动漫画产业基地先后参与组织了“我的动漫情结”网络征集活动、金鹏奖中国国际新媒体短片大赛、首届深圳青少年原创动画剧本创作大赛、深圳第二届动漫节等活动。此外，作为第六届“文博会”分会场，动漫基地组织了动画投资签约仪式、深度了解英国动漫产业、动漫创意集市等23项活动，打造高端研讨与全民结合的“体验式动漫盛会”，让民众走入神秘的动漫世界，了解动漫设计的全过程。中康路8号——圆筒（园区内一个4层楼高的水泥筒状建筑体，雕塑院建筑设计师的一个概念作品）与深圳民间创意机构RIPTIDE合作主办了Pacha Kucha Night创意分享会、“寻找深圳”创作计划等艺术活动；与深圳湾艺穗节合作，“走出圆筒”，在艺穗节上举办多场艺术电影/录像展和跨界艺术展览、研讨会、演出等。此外，2010年1月21日，朗图公司与柏林的新锐设计公司Coordination（考迪迅）联合在圆筒艺术空间揭幕“朗图·考迪迅设计联展”，勾画出两座“设计之都”城市尝试设计联姻的第一步。

作为第六届“文博会”分会场，动漫基地组织了动画投资签约仪式、深度了解英国动漫产业、动漫创意集市等23项活动，打造高端研讨与全民结合的“体验式动漫盛会”，让民众走入神秘的动漫世界，了解动漫设计的全过程。

三、搭建四大平台，推动产业运作

2010年深圳市加大了创意设计公共服务平台的建设力度，为设计企业搭建了进出口、展示交易、行业交流、产权交易等平台，成功举办了“第六届中国（深圳）国际文化产业博览交易会”“2010中国（深圳）国际创意·设计·品牌博览会”“2010首届中国（深圳）创意生活展”等3个大型博览会，积极推动深圳文化产权交易所的发展。

“文博会”中国·台湾创意展台

（一）举办第六届“文博会”，为设计师、设计企业与生产企业的产品及服务出口提供交易平台

2010年5月14日，第六届中国（深圳）国际文化产业博览交易会在深圳会展中心开幕。本届“文博会”为期4天，主展馆展览面积10.5万平方米，设立文化产业项目交易馆、创意生活馆、影视动漫游戏馆、演艺产业馆等8个专业展馆，共有1797个政府组团、企业和机构参展，全国31个省、自治区、直辖市以及港澳台地区首次全部参展。主展馆采购商超过4万人，其中有来自美国、加拿大等65个国家和地区1万多名海外采购商受邀参会。同时，“文博会”还设立了中国（深圳）设计之都创意产业园等35个分会场，配套举办权威信息发布、中国国际新媒体影视动漫节等活动。

本届“文博会”取得了丰硕的成果，总成交额为1088.56亿元人民币，高于2009年第五届（877.62亿元）。本届“文博会”为企业提供品牌提升、上下游资源整合的合作机会，为设计师提供国际化的展示和交流机会，为国内外买家建立有效的营销渠道、提供海量的直接采购机会，建立国内外设计师、设计企业与生产企业的沟通合作平台。

本届“创博会”依托深圳发达的创意设计产业基础，充分动员各界资源，致力于打造一个融创意作品展示、创新产品和设计定制洽谈、创意园区推介、新锐品牌加盟、创意设计师交流为一体的舞台，在深圳经济特区建立30周年之际举办“创博会”，是对深圳创意设计产业发展现状的一次充分展示。

（二）举办“2010中国（深圳）国际创意·设计·品牌博览会”，为国内外设计品牌企业和制造业企业搭建展示交易和市场对接的平台

2010年9月17日，由深圳市文体旅游局、深圳市贸促会联合主办的“2010中国（深圳）国际创意·设计·品牌博览会”（以下简称“创博会”）在会展中心拉开帷幕，共有来自国际、国内及港澳地区的400多家创意设计机构和品牌企业参展，其中包括哥伦比亚中国商会、香港设计师协会、“设计之都”创意产业园、F518时尚创意园、中国丝绸文化产业创业园、深圳市玫瑰海岸投资发展有限公司等知名机构及企业，现场展示最具吸引力的创意和最震撼的设计作品。

本届“创博会”依托深圳发达的创意设计产业基础，充分动员各界资源，致力于打造一个融创意作品展示、创新产品和设计定制洽谈、创意园区推介、新锐品牌加盟、创意设计师交流为一体的舞台，在深圳经济特区建立30周年之际举办“创博会”，是对深圳创意设计产业发展现状的一次充分展示。

（三）2010首届中国（深圳）创意生活展，为深圳文化创意行业企业提供展示和交流的平台

2010年首届中国（深圳）创意生活展于12月24日至27日在深圳会展中心1号馆举行，本次展览是“文博会”“1+N”模式的派生，以“文化创意，精彩生活”为主题，由中国（深圳）国际文化产业博览交易会组委会办公室主办，深圳报业集团、深圳国际文化产业博览交易会有限公司承办，深圳市工艺美术行业协会协办。该展会完全采用市场化运营的办展模式，迎合参展商和采购商的要求，充分利用“文博会”的辐射力，整合资源，为深圳文化创意行业企业提供展示和交流的平台，实现信息共享，资源互补，实现商家和买家面对面交流，促进深圳文化创意产业的繁荣和发展。

（四）文化产权交易所正式投入运营，打造面向全国及全球的文

化产权交易、企业投融资、企业孵化与产权登记托管平台

在第六届“文博会”期间，深圳文化产权交易所正式亮相。深圳文化产权交易所由政府倡导，企业投资组建，以“文化对接资本、交易创造价值”为经营理念，与中国(深圳)国际文化产业博览交易会紧密结合与深度互动，打造面向全国及全球的文化产权交易平台、文化产业投融资平台、文化企业孵化平台与文化产权登记托管平台，其文化产业投融资平台为文化与资本联姻提供便捷条件。

为进一步推动深圳文化产权交易所的发展，深圳市政府2010年5月出台《支持和促进深圳文化产权交易所发展的若干意见》，提出“2010年至2014年，市财政每年划拨500万元，5年共2500万元（含开办费），支持“深圳文交所”建设和发展”。在政府的大力支持下，至2010年6月，深圳文化产权交易所已与国内外金融投资机构、国际买家、文化组织、文化企业等110多家机构建立战略合作伙伴关系，其创投基金的资金管理规模已达208亿元，并取得了3家银行共500亿元的资金授信。

四、开展主题活动，推动全民创意

2010年，深圳市充分开发“设计之都”这一称号的重要价值，策划开展了多个以“设计之都”为主题的活动。这些活动营造了尊重创意的社会氛围，将创新意识渗透到市民的日常生活中去，增强了城市对持续创新的关注和自信。

(一)联合国教科文组织“设计之都”海报竞赛

2010年5月21日，联合国教科文组织创意城市网络“设计之都”海报设计竞赛正式开赛。此次竞赛由创意城市网络内7个“设计之都”城市（深圳、柏林、布宜诺斯艾利斯、神户、蒙特利尔、名古屋、上海）首次共同发起，旨在联合提升7个城市作为联合国教科文组织“设计之都”的知名度和影响力。

此次竞赛主题“密码”代表“设计之都”城市和每个城市自己独特的文化符号。竞赛的目的是创作出能够表现城市过去、现在和未来的具有独特性的视觉作品，以展现每个城市独有的视觉形象，一种特别的密码。竞赛的核心是发现7个“设计之都”城市都有怎样的密码，通过海报作品来叙述和描绘7个城市之所以成为“设计之都”的符号和故事。

据统计，7个“设计之都”城市共有约3000人报名参赛，深圳市共有600多人报名参赛，占到了总报名人数的五分之一，其中包括其他6个“设计之都”的设计师和在深圳工作的外籍设计师，共收集海报260多张。

(二)“创意十二月”活动

2010年12月，历时11个月构思，用时1个月来共享创意的深圳第六届“创意十二月”正式启动。本届“创意十二月”共举办各类活动多达55项，主要包括创意城市网络大会、中国（深圳）国际工业设计节、深圳平面设计回顾展、2010深港文化创意论坛、设计之都CODE海报展、“创意之旅”——深圳市民看设计之都、设计之都（中国·深圳）公益广告大赛、深圳第二届D V大赛等。

本届“创意十二月”主办方充分考虑市民的参与性，“搅动”全城民众创意热情。为了配合深圳设计之都的“全民创意”理念，联合国教科文组织创意城市网络大会特地举办“天天体验活动”。自12月7日“创意设计日”起，深圳市民可随时随地参与深圳非物质文化遗产展示、民间艺术工作坊，T街创意市集等活动，与全球创意人士共享“创意盛宴”。

深圳各区也纷纷立足区内创意产业发展特色，组织主办了20多项活动。“设计改变世界——国际知名设计师中国行”系列活动、“深圳风采”全国涂鸦大赛、第三届深圳·宝安国际创意文化节、中国（中国）大芬首届国际油画节等活动逐一开场，与市委宣传部、市文体旅游局等单位主办的面向国内外的活动互为补充、进一步满足了普通百姓的创意要求。

五、扩大对外交流，推广多元文化

2010年深圳积极与联合国教科文组织和创意城市网络成员城市展开友好交流，出席网络内的各项重大活动，并通过组织高质量的国际活动、邀请联合国教科文组织和创意城市网络成员城市访问深圳等方式，提升深圳“设计之都”的知名度及国际影响力。2010年深圳举办或参与的主要对外交流活动有：主办创意城市网络2010年深圳国际大会、邀请柏林国际设计中心代表访问深圳创意文化中心、出席世界设计城

市峰会等。

（一）联合国教科文组织创意城市网络 2010 年深圳国际大会

2010 年 12 月 7 日联合国教科文组织创意城市网络 2010 年深圳国际大会隆重开幕，这一大会是首次在发展中国家举办，也是首次在亚洲举办。来自全球 17 个国家 23 个城市的网络代表、全球创意领域的学者专家和知名人士近 500 人参加了为期 4 天的大会。与会者以“新科技，新媒体——创意城市合作”为主题，围绕设计、文学、音乐、电影、美食、民间艺术和媒体艺术等 7 个创意产业门类展开了积极探索。

此次大会也是深圳成为“设计之都”两年来，交给联合国教科文组织的一份答卷。代表们联合发表了大会公报，对深圳创意产业发展模式给予了肯定，总结了大会在新媒体技术和创意产业发展方面所取得成果。联合国教科文组织大会主席戴维森·赫本在接受采访时如此评价：“大会有利于世界各地的人更好地了解深圳在文化创意所取得的成绩，有利于把深圳乃至中国在这方面的特色传播给世界其他国家与地区。尤为重要的是，大会给创意城市网络提供了新的可能性和发展方向。”

（二）柏林国际设计中心代表访问深圳创意文化中心

2010 年 6 月，德国柏林国际设计中心（IDZ）和德国 11 家顶级创意企业代表等 50 人的经济代表团访问深圳设计之都创意产业园，与设计之都创意产业园就多方面的合作进行洽谈，代表团除了参观园区外，还与深圳的创意企业进行全方位的接触和深入的合作，寻求商业机会。

柏林作为世界联合国教科文组织较早授予的世界“设计之都”，其文化创意产业实力强劲，发展迅速，在世界设计版图中占有非常重要的地位。此次的访问将开启深圳、柏林两个“设计之都”的高端对话，展开深圳、柏林文化创意产业的深入合作，并促使深圳和德国的创意设计企业在相互交流的基础上寻求合作、互利共赢。此次的访问，极大地提升了深圳“设计之都”的国际影响力，扩大了深圳设计企业的国际化视野，成为“文博会”之后文化创意领域的又一重大盛事，并产生深远影响。

柏林作为世界联合国教科文组织较早授予的世界“设计之都”，其文化创意产业实力强劲，发展迅速，在世界设计版图中占有非常重要的地位。

（三）出席世界设计城市峰会

世界设计城市峰会 (Worlddesigncities Summit) 于 2010 年 2 月 23 日在首尔凯悦酒店开幕，本届峰会以“21 世纪城市的竞争力——设计”为主题，共有来自都灵、赫尔辛基、北京、深圳等 17 个国家 31 座城市的 131 名市长、代表参加了本次峰会。

深圳在本次峰会上向与会各国代表推介“设计之都”的建设经验，向全球创意城市推介深圳“设计之都”品牌，共同探讨如何通过创意设计产业的发展，提升市民生活品质，提高城市竞争力和可持续发展能力。在深圳“设计之都”的主题演讲中，深圳市市长许勤借用两千多年前中国《孙子兵法》“道、天、地、将、法”的思想，从五个方面介绍了深圳的发展和“设计之都”建设的经验。

六、保护知识产权，营造公平环境

知识产权保护是创意设计产业发展的关键，创意设计的产权保护相对要难于技术创新的专利保护，因此也成为创意设计产业发展的瓶颈。为了解决这个瓶颈，2010年深圳市成立了创意设计知识产权促进会，并且开通运行了以保护知识产权为核心的优务网，他们均为保护知识产权提供了有效的途径，给创意设计产业营造了公平健康的环境。具体如下：

（一）成立深圳市创意设计知识产权促进会

2010年1月15日，深圳市成立首个国内创意设计知识产权协会组织——深圳市创意设计知识产权促进会，该协会是按照《国家知识产权战略纲要》和《中共深圳市委深圳市人民政府关于促进创意设计业发展的若干意见》的要求，由深圳市创意设计行业中有较大影响力的几家企业联合发起成立的社会团体组织。

协会致力于创意设计领域的知识产权保护，推进创意成果的知识产权转化应用。同时，该协会在政府知识产权部门的支持下，积极建设创意成果的知识产权保护及交易平台，其开发运行的数字设计作品备案中心是深圳市政府市场监督部门“深圳数字作品版权管理系统”中首个开通的子系统。这套系统在版权备案中引入了独创的时间戳技术，可以对任何存储格式的电子作品在某时刻的真实存在状态，作出权威可信的证明，为版权管理部门进行作品登记或备案时提供真实有效的证明文件。

（二）以保护知识产权为核心的优务网开通运行

2010年“文博会”期间，目前国内最先进的创意设计产业公共服务平台、国际领先的智慧服务电了商务系统——优务网/U5正式开通运行。优务网/U5是由深圳市创意设计知识产权促进会、中国设计之窗、数字设计作品备案中心共同研发建设的。它以保护知识产权为核心，通过身份验证、资质认证、价格指数、合同备案、第三方账户监管、递进式验收等多个国内独创的功能系统，解决目前创意设计行业交易中的诚信问题，并且改善目前在创意设计服务交易过程中服务价格与服务质量偏离、验收标准不公平而导致的创意成本无法控制的现状，给创意设计产业建设一个公平健康的环境，为全社会提供高质优价的设计服务。

优务网/U5充分利用了网络不受空间和场所限制的优势，让所有的创意设计企业、设计师都可以“搬”到网上来，扩大业务区域范围和行业影响力，解决了创意产业园区因土地、空间、场所等自然资源的影响和限制而导致规模和入驻企业有限的短柄。此外，优务网/U5的网上工作室及推广系统能够以最少的建设和推广成本为广大从业人员和企业带来巨大的订单，并最终产生巨大的经济效应。在网上工作室及推广系统里，用户不仅可以享受到跟实际商业运作一样的工作室，还能得到系统平台网络服务的支持，使得用户在工作室成立之时就具备了诚信服务、资质认证、客户渠道和交易平台等诸多可利用的资源和条件。

总而言之，2010年深圳“设计之都”在组织建设、产业发展、平台完善、活动交流等方面已取得阶段性成果，提高了城市的整体竞争力和国际影响力。同时我们也看到“设计之都”的发展涉及社会、经济、文化等各个领域，是一个城市全方位的创新与实践。为此，在“设计之都”的建设过程中，深圳将着眼未来，借鉴香港创意设计业经验，注重创意与科技、商业模式的交融整合，与社会资本、先进生产力结合，与城市文化品牌塑造相辉映，让深圳从名副其实的“设计之都”进一步跃升为具全球影响力的“智慧之城”“创意之都”。

深圳市文化产业公共服务平台建设调研报告

一般来说，产业公共服务是指为产业发展提供共享的服务体系和保障体系，解决产业发展中的公共事务，为产业内所有企业提供服务。“平台”一词最本质的属性是共享性，其含义包括：具有基础性的支撑体系、硬件和软件的有机集成、具有公共和共用的服务性质。因此，文化产业公共服务平台可以定义为：以为文化产业内的企业提供公共服务为宗旨，以资源共享和产业服务为核心，聚集和整合政府、企业、科研院所及高校等各方资源，形成物质与非物质的服务平台，通过建立共享机制和运营管理组织，为文化产业发展提供公共便利、创造开放、共享的服务网络和体系。文化产业公共服务平台就是通过资源共享和开放，扩大服务的领域、提高服务的层次、增加服务的收益，从而推动整个产业健康、快速地发展。具体服务内容主要包括为企业提供信息服务、技术服务和专家咨询服务，并组织人才培训和学术交流，开发相关专业技术增值服务等等。

一、文化产业公共服务平台的主要特点

文化产业公共服务平台具有公共性、服务性、开放性、多样性等特点。首先，公共性也称为公益性，这是公共服务的灵魂，主要体现为信息、技术和基础设施等方面的资源整合与共享；其次，服务性是指通过服务满足的是企业及其组织的共同的基本需求，比如面向中小文化企业的技术、信息、培训、融资、市场开拓等服务活动；第三，平台具有开放性的特点，平台既对服务的提供者开放，也对服务的使用者开放，可以实现更大范围和更多参与者的资源共享；第四，多样性特点即实现形式与手段是多样的，其所依托的组织机构也是多种形式的，政府可以自办，也可以通过特许经营、合同承包、无偿资助、优惠贷款、共同投资等方式引入民间组织，使其具有一定的公共性，成为贯彻政府意志、提供公共服务的组织工具。

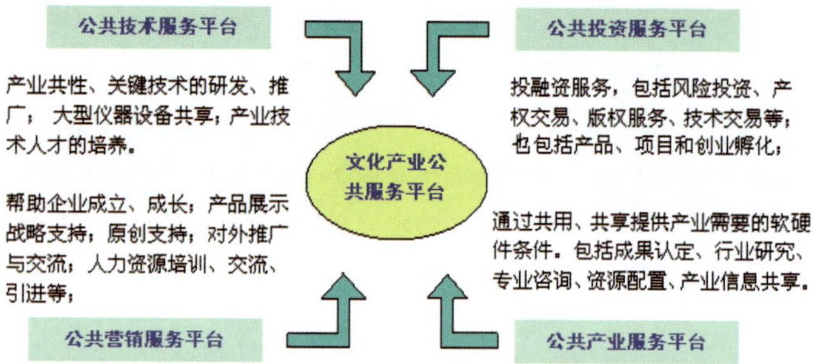

二、文化产业公共服务平台的主要形态

尽管在实现公共服务的整个过程中，政府必须承担最终责任，但却并不一定须由政府直接提供，政府介入更多为规划者、引导者、组织者和管理者的角色，来保障公共服务的提供和绩效。目前国内外提供公共服务的方式，根据情况可以具体分为以下四种：

尽管在实现公共服务的整个过程中，政府必须承担最终责任，但却并不一定须由政府直接提供，政府介入更多为规划者、引导者、组织者和管理者的角色，来保障公共服务的提供和绩效。

——公办公用型是指由政府财政投资，政府部门管理运营的公共服务平台。以深圳广播电影电视集团播放平台等为代表；

——公办民营型是指由政府提供部分财政支持或补贴，由园区、基地或企业进行运营管理，为文化产业提供公共服务。以“文博会”等平台为代表，政府只是为平台市场化运作提供必要的政策扶持和部分财政支持；

——民办公助型是指平台由社会力量建设，政府对平台提供支持，该类平台以相关行业协会为主，平台由协会建设、运营，但政府提供部分财政支持，因此能很好地保障平台服务的公益性、社会性效益；

——民办公用型是指平台由园区、基地或企业自主建设，自主运营管理，但同时承担部分公共服务的功能。

三、文化产业公共服务平台的产业影响

对比国内外文化和其他产业公共服务平台建设的成果，文化产业公共服务平台对于新兴市场国家和地区的作用是非常显著的。结合深圳产业发展现状，文化产业公共服务建设对于深圳文化产业发展的推动作用和影响表现在：

一是可以提升中小企业竞争力。依托文化产业公共服务平台资源，可以有效降低中小企业生产、创新成本，引导推动企业自主创新，提高核心竞争力，解决中小企业发展过程中普遍存在的规模偏小、技术力量薄弱、融资难等问题，克服企业单打独斗的弊端，推动产业快速发展。

二是可以提高公共资源利用率。平台通过汇聚各方公共资源，形成资源共享、优势互补的公共服务能力。可以减少资源浪费，提高资源利用水平，为推动文化产业提供完善可持续的服务和无限的潜力。

三是可以加强产业链接紧密度。平台通过汇聚各产业环节的公共资源，形成覆盖文化产业的公共技术服务体系和网络，实现产业横向和纵向的资源共享与优势互补，使产业链之间的联系更加紧密。

四是可以加快文化产业升级。平台通过技术转让、投融资、知识产权保护、国际交流等提供专业的公共服务，最终实现国际化、专业化的服务体系，对于深圳市完成产业升级具有重大的现实意义。

平台通过技术转让、投融资、知识产权保护、国际交流等提供专业的公共服务，最终实现国际化、专业化的服务体系，对于深圳市完成产业升级具有重大的现实意义。

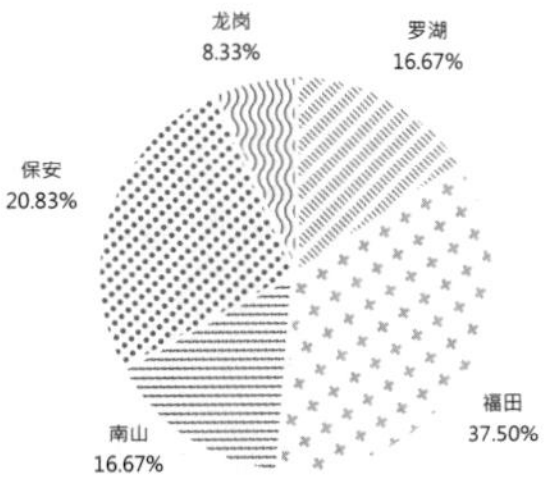

图一：各区文化产业公共服务平台分布

为了促进文化产业的快速发展，本着科学、高效、合理、有序的建设思路，通过整合分散资源、有效配置服务、加快载体建设、引入多元模式，又快又好地发展建设文化产业公共服务平台，尽早发挥平台效用，为此，在“市文产办”组织下开展了本次调研工作，下面是调研报告。

一、深圳市文化产业公共服务平台建设现状

深圳市近年来社会各方在建设文化产业公共服务平台、导入和集约公共服务资源、推进文化产业发展方面开展了大量工作，已在多个领域建设形成了较好的公共服务平台，截至 2008 年 8 月，深圳市共有各类文化产业公共服务平台 41 个，其中建成平台共 27 个，在建和拟建平台 14 个。其中已建成平台目前主要为深圳市中小文化企业提供资金、技术、人才、信息等产业化公共服务。

（一）平台建设特点

1. 平台分布以福田区较多

在 27 个已建平台中，除 3 个公用型服务平台外，其中罗湖区 4 个（16.67%）、福田区 9 个（37.50%）、南山区 4 个（16.67%）、宝安区 5 个（20.83%）龙岗区 2 个（8.33%）（如图一）。

具体各区公共平台服务领域具体见表一：

区域	平台服务领域	平台数量（个）
罗湖	动漫游戏	2
	高端工艺美术	1
	数字视听	1
福田	高端工艺美术	4
	创意设计	3
	新媒体	1
	数字视听	1
南山	创意设计	2
	动漫游戏	1
	文化旅游	1
宝安	创意设计	2
	高端工艺美术	3
龙岗	高端工艺美术	2
合计		24

表一 各区文化产业领域公共平台建设情况

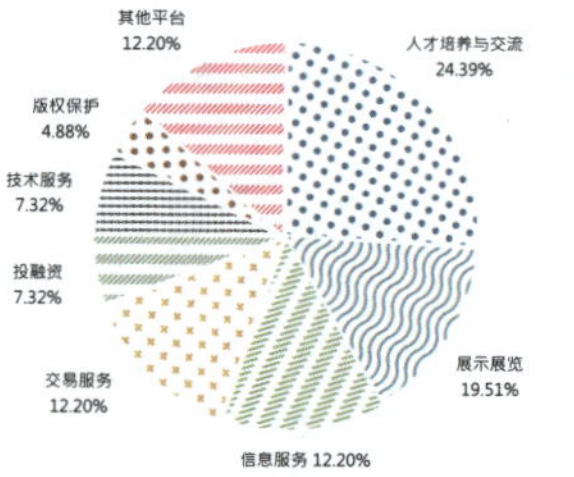

图二：文化产业公共服务平台类型分布

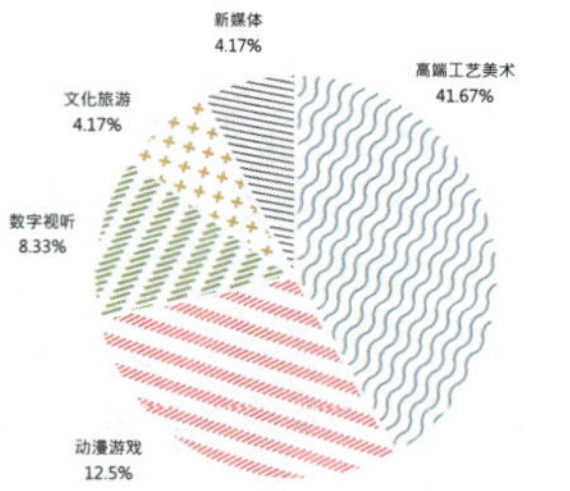

图三：不同文化产业领域公共服务平台分布

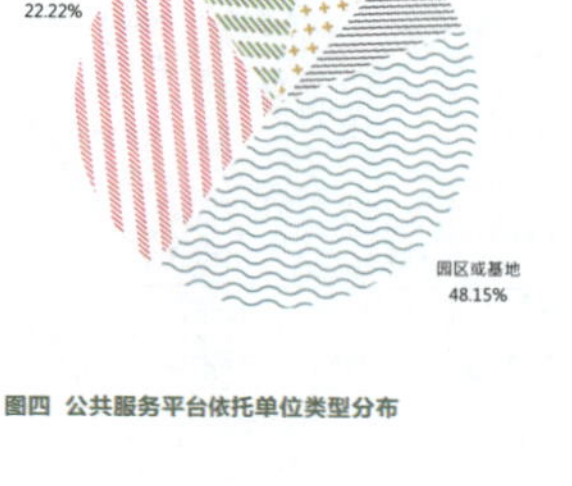

图四 公共服务平台依托单位类型分布

2. 平台类型以人才培养与交流类居多

在平台服务类型方面，根据目前已建公共平台总体上可以归纳为以下几种类型：人才培养与交流平台（10个）、展示展览平台（8个）、信息服务平台（5个）、交易服务平台（5个）、投融资平台（3个）、技术服务平台（3个）、版权保护平台（2个）、传播平台等其他服务平台（5个）等（见图二）。

3. 高端工艺美术类平台居专业领域首位

从已建平台服务领域来看，其中，服务于各类文化产业领域的共用平台共3个，即“文博会”、中国文化产业网交易中心与深圳版权协会知识产权保护平台，前二个公共平台主要为本市文化产业各领域提供展示交流与交易平台，后者为文化产业和科技创新各领域提供版权保护服务；服务于具体文化产业各领域的公共平台共24个，其中，高端工艺美术类相关平台建设较多，共10个（41.67%），其次为创意设计类平台7个，占比为29.17%，动漫游戏3个（12.50%）、数字视听类平台2个，占比8.33%、另外，文化旅游类平台与新媒体类平台各1个，分别占比4.17%（见图三）。

具体各文化产业领域平台服务内容（见表二）：

文化产业领域	平台服务类型	数量（个）
创意设计	展示展览	3
	信息服务	1
	投融资	1
	人才培养与交流	2
动漫游戏	技术服务	1
	人才培养与交流	2
数字视听	传播平台	1
	版权保护	1
新媒体	产业研究	1
文化旅游	人才培养与交流	1
高端工艺美术	交易服务	1
	人才培养与交流	2
	信息服务	3
	展示展览	3
	生活服务	1
合计		24

表二 公共产业各领域公共平台建设情况

4. 园区或基地是主要依托单位类型

从目前深圳市文化产业公共服务平台的依托单位来看，主要包括事业单位、园区或基地（管理机构）、企业、行业协会、科研院所几种类型，即平台主要依托以上几类单位进行建设。其中，园区或基地是平台主要依托单位类型。

在已建的 27 个平台中，依托园区或基地（管理机构）建设的平台占 48.15%（13 个），依托企业建立的平台占 22.22%（6 个），科研院所、行业协会和事业单位的平台分别占 14.81%（4 个）、11.11%（3 个）、3.70%（1 个）（见图四）。

不同类型依托单位平台的典型代表中，深圳广播电影电视集团播放平台是“事业单位”类型的代表，该类平台由政府相关部门进行具体运营管理；怡景动漫基地公共技术服务平台是“园区或基地”类型的代表，该平台依托基地建设，由基地进行运营管理；以雅昌艺术网为代表的平台是“企业”类型的代表；以工艺美术协会《深圳工艺美术》为代表的平台是“行业协会”类型的代表，该类平台依托行业组织——协会建立；“科研院所”类型的典型代表包括暨南大学深圳旅游学院人才培训平台、深圳高职院动漫人才培训平台，该类平台利用科研院所强大的师资力量与完善的教育培训体系建立。

5. 平台运营模式以民办公用型为主

目前，文化产业公共服务平台运营模式多样，主要可以归纳以下几种：公办公用型、公办民营型、民办公助型、民办公用型。民办公用型为平台运营主要模式。

目前，文化产业公共服务平台运营模式多样，主要可以归纳以下几种：公办公用型、公办民营型、民办公助型、民办公用型。民办公用型为平台运营主要模式。

民办公用型平台占五成以上，共 14 个（51.85%），其次为民办公助型，占比为 18.52%（8 个）、再次为公办民营型与公办公用型，

平台名称	平台依托单位	平台类型	备注
“文博会”	“文博会”公司	展示展览	包括交易
中国文化产业网交易中心	深圳报业集团及“文博会”公司	交易服务	
版权知识保护平台（TSA）	深圳版权协会	版权保护	

表三 各领域共用型平台建设情况

产业领域	平台名称	平台依托单位	平台类型
创意设计	中国当代艺术网	22 艺术区	信息服务
	田面设计之都展示平台	田面设计之都创意产业园	展示展览
	F518 展示展览平台（多功能厅）	F518 时尚创意园	展示展览
	华侨城 LOFT 展示平台	华侨城创意文化园	展示展览
	融资平台	田面设计之都创意产业园	投融资
	人才培训平台	深圳广告协会	人才培养与交流
	3 号驿站	深圳大学	人才培养与交流
动漫游戏	公共技术服务平台	怡景动漫基地	技术服务
	人才培训交流平台	怡景动漫基地	人才培养与交流
	动漫学院	深圳职业技术学院	人才培养与交流
高端工艺美术	大芬油画网	大芬油画村	交易服务
	深圳工艺美术（期刊）	深圳工艺美术协会	信息服务
	雅昌艺术网	雅昌企业有限公司	信息服务
	观澜版画展示平台	观澜版画基地	展示展览
	中国摄影博物馆展示平台	中国摄影中心南方发展基地	展示展览
	展示展览平台	雅昌艺术馆	展示展览
	培训中心	水贝珠宝	人才培养与交流
	茶艺师培训中心	中国茶宫	人才培养与交流
	大芬油画村画家村	大芬油画村	生活服务平台
	艺术精典（杂志）	22 艺术区	信息服务
数字视听	精英在线音乐作品预警保护中心	深圳市精英版权代理中心有限公司	版权保护
	广电集团播放平台	广电集团	传播平台
文化旅游	暨南大学深圳旅游学院	暨南大学深圳旅游学院	人才培养与交流
新媒体	研究平台	深圳华语传媒产业研究会	研究

表四 各专业领域已建平台具体情况

分别有 4 个平台，占比为 14.81%（见图五）。

其中，公办公用型以深圳广播电影电视集团播放平台等为代表；公办民营型以“文博会”等平台为代表，政府只是为平台市场化运作提供必要的政策扶持和部分财政支持；民办公助型以相关行业协会为主，平台由协会建设、运营，但政府提供部分财政支持；民办公用型以深圳茶宫的茶艺师培训中心等平台为代表。

6. 平台服务方式多样

深圳市文化产业公共服务平台服务方式灵活多样，各具特色，通过调研，我们大致总结出以下几种平台服务方式，即公益型、成本运营型、市场收费型。上述三种服务方式并非完全独立存在于某一个平台，一个平台可能兼有几种服务方式的特点。其中：

大芬油画网公共平台是公益型服务方式的代表。该平台采取免费的方式提供非盈利性交易信息服务。采取非盈利性公益型服务、提供基础性、公用性、社会性服务的公共平台还包括精英在线音乐作品预警保护中心（部分服务）、中国当代艺术网等平台。

相关行业协会建立的平台是成本运营型服务方式的代表，平台提

深圳市文化产业公共服务平台服务方式灵活多样，各具特色，通过调研，我们大致总结出以下几种平台服务方式，即公益型、成本运营型、市场收费型。

产业领域	平台名称	平台依托单位	平台类型
动漫游戏	技术服务平台	南山数字文化产业基地	技术服务
	产业投融资平台	深圳动漫城	投融资
	动漫人才培训平台	深圳动漫城	人才培养与交流
	产业技术发展平台	深圳动漫城	技术服务
	产业信息咨询平台	深圳动漫城	信息服务
	产业交流交易平台	深圳动漫城	交易服务
	情景体验平台	深圳动漫城	展示展览
	产业市场推广平台	深圳动漫城	交易服务
	产品交易播出平台	怡景动漫基地	交易服务
	制作平台	怡景动漫基地	制作平台
	创意策划平台	怡景动漫基地	创意策划
高端工艺美术	中国艺术生态银行	22 艺术区	投融资
	设计师交流平台	水贝国际珠宝交易中心	人才培养与交流
	工艺美术培训学院	工艺美术协会	人才培养与交流

表五 各专业领域在建或拟建平台具体情况

供服务时仅向企业或个人收取一定的成本费，以维持平台持续运营。另外，部分园区或基地相关平台如怡景动漫公共技术服务平台、华侨城 LOFT 展示平台、F518 时尚创意园展示展览等平台也多采取此服务方式，从而为园区或基地入驻企业等提供较为质优价廉的服务。

水贝珠宝交易中心培训平台是以市场收费型服务方式的代表，平台提供服务时按市场价格进行收费，提供市场化服务。其他提供市场收费型服务方式的平台还包括中国茶宫茶艺师培训中心等平台。

（二）公共服务平台建设具体情况

1. 共用型公共服务平台建设

深圳市共用型公共服务平台共 3 个，均为已建平台，包括作为我国第一个由文化部、广播电影电视总局、新闻出版总署共同参与主办的国家级、综合性文化产业博览会——“文博会”以及中国文化产业网交易中心，由非盈利性社会团体，深圳市版权协会搭建的 TSA 知识产权保护平台（见表三）。

深圳市文化产业各类公共服务平台建设正在不断完善，取得了较好的成效，“文博会”等部分平台已经开始发挥其效用。

2. 各专业领域已建公共服务平台具体情况

目前文化产业各专业领域已建平台具体如下（见表四）：

3. 各专业领域在建或拟建公共服务平台具体情况

部分公共服务平台建设正在筹划或设计当中，主要集中在动漫游戏领域与高端工艺美术领域，如 22 艺术区的中国艺术银行正在建设当中（见下页表五）。

二、深圳市文化产业公共服务平台建设存在的问题与需求

近年来，深圳市文化产业各类公共服务平台建设正在不断完善，取得了较好的成效，“文博会”等部分平台已经开始发挥其效用。不容忽视的是目前平台建设也还存在“政府支持不足、建设不健全、共享程度不高、评估体系缺乏”等问题；同时从产业发展的需求角度来看，文化产业公共服务平台需要形成循环互动的产业链共赢模式，构建具有完整和强大发展功能的文化产业链条支持平台。具体问题和需求如下：

（一）平台建设存在的主要问题

1. 政府支持有待加强

一是有关政策还需完善。目前专门针对公共平台的相关扶持政策、平台建设管理办法、平台专项资金管理办法尚待落实；不同运营模式和类型的平台建设分类指导政策亟须出台；与其他制度的衔接和协调有待梳理。

二是引导方向比较模糊。没有形成平台建设的统一认识，规划重点的方向缺乏指导；产业内的政府、协会、企业、科研院所等各方对文化产业公共服务平台重视程度差异较大；存在重物质资源、资产购置，忽视评估、运营管理与社会效益的现象；其他政府职能部门与平台建设主管部门的协调性有待加强。

三是资金投入相对不足。文化产业公共服务平台具有社会公益性和公共产品的性质，建设初期投入大、周期长、见效慢、收益低，政府是其建设的主要资助者与引导者，目前还存在建设投入力度有所欠缺；配套资金投入相对分散；资金到位周期太长等问题。

2. 平台配套尚不完善

一是整体统筹规划尚显滞后。缺乏文化产业公共服务平台深圳市层面的总体和长期规划，建设目标不明确，缺乏运作保障机制，政府管理指导机构的权威性不强等。如动漫行业技术平台投资大、设备多、周期长，目前多方筹划建设，缺乏统一规划。

二是配套服务支持力度有限。平台组织管理体系不健全，缺乏对各类平台统一规范管理；平台开发基础薄弱，缺乏与平台建设相适应的专业化人才队伍和研究服务机构；平台管理能力欠缺，缺乏优秀的平台管理人才、监督评估人才等。

3. 平台共享程度不高

一是平台资源集约程度低。平台建设要破除文化产业资源拥有者、经营者、使用者之间的种种壁垒，基本实现资源共享，降低企业的经营成本。但是目前深圳市一些文化产业公共服务平台自建较多、功能重叠，如仅艺术品网站就多达 4 个；各平台资源分属于不同的利益主体，缺乏对资源共享的约束和激励机制，各自为政、相互竞争，资源共享程度不高。

二是平台资源利用率不高。公共平台资源共享宣传、示范和推广不足，中小型文化企业利用平台的意识薄弱，中小文化企业抽样调查显示，31.7% 的企业不清楚相关的公共服务平台情况，文化企业参与相关协会提供的免费版权培训也不积极；对中小企业的服务渠道没有完全建立，行业协会的影响力较弱，45.54% 的企业没听说过本行业协会组织；企业缺乏使用平台的主动性，文化产业企业利用各类版权登记服务的比重较低。

4. 评估体系亟待建立

一是缺乏科学合理的评估标准。公共平台科学客观的评估与评价，不仅关系到平台的运行效率与共享程度，更重要的是能找出平台运行的不足与问题，及时推进平台建设的完善，但由于目前对公共服务平台运营效果重视程度不够，造成评估的方法单一、缺乏客

公共平台科学客观的评估与评价，不仅关系到平台的运行效率与共享程度，更重要的是能找出平台运行的不足与问题，及时推进平台建设的完善，但由于目前对公共服务平台运营效果重视程度不够，造成评估的方法单一、缺乏客观定量评估、评估标准科学性有待加强等问题的存在。

观定量评估、评估标准科学性有待加强等问题的存在。

二是缺乏行之有效的激励机制。公共平台的基本特点是公益性、共享性，但从平台目前总体运营来看，由于缺乏有效的激励机制，各运营单位还没有形成有效的经营管理机制，缺乏市场意识、竞争机制，影响平台对外开放共享的积极性和主动性，导致其服务意识落后。

（二）平台建设需求

从企业发展的共性需求和产业发展的一般规律看，平台建设需要对产业链进行有机的整合，构建功能完整和能力强大的文化产业链条支持平台。从这个角度看，平台建设共性需求包括以下几个方面：

1. 原创支持平台

原创力是文化产业的灵魂。文化产业的发展，如果没有大量优秀的原创作品作支撑，没有大量具有创新精神的优秀人才积极主动地进行文化创造，就等于没有灵魂。因此，深圳文化产业原创支持平台亟待建立，主要表现在以下两个方面：

一是对原创产品知识产权保护平台的需求。目前相关知识产权政策和法律保障体系不完善，原创支持体系不健全，知识产权的保护力度不足。如在原创音乐行业，唱片公司每年能从互联网拿到的版权费用只占发行量 2% 左右，每年盗版损失超过 100 亿元，仅傲旗音乐的《不必再怀念我》在 Google 搜索中有超过 20 万条下载信息。所以尽快建立知识产权评估机构，促进自主创新知识产权在文化产业中的实施和运用，成立快速、便捷的侵权应对体系，从而建立起文化产业知识产权保护体系。

二是对原创文化产品扶持激励机制平台的需求。尽管深圳市创意设计领域、动漫游戏等领域原创生产很活跃，但原创激励机制缺乏，各行业克隆、模仿、复制、抄袭的现象还大量存在，高质量的原创精品明显不足。以动漫游戏行业为例，虽然深圳已经具备生产国际一流动漫产品的技术和工艺，但往往由于缺乏原创产品，难以摆脱为其他动漫强国进行加工生产的地位，曾获得上亿美元票房的美国动画大片《功夫熊猫》中有 25% 的前期制作在深圳完成，但就收益而言，深圳企业获益微乎其微，处于价值链的最低端。因此，搭建原创产品扶持激励机制平台至关重要，以重塑原创氛围、营造尊重创新、支持创优、鼓励创造的舆论氛围。如通过建立原创基金、设立原创评奖机制等建立长效扶持机制，形成激励优秀原创精品的不竭动力。

2. 资金保证平台

文化产业投融资是推动产业发展的重要力量，急需搭建投融资平台，为产业发展提供强有力的资金保证。

一是对投融资担保平台的需求。由于多数中小文化企业发展的时期不长，尚未形成相对成熟的运营模式和持续盈利能力，而文化企业的主要资产形式是品牌和无形资产，该类资产的市场价值评估缺乏权威的标准和方法，难以得到银行认同，造成中小企业的融资困难。本次调查发现，63% 的中小文化企业的资金来源是自身内部积累，仅有 5.9% 的企业进行过投融资，充分反映出文化企业存在融资困难。因此，建立文化企业投融资担保平台符合企业发展需求。如行业协会等中介组织可以形成担保机构或协会内的大企业、关联企业进行联合担保，来承担市场投融资风险，从而与金融机构结合，获得广阔的投融资空间。

二是对多元的投融资平台的需求。深圳市文化产业资金来源有四个，主要为财政拨款、自主企业创收、社会资助和外资收入。其中，政府性投入仍占相当比重，而民营资本和国外资本投入较少，且较多集中在娱乐业、广告业等少数行业。从产业发展来看，作为具有高成长性高回报性投资特点的文化产业，必须形成多元化的投资主体，拓宽多种投融资渠道才是推动文化产业发展的根本动力。借鉴韩国政府以相关政策鼓励社会加大对文化产业投融资的成功经验，深圳市需要通过建立投融资政策扶持平台，如利用税收、信贷等优惠、奖励政策和措施，引导各类风险投资、私募基金、投资公司等社会资本进入文化产业，为解决文化产业投融资难开辟新的通道。

3. 技术支撑平台

文化产业中的动漫、数字娱乐、工艺美术和新媒体等领域对技术的依赖性较强，面对竞争激烈的国内外文化市场的竞争，技术环境成为许多文化企业发展的瓶颈。这方面的需求主要集中在：

一是对公共技术研发平台的需求。深圳文化产业中的动漫、网络游戏、多媒体、影视制作等领域关键技术大多为国外所掌握，企业缺乏自主核心技术，企业产品附加值低、投资成本高，无法形成核心竞争力。因此需要及时搭建以提供重点行业研究开发前沿性技术、重大共性和关键技术为主的文化产业公共技术服务平台，加强产业基础技术研发能力，在具有重大带动作用的产业核心技术和关键技术方面实现重点突破，立足高端，引领产业持续发展。

二是对公共技术应用平台的需求。在应用层面，目前制作、渲染、捕捉、音效等十多个动漫、网游制作流程，基本上被国外软硬件所垄断，对企业自建的资金、硬件、人员都有很高的要求，所以公共技术的应用平台可以极大地减少中小企业负担，加快项目开发流程，激活中小企业的活力。

三是对专用技术服务平台的需求。如摄影美术、印刷、高端工艺美术领域等，都需要一些特定的专业技术，现在有一些企业和个人自主开发的一些新技术，但是普及性较差，使用范围狭窄，特别是一些中小企业与个人工作室往往无力承担创新研发的重任，例如高端工艺美术对新材料和新工艺的探索还只停留在个人层面，亟须相关研发机构为他们提供技术咨询与服务。政府需要在这一方面给予企业指导以及相应的技术支持，成立专业技术支持平台。

产业必须以市场需求为导向，文化产品营销交易是文化产业链中最重要环节，只有通过市场交易的渠道才能实现文化的经济价值。

4. 交易促进平台

产业必须以市场需求为导向，文化产品营销交易是文化产业链中最重要环节，只有通过市场交易的渠道才能实现文化的经济价值。企业对了解营销信息、提供展示交易服务的需求非常强烈。

一是对交易信息服务平台的需求。中小文化企业抽样调查显示，43.6% 的中小企业最需要了解和关心的信息是市场营销方面，但有 15.5% 的企业表示在了解相关交易信息方面存在困难，可见交易信息平台存在较大缺口。目前，急需为企业提供产业发展动态、产业政策、行业管理数据库信息，文化产业的发展，及时、专业、综合的公共交易信息平台问题日益凸显。亟须为他们提供标准、权威、全面的行业研究、产业调查、市场分析及调查统计信息服务。

二是对展示交易平台的需求。目前，借助“文博会”展示展览平台，深圳文化企业在交易量上获得巨大的突破。但由于传统会展本身存在时空地域局限，在为更多的文化企业提供沟通和交易合作的机会方面存在制约，“文博会”交易功能需进一步延伸，影响力需进一步强化。在以“文博会”为依托的前提下，可以借助网络等高科技，在“文博会”闭幕期间同样为企业搭建网上展示展览服务平台，充分利用平台的权威性、互动性，打破时空局限，不仅使客户建立一对一、一对多和多对多的垂直接触，还可长时间为双方建立交易洽谈桥梁，以提高贸易效率，增加交易机会。

5. 后续人才支持动力平台

文化产业发展需要加大人力资源开发力度，完善人才梯级层次，建立起有活力的优秀人才、特殊人才的使用与激励机制，使其最大限度地释放潜能，助推文化产业快速发展。

一是对高端人才引进交流平台的需求。中小企业在相当程度上存在人才缺口和需求，调查显示专业人才（49.5%）、销售人才（20.1%）、研发人才（18.8%）是较多企业目前最需求的三大人才类型，而33.2%的企业明确表示“人才来源渠道不畅通，符合企业需求的人才难找”。可见，高端创新人才和经营管理人才相当缺乏，但相关人才引进制度尚未完善，人才储备机制和激励机制尚未健全，未能形成有效的高端人才供应链。对高素质、复合型的高端产业人才的引进、保留需求迫在眉睫。需要通过对现有高端人才给予应有的待遇，对在文化建设中有发明专利、研究成果、投资项目等的领军人物，采取特殊的引进办法，从而做到用感情留人、用待遇留人、用事业留人，搭建高端人才引进交流平台。

二是基础人才培养培育平台需求。产业人才培养工作基础薄弱，培养体系不完善，轻视技能劳动和技能劳动者的传统观念仍然存在；对基础人才队伍建设不够重视，未能充分发挥引导作用，基础人才培养渠道单一化、低层次等问题存在。因此，需要建立基础人才培养培育平台，加强企业与院校合作，在深圳市高校和科研机构、职业学校等有选择地设立文化产业管理专业，以培养具备深厚的基础知识和较强动手能力的基础应用型人才。

三、深圳市文化产业公共服务平台建设规划

（一）建设原则

1. 政府扶持、多方共建

政府在文化产业公共服务平台建设中发挥重要的作用，通过政府扶持和推动、制定和设计有利于平台建设的政策与机制，营造良好的平台建设环境，弥补平台建设过程中可能出现的市场缺陷；同时，要充分调动深圳市各文化产业园区与基地、高等院校、科研院所、中介机构、行业协会、企业等各方面的积极性，参与公共平台资源整合与建设，逐步提高公共平台的社会化、网络化水平。

2. 需求主导、突出重点

文化企业发展需求是公共服务平台建设的动力，企业需求决定平台建设的方向和重点，要围绕市场驱动，从解决深圳市文化产业发展的迫切问题入手，避免大而全，坚持以重点文化行业平台建设为龙头，以相关行业平台建设为支撑，针对深圳市经济发展需求，有所为有所不为，在需求迫切、基础较好、受益面较广的重点领域，重点推进，突出专业化、精细化，使平台具有较强的针对性和有效性。

3. 优化整合、强调共享

依托已有的文化产业园区、基地等现有资源，充分发挥深圳高等院校及科研院所、行业协会以及相关企业的实力和优势，激活资源存量，建设增量，为促进资源集中和联合搭建一个舞台；打破条块分割、封闭的现状，畅通共享信息渠道，完善资源共享法律法规、建立共享运行机制，宣传公共平台共建共享理念，推动企业了解和充分利用共享平台，提高资源使用效率，实现资源社会共享。

4. 统筹规划、分步实施

深圳市文化产业公共服务平台建设需要总体部署，分步实施。要根据本市文化产业发展特点与趋势，加强统一规划力度，在总体规划指导下，有计划、有组织、有保障、分阶段、分步骤实施规划目标，对企业急需、条件成熟的先行一步进行试点，在不断完善中再分步推进，最终形成布局合理、特色鲜明的公共服务平台体系。

（二）建设目标

1. 短期目标

本阶段计划用1–2年时间，主要目标是规划筹建。全面启动平台建设各项基础工作，制定深圳市文化产业公共服务平台建设总体规划；重点建设文化产业核心层相关服务平台，建成四到五个重点亟须公用平台，建立示范和试点平台;初步建成技术支持、人才培训、信息服务、投融资、文化产业公共服务平台。构建文化产业迫切需求的共用平台体系，初步形成各专业平台之间的互联互通，创造公共资源公益、开放、共享的环境。

2. 中期目标

本阶段约用3–5年时间，主要目标是建设推进。在保持服务平台稳定发展的同时，使核心产业服务平台发展优势进一步凸显，连接各文化产业链；进一步完善平台组织管理体系，培养一批与平台建设和发展相适应的专业人才队伍和研究队伍；出台平台绩效评估标准，完善平台绩效评估体系；总结平台试点经验与不足，推广试点成功经验。

3. 长期目标

本阶段大概需要6–10年，主要目标是完善提高。健全各类公用平台与专业平台；大幅提高平台服务能力与水平；形成跨区域开放的品牌平台；基本建成布局合理、运转高效、功能完善的文化产业公共服务平台体系。

（三）急需建设的公用平台

任何一个产业的发展都需要一定的资源，文化产业的发展对资金、人才、信息有着共同的需求，从目前深圳市文化企业需求来看，急需建设能解决目前中小文化企业重点和共性需求的公用平台具体包括：

1. 建成开放和高水平的文化产业理论创新平台

文化产业理论创新平台将整合深圳市乃至全国文化产业相关研究资源，致力于成为全国文化产业研究平台，深化文化产业理论与政策研究。通过对深圳市文化产业发展历程与发展趋势的研究，并结合各文化产业领域的不同经验，找到深圳市文化产业发展的突破点。

平台通过对国内外文化产业的研究并结合深圳文化产业的特点，探索深圳文化产业发展的新模式，为深圳文化产业发展及文化产业企业发展提供理论指导与依据，建成文化产业领域产学研一体化的理论创新平台。

文化产业研究平台成立后，将积极开展文化产业的学科建设和产业研究，承接国家文化产业重要课题，开展文化产业学术交流。充分利用深圳现有文化产业方面优势，积极探索影视、动漫、传媒、网络信息等文化产业的理论研究和实践运作。一方面，积极服务各文化产业企业，为企业提供企业发展战略规划与企业文化建设咨询服务，另一方面，为政府相关部门提供区域文化产业发展战略规划与项目咨询工作。平台通过对国内外文化产业的研究并结合深圳文化产业的特点，探索深圳文化产业发展的新模式，为深圳文化产业发展及文化产业企业发展提供理论指导与依据，建成文化产业领域产学研一体化的理论创新平台。

该平台主要服务于深圳市所有文化产业并直接对政府相关部门负责，通过政府财政投资，政府部门管理的模式运营。

2. 形成推动原创力的长效机构搭建原创作品孵化平台

原创作品孵化平台以创意理念、原创作品为核心内容，聚集各类投资商、发行者、投资基金会共建原创作品孵化器，并由统一的渠道控制商实行统一管制，将原创作品引入市场，进而实现原创作品商品化的转化。

该平台通过对原创者工作空间与资金支持的提供来保证原创者的工作环境与生活来源，进而形成良好的创作环境。同时，通过定期开展作品选拔赛的活动选出优秀作品并为其寻找投资人进行风险投资、制作并发行以建立长效机制，实现平台的可持续发展。平台的建立不仅可以聚集各类原创作品，而且可以逐步形成以深圳为中心的全国性原创作品商务中心。

原创作品孵化平台以深圳市乃至全国的原创者为服务对象，通过政府部分财政补贴、吸引企业投资的运营模式以实现原创作品产业链的有效衔接。

3. 提升“文博会”服务功能创建公共咨讯平台

“文博会”公共咨讯服务平台将以“文博会”为中心，打造集文化产业政策公布，信息发布，产品展示，产品交易为一体的综合服务平台。运用现代信息技术，整合相关的信息与服务资源，从综合和全局的角度为广大中小企业搭建一条信息畅通的桥梁，帮助企业以最佳捷径最短时间找到自己所需要的信息。

该平台在继续加强“文博会”展示展览功能的基础上，提升文化产业公共咨讯服务水平，通过形成严格的平台权威窗口，并按照统一标准、统一版面、统一服务机制的要求对深圳市文化产业相关信息进行集中、审核、分类、汇总与筛选，严格把控进入公共咨讯平台的相关信息。通过对外公布政策咨讯（政策法规、行业管理规范等）、发布相关信息（新产品、新技术、产业动态及供求信息等）、产品展示与交易、专题信息检索与咨询以及其他配套服务（如提供企业标准、专利查询、各种认证信息、国内外标准动态信息、国内标准认证企业名录等）构建综合性文化产业公共咨讯平台，为中小企业提供专业咨讯服务，减少企业成本开支。

该平台以深圳市所有文化企业、所有具有该类信息需求的组织或个人为服务对象。在平台管理上，由中介服务机构（深圳市文产办协助监管）进行日常运营，政府对平台进行监督管理并定期进行科学合理的平台运营绩效评估，以监督、激励中介服务机构提供高效服务。在服务方式上采取免费服务与收费服务相结合的方式以保证平台长期运营。

4. 提供产权交易服务搭建投融资平台

文化产权交易服务平台以搭建文化产权交易市场和投融资平台为突破口，通过整合文化市场资源及提供以投融资为核心的综合服务，进而实现文化产业与资本市场的有机融合。该平台的建立将本着公开、高效的服务原则，在为文化产业科技项目与企业产权的转让、交易提供服务的同时能够为文化产业投融资提供场所、信息、挂牌、鉴证及拍卖服务；此外，该平台还能够为文化企业的并购重组提供市场平台和中介服务并能及时发布文化企业产权交易信息、受理各类产权交易委托；而其他方面，如投融资促进、登记托管、资金结算、相关培训及讲座的提供、登记过户等都能通过该平台一一实现。

文化产权交易服务平台以深圳市所有文化企业及其他相关企业或个人为服务对象，通过政府财政补贴、市场收费的运营模式获得一定合理利润，可依托深圳高新技术产权交易所进行运营，利用其已有的资源和成熟的运作方法避免重复建设、达到资源共享，从而能够保证平台持续健康发展，为企业提供更好服务。

5. 促进人才培养与交流打造人才聚集平台

人才聚集平台将专业机构与高等院校进行强强联合，通过推出高质量、专业性强的文化产业人才培养交流服务，加强对人才培养交流模式和产学研结合有效机制的创新，培养出具有文化产业理论与相关专业知识，能够在各类文化产业企业从事各类工作的高级专门人才，从而有效推动文化产业企业与高校人才培养的对接，形成产学研互补的产业发展环境，促进文化产业又好又快发展。

一方面，提供人才培训基地。平台以培养高端技术型人才（如各类管理型人才、艺术家、学者等）为核心，以培训低端技能型人才为辅，实行集中培训与在职学习实践相结合、课堂教学与应用研究相结合的方式，为中小企业提供系统性与实效性、个性与共性、专业化与素质化相结合的文化产业人才培养；另一方面，拓展国际人才交流渠道。平台通过积极开展国内外学术交流，充分利用国际资源，借助各类精品学术讲座、高端论坛等，培养和引进具有国际一流水准的拔尖文化人才，促进高端文化人才成长，创建海内外文化人才聚集高地。

文化人才聚集平台以深圳市所有文化企业及所有具有该类需求的组织或个人为服务对象，通过政府政策支持、财政补贴、市场收费的运营模式获得一定合理利润，并依托深圳大学、深圳高职院等院校进行运营，利用高等院校所聚集的丰富的科教资源，实现产学研的有效衔接，积极推动高校与企业间人才、信息、资源的开放互动，从而保证平台持续健康发展，为企业提供更好服务。

（四）急需建设的专业平台

1. 创意设计公共服务平台

创意设计公共服务平台通过聚集创意设计人才，形成设计师大联盟、建立创意设计工作室以及资格认定机构。在培养创意设计人才的同时为之提供行业政策、行业动态资讯发布、咨询培训、中介服务、资质认证等服务。通过创意设计公共服务平台可以为投融资双方搭建交流洽谈的桥梁，建立创意产业测评体系；同时可以促进创意产业知识产权保护、专利申请，维护企业或个人合法权益，并通过组织会员参与国内外有关项目招投标、会展、评奖等活动为会员提供与国内外同类社团组织交流与学习的机会，促进会员与国内外同行的合作，开拓国内外市场以支持深圳创意设计产业发展。

创意设计公共服务平台以相关文化企业或个人为服务对象，依托深圳市创意设计协会，采用政府、组织、团体或机构资助，社会捐赠及会费收取的运营模式为创意设计人才提供非盈利性服务。

2. 动漫产业公共技术服务平台

动漫产业公共技术服务平台主要是通过对动漫精品创作与生产的扶植，有效降低动漫产业领域的企业运营和创业成本，进而加快动漫内容生成新技术的应用，特别是加快对自主创新技术的示范和推广，并在短时间内发挥产业聚集效应。该平台主要为行业内企业和相关企业提供以下服务：一是提供硬件设备共享、软件共享等服务；二是提供动漫设计与制作、研究开发、正版运作、人才培训、专家知识支持类服务；三是提供产品测试、产品展示等相关服务。平台建立后，将具有动漫及电视制作、生产的技术支撑能力，是一个面向动漫企业，聚集开放性、技术专业性、服务综合性的公共技术服务平台。

演艺推广服务平台立足深圳，面向全国，辐射全球。通过整合深圳及国内外各种资源进行演艺推广，使得深圳成为中国的“维也纳”，全国的大秀场。

动漫产业公共技术服务平台以深圳动漫产业所有企业、其他相关企业或个人为服务对象，依托深圳怡景国家动漫画产业基地，采取低成本收费（一般公共服务）与市场收费（高价值增值服务）相结合的服务方式，实施政府提供扶持（政策与财政支持）、企业主导运营的模式开展相关服务。

3. 数字视听版权保护平台

数字视听平台以数字视听的版权保护为核心内容，主要是通过对原创者知识产权的保护以及利益的维护来规范行业行为。平台在市知识产权局的基础上，开发出数字视听相关版权保护预警信息发布、投诉受理、法律知识介绍、知识产权在线服务、专利检索、案例分析、专业培训等多项便民服务栏目，同时连接国家专利网、科技部 TBT 网，为企业提供多方面资讯和查询便利。此外，通过对数字视听领域相关新技术标准的制定、统一、规范与应用推动行业发展。

数字视听平台以相关行业企业或个人为服务对象，依托市知识产权局，通过政府支持、企业主导的市场化运作模式，实行市场收费与部分免费服务相结合的方式为数字行业提供多方位、多层次的服务。

4. 演艺推广服务平台

演艺推广服务平台立足深圳，面向全国，辐射全球。通过整合深圳及国内外各种资源进行演艺推广，使得深圳成为中国的“维也纳”，全国的大秀场。平台建设主要是利用现有的平台（如深圳保利剧院）进行优秀剧目、特色表演的推广，从而达到文化输出的目的。

并通过组建演艺团体，吸纳优秀演出人才，为各相关企业或个人提供演艺培训。同时，加强与国内外优秀演艺团体的交流，提供初具规模的演出场地，实施“引进来”战略，将其他城市的特色剧目引入到深圳。

演艺推广服务平台以相关行业企业或个人为服务对象，通过政府财政支持、社会团体建设运营，实行低成本收益运作的模式开展演艺活动服务，打造具有深圳特色的演艺服务平台。

5. 印刷技术创新平台

印刷技术创新平台以技术创新服务为核心，立足深圳、面向全国，对相关企业在整个价值链上提供全方位服务，包括产品研发、内部管理、信息收集、知识产权保护等，推广研发先进技术、有效保护先进技术的知识产权，通过对印刷业技术资源的掌握，避免重复投入。同时，提供相关人才的培训及资格的认证，构筑一个以国内外研究机构、大学等为支撑的合作服务体系，为深圳技术创新提供支撑力量，有效促进深圳市印刷行业的发展。

印刷技术创新平台以深圳市所有印刷企业或相关企业为服务对象，通过政府引导支持，社会投入、市场化和企业化运作的投资运营模式为深圳市印刷企业提供技术支持。

6. 文化旅游资源整合平台

文化旅游资源整合平台将旅游资源和旅游产品进行有效整合，实现旅游产品的配套成龙，避免重复开发和低水平建设，在原有的旅游资源上根据深圳历史沿存的城市文化开发新的旅游资源，大力发展会展游、休闲游和体育健身游等产品，通过增加旅游品种、创新旅游形式、扩大旅游范畴等方式，优化旅游产品结构，用差异性的产品吸引差异化的游客，同时，建立营销网络和客源市场，促进旅行社向规模化、专业化方向发展，从而优化旅游产业的发展环境。

文化旅游资源整合平台以深圳市所有相关企业为服务对象，通过政府支持、政府部门运营管理的模式运营。

7. 高端艺术营销平台

高端艺术营销平台通过引入高端艺术人才或资源，树立艺术品牌，加强对外交流与推广，创新理念，从而带动整个行业的发展。平台建立后通过对高端人才及其艺术品的推广形成品牌效应，并定期举办各类艺术活动及艺术品的收藏与发行，加强与国内外同行业进行交流与学习，及时获取相关行业的信息，推动高端艺术发展。

高端艺术营销平台以深圳市所有高端艺术企业为服务对象，通过企业自主建设、自主运营，政府提供相关支持的模式进行运营，促进文化产业的发展。

（五）保障机制

1. 构建组织框架，提供组织保障

一是成立平台专项领导小组。由市委主要领导和文产办等相关负责人组织成“平台建设领导小组”，作为平台建设工作的领导机构，决策、协调、指导文化产业公共服务平台的规划与推进工作。

二是设立平台管理办公室。在专项领导小组下设平台管理办公室，统一协调管理服务平台，负责平台项目立项、建设过程中的检查、监督和验收以及平台运行中的中期检查、制定公共服务平台绩效评估体系、组织考评和考核工作，推进平台发展的协调和指导。

三是平台具体依托单位。各公共服务平台依托单位、共建单位具体负责平台的实施和日常运行。

2. 完善法规体系，优化制度环境

一是建立健全平台规划和管理制度、规范平台建设。制定和完善平台建设总体战略规划、出台公共服务平台管理办法，以法律法规的形式保障对公共财政资源的有效管理，通过相关法规规范深圳市范围内与文化产业公共服务平台资源的投入、管理、调整和使用相关的行为，界定资源拥有者、资源使用者、与资源管理者之间的关系，明确当事双方的权利与义务，制定公共服务平台建立、运行和评估等相关规定，保证公共服务平台工作公开、公平、公正，做到平台运行规范、严谨、高效。

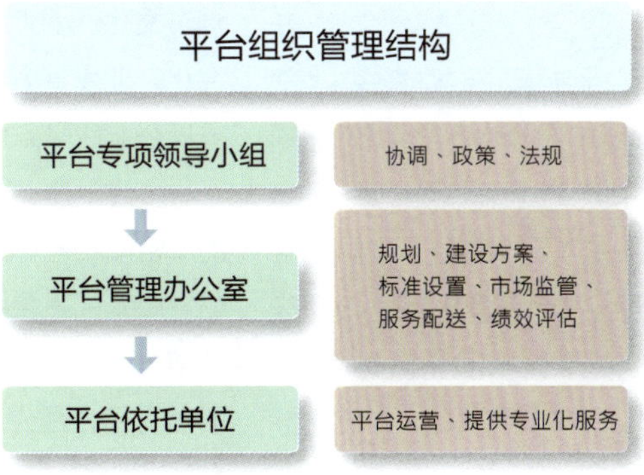

图七 公共服务平台组织管理结构

二是形成统一技术规范、制定标准体系。使用的标准与规范不同直接会影响到平台资源的共享与服务。如果没形成统一技术规范和标准体系，就很难实现各平台之间的对接与整合，在平台的建设过程中逐步完善相关技术标准和数据标准，并通过共享服务在相关领域和行业中应用和推广这些技术标准和数据标准。

三是完善法律制度、强化知识产权保护力度。法律法规是服务平台资源共享的基础和保障，特别是要出台相关版权保护法规，形成保护范围广、规定详细的文化产业知识产权保护系统，全面普及中小企业知识产权意识，提高企业运用知识产权制度的能力与水平，加大知识产权保护力度。

3. 建立长效机制，促进持续发展

一是统筹安排财政经费、建立专项基金。作为深圳市的第四支柱产业——文化产业正处于蓬勃发展势头，公共文化服务平台建设是有力推动深圳文化产业特别是中小文化企业发展的重要举措，是一项基础性、公益性的事业，因此，要按照“政府主导、社会参与”的原则，有计划、有步骤地适当加大文化产业公共服务平台建设财政支持力度，建立专项基金，逐步形成稳定的财政资金投入渠道。

二是整合社会力量积极参与、形成多方投入格局。在充分发挥财政投入的同时，借鉴其他城市和行业先进经验，建立和完善投融资激励机制，制定出台引导社会资金投资文化服务平台建设的政策措施，鼓励多方投资，运用市场力量吸引社会团体、企业、个人的资金投入，形成多渠道筹措经费的格局，形成政府与社会在文化产业公共服务平台资源供给中的良性互动。

三是鼓励平台市场化运作,形成造血功能。在有效依托政府资源、社会资金的同时，平台需要逐渐实现自我“造血”功能，在坚持平台公益服务为主的基础上，通过适当引入市场化运作的新机制，实行部分有偿服务，完善平台自我造血功能，增强平台可持续发展的能力，形成公益服务与市场化运作相结合的方式，为相关文化企业提供全方位、多层次、低成本的专业化服务。

4. 合理配置资源，避免重复建设

一是统筹规划平台建设、形成深圳市层面的整体规划。文化产业公共服务平台建设是一项复杂的系统工程，需要以科学发展观为统领，统筹规划，合理布局，避免盲目发展和资源浪费。要根据深圳市文化产业发展规划要求，结合本市文化产业发展实际，对符合文化产业发展方向的核心领域相关平台实行优先重点发展政策，形成以公益性服务平台为核心的平台发展体系和制度性安排，构建“核心平台为主体、相关平台为辅;公益性平台为主体、市场化平台为辅”的平台网络系统。

二是加速现有平台的对接和整合、形成资源共建共享。首先要争取各方参与，目前由政府、园区、基地或企业、行业协会等提供的已有平台是公共服务平台建设的重要基础和支撑，由于目前各平台涉及的领域、利益主体多、所采用的标准、方法、流程可能存在差异，因此，必须采取切实可行的措施如政府购买服务、财政补贴

政府投资建设的公共平台要重视服务效果和社会效益，需要建立公开招标制度择优选择运营机构、确立科学合理的绩效评估标准，从总体评价平台定位到具体评估平台管理制度、服务规则的制订与执行和社会服务效果等。

等方式协调好各利益主体之间的关系，加强平台各部门间的协作，实现现有资源的对接和整合。其次要实现各部门支持形式的多样化，由于现有平台建设各具特点、各有优势，可以采取灵活多样化的方式，对已有各平台的相关技术、资金、设备、场地等各方面进一步优化整合，避免重复建设，实现资源共享共建，最终打造精品服务平台。

5. 完善绩效评价，重视运营效果

一是健全绩效评估监督体系。政府投资建设的公共平台要重视服务效果和社会效益，需要建立公开招标制度择优选择运营机构、确立科学合理的绩效评估标准，从总体评价平台定位到具体评估平台管理制度、服务规则的制订与执行和社会服务效果等，形成具有可操作性的评估指标体系；完善资金管理制度，加强对资金的管理和评估，建立分析、预测、监督和评估制度，强调评估程序的制度化，确保平台的高效运行。

二是建立激励或淘汰机制。平台建设的长期发展要走“低投入、重应用、高效益”的发展之路，建立激励或淘汰机制，对政府投入或参与的公共平台，要结合平台管理机构考评、平台运营机构自评与政府委托第三方开展平台用户满意度评价方法，对平台运行效果进行全面评估，评估结果及时由领导小组审议后向社会公告，并对运行效果好的公共服务平台项目或承办单位加大支持力度，对未能按照计划实施建设和有效运行平台的单位进行督促，或从项目承担群体中淘汰。

E

主要产业园区（基地）

2011 SHENZHEN CULTURAL INDUSTRIES YEARBOOK

2011 SHENZHEN CULTURAL INDUSTRIES YEARBOOK

2011 SHENZHEN CULTURAL INDUSTRIES YEARBOOK

OCT当代艺术中心
OCT CONTEMPORARY ART TERMINAL

大芬油画村

【概况】大芬油画村画廊纵横，油画云集，流光溢彩，还有造型各异的现代雕塑，呈现出一派成熟艺术社区的风光。至2010年，这里汇聚了全国各地5000多名画家和画师，有800多家画廊及其配套用品门店，还形成了较具规模的产业链条。

2010年5月14日，中共中央政治局委员、中央书记处书记、中宣部部长刘云山到大芬油画村进行视察。

【发展历程】大芬油画村原是深圳市龙岗区布吉街道下辖的一个居民小组，原住居民300多人。1989年，香港画家入驻大芬村招募画工、学徒进行油画创作、临摹和批量销售，相继有越来越多的画家、画工进驻。从1998年开始，市委、市政府加大了宣传、支持力度，龙岗区、布吉街道开始不断加大投入，着力打造大芬村独特的文化产业品牌。2004年，大芬村成立大芬美术产业协会，相继设置了大芬村管理办公室，成立大芬油画村美术家协会，进一步推动了大芬村油画产业的提升和发展。

【大芬国际油画博览交易会】2010年12月5日，在深圳市委、市政府及龙岗区委、区政府的大力支持下，首届中国（深圳）大芬国际油画博览交易会暨2010大芬国际油画节在大芬村隆重开幕。举办了包括百幅世界名画临摹作品展、大芬油画创新创意大赛作品展、商品油画交易会、创意作品及原创油画拍卖会、百名原创画家作品展、中国商品油画产业峰会等12项主要活动，实现总成交金额6.55亿元，其中外销金额达3.8亿元。大芬油画村与中节能（深圳）投资集团、深圳市建筑装饰集团、中国新加坡商会、深圳市装饰行业协会、深圳市旅游广告公司签约金额超过4亿元。根据大芬美术产业协会统计，商品交易会上参展商户实现销售收入2.5亿元，其中合同成交金额1.3亿元，实际成交金额1.2亿元（其中大宗团购9000万元，零售3000万元）。

至2010年，这里汇聚了全国各地5000多名画家和画师，有800多家画廊及其配套用品门店，还形成了较具规模的产业链条。

大芬美术馆

大芬油画村作为艺术与市场相接合的产物，既是一个专业交易市场，又是一个艺术创作基地，走出了一条以文化产业促进城市更新与发展的捷径，而且成为了中国油画产业的一艘“旗舰”。

大芬油画村雕塑

【大芬美术馆】2010年，大芬油画村美术馆举办了11个较高级别的展览:“景色·云南”采风作品展;“走进太行山”大芬画家创作展;迎新春大芬美术家协会会员油画作品展；徐建文书画作品展；第二届大芬油画家10人作品展；世博会图片展；“对流·大芬国际当代艺术展”；大芬青年画家作品展；“迎大运盛会、展布吉风采”主题作品展;“魅力龙岗”城市建设成就画展;“改革开放总设计师邓小平”大型展览。第六届文博会期间，太阳山艺术中心还举办了“价值的链接——穗汉油画家作品赏析展”，展出了郭润文、冷军、叶剑才、王卓、陈子君等15位当代艺术家的代表作品。

【园区荣誉】2004年以来，吴邦国、李长春、曾庆红、陈至立、李铁映、华建敏、李贵鲜等党和国家领导先后到大芬油画村视察。大芬油画村先后被授牌为“国家文化产业示范基地”、“国家文化（美术）产业示范基地”“2006中国最佳创意产业园区”“广东省版权兴业示范基地”、“广东人文历史类最美（乡村）旅游示范点”“深圳市文化产业示范基地”“深圳市版权兴业示范基地”和“龙岗八景之一·大芬飘彩”。国家文化部授予大芬油画村“优秀出口文化产品和服务项目”奖。

【文化创意代表人物】黄江，香港画家，入驻大芬村的第一位画家兼画商。

吴瑞球，大芬美术产业协会会长，致力于拓展大芬油画国内外市场。

蒋庆北，大芬美术家协会副会长。多幅作品在全国、省、市举办的专业展览中获奖。

【评价参考】大芬油画村从一个关外不起眼的村落、由旧厂房和民居改造而成的油画产业聚集区，迈开大步走进规模化、产业化、合作化的新阶段。现在，海外市场仍然受国际金融危机后期影响，需要度过较为艰难的疲软时期，但他们不等不靠，坚持不懈地拓展国内外市场，并已取得较好实效。

大芬油画村作为艺术与市场相接合的产物，既是一个专业交易市场，又是一个艺术创作基地，走出了一条以文化产业促进城市更新与发展的捷径，而且成为了中国油画产业的一艘“旗舰”。

【2010年大事记】1月24日，2010深圳美术作品迎春拍卖会在深圳会展中心举行。村画家马英良的两件油画作品《天之骄女》《愉快的格桑》分别以36万元和35万元成交。

1月28日，大芬村组织500多名大芬美术工作者共同进行蒙娜丽莎巨幅油画绘制。

3月3日，市区社保局领导到大芬油画村调研，帮助大芬美术工作者解决社保参保等问题。

3至4月，组织青年画家以“青春携手，添彩大运”为主题的写生创作，表达对大运的期盼、礼赞之情。

5月1日上午11时，大芬村画工代表聋哑人蔡志城与吴媚用写有自己梦想的“金钥匙”，开启了上海世博会深圳馆的按钮，《大芬丽莎》的面纱瞬间滑落，向世博会观众露出神秘的微笑。它由507

名大芬画工绘制 999 副图案拼贴而成，每一幅图案作品风格、技法不同，是作者的原创。

5 月 1 日至 17 日，第六届文博会大芬油画村分会场与上海世博会深圳馆实现对接、互动，推广“大芬油画”品牌。期间，共举办世博会图片展、第二届大芬油画家作品展、第五届现场油画临摹大赛等 8 项配套活动。大芬油画村分会场共接待参观团体 66 个，参观人次达 12.8 万，交易额 4354 万元，比上一届增长 97.6%。

5 月 28 日至 6 月 28 日，配合市世博办举办“中国（深圳）大芬国际当代艺术展”。

8 月 29 日，配合市世博办公室举办“中国（深圳）大芬国际壁画邀请展”，参展艺术家来自北爱尔兰、英国、德国、希腊等国。

10 月，大芬油画村组织飞扬、正刚、闲云、欧艺美、鑫天隆等企业分别参加广州第 108 届秋季中国进出口商品交易会，合同成交额 1395 万美元（包括春交会）。

10 月 18 日，龙岗区文产办与江西景德镇市文广局在景德镇市签署战略合作协议，将大芬油画与景德镇的千年古瓷“联姻”，创新培育以油画题材为主题、陶瓷为载体的新艺术作品类别。

12 月 5 日，首届中国（深圳）大芬国际油画博览交易会暨 2010 大芬国际油画节（12 天）开幕。澳门特别行政区行政长官崔世安和国家文化部副部长陈晓光等嘉宾出席。

深圳古玩城

【概况】深圳古玩城作为国家文化产业示范基地和深圳唯一一家经政府批准的文物监管物品专业文化市场、海外文物回流基地、两岸四地文物集散中心，是与北京古玩城、上海古玩城齐名的三大古玩城之一。

深圳古玩城已成为政界、商界、学界和收藏家及媒体公认的海外文物回流基地。

深圳古玩城位于深圳市罗湖区深南大道东起点与沿河路、新秀路的交汇处。占地面积 45 万平方米，商业建筑面积 8 万平方米，交通便利、环境幽雅、设施齐全、服务专业，是海内外客户投资置业的风水宝地。现有各类专业展馆、经营场馆 2000 多间，其中包括来自两岸四地在内的古玩经销商 700 多家，种类齐全、配套产品完备的茶商 800 家，以及由特色画廊组成的高档画廊集群 70 多家，已形成以玉器、陶瓷、中国十大名茶和中国书画为主，以及各种古玩杂件、珠宝、民间艺术品、民族工艺品、集邮、钱币等上千个品种的文化专业市场。深圳古玩城的总价储量估计超过 200 亿元人民币，而卓氏茶坊、卓氏画院、卓玉馆就是其中民族本土文化的代表。深圳古玩城已成为政界、商界、学界和收藏家及媒体公认的海外文物回流基地。

2010 年，深圳古玩城强势打造集徽派建筑和谐隽妙、苏州园林典雅清丽于一体的世界百大珍稀葡萄酒鉴赏平台——百大酒窖，以其典雅的商业环境、完美的市场格局、一流的硬件设施、“五星级”的配套服务，成为众多实力红酒商家的首选，预计在今年文博会前夕正式开业。

【发展历程】深圳古玩城于2002年正式成立。由深圳市凌阳实业发展有限公司投资近2亿元兴建，深圳古玩城是民营资本自主投资兴建的全国最大的古玩艺术品市场，为深圳唯一经政府批准的文物监管物品专业文化市场。2008年9月，深圳古玩城被国家文化部评为国家文化产业示范基地，2010年获评深圳市文化+旅游基地，成为罗湖区打造“四城一镇”战略的重要组成部分。

深圳古玩城创办10年来，已连续五届成为中国（深圳）国际文化产业博览交易会分会场，并连续荣获优秀分会场荣誉称号。2009年，20年后重新开办的中国工艺美术最高奖项“百花奖”在古玩城隆重举行。深圳古玩城先后举办了19届全国古玩珠宝艺术品交流会、14届中国白玉精品暨玉雕大师作品展、12届中国茶文化节，吸引了来自英国、美国、法国、俄罗斯、日本、韩国、新加坡、中国香港、中国澳门、中国台湾等十多个国家和地区的参观团、鉴赏家、古玩书画爱好者，还出版了《紫光玉照》和6本《华夏遗珍》专辑。

近年来，顶级红酒是继百年普洱之后又一“可以喝的古董”，成为拍卖场上的新宠。为搭建顶级红酒交流平台、享受时尚红酒文化，深圳古玩城于2010年隆重推出百大酒窖，并举办世界百大珍稀葡萄酒招商会，这是在深圳对罗湖提出“先行先试建设国际消费中心”的新发展定位背景下推出的又一文化品牌。

目前，在市委市政府和区委区政府的关心和支持下，深圳古玩城加大力度改造商城外部形象，并以打造中国档次最高的古玩城为己任，以助力罗湖建设国际消费中心为目标，实现深圳古玩城形象、管理、品牌、档次的全面提升。

【文博会分会场】第六届文博会期间，深圳古玩城分会场注重文化创意与时尚、效应与效益、短期与长远相结合，精心组织推出的

升级改造中的深圳古玩城

百大酒窖鸟瞰图

玉文化大讲堂、唐卡艺术讲座、茶艺表演等五大活动以及苏派玉雕大师精品展、宜兴紫砂壶大师作品展、希热布大师唐卡艺术展、海外回流精品展、百大酒窖风采等十大看点，在业界及社会上产生了积极的影响，使古玩城真正成为展示中华传统文化的重要舞台，取得了令人满意的成果，受到各级领导、学者专家和社会各界的一致好评。在第六届文博会期间，深圳古玩城分会场被评为文化 + 旅游型示范基地、深圳市文化产业基地。

展会期间，一家内地的博物馆在海外回流展区相中了参展商李先生价值 1.5 亿元的所有展品，并现场与李先生达成了长期购买协议。还有由台湾贸促会、台湾企业家协会、台湾美术家协会组成的采购团，重点参观考察了古玩城百大酒窖、华夏遗珍馆、卓氏画院、海外回流馆、卓玉馆等，并与某企业以及收藏家现场达成了 3.8 亿元的采购意向。本届交易额创历史新高。

展会期间推出的不同艺术门类的 20 余项专题活动，2000 家驻场商户和 800 家外来参展商，由于经营种类齐全，阵容庞大，共吸引交易客户、参观者累计 10 余万人次，其中交易客户 2.2 万人，参观者 7.8 万人，展会期间，市人大副主任陈治华和罗湖区区委书记刘学强及副区长康雅丽、张斌等领导亲临现场办公。展会共接待海内外参观团体 100 余批次。

展会期间推出的不同艺术门类的 20 余项专题活动，2000 家驻场商户和 800 家外来参展商，由于经营种类齐全，阵容庞大，共吸引交易客户、参观者累计 10 余万人次，其中交易客户 2.2 万人，参观者 7.8 万人

【深圳古玩城百大酒窖】百大酒窖是深圳古玩城斥巨资，历时 3 年精心打造而成，以世界百大珍稀葡萄酒、顶级收藏酒为主要经营内容，立志打造东南亚最高端的葡萄酒鉴赏、收藏、交易平台。百大酒窖规划了数百间豪华商铺，世界各地名庄佳酿应有尽有。百大酒窖修建了三大红酒博物馆（法国馆、欧洲馆、美澳馆），陈列红酒历史，深度挖掘红酒文化。百大酒窖拥有大型顶级生态酒窖，保证窖藏品质。格调高雅的楼顶空中庄园品酒区定期举办主题酒会。

百大葡萄酒是具备“质优、价昂、稀罕、长寿”四要素的珍稀葡萄酒，是各大酒庄的名酿。百大葡萄酒代表世界葡萄酒的最高水准，是值得收藏的“液体黄金”。置身百大酒窖，可以欣赏到素有红酒之王之称的罗曼尼·康帝、酒中皇后拉菲特及一个世纪以来最好的拉图酒，可以领略法国波尔多的浪漫、美国加州的热情、澳洲禾富酒庄的盛名、意大利皮尔蒙特的醇香……

百大酒窖建筑独具魅力，飞檐斗拱、粉墙黛瓦、木雕花窗……融合江南园林的典雅清丽和徽派建筑的质朴和谐，成为深圳市又一

盛况空前的交流会现场

地标性建筑。百大酒窖内部装修全部采用绿色环保高档材料，尊贵庄重，华丽气派。百大酒窖聘请苏州园林设计师精心设计，一砖一瓦一草一木一桌一椅均由专业技师精心打造，以最完美的姿态迎接八方来客。

【评价参考】深圳古玩城开创性地提出了“立足文化产业，向立体化、系列化、精品化、国际化方向不断创新和调整”的整体运营思路，倡导企业团队以“跨越每一个现在”为企业文化精神，强调自我学习与高水准服务，以“创一流市场，集优质商群”为发展目标，创造了深圳古玩城的辉煌。现在，深圳古玩城开创性地将东西方收藏文化融合，推出百大酒窖，实现传统文化产业的转型升级，并立志打造全中国最高档的古玩城。

【2010 年大事记】4 月，深圳古玩城荣获中共深圳市委、深圳市人民政府颁发的“深圳市精神文明建设重大成果奖”。

5 月 13 日，第六届文博会深圳古玩城分会场隆重开幕，同期举办第十八届全国古玩珠宝艺术品交流会、第十三届中国白玉精品暨玉雕大师作品展、第十一届中国茶文化节，签约意向成交额创新高，并荣获分会场优秀奖。

11 月 18 日至 22 日，深圳古玩城举办第十九届全国古玩珠宝艺术品交流会、第十四届中国白玉精品暨玉雕大师作品展、第十二届中国茶文化节等。

11 月 19 日，成功举办世界百大珍稀葡萄酒招商品酒会，同时隆重推出百大酒窖。

水贝珠宝产业园

【概况】水贝珠宝产业园，云集 1000 多家珠宝企业落户。2010 年销售额占据了深圳珠宝产业 80% 以上的份额。

2010 年，“水贝珠宝”大力实施“走出去”和“引进来”战略，通过组织中国“中国驰名商标”“中国名牌”企业参加中宝协上海珠宝展、泰国珠宝展、北京珠宝展以及兰洽会、香港珠宝展等，充分提高了“水贝珠宝”知名度、美誉度。

2010 年，“水贝珠宝”大力实施“走出去”和“引进来”战略，通过组织中国“中国驰名商标”“中国名牌”企业参加中宝协上海珠宝展、泰国珠宝展、北京珠宝展以及兰洽会、香港珠宝展等，充分提高了“水贝珠宝”知名度、美誉度。

【文博会分会场】2010 年 5 月 13 日至 17 日，深圳第六届文博会水贝珠宝项链街区分会场在市、区政府相关部门的高度重视和大力支持下，取得圆满的成功。

水贝珠宝项链街区分会场以产业、人文、创意、品牌、产品五大主题元素为主线切入，举办了十五项活动。

分会场展会面积为 56 万平方米，参展商 600 家，参展的知名品牌企业 35 家。水贝国际珠宝交易中心是水贝珠宝项链街区分会场承办主体。

分会场成交总金额 42 亿元人民币，其中合同成交项目 160 个，合同成交金额人民币 18.48 亿元；意向成交项目 74 个，意向成交金额 5.76 亿元。

在 5 月 13 日至 17 日 5 天活动中，参观总人次达 23 万人次，其中专业观众 12514 人次，境外专业观众 394 人，参观及交易团体 71 个，分别来自意大利、俄罗斯、美国、新加坡、泰国、马来西亚、澳大利亚、南非、日本、德国、法国、尼日利亚、马达加斯加、文莱、保加利亚和香港、澳门等众多国家及地区。

水贝珠宝项链街区分会场的举办，也得到了各级领导的关注，文博会期间，中共中央政治局常委李长春同志及中共中央政治局委员、中宣部部长刘云山，中共中央政治局委员、广东省省委书记汪洋，广东省省长黄华华，省委常委、市委书记、代市长王荣，国家广电总局副局长田进，原中央电视台台长杨伟光等领导一行来到文博会分会场水贝珠宝展台，深入了解水贝珠宝分会场的相关情况。深圳市人大常委会副主任及聚声、罗湖区常务副区长倪泽望等领导前来现场指导。

【水贝国际珠宝交易中心】水贝国际珠宝交易中心是雅诺信集团旗下核心企业之一，始建于 2004 年，是目前国内最具影响力、交易量最大的珠宝专业交易市场。中心拥有 3 层共 10000 多平方米的营业面积，集中了来自中国、美国、意大利、泰国、中国香港及中国台湾等众多珠宝产业发达国家及地区的近 200 多个知名珠宝企业，经营涉及金、银、钻石、翡翠玉石、珍珠等多个品类，是深圳黄金珠宝产业聚集基地内最重要的交易、文化信息交流平台，也是历届“中国（深圳）国际文化产业博览交易会”分会场之一。

中心集产品展示与交易、信息商情、珠宝文化及国际产业交流于一体，其形成与发展改变了珠宝产业原有的经营模式，形成了产业全新的发展格局，促进了产业链的形成与整合。

水贝国际珠宝设计大厦

千禧之星厂区

中心自运营以来，以超前的品牌运营和先进的管理理念，通过举办“文博会分会场”“中国珠宝首饰设计先锋奖”“珠宝采购大会”“珠宝人才交流会”及各类中外产业商团交流等活动，有效推动了中国珠宝产业与珠宝文化的全球性深入拓展，成为中国与国际珠宝产业交流的主要枢纽，更是中国珠宝产业最具代表性的国际窗口。

【水贝珠宝·彩宝基地】水贝珠宝·彩宝基地于 2008 年 11 月揭幕，是雅诺信集团继水贝国际珠宝交易中心等产业平台后，又一力推的珠宝专业平台。

水贝珠宝·彩宝基地的创立填补了国内大型专业彩色宝石市场的空白，进一步细化了中国珠宝产业，促进了中国珠宝产业链的升级。

【雅诺信皇室珠宝会】皇室珠宝会成立于 2009 年，是雅诺信集团为迎接贵宾所设立的高端珠宝玉石品鉴交流场所，常年不定期举办世界知名艺术大师作品鉴赏会、著名历史人文艺术品展出、各类罕有彩宝展示和玉石文化交流讲座等活动。

【文化创意代表人物】卢礼杭，1987 年开始涉足珠宝行业，2000 年创建的深圳雅诺信珠宝，目前已是深圳最大规模的珠宝企业之一。

卢礼杭所创建的“水贝珠宝”产业平台，不仅推动了深圳黄金珠宝产业的升级，带动地方经济的发展，同时促进了深圳珠宝业的国际交流，为深圳成为国内外珠宝业的交流枢纽作出了贡献。

卢礼杭因珠宝领域的商业成就，先后荣获“深圳市优秀企业家”“深圳市青年创业奖”等荣誉，同时还担任中国珠宝玉石首饰行业协会副会长、中国企业家联合会理事、深圳市罗湖区总商会会长、深圳市侨联常委、深圳黄金珠宝首饰行业协会副会长、深圳市工艺美术行业协会副会长等多项社会职务。

2010 年 8 月，他被评为深圳特区三十年珠宝行业领军人物。

【评价参考】水贝是深圳的黄金珠宝产业聚集基地，是深圳乃至中国最为集中的珠宝生产交易集散地。基地内入驻珠宝企业超过 1600 家，拥有“中国名牌”入驻企业超过全国黄金珠宝“中国名牌”半数以上，成为中国最具规模及影响力的珠宝产业集群。

水贝是深圳的黄金珠宝产业聚集基地，是深圳乃至中国最为集中的珠宝生产交易集散地。基地内入驻珠宝企业超过 1600 家，拥有“中国名牌”入驻企业超过全国黄金珠宝“中国名牌”半数以上，成为中国最具规模及影响力的珠宝产业集群。

水贝珠宝专业平台集群通过其雄厚的产业基础及深圳的特区优

罗湖珠宝工业园区临街厂区

势，率先实现珠宝产业链的整合延伸，并成为中国与国际珠宝产业交流的主要枢纽。

【2010年大事记】 1月19日，深圳市罗湖区区委书记刘学强作了《在区委五届九次全体会议上的报告》，报告提出："要以水贝珠宝产业聚集地为中心，依托3个珠宝交易中心和1500多家珠宝市场主体，以及占全国黄金珠宝市场份额五成和'中国名牌'聚集的优势，继续做强做大，使'深圳珠宝、罗湖制造'的美誉奏响全国。"

2月27日，罗湖区总商会会长、雅诺信集团总裁卢礼杭代表水贝珠宝与泰国总理商务代表Vachara Phanchet、泰国珠宝工贸商会会长颂猜、曼谷国际珠宝展相关负责人等泰国各界要员进行了会谈，并就加强合作达成一致意见。

3月3日，水贝珠宝与国检中心战略合作签约仪式暨媒体发布会在水贝国际珠宝交易中心隆重举行。

3月19日，泰国商务部副部长顾问、泰国宝石银行总裁、泰国珠宝有限公司代表一行抵达水贝，对水贝珠宝进行了一天的访问，与水贝国际珠宝交易中心有限公司签署了战略合作协议，标志着水贝珠宝与泰国商务部的合作进入了新的阶段，水贝珠宝发挥出泰国与国内相关珠宝机构的桥梁作用。

4月26日和4月28日，水贝珠宝·彩宝基地和水贝国际珠宝交易中心两大交易平台，举行"玉树，我们和你在一起"募捐活动，得到了广大商户的积极响应，为灾区捐款近18万元。

5月13日至17日，成功举办以"突出产品创意、荟萃品牌文化"为主题的第六届"文博会"水贝珠宝分会。

7月19日，2010"罗湖时尚之夜"水贝珠宝中泰时尚珠宝交流酒会在深圳举办，近500家深圳珠宝企业、80家泰国珠宝企业代表、100多位水贝珠宝高端客户参加了此次活动。

7月27日，罗湖区第七届职工技术比武大会劳动赛区决赛在水贝珠宝·彩宝基地圆满结束，从预赛中脱颖而出的57位选手参加了决赛。

8月23日，由水贝珠宝·彩宝基地、国际有色宝石协会（ICA）

要以水贝珠宝产业聚集地为中心，依托3个珠宝交易中心和1500多家珠宝市场主体，以及占全国黄金珠宝市场份额五成和'中国名牌'聚集的优势，继续做强做大，使'深圳珠宝、罗湖制造'的美誉奏响全国。

和全球最大的上市彩宝集团之一——劳伦斯珠宝共同举办的2010中国有色宝石协会中港交流会在香港隆重召开。

11月6日，由香港珠宝制造业厂商会主席陈祖成、副主席杜源宁、刘家健及中国内地事务小组主席李展文等组成代表团参观访问水贝国际珠宝交易中心。

11月13日，中国国际珠宝展在北京开幕，“水贝国际珠宝交易中心”和“水贝珠宝·彩宝基地”两大交易平台以“树平台品牌，聚新品商机”为契机组织了16家参展企业，携带价值亿元的现货，以24个展席亮相北京，在本次展会中占有举足轻重的地位。

11月23日，国际有色宝石协会工作交流会议在水贝珠宝·彩宝基地召开。

12月4日，被誉为玉石界“奥斯卡”的“天工奖”获奖作品在深圳水贝国际珠宝交易中心和皇室珠宝会展示。中国宝玉石行业协会玉石分会秘书长、玉雕大师奥岩亲临现场，结合“天工奖”获奖作品进行中国玉文化宣传及玉雕艺术文化讲解。

12月15日，泰国宝玉石商会会长布拉比·萨拉开齐库、秘书长苏海·塞恩一行考察水贝珠宝。

12月27日，水贝珠宝与深圳广播电影电视集团和淘宝网签署合作协议。

国家音乐创意产业基地（深圳园区）

【概况】国家音乐创意产业基地（深圳园区）的前身为深圳梅沙音乐产业基地，于2008年5月成立。2010年5月，国家新闻出版总署授予基地“国家原创音乐产业基地”资质（以下简称“国家音乐基地”)。在总署和省局的大力支持和指导下，“国家音乐基地”对自身进行了重新定位和产业升级，逐步完善了制作、出版发行、演艺经纪、现场演出、人才培训、后产品开发等音乐产业链环节的整合，构建了音乐制作、数字发行、宣传推广、现场演出、后产品开发、投融资和交易等6大产业平台。音乐基地的宗旨是大力发展中国原创音乐，制造原创音乐精品，并推动中国音乐实施“走出去”战略。

乐基地的宗旨是大力发展中国原创音乐，制造原创音乐精品，并推动中国音乐实施“走出去”战略。

【发展历程】2008年5月，经深圳市盐田区政府批准立项建设；2008年9月，成立深圳梅沙音乐文化有限公司，成为“国家音乐基地”运营管理公司；2009年5月，“国家音乐基地”正式开业并成为深圳文博会唯一的音乐主题分会场。2010年第六届文博会期间，“国家音乐基地”成功举办中国民族民间原创音乐博览交易会，与数十组原创音乐艺人和乐队签约合作，成为全国最大的原创音乐推广平台，是中国第一个国家级音乐创意产业基地。

2010年5月1 3日，国家新闻出版总署副署长蒋建国等领导考察了“国家音乐基地”，对当地政府的支持力度和音乐基地的建设给予了充分肯定。

【主营业务】至 2010 年，“国家音乐基地”初步完成了产业平台的打造和产业链的整合，搭建了以下 6 大产业平台，形成了音乐产业的聚集和孵化功能，在多方面开展了大量项目运作。

一、制作平台：

“国家音乐基地”现有 2000 余平方米办公场地及录音棚、制作人工作室、排练室等公共设施，供入驻公司和原创音乐人免费使用，并与众多知名制作人联合制作音乐，包装推广新人歌手。已经合作的制作人和歌手包括小柯、李泉、张亚东、老狼、高晓松、水木年华、栾树、何沐阳、许巍、汪峰、林海、窦鹏、郑钧、哈辉、左小岸等 30 人。基地目前已吸引十几家音乐相关企业入驻园区。

二、宣传推广平台：

“国家音乐基地”与中国音像协会联合创办“中国音乐流行榜”。

“中国摇滚榜”“中国新民歌榜”和“中国嘻哈榜”等音乐排行榜，每天在全国 160 家城市电台以及新浪、网易两大门户网站发布，每个排行榜每年举办年度颁奖盛典和年度十大新人新歌评选，成为原创音乐的强大宣传平台。

三、数字发行平台：

梅沙音乐公司对于数字音乐出版发行的平台开发包括：

（一）在中国电信数字音乐平台首页设置“国家音乐创意产业基地专区”，用于推广和销售音乐基地制作和代理的歌曲、MV、演出视频等产品。

（二）与中兴通讯移动公司合办商业音乐网站中兴音乐网。每年举办全国性网上音乐大赛，成为选拔音乐人才的网络平台。中兴音乐网还将开发全国第一款 3D 互动音乐虚拟社区，成为音乐明星与歌迷的互动平台。

四、现场音乐平台：

“国家音乐基地”创办中国现场音乐院线和内容配送中心，代理几十组具备现场表演能力的音乐艺人，并向加盟的几十个现场音乐表演场所轮流配送音乐表演内容；还通过联合投资、艺人输送、自

国家音乐创意产业基地

行操作、协助招商等方式参与每年 20 个音乐节的运营，成为中国现场音乐表演内容的供应平台。

五、后产品开发平台：

“国家音乐基地”与其他行业联手进行艺人和作品的品牌衍生品开发，包括服装、化妆品、数码产品、餐饮业、图书等，形成音乐产品的大出版概念。目前与 TCL 公司共同开发的水木年华品牌手机、笔记本电脑、U 盘、MP3 播放器、电脑音响等已经投放市场，并在全国开设“水木年华数码产品专卖店”，且每个产品都将植入艺人音乐作品，成为新型的数字出版概念。在第六届文博会新闻出版馆“数字广东”展厅，“国家音乐基地”首次对外展示了将原创音乐成果向其他产业延伸的探索，将音乐内容以数字的模式与手机、手提电脑、MP3 播放器、音响、U 盘、相机等数码产品载体甚至墨镜、手表等日常用品捆绑销售。“国家音乐基地”还与其他音乐人合作开发“深圳声音”酒吧、“彩云之南”工艺品连锁店等项目，形成创意产业一条街。

六、投融资和产业交易平台：

“国家音乐基地”投资建设的 2000 平方米展厅，成为文博会唯一一个音乐主题的分会场。基地每年将举办中国原创音乐交易博览会和音乐产业投融资洽谈会，并与国影投资基金管理公司联合发起原创音乐产业基金，在 5 年内募集资金 1 亿元，用于投资音乐基地合作的项目。

“国家音乐基地”与一批具备国际市场潜力的民族民间原创音乐人签约，通过戛纳音乐博览会、美国独立音乐节等国际交易平台向国际市场推广。还与海外唱片公司、音乐网站、演出机构合作，向全世界推出一批具有民族特色的原创音乐，增强中国音乐的国际竞争力和中国文化软实力。

内蒙古的杭盖乐队、HAYA 乐团、云南的山人乐队、哈辉的新古典雅乐已与基地签约，正在筹备欧美市场数字发行和现场巡演。

【文化创意代表人物】许晓峰，国家音乐创意产业基地负责人，前华纳唱片中国公司总裁，北京大学文化产业研究院研究员。

黄燎原，国家音乐创意产业基地创作总监，著名作家、音乐策划人、制作人。

栾树，国家音乐创意产业基地制作总监，著名音乐人，前黑豹乐队主唱。

卢庚戌，国家音乐创意产业基地董事，水木年华组合成员，水木年华科技文化公司创办人之一。

刘瀚中，国家音乐创意产业基地流行音乐学校创办人，台湾资深音乐人，致力于中国流行音乐教育工作。

【2010 年大事记】5 月 12 日，国家新闻出版总署正式授予梅沙原创音乐前沿基地“国家音乐创意产业基地（深圳园区）”资质，并于 5 月 13 日成功举办了揭牌仪式。

5 月 13 日至 16 日，第六届文博会期间举行“2010 中国民族民间原创音乐交易博览会”。

目前与 TCL 公司共同开发的水木年华品牌手机、笔记本电脑、U 盘、MP3 播放器、电脑音响等已经投放市场，并在全国开设“水木年华数码产品专卖店”，且每个产品都将植入艺人音乐作品，成为新型的数字出版概念。

7 月 16 日，主办叶世荣“光辉岁月”深圳音乐厅演唱会。

8 月 20 日，主办“摇滚三国”深圳音乐厅演唱会，并为全国巡演拉开帷幕。

8 月 18 日至 20 日，承办“创意鲤城，活力泉州”泉州首届创意文化节。

9 月 18 日，主办首届北京“杭盖音乐节”。杭盖音乐节旨在推广具有中国民族特色的民谣及世界音乐，成为中国民族音乐的交流平台。

9 月 28 日，为庆祝深圳特区建立 30 周年，承办“盐田区纪念深圳特区建立 30 周年”文艺晚会，晚会邀请了水木年华、戴玉强、窦鹏等明星助阵。

10 月 1 日，“摇滚三国”在济南城市森林音乐节演出，成为该音乐节中最具有影响力的演出。

10 月 3 日至 5 日，主办“丽江雪山音乐节”。该音乐节是中国首次汇集中国新生代民谣，融合多元化世界音乐为主题的音乐节。

10 月 29 日至 31 日，主办“第六届深圳大梅沙沙滩音乐节”。音乐节分别以“欢歌大运”“深圳声音”“中国音乐流行榜十大新人颁奖典礼”三大不同题材演出。

11 月 28 日，“深圳声音”演唱会首次在深圳音乐厅举办，现场举行了专辑签售会。

12 月 18 日，“国家音乐基地”“妙音丛书”第一册——徐颢菲小说集《双生精灵》在深圳中心书城举办首发签唱会。

12 月 24 日，承办“昆明五百里音乐节”。该音乐节致力于推广中国民粹摇滚、世界音乐、新生代民谣，融合多元化音乐元素和新锐艺术。

笋岗工艺礼品城

【概况】笋岗工艺礼品城是由深圳深业物流集团股份有限公司和其全资子公司深圳市笋岗工艺城有限公司投巨资精心打造、集工艺礼品商流、物流、资金流、信息流于一体的华南地区规模最大、品种最全、功能最齐、档次最高的工艺礼品商城。

笋岗工艺礼品城以打造“全球工艺文化消费中心、中国工艺文化总部基地、深港创意生活示范区”为目标，立足深圳、面向全国、辐射全球。

笋岗工艺礼品城总建筑面积约30万平方米，目前拥有商铺近千个，入驻企业和商户800多家，就业人员近万人。商场内知名品牌云集，近半商家是世界名牌、中国名牌、出口免验、国家免检的工艺礼品厂商的合作伙伴，商城里工艺礼品会展、商贸、旅游、休闲、购物、娱乐、培训教育、研发等功能齐全。

2010年，笋岗工艺礼品城联合相关单位策划、承办的“深圳经济特区建立30年创意工艺纪念品设计大赛”，在市委常委、宣传部长王京生等领导高度重视和大力支持下，被文博会组委会纳入重量级、国家级配套活动，以推动文博会走向高端化。

笋岗工艺礼品城以打造“全球工艺文化消费中心、中国工艺文化总部基地、深港创意生活示范区”为目标，立足深圳、面向全国、辐射全球。

笋岗工艺礼品城参加主会场活动，是2010年唯一获得文博会组委会颁发优秀组织奖的分会场，是唯一获得优秀组织奖和优秀展示奖双项大奖的参展商。此外，笋岗工艺礼品城联合相关单位与澳洲有关方面签署合作协议，共建“澳洲深圳工艺礼品展示中心”。这是国外首家以深圳命名的大型常设展馆，是国外首家专营中国工艺礼品的大型专业市场。现该中心已经开业，深受澳洲人民喜爱。

【市场开拓】笋岗工艺礼品城定位于国内首座世界礼仪文化、工艺美术总汇和艺术创意展示示范平台，率先在深圳实现世界礼（礼仪文化）艺（工艺文化）的聚集，展现“礼艺”价值，实现“礼艺”的交流体验、展示交易，同时吸纳深圳艺术、创意、设计资源，从而形成深圳迈向国际化的文化交流平台。

笋岗工艺礼品城已从众多的工艺礼品市场脱颖而出，带动了艺展中心、艺茂中心等改造升级和扩容，带动了明珠艺城、楼尚软装体验中心、艺美家灯饰博览中心等一批工艺品相关市场的建设，促使了罗湖区“四城一镇”战略之“工艺城”的形成，从根本上改变了深圳乃至珠三角地区工艺礼品流通零星分布、各自为政、竞争力弱的商业格局。

至2010年，笋岗工艺礼品城实际投资额已超过2亿元人民币，并计划在五年内投资60亿元，打造全球规模最大、品种最全、功能最齐、档次最高的工艺礼品商场，成为全球工艺文化消费中心、中国工艺文化总部基地、深港创意生活示范区。

【经营管理与平台服务】笋岗工艺礼品城的董事会、监事会、经营班子等法人治理结构健全，管理团队优秀，管理制度齐全，知识产权保护有力。

笋岗工艺礼品城的投资者及管理者均具有独立法人资格，且资产优良、主业突出、持续盈利能力强。

笋岗工艺礼品城有完善的配套服务设施和公共服务体系，主要有 9 个公共服务平台 1 个电子商务平台——“中国工艺品采购网”；2 个设计师培训机构；1 个世贸综合服务中心；2 个融资平台；1 个休闲餐饮服务中心；行业内刊 1 本（《深圳工艺礼品与饰品》）；研究所 1 个（笋岗工艺礼品城・礼艺研究所）。公共服务平台广受好评。

【笋岗艺术馆】笋岗工艺礼品城出资建设的笋岗艺术馆，偌大的展厅布局考究、装饰典雅。浓郁的文化氛围成为笋岗工艺市场文化片区的一道靓丽的风景线。馆内出自大师之手的艺术珍品令人目不暇接，艺术品位与高端档次更是不显自彰。本着社会公益性原则，在笋岗艺术馆的所有参展一律免费。这使得更多人有机会亲临现场感受艺术的无限魅力，赢得了社会各界的一致好评。

【评价参考】笋岗工艺礼品城作为片区龙头企业，规模庞大，发展迅速，并带动片区工艺品专业市场的升级，促使了“工艺城”的形成。作为行业的重点企业，笋岗工艺礼品城举办了一系列推动文化产业发展的活动，以及提供相关的配套服务，增强了行业的凝聚力及整体竞争力，产生了巨大的社会效益和经济效益，并积极带动了片区发挥产业聚集效应，推动了文化产业向集群化、集约化发展，成为区域文化经济发展的新增长点。

未来，笋岗工艺礼品城更以带动笋岗文化产业园区发展为使命，为深圳市文化产业发展做出更多贡献。

【2010 年大事记】2010 年，笋岗工艺礼品城成功举办了一系列高端活动，实现了工艺文化产业与工艺文化事业的完美融合。

一、举办深圳经济特区建立 30 周年创意纪念品设计大赛。

二、笋岗工艺礼品城联合深圳市工艺美术行业协会举办历届文博会中国工艺美术精品馆成果展。

三、笋岗工艺礼品城联合《深圳特区报》、深圳市工艺美术行业协会、深圳市家具行业协会、深圳市工艺礼品行业协会共同举办了“笋岗国际工艺品购物节”活动。活动集结了笋岗数十个卖场、上千工艺品品牌参与，有力整合了商圈的优势资源。

笋岗工艺礼品城

笋岗工艺礼品城市场内部环境

四、笋岗工艺礼品城是第 25 届深圳国际家具展唯一的家居饰品分会场，也是家具展有史以来第一次设立家居饰品分会场。通过在主会场设立了笋岗工艺礼品城家居体验馆以及在分会场举行的 2010 家居饰品潮流发布会，吸引了近千人次的海内外客商到笋岗工艺礼品城分会场进行参观、采购，凸显笋岗工艺礼品城的品牌特色，引领了家居饰品、工艺礼品的设计、消费潮流。

五、笋岗工艺礼品城成为第 3 届深圳工博会唯一的分会场，也是深圳工博会有史以来第一次设立分会场。

六、笋岗工艺礼品城联合深圳市 20 多家行业协会发起了“共建工艺城、同铸笋岗牌”的倡议活动。

七、笋岗工艺礼品城与深圳贸促会世界贸易中心分会等通力合作，建立国内首家世贸综合服务中心，为广大中小企业提供全方位的服务。中心以专业市场商户为终端服务对象，贴身提供数十项服务。此类服务平台为业内首创，同时也为国内首创。

八、申报国家级工艺文化基地。

九、笋岗工艺礼品城联合广东省工艺美术协会、深圳市工艺美术行业协会举办“中国工艺美术高峰论坛：工艺美术资源重组与模式优化”。

十、笋岗工艺礼品城联合深圳市工艺礼品行业协会完成《国家行业课题：现代工艺礼品发展规划》。

十一、笋岗工艺礼品城协助中国工艺美术协会举办“中国工艺美术金凤凰创新产品设计大赛”。

十二、笋岗工艺礼品城联合深圳市工艺美术行业协会举办“深圳特区 30 年工艺美术行业成就展”。

十三、在深圳市率先启动了深圳工艺品行业电子商务促进工程活动，免费提供十项服务。该工程活动为行业企业提供电话访谈咨询达 2300 余次，上门培训服务 900 余人次，举办大型电子商务知识讲座 7 场。

十四、笋岗工艺礼品城联合《深圳商报》、深圳市工艺美术行业协会、深圳市工艺礼品行业协会、深圳市家具行业协会、深圳服务贸易协会举办“深圳市民最喜爱的十大工艺品品牌企业”评选活动。

十五、笋岗工艺礼品城举办了“爱在笋岗、情系的哥”的关爱送礼活动。

十六、笋岗工艺礼品城举办了“国礼展”。

十七、笋岗工艺礼品城与笋岗街道办创办国内首家“礼艺文化广场”。

宝福李朗珠宝文化产业园

【概况】宝福李朗珠宝文化产业园（以下简称“宝福珠宝园”）是第五届、第六届“文博会”的分会场，位于龙岗区南湾街道布澜路，占地面积为 51125 平方米，总建筑面积为 144900 平方米，集珠宝首饰的“产供销、科工贸、休闲旅和文博教”等功能为一体，形成了深圳最具规模的珠宝产业链。目前园区入驻有宝福、翠绿、甘露、威廉、宝创达、金宝盈等 10 多家大型珠宝企业，其中宝福、翠绿和甘露公司均为全国珠宝首饰行业品牌企业。

“宝福珠宝园”自 2009 年开业以来，共接待国内外客商和游人超过 30 万人次，参观和交易团体 600 多个。2010 年，园区销售总产值为 15 亿多元，利税 5162 万元。

“宝福珠宝园”自 2009 年开业以来，共接待国内外客商和游人超过 30 万人次，参观和交易团体 600 多个。2010 年，园区销售总产值为 15 亿多元，利税 5162 万元。

【发展历程】“宝福珠宝园”为深圳市宝福珠宝首饰有限公司独资建设，于 2009 年 2 月正式投产开业，同时宝福公司将总部由罗湖区搬迁至龙岗区。截至 2010 年 12 月，园区企业入驻率已经达到 80%。一期规划有工业厂房、办公楼、培训和实习基地、实验室等，还有为打造文化产业功能而专设的铂金历史文化馆、珠宝精品展示馆、生产车间参观专用通道、旅游观光项目和准五星级酒店等。

B 区一楼为龙岗区最大的珠宝首饰零售购物中心，建筑面积 3000 多平方米，拥有数万款珠宝首饰，致力于打造集珠宝交易和文化旅游为一体的综合型平台。

【2010“宝亨达”国际铂金文化创意设计大赛】9 月 15 日，由中国珠宝玉石首饰行业协会、国际铂金协会、龙岗区人民政府和深圳市黄金珠宝首饰行业协会主办，深圳市宝福珠宝首饰有限公司承办的 2010“宝亨达”国际铂金文化创意设计大赛在“宝福珠宝园”圆满落下帷幕。这是“宝福珠宝园”第一次承办国际性的设计比赛，也是整个行业第一次以“铂金”为主题的文化创意设计大赛。

本次大赛历时 5 个月，汇集了 519 幅作品，赛制完全与国际接轨，共分“素金”和“镶嵌”两个类别，大赛邀请了来自国内外珠宝首饰设计大师、权威机构中的资深人士、珠宝企业杰出代表、时尚界人士专家组成专业评审团。

本次设计大赛，不仅为发掘和培养一批具有专业基础和创新意识的杰出人才、建立珠宝设计人才库、促进人才与企业之间的互动提供了广阔的空间和机会，更为促进深圳珠宝文化产业在设计和创新中实现区域品牌的突破、加速深圳珠宝区域品牌化进程打下坚实基础。

【宝福博物馆】宝福博物馆作为行业首个综合型的博物馆，由四部分组成：

镇园之宝：翡翠《香山九老图》。山子玉雕是取自三吨的五彩翡翠，老种原料，长 1.9 米，高 1.45 米，厚 0.6 米，由宋世义、黄鸿、蔚长海三位国家级大师花了将近两年时间精心雕琢。《香山九老图》荣获玉石雕界的最高奖项——第八届中国玉雕、石雕作品“天工奖”金奖。

国内首个铂金历史文化馆：以图片展和实际饰品摆设的形式，结合铂金珠宝首饰文化发展历程，以工艺发展、制作历程和铂金产业发展历程的重要事件、奇闻轶事等，细细讲述着铂金文化的昨日今生，让喜欢铂金的游客在短时间内对铂金文化的发展有清晰的了解。

国内首个铂金生产参观通道：通过落地玻璃零距离接触铂金生产、加工流水工序，游客可以亲眼目睹到铂金首饰的每一道生产和加工程序，知道每一件首饰是怎样从原料一步步变成精美的饰品。

铂金精品展览馆：铂金精品展览馆中展出的铂金精品首饰，引领着铂金饰品的时尚潮流趋势。经典与时尚结合，精品铂金饰品的完美设计和精致工艺，令人叹为观止。

【园区荣誉】“宝福珠宝园”相关企业及产品先后荣获“全球铂金首饰生产领军企业”“中国珠宝首饰业名牌企业”“深圳市民营领军骨干企业”“深圳市自主创新行业龙头企业”“深圳市重点文化企业”“深圳市工业百强”和“中国名牌”“中国驰名商标”等称号。

“宝福珠宝园”自 2009 年投产开业以来，全国政协常委、原国务院港澳办常务副主任陈佐洱，广东省省委常委、深圳市市委书记王

宝福博物馆

荣先后莅临视察工作。“宝福珠宝园”先后被授予“广东省工业旅游示范单位”“深圳市文化产业基地”和“深圳市文化＋旅游型示范基地”等。

【绿色 · 低碳】为打造低碳环保、循环经济园区，由宝福、翠绿和甘露三家珠宝企业斥资1.6亿元投资建设的“李朗国际珠宝产业园污水处理中心”，由香港生产力促进局、美国博莱克·威奇公司设计。该工程占地面积1500平方米，总建筑面积6000平方米，整个污水处理工程分为园区污水收集管网系统、生活污水处理系统、工业污水处理系统。

园区将成为国内珠宝行业环保示范型基地，实现珠宝产业园跨越式科学发展。

【评价参考】宝福李朗珠宝文化产业园作为全国最具规模的新型珠宝文化产业基地，成立时间虽短，但是起点非常高，极具前瞻性和领先性，其整体规划和单体设计都是按照国际一流的珠宝产业平台进行规划设计。园区功能明确、完善，建筑风格充分体现行业主题，集环保、现代型理念于一体，符合产业发展和循环经济需要，为深圳珠宝产业的升级和“珠宝＋旅游”新型模式的发展做出了自己的贡献。

宝福李朗珠宝文化产业园作为全国最具规模的新型珠宝文化产业基地，成立时间虽短，但是起点非常高，极具前瞻性和领先性，其整体规划和单体设计都是按照国际一流的珠宝产业平台进行规划设计。

【2010年大事记】3月4日，中国珠宝玉石首饰行业协会和全国各地的珠宝玉石协会秘书长一行200多人，参观、考察了宝福李朗珠宝文化产业园。

4月19日，“宝福珠宝园”被深圳市文体旅游局认定为“深圳市文化产业基地”。

5月12日，“宝福珠宝园”被深圳市委宣传部、文改办和文体旅游局联合评为“文化＋旅游型示范基地”。

5月14日，第六届文博会宝福分会场隆重开幕。会议期间，产业园签订的长期加工采购合同金额达17亿多元，意向合同8亿多元。借助文博会这一国际平台，“宝福珠宝园”为市民带来一场珠宝文化盛宴，也向世界展示了珠宝文化的独特魅力。

5月15日，园区宝福公司因其领先的技术工艺、强大的自主创新能力，被国际铂金协会认定为“全球铂金首饰生产领军企业”，在全世界珠宝企业中仅此 家。

6月5日，由深圳龙岗区旅游局主办的“逍遥游龙岗”——深圳市民自驾游活动在“宝福珠宝园”举行，标志着“宝福珠宝园”“时尚旅游·珠宝直销”观光路线的正式启动。

8月17日，宝福公司与深圳市精英专利事务所签订了“知识产权保护”入驻园区合作协议，“宝福珠宝园”成为国内首个引进专业化的知识产权保护机构入驻的文化产业园。

9月1日，“宝福珠宝园”被广东省旅游局和广东省经济和信息化委员会联合评为“广东省工业旅游示范单位”。

10月28日，由深圳市文体旅游局和龙岗区人民政府主办，宝福公司承办的“宝亨达铂金旅游文化节”在“宝福珠宝园”隆重开幕。园区实现了珠宝业与旅游业的无缝对接，成为深圳龙岗区新的工业旅游品牌，是珠宝文化产业与旅游产业互动发展的一次创新。

创世艺术机构

【概况】创世艺术机构，成立于1997年，是集研发、生产、销售为一体的综合性艺术创作机构，目前拥有包括深圳市创世实业有限公司、深圳市凡艺家居饰品有限公司、深圳市凡奇艺术品有限公司、深圳市创世华彩艺术配饰中心、北京市创世华彩艺术装饰品有限公司在内的五大专业制造基地，并拥有达2万平米的研发、生产、展示及办公场地和300余人的专业服务团队，销售网络覆盖全国各地及全球20多个国家。

创世艺术机构以全球化品牌战略为目标，坚持以原创设计为理念，致力于多元化艺术饰品的研发，历经数十年来的发展，已成为"酒店艺术配饰、景观空间雕塑、高端艺术饰品"等领域的引领者。创意艺术机构以"原创设计、精工制作、专业服务"为本，先后给北京人民大会堂、北京及宁波等多个万达索菲特连锁酒店和深圳、成都、银川等喜来登、凯宾斯基、皇冠假日、万豪高档连锁酒店提供艺术整体设计、制作、安装服务。

【发展历程】2003年，成立国外渠道部，将室内雕塑品销售至国外；打造北京人民大会堂宴会厅经典案例；完成深圳欢乐谷、香港历史博物馆的道具、装饰制作。

2004年，打造新加坡海印佛学院工程，实现国外工程制作。

2005年，完成深圳凯宾斯基酒店整体艺术品的设计、制作、安装工作。

2006年，成立北京办事处。

2008年，完成宁波索菲特万达酒店、广州翡翠皇冠假日酒店、深圳华侨城洲际酒店艺术品的设计、制作、安装等工作。

2008年，获得深圳市重点文化企业认证，并设立重庆办事处。

2009年，建立东莞直营店、深圳直营店。

2010年，成立美国纽约办事处。

【产品展厅】拥有约1200平方米的展厅，产品按区域场景布置

创世艺术大楼

为酒店艺术配饰类、家具饰品类、高端艺术品类、景观雕塑类及精品区等，所用材料包含金属、贝壳、木材、复合材料、石材、树脂及其它可重复利用的材料等。

【园区荣誉】至 2010 年，创世艺术机构荣获多项不同领域的荣誉，具体包括：世界酒店颁发的最佳酒店软装设计机构；2007 年、2008 年双年度中国家具业十大时尚品牌；2008 年、2009 年中国饭店业金牌供应商；中国雕塑十强企业；深圳市重点文化企业；深圳市龙岗区先进单位。另外，还获得第 16、18、22 届深圳国际家具展览会家具饰品系列“银奖”，第 18 届深圳国际家具展览会家具饰品系列“优秀产品”奖，第 26 届世界大学生运动会工艺礼品设计“银奖”等。

【文化创意代表人物】黄东伟，创世艺术机构创始者，担任深圳市家具行业协会副会长、深圳市工艺礼品行业协会常务理事等。其个人作品《可爱的U》获得深圳第 26 届世界大学生夏季运动会工艺礼品设计“银奖”，创作的《生命一号》也被奉为行业的典范之作。

【评价参考】创世艺术机构充分汲取中国文化的营养，形成“有中国特色”的设计装饰风格，以推广具有中国特色文化底蕴的艺术装饰品为己任。

当前，迫切需要整合和开发中国丰富的、独特的、珍贵的文化资源，通过创意设计转化为文化产品，应用到我们的生活当中去。酒店作为一个特定建筑围合的居住空间，不仅功能上满足人们的要求，还要在精神上让入住酒店的客人感受所住酒店的独有文化和特有的艺术氛围，这种感受的来源就是空间的装饰和丰富的艺术陈设。

创世艺术机构引用创新理念，不断探索和创作出主题新颖、文化内涵丰富、风格手法独特、带有明显地域特点的优秀作品，根据每个酒店不同文化要素，创造出各自的特色和形象，为中国酒店设计做出贡献。

创世艺术机构引用创新理念，不断探索和创作出主题新颖、文化内涵丰富、风格手法独特、带有明显地域特点的优秀作品，根据每个酒店不同文化要素，创造出各自的特色和形象，为中国酒店设计做出贡献。

深圳陶瓷文化产业园

【概况】深圳陶瓷文化产业园的运作方是斯达高瓷艺发展（深圳）有限公司，公司于 1989 年在深圳成立，是一家集高档陶瓷产品研发、设计、生产、销售为一体的实业公司。公司获得国家质检总局授予的“中国名牌”和“出口免验企业”称号，还被深圳市文体旅游局认定为深圳市重点文化企业。公司拥有经验丰富的员工 800 多人，其中包括管理人员 50 人、专业技术人员 40 人。公司专注于产品的创新与研发，截止 2010 年已获得外观专利 360 项，实用新型专利 16 项，发明专利 2 项。凭借作品《蛇年日历工艺陶瓷挂盘》《龙袍纪念工艺陶瓷挂盘》《熊猫·九寨沟之春夏秋冬图》，公司连续三届获得国际网印及制像协会（SGIA）艺术陶瓷大赛金像奖的金奖——被称为业内“奥斯卡”奖，成为国际上第一家连续三届获得此殊荣的企业。

2010 年深圳陶瓷文化产业园生产、销售高档日用陶瓷 6000 万件，产值 2.2 亿元人民币，出口创汇 1500 万美元。

【发展历程】公司于 1989 年在深圳注册成立，公司原名称为斯达高瓷用花纸厂，主要生产经营陶瓷贴花纸，并对外进行陶瓷烤花加工、玻璃烤花加工。公司于 1998 年更名为斯达高瓷艺发展（深圳）有限公司，并在龙岗区横岗镇六约深坑工业区建立高档日用陶瓷、工艺陶瓷生产基地。2010 年，在龙岗区政府和龙岗区文产办的大力支持下，公司在龙岗区龙城街道五联社区爱联工业区建立深圳陶瓷文化产业园，并成为第六届中国（深圳）国际文化产业博览交易会的分会场。

【文化创意成果】"大师一条街"作为深圳陶瓷文化产业园的一部分，目的是为艺术家和爱好陶艺的人们提供欣赏陶瓷及制作陶瓷的艺术空间。"大师一条街"目前有多个瓷艺工作室，一批在中国陶瓷界有精湛技艺的大师级人物，在产业园内现场设计、创作和工艺展示。这里有著名的文化遗产项目——泥塑和紫砂技艺，也有集中国宋代五大名窑技艺于一身的注浆和拉坯制作，更有专门为深圳大运会做官方礼品《五洲同春合和尊》的现场制作，而另侧的可视高温辊道窑炉即时地把这一件件精美的艺作烧制成瓷艺成品。

"大师一条街"作为深圳陶瓷文化产业园的一部分，目的是为艺术家和爱好陶艺的人们提供欣赏陶瓷及制作陶瓷的艺术空间。

【文化创意代表人物】詹培明先生是斯达高公司董事长、总经理、总工艺师，中国网印及制像协会副理事长。他是潮彩艺术詹氏第三代传人，1963 年进入詹厝彩瓷厂，师从老艺人学习彩绘釉下彩。如彩绘"鸡碗"，其构图头、尾、爪均用 13 笔画成，亦称"十三笔碗"。一天要画上几千根线条，促使詹培明练就精湛的潮彩技艺，成为熟练掌握从捏塑、彩绘到色釉、窑工等生产流程的民间艺人。由于潮彩受手工彩绘及作坊生产的限制，品质、式样、规格、效率不能适应现代发展的需要。面对困境，鉴于深圳经济特区的政策、投资、出口及产业配套优势，1989 年詹培明决定将瓷艺公司建在深圳。詹培明在继承传统的基础上，对釉料配方、绘图、网印、温控等关键工艺技术进行了全面革新升级，使之更符合现代人的审美取向，更适应产业化及市场需求。

詹剑铨先生是斯达高公司设计总监，设计的产品两次荣获国际网印及制像协会金奖。2010 年设计的作品 FOR HIM SERRIES 系列在第九届全国陶瓷艺术设计创新评比中荣获金奖。

宝福李朗珠宝文化产业园

【评价参考】深圳陶瓷文化产业园将中国瓷和世界瓷结合起来，把国内和国际上最优秀的瓷艺专家集合起来，打造世界上最具有特色的瓷艺，并以不断的创新来赢得今后发展的动力。

【2010 年大事记】3 月 6 日，广东省文化厅副厅长杜佐祥领导与专家 30 余人齐聚斯达高公司出席"深圳潮彩瓷板画传承与发展研讨会"，就潮彩瓷板画申请第三批深圳市非物质文化遗产课题进行了研讨与交流。研讨会在斯达高公司瓷艺廊举行。

4 月 16 日，深圳市斯达高瓷艺有限公司被深圳出入境检验检疫局评为深圳地区出口工业产品一类企业。

4 月 26 日，詹培明创作的"紫光阁"粉彩浮雕瓷盘在中国（深圳）

畅销于欧洲的油画艺术瓷展区

国际工业设计博览会上获得 2010 年“龙岗·金凤凰”中国工艺美术精品奖银奖。

5 月 13 日，第六界中国（深圳）国际文化产业博览交易会深圳陶瓷文化产业园分会场隆重开幕。交易会期间，深圳陶瓷文化产业园分会场迎来采购商、游客约 8 万人次，成交金额 1.5 亿元，其中合同成交 1.3 亿元，现场零售 0.2 亿元。

5 月 13 日，深圳市斯达高瓷艺有限公司创作的《乾隆大阅图》拼接瓷板画被上海大世界吉尼斯总部认定为世界上面积最大的拼接瓷板画。

5 月 16 日，深圳市斯达高瓷艺有限公司被深圳文体旅游局评为“文化 + 旅游型示范基地”

中国（深圳·龙园）观赏石交易基地

【概况】龙园位于深圳市龙岗区龙岗街道龙园路 433 号，园区始建于 1992 年，占地面积 22.5 万平方米，作为第五届和第六届中国（深圳）国际文化产业博览交易会分会场。龙园观赏石交易基地拥有 1 万多平方米各式各样的奇石展馆，吸引了新疆、宁夏、广东、云南、广西及台湾等地代表团入驻，集各类观赏石于一园。别具风格的布局，落落大方的奇石，引领中华赏石潮流。2010 年，龙园总交易额达 69416 万元，入园参观人流量突破 49 万人次。

【发展历程】该园是中国唯一以龙文化为主题的园林式休闲公园，每一处建筑和雕塑，或气势磅礴，或构想奇异，或匠心独运，酣畅淋漓地展现了龙文化的神圣、神奇、神秘。2009 年被中国观赏石协会授予“中国（深圳·龙园）观赏石交易基地”，正式踏上了赏石文化产业的发展步伐。从 2008 年的首届国际奇石博览会、2009 年迎春石展、2009年第五届“文博会”龙园奇石分会场、2010年迎春石展再到2010年第六届“文博会”龙园奇石分会场活动，龙园用实力证明了赏石文化产业的魅力。经过多年的建设，深圳市龙岗区确定了将龙园打造成“华南地区最大赏石基地”的战略目标。

【赏石博览交易会】2009年12月26日至2010年1月6日，在深圳市龙岗区委、区政府的大力支持下，龙园成功举办了2010年龙园迎新春奇石展销会，围绕“高起点、高效率、新亮点”的要求，大力弘扬优秀赏石文化、营造龙园赏石文化氛围。活动期间入园参观人数达33270人次，与2008年相比增长30.6%。在交易项目上，黄龙玉、树化玉、长江石、黄河石、玛瑙等各类奇石争艳，约有2000方（件）展品成交，交易额达3566.8万元。

第六届中国（深圳）文化产业博览交易会龙园奇石分会场，于2010年5月13日至17日在中国（深圳·龙园）观赏石交易基地成功举办。活动期间，累计达11.78万人次入园参观，共接待海内外各类团体62次，交易额达人民币4.25亿元（含现场交易、合同签约和意向等）。展会期间，深圳市副市长兼市公安局局长李铭，原市委常委、深圳警备区原司令员刘勇，中国观赏石协会会长寿嘉华女士，中国收藏家协会会长闫振堂，原广东省旅游局局长、省人大华侨民族宗教委员会副主任郑通扬先生等出席分会场开幕式现场，并参观了龙园奇石展馆，对本届展会给予了充分肯定和高度评价。

2010年迎春石展再到2010年第六届“文博会”龙园奇石分会场活动，龙园用实力证明了赏石文化产业的魅力。经过多年的建设，深圳市龙岗区确定了将龙园打造成“华南地区最大赏石基地”的战略目标。

【园区荣誉】1. 2002年，荣获“深圳市龙岗区旅游行业先进单位”。

2. 2006年，成为中国观赏石协会单位会员（副会长单位）。

3. 2008年3月，评为深圳市创建绿色景区工作先进单位。

4. 2009年5月，成为第五届中国（深圳）国际文化产业博览交易会分会场。

5. 2009年6月，获得第五届文博会龙岗区承办工作先进单位。

龙园园区风景之回龙桥

6. 2010 年 5 月，被授予深圳市“文化 + 旅游”型示范基地。

7. 2010 年 5 月，成为第六届中国（深圳）国际文化产业博览交易会分会场。

【产业优势】1. 资源独特：龙文化、石文化皆起源于中国，发展于中国，两者一脉相承，孕育龙园独特的文化底蕴。

2. 区域及市场优势：地处深圳龙岗中心城，东接惠阳，西望东莞，位于经济实力雄厚的珠三角市场，靠近港澳台和国际市场。

3. 文化产业链提供发展机遇：联合龙岗区客家民俗博物馆、东方国际茶都，打造龙岗文化产业链，凸显传统文化魅力。

4. 政府扶持力度大。为建设“华南地区最大赏石基地”，龙园将争取政府扶持和行业协会的支持，进一步加快文化品牌的建设步伐。

【远景展望】打造华南地区乃至全国最大的赏石文化基地，弘扬中华赏石文化。以“整合资源、招商引资、完善设施、品牌推广”为要求，用两年时间实现龙园观赏石交易基地市场化运营，全面打造赏石基地和科普教育基地，通过良好的经济效益和社会效益树立典型性和示范性，共同促进深圳乃至中国赏石文化产业的蓬勃、健康发展。

【社会评价】龙园从一个普通的主题休闲公园跻身深圳文博会分会场，实现了前所未有的突破。目前，龙园正在探索和转变产业运营模式，由政府主导到市场化运作。在各级党委和政府、中国观赏石协会、中国收藏家协会的指导下，在广大专家和石友的支持下，龙园已成为深圳文化产业界的一颗闪亮明珠。

【2010 年大事记】2009 年 12 月 26 日至 2010 年 1 月 6 日，成功举办龙园迎新春奇石展销会。

2010 年 5 月 13 日至 17 日，成功举办第六届中国（深圳）文化产业博览交易会龙园奇石分会场。

9 月 12 日，举办“魅力石城 · 风情龙岗”暨迎中秋系列活动，各类文艺表演如金狮共舞、民间戏曲展演、奇石文化模特秀、奇石问答荟萃等吸引了上万观众。

9 月 15 日至 9 月 23 日，应邀参加由中国观赏石协会、国土资源部中国地质调查局在北京联合举办的“迎国庆 · 中国观赏石精品邀请展”，展示了龙园的奇石魅力。

10 月 3 日，举办了 2010 年深圳国际旅游文化节——龙园文化节旅游系列活动，推广了龙园的旅游品牌。

10 月 11 日至 13 日，应邀参加天津“第二届中国观赏石之乡（城）联谊会”活动。

10 月 30 日至 11 月 1 日，应邀参加与“中国杯”帆船赛同期举办的龙岗文化产业精品展。

12 月 30 日，成功举办了第六届“创意十二月”暨“科普石城 · 创意龙园”系列活动，以“走进科学 · 健康成长”亲子活动、奇石宣讲、美石之旅等十道文化大餐而出彩，营造了喜庆、欢乐、祥和的节日氛围，为群众的节日生活增光添彩。

龙岗动漫创意产业园

【概况】龙岗动漫创意产业园是深圳市华夏动漫科技有限公司建立的民营产业园区，位于深圳市龙岗区龙城街道五联友谊路，占地3万多平方米，总建筑面积5万平方米。华夏动漫是一家具备完整产业链的文化创意企业，以原创动画和衍生产品研发销售为主，动漫衍生产品在海内外有较高的市场占有率。

深圳市华夏动漫科技有限公司具备完整的动漫产业链，属下有华夏动漫制作事业部（原深圳市唐人动画影业有限公司）、深圳市华利达玩具礼品有限公司、艾莫文化传播有限公司。华夏动漫制作事业部已出品原创动画作品114集，拥有“憨八龟”品牌，现正在制作为深圳大运会打造的大型3D动画片《神奇的UU》。深圳市华利达玩具礼品有限公司专做原创衍生产品，主要出口日本市场。艾莫文化传播有限公司从事动漫精品连锁经营。公司现有国内优秀动漫品牌“憨八龟”“神奇的UU”“水果部落”“火星娃”，以及国外知名品牌“蜡笔小新”“魔法少女——莉欧”“KAGAYA”等。

【园区荣誉】2007年至2010年，连续四年获评四部委颁发的国家文化出口重点企业；原创动画《憨八龟》荣获2009年至2010年度国家文化出口重点项目。

【盈利模式】华夏动漫具备了完整的动漫产业链，并以原创动画和衍生产品研发销售为主。公司掌握了动漫产业链最为盈利的衍生产品开发环节，并向上游、下游延伸，形成了持续稳定和良性循环的产业链盈利模式。

【2010年大事记】2010年，全力制作大型3D动画片《神奇的UU》。

5月10日，龙岗动漫创意产业园荣获“深圳市文化＋旅游示范基地”称号。

5月13日，第六届文博会龙岗动漫分会场在龙岗动漫创意产业园开幕。在深圳市市委市政府及龙岗区区委区政府的大力支持

华夏动漫产业园

下，举办了包括海外动漫导演主题演讲与签约、动漫衍生品展销、Cosplay 表演等活动。

5 月 14 日，深圳市华夏动漫科技有限公司的卡通形象“憨八龟”荣获“中国十大卡通形象”称号。

8 月，龙岗动漫创意产业园与龙岗区政府成功签约，大运会博物馆、龙岗文化产权交易所永久性落户龙岗动漫创意产业园。

12 月，深圳市华夏动漫科技有限公司获得“国家认定动漫企业”称号。

华侨城创意文化园

【概况】华侨城创意文化园位于深圳华侨城东北部，项目占地 15 万平方米，总建筑面积约 21 万平方米。自 2004 年下半年开始，华侨城地产通过将旧厂房改造为创意产业的工作室，引进各类型创意产业，如设计、摄影、动漫创作、教育培训、艺术等行业，还有一些有创意特色的相关产业如概念餐厅、酒廊、咖啡厅等，实现了由工业区厂房建筑向以创意产业为主体的新空间形式转换；通过重新定义、设计和改造部分工业建筑，营造出后工业时代特色的新型工作、生活空间，为先锋艺术家、设计师提供一个创意工作场所。创意文化园秉承了华侨城纯正血统，地处深圳城市中轴线上，与何香凝美术馆组成了“黄金艺术三角区”。在一定形式上，它已经超越物质的形态而演变为一种积极的城市新生力量，甚至是一个象征城市文化脉络的文化标签。

创意文化园秉承了华侨城纯正血统，地处深圳城市中轴线上，与何香凝美术馆组成了“黄金艺术三角区”。

【发展历程】2005 年 1 月 28 日，OCT 当代艺术中心开馆。

2005 年 12 月 10 日至 2006 年 3 月 5 日，首届深圳城市 / 建筑双年展在华侨城创意文化园隆重举行。

2006 年 5 月 19 日，深圳市华侨城创意文化园正式挂牌。

2007 年 7 月 20 日至 8 月 30 日，成功举办 2007 华侨城旅游狂欢节“OCT-LOFT 狂欢创意秀”。

2007 年 11 月 9 日至 2008 年 2 月 9 日，成功举办“21 世纪设计之上”OCT-LOFT 07 创意节。

2007 年 12 月 9 日至 2008 年 2 月 9 日，2007 深圳 · 香港城市 / 建筑双城双年展在华侨城创意文化园成功举行。

2008 年 6 月，OCT-LOFT T 街创意市集启动。

2009 年 6 月至 2011 年 1 月，OCT-LOFT T 街创意市集成功举办 31 期，成为全国第一个周期最为密集、场地设施稳定的街区型创意市集。

【主营业务】创意文化产业集群区域，主要包括创意、设计展示展览；创意商铺租赁（创意型生活家居用品、独立设计师品牌服饰、创意手工艺品或制作坊、原创性品牌与产品）；创意设计类工作室（动

高文安公司大厅

“生长”的规划理念，采用分区改造、分栋设定的方式，使创意文化园演变成为一个永不落幕的城市公共展场和独特的文化符号。

漫、平面、室内、服装、雕塑、摄影工作室、儿童 / 成人创意绘画、陶艺黏土制作、创意插花、西点甜品制作等）；画廊、书店以及小型概念商铺租赁等。

【文化创意成果】吸引了一大批活跃在国内外的优秀文化人以及优秀设计企业的进驻，也进一步提高了华侨城品牌的文化气质和艺术感染力。

园区成功引入了 OCAT 当代艺术中心、高文安设计、都市实践设计、国际青年旅舍、毕学锋设计顾问机构等一批在业内具备较强实力的专业品牌公司，这些优秀公司集群引起了媒体和大众的广泛关注。

“生长”的规划理念，采用分区改造、分栋设定的方式，使创意文化园演变成为一个永不落幕的城市公共展场和独特的文化符号。

创意文化园与政府之间的“文化互动”交流合作，包括“文博会”和“设计之都”、两届深圳城市 / 建筑双年展、荷兰 Droog 设计展、国家遗产展等城市事件，为创意文化园的生成进一步提供了“城市动力”，为华侨城创意文化园的发展搭建了原创国际平台的“引擎动力”。

国瓷永丰源

【概况】国瓷永丰源是一家集研发、设计、生产、包装、销售和文化旅游于一体，有着完整产业链的环保型陶瓷集团公司。旗下企业有：深圳市永丰源实业有限公司、广东永丰源陶瓷有限公司、深圳市永丰源瓷业有限公司、深圳市瑞琼陶瓷颜料有限公司、唐山永丰源花纸有限公司、深圳市永丰源酒店礼品有限公司、四川永丰源瓷业有限公司、上海永丰源家居用品有限公司及美国永丰源公司。

永丰源的“AURATIC”“BAMBOO”“CIP”等品牌已在世界陶瓷市场上奏响高档瓷器的华美乐章，自主研发的具有浓郁中国风格“满堂红”等系列精品陶瓷在国内市场独领风骚。

【发展历程】1982 年，刘权辉先生在刘家祖辈 700 多年的陶瓷制作历史基础上，于中国陶瓷之都——潮州饶平创建了国瓷永丰源。永丰源的前身是刘权辉先生的父亲所创建的“盛兴瓷艺有限公司”。

2003 年，国瓷永丰源在深圳观澜买下 120 亩地，投资 3 亿多元，兴建实业，改变了深圳没有高端陶瓷生产的历史。在市委市政府和宝安区区委区政府及街道办的大力支持下，永丰源不断发展壮大，取得了令人瞩目的成绩。

【文化创意代表人物】刘权辉，国瓷永丰源董事长，出生于陶瓷世家，祖祖辈辈在潮州饶平县从事陶瓷生意。上世纪 80 年代初，16 岁的刘权辉开始闯荡商海，靠坚韧的毅力，将永丰源陶瓷销往世界各地。他在深圳观澜建设观澜瓷谷，与世界一流陶瓷设计、制造和销售企业开展合作，将永丰源建设成为中国陶瓷行业的龙头企业，公司屡获深圳“民营领军企业”“非物质文化遗产”传承企业等荣誉称号。

【自主创新】永丰源平均每天要开发 3 至 5 件新器型，设计出 3 个以上新花面。2010 年，已开发出新器型 1000 多个，釉上彩、釉中彩两大类新花面 2000 余种，形成了高档宾馆酒店用瓷、家庭用瓷、艺术瓷、航空瓷等系列产品。

釉下雕花技术、半球浮雕技术、无铅无镉技术、色釉分离技术、新水晶“玲珑”镶嵌技术、浮雕金技术、超世纪强化瓷技术、“晶彩”技术、釉下彩技术均走在同行前列。自主研发的“满堂红”“帝王黄”中，红、黄釉彩中第一次实现无铅无镉，超过世界陶瓷最高卫生标准“美国加州标准”，并实现红、黄两色的高度均匀、细腻，瓷色和原色基本一致。“深圳瓷”系列产品中的强化瓷“超世纪瓷”，其强度超过世界一般强化瓷的 3 至 5 倍，骨瓷的釉面和透光度均高于国际标准。

国瓷博览馆

第六届中国（深圳）国际文化产业博览交易会国瓷永丰源分会场

2010 年，国瓷永丰源获得深圳知识产权优势企业、深圳市文化 + 旅游示范企业、国家级文化产业示范基地等荣誉称号。

【园区荣誉】2007 年，国瓷永丰源的精品瓷器“帝王黄”和“满堂红”被列为国礼赠送给俄罗斯总统普京。

2008 年，国瓷永丰源荣获广东省著名商标、深圳市高技能人才培训基地、深圳市知名品牌、区级非物质文化遗产、深圳市宝安区百强民营企业、观澜街道办“循环经济示范单位”、深圳市研究开发中心（技术中心类）、中国国礼品业 TOP100 贡献奖和深圳礼品大赛银奖等。

2009 年，国瓷永丰源荣获中国陶瓷行业企业信用等级“AA”级企业、中国陶瓷行业名牌、宝安区民营百强企业等称号。

2010 年，国瓷永丰源获得深圳知识产权优势企业、深圳市文化 + 旅游示范企业、国家级文化产业示范基地等荣誉称号。

【文化创意成果】目前，公司已拥有“AURATIC——国瓷永丰源”“观澜瓷”“STAR FESTIVAL”“BAMBOO——丰竹”等数个品牌。其中，AURATIC 是高端陶瓷的代表，它凭着优良的品质、精美的设计及完善的售后服务，畅销世界几十个国家和地区。2009 年，永丰源创造了 19 项发明专利，占了中国陶瓷行业一半以上的专利数。目前永丰源拥有 93 项外观专利，并有 526 件产品获得版权。

【评价参考】国瓷永丰源把现代科技和文化元素融入传统产业中，大大提升了企业品牌的价值，并加快了传统产业的国际化进程。经过多年的发展，注重品牌的建设，永丰源成为当今陶瓷界的龙头企业。

永丰源自主研发的产品填补了国内业界传统手工工艺与现代高科技结合的空白，获得了国外众多元首的认可和称赞。其餐具也被指定为钓鱼台国宴的标准用具，被迪拜帆船酒店指定为首选餐具。

【远景展望】观澜瓷谷现在已经完成了一期工程建设，二期工程建设正在筹备规划中。观澜瓷谷将汇集全世界的陶瓷精华，成为世界陶瓷行业的“硅谷”。

【2010 年大事记】2 月 12 日至 20 日，在德国法兰克福展会上，永丰源瓷器以高标准的质地和浓厚的中华元素，受到参展商的高度青睐。在虎年开门红的好兆头下，永丰源与美国多家知名的陶瓷企业开展了全新的市场交换战略模式合作。

4 月 14 日，永丰源董事长刘权辉率领高管团队，参加了巴西“金砖四国”经贸峰会首脑峰会，在中国巴西经贸及投资论坛暨企业洽谈会上，永丰源公司和巴西战略合作伙伴签署了高达 3000 万美金的合作协议，为中国高端陶瓷进入巴西和南美市场打下了良好基础。

4 月 29 日，国瓷永丰源成为 2011 年第 26 届世界大学生夏季运动会的陶瓷类产品独家供应商。

5 月 1 日，永丰源制作的大型釉下雕花瓷版画《南粤风情》，在中国 2010 年上海世界博览会开幕式上大放异彩，它集中采用釉下雕花、水晶玲珑镶嵌等世界领先水平的技术和工艺，缔造了五个世界第一。

5 月 11 日至 17 日，在第六届文博会国瓷永丰源分会场上，举办了第一届中国・观澜国际陶瓷精品交易博览会、第一届中国・深圳非物质文化遗产精粹展示、第一届中国・观澜陶瓷高峰论坛会议等 8 项配套活动。国瓷永丰源分会场共接待中外参观团体 92 个，参观人次达 14.18 万，展会成交额达 11.1 亿元，取得了良好的经济效益和社会效益。

8 月 16 日，国瓷永丰源董事长刘权辉先生荣膺“第三届深商风云人物”称号。

10 月，永丰源瓷谷文化（北京）有限公司在北京成立。

12 月 9 日，永丰源入选第四批国家文化产业示范基地。

世纪工艺品文化广场

【概况】世纪工艺品文化广场（以下简称“世纪工艺园区”）是深圳市和福田区政府重点扶持的文化产业项目。园区共分布 14 栋独栋式建筑，总占地 6.1 万平方米，总建筑面积近 20 万平方米，是集高端文化产业的研发、办公、展示、交易及配套服务等为一体的多元化新型文化产业园区。

世纪工艺品文化市场有限公司作为园区的运营商，三年纳税合计 700 余万元。“世纪工艺园区”分两期建设，一期于 2007 年 3 月开业，引进了陶瓷、贵金属、珠宝、玉器、石雕、木雕、茶艺、紫砂、水晶、字画等展示、交易、研发项目，并完善了金融、物流、公寓、快捷酒店、餐饮、停车场等配套服务。二期 8 万多平方米的大楼将于 2011 年上半年正式启动运营，定位为数字新媒体、创意设计、影视动漫、品牌推广及其配套项目。

“世纪工艺园区”项目占地面积 6.1 万平方米，是福田区“实施产业置换、调整产业结构、实现产业升级”引进的第一个文化产业项目。项目具体产业功能为：以工艺品、礼品、文化用品交易为龙头，创意设计、产品研发为核心，集旅游观光为一休的国际文化产业园区，涵盖文化、展示、购物、休闲、教育等多重功能。

【文博会分会场】2010 年 5 月，园区承办了第六届文博会世纪工艺分会场。本届文博会世纪工艺分会场组织了 10 万平方米的展场，500 多家品牌商家进行展览、交易。展会期间，举办了金一文化入驻签约仪式、景德镇现当代名家艺术陶瓷展、美国艺术收藏协会回流古玉专题展等十四项主题活动。世纪工艺分会场共接待观众 20.087 万人次，园区成交总金额为 60.3 亿元。以深圳珍宝馆为代表的世纪工艺一期各大场馆近 500 家品牌商家均以其高档次、高品位的工艺品吸引采购商。在招展、招商方面，近 60 家品牌商户与客户分别建立了海外合作关系和合作意向，在文博会期间正式签订了合约。

【园区荣誉】自 2007 年“世纪工艺园区”开业以来，连续承办了四届文博会世纪工艺分会场。园区先后被授予“中国传统知识与民间工艺美术精品展示基地”“广东文化创意产业园区”“深圳市文化产业基地”“深圳市文化＋旅游型示范基地”，并获得第三、第四、第五届文博会优秀分会场二等奖。

【社会责任】自“世纪工艺园区”运营以来，园区管理公司注重回报社会，逐年增加向灾区、贫困地区、残疾人及其他社会公益组织捐赠的资金投入。至 2010 年，园区向汶川地震灾区等捐款 42 万余元。2009 年以来，园区免费将 200 平方米的展厅提供给残疾人艺术家创作、展览。

【远景展望】将二期大楼打造成高端技术、高附加值、高性价比的文化艺术产业园区和具备国内文化产业集群效应的文化艺术产业创意园区，是“世纪工艺园区”发展的产业功能及规划。

园区将强化以下功能：

新兴文化艺术产业（如：数字新媒体）及深圳本地原创文化艺术的孵化基地（创意工场）；培育文化产业领域的新兴中小型企业；引入文化艺术企业总部、上市企业、准上市企业，逐步形成总部经济氛围；现（当）代文化艺术品投资市场；深圳与台港澳及海外文化艺术交流衔接（链接）平台。

根据产业定位，二期重点引进新媒体行业及其配套运营商。坚持“文化＋科技”的发展方向，借助我区移动数字电视、网络电视等强大的新媒体载体优势，利用好深圳市发展互联网产业的政策，把握新媒体发展的巨大空间，发展综合性传媒产业，从深度和广度上促进创意产业的高速发展。

“世纪工艺园区”全景

【文化创意服务】“世纪工艺园区”运营方投资上亿元打造的堪称深圳“故宫博物馆”的深圳珍宝馆，征集、收藏了众多工艺美术大师的精品，常年举办各种文化艺术展览、专题讲座、培训等活动，是园区面向公众免费开放的公共文化展示平台，深受业内人士和市民欢迎，也提升了园区的文化品位。有关新闻等媒体评价如下：

（一）作品展示——提供文化服务

在世纪工艺品文化广场，就有这样一个特殊的场馆——深圳珍宝馆。该馆以宣传中国工艺美术文化，展示国内外知名艺术家、工艺美术家作品为主要定位，打造集展览展示、拍卖交易、鉴定评估、销售经营为一体的综合艺术馆，被中国工艺美术协会授予“中国工艺美术大师精品馆”称号。

巧夺天工的微雕、惟妙惟肖的刺绣、鬼斧神工的石刻、超然脱俗的丹青、精美绝伦的瓷器……有着深圳“故宫博物馆”之誉的深圳珍宝馆，常年举办各种文化艺术展览、工艺美术专题讲座、培训等活动，是世纪工艺品文化广场面向公众免费开放的公共文化展示平台，深受业内人士和市民欢迎。

（二）高端升级——二期扩容重磅企业抢驻

深圳是全球工艺品、礼品设计制造基地，但流通环节不畅，缺少大型、固定、高端的展示基地，以及交易、研发、出口基地，从而制约整个行业的发展和竞争力的提升，世纪工艺品文化广场属于皇岗、福田口岸扇形核心辐射区，是深圳距离香港最近的文化产业园。继一期近 12 万平方米的 5 大主题场馆开业后，政府和投资商信心坚定，迅速启动了二期项目，建筑面积达 8 万平方米。

世纪工艺品文化广场二期建筑坐落于新洲南路与福强路交叉路口，气势恢宏、造型现代，非常醒目。建筑内部宽敞明亮，空间高，既适合展览展示，又适合分割使用。建筑周边预留了很多停车场、喷水池、雕塑、坐椅等小景升华了园区的艺术品位。

据了解，世纪工艺品文化广场二期主要经营国际品牌的高档工艺品，内部设有展示厅、设计师基地、物流中心、书吧等空间设施，加上一期和周边已有的管理服务中心、多功能厅等设施，世纪工艺的配套能力在众多文化产业园中首屈一指，形成了一条产业服务链，足不出园即可完成洽谈、采购、配送等一条龙服务。

正是这种高起点、高档次的规划建设，世纪工艺二期成为众多重量级商家相中的“对象”。

（三）商气汇聚——专业展示奠定龙头地位

目前，世纪工艺汇聚了 300 多个知名品牌安家落户，先后获得国家知识产权局授予的国内首个“中国传统知识与民间工艺美术精品展示基地”，以及“广东文化（创意）产业园区”和“深圳市文化产业基地”等荣誉称号。

二期项目的建设完工，标志着世纪工艺在硬件上达到了国内一流水平，开业后将与一期相辅相成，形成主题鲜明、差异发展的场馆布局，如此大规模、高水平、专业化的工艺品展示、交易、创作园区，在深圳乃至周边地区都很罕见。

“世纪工艺园区”运营方投资上亿元打造的堪称深圳“故宫博物馆”的深圳珍宝馆，征集、收藏了众多工艺美术大师的精品，常年举办各种文化艺术展览、专题讲座、培训等活动，是园区面向公众免费开放的公共文化展示平台，深受业内人士和市民欢迎，也提升了园区的文化品位。

随着二期的营业，2011 年《深圳特区报》等媒体评价：预计整个园区吸纳的重点文化产业企业达 30 家，实现总营业收入 25 亿元，利润 3 亿元，税收 0.8 亿元。

【2010 年大事记】1 月，举办新春文化艺术礼品推广活动。

3 月，F 馆举办原深圳美术馆馆长赖征云等著名画家“三个广美老同学——油画作品展”。

5 月，第六届文博会世纪工艺分会场开幕及开展系列主题活动。

5 月 2 日，深圳市市委书记王荣和市委常委、宣传部部长王京生、市委常委李铭等市领导视察园区。

5 月 16 日，中国贸促会会长万季飞到园区调研；金一文化正式入驻 F 馆。

7 月，新任福田区区委书记刘庆生到园区调研，解决园区发展存在的困难和问题。

8 月，园区获省文化厅推荐，正式申报“国家级文化产业示范基地”。

9 月，珍宝馆举办第二届景德镇陶瓷学院教授作品邀请展。园区服务中心举办“2010 年度企业市场开拓资金申报论坛”。

11 月，园区通过“安全文明小区”初评。

12 月，金一创意馆、长城瓷艺馆进入试业前准备阶段。

2010 年，福田区区长张青山、福田区政协主席侯建潮、市委宣传部副部长吴忠、市文体旅游局副局长尹昌龙等领导多次赴“世纪工艺园区”指导工作。2010 年度，园区还接待了山东、福建、江苏等省多个政府考察团。

“航诚艺都”中国工艺精品商场

【概况】“航诚艺都”中国工艺精品商场由大型国有企业首都机场集团下属北京首都机场商贸有限公司投资，由其全资子公司深圳市航诚投资管理有限公司负责全面经营管理。

“航诚艺都”工艺精品商场位于深圳市日人流量 30 万人次的罗湖口岸“双城世纪”大厦裙楼 1-3 层，总面积 1 万多平方米。航城艺都工艺精品商场于 2007 年 5 月 27 日正式开业，定位为集零售、展示、批发、外贸订单于一体的高端精品商场，现有商铺 200 多个。至 2010 年底，“航诚艺都”汇集了全国各地工艺美术精品上千余种，有近 200 个商户落户“航诚艺都”，出租率达 98% 以上，其中港澳商户接近总商户数量的 40%，为深港两地的文化交流提供了平台。

至 2010 年底，“航诚艺都”汇集了全国各地工艺美术精品上千余种，有近 200 个商户落户“航诚艺都”，出租率达 98% 以上，其中港澳商户接近总商户数量的 40%，为深港两地的文化交流提供了平台。

【发展历程】航城艺都工艺精品商场 2007 年 5 月 27 日正式开业。

2008 年、2009 年、2010 年“航诚艺都”成功承办第四届、第五届、第六届中国（深圳）文化产业博览交易会“航诚艺都”分会，凭借文博会的巨大影响力和机场商业模式的推动力，将中国具有悠久文

航城艺都夜景

化历史的传统文化商品进一步市场化、国际化。

2010 年“航诚艺都”成为深圳市文化 + 旅游示范基地，并被评为深圳市重点文化企业。

【“航诚艺都”口岸文化广场】“航诚艺都”自开业以来，以“文化口岸，文化罗湖”为口号，为进一步提升罗湖口岸片区的文化氛围，体现商场的专业市场形象，提高市民的艺术修养和鉴赏力，成功将“航诚艺都”外广场打造成一个具有地域标志性的大众文化广场。自开业以来，在“航诚艺都”前广场组织了众多精彩纷呈的开放式活动，有效提升了“航诚艺都”品牌形象，并与深圳、香港两地的各类相关文化机构、协会、艺术家等合作，共同开展文化艺术交流活动。

【传统工艺精品传承馆】“航诚艺都”与青田石雕行业协会联手打造青田石雕精品展示馆，著名中国工艺美术大师林福照、周金甫、张海政、张爱光的获奖作品均有展示，其中不可多得的青田封门石佳作“喜报平安”“延年益寿”等得到业界的关注。另外，中国首家“文房四宝”精品馆入驻“航诚艺都”。馆内共有“笔、墨、纸、砚”工艺传承人及国家级工艺雕刻大师的作品数百件，如获亚太地区手工艺大师称号的中国工艺美术大师、岭南名人黎铿先生的端砚雕刻作品，中国笔王周鹏程特制的毛笔，国家级非物质文化代表性传承人汪爱军薰制的徽墨、端砚，罗氏世家、广东省工艺美术大师罗海雕琢的端砚，国家级非物质文化教育遗产代表性传承人邢春荣、杨占尧、庄富泉的“红星宣纸”“大千竹纸”和“元书土纸”等。该馆是我国文房四宝精品最集中的展示基地。

【企业荣誉】2008 年 5 月，“航诚艺都”荣获第四届文博会“优秀展示奖”“优秀分会场三等奖”及承办工作“先进集体奖”。

2008 年 6 月，承办中国（深圳）国际投资贸易洽谈会展览——“航诚艺都”展览。荣获中国（深圳）国际投资贸易洽谈会展览“优秀推广奖”。同年 12 月“航诚艺都”义工站被评为“优秀义工组织”。

2010 年 5 月，“航诚艺都”荣获“深圳市文化 + 旅游示范型园区（基地）”称号。

此外，“航诚艺都”展区在第五届、第六届文博会主展馆连续荣获“优秀组织奖”称号。

【文化创意代表人物】林民恩，香港著名书画家，2000 年荣获“弘扬中华文化热心人士”称号，现任国际潮汕书画总会永远名誉会长。

唐光艳，工艺美术师，师承台湾旗袍大师扬成贵，中国服装设计师协会会员，中国民族博物馆工艺师。其作品“花开富贵”云锦旗袍获中国工艺美术文化创意“银奖”，并在中国服装设计师协会举办的“人文奥运”中国概念成衣大赛获“优秀奖”。

陈英灿，国家一级美术师、一级书画师、中华陈氏书画家协会创会会长、世界陈氏文化交流协会名誉会长。作品入选全国书画大展、世界各地区书画大展，荣获多项金、银、铜奖。

龚伟，深圳市收藏鉴赏家协会秘书长、深圳市文物艺术品收藏协会会长，荣获中国收藏家协会颁发的“中国收藏名家”证书和“深圳百名藏书家”证书。

周耀祺，香港著名收藏家，现任香港科学艺术交流中心主席、深圳市天后博物馆顾问、中英街历史博物馆顾问等。

【评价参考】“航诚艺都”从 2007 年至 2010 年，从无到有，发展迅速，连续承办三届文博会分会场，荣获深圳市“文化 + 旅游”示范园区（基地）称号，成为深圳市重点文化企业。

“航诚艺都”作为传统文化与工艺美术相结合的载体，既是一个专业的工艺品交易市场，又是一个传统文化传播基地，同时也起到了深港两地文化交流的平台作用。

“航诚艺都”作为传统文化与工艺美术相结合的载体，既是一个专业的工艺品交易市场，又是一个传统文化传播基地，同时也起到了深港两地文化交流的平台作用。

【2010 年大事记】1 月 1 日，为庆祝中华人民共和国成立 60 周年，香港科学艺术交流中心“伟大的祖国”珍藏邮票及历史文物图片展在深圳“航诚艺都”口岸文化广场展出。

5 月 11 日至 17 日，第六届文博会“航诚艺都”分会场组织了丰富的活动。期间，共举办中国文房四宝精粹博览、中国国石展、文物鉴定、传统工艺与文化产业化发展趋势论坛、中国民俗手工艺展示交易会、古玩书画保真精品拍卖、歌舞荟萃表演周等九大项活动共计 40 余场次。“航诚艺都”分会场共接待海内外参观人数 2 万余人次，吸引参展商 300 余家，各地媒体报道 300 余（篇）次。文博会期间，“航诚艺都”分会场以“文化演出 + 精品展览”的双向活动模式得到了参展嘉宾以及参观市民的肯定。

8 月 13 日至 27 日，举办由深圳市罗湖区文化局、共青团罗湖区委员会、深圳市书法家协会及深圳市罗湖区书法家协会主办的第四届“航诚杯”深港少儿书法大赛。

10 月 1 日，举办“中国共产党发展历程回顾大型资料图片展”，展示珍藏版老宣传画、老报纸，吸引众多收藏爱好者前来观赏。

12 月，开展“纪念深圳改革开放三十年摄影展”。

2010 年，深圳市文物艺术品收藏协会在航城艺都举办了多场古玩展销拍卖活动，吸引深港两地近千名收藏爱好者前来竞拍。

雅昌企业（集团）有限公司（基地）

【概况】雅昌集团创建于 1993 年，总部位于深圳市南山区，以此为核心向全国辐射，拥有北京、上海、深圳三大运营基地和杭州艺术中心以及广西办事处等，产品和服务遍及中国内地、港澳台地区及美国、日本与欧洲等海外市场。18 年来，雅昌始终以传承、弘扬中华优秀文化为己任，致力于成为中国新经济文化产业的开拓者，不断追求先进的科学技术、创新的经营管理模式，为中国及世界文化艺术界提供综合服务。

雅昌独创的从“为人民艺术服务”到“艺术为人民服务”商业模式，将为艺术家、艺术机构、艺术经营机构、艺术出版机构、艺术院校等客户提供的 B2B 服务与为大众提供艺术教育、艺术普及的 B2C 产品紧密结合起来，将企业经营战略和实现社会责任紧密结合起来。2006 年，雅昌模式入选专业机构评出的“中国最佳商业模式”。

【雅昌印刷】雅昌堪称目前世界上最优秀的艺术印刷公司。自创立以来，雅昌印制的图书已超过 6 万种，共计 3 亿多册，为近 5 万名艺术家、230 多家出版社、近 100 家国内外博物馆与美术馆和纪念馆以及近 30 个国家的艺术和商业客户提供了高质量的印刷服务。

在高端艺术印刷领域，雅昌多次承担国家重大印制项目，成功印制《北京 2008 年奥运会申办报告》《上海 2010 年世界博览会申办报告》，北京奥运会残奥会、广州亚运会开闭幕式、建国 60 周年庆典活动、上海世博会开闭幕式印品及国家领导人新年贺卡等，并连续荣获美国、德国及香港等国际大奖 200 余项。以精美绝伦的《梅兰芳藏戏曲史料图书集》《西夏文物》和《中国文化遗产——贵州省》以及《摄影集》《奥运开幕式节目单》等印刷品四度摘取印刷界“奥斯卡”Benny Award（班尼）金奖，其中《梅兰芳藏戏曲史料图书集》和《中国记忆》更被评选为 2004 年和 2008 年“世界最美丽的书”，此奖项是 56 个参评国家唯一一项金奖，为国家与民族赢得了荣誉。

深圳雅昌新址（效果图）

【中国艺术品数据库】雅昌十多年来精心打造的《中国艺术品数据库》填补了中国艺术品数据领域的空白，也是雅昌的核心资源和开展众多业务的资料和数据中心。通过完善的知识产权保护体系，《中国艺术品数据库》的数据从各大文博机构、艺术品经营机构、艺术家及收藏家等渠道得来，覆盖了全国艺术市场。《中国艺术品数据库》现已管理着庞大的信息及数据，并以每年新增百万张图片的速度稳步增长。

【雅昌艺术网】2000年，"雅昌艺术网"成立，作为全球最大的中国艺术品门户网站，雅昌艺术网每天页面浏览量达800多万人次，在国际互联网调研机构China Rank的全球互联网排名中位于综合排名400名之内。雅昌艺术网已成为传播中国文化艺术的一个重要窗口。

"AAC艺术中国·年度影响力"，是由全球最重要的中国艺术品门户——雅昌艺术网发起，并联合数十家各类媒体共同举办的年度评选及发布活动。该活动以学术建设为核心，由专业领域的评委及艺术爱好者共同参与评选的年度艺术盛典，是艺术界推广中国优秀艺术、规范艺术市场，促进文化市场大发展、大繁荣的重要举措。

【雅昌艺术家综合服务】雅昌为艺术家量身打造艺术家数字资产管理，利用雅昌强大的国家级图像数据处理平台，实现艺术家原始资料的数字化处理。通过雅昌自主研发的中国艺术品数据库系统平台，用IT技术解决艺术家存储管理的技术难题。一对一的客服人员、编辑人员服务，让艺术家省心，真正做到安全管理艺术家的数字资产。目前，雅昌已经为超过4100位艺术家（包括700余位海外艺术家）建设了艺术家个人数字资产管理库。雅昌还为数十位知名艺术家出版个人画册，在中国美术馆、上海美术馆、今日美术馆，主办、承办、协办过众多艺术家的展览。

【雅昌艺品】雅昌艺品致力于成为"艺术生活方式"的倡导者，依托雅昌营运的《中国艺术品数据库》，独有的版权管理机构（CISDO）、高水平的色彩管理标准（ACMS）以及先进的微喷输出技术（Giclee+），向市场提供雅昌艺品名家限量复制艺术品和多种衍生品。目前，雅昌艺品合作对象包括北京故宫博物院、台北故宫博物院、辽宁省博物馆、安徽省博物馆、天津博物馆等国家级、省级重点文博机构、海外著名博物馆与版权代理机构，以及国内当代炙手可热的著名艺术家们。授权可复制的艺术品原作规模已达数千种，自主策划成熟的"雅昌艺品流动美术馆"艺术教育主题展览方案50余套，拥有丰富多样的产品系列及文化创意礼品系列（如手卷、立轴、框画、册页、成扇、经折书、插屏、水晶画、记事本、年历、艺术U盘、书籍等）。

以"艺术教育"为核心理念，雅昌首创的流动美术馆由"高仿书画展、原作对照展、多媒体互动与艺术阅读体验、艺术讲堂、艺术沙龙"组成，已在北京、上海、深圳等地举办过数十场次的展览展出，深受群众欢迎。

【文化创意成果】雅昌现拥有中国乃至世界最大的中国艺术品数据库，是雅昌数字出版的核心优势。通过IT技术、网络、手机等多种电子阅读技术，用更加便捷的方式传播给终端客户，使其产生最大的价值，是一个价值实现的广阔平台。

经过拍卖公司授权，雅昌自行研发版权保护技术和体系，对拍卖图录进行数字化处理，并与详尽的拍卖数据、拍品信息、艺术家资讯等信息关联，形成独具特色的拍卖电子图录。未来，雅昌将通过授权和版权保护体系，进一步开发艺术数字出版物。

【园区荣誉】2006年，国家文化部授予雅昌"全国文化产业示范基地"称号。

2006年至2009年，雅昌连续四次荣获由中国社会工作协会企业公民委员会和中央电视台授予的"中国优秀企业公民"称号，董事长万捷荣获"中国最具社会责任企业家"称号。

2007年，被文化部和中国美术家协会联合授予"文化（美术）产业示范基地"，2008年又获得由国家文化部、商务部、广电总局、新闻出版总署联合设立的首届中国文化产业创新奖。

2009年，荣获"2009~2010年度国家文化出口重点企业"。

2010年3月，雅昌印品《诗经》获"世界最美的书"殊荣。

3月11日，深圳雅昌彩色印刷有限公司荣获"2009~2010年度国家文化出口重点企业"称号。

3 月 19 日，深圳雅昌喜获“广东省模范职工小家”“工人先锋号”等光荣称号。

3 月 25 日，北京雅昌公司荣获 2009 年度“北京市绿色企业”称号。

4 月 22 日，雅昌艺术网荣获“优秀互联网行业服务和行业信息网站奖”。

4 月 24 日，第五届中小企业电子商务应用发展大会深圳开幕，雅昌艺术网荣登 2009 年度中国行业电子商务网站 TOP100 榜单。

6 月 8 日，ARTRON 被认定为“中国驰名商标”。

10 月 5 日，第 61 届美国印刷大奖颁奖典礼日前在美国芝加哥落下帷幕，雅昌集团历史性的捧回 7 座被誉为世界印刷界“奥斯卡”的班尼金奖。

11 月 11 日，“2010 年中国印刷企业 100 强”颁奖典礼华丽上演，雅昌集团荣登“2010 中国印刷企业 100 强”榜单。

11 月 27 日，2010 年第六届中国企业公民年会在京举行，雅昌集团获企业公民委员会最高荣誉：中国五星级企业公民。

12 月 4 日，2010 年中国版权年会在深圳举行，雅昌获“年度中国版权产业最具影响力企业奖”。

12 月 6 日，第二十二届香港印制大奖，雅昌荣摘 11 项大奖。

【文博会分会场】雅昌艺术馆是雅昌集团旗下文化创意产业品牌，“雅昌艺品”从事高仿真书画和艺术衍生品研发及展示的重要平台，位于深圳市中心城区——福田区彩田北，总建筑面积 11000 平方米，内设标准化展厅 11 个，展线长度 700 米，展厅面积 3000 平方米。馆内长期为艺术家承办各种艺术展览，可以免费欣赏、参观，仅 2010 年完成专题展览 30 余个，年游客接待量和参访人数均超过 30 万人次。

自 2007 年至今，雅昌艺术馆作为“深圳（中国）国际文化产业博览交易会（以下简称‘文博会’）”的分会场，已经连续承办四届文博会，取得了可喜的成绩，获得社会各界的广泛好评。第六届文博会期间，“雅昌艺品流动美术馆”展示的圆明园国宝鹏城亮相，引起了众多嘉宾的浓厚兴趣。牛首、虎首、猴首、猪首铸工精制，清晰逼真，动物绒毛等细微之处可见，不见一丝马虎，表现出极高的工艺水准。大家驻足观赏，隔着玻璃合影留念。2010 年正是圆明园劫难 150 周年，这些国宝铜兽首来深正是对这段历史的纪念。由于兽首异常珍贵，现场安保森严，展厅内外有 20 多位保安日夜守护，两位荷枪实弹的安保人员已进驻展厅现场。自 15 日起，兽首展正式面向公众免费开放。

自 2007 年至今，雅昌艺术馆作为“深圳（中国）国际文化产业博览交易会（以下简称‘文博会’）”的分会场，已经连续承办四届文博会，取得了可喜的成绩，获得社会各界的广泛好评。

与兽首同期展出的还有参与圆明园设计的意大利籍宫廷画师郎世宁的传世名作、黄公望传世名作《富春山居图》及近现代名家齐白石、陆俨少等人的不朽名作。

深圳雅昌大厦外景

上海公司雅昌大厦

北京雅昌大厦外景

南海意库

【概况】南海意库由三洋厂房改建而成，总占地面积 44125 平方米，总建筑面积约 11 万平方米，共有 6 栋厂房。南海艺库项目共分为两期，改造总投资 3.2 亿元，一期工程 1 号、3 号、5 号库总建筑面积为 6.3 万平米，已于 2008 年 5 月正式开园；二期工程 2 号 、6 号库总建筑面积为 4 万平方米，将于 2011 年 6 月底正式竣工；4 号库由华丝服装企业于 2010 年自行改造完毕。目前进驻顶尖创意机构近 70 家，包括建筑设计、广告设计、景观设计、工业设计、室内设计、摄影等诸多创意机构。

2010 年，南海意库一期园区企业生产总值达到 43.6 亿元，进驻企业中 90% 为创意设计类企业。

2010 年，南海意库一期园区企业生产总值达到 43.6 亿元，进驻企业中 90% 为创意设计类企业。

【发展历程】2005 年 10 月，招商地产正式回购三洋厂区 1 号、3 号、5 号，并将整个厂区列入深圳创意产业园二期基地，易名为“南海意库”。

2006 年 5 月，南海意库首次亮相第二届中国（深圳）文化产业博览会。

2007 年 3 月 8 日，深圳创意产业基地——南海意库一期正式启动。

2007 年 5 月，南海意库项目被确定为第三届中国（深圳）文化产业博览会分会场。

2008 年 5 月，南海意库项目正式开园，并再次确定为第四届中国（深圳）文化产业博览会分会场。

2008 年 11 月，招商地产正式回购三洋厂区 2 号、6 号库，开始南海意库二期建设。

【绿色 · 低碳】南海意库本身是一个经典的城市创意。南海意库通过有效节约建筑经济成本，改善室内空间的生态环境，提高空间舒适度，成为旧厂房改造项目的典范之作，是 2006 年全国 35 项节能示范项目之一，也是深圳市唯一的建筑改造和可再生能源示范项目。

【园区荣誉】至 2010 年，南海意库荣获“绿色建筑奖”“太阳能光伏与建筑一体化示范项目”“国家自然科学基金研究项目”、“2007 年循环经济示范项目”“2007 年度精瑞住宅科学技术奖”“绿色生态建筑金奖”“深圳市文化产业基地”“深圳市‘文化 + 旅游型’示范基地”等殊荣。

【园区重点企业】加拿大奥雅景观规划设计事务所：公司于 2000 年进入中国大陆市场，经过 9 年的发展，业务范围包括用地规划、景观设计、公园设计、风景区规划与设计、平面设计、产品设计和室内设计等，已在全国各地完成了百余项大型景观规划和设计项目。在过去的 9 年中，公司获得“中国十大景观设计机构”“中国二十大品牌影响力规划建筑、景观设计公司”“最有合作价值的景观设计机构”“中国地标建筑卓越景观设计机构十强”等称号。

深圳市小燕画院：该院是经深圳市文化局批准，具民间性质的一所少儿美术创作、教育机构。这些孩子创作的作品，曾代表深圳

南海意库 2 号库改造效果

市少儿美术创作的最高水准在中国美术馆举办展览，并多次远赴美国、法国、德国、埃及等国家举办交流展。

香港和华国际建筑设计有限公司：公司于 1997 年在香港注册成立，主要业务包括城市规划设计、建筑设计、景观与园林规划设计。公司特聘有 Mr·leslie Forsyth（现任英国爱丁堡艺术学院建筑学院院长）等国际著名的城市设计专家、建筑师。

深圳市小飞天艺术投资：公司是中国第一家全价值链的艺术运营平台。公司致力于打造中国最具行业影响力的艺术运营平台，主力业务涉及艺术公益、艺术慈善、艺术收藏、艺术地产。旗下包括有艺术会馆、艺术地产顾问机构、飞天艺术网、《艺见》杂志、艺会所，全方位为藏家打造最可信的收藏渠道与交易平台。

星河作品服饰设计有限公司：公司以设计团队为主导，集品牌推广与商业销售于一体，其设计研发中心是一个有二十余人的精英组合，目前公司已在法国巴黎设立原创工作室。

锦鸾宫（中国十大室内软装设计品牌）：是中国室内装饰集成商，中国室内软装概念领航人，旗下拥有锦鸾宫、居佳伴等品牌。

【平台建设】为吸引更多的创意设计机构进驻园区，加强园区创意设计的氛围，根据南海意库已进驻企业的实际需要，目前已经在园区实施以下服务：

A. 展示交易平台：南海意库园区 1 号楼规划有 400 平米的展示厅，主要为园区企业提供一个举办各种设计展览及专业性论坛的场所，以此加强文化创意产业的聚集氛围。

B. 教育培训平台：以创意产业人才培训为主体的教育培训平台，联合国内知名高校及专业教育机构，定向为企业培养专业创意产业人才，包括不定期举行工商、税务等一系列的讲座。

C. 宣传推广平台：建立园区网站，随时发布政府政策、产业导向、市场行情、人才资源、合作交流等相关信息，并定期出版园区宣传资料，加大园区企业的宣传力度。

中国·观澜版画原创产业基地

【概况】中国·观澜版画原创产业基地位于鲁迅先生倡导的中国新兴木刻运动的先驱者、著名版画家、美术理论家、教育家陈烟桥先生的故乡——风光如画的观澜街道牛湖社区。基地规划面积140万平方米，核心区为31.6万平方米，是由中国美术家协会、深圳市文学艺术界联合会和深圳市宝安区人民政府合作创建的集版画创作、制作、展示、收藏、交流、研究、培训和市场开发为一体的中国版画事业与产业并进的综合性项目。

至2010年，这里汇聚了全球47个国家和地区的265位著名版画艺术家，有50多家画廊及其配套用品门店，已经形成了高端原创版画聚集区，并成为“宝安八景”之一。

【发展历程】大水田村原是观澜街道牛湖社区下辖的一个居民小组，旧村房屋共有213栋。在中央、省、市大力推行文化产业发展之际，宝安区委区政府积极践行科学发展观，抢抓机遇，充分利用观澜的书画艺术活动品牌以及观澜是中国新兴木刻运动的先驱陈烟桥故乡等人文资源优势，与中国美术家协会、深圳市文学艺术界联合会多次友好协商，于2006年5月共同签署了《关于创建中国·观澜版画原创产业基地合作意向书》。同年9月，“首届中国·观澜国际版画双年展”正式启动。2008年5月，经过改造后的版画工坊、国际艺术家村正式投入使用，版画基地成为第四届文博会观澜分会场。同年6月，深圳市宝安区“中国·观澜版画原创产业基地”管理办公室设立，加强对版画基地的管理和服务，进一步推动了版画基地的发展。

中国·观澜版画原创产业基地位于鲁迅先生倡导的中国新兴木刻运动的先驱者、著名版画家、美术理论家、教育家陈烟桥先生的故乡——风光如画的观澜街道牛湖社区。

【版画精品拍卖会】“首届观澜版画原创产业基地版画精品拍卖会”于2010年5月17日上午在观澜美术馆隆重举行。拍卖会期间，《毛主席来到武钢工地上》《背水桶的女孩》《南昌起义》《杜鹃别样红》等45幅版画竞拍成功，成交额达60万元，其中《毛主席来到武钢工地上》拍出最高价5万元人民币。本次版画拍卖会是观澜版画基地文化产业化的一次创新，在广东省内尚属首次，初步实现了高雅原创版画艺术精品与市场成功对接。

【观澜版画基地东区展馆】2010年，观澜版画基地东区展馆举办了10个较高级别的展览：中国当代版画名家作品展、英国“欧洲木版基金会”收藏作品展、观澜版画原创产业基地版画作品展、粤港澳台两岸四地版画名家作品邀请展、风景幻想曲——伊凡·萨默尔版画作品展、追寻与守望——迈克尔·哥罗版画作品展、草原上的格桑梅朵——12位艺术家的藏族祥巴展、庆祝深圳经济特区建立30周年版画作品展、套色木刻精品展、加拿大当代版画作品展、观澜版画基地2011迎春版画展销会等。

观澜版画基地版画工坊

观澜版画基地先后被授牌为国家“文化（美术）产业示范基地”“2008中国最佳创意产业园区”“广东省版权兴业示范基地”“深圳市文化+旅游型示范基地”“深圳市行业卫生单位”“深圳市园林式花园式单位（小区）”“深圳市宝安区科普教育基地”。

【园区荣誉】2006年以来，李长春、李岚清、尉健行、刘云山、汪洋、李铁映、华建敏、司马义·铁力瓦尔地、郑万通、李蒙等党和国家领导人先后到观澜版画基地视察。观澜版画基地先后被授牌为国家“文化（美术）产业示范基地”“2008中国最佳创意产业园区”“广东省版权兴业示范基地”“深圳市文化+旅游型示范基地”“深圳市行业卫生单位”“深圳市园林式花园式单位（小区）”“深圳市宝安区科普教育基地”。

【评价参考】基地以“高端定位，事业产业并进，政府主导，企业主体，专家策划，市场运营，和谐发展”为原则，通过“中国·观澜国际版画双年展”“中国（观澜）原创版画交易会”“版画学术论坛”“国际艺术家村”“版画工坊”“艺术部落”“红木家居艺术商业街”“中国观澜版画艺术博物馆和交易中心”等常设性的学术和市场开发平台，共同打造国际版画艺术交流平台，以及中国原创版画的创作、制作基地，版画的专业研究、收藏机构，版画博览、销售中心，版画器械、材料的销售中心，全国美术院校的教育实习基地和版画信息传播、宣传普及中心。

人们在欣赏版画名家作品、版画艺术制作、古旧客家民居之余，还能感受到观澜生态田园的旖旎风光。

【2010年大事记】1月12日下午，全国人大常委会副委员长华建敏一行莅临观澜版画原创产业基地参观考察。

2月24日，“观澜版画基地版画精品巡展”在深圳市民中心B区贵宾厅隆重开幕，共展出李焕民、阿鸽、孔葵等中外版画名家的百余幅版画精品。

4月14日上午，全国人大常委会副委员长司马义·铁力瓦尔地到观澜版画基地考察。

5月13日上午，第六届文博会观澜版画原创产业基地分会场暨观澜版画艺术节隆重开幕，分会场以“艺术与你同行，点亮百姓生活”为主题，首次以版画艺术节的形式，将版画展览、欣赏、拍卖、交易、交流、研讨、名家与市民的艺术互动相融合，举办了粤港澳台两岸四地版画作品邀请展暨学术论坛、第四届中国（观澜）原创版画交易会、版画走进百姓家——2010 版画嘉年华拍卖会等特色品牌活动，并举行了观澜版画艺术博物馆和交易中心启动奠基仪式暨著名版画家作品捐赠仪式，引来海内外一大批版画艺术家、专家学者、画商和版画艺术爱好者。本届分会场规模宏大、专业水平高、内容丰富多彩，共吸引外国驻穗领馆官员等中外参观团体 30 多个、参观人员 2 万多人次，原创版画交易额达 830 余万元，取得了观展和交易两旺的佳绩，在中外版画界再次产生了深远的影响，赢得了各级领导和社会各界的一致好评。

5 月 14 日，来深参加第六届文博会的美国、加拿大、日本、波兰等 15 国驻穗领馆官员 22 人莅临观澜版画原创产业基地参观考察。

5 月 15 日，国家财政部副部长张少春一行莅临观澜版画原创产业基地参观考察。

6 月 23 日下午，“风景幻想曲——伊凡·萨默尔版画作品展”在版画基地东区展览馆隆重开幕，展览为期一个月，展出版画基地入驻艺术家、美国宾夕法尼亚州库兹敦大学教授伊凡·萨默尔的版画佳作 28 幅，这是版画基地首次举行国外入驻艺术家个展。

11 月 4 日，“观澜版画展——深圳观澜版画原创产业基地入驻艺术家作品展”在中国美术馆隆重开幕，52 幅来自深圳观澜的版画作品精彩亮相中国美术馆。这是观澜版画基地创作作品首次进入中国美术界最高殿堂。

12 月 6 日，应保加利亚索菲亚国际版画三年展组委会邀请，由中国美术家协会版画艺委会、保加利亚美术家协会主办的“中国·观澜版画展”在保加利亚首都索菲亚文化部艺术中心展出。这是观澜版画继在中国美术馆成功展出后，再次走出国门、走向世界的重要的学术交流展览。此次展览荣获了由保加利亚文化部、保加利亚艺术家联合会、索菲亚市文化局、保加利亚外交部文化事务研究所联合颁发的“当代版画艺术发展与普及贡献奖”。

12 月 10 日，联合国教科文组织文化部文化表达与创意产业局局长嘉丽·萨乌玛·弗雷德女士一行 3 人到观澜版画原创产业基地参观考察。

观澜版画基地版画工坊

2010 版画嘉年华拍卖会等特色品牌活动，并举行了观澜版画艺术博物馆和交易中心启动奠基仪式暨著名版画家作品捐赠仪式，引来海内外一大批版画艺术家、专家学者、画商和版画艺术爱好者。

中国（观澜）山水国画产业基地

【概况】山水国画产业基地位于深圳市观澜环观南路君子布村山水田园旅游文化园内。该园选择了以文化产业和旅游产业为基础的“双业并举”发展战略，于2009年12月28日通过国家旅游局的评定，获评为国家4A级旅游景区。山水田园文化产业园累计总投资3.2亿元人民币，占地面积400余亩，其中湖水面积100亩，总体规划是以吃、住、行、旅、娱、购六大要素功能板块为旅游产业基础，以“一大基地、二大产业、三大核心、四A景区、五大文化中心、六大文化景观”为核心的文化产业发展战略目标。目前该园已建成集生态文化、客家文化、乡村民俗文化、儒家文化、道家文化为背景的旅游观光度假景区，是以文化娱乐、休闲养生、会议、演艺、国画创作、研讨、展览、交易等为一体的旅游文化产业园，也是中国首家以旅游度假国画创作为主题的山水国画产业基地。

【发展历程】1. 建设规划期：1999年至2003年

2. 经营成熟期：2003年至2007年

2005年5月，被中国名牌产品市场保护委员会、中国国际绿色环保管理委员会评为“中国绿色环保名优企业”。

3. 品牌建设期：2007年至2009年

2008年，被中国名牌产品市场保护委员会、中国品牌调查统计中心评为“中国生态农庄”。

2008年，被深圳市市场经济研究会评为深圳知名品牌。

2009年12月份荣获国家4A旅游景区。

4. 建立“文化＋旅游”经营发展模式：2010年至今

2010年1月，成立中国（观澜）山水国画产业基地并立项。

2010年5月，第六届文博会山水田园分会场开幕。

2010年5月，被授予深圳市“文化＋旅游”示范园区。

2010年8月，国画基地项目成为宝安区重大项目。

【园区荣誉】该园区先后获“国家AAAA级旅游景区”“深圳市

山水田园 · 完善的服务设施

文化＋旅游型示范基地”“宝安区美术家协会采风创作基地”“2009深港市民最喜爱的旅游度假胜地”“中国绿色环保名优企业”等数十项荣誉称号。

【2010年大记事】2月23日，中国山水国画研究院院长陈克永一行3人到园区指导工作。

2月24日，深圳美术馆馆长宋玉明一行9人参观了山水田园，就成立“深圳市东湖山水美术馆”事宜展开商讨，并达成了合作意向。

3月17日，应中国山水画研究院院长陈克永的邀请，赴北京参观考察中国山水画研究院。双方就创办中国山水画研究院深圳分院和第六届文博会山水国画分会场举办大型画展达成共识。

4月27日，深圳市副市长闫小培一行于下午抵达山水田园检查指导工作。

5月12日，第六届文博会山水田园分会场隆重开幕，以“舞动山水、墨洒田园”为主题，以宽8米、长20米的巨幅山水画铺设展馆主舞台，以注墨成画启动开幕仪式。来自中国山水画研究院的7位院长的48幅大作隆重展出，同时举办了中国山水画发展研究暨产业化提升高峰论坛。

第六届文博会山水田园分会场隆重开幕，以“舞动山水、墨洒田园”为主题，以宽8米、长20米的巨幅山水画铺设展馆主舞台，以注墨成画启动开幕仪式。来自中国山水画研究院的7位院长的48幅大作隆重展出，同时举办了中国山水画发展研究暨产业化提升高峰论坛。

5月13日，河北省副省长孙士彬及省文化厅厅长李建华一行7人参观观澜山水田园。

9月18日，国画基地入驻画家集体创作启动仪式开幕，集体创作了一幅《华彩盛世，锦绣鹏城》的画作为深圳特区成立30周年献礼。

2010年12月30日至2011年1月3日，深圳首届两岸三地中国画展展览交易大会在观澜山水田园旅游文化园隆重举行。参展画家的作品有内地著名画家范曾、沈鹏、刘西文等名家作品，以及中国香港、中国台湾等地近百名画家作品进行展出交易。

F518时尚创意园

【概况】深圳F518时尚创意园是一个充满艺术时尚、富有想象力的园区，位于宝安中心区的核心地带，于2007年12月7日落成，总规划建筑面积达2 5万平方米。园区以“科学＋艺术”“技术＋创意”为发展战略，致力于创意文化和区域产业的对接，推动区域产业升级，并积极推进区域及园区文化氛围的建设。园区有创意的研发设计团队、先锋前卫的原创艺术家、创意孵化的平台、配套齐全的展示交流空间，有效地融合了设计和艺术聚集的创意力量，让区域性“软制造基地”初步成型。

【2010年业绩】2010年，园区企业总资产达4.5亿元，园区企业主营业务收入约6.1亿元，分别较上年增长20%和10%左右。园区企业上缴税金900多万元，较上年增长约30%。此外，据不完全统计，2010年入园企业为企业和社会服务，间接实现产值约38亿元，

间接产生税收约 1.8 亿元，间接接收就业人员约 46000 余人。2010 年，园区更注重产业链形态的特质，引进各类优秀创意企业，包括工业设计、平面设计、广告、包装设计、影视动漫、建筑设计、环境设计、科技研发等各类产业链上游配套企业 83 家，与 2009 年同期相比增加了 30%。其中工业设计及研发企业 52 家，影视动漫企业 7 家，其他创意设计企业 24 家。截至目前，园区入驻企业共 177 家（不包括艺术家工作室）。

【文化创意代表人物】钟伟鹏，F518 时尚创意园董事长、创始人。随着 F518 产业园崭露头角，钟伟鹏先生把产业链平台运作视为园区发展的生命力，全力帮扶拥有知识产权、技术或创意产品的企业或个人找寻社会投资，协助申请政策补贴，帮助解决市场销售问题等。

5 月，成功举办第六届文博会 F518 时尚创意园分会场。第六届文博会宝安区文化产业项目签约仪式上，澳大利亚 TEMG 星媒集团落户 F518 时尚创意园。

【2010 年大事记】2010 年 3 月 20 日，F518“造音社”正式成立，这是宝安区首个打造本土音乐文化的平台。

2010 年 4 月，F518 创意产业园成为“宝安十二美景”之一。

5 月，成功举办第六届文博会 F518 时尚创意园分会场。第六届文博会宝安区文化产业项目签约仪式上，澳大利亚 TEMG 星媒集团落户 F518 时尚创意园。同月，文化部文化产业司副司长李小磊，深圳市人大常委会副主任及聚声，宝安区区委副书记张洪华，副区长兼西乡街道党工委书记、办事处主任李勇等领导出席了第六届文博会深圳 F518 时尚创意园分会场开幕式。同月，举办了 2010 深圳（国际）文化创意项目研讨推介会，来自全国各地的文化产业专家与企业家齐聚宝安 F518 时尚创意园，共话文化创意产业投资和运营新模式。同月，举办跨国投资采购洽谈会。园区企业与美国、毛里求斯、阿联酋等地采购商达成多项协议。

6 月，深圳 F518 时尚创意园获评“中国企业文化建设示范基地”十佳企业。

7 月，在由中国社会科学院、广东省委宣传部等单位主办的“第五届中国企业文化国际论坛”上，广东省副省长雷于蓝为 F518 颁发了“中国先进企业文化建设基地”牌匾。

F518 时尚创意园

8 月 12 日至 15 日，深圳 F518 时尚创意园荣获“中国最具发展潜力园区”“中国最佳文化创意产业示范区”荣誉称号，园区负责人钟伟鹏获得“中国工业园区建设先进人物”荣誉称号。

12 月，F518 正式推出第三届深圳·宝安（国际）创意文化节，开展了以“全民创意新时代”为主题的四大板块 15 个系列活动。同月，第三届中国（深圳）国际工业设计节宝安设计与产业对接会暨成果签约仪式在园区举行。

深圳国家动漫画产业基地

【概况】深圳国家动漫画产业基地自 2006 年创建以来，已形成了在国内外具有一定影响力的动漫文化品牌，得到了党和国家领导人的好评，获得了国内外业界同行的广泛认可。

深圳国家动漫画产业基地是目前深圳市唯一一家集国家级、省级及市级认定资质为一体的文化产业园区（基地），也是中国唯一一家完全依托广播电视媒体、通过市场化运作建设的国家级动漫产业基地。

深圳国家动漫画产业基地是目前深圳市唯一一家集国家级、省级及市级认定资质为一体的文化产业园区（基地），也是中国唯一一家完全依托广播电视媒体、通过市场化运作建设的国家级动漫产业基地。

2009 年动漫基地发展速度加快，不但开创了以点带面的跨地域的总部经济发展模式，同时还开设了百家连锁专卖、邮政亭连锁销售、书城原创直销专区等动漫衍生产品交易平台，基本构建了专业化、流程化、规模化、正版化的公共技术服务体系和全方位、一体化的专业性、特色性的公共服务平台，开辟了全版权出口并以出口销售创品牌的良性海外销售渠道。

【2010 年业绩】至 2010 年，共有 89 家企业入驻，企业注册资金总计约 2.5 亿元，其中境内 82 家，境外 7 家。按企业性质划分，包括原创动漫企业 45 家、原创手机动漫与网络游戏企业 11 家、衍生产品开发企业 10 家、项目代理企业 2 家、出版发行企业 2 家、投融资企业 2 家、技术设备企业 1 家、原创影视制作企业 5 家、人才培训企业 3 家、软件研发企业 4 家。基地目前从业人员超过 2000 人，其中研发创作人员占 58%，大专以上学历占 43%（包括 8 名博士、28 名硕士）。

截至 2010 年 11 月，动漫基地共有 18 家深圳动漫企业的 58 部动画片，共计 4723 集（50604 分钟）在国家广电总局通过立项审批；共有 9 家企业、29 部动画片、1739 集获得播出版发行许可证。据不完全统计，2010 年，深圳动漫企业总产值为 6 亿元人民币。

【“走出去”战略】2010 年，由基地 5 家入驻企业原创生产的动画电影、动画片、动画形象及动漫衍生产品，分别以动画片播映权、形象授权、衍生产品版权授权及销售等形式出口到日本、加拿大、美国、俄罗斯、新加坡以及台湾、香港等地，共覆盖 70 多个国家和地区。其中电视动画片有 16 部，分别是《憨八龟》《水果部落》

动漫基地 3D 全景效果图

《超智能足球》《正义红师》《甜心格格》《小鸡不好惹》《生肖传奇之十二生肖总动员》《生肖传奇之十二生肖闯江湖》《生肖传奇之十二生肖快乐街》《猴王传》《恐龙危机》《海螺湾》《新星小镇》《小虫虫有大智慧》《熊出没》《宝宝妈妈网之英语童谣系列》,动画电影 1 部《风云决》，以及 OEM 生产（即代工生产）产品，创汇总额为 2.22 亿万人民币。

【2010 年重大活动】 1. 文博会深圳国家动漫基地分会场

第六届文博会深圳国家动漫基地分会场于 2010 年 5 月 13 日至 17 日隆重举行。活动以“新媒体 · 新生活 · 新未来”为主题，共设置七大类 23 项活动，充分展示了新媒体影视动漫的科技性、观赏性、参与性和体验性，通过组织举办一系列国际化程度高、专业性强的高端论坛，与英国、日本以及香港地区的业界专家共探新媒体影视动漫行业的发展，展现新媒体带来的全新动漫试听感受，打造全民参与的动漫体验式盛会。为期 5 天的动漫基地分会场吸引了众多海内外专业观众和普通观众，共计 39660 人次，接待了来自全国各地（含港澳台）的专业观众和团体嘉宾 192 批次，总人数超过 7730 人次，海外专业团队和专业人士 1680 人次（包括英国、美国、加拿大、法国、日本、俄罗斯等）。文博会期间，动漫基地分会场成交项目共计 244 个，成交总金额为 9.4 亿元人民币。

2. 首届新媒体影视动漫节之“首届中国国际新媒体影视动漫产业发展高峰论坛”

由国家广播电影电视总局、深圳市人民政府主办，深圳市文体旅游局、深圳广播电影电视集团承办的“首届中国国际新媒体影视动漫节”于 2010 年 5 月 14 日至 17 日在深圳举行。“首届中国国际新媒体影视动漫产业发展高峰论坛”是“首届中国国际新媒体影视动漫节”的重要活动之一。论坛围绕新媒体影视动漫行业“新媒体 · 新生活 · 新未来”和“城市电视台新媒体发展战略”两大主题，邀请到新媒体影视动漫产业界国内外知名的创意设计大师、行业管理运营精英、影视动漫专家及政府部门主管领导汇聚深圳参与交流与互动，共同探讨新时代新媒体影视动漫产业的关键问题，开拓产业发展前沿领域，推动新媒体产业有序发展。此次论坛的举办，对于提升中国在新媒体影视动漫领域的影响力具有重要意义。

3. 第二届深圳动漫节

由深圳广播电影电视集团主办、深圳市文化产业（国际）会展公司及深圳国家动漫画产业基地承办的第二届深圳动漫节于2010年8月12日至16日在深圳会展中心7、8号馆举行。为期五天的展会共吸引超过50万人次入场，在展览服务、展馆面积、参展商数量、活动组织等方面均超过首届，不仅为青少年提供了优质的暑期文化生活，也为参展商打造了交易平台。

【园区荣誉】2010年，深圳国家动漫画产业基地获得由深圳市文体旅游局颁发的深圳市“文化＋旅游型示范园区（基地）”，获评第六届文博会优秀分会场，被国家广电总局列为“2009年度原创动画作品及创作人才扶持项目”，并被授予“最佳动画产业基地”提名奖。

深圳国家动漫画产业基地公共技术平台建设被列为深圳“十二五规划”重点项目。

深圳国家动漫画产业基地被授牌为“深圳网游动漫基地”，被列为广东省“十大建设项目”之一。

【文化创意代表人物】蔡大明，深圳国家动漫画产业基地服务中心主任，留日美学、哲学博士，国家十部委动漫产业部际联席会议专家委员，国家广电总局特聘专家，国家新闻出版总署动漫游戏产业特聘专家。蔡大明多次荣获“先进个人”“劳动模范”等荣誉称号；蔡大明荣获“2010天下动漫风云榜——年度风云人物”称号。

【远景规划】深圳广播电影电视集团在国家、省、市的文化产业长远规划的框架下，针对国内外动漫产业发展的特点和现状，利用深圳独特的市场优势，制定了动漫基地五年之内的发展规划：

1. 坚定不移地落实并执行国家推动文化产业基地发展的各项任务；

2. 打造动漫基地的整体“品牌”效益，以品牌效益带动基地的商业化，推进基地内原创作品的商业化；

3. 建立完善的、高水准的、国际化的影视动漫产业链聚集中心（原创创意、原创生产制作、原创交易、原创衍生、原创互动、博览互动）；

4. 完善健全动漫影视公共服务性的技术、交易、培训、播出、出口、加工（国内原创）数据等服务平台；

5. 坚决执行国家广电总局和国家文化部要求的“全面实施中国动画原创作品走出去”的战略；

6. 按照深圳市委、市政府的要求三年内建设好“深圳动漫大厦”。

7. 打造一支高效的有执行力的专业特色服务团队。

【2010年大事记】2010年5月，深圳国家动漫画产业基地第五次被文博会组委会指定为“文博会动漫分会场”。并于2009年、2010年连续两届被评为“文博会优秀分会场”。

2010年5月，深圳国家动漫画产业基地第五次被文博会组委会指定为“文博会动漫分会场”。并于2009年、2010年连续两届被评为“文博会优秀分会场”。

5月，深圳国家动漫画产业基地承办“首届中国国际新媒体影视动漫节”。

8 月，深圳国家动漫画产业基地承办“第二届深圳动漫节”。

12 月，深圳国家动漫画产业基地在“2009 年度国产原创动画作品及创作人才扶持项目”评审中，被国家广播电影电视总局授予“最佳动画产业基地提名奖”。深圳国家动漫画产业基地服务中心组织成立“深圳国家动漫画产业基地联合团委”。同月，深圳国家动漫画产业基地 9 家入驻企业通过国家动漫企业认定，占全国总数的 5%，占广东省总数的 43%。

2010 年，深圳国家动漫画产业基地被广东省文化产业促进会吸纳为“广东省文化产业促进会动漫专业委员会委员”。

美年文化创意广场

美年文化创意广场计划打造“七个一工程”，即一个创展中心、一个会议中心、一个银行配套区、一个创意艺术酒店、一条特色美食街、一个书店和一个生态休闲广场。

【概况】美年文化创意广场地处南海大道西（南海大道与东滨路交汇处，属于蛇口沃尔玛商圈，是花样年控股集团打造的示范性创意文化项目。广场占地近 3 万平方米，由 5 栋低容积率生态办公楼和 1 栋精心设计的酒店围合而成，园区内有 8000 平方米中央景观园林和风情商业街配套。

美年文化创意广场原名鹏基时代创意园，由花样年控股集团于 2009 年斥资收购并更名为“美年文化创意广场”，后陆续投入近 4000 万元进行园区改造，带动了蛇口工业区的产业转型与升级。完成改造后的美年文化创意广场占据区位、交通、规模及商业配套优势，将成为联系蛇口片区及南油片区的桥梁，成为蛇口沃尔玛商圈连接南山中心商圈的重要组成部分。

【品牌 · 理念】美年文化创意广场隶属花样年控股集团。花样年是中国领先的物业开发商及相关物业服务供应商，被中国房地产 TOP10 研究组评为中国房地产百强企业。花样年于 1996 年在深圳启动物业开发业务，凭借丰富的经验和卓越的能力，已成功扩张至中国增长最快的四个经济区（即成渝经济区、珠江三角洲地区、长江三角洲地区及京津都市圈），目前专注于在上述各经济区发展房地产业务。花样年已于 2009 年 11 月 25 日成功登陆香港联合交易所主板（股票代号：1777）。

美年文化创意广场定位于文化创意，具有三大“创意”特色：创意商业空间、创意公共服务平台以及创意展示和交流平台。

【发展规划】美年文化创意广场计划打造“七个一工程”，即一个创展中心、一个会议中心、一个银行配套区、一个创意艺术酒店、一条特色美食街、一个书店和一个生态休闲广场。

“创展中心”将满足创意企业产品展示及产品发布，适用于举办产品发布会、时装发布会、文化展览、讲座等，将设置于酒店 1 层或 2 层，与品牌书店、咖啡厅结合在一起，使书店的“阅读”有所延伸，面积为600至800平方米。

会议中心将满足整个园区的会议和培训要求，会议室面积为1000至1500平方米，数量为10至15间，至少有2间配备同声翻译系统，其他按照会议室基本配置配有投影、扩音、录音器材。会议中心作为酒店的配套设备，由酒店统一管理。

银行配套区将提供园区便捷金融服务，成为创意企业的“贴身管家”。此区位于1、2栋的1层，将入驻2至3家银行。

创意艺术酒店将以设计见长，填补片区艺术酒店空白。该酒店的定位是四星级标准高端精品酒店，核心客户群为园区企业的商务接待，重要客户为项目周边的商旅客户，房间约200间。

特色美食街将解决整个园区的餐饮配套问题，实现大空间厂房与商业的完美融合，业态形式为创意餐厅、艺术餐厅、中档快餐厅、特色西餐厅、咖啡厅、酒吧、面包店等。

此外，书店将提供满足于整个园区需要的精神食粮，生态休闲广场则将成为整个园区企业客户休闲、交流的平台。

【文化创意项目】截止2009年12月，花样年控股集团已把集团下属商业管理公司和酒店管理公司总部设置于美年文化创意广场。商业公司目前管理全国近7亿元的自营性商业资产；酒店公司亦有近10个酒店在建或拟建，预计管理近20亿元的酒店资产，若按商业公司和每个酒店5000万营业收入计算，则商业公司及酒店管理公司纳税总额接近1亿元。

美年文化创意广场作为专业化的产业园区，是集创意艺术酒店、国际会议中心、创展中心、雕塑艺术街区、艺术书店、休闲商业街区、艺术广场等为一体的创意综合集群，而12500平米的创意艺术酒店将填补片区艺术酒店的空白,将会吸引350余家“建筑相关设计、广告设计、服装设计”及其他辅助电子研发类实业企业进驻，形成上下游产业链，发挥产业聚集优势，形成创意商务聚集区。

花样年集团将以香年文化创意广场和美年文化创意广场为平台，建立具有孵化器功能的创投基金，对具备核心竞争力、对有非常好发展前景的文化创意类企业进行投资，实现资本增值的同时促进企业的发展壮大。

花样年集团将以香年文化创意广场和美年文化创意广场为平台，建立具有孵化器功能的创投基金，对具备核心竞争力、对有非常好发展前景的文化创意类企业进行投资，实现资本增值的同时促进企业的发展壮大。

深圳(南山)互联网产业园

【概况】深圳（南山）互联网产业园是深圳南山区区委区政府为大力发展虚拟经济，打造南山区互联网、电子商务、网络游戏等特色产业，经民间多方紧密合作建设而成的专业产业园。产业园是南山区政府重点扶持的专业园区，是南山区最大的互联网集中地，也是深圳乃至全国第一个落成的互联网产业的专业园区。

园区位于深圳市南山区东滨路京光海景大厦裙楼一至三楼，距

园区位于深圳市南山区东滨路京光海景大厦裙楼一至三楼，距离深圳西部口岸、深圳大学、深圳科技园仅数分钟车程，是深港一体化电子商务合作的桥头堡。

离深圳西部口岸、深圳大学、深圳科技园仅数分钟车程，是深港一体化电子商务合作的桥头堡。园区一期工程于2010年元月开园，总建筑面积约1.5万平方米，现入驻率达98%，入驻企业有40余家，其中不乏知名的互联网企业，如潮声卫视、JOB1001招聘网、雅图数字影院、诺亚金视影视公司等。二期工程已被列入南山区重点规划项目，建筑面积约6万平方米，预计2011年初投入使用，届时产业园的各项功能及配套设施将更加完善。

【发展历程】2008年初，园区一期开始进行装修改造。

2008年9月，园区一期开始对外进行预招商。

2008年11月份，园区一期正式投入使用，从而也成为深圳乃至中国第一个投入使用的互联网产业园区。

2009年3月，园区一期基本完成招商，成功引进38家互联网和电子商务方面的企业进驻。

【基础设施】产业园办公环境高档舒适，公共服务设施齐全，产业配套功能完善。一是园区公共场所装修高档；二是室内办公室设施完善，企业搬入即可办公；三是提供总面积约1800平米的豪华时尚大堂、多功能会议室、多媒体培训室、休闲中心及体育场所等公共服务场地和设施；四是园区另设有酒店式公寓，满足园区企业人员居住需求；五是建设公共技术平台，为园区企业提供强大的研发支持保障。

【优惠政策】深圳市和南山区政府大力支持园区建设，对符合互联网产业发展规划的企业，政府将给予房屋专项补贴15元/平方米/月，并有项目研发和推广资金扶持。园区组织企业开展产业活动，发展增值服务，配合企业联合招聘及提供财务处理服务。目前确定的服务范围有：协助发布新闻、整合与协同网络资源推广、IDC资源交换、融资及资源整合等。

蛇口网谷

【概况】在深圳南山区蛇口大南山下南海大道西侧沿山路两侧，汇聚了一批互联网、文化创意、高科技优秀企业，形成了一个现代产业园区——蛇口网谷，其中互联网及文化企业超过40家，均是行业内具有影响力的企业，形成了产业聚集。据估算，2010年园区文化企业总收入超过15亿元，现已成为深圳市最有影响力的互联网文化产业园区之一，是南山区自主创新企业重要基地。

蛇口网谷核心园区一期（约10万平米）包括移动互联网、网络游戏和创新孵化器三个基地，于2010年迅速完成招商及客户入驻，已聚集互联网及电子商务企业近40家，其中包括敦煌网、世纪互联、海云天、深讯和、斐贝、宝矿网、安络以及中科院先进院育成中心和IBM等知名企业，初步形成了互联网文化企业聚集发展的良好势头。

“蛇口网谷（NET VALLEY）”已在互联网产业领域初步建立良好形象和声誉。

南山区政府以及招商局蛇口工业区有限公司对基地定位：将“蛇口网谷”“南海意库”纳入南山区打造国家自主创新走廊、成为国家级一流产业基地的规划。

【主营业务】为入驻园区的企业提供互联网及文化有关产品等服务：

第一类，互联网及增值服务，例如悠米网、谷姐网等。

第二类，电子商务相关服务，例如敦煌网、斐贝国际等。

第三类，创意设计类，例如沃特沃德通讯、蒙黛尔服装、偼阳数码等。

【2010 年大事记】2010 年 5 月，深圳市市长许勤对《南山区集中四大优势打造深圳“网谷”》进行批示，高度肯定蛇口网谷的建设，认为南山区政府和蛇口工业区积极落实互联网振兴规划，必将有力地推动产业转型升级。互联网（电子商务及物联网）产业基地（“蛇口网谷”核心园区）在文博会正式亮相。南山区政府与招商局蛇口工业区共同签订合作协议，双方合作共建。网谷首批客户沃特沃德科技、谷姐网、悠米网等签约。

6 月，南山区政府和蛇口工业区举办大型政策说明会，针对一百多家客户关心的产业准入、通讯等系列问题进行说明。

首届电子商务信用论坛在明华国际会议中心举办。

蛇口工业区举办物联网应用及示范产业园区研讨会。

7 月，“蛇口网谷”在深圳市网博会正式亮相。

深圳市市委书记王荣等市领导和招商局集团傅育宁总裁，针对招商局再投 600 亿发展深圳现代服务业和低碳经济达成共识。王荣书记、许勤市长明确表示支持“蛇口网谷”等项目。

深圳市常务副市长吕锐锋专门召集会议研究深圳市与招商局全面战略合作有关问题。

IBM 软件外包基地项目落户蛇口网谷。

蛇口网谷 2010 年度项目招商基本结束。

8 月，蛇口网谷科技服务基地——中科院育成中心正式开园，深圳市副市长袁宝成和南山区叶民辉书记及招商局蛇口工业区杨天平书记出席。

深圳特区“五个领域六十大项目”在蛇口海上世界举行开工仪式，蛇口网谷位列其中。

南山区政府以及招商局蛇口工业区有限公司对基地定位：将“蛇口网谷”“南海意库”纳入南山区打造国家自主创新走廊、成为国家级一流产业基地的规划。

深圳动漫园

【概况】深圳动漫园自 2008 年 5 月份开园以来，园区的企业入驻率 99%，入园企业共 106 家。知名文化企业有：水晶石数字科技

深圳动漫园

有限公司——亚洲规模最大的数字视觉技术及服务供应商；深圳市希捷尔人力资源有限公司（中国人才热线）——中国最优秀的人力资源网站之一，首创国内网上人才市场会员制收费模式。至 2010 年，动漫园的年总产值达 36 亿元，总利润 3.8 亿元，纳税总额 2.4 亿元。动漫园为 6800 多人提供了就业岗位，其中 80% 为本科以上学历。

【平台建设】（一）动漫产业培训

2008 年投资 300 万元建成了建筑面积为 982 平方米的培训教室与建筑面积 1300 平方米的动漫体验场。

（二）文化产业信息咨询

园区文化产业信息发布网站，既为入园的文化企业及时提供政府出台的最新政策，又为入园的文化企业提供产品、技术信息发布。

（三）产品展示

园区与企业合作，将入园企业的新老产品、创意设计理念等进行征集并在动漫体验场内定期或长期展示。

（四）产业交流交易

通过与行业协会的紧密联系，积极组织园区各文化企业参与各类展会、论坛讲座及各类交流活动。

（五）产业投融资

定期组织服务人员上门服务，切身了解入园企业需求，采用集团公司入股等多途径为入园企业提供资金上的帮助。

（六）优惠政策的解读和辅导

园区及时了解企业需求，对政府扶持政策进行一对一解读和辅导。

（七）代办各种优惠政策的申请、知识产权的申报，以及园区一站式管家服务。

【园区荣誉】至 2010 年，公司先后获得了“深圳市重点文化产业基地”“文化 + 旅游型示范园区”等光荣称号。

【评价参考】深圳动漫园从园区规划设计、配套建设、平台打造、物业管理和创意环境营造等方面构筑园区质素，不仅在园区管理上导入科技概念，在服务上融入创意元素，同时还为园区企业创建各种优质的专业技术平台，大力促进园区企业的发展，并致力于把深圳动漫园打造成一座具有国际较高水准的产业发展平台。

深圳 22 艺术区

【概况】深圳 22 艺术区由画廊、艺术超市、艺术酒吧、创意设计室、摄影工作室等组成，包括格丰当代艺术馆、当代艺术网、365 在线艺术博览会、365 艺术生活超市等，并聘请了 20 多位知名专家和策展人作为园区顾问。

【主营业务】深圳 22 艺术区由格丰艺术机构策划开发，以举办学术性艺术展览及论坛讲座为主，经营业务包括原创艺术油画、小型雕塑、艺术授权生活产品、各类艺术活动策划。自 2007 年起对 22 区厂房进行了升级改造后，吸引众多的艺术机构、展览馆、画廊、摄影工作室、广告公司、装饰设计工作室、艺术休闲酒吧进驻。

【发展历程】深圳 22 艺术区位于广东省深圳市宝安区新安街道 22 区。该区域是 20 世纪 80 年代末建成的工业区，占地面积 16 万平方米，并计划分三期进行园区建设。按照“政府引导、统一规划、市场运作、滚动开发”的模式和“以旧整旧，整旧如新”的原则，区里决定对 22 区旧工业区进行升级改造与使用，实现环境资源与社会价值的更合理利用，赋予老工业区新的活力与生命。深圳 22 艺术区是集中国当代艺术展示中心、艺术原创中心、当代艺术交易中心、艺术创作库、中国艺术生态银行、艺术培训中心、管理服务中心为一体的艺术创作园区。

按照“政府引导、统一规划、市场运作、滚动开发”的模式和“以旧整旧，整旧如新”的原则，区里决定对 22 区旧工业区进行升级改造与使用，实现环境资源与社会价值的更合理利用，赋予老工业区新的活力与生命。

【园区荣誉】2008 年 12 月，深圳 22 艺术区被香港亚洲国际当代艺术文化促进会授予“亚洲国际当代艺术文化贡献奖”；2009 年 10 月，深圳 22 艺术区被评为“深圳市宝安区文化产业园区”；2010 年 5 月，

深圳 22 艺术区

深圳 22 艺术区被评为“深圳市文化产业基地”。

【文化创意代表人物】黄彬雄，格丰艺术机构总裁，收藏家，资深艺术品经营专家。他带领格丰艺术机构团队，在努力做好深圳 22 艺术区开发工作的同时，坚持艺术产业链的整合发展，以“原创、当代、国际”为理念，结合中国艺术文化产业的实际情况，成功将深圳 22 艺术区打造成为具有专业性、国际性艺术园区。

【2010 年大事记】3 月 6 日，格丰艺术机构在格丰当代艺术馆举办“表述的支点”活动，参展艺术家有陈海、伊灵、韩世骅、卢卫文等。

5 月，承办第六届文博会深圳 22 艺术区分会场；举办“格林伯格在中国”2010 格丰当代艺术论坛；启动艺术露天超市暨学生创意实践；在柠檬画廊举办“深圳立场”艺术推介展——“典范定义 2010”艺术作品展；在深圳 22 艺术区 365 艺术生活超市举办“文化记忆”深圳旅游艺术产品展。

12 月 9 日，深圳 22 艺术区泷画廊联合广东六家画廊参加第十五届广州国际艺术博览会——青年艺术家推介展。

雁盟酒店文化产业园

【概况】雁盟酒店文化产业园是市政府重点扶持的文化产业项目，自 2008 年成立以来已成功申办第五届、第六届深圳文博会分会场。雁盟以“展示、体验、交易”为定位，依托惠宝隆集团 20 多年酒店文化用品研发设计、生产、销售的经验，在深圳“文化强市”的新战略定位下，投资 3 亿元兴建的中国首家酒店文化产业园。

至 2010 年底，雁盟进驻了 80 多家文化机构以及 100 多个知名酒店用品品牌，有效整合了以酒店创意设计为核心的上游产业和提供酒店高端中介服务的下游产业的资源，从而有力推动中游的酒店用品市场。

【发展历程】2008 年 4 月开始策划升级改造，首期于 2009 年 5 月对外开园。

至 2010 年底，雁盟进驻了 80 多家文化机构以及 100 多个知名酒店用品品牌，有效整合了以酒店创意设计为核心的上游产业和提供酒店高端中介服务的下游产业的资源，从而有力推动中游的酒店用品市场。

【2010 年业绩】据统计，2010 年借助第六届文博会的影响，全年交易额达 18 亿元，全年出口的文化产品达 4000 多万元，产品分别出口欧美、中东等地。

【精品展示】“酒店历史长廊”：展示了代表不同时期旅居文化的四个酒店客房，如：明清客栈——“顺添诚延记”，根据明清时期“顺添诚延记”客栈的原型修建的，在这个古色古香的纯木质建筑的客栈里，可以感受到当时百姓民居生活；民国旅店——“2046”，通过对近代上海滩民国时期的一个旅馆的客房复制，可以了解到民国时期当时都市生活的状态；现代宾馆——“凯宾斯基”，还原一种“家”的感觉；未来概念酒店——“黑白人生”，进入一个超时空的体验。通过这四个酒店客房的展示可以领略到古往今来东西方酒店文化发

雁盟园区外景

展历程。

【园区荣誉】经过两年的建设，雁盟的知名度、美誉度有了明显提高，取得了一定的经济效益和社会效益。2010 年，宝安区人民政府授予雁盟“2009 年重大项目建设工作先进单位”，国际酒店领袖机构授予“中国酒店文化产业最佳创意特别贡献单位”，中国民营企业家协会授予雁盟董事长卢少春“全国优秀民营企业家”荣誉称号。

【文化创意代表人物】卢少春，惠宝隆集团董事长、雁盟酒店文化产业园创始人。依托深圳“文化强市”的新战略定位，卢少春于 2008 年建立了雁盟园区——中国首家酒店文化产业园，为酒店行业提供一个优质服务平台。雁盟的成立开创了酒店文化产业的新业态。

【2010 年大事记】2 月，雁盟成功举办开业庆典仪式，正式对外开放“三大展馆、三大中心”，揭开雁盟向文化产业强势迈进的序幕。

4 月，雁盟召开第二届全体商户大会，为商户解决营运服务方面相关问题，并正式为商户开通“雁盟在线”网络推广平台。

5 月，成功举办了“深圳市第六届文博会雁盟分会场”系列精彩文化活动，为雁盟的发展掀起了一轮高潮。活动期间，原全国政协副主席王义元及深圳市政协副主席姚欣耀等出席了有关活动。

6 月，全国各地上百家新建及改造的高星级酒店业主组团，前来雁盟进行考察，多家酒店与雁盟达成了采购合作意向。

雁盟文化博览馆

12月，雁盟成功举办了“第二届雁盟创意文化节”系列活动，为创意无限的12月掀起了一轮高潮。

深圳（宝安）国际珠宝创意产业园

【概况】2010年，深圳市大王山中饰国际珠宝交易股份有限公司投资3亿元兴建的深圳（宝安）国际珠宝创意产业园一期项目宝安国际珠宝交易中心，招商获得初步成功。

2010年5月期间，全国政协副主席白立忱、博鳌亚洲论坛秘书长龙永图、经济学家郎咸平等莅临园区，并发表演讲。

【园区定位】深圳（宝安）国际珠宝创意产业园项目规划按照“立足深圳，服务粤港澳台，辐射全国，连接国际”的思路，依托区域内庞大的产业规模效应，通过整合优势资源，进行高起点的规划，引入高素质的管理团队，以国际著名品牌为旗帜，区域内知名品牌为支撑，打造“产、学、研一体化”的珠宝创意产业园。项目集生产、研发、设计、展示、交易、配套服务、旅游、文化等功能于一体，形成创意孵化区、珠宝交易展示区、公共信息平台、生产加工区、教育研究区和文化旅游区六大功能区，致力于打造中国乃至亚洲最大的文化创意、科技创新的珠宝产业基地。

深圳（宝安）国际珠宝创意产业园项目分为三期工程建设。

一期工程：宝安国际珠宝交易中心，占地面积2.6万平方米，建筑面积3.9万平方米，投资超过3亿元。该工程包括交易中心、写字楼、公寓、酒店、员工宿舍等主体和配套设施。

二期工程规划：整合改造周边20万平方米的旧厂房，形成采料－生产－加工－销售的产业链条无缝结合和珠宝产业前店后厂的运作模式，为进驻的珠宝商提供长期的生产配套服务。

三期工程规划：占地60万平方米，设立珠宝学院、培训研发中心、信息公共平台，加强设备的创新体系、中介服务体系的建设，构建集生产、设计、研发、加工、采购、物流、文化旅游为一体的集约型现代化珠宝特色产业基地。

项目集生产、研发、设计、展示、交易、配套服务、旅游、文化等功能于一体，形成创意孵化区、珠宝交易展示区、公共信息平台、生产加工区、教育研究区和文化旅游区六大功能区，致力于打造中国乃至亚洲最大的文化创意、科技创新的珠宝产业基地。

【2010年大事记】2010年5月，第六届文博会珠宝类分会场在宝安国际珠宝交易中心举行。分会场展馆面积达2.6万平方米。主要展商有澳门金业同业公会、Scorva Limited、星耀（香港）珠宝有限公司、香港泰尼星国际集团有限公司、越港国际发展（香港）有限公司等138家企业和泰国展团及台湾展团等。

文博会期间，会场活动包括开幕式、交易洽谈、论坛研讨、文化互动、中饰杯珠宝大奖赛、国际珠宝艺萃长廊展、东西方珠宝文化精品展、T台走秀等。此次展会活动内容丰富，展品涵盖了珍珠、钻石、翡翠、铂金、黄金、玉石、彩宝等。

深圳设计产业园全景图

深圳设计产业园

【概况】深圳设计产业园地处交通便利的南山大道，南邻深圳交通动脉北环大道，位居风景秀丽的中山公园的东端，总规划建筑面积达 25800 平方米。

深圳设计产业园入驻企业以各类创意工业设计公司为主，进驻了与工业设计产业相配套的产业链公司，还将搭建包含创意产品（项目）孵化基地、人才培训基地、资讯发布中心、创意产品交易中心和知识产权交易中心的公共服务平台，最终形成一个以吸引、聚集、培育、孵化创意设计（项目）为核心，制造与设计企业聚集为基础，销售渠道多元化的集成系统的完善产业链。

【园区定位】深圳设计产业园利用园区“产业链”的强势资源，发展特色文化产品，重点培育与众不同的特色主导产业，打造出竞争者难以模仿或复制的核心竞争力。园区以“为入园企业创造效益”为第一要务，通过市场化运作的方式，将创意产业上下游的融资、评估、推广、印刷、包装等配套行业聚合在一起，并引进设计图书馆、行业协会等公共服务机构，最大程度地减轻园区企业的运营成本，提高入园企业的效益。

【服务平台】一、政策支持平台：协助企业落实各级政府给予的各种优惠和扶持政策。

二、融资服务平台：提供投资商与创业者、政府与企业的投融资互动平台。

三、技术平台：提供公共技术开发平台和共享数据库等服务平台。

四、宣传平台：提供文化创意产业园对外宣传和推介的公共平台。

五、咨询服务：为企业提供法律、财务、管理、技术论证等咨询服务。

六、培训服务：为企业开展各种形式培训服务。

【深圳设计图书馆】园区建设了深圳市第一个以设计为特色的图书馆——深圳南山设计图书馆。该馆专门搜集中外专业设计图书、资料，兼具公共图书馆服务功能，传播设计领域的新知识、新信息，成为深圳市设计行业信息资源交流中心。

“深圳南山设计图书馆”，利用书刊借阅、上网、讲座等形式向园区设计师及周边民众提供免费服务，先期投入新书 3 万册，订购报纸 40 种、期刊 100 种。

【深圳工业设计产品质量检测中心】深圳设计产业园与 SET 联手打造深圳工业设计质量检测中心，依托深圳电子产品质量检测中心（SET）与摩尔电信实验室，使工业设计公司设计产品不出园区，就能完成世界各国承认的各种认证，使产品快速地进入亚洲、欧洲和美洲的市场 。

【文博分会场】2010 年 5 月 18 日，首次亮相文博会的深圳设计产业园，签约总金额超过了 11 亿元人民币。其中，意大利设计公司与设计产业园签订了关于合作建立国际设计培训机构的战略合作协议，签约金额达 5000 万美元。

设计产业园还分别与北美投资人联合管理协会和日中产官学交流协会签订了关于合作开展设计培训服务、设计外包服务、产品代理出口服务的协议，签约金额分别为 3000 万美元和 1000 万美元。

此外，深圳设计产业园的入驻企业深圳市天下鑫集采科技有限公司与比利时（王国）中比文化经济贸易交流会签订关于“左手开启右脑金智慧——中欧超级少年欧洲夏 / 冬令营”项目合作协议，合作金额达 500 万元人民币。

深圳设计产业园近景图

休闲及娱乐设施

深圳购书中心

【概况】深圳市人文天地实业有限公司成立于 2002 年 9 月 16 日，注册资本 1800 万元人民币，是国有大型集团公司——深圳中核集团有限公司响应深圳市“文化立市”号召投资设立的大型文化公司，实行自主经营，自担风险，并于 2003 年 7 月 7 日依法注册成立了分支机构——深圳购书中心。

深圳购书中心实体书店于 2004 年 9 月 19 日正式开业，专业经营图书、音像制品及相关文化产品，陈列面积超过 6000 平方米，拥有 25 万种图书、3 万种音像制品，涵盖了文学、历史、经济、管理、艺术、休闲生活、教辅、考试用书、少儿读物等各个领域。

深圳购书中心努力为顾客营造良好的购书环境，店内环境优雅、光线柔和，采用全国最先进的计算机管理系统，每个楼层配有 3 台电脑自助查询系统，提供方便快捷的多渠道查询途径。店内图书按主题进行分区分层陈列，实行“一书一架一号”。每周更新的特色主题展台给读者提供了最新的图书信息，引导读者选好书、读好书。“阅读吧”是书店专为读者开辟的阅读场所，低廉的价格、一流的阅读环境、良好的服务吸引了众多读者，每月客座率达到 5000 人次。

深圳购书中心拥有自己的网上书店及手机书店，是广东省首家实现“实体书店 + 网上书店 + 手机书店”三位一体销售模式的书店。开业以来，年均实现销售收入约 5000 万元，财务状况一直保持良好态势，现金流量顺畅，银行资信优良，具有很强的履约能力。

深圳购书中心拥有自己的网上书店及手机书店，是广东省首家实现“实体书店 + 网上书店 + 手机书店”三位一体销售模式的书店。

【自主创新】深圳购书中心不断从技术上、营销模式上进行创新，采用全国最先进的计算机管理系统，经营业绩稳步提升。

营销模式创新：

2005 年将科普与书店结合，成为全国书业第一家开设科普基地的书店。

2006 年两周年庆推出“通宵营业”活动，是全国大型书店中首创“通宵营业模式”的书店。

2007 年首推书房概念，将购书中心营造成“城市书房”。

2008 年在新的节假日实行之际，推出“陪深港市民过节”活动，并在深港两地地铁内开展宣传，为两地市民增加了一个节假日文化休闲的好去处。

2009 年推出“会员、会展、协会”三会营销，并在 2010 年进行深化推广，在深圳市及全国书业获得了良好口碑。

技术创新：

为满足顾客的消费需求，适应不同顾客的消费习惯，深圳购书中心自主研发了手机书城，并在 2010 年 5 月深圳文博会上正式推出，成为深圳市首家提供手机购书服务的书店。

深圳购书中心也是广东省首家实现“实体书店 + 网上书店 + 手机书店”三位一体销售模式的书店。

深圳购书中心

【2010年大事记】4月26日开展了"拒绝盗版,从我做起"暨"绿书签行动2010"大型纪念活动。

5月8日配合市科协开展2010年深圳科技活动周系列活动，组织了系列科技主题书展"科技之旅—知识的殿堂"。

5月14日，深圳购书中心参加了第六届中国(深圳)国际文化产业博览交易会，自主研发的"手机书城"首次亮相，成为深圳首家可用手机浏览、查询、订购图书服务供应商。

7月21日，组织参加了香港书展。

9月，迎来了深圳购书中心开业六周年店庆，特别策划了以"感恩六年、感谢有你"为主题的宣传推广活动。同时，隆重推出了自主研发的"手机书城"，成为广东省首家创新"实体书店+网上书店+手机书城"三位一体互动销售模式的图书发行企业。当月实现图书、音像零售环比增长34%的良好业绩。

11月，深圳购书中心开展了"2010深圳读书月·我在读"系列文化活动，包括主题书展、员工荐书、文明阅读提示语征集、品质生活系列讲座等文化活动。并配合福田区第十一届青少年科技节举办了"爱我绿色家园，倡导低碳生活—科普阅读活动大赛"。

深圳玫瑰海岸婚庆文化旅游产业基地

【概况】玫瑰海岸婚庆文化产业旅游基地位于深圳市东部海滨的大鹏湾畔，面积10.6万平方米，拥有着长达1.5公里的黄金海岸线，并毗邻大梅沙、小梅沙、深圳东部华侨城，从市区到玫瑰海岸婚纱

玫瑰海岸分会场（大门）

摄影基地只需 30 分钟车程，优越的地理位置使之成为海景婚纱拍摄、旅游休闲的度假胜地。

这里不仅有海天一色的迷人海景，还有庄重典雅的欧式婚礼教堂和苏州园林景观，以及沙滩帆船、豪华游艇、皇家马车、假山瀑布等。到玫瑰海岸婚纱摄影基地拍摄婚纱的新人络绎不绝，高峰时期出现过一天几百对新人拍摄婚纱照的繁忙景象。

来过这里的人们惊喜发现，经过精心规划的玫瑰海岸婚纱摄影基地融合了欧式地中海风情与传统中华文化。除了拍婚纱，玫瑰海岸婚纱摄影基地同样也是一个休闲、娱乐、度假的好去处。

【主营业务】玫瑰海岸婚庆文化旅游产业基地，主要经营婚纱拍摄、婚纱展示、礼服出租、文化活动策划、婚礼策划执行、爱情电影 MV 拍摄、接待大型电影电视剧拍摄、海滨休闲度假等，并且与国内主要城市及珠三角地区的影楼、摄影工作室、摄影机构合作，共同打造全国最大的海滨婚庆文化旅游产业基地。

这里不仅有海天一色的迷人海景，还有庄重典雅的欧式婚礼教堂和苏州园林景观，以及沙滩帆船、豪华游艇、皇家马车、假山瀑布等。

【园区荣誉】2010 年，由中国社会工作者协会（中国婚庆行业协会）授予玫瑰海岸“玫瑰海岸婚庆文化产业基地”，由亚太华人婚纱摄影交流机构（马来西亚 NO.91824H）授予玫瑰海岸“亚太婚纱摄影联盟学术交流示范基地”，由中国人像摄影杂志社授予“中国婚纱摄影产业基地”称号。

2010 年，玫瑰海岸得到了中共深圳市委宣传部、深圳市文化体制改革与文化立市工作领导小组办公室的高度重视，并授予玫瑰海岸“深圳市文化 + 旅游型示范基地”。

【文博会分会场】5 月 13 日至 16 日第六届文博会玫瑰海岸分会场举行玫瑰海岸婚纱摄影基地加盟签约仪式，国内多个城市的影楼 200 余家企业参加，与全国各地影楼、摄影机构进行婚纱租售、数码输出、婚纱照代拍等一系列合作意向签约，意向交易签约金额达 8.7 亿多元。此次合作意向签约为企业未来发展奠定了坚实的基础，并在全国婚庆行业提升了玫瑰海岸的知名度。

玫瑰海岸婚庆文化旅游产业基地旗下自营公司爱斐堡婚纱摄影有限公司，自 2010 年 5 月 1 日开业至今，已为 3000 多对新人拍摄了婚纱，取得了较好的经济效益和社会效益。据统计，2010 年玫瑰海岸旅游度假游客人数达 50 多万人次，潜力巨大的市场给玫瑰海岸婚庆文化旅游产业基地带来了前所未有的发展机遇。

玫瑰海岸（图一）

玫瑰海岸（图二）

F

上市企业

2011 SHENZHEN CULTURAL INDUSTRIES YEARBOOK

华侨城集团公司

【概况】华侨城集团公司（以下简称“华侨城”）成立于 1985 年，隶属于国资委。经过 25 年的建设与发展，华侨城集团公司已经成为一家总资产超过 600 亿元的大型国有企业。“华侨城”是一个有着浓厚的文化氛围、浓郁的文化情结和强烈的文化追求的企业集团，是唯一一家把文化产业纳入主营业务发展的中央企业。

【经营业绩】2010 年，华侨城集团总资产达 680 亿元，净资产达 190 亿元，营业收入 340 亿元，利润总额 40 亿元，其中，文化旅游业务综合收入合计约 90 亿元。

【社会责任】（一）坚持不懈，定点扶贫。

“华侨城”先后参与援建帮扶项目 38 个，项目累计投入帮扶资金 1450.18 万元，其中包括学生校舍及食堂 9 栋、卫生院门诊楼 6 栋，捐赠旅游渡轮 1 艘、彩色电视 304 台，安装有线电视 1646 户、村文化室电视接收播放设备 104 个，资助各类培训 300 人次（包括当地传统竹编工艺培训），资助贫困学生 1620 名，改善了天柱、三穗两县基础教育及医疗设施等方面的条件。

（二）立足社区，关爱邻里。

“华侨城”立足服务华侨城社区居民，在日常工作中敬老、护幼、助残、扶困、拥军、爱教，同时结合社区居民日常爱好，举办大量社区文娱活动，丰富社区居民的文化生活，构建和谐的社区邻里关系。

（三）社会活动，回馈公众。

各旅游企业年内利用“三八妇女节”“五一国际劳动节”“六一国际儿童节”“重阳节”“教师节”期间的促销活动扩大对妇女、外来劳务工、教师及 65 岁以下老人的优惠幅度。同时，公司继续在“股东检验日”为持有“000069”股票的股东提供免费畅游深圳欢乐谷的机会。

【评价参考】2010 年，华侨城旅游接待人数突破 2000 万人次，截至 2010 年底，“华侨城”累计接待游客突破 1.7 亿人次，是中国最具实力的文化旅游企业集团。华侨城旅游景区成功接待数百位国家元首、政要，受到党和国家领导人的充分肯定，在促进中外文化交流方面做出了积极的贡献，在中国文化产业具有独特影响力。

【2010 年大事记】（一）创想 25 周年，“华侨城”开创低碳绿色新生活。

（1）2010 年 3 月 12 日，“低碳华侨城，环保中国行”——公司成立 25 周年生态环保系列活动正式启动。三个半月的时间里，开展了“碳补偿植树”“媒体生态之旅”“华侨城社区家园美化大赛”“东部华侨城航空旅游业碳补偿计划”“地球日熄灯一小时”“环保 DIY 课堂”等活动。8 月，华侨城集团被《经济观察报》评为“中国最佳低碳企业”。

（2）12 月 13 日，澳门特别行政区行政长官崔世安参观东部华侨城，称赞“华侨城”在发展生态旅游方面做出了自己的品牌，树立了生态旅游的典范。“华侨城”1985 年已确立了“环境就是优势，规

雪山飞龙

华侨城全景

划就是财富，结构就是效益”的理念，为今天华侨城文化旅游的繁荣奠定了良好的基础。

（二）无限关爱，创想情怀，“华侨城”积极履行企业社会责任。

（1）2010年4月14日，青海省玉树县发生7.1级地震，华侨城集团共向地震灾区捐款200万元人民币，以帮助灾区群众重建家园。4月21日上午9时整，华侨城集团全体员工为地震遇难同胞举行默哀仪式。

（2）8月8日，甘肃舟曲发生特大泥石流灾害，华侨城集团向灾区捐款70余万元人民币。

（3）12月25日至28日，华侨城股份公司团委组织“小红花”支教小组前往湖南省株洲市炎陵县龙渣瑶族学校开展了活泼有趣的支教活动。

（三）第二轮全国战略布点布局加速，深圳、武汉、天津、泰州、云南、西安、青岛等项目进展顺利。

（1）2010年4月28日，泰州华侨城一期盛大开业，打造中国湿地生态温泉第一城。

（2）5月23日，西安华侨城曲江项目举行开工典礼，该项目是“华侨城”与曲江新区两大国家级文化产业示范园区战略合作的重要成果。

（3）11月11日，国务院国资委主任王勇视察建设中的欢乐海岸项目，并亲笔题写了“风雨二十五年，喜庆华诞；侨城誉满全球，再创辉煌”寄语“华侨城”。将在深圳大学生运动会前夕开业的欢乐海岸作为全新的复合型项目，承载了“华侨城”全新的服务理念，将成为“华侨城”服务的升级版、创新版。

（4）12月13日，华侨城股份公司拟以注册资本10亿元成立青岛华侨城实业有限公司，探索生态旅游新模式。

（5）12月20日，深圳宝安“华侨城”大酒店项目隆重奠基，标志着“华侨城”进军深圳前海新区。此外，武汉华侨城、云南华侨城等重点项目正按照计划稳步推进。“华侨城”第二轮全国战略布点布局加速。

（四）“华侨城”荣膺“中国文化企 30 强”，任克雷获“影响中国的深商领袖”称号。

（1）2010 年 5 月 14 日至 17 日，第六届文博会在深圳举行，在中共中央宣传部举办的文化产业发展信息发布会上，华侨城股份公司被评选为“中国文化企业 30 强”。目前华侨城文化产业净资产已近 64 亿元。

（2）9 月 26 日，华侨城股份公司从 1200 多家候选企业中脱颖而出，喜获“深圳经济特区 30 年杰出贡献企业”殊荣。

（3）8 月 16 日，“影响中国的深商领袖暨第三届深商风云人物”评选正式揭晓，华侨城集团总经理任克雷荣获“影响中国的深商领袖”称号，其获奖词是：他演绎了一个城市的经典传奇，创造了中国主题旅游产业第一品牌，并形成了“以旅游主题地产为特色的成片综合开发和运营”的独特模式。

（五）创新中国，青春康佳，康佳集团成立 30 周年。2010 年 5 月 21 日是康佳集团成立 30 周年的纪念日，为此康佳集团举行了一系列纪念活动，为下一个 30 年吹响新的号角。30 年来，康佳形成一套行之有效的创新体系，为中国企业的自主创新摸索出一条可行之路。

（六）做好公开承诺，促进科学发展，集团深入开展“创先争优”活动。

2010 年 6 月 20 日，集团公司下发《华侨城集团公司深入开展创先争优活动的实施意见》，全面开展“创先争优”活动。作为学习实践活动的继续和延伸，集团公司深入开展创先争优活动，对于巩固和扩大学习实践活动成果，进一步增强“华侨城”的行业竞争力、影响力，都具有重要意义。

（七）2010 年，华侨城旅游景区客流量突破 2000 万人次。

2010 年，华侨城旅游景区客流量突破 2000 万人次。

（1）2010 年 10 月 1 日至 7 日，“华侨城”各景区接待游客逾 120 万人次，营业收入超 1.7 亿元，再一次刷新历史纪录。

（2）2010 年华侨城旅游景区客流量突破 2000 万人次，提前两年达到目标，增速远超预期。

（3）11 月 16 日，华侨城股份公司总裁刘平春在接受《深圳特区

华侨城创意文化园

报》记者专访时表示，预计在 2018 年，“华侨城”年接待游客量将达到 3000 万人，将从目前的全球八强跻身六强的位置。

（八）创想青春，筑梦未来，华侨城 25 周年系列活动陆续开展。

（1）2010 年 11 月，华侨城迎来了 25 周岁生日，为此，集团公司举办了一系列庆祝活动：“创想·生活·无限——华侨城 25 周年展”“艺术华侨城——华侨城 25 周年艺术收藏展”在 OCT 当代艺术中心展出；此外，集团还开展了“写给未来华侨城（2035 年）的一封信”“华侨城里没有陌生人”“华侨城‘夕阳红’书画展”等一系列企业文化活动，让企业员工一同回顾华侨城 25 年的璀璨历程，共享企业文化发展成果。

（2）5 月 19 日，由集团公司和集团公司党委承办的中央电视台“激情广场——爱国歌曲大家唱”节目在东部华侨城成功录制，为深圳特区建立 30 周年和华侨城集团 25 周岁生日带来了一场广场上的文化盛宴。

（3）司庆期间，面向全国发行的《优质生活的创想家——华侨城发展轨迹的观察》一书引起社会各界的广泛关注，该书全面展现了华侨城集团 20 余年风雨兼程的发展之路。

回良玉副总理在参观东部华侨城时称赞任克雷“思想解放、敢于创新”，认为东部华侨城很重视生态、很重视环保，在生态保护方面做得很不错，东部华侨城做出了自己的品牌，做出了自己的特色，为中国、为中华文化争了光。

（九）回良玉副总理视察“华侨城”，称赞“华侨城”是中华民族美好生活的有力验证。

2010 年 11 月 16 日，中共中央政治局委员、国务院副总理回良玉先后视察了锦绣中华·民俗村和东部华侨城。参观锦绣中华·民俗村之后，回良玉副总理表示中国是一个统一的多民族国家，伟大的中华民族是各民族共同创造、缔造的；中华民族的广袤疆域和版图是各民族在长期的历史进程中共同开发、开拓形成的；中华民族深厚的文化底蕴，是各民族共同发展的。回良玉副总理在参观东部华侨城时称赞任克雷“思想解放、敢于创新”，认为东部华侨城很重视生态、很重视环保，在生态保护方面做得很不错，东部华侨城做出了自己的品牌，做出了自己的特色，为中国、为中华文化争了光。

（十）高举文化演艺大旗，大力推进华侨城文化产业航空母舰建设。

（1）2010 年 12 月 11 日，中央文化体制改革工作领导小组办公

《金面王朝》

《天禅》

室主任、中宣部副部长孙志军等领导莅临北京华侨城观看原创大型舞蹈诗剧《金面王朝》，并在此前的12月6日对"华侨城"的文化产业发展作出"加强资源整合，强化传统优势，举起文化演艺大旗""树立'大文化产业'概念，拓展产业链，打造有自身特色的文化品牌""抓住当前政策机遇，在十二五时期实现文化产业跨越式发展""弘扬真善美，将文化产业作为履行企业社会责任的重要载体"等四项指示，充分体现出上级领导对华侨城文化产业发展的重视。自中央政治局常委、中央精神文明建设指导委员会主任李长春对"华侨城"作出"打造中国文化产业的航空母舰"的重要指示以来，华侨城集团上下认真贯彻落实上级领导重要指示精神，将发展文化产业提升至增强企业核心竞争力、实现企业可持续发展的战略性新兴产业的高度，积极开展文化产业三年发展规划的编制工作，着眼体制、机制创新和资源整合，品牌知名度与日俱增。

自中央政治局常委、中央精神文明建设指导委员会主任李长春对"华侨城"作出"打造中国文化产业的航空母舰"的重要指示以来，华侨城集团上下认真贯彻落实上级领导重要指示精神。

（2）12月20日至21日，"2010·2011中央电视台群星跨年盛典"在东部华侨城顺利录播，又一次向全国观众展示了华侨城文化产业品牌魅力。

深圳市腾讯计算机系统有限公司

【概况】深圳市腾讯计算机系统有限公司（以下简称"腾讯公司"）成立于1998年11月，是目前中国最大的互联网综合服务提供商之一，也是中国服务用户最多的互联网企业之一。成立十多年以来，"腾讯公司"一直秉承"一切以用户价值为依归"的经营理念，始终处于稳健发展的状态。2004年6月16日，"腾讯公司"在香港联交所主板公开上市。2010年，公司互联网增值服务收入为154.8亿元人民币，较上年增加62.4%；移动及电信增值服务收入为27亿元人民币，同比增长42.5%；网络广告业务收入为13.725亿元人民币，同比增加42.6%。2010年"腾讯公司"股东应占盈利为80.5亿元人民币，比2009年上涨56.2%。

2010年9月5日，中共中央总书记胡锦涛视察"腾讯公司"。

【自主创新】面向未来、坚持自主创新、树立民族品牌是"腾讯

腾讯大厦

公司”的长远发展规划。至2010年，“腾讯公司”50%以上员工为研发人员。“腾讯公司”在即时通信、电子商务、在线支付、搜索引擎、信息安全和网络游戏等方面都拥有大量的专利申请。2007年，“腾讯公司”投资过亿元在北京、上海和深圳三地设立了中国互联网首家研究院——腾讯研究院，进行互联网核心基础技术的自主研发，正逐步走上自主创新的民族产业发展之路。“腾讯公司”授权专利总数突破400项，成为全球拥有专利数量最多的互联网企业之一，比肩Google、Yahoo、Aol等国际互联网巨头。

2009年4月25日，“腾讯公司”的字母“QQ”商标被国家工商行政管理总局认定为驰名商标。

2009年1月5日，文化部在北京召开了优秀网络文化企业评选工作总结会，“腾讯公司”被评为“优秀网络文化企业”。通过互联网服务提升人类生活品质是“腾讯公司”的使命。目前，“腾讯公司”把为用户提供“一站式在线生活服务”作为战略目标，提供互联网增值服务、移动及电信增值服务和网络广告服务。通过即时通信QQ、腾讯网（www.QQ.com）、腾讯游戏、QQ空间、无线门户、搜搜、拍拍、财付通等中国领先的网络平台，“腾讯公司”打造了中国最大的网络社区，满足互联网用户沟通、资讯、娱乐和电子商务等方面的需求。截至2010年9月30日，QQ即时通信的活跃账户数达到6.366亿，最高同时在线账户数达到1.187亿。“腾讯公司”的发展深刻地影响和改变了数以亿计网民的沟通方式和生活习惯，并为中国互联网行业开创了更加广阔的应用前景。

【社会责任】成为社会最受尊敬的互联网企业是“腾讯公司”的远景目标。“腾讯公司”一直积极参与公益事业，努力承担企业社会责任，推动网络文明。2006年，“腾讯公司”成立了中国互联网首家慈善公益基金会——腾讯慈善公益基金会，并建立了腾讯公益网（www.gongyi.qq.com），专注于辅助青少年教育、贫困地区发展、关爱弱势群体和救灾扶贫工作。目前，“腾讯公司”已经在全国各地陆续开展了多项公益项目，积极实行企业公民责任，为和谐社会建设作出贡献。

【文化创意代表人物】马化腾，“腾讯公司”主要创办人，首席执行官。全面负责本集团的策略规划、定位和管理。1998 年创立“腾讯公司”前，曾在中国电信服务和产品供应商深圳润迅通讯发展有限公司主管互联网传呼系统的研究开发工作。个人于 1993 年取得深圳大学理学学士学位，主修计算机及应用。

刘炽平，“腾讯公司”总裁。2005 年加盟“腾讯公司”，出任公司首席战略投资官，负责公司战略、投资、并购和投资者关系。2007 年，被任命为执行董事。加入“腾讯公司”之前，刘先生为高盛亚洲投资银行部的执行董事及电信、媒体与科技行业组的首席运营官，并曾在麦肯锡公司从事管理咨询工作。

张志东，“腾讯公司”主要创办人之一，身兼执行董事和首席技术官，全面负责本公司专有技术的开发工作，包括基本即时通信平台和大型网上应用系统的开发。个人于 1993 年取得深圳大学理学学士学位，主修计算机及应用。其本人在电信及互联网行业具有逾十五年的经验。

许晨晔，“腾讯公司”主要创办人，首席信息官，全面负责网站财产和社区、客户关系及公共关系的策略规划和发展工作。1998 年创立“腾讯公司”之前，许先生在深圳数据通信局任职，累积丰富软件系统设计、网络管理和市场推广及销售管理经验。

陈一丹，“腾讯公司”主要创办人，首席行政官，全面负责集团行政、法律、人力资源和公益慈善基金事宜。陈先生亦负责“腾讯公司”的管理机制、知识产权等。

【2010 年大事记】2010 年 1 月，中共中央政治局委员、上海市市委书记俞正声考察腾讯上海分公司；原中共中央政治局常委尉健行视察腾讯;深圳 2011 世界大运会签约“腾讯公司”为官方合作媒体。

2 月，深圳市委副书记白天视察、慰问“腾讯公司”。

3 月 5 日 19 时 52 分 58 秒，腾讯 QQ 同时在线用户数突破 1 亿，这在中国互联网发展史上是一个里程碑，也是人类进入互联网时代以来，全世界首次单一应用同时在线人数突破 1 亿。同月深圳市常务副市长许勤视察“腾讯公司”，希望深圳能够打造全国最重要的互联网基地。

4 月，“腾讯公司”向青海地震灾区捐款 2200 万元；“腾讯公司”投资 DST3 亿美元，并建立战略伙伴关系。

5 月，中共中央委员李长江视察腾讯。

6 月，国务院委员、国务院党组成员、公安部部长、党委书记孟建柱视察“腾讯公司”；“腾讯公司”与思科签署合作备忘录，建立战略合作伙伴关系。

7 月，国务院新闻办主任王晨视察“腾讯公司”；中央对外宣传办公室、国务院新闻办副主任钱小芊视察“腾讯公司”。

8 月，国家新闻出版总署党组成员、副署长孙寿山视察“腾讯公司”；“腾讯公司”向舟曲灾区捐赠 500 万元。

10 月，全国政协副主席、党组成员郑万通和安徽省省委书记张宝顺、省长王三运先后视察“腾讯公司”。

11 月，QQ 获全球创意金奖；世界知识产权组织总干事访问“腾讯公司”。

马化腾，“腾讯公司”主要创办人，首席执行官。全面负责本集团的策略规划、定位和管理。1998 年创立“腾讯公司”前，曾在中国电信服务和产品供应商深圳润迅通讯发展有限公司主管互联网传呼系统的研究开发工作。

天威视讯

深圳市天威视讯股份有限公司

【概况】深圳市天威视讯股份有限公司（以下简称“天威视讯”，是我国有线电视网络行业的第一家股份制企业，负责深圳地区有线电视网络的建设、经营和维护，提供有线电视收视服务、电视增值业务以及互联网接入服务等。

自 1995 年成立以来，在各级政府和领导的重视和支持下，公司坚持以正确舆论为导向，以市场为出发点，以数字化为突破口，推动技术创新，提升服务品质，建立现代企业机制，逐步形成了以传输视频信息和开展网上多功能服务为主，向产业链的上下游渗透以及多业务并举的文化产业发展模式，探索出一条广电事业和文化产业协调发展的新路。

2006 年 5 月，中共中央政治局常委李长春同志赴深圳视察数字电视发展情况，对“天威视讯”的有线电视数字化工作和业务发展给予充分肯定。国家广电总局张海涛副局长高度评价了“天威视讯”在有线电视数字化方面实现了“四个创新”（观念创新、科技创新、体制创新与服务创新）的做法。

【发展历程】1995 年 7 月，深圳有线电视台联合其他 5 家深圳国有企业共同发起组建“天威视讯”，公司正式成立。1997 年，完成了“通信与有线电视试验小区”这一国家“九五”科技攻关项目；深圳市天威数据网络股份有限公司成立，并开始推出宽带接入业务。

2002 年，深圳有线电视台与深圳电视台合并，“天威视讯”独立运营；同年，公司完成深圳有线电视网络双向化改造，在全国同行中率先建成 860Mhz 为主体的优质网络；有线数字电视在第四届“高交会”上开始试验播出。

2003 年，公司组建宽带事业部；深圳数字高清电视在网上试验播出；“深圳市有线数字电视系统”被列为深圳信息化重点工程，并正式开展商业运行。

2005年7月，公司启动有线电视数字化整体转换工作，并在6个月内平稳完成，创造了整体转换的“深圳速度”和“深圳质量”。同年，公司在搭建的语音服务技术试验平台上，实现了具有与常规通信网相同质量的语音服务功能。

2006年，公司建设的交互数字电视平台通过国家广电总局的验收；同年5月，公司承办的全国有线电视数字化推进工作现场会在深圳顺利举行；深圳互动数字电视（iTV）开始商业试运营，高清数字电视正式开始商业运营。

2007年，公司收购深圳南油有线电视网络，网络规模再上台阶。

2008年5月，公司成功在深交所挂牌上市；同年7月，在国内率先推出高清互动电视业务。

2009年9月，借助国内10套高标清频道同播之机，公司启动“天威高清互动电视家庭计划”，全面推广高清互动电视业务。

【主营业务】有线数字电视向市民提供：包括中央、省、市电视频道在内的约70套数字电视标清节目传输服务；约20套的数字广播频率传输服务；有线数字电视影视点播（NVOD）服务；导视及电视资讯服务。同时，公司现已开通境内付费频道35套，境外付费频道14套，涵盖欧洲足球、索尼动作影视、BBC、WORLD、国家地理等热点节目资讯。2010年，新播出高尔夫网球、国防军事、亚洲新闻等节目频道。

2010年起，增加了电视时移、频道回看、频道录像等先进功能，以及电视杂志、卡拉OK、股票信息、电视游戏、电视银行等数字高清新业务。2010年，公司新推出电视机顶盒上网和4M大带宽业务。

【自主创新】公司注重管理创新与科技创新，近几年特别是在技术革命上取得较多的成果。

一、2004年，率先在国内投资建成有线数字电视实验室，自主制定入网机顶盒的检测标准。

二、2004年，公司开始研发数字电视机顶盒遥控器。

三、2006年，公司“深圳有线互动数字电视系统”荣获国家广电总局2006年度科技创新奖一等奖及突出贡献奖，在国内率先实现

公司启动有线电视数字化整体转换工作，并在6个月内平稳完成，创造了整体转换的“深圳速度”和“深圳质量”。同年，公司在搭建的语音服务技术试验平台上，实现了具有与常规通信网相同质量的语音服务功能。

“天威视讯”上市

了有线电视广播业务、交互业务、多媒体增值业务的统一运营。

四、2007 年，率先开通 CMTS64QAM 信号，填补了 HFC 网传输 CMTS64QAM 信号在社区网络的国内空白。

五、2009 年 5 月，“数字电视用户行为分析与节目搜索推荐系统”荣获国家广电总局 2008 年度科技创新奖二等奖；“有线电视网络工程项目管理系统”荣获国家广电总局 2008 年度科技创新奖三等奖。

六、2009 年 12 月，“有线电视网络网格化智能调度系统项目”荣获 2009 年国家广电总局科技成果应用与技术革新一等奖。

七、2010 年，“天威视讯”获批三项专利，分别为“一种隐性用户特征提取方法与电视节目推荐方法”（发明专利）、“一种基于贝叶斯算法的数字电视节目推荐方法和系统”（发明专利）和“有线电视终端盒”（实用型专利）。

八、2010 年，公司成为广电总局行业标准《有线数字互动电视系统技术规范》的成员，代表行业参与标准提案。

九、2010 年，“天威视讯”获批授权计算机软件著作权登记 5 个项目，分别为“节目推荐系统 V1.0”“有线电视自助服务系统 V1.0”“调度中心管理系统 V1.0”“电视营业厅系统 V1.0”和“用户收视行为采集与分析系统 V1.0”。

【社会责任】公司奉行“源于社会，回馈社会”理念，积极参与社会公益事业，塑造“企业公民”形象。至 2010 年，公司已在湖南宁远和甘肃陇南捐建了两所希望小学，并为希望小学和湛江贫困地区的学校送去大量图书、体育用品、桌椅和电脑设备等。在汶川大地震和青海玉树地震后组织员工捐赠善款共计 50 余万元。公司还积极参与环保事业，在龙岗区建立了环保教育基地，定期开展环保实践，如拾捡海边垃圾，保护红树林等。

【企业荣誉】公司近三年所获的主要荣誉：2008 年，荣获国家四部委联合颁发的“全国文化体制改革优秀企业”称号。公司是深圳市唯一获此殊荣的文化企业。

2009 年，荣获国家商务部颁发的“中国最佳营业厅”称号，成为业内唯一获此殊荣的广电运营商。

深圳有线数字电视效果图

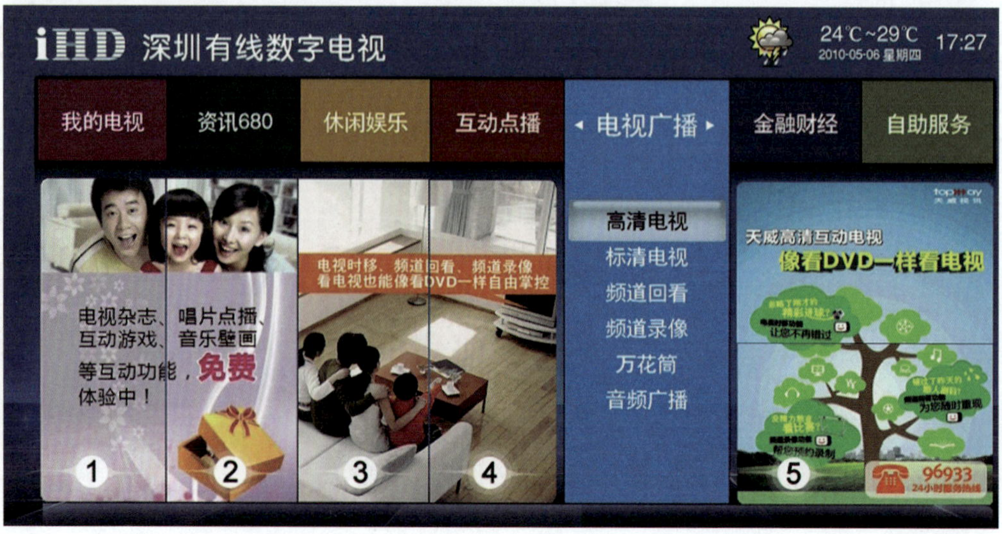

2010 年，被深圳市市委组织部评为“深圳市百优处室”。

【2010 年大事记】 2010 年 2 月至 3 月，公司严格履行政治职能，落实安全责任，相继完成“春节”“两会”等重要时段安全保障任务。

5 月 7 日，新版网络存播系统（NSP）正式运营，推出频道回看、电视时移、频道录像等新功能，改变了传统电视的收视习惯和体验。

5 月 11 日，公司被市政府评为首批深圳市“文化 + 科技型示范企业”。

6 月，公司联合深圳市科协创办了“深圳市有线数字电视科学素质平台”。

7 月，公司党委被深圳市直属机关工委评为“先进基层党组织”，公司董事长、总经理吕建杰荣获“优秀共产党员”称号，党委书记孟祥军荣获“优秀党务工作者”称号。

8 月，公司成为全国第一批三网融合试点城市——深圳市的三网融合试点企业。公司组织开展主题党日活动，接受革命传统教育。深圳市广电集团授予“天威视讯”党委 2010 年“主题党日活动一等奖”。

9 月，公司获批为“深圳市第二批文化体制改革试点单位”。同月，公司相继完成《网络基础设施规划》和《HFC 接入网规划（2010～2015）》，确定了未来五年网络建设改造内容。公司被成功纳入 2010 年深圳市互联网产业发展专项资金扶持计划（第一批），获得政府专项补助资金 1000 万元。

10 月，完成了数字太和与 NDSCA 系统的同密工作，建立了数字电视版权保护体系，为下一步开展三网融合与机卡分离业务做好技术准备。

11 月，“天威视讯”获得深圳市证监局授予的 2010 年度关于积极推动上市公司治理规范运作的优秀董事会秘书单位。同月，传输部谢燕燕同志参加了在北京举行的全国广播电视（有线电视、供配电系统）技术能手竞赛，荣获二等奖，被国家广电总局授予“全国广播电视技术能手”称号。

传输部谢燕燕同志参加了在北京举行的全国广播电视（有线电视、供配电系统）技术能手竞赛，荣获二等奖，被国家广电总局授予“全国广播电视技术能手”称号。

12 月，为更好地转播大运会各项竞技赛事，公司启动深圳大运会有线电视专网建设，有线网络将覆盖竞赛场所和场馆周边非竞赛场所，并提供不同于本地有线电视信号传输内容的专有商业电视信号内容传输服务。

深圳市齐心文具股份有限公司

【概况】 深圳市齐心文具股份有限公司（以下简称“齐心文具”）总部位于深圳，注册资金 1.2453 亿元人民币，2010 年实现营业收入 9.1 亿元、利润总额 5852.89 万元。公司主要从事文具及办公用品、办公设备的研发、生产和销售，主营产品包括文件管理用品、办公设备、电子文具、书写工具、纸制品、学生用品及办公耗材等多种

“齐心文具”已在文件管理用品、办公设备等研发领域掌握了诸多关键技术和部分核心工艺，并且形成了独特的产品研发优势。

品类，是中国最大的办公文具（文件夹）制造商，也是中国最具影响力的综合办公用品企业。“齐心文具”下设9家子公司，在全国建立了50多家分公司和办事处，拥有汕头、广州和宁波三大配送中心，同时在全国设立150多个分销配送仓，营销网络覆盖全国传统文具批发市场、专业文具连锁店、现代大卖场、便利超市、现代直销商、电子商务等多种渠道，满足全国客户的高效采购和配送需求。

公司现有潮阳和观澜两大生产基地。潮阳工厂（汕头市齐心文具制品有限公司）是一家由深圳市齐心文具股份有限公司绝对控股的生产企业。厂房面积达7万多平方米，拥有从日本、德国、中国台湾引进的先进生产线60多台/套，后加工设备800多台/套；工厂生产全过程实现自动化、程序化、精细化管理，是目前国内最大的文件管理用品生产商。观澜工业园现有两家公司：齐心商用设备（深圳）有限公司和深圳市齐心文具股份有限公司；观澜文具厂成立于2006年，原厂房面积达4万平方米，是深圳市齐心文具股份有限公司的商用设备生产基地以及文件夹生产基地。2010年，齐心观澜工厂进一步扩充产能，新增面积1.5万平方米，新增了多台生产设备，并新建了产品实验检测中心及客户验货体验中心，使生产效率得到有效提升，产能大幅度释放。

【企业荣誉】至2010年，公司连续七年被评为“中国十大文具品牌”。公司还被中国百货商业协会和中国国际名牌协会评选为“中国最畅销文具品牌”和“中国文件夹第一品牌”，被中国工商总局商标局评为“中国驰名商标”，被广东省政府评为“广东省百强民营企业”，被深圳市政府评为“深圳知名品牌”“高新技术企业”“诚信中小企业”。公司设研发设计的可降解新型省料8袋文件套和盲人用办公套装荣膺2010年度“红棉奖”，其中，盲人用办公套装获得2010年度中国创新设计大奖“红棉至尊奖”荣誉。2010年12月，公司荣获国家级高新技术企业称号。

【文化创意成果】“齐心文具”在国内同行中率先建立了产品研发中心，并以先进的研发理念和不断创新的研发机制一步步实践着引领潮流的远大目标。目前，“齐心文具”已在文件管理用品、办公设备等研发领域掌握了诸多关键技术和部分核心工艺，并且形成了独特的产品研发优势。“齐心文具”产品不仅在产品功能、颜色、外观造型等方面领先，而且还大胆尝试新材料和新技术的应用，每年都有多项专利产品，“齐心文具”产品已获得80多项国家专利，是中国文具行业最有价值的品牌之一。

【2010年大事记】4月14日清晨，青海玉树县发生7.1级地震，“齐心文具”快速反应，立即通过广东省慈善总会向灾区捐款5万元，随着地震救灾工作的推进，灾情日显严重，“齐心文具”董事长陈钦鹏决定，公司再向青海玉树灾区捐款50万元现金。

6月，“齐心文具”学生用品招商推广会从深圳首发，先后在上海和南京、杭州等地全力展开。

9月4日，中国轻工业联合会组织了行业协会开展了各行业十强企业的评价工作。经过各行业数十家优秀企业的激烈角逐，公司荣获了“2009年度中国轻工业文教用品行业十强企业”的光荣称号。

10月10日，深圳电视台导视频道《教育界——成长在线》栏目组小主持携手《都市少年》杂志小主编，一同走进“齐心文具”，进行了采访实践活动。

深圳中青宝互动网络股份有限公司

【概况】深圳中青宝互动网络股份有限公司（以下简称“中青宝”）成立于2003年7月，致力于大型中国历史爱国题材网络游戏的自主研发、策划和营运。公司于2010年2月11日正式挂牌上市，成为国内首家A股网络游戏行业上市公司。

经过多年技术积累，公司产品已获得20款计算机软件著作权和7款软件产品登记证书。公司依靠具有独立知识产权的游戏核心技术（PowerNet游戏引擎）开发出独具民族特色的网络游戏而成为中国国产网络游戏的领导者与主力军。公司先后推出了《战国英雄》《抗战OnLine》《亮剑OnLine》《天道OnLine》等多款网络游戏，引起国内网游界的巨大反响。公司已被认证为“深圳市文化+科技型创新示范企业”“深圳市第二批文化产业基地”“国家级高新技术企业”“深圳市高新技术企业”“深圳市重点软件企业”“深圳市重点文化企业”。

【发展历程】“中青宝”成立于2003年，致力于大型中国历史爱国题材网络游戏的自主研发、策划和营运业务。

2005年，推出国内领先的2D网络游戏《战国英雄》，获得业内一致好评。

2007年，在共青团中央支持与指导下，历时两年打造的爱国历史游戏《抗战英雄传》一经推出，即被评为十佳原创网游。

2008年，公司先后引进中青联创、创新投风险投资并完成股份制改造。

2009年，根据同名小说改编的军事题材大作《亮剑ONLINE》正式上线推出；同年，《抗战英雄传》入选国家民族网游工程。

2009年12月25日，公司在创业板上市获得证监会创业板发审委审核通过。

【文化创意代表人物】李瑞杰，南开大学双学士，个人曾获《中国计算机报》“2003年度华南IT经济人物”“2007年中国IT企业实力企业家100人”等称号。现任深圳市信息行业协会副会长，深圳市潮汕商会常务副会长，深圳市总商会（工商联）常务理事等。

张云霞，1988年毕业于南开大学计算机软件工程系，1990年获天津南开大学旅游业管理硕士学位。现任中青宝互动网络股份有限公司总裁、深圳宝德科技集团股份有限公司副董事长。

【评价参考】“中青宝”坚定地走大众娱乐的发展路线，致力于将中国优秀的传统文化，通过网络游戏这一全新的表现方式传播给游戏玩家；同时，成功建立网络游戏附加收益模式，如门户、交易平台、社区等新的盈利平台，通过打造“数字娱乐产业园”，完成“从游戏到虚拟社会”的产业发展，形成比较独特的文化网络游戏娱乐王国。

通过打造“数字娱乐产业园”，完成“从游戏到虚拟社会”的产业发展，形成比较独特的文化网络游戏娱乐王国。

【2010年大事记】2月11日，公司成功在深交所创业板挂牌上市，公司的品牌知名度和行业影响力得到了显著提高，竞争力得到了较大的提升，进入了一个全新的发展阶段。

9月5日，中共中央总书记、国家主席、中央军委主席胡锦涛在中共中央政治局委员、广东省省委书记汪洋等领导的陪同下观看了“中青宝”爱国民族网络游戏《抗战online》的演示，并听取了“中青宝”董事长李瑞杰的汇报，总书记兴致勃勃地观看了爱国网游《抗战online》的游戏演示，希望“中青宝”能够生产出更多适合青少年的健康爱国的好游戏。李瑞杰董事长连连表示一定铭记总书记的指示，为青少年多做健康的好游戏。李瑞杰董事长还介绍了“深圳创造、全球运营”战略构想，要用中国的创意、制作，以互联网这一虚拟经济模式把中华民族文化传播到全球各地。

深圳市迪威视讯股份有限公司

【概况】深圳市迪威视讯股份有限公司（以下简称“迪威视讯”）成立于2001年，是国内领先的具备自主创新能力的专网视频通讯解决方案提供商，主要为公安等政府专网用户提供定制化的视频通讯综合解决方案，包括相关软硬件产品的研发、制造及相关技术服务。公司总部位于深圳，在国内设有20多个分支机构，销售维护力量遍及全国。公司成立以来一直致力于自主创新，通过在专网视频通讯行业的专注发展和经验积累，充分挖掘专网行业客户的需求，获得政府领域庞大的客户基础。

【经营业绩】2010年，公司实现营业总收入2.03亿元，较上年同期增长40.51%，销售毛利率为51.16%，较上年同期增长1.69%，实现营业利润4066.74万元，较上年同期增长49.95%；实现归属于上市公司股东的净利润4002.72万元，较上年同期增长35.77%。公司

2010 年度主要经营指标较上年同期增幅较大，主要原因是 公司 VAS 和 SIAP 产品面向政府、公安行业用户的合同量增加。

【主营业务】公司主要经营定制化的专网视频通讯解决方案业务和其他视讯相关业务。公司是深圳市首批国际级高新技术企业，承担了包括“深圳市视频通信工程技术研发中心”等众多科研项目，曾参与公安部、国家广电总局等部门关于视频通讯技术标准的论证和制定。

公司凭借成熟的技术产品、管理理念和运营经验积极横向拓展国防、交通、能源等专网视频通讯领域，持续改善和优化公司的技术研发体系、服务支持体系和业务管理流程。

【发展历程】2001～2002 年，成立并在业内首家提供 4CIF 分辨率设备，视频会议产品成功应用于国家党政专网。

2003～2005 年，被中组部评为“材料设备供应优秀服务单位”。公司制定中国广电行业宽带会议电视技术规范。

2006 年，公司推出全系列 H.263/H.264 的通用型产品，成为视频会议产品涵盖最广的厂商；进入视频监控行业，推出大规模监控管理核心平台产品。2007～2008 年，公司推出 720P/1080i/1080P 的高清统一图像平台系列产品，并成功完成股份制改造。

2009 年，获评 2009 年中国多媒体通信行业“创新产品”奖及“最佳解决方案”奖。

公司已成功在国内创业板挂牌上市，股票代码为 300167。公司将借助政府和公安行业供应商的品牌知名度和市场影响力，进一步提升核心竞争力，积极拓展包括国防、交通、教育、能源等行业的专网视频通讯市场。

【核心竞争力】公司自成立以来一直致力于为政府、公安等专网用户提供定制化的视频通讯综合解决方案，包括相关软硬件产品的研发、制造及相关技术服务。公司已经成长为国内领先的专网视频通讯综合解决方案提供商。公司凭借成熟的技术产品、管理理念和运营经验积极横向拓展国防、交通、能源等专网视频通讯领域，持续改善和优化公司的技术研发体系、服务支持体系和业务管理流程，巩固和提升公司在国内专网视频通讯行业的市场份额，确保公司在国内专网视频通讯行业中的领先地位和优质品牌形象，努力实现“成为国内领先的拥有较强自主创新能力的专网视频通讯解决方案提供商”的总体发展目标。

自 2007 年开始，全国党政体系开始进一步加大专网视频通讯系统的建设力度，公司凭借 VAS 解决方案的综合竞争优势，陆续承担了全国多个省市及部委的二、三级党政视频通信专网的建设和维护项目，进一步巩固了公司在政府专网视频通讯系统的主导地位。公司成功建设了全国公安系统首例统一视频管理应用系统——江苏省公安厅统一视频管理应用系统，这标志着公司 SIAP 解决方案正式投入市场并为用户所认可，确立了公司在公安专网视频通讯领域的技术及产品优势，为公司提升市场份额、树立领先地位奠定了坚实基础。2010 年，公司签订了江苏省公安厅 3G 无线图传试点建设项目，标志着公司研制的 3G 无线网络图像传输系统在全国省级公安机关率先实现应用级突破。

【2010 年大事记】2010 年，迪威视讯高清视频会议终端喜获“2010

年国家重点新产品”“深圳市重点文化企业”等殊荣 ；迪威视讯荣获计算机信息系统集成二级资质；获深圳市第一批国家高新技术企业称号；迪威视频通讯应用系统应用到山西省纪委、广东省公安厅、辽宁省公安厅、安徽省公安厅、北京交管局及贵阳市、海口市、珠海市、扬州市、榆林市、连云港市、中山市、赤峰市等治安管理系统。

华视传媒集团有限公司

【概况】华视传媒集团有限公司（以下简称“华视传媒”）成立于 2005 年 4 月，拥有中国乃至全球最大的户外数字移动电视广告联播网。联播网采用数字移动电视技术，以户外受众最集中的公交车、地铁和轻轨为首期终端平台，通过与各地电视台合作，结合户外受众的资讯需求，提供即时的新闻、资讯、娱乐、体育等丰富多彩的电视节目，将电视搬到户外，使随时随地看电视成为现实。

2007 年 12 月 6 日，“华视传媒”在美国纳斯达克上市（NASDAQ:VISN），是中国首家在纳斯达克上市的户外数字移动电视企业，被赞誉为“来自中国文化概念的一面旗帜”。

2010 年 10 月 15 日，“华视传媒”收购中国最大的地铁电视运营商数码媒体集团，实现户外数字移动电视“公交 + 地铁”的全覆盖。

成立六年以来，“华视传媒”秉承社会价值与商业价值最佳结合的经营理念，始终保持着稳健快速发展的势头。截至 2010 年底，“华视传媒”已形成以深圳为总部，覆盖 29 个公交联播网城市以及 8 个

华视传媒宣传广告

地铁电视联播网城市、8.3 万辆公交车及 35 条地铁线路、14.1 万个公交数字移动电视终端和 5.1 万个地铁电视终端，占据中国车载无线数字信号发射电视终端总量的 76.8%，覆盖已开通地铁电视终端总量接近 100%，并延伸至香港，覆盖受众接近 4 亿人，成为户外数字移动电视产业的领导者和推动者。

【发展历程】2005 年 4 月 8 日在深圳成立。

2005 年 8 月，首个公交移动电视项目在成都试播。

2006 年至 2007 年，“华视传媒”进入了高速发展期，北京、大连、长春、哈尔滨、郑州、武汉、苏州、宁波、广州等城市公交移动电视网络布局基本完成。

2007 年 12 月 6 日，“华视传媒”在美国纳斯达克上市，融资 1.24 亿美元。

2008 年 8 月 15 日，“华视传媒”在美国成功增发股票，融资 1.012 亿美元。2008 年 9 月 3 日经国家工商总局批准，“华视传媒集团”成立。

2009 年 10 月 15 日，“华视传媒”以 1.6 亿美元收购中国最大的地铁电视广告运营商数码媒体集团。

2010 年度，“华视传媒”总营收 9.1 亿元，纳税 8403 万元。

【文化创意代表人物】李利民，“华视传媒”董事局主席兼首席执行官，“华视传媒”创始人，高级经济师，香榭里控股集团董事局主席。

李利民先后被授予 2007 年度中国年度传媒人物、2008 中国新媒体年度十大领军人物、2008 中国经济年度风云人物、影响中国·改革开放 30 年十大影响力人物、中国创意产业先进个人、中国改革开放 30 年深圳百名杰出企业家、2009～2010 年度中国广告风云榜十大传媒杰出人物等荣誉。

【核心竞争力】（1）“华视传媒”媒体优势得到充分发挥。据 CTR 统计，在奥运会的主要举办地北京，选择通过公交电视看奥运的比例达到了创纪录的 23.6%，成为仅次于传统电视的第二大百姓观看奥运媒介；新生代调研机构发表报告称：90.3% 的上海居民曾经通过地铁移动电视获取世博会的相关信息，对地铁电视获取信息的依赖度甚至超过上海本地电视频道等传统媒体，成为人们了解“世博会”的第一信息窗口。

据 CTR 统计，在奥运会的主要举办地北京，选择通过公交电视看奥运的比例达到了创纪录的 23.6%，成为仅次于传统电视的第二大百姓观看奥运媒介。

（2）利用实时播放的功能，弥补了主流媒体无法到达的广阔户外空间。其社会影响力和公众信息传播能力得到了空前提高。2008 年初南方雪灾、四川汶川地震、2010 年西南大旱、舟曲泥石流等自然灾害发生后，“华视传媒”第一时间加入到救灾报道中，通过公交车、地铁、轻轨等户外数字电视迅速传播给上亿户外人群。同时还积极联手各慈善机构、政府部门等，将关于灾情的第一手信息及时地在其宣传阵地上播出，使户外观众能实时收看到救灾情况，并能第一时间了解赈灾的最新新闻报道，激发爱心，及时参与到赈灾的行列中。

（3）“华视传媒”经过不断地探索，找到了属于自己的“组合式创新”办法。一是联合多个城市覆盖更多广告受众，成为“华视传媒”广告网络规模运营的独特优势。二是创新商业运营模式。“华视传媒”不断给受众提供新的资讯接收方式，给广告主提供新的营销平台，给投资者提供新的盈利模式。

【2010 年大事记】 2010 年 1 月，“华视传媒”创新商业模式入选中山大学 EMBA 教程经典案例。

2010 年 5 月，“华视传媒”被评为深圳市首批“文化 + 科技”型示范企业、第 6 届中国最具投资价值媒体、2009 年度最具影响力传媒机构。

2010 年 6 月，“华视传媒”与港铁 MTR 签约，独家代理深圳地铁 4 号线 PIS 视频广告。

2010 年 7 月，“华视传媒”续签北京地铁，获北京地铁电视未来五年的独家广告经营权；获深圳市大企业直通车服务证书。

2010 年 8 月，《深圳四大支柱产业的崛起——纪念深圳经济特区建立 30 周年》系列丛书出版，“华视传媒”作为发展最为快速的重点文化企业入编。

2010 年 9 月，“华视传媒”被央视纳入年度广告资源招标范畴，传统电视与户外新媒体携手，开创中国电视领域营销新模式。

“华视传媒”被央视纳入年度广告资源招标范畴，传统电视与户外新媒体携手，开创中国电视领域营销新模式。

“华视传媒”获广电总局蓝皮书户外新媒体唯一入选企业。“华视传媒”被评为“2009～2010 年度最具影响力媒体机构百强”“2009～2010 年度中国最具影响力本土广告 100 强”。

2010 年 11 月，“华视传媒”被评为第三届新媒体节“2010 中国户外新媒体领军品牌”。

2010 年 12 月，“华视传媒”作为国内唯一一家户外新媒体企业荣获 2010 年度“全国文明诚信示范单位”荣誉称号。

深圳劲嘉彩印集团股份有限公司

【概况】 深圳劲嘉彩印集团股份有限公司成立于 1996 年，注册资本 6.42 亿元，于 2007 年 12 月 5 日在深圳市证券交易所挂牌上市，股票名称：劲嘉股份（股票代码：002191）。公司主营业务为烟标及包装材料，是为卷烟生产企业提供烟标配套包装解决方案的大型包装印刷企业集团。公司与国内 10 多家烟草工业公司长期合作，已为全国 50 多家大中型卷烟厂开发、设计、印制了 200 多个品牌、500 多个规格的烟标，如玉溪、红河、黄果树、贵烟、云烟、红金龙、好日子、红双喜等，是全国规模最大、研发能力最强、品质最好的烟标生产企业，也是国内烟草行业、包装印刷行业标准制定单位之一。

“劲嘉”商标 2007 年经国家商标局认定为“中国驰名商标”，成为著名品牌。

【经营业绩】 2010 年，公司实现营业总收入 20.23 亿元。2010 年公司分别实现营业利润、利润总额、归属于上市公司股东的净利润 4.55 亿元、4.64 亿元、3.03 亿元。公司总资产 37.68 亿元，比 2009

年增加 1.34%。

【发展历程】主要分为创业期（1996 年至 1999 年）、发展期（2000 年至 2006 年）、腾飞期（2007 年至今）三个阶段。

创业期：公司领导带领员工艰苦奋斗、顽强拼搏，取得了初步成绩。

1996 年，公司从深圳沙井万丰村起步，董事长乔鲁予等人联合创建了“深圳劲嘉彩印有限公司”。公司诞生时，正值亚洲金融危机，中国经济受到严重影响，国内烟标印刷市场被其他群雄占领。当时的劲嘉没有厂房，租用旧仓库；缺少资金，购买旧设备……面对重重困难，40 多名员工在老板的带领下，凭借对事业的执著追求，对理想的坚定信念，艰苦奋斗、顽强拼搏，以锲而不舍的工作精神、低调务实的服务态度、新颖时尚的设计理念，赢得了客户，争得了市场。

公司诞生时，正值亚洲金融危机，中国经济受到严重影响，国内烟标印刷市场被其他群雄占领。当时的劲嘉没有厂房，租用旧仓库；缺少资金，购买旧设备……

发展期:实施自主创新战略，尤其在技术创新方面获得重大突破。

公司有两大科技成果：第一,2000 年公司在国内首先成功研制出镭射全息复合纸（膜）技术并应用于烟标印刷，随后又成功开发出环保型烟标材料镭射全息转移防伪纸和转移膜，推动了中国高档包装印刷材料的成熟与进步。第二,2003 年公司耗资数千万元，与意大利赛鲁迪公司联合研制了世界首台凹印机，集纸张复合、转移、剥离、印刷与印后加工于一体，连线全自动凹版轮转印刷，成功实现生产可降解的绿色环保产品，并将原材料可再生循环利用，避免了环境污染，降低了生产成本，开创了绿色环保印刷的新方向，填补中国在世界凹版印刷技术上的空白。公司拥有该印刷机技术专利。同时，配置了世界最先进的胶印、柔印、凹印、丝印、烫金、模切、检测等机器设备，形成强大的生产能力，每年可生产烟标 300 多万大箱。到 2005 年，公司销售收入是创业初期的 125 倍。

腾飞期：追求卓越，推动了企业快速发展。

以振兴中国民族印刷为己任，矢志成为领先国内、在国际上具有影响力竞争力的现代化大型包装印刷企业，坚持“竞合共赢”理念，力求做大、做强、做精，先后在广东、安徽、云南、贵州、江苏、浙江等及香港特别行政区建厂，形成强大的烟标印刷配套供应体系，目前已有全资、控股子公司 10 个，竞争实力进一步增强。

【知识产权】公司参与了 6 项标准的制定，其中主持制定《卷烟商标印刷用可降解、再生的转移喷铝纸》行业标准；已获得授权的专利 12 项，其中发明专利 3 项，另有 16 项专利在申请受理过程中，其中发明专利 13 项；积极申请商标注册，已有注册商标 5 项，其中国际商标 2 项。

【企业荣誉】至 2010 年，公司获得诸多殊荣：被认定为“中国驰名商标”“国家高新技术企业”，2004～2006 连续三年蝉联“中国印刷企业百强”第一名，荣获“中国包装龙头企业”“全国诚信印刷企业”“中国优秀民营科技企业”“深圳市文化产业先进单位”“文明示范企业”“工业百强企业”“民营骨干领军企业”“自主创新行业龙头企业”“文化 + 科技型示范企业”“深圳经济特区 30 年突出贡献企业”

等130多种奖项和称号，多次受到深圳市委、市政府及上级部门的表彰和奖励。

董事长乔鲁予荣获“中国民营科技企业家”“积极支持党建工作企业家”“宝安区科学技术区长奖”“宝安区慈善个人奖”“深圳经济特区30年行业领军人物提名奖”等荣誉。

【展望未来】公司投资兴建的劲嘉科技大厦即将投入使用，占地25万多平方米的劲嘉印刷包装工业园正在建设之中，这个集印刷包装、材料加工、研发、物流、人才培训为一体的印刷产业聚集园建成后，将为公司高速持续发展注入新的活力。

东方金钰股份有限公司

【概况】东方金钰股份有限公司（以下简称“东方金钰”）是目前国内翡翠行业唯一一家上市公司，股票代码：600086，注册资本3.5亿元，公司总资产逾13亿元。公司在北京、成都、深圳、沈阳、大连、哈尔滨及缅甸等地拥有多家分支机构。经过多年的不懈努力，公司初步实现了矿山开采、研发设计、加工制造、批发零售、加盟连锁等上中下游一体化经营。根据公司“掌控上游、创新产品、塑造品牌、构建渠道”的发展战略，公司将加快销售网络布局，迅速实现在全国范围内的终端网络扩张，从而实现东方金钰“以品牌统领渠道，以渠道强化品牌”的战略构想。

至2010年，公司的市场生产、销售网络已具规模。在深圳拥有3200多平方米的现代化首饰加工厂和展销厅，在云南昆明拥有10000余平方米的珠宝商场，在北京拥有一家3000余平方米的珠宝商场和一家800平方米的翡翠专卖旗舰店，在成都拥有一间200平方米的专卖旗舰店，在缅甸和云南腾冲建有翡翠原材料采购基地和

大梅沙海滩夜景

保税仓库。公司拥有从翡翠原料采购到生产加工、批发零售、加盟连锁等为一体的完整产业链条，业务覆盖了中国及东南亚地区。

【人才资源】公司拥有一批顶尖的翡翠原石鉴定专家和雕刻加工大师，翡翠首饰雕刻技术在业内首屈一指，产品精品荟萃、种类齐全、款式新颖、数量繁多，全部经由国家珠宝首饰检测中心和省、市检测部门检测鉴定，并配有相应的鉴定证书。公司拥有一批高学历、高职称，德才兼备、经验丰富的管理精英，专业的人才团队保证了公司的高效运转。目前，公司的原石采购和储备、成品生产和加工、品牌管理和塑造等方面的实力在国内翡翠玉石首饰行业处于领跑地位。

【文化创意代表人物】董事长赵兴龙先生，中国注册珠宝评估师，现任中国珠宝玉石首饰行业协会副会长，中国宝玉石协会珠宝首饰厂商专业委员会副主席，中华全国工商联珠宝厂商会副会长。赵兴龙先生是玉石行业的翡翠原石鉴定专家，在翡翠鉴定和原石购销领域有 20 多年的经历，与缅甸矿区有着良好的合作关系。其鉴定和评估翡翠原石价值的能力在国内同行中享有较高的声望。

赵兴龙先生是玉石行业的翡翠原石鉴定专家，在翡翠鉴定和原石购销领域有 20 多年的经历，与缅甸矿区有着良好的合作关系。其鉴定和评估翡翠原石价值的能力在国内同行中享有较高的声望。

【2010 年大事记】2010 年 1 月，“东方金钰”翡翠进军武汉市；获得 2011 年深圳大运会特许经营商资格。

4 月，“东方金钰”荣获第七届“深圳知名品牌”称号；建设银行总行领导莅临东方金钰总部考察指导工作。

6 月，“东方金钰”更名为无区域限制的公司。湖北东方金钰股份有限公司名称正式变更为东方金钰股份有限公司。此次无区域名称更名成功，体现了“东方金钰”在国内翡翠业雄厚的经济实力和地位，对公司的长远发展目标有着重要的意义。

8 月，“东方金钰”雄踞武汉市场，强力打造汉口旗舰店；河北唐山加盟店开业；东方金钰组团参加缅甸翡翠公盘；武汉亚贸广场店盛装开业。

9 月、11 月，东方金钰参与 9 月深圳珠宝展、11 月北京珠宝展，以全新奢华尊贵的展位形象亮相。参展期间展出了十几亿元的翡翠珍品，吸引了众多加盟商和翡翠爱好者及客户的关注，公司独创“专家顾问式销售”等一系列完善优质的专业服务，为消费者提供专业的翡翠投资咨询和购买、佩戴服务。

11 月 12 日，由于东方金钰在品牌建设和推动珠宝产业发展方面的突出贡献，公司被中国珠宝玉石首饰行业协会授予“创建中国珠宝品牌优秀企业”荣誉称号。

12 月 6 日，东方金钰股份有限公司与中国黄金集团营销有限公司战略合作签约仪式在人民大会堂隆重举行，东方金钰提供给中国黄金销售的产品每年度将不低于 6 亿元人民币。东方金钰与中国黄金的战略合作，充分实现了双方资源优势的互补，进一步推动翡翠珠宝行业的发展。同时，公司还与塔斯钻石签订了战略合作协议，双方在资源互补优势下将进一步推动国内钻石产品的销售和钻石文化的宣传、推广。

2010 年，在全球经济缓慢复苏，玉石价格大幅上涨，市场对玉石类的奢侈品需求增加的背景下，翡翠原料价值也不断上升，东方金钰的投资价值获得资本市场和投资者青睐，王亚伟领衔的华夏系基金大举建仓，公司股价一年间涨幅逾 3 倍，公司的发展战略和经营获得市场认可。

深圳市飞亚达（集团）股份有限公司

【概况】深圳市飞亚达（集团）股份有限公司（以下简称“飞亚达”）成立于 1987 年，系境内唯一一家表业上市公司，历经多年艰苦砥砺，已成长为中国手表的旗舰企业，集手表研发、设计、制造、销售为一体，拥有“飞亚达”和“亨吉利”两个品牌，营销网络覆盖全国，并延伸至国外。2010 年实现营业总收入 17.8 亿元，增长 43.91%，利润总额 1.3 亿元，增长 33.00%。

公司自成立以来，坚持品牌战略，重视技术研发和新品研发，拥有多项国际国内领先技术。飞亚达的航天表三度作为航天计时装备征战太空，成功跻身世界三大航天表品牌之列。公司与清华大学联合举办的“飞亚达杯手表设计大赛”，已成为国际设计领域水平最高的比赛之一。近年来飞亚达品牌价值不断攀升，飞亚达手表已进入六个国家销售。亨吉利是飞亚达旗下专业从事世界名表经销和服务的连锁集团，拥有雄厚的资金优势和良好的经营能力。目前在全国拥有百余家连锁店，是国内使用统一商号、覆盖地域最广的名表零售商，与国际各大钟表集团、独立品牌有着良好的合作关系。

23 年中，“飞亚达”秉承“追求完美，精益求精”的企业精神，不断学习和超越世界先进设计理念和制表工艺，用心血和激情将“飞亚达”品牌引向世界名表的殿堂。

【发展历程】1987 年 12 月 23 日，在中国深圳成立了一家名叫飞亚达表业的小公司，公司成立时注册资本仅 186 万元，20 平方米的工作厂房和 9 位员工，她就是飞亚达（集团）股份有限公司的前身。23 年中，“飞亚达”秉承“追求完美，精益求精”的企业精神，不断学习和超越世界先进设计理念和制表工艺，用心血和激情将“飞亚达”品牌引向世界名表的殿堂。经过 23 年的艰苦磨砺和进步，今天的飞亚达已经成长为中国手表民族品牌的旗舰，成为拥有“中国钟表之王”、业内唯一“中国驰名商标”和“中国名牌产品”三项桂冠的公众上市公司，并在 2003 年成功地研发制造出中国第一块航天员专用佩戴手表。

飞亚达一贯重视员工的学习与成长，注重学习型组织的建设，在 2006 年至 2008 年连续三次获得“中国年度最佳雇主”称号。公司持续引入平衡计分卡及精益六西格玛等先进管理工具，提升组织能力。公司连续五年复合增长率均超过 50%。公司将不断提高竞争力，实现“塑造国际化品牌，成为全球化企业”的愿景。

【文化创意成果】一、飞亚达机芯：（一）飞亚达手动上链机械机芯。当中国载人航天事业决定迈出“太空行走”的第一步，飞亚达也在制表创意设计的道路上继续领先。这枚搭配于极限系列“天行者”的机械机芯，采用了手动上链来面对零重力的限制；设计了AM/PM显示框，以方便在日夜混沌中及时辨识地球时间；大大改进了机芯的耐温差性能，以承受温差剧变；为了针对特殊的飞行任务，创新设计了45分钟计时，这在国际上尚属首例。（二）飞亚达多功能自动机械机芯。该枚自动机械机芯首次应用于极限系列，具备多功能计时，伴随中国摩托车车队征战2010年达喀尔拉力赛。（三）飞亚达陀飞轮机芯。这是世界最复杂、最有内涵的钟表工艺之一。

二、独特的腕表材质：（一）研发太空强化钛材质。2007年，飞亚达独立研制太空强化钛材质并应用于腕表，至今保有这一腕表材质的专利。相较于一般的钢或钛，太空强化钛具有更高的硬度、更轻的质量等优势，并且更亲和人体皮肤。（二）DLC表面处理工艺。DLC是一种由碳元素构成，在性质上和钻石类似，同时又具有石墨原子组成结构的物质。DLC膜的硬度是精钢的数倍，化学性质稳定，可以让腕表的表面更耐磨，并且拥有一种黑亮的美丽光泽。

三、参与钟表行业国际标准的制定与修改。2003年至今，飞亚达制表专家多次代表国家钟表行业，参加国际标准化组织钟表技术委员会工作会议，与来自瑞士、德国等国的钟表界人士共同修订钟表行业国际标准。2009年5月，飞亚达承办国际标准化组织钟表标准化技术委员会2009年度年会。

四、举办全国性手表设计大赛。飞亚达手表设计大赛，创办于2003年，飞亚达手表设计大赛已经成功举办了三届，由国内外著名的大师担任评委，是中国钟表设计界最权威的赛事。大赛旨在鼓励创意、发现人才。

诺亚舟教育控股有限公司

【概况】诺亚舟教育控股有限公司成立于2004年6月，由成立于1999年的深圳市诺亚舟实业有限公司发展壮大而来，下设5家全资子公司。诺亚舟教育控股有限公司是国内领先的教育辅助内容开发、出版、发行服务提供商，专注于中小学互动教学内容、软件的深层次开发。2007年10月，公司在美国纽约证券交易所成功上市，融资1.4亿美元，股票代码为“NED”。诺亚舟教育控股有限公司将“传统教学内容”与“数字化、多媒体技术”相结合，开发丰富的多媒体文化教育内容和资源，通过覆盖全国的销售网络和强大的文化、教育品牌号召力，为中小学学生提供全面的教育辅助服务和知识共享社区，提高学生的学习兴趣、学习效率和学习成绩。

诺亚舟教育控股有限公司将“传统教学内容”与“数字化、多媒体技术”相结合，开发丰富的多媒体文化教育内容和资源。

【发展历程】1999年2月，深圳市诺亚舟实业有限公司成立。

2000年1月，推出国内第一款在发音技术上拥有自主知识产权的电子词典NH2000。

2003年，诺亚舟电子词典市场占有率达22%（据中国权威的赛

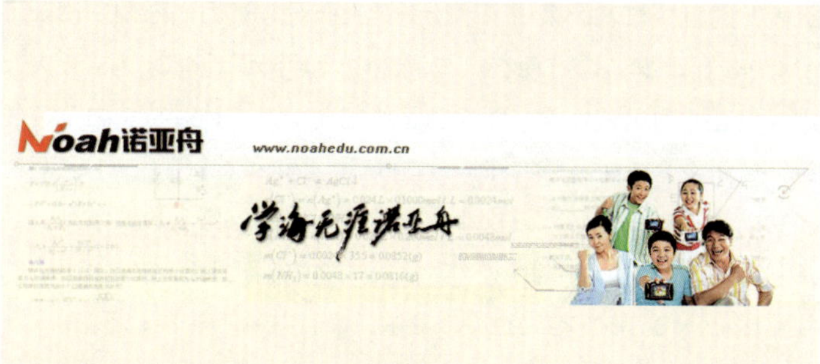

“诺亚舟”品牌宣传画

诺调查显示）。

“诺亚舟”学习机“图形计算”技术正式通过教育部中央电教馆鉴定；诺亚舟发布“搜学王”系列新品，全球首款带有“搜学引擎”技术的学习机问世；雷曼兄弟亚洲投资有限公司加盟“诺亚舟”。

2004年，携手《朗文双语》与《现代汉语双解》，成功确立了国内双语学习的新标准；诺亚舟电子词典被《人民日报》社市场信息中心等评选为“中国市场产品质量用户满意、消费者首选第一品牌”；诺亚舟教育控股有限公司成立，开始致力于教育资源产品的研发和服务。

2005年，诺亚舟网络学习机通过教育部中央电化教育馆鉴定；全球第一款网络学习机面市，其内置的数字动漫引擎技术已在全球申请专利，仅中国就申请专利达12项，公司的主营产品“诺亚舟电子词典”同时被列为“重点保护产品”。

2006年，“诺亚舟”在第三届中国手机营销电子商务发展大会荣获“中国最佳移动学习品牌奖”；全球首款彩屏网络学习机诺亚舟NP880上市；诺亚舟新状元学习机隆重上市。

2007年，“诺亚舟”学习机“图形计算”技术正式通过教育部中央电教馆鉴定；诺亚舟发布“搜学王”系列新品，全球首款带有“搜学引擎”技术的学习机问世；雷曼兄弟亚洲投资有限公司加盟“诺亚舟”。

2008年，参与“诺亚舟”“十一五”全国教育技术重点课题研究的课题实验学校已达120余所，签约的阳光学校已达600余所；成立了北京海淀区诺亚舟学校，即博英校区。

2009年，诺亚舟与美国弗兰克林电子出版公司达成战略投资合作，开启了诺亚舟进军全球市场的新局面；诺亚舟点读机产品通过中央电化教育馆的专家鉴定；诺亚舟被评为“深圳知名品牌”。

【社会责任】诺亚舟作为中国教辅行业的领先品牌，有着强烈的社会责任感。2006年诺亚舟公司与北京18家出版社一起参加了爱心助读支援西宁建设社会主义新农村的捐助活动，诺亚舟为此次捐助活动提供了学习机产品和现金支持。

2008年5月的汶川大地震，诺亚舟第一时间捐款500余万元，用于灾区现场救援及灾后希望小学建设，还组织员工走进重灾区，看望和慰问灾区的孩子们，向他们捐赠学习用品和药品。

2010年10月27日，诺亚舟作为震后捐赠企业，受邀出席了“广元市地震灾区希望小学探访活动”。活动期间，诺亚舟代表团一行赶往广元市苍溪县，看望诺亚舟捐资修建的漓江镇诺亚舟希望小学和鞍子乡诺亚舟希望小学的师生们，并参加学校竣工揭牌仪式。

【评价参考】诺亚舟拥有强大的自主研发能力，“三级研发体系”涵盖手持式教育电子产品软件硬件开发、校园信息化技术，互联网技术。

诺亚舟在“传统教学内容”数字化、多媒体化开发上独具优势。诺亚舟与海内外几十家知名出版机构合作，紧密围绕学历教育内容，自主策划和开发了一系列多媒体教育辅助内容。诺亚舟网络学习机和电子词典在中国教育电子行业中市场占有份额第一，产品畅销国内外。

【2010年大事记】2010年3月15日，国内领先的教育辅助内容及服务提供商——诺亚舟教育控股有限公司宣布与深圳市文泰教育产业发展有限公司(以下简称“文泰教育”)签订投资协议，成功并购“文泰教育”70%股份。此次并购总价为人民币1.26亿元，资金全部出自于诺亚舟的现金储备。

2010年，诺亚舟教育控股有限公司从公司决策层商定“西进”战略布局以来，考虑到沿海城市成本较高，于是将总部从深圳移师成都。

2010年，“诺亚舟”商标荣膺电子词典类“全国驰名商标”称号。

A8电媒音乐控股有限公司

【概况】A8电媒音乐控股有限公司（简称“A8音乐”）成立于2000年，是一家具有开拓性、综合性数字音乐公司。“A8音乐”通过自己的UGC（用户产生内容）互动平台www.a8.com来收集自己的音乐内容，同时也从国际性唱片公司及中国本地的唱片公司获取音乐内容。至2010年，“A8音乐”已经收集了超过7万件音乐作品。

此外，“A8音乐”还销售非音乐内容，包括游戏、图片、娱乐新闻、故事、笑话等。2008年6月，“A8音乐”在香港联合交易所主板成功上市（股票代码：00800.HK），认购率超过128倍。

【文化创意成果】“A8音乐”通过互联网以及移动运营商的无线网络来销售音乐内容，销售产品的形式包括：手机铃声、彩铃服务（RBTS）、交互式语音应答（IVR）等。

“A8音乐”通过互联网以及移动运营商的无线网络来销售音乐内容，销售产品的形式包括：手机铃声、彩铃服务(RBTS)、交互式语音应答（IVR）等。

一、开启了手机与音乐互动的时代，具有标志性意义。2000年“A8音乐”由刘晓松先生在深圳注册成立。2001年与中国移动广东分公司合作，率先在中国推出手机铃声下载服务；与湖南卫视进行合作，独家提供“快乐大本营”娱乐节目互动服务；与Channel[V]“华语音乐榜中榜”节目合作。2004年与MTV签订合作协议，在MTV的不同节目中提供无线音乐服务；与国际及国内唱片公司展开合作，继将百代公司的音乐以彩铃的方式在中国移动的无线网络上进行销售之后，陆续与华纳、索尼BMG、环球唱片等以各种形式进行合作。

二、推出了“A8音乐”品牌并建立了UGC原创音乐平台www.

a8.com，供艺人和用户可以上传自己独立制作的原创歌曲。2006 年推出 A8Box 产品并与合作伙伴多普达共同进行了阶段性推广，通过该产品手机用户可以直接用手机购买音乐服务。公司还通过 A8 原创音乐平台，为电视剧《烈日炎炎》《楚留香》以及电影《金头》等征集歌曲，并与百事合作开展“七喜激爽彩铃征集”活动。

三、联合政府部门发起了一项具有战略意义的“原创中国音乐基地”工程计划，旨在打造一条以音乐创作、音乐制作和数字发行为核心的原创音乐产业链。至 2010 年，先后启动“原声飞扬”原创音乐大赛，强势打造了中国原创音乐盛典，与百事中国合作，通过无线推广百事——七喜主题曲《I Lemon You》，“A8 音乐”成为中国音乐金钟奖流行音乐大赛（“金钟奖大赛”）唯一数字音乐平台及全程协办单位。公司还获得了深圳科技园的土地使用权。

【企业荣誉】至 2010 年，公司先后荣获“中国移动互联网手机客户端类最佳成长企业奖”“高科技、高成长亚太区 500 强”“中国最具投资价值企业”“中国创意产业领军企业”等称号。公司被深圳市人民政府认定为“市重点文化企业”“市文化产业基地”。

【文化创意代表人物】刘晓松，45 岁，公司创始人、首席执行官、董事局主席，负责公司战略规划、业务运营及管理。1984 年以电气工程学士毕业于湖南大学；1987 年毕业于中国电力科学研究院，获得工程学硕士学位。他在技术、传媒和电信行业拥有 16 年以上的丰富经验，是深圳市政府专家工作联合会的委员。

【2010 年大事记】2 月，新闻出版总署党组副书记、副署长蒋建国一行参观了 A8 音乐集团。

3 月，A8 Box 成为诺基亚 Ovi Store 中国本土唯一音乐客户端。

4 月，“A8 音乐”联手诺基亚在中国推出“乐随享”音乐服务，向诺基亚在中国的手机用户者提供一年内海量正版音乐的无限次免费下载及铃声彩铃等相关的音乐增值服务。

5 月，中共中央政治局常委李长春在中共中央政治局委员、广东省省委书记汪洋，文化部部长蔡武，广东省省长黄华华以及深圳市

深圳音乐厅夜景

深圳音乐厅顶棚结构

市委书记王荣等领导陪同下视察“A8 音乐”。

7 月，广东省省委书记汪洋于中共广东省十届七次全会上充分肯定 A8 音乐“文化 + 科技”的发展模式，并提出要大力复制“A8 音乐”的成功模式。

8 月，“A8 音乐”华南数字音乐基地正式启动建设。

深圳富安娜家居用品股份有限公司

【概况】“原创艺术家纺”是深圳富安娜家居用品股份有限公司（以下简称“富安娜”）的品牌定位，也是“富安娜”不断完善和提升的品牌境界。富安娜“艺术家纺”获得国内消费者的青睐，其凭借原创艺术家纺的定位和引领人众生活艺术化的贡献，“富安娜”入选了国家十一五重点图书《中国家纺文化典藏》，成为该书唯一收录的现代家纺品牌。作为现代家纺的代表，“富安娜”已经超越了行业品牌成为文化品牌，并努力向更高层次迈进。“富安娜”旗帜鲜明地树立起“艺术家纺”的品牌定位，用艺术的视觉赋予产品审美价值，将艺术和商业、审美与生活有机结合起来，彻底打破传统家纺行业的发展之路，建立起以“品牌化、时尚化、个性化、规模化”为文化软实力的未来型家纺企业高端品牌。

“富安娜”公司是首批获得“中国名牌”产品称号的国内床上用品企业之一，其主导产品床上用品所占市场份额近几年一直处于国内行业三甲之列，“富安娜”商标荣膺“中国驰名商标”称号。拥有“馨而乐”“维莎”“圣之花”和“劳拉夫人”等五个不同风格和定位的品牌，以满足不同消费层次需求。现拥有各类花型和款式 3000 多种、产品

5000 多款。公司多次在国内外家纺设计大赛上获得“金榜奖”“优质产品金奖”。

【经营业绩】 2010 年，公司实现营业总收入 10.67 亿元，比上年同期增长了 34.86%，实现利润总额 1.61 亿元，比上年同期增长了 48.62%。公司产品的知名度和美誉度不断提升，销售网络不断扩大，品牌营销战略得当，渠道结构更趋合理，科技、时尚、艺术在产品中得到完美体现，竞争实力日益增强。

【品牌质量】 从创立之初，“富安娜”就认识到品牌价值对于企业发展的重要性。董事长林国芳认为：品牌必须有自己的个性，才能占领消费者的心智。以此为基调，“富安娜”旗帜鲜明地树立起“艺术家纺”的品牌定位。为了把“艺术家纺”的品牌境界发展到极致，“富安娜”培养了一支强大的创新研发团队，在工艺手段和花型开发上，不断推陈出新。“富安娜”在国内率先开发出具有国际水准的时尚印花技术，通过这些技术的应用提升产品的艺术性。其平网印花技术、色织提花工艺和电镀网印花等技术均达到世界领先水平。

【社会责任】 2010 年 6 月 30 日，在第一个“广东扶贫济困日”活动中，“富安娜”董事长林国芳偕同其妻子陈国红女士第一个响应广东省委、省政府号召，以个人名义捐赠 7000 万元人民币，定向用于陆丰市文化中心（图书馆、博物馆、文化馆）、陆丰潭西镇卫生院的建设，这是本次活动中个人捐赠最高的一笔善款。每逢国家遇到灾难时，林国芳都会带领“富安娜”员工伸手援助，汶川地震、南方冰冻、玉树地震每次都慷慨捐赠，并在四川江油市捐建了一所学校。

另外，林国芳先生还在广东慈善总会成立了“富安娜慈善基金”，主要用于运作个人、公司或员工捐赠的善款，落实捐赠项目，这也是国内家纺产业第一只慈善基金。“富安娜”上市后，公司更加追求产品的艺术美、劳工关系的和谐美、慈善对心灵的净化美。

【文化创意代表人物】 公司董事长林国芳，家纺设计师，长期从事家居用品行业的研究及管理工作，具有丰富的企业管理和家纺产业营运经验。个人是中国家纺行业协会副会长、广东省家纺协会名誉会长、北京服装学院与鲁迅美术学院名誉教授。

西部海上田园“树居”

深圳广田装饰集团股份有限公司

【概况】深圳广田装饰集团股份有限公司（以下简称“广田股份”）成立于1995年，注册资本1.6亿元，是一家集建筑装饰设计、施工及绿色建材研发生产为一体的大型上市企业集团（股票简称：广田股份，股票代码：002482），是行业内资质种类最全、等级最高的建筑装饰企业之一，在2009年度中国装饰百强实力评比中荣获第四名。公司先后通过了ISO9001质量管理体系、ISO14001环境管理体系、GB/T28001职业健康安全管理体系认证，是中国建筑装饰协会副会长单位及深圳市中小企业发展促进会会长单位。自成立以来，其业务发展迅速，2010年销售收入近42亿元，净利润达到2.14亿元。

【文化创意成果】“广田股份”积极响应深圳市政府“设计之都”的构想，成立了深圳市广田建筑装饰设计研究院，先后荣获“IAID最具影响力建筑装饰设计机构”“2010年亚太优秀设计企业”、“2009～2010全国十佳酒店设计机构”等荣誉称号，累计获得的各类设计奖项百余项。在2010年亚太空间设计师国际论坛上，公司荣获了多项最具含金量的“筑巢奖金奖”。

“广田股份”于2008年成立节能环保装饰技术研发中心，并于当年被深圳市市政府认定为“市级技术研发中心”。该中心为“全国建筑装饰行业产业化实验基地”及“国家十一五科技支撑计划项目产业化示范基地”提供了技术支撑。经过3年的发展，其技术研发能力达到行业领先水平。至2010年，公司已获专利5项，在申报专利19项，主持制定或参与制定的国家行业技术标准11项，荣获53项“全国建筑装饰行业科技创新成果奖”、16项广东省企业创新纪录及16项深圳市企业新纪录。

至2010年，公司已获专利5项，在申报专利19项，主持制定或参与制定的国家行业技术标准11项，荣获53项“全国建筑装饰行业科技创新成果奖”、16项广东省企业创新纪录及16项深圳市企业新纪录。

“广田股份”从2005年开始致力于城市轨道交通市场的拓展，成立了北京轨道交通建筑装饰工程分公司，已经参与全国32条轨道交通线的装修设计项目，具有11条轨道交通线的导向系统设计经验。公司在全网、线路、站点概念、站点装饰、导向标识系统设计以及交通枢纽设计等方面均获得好评。其市场份额一直占全国在建、已建的轨道交通车站装修设计项目60%以上，成为轨道交通装饰领域的龙头企业。

【文化创意团队】“广田股份”下属的广田建筑装饰设计研究院，目前拥有一支由建筑、景观、幕墙、装饰等领域专家学者组成的高素质设计团队，在职设计师总计230多人，其中有专家级设计师16人、高级职称工程师32人，中级职称工程师100余人，并有多名资深设计师获得“全国有成就的资深室内设计师”“最具影响力中青年设计师”等荣誉。

为适应瞬息万变的市场变化，“广田股份”自主创办全国装饰行业首家项目管理学院。坚持理论联系实际的教学原则，通过对现有项目经理和后备项目管理人才进行系统的培训，不断培养出更多适应新时期发展需要的优秀项目经理，打造好一支适应公司快速发展的项目设计与管理团队。

【绿色环保】“广田股份”在绿色环保领域进行了积极探索，着眼于人与自然的和谐，大力推进绿色设计，在项目设计每一个决策环节中都充分考虑到社会环境效益，尽量减少对自然环境的损害。公司还运用各种先进的设计理念，使每项产品都具有先进的技术性和良好的环境协调性。2008 年，公司荣获“中国建筑装饰绿色环保设计百强企业”称号。

“广田股份”将绿色环保装饰材料的研发与建筑装饰产业化进程紧密结合起来。随着自主研发成果的不断推出，公司加大了技术成果的市场转化力度，如公司的专利产品“广田轻质节能干粉砂浆”已经推向市场，受到了用户高度赞扬与肯定。

同时，“广田股份”分别与中国建筑材料科学研究总院、深圳市建筑科学研究院建立了战略合作关系。双方相互开放资源，充分展开产学研合作，共同致力于绿色建筑、绿色装饰和生态环保建材的研发。作为试点与示范项目，广田绿色装饰产业基地园的建设积极导入绿色建筑的先进理念，从设计到选材，从能源利用到后期运行，都广泛采用绿色建筑技术和绿色装饰技术，并在未来三到五年的时间里打造成为深圳乃至全国首家新材料及绿色装饰的生产示范基地。

【企业荣誉】公司荣获“深圳市重点文化企业”“改革开放 30 年建筑装饰行业发展突出贡献企业”“建国 60 周年推动广东经济发展杰出贡献企业”、广东省工商部门认定的连续 14 年“守合同重信用”单位等荣誉百余项，并多次获得“鲁班奖”“全国建筑工程装饰奖”“全国科技示范工程奖”“省级优秀工程”“金鹏奖”等。“广田”商标被认定为“深圳市知名品牌”“广东省著名商标”，是业内少数几家获得“中国驰名商标”的企业之一。

【远景展望】站在历史的新起点上，“广田股份”将继续坚持绿色、低碳的发展理念，以“文化 + 科技”为发展方向，以质取胜、以人为本，高举自主创新发展大旗，致力于建筑装饰传统产业技术的升级改造，

2010 中国国际空间环境艺术设计大赛交通空间“筑巢奖”金奖——北京地铁装修设计

2010 年全国建筑工程装饰奖——精伊霍铁路伊宁站

全面推进建筑装饰产业化进程，为实现绿色广田、文化广田、科技广田、质量广田、效益广田、和谐广田的目标奋发进取，努力成为中国建筑装饰第一品牌！

深圳市洪涛装饰股份有限公司

【概况】深圳市洪涛装饰股份有限公司（以下简称“洪涛装饰”）注册资金：15000 万元，是国内最早从事建筑装饰业务的企业，也是国内公共建筑装饰行业龙头企业，综合实力居深圳装饰行业前列。目前主要为政府机构、大型国有企业、跨国公司、高档酒店等提供建筑装饰设计、施工服务。1998 年至 2008 年室内精装修竣工产值连续 11 年排名深圳第一。公司在北京、上海、天津、广州、西安、南京、成都、太原、贵阳、长春、青岛、苏州、合肥、常州、宁波等城市设有分公司。洪涛装饰设计研究院包括设计一所、二所、三所、四所、五所、六所、七所、八所、九所、家装设计所、幕墙设计所、综合设计所、灯光及道路照明研究所。

【企业荣誉】洪涛装饰是建设部最早核定的建筑装饰甲级设计单位、建筑装饰施工一级企业，中国装饰 100 强企业；中国装饰企业信誉 AAA 级单位，全国质量管理先进企业，全国用户满意施工企业，中国建筑装饰协会常务理事单位、先进企业、优秀单位会员；中国著名品牌；深圳建筑业百强专业承包综合实力第一名（连续五年）；“深圳知名品牌”（深圳建筑装饰行业唯一蝉联该荣誉的单位）；深圳市质量奖（深圳装饰行业唯一一家）。通过 ISO9001 质量、ISO14001 环境、OHSAS18001 职业健康安全体系认证。获得奖项：鲁班奖 13 项、全国建筑工程装饰奖 39 项、国家优质工程 6 项、各类省优质样板工程奖 100 余项、各类市优质样板工程 130 余项、国际级设计大奖 8 项、国家级设计大奖近 100 项、省市级设计大奖 160 余项。

【文化创意成果】公司从事高端装饰（设计）工程项目主要有：《时代》周刊 2007 年世界十项最伟大建筑第一名——国家体育场（鸟巢）；《时代》周刊 2007 年世界十项最伟大建筑第二名——中央电视台总部大楼；2008 世界建筑节最佳公共建筑奖——广州白云国际会议中心；代表中国装饰水平的杰作——北京人民大会堂国宴厅；代表国家接待水平的宾馆——钓鱼台国宾馆；世界一流文化艺术殿堂——上海大剧院、宁波大剧院、东莞大剧院、武汉琴台大剧院、上海东方艺术中心、苏州科技文化艺术中心；世界一流写字楼——北京中银大厦、中国人寿大厦、深圳华为科研中心；著名酒店——苏州凯宾斯基酒店、深圳凯宾斯基酒店、北京 JW 万豪酒店、北京饭店、苏州金鸡湖国宾馆、厦门磐基皇冠酒店、烟台皇冠假日酒店等上百项四星级以上酒店。公司从事高端装饰工程，在大堂、大剧院、国宾馆类建筑装饰细分市场占有率位居同行业首位。

【文化创意代表人物】刘年新，男，1956 年 9 月生，研究生学历，高级室内建筑师、高级环境艺术设计师、英国皇家特许建造师、高级职业经理人。1989 年至今历任本公司副总经理、总经理、董事长，兼任中国建筑装饰协会常务理事，深圳市装饰行业协会副会长，中国建筑学会室内设计分会理事、广东省建筑业协会装饰分会副会长、广东省环境艺术设计行业协会副会长、深圳市工业经济联合会副主席等职。

深圳市荔枝公园一角

马先彬，男，1965 年 9 月生，一级注册建造师，二级注册建筑师，英国皇家特许建造师，高级职业经理人，高级室内建筑师。1993 年至 1998 年在广东省惠州市大亚湾建筑设计院任主任建筑师。2007 年 8 月至今任公司董事。

【2010 年大事记】 3 月 25 日，洪涛股份公司完成注册资本工商变更登记；5 月 22 日至 25 日，深圳市召开第五次党员代表大会，公司徐玉竹同志作为党员代表光荣地参加了此次大会。

5 月 27 日，公司承接华为技术公司 1.4 亿工程；

12 月 31 日，公司董事长刘年新荣获 CIID 深圳专业委员会名誉会长称号并获第九届深圳企业新纪录——“企业家特别贡献奖”，洪涛装饰获第九届深圳企业新纪录——“广东省第一家上市的室内装饰企业”称号。

深圳市通产丽星股份有限公司

【概况】 深圳市通产丽星股份有限公司是专业从事高档化妆品塑料包装、印刷的设计、研发、生产与销售，改性和环保材料研发、包装废弃物循环利用技术开发及化妆品 OEM 的 A 股上市公司。公司成立于 1995 年，注册资本 25806 万元，总部位于深圳福田区，在上海、深圳、广州设立了大型生产基地，并在欧洲及美国设立了海外仓储基地。

2010 年，公司实现营业总收入 7.14 亿元，同比增长 21.91%，利润总额 1.08 亿元，同比增长 49.36%。公司总资产 8 亿元。

公司核心产品化妆品包装用塑料复合软管的产量及市场占有率位居全国同类产品生产企业前列，是化妆品塑料包装细分行业的龙头企业之一。公司主要客户群为国际知名化妆品企业，公司已与包括宝洁、欧莱雅、资生堂、联合利华、雅诗兰黛、玫琳凯、雅芳、高露洁等在内的国际著名化妆品企业建立了长期、稳定的合作关系，并成为其全球供应商。

公司已与包括宝洁、欧莱雅、资生堂、联合利华、雅诗兰黛、玫琳凯、雅芳、高露洁等在内的国际著名化妆品企业建立了长期、稳定的合作关系，并成为其全球供应商。

【发展历程】 1995 年，合资公司“深圳石化丽星丰达塑料有限公司”成立；1996 年，设立深圳坂田生产厂；2000 年，设立上海生产基地；2006 年，设立广州生产基地、深圳龙华生产基地；2007 年，成立深圳市通产丽星股份有限公司。

【企业荣誉】 至 2010 年，公司荣获国务院发展研究中心颁发的“中华之最”——“中国第一家设备最先进、产品质量最好的五层复合软管生产企业”称号。公司先后被中国人民银行评估信用等级为 AAA 企业，被科技部认定为“全国 CAD 应用工程示范企业”，被深圳市国家税务局评为“深圳市纳税大户”。

另外，公司获宝洁、资生堂、玫林凯、箭牌等公司“最佳供应商”和 AVON 、“中国雅芳供应链战略合作供应商”、欧莱雅“亚太区最

深圳市通产丽星股份有限公司工厂

佳全能供应商”称号。

【2010 年大事记】 4 月 24 日至 27 日，公司成功参加 2010 第二届中国（深圳）国际工业博览会，在此届国际工业博览会中，公司参加了中国国际工业设计展，充分展示了公司达到国际领先水平的新型包装技术产品和创新设计，受到了参观者的青睐及好评，进一步提高了公司业内的知名度和国际竞争力。

4 月 27 日，公司“曲面柔版印刷技术”荣获 2009 年度国际金奖。

5 月 11 日，深圳市“文化 + 科技型示范企业”“文化 + 旅游型示范园区（基地）”暨“第二批深圳市文化产业园区基地”授牌仪式在市民中心举行，通产丽星总经理陈寿先生以及副总经理彭晓华女士出席了仪式。由市文体旅游局陈威局长宣读评选结果，并为公司颁发了深圳市“文化 + 科技型示范企业”牌匾。

6 月 2 日至 4 日，公司参加 2010 年北京国际包装博览会。

6 月 9 日，公司成功参加 2010 年深圳第六届“文博会”。通产丽星公司作为深圳市重点文化企业展位设置于文化产业项目交易馆（1 号馆）龙岗区展区内，充分展示了公司发展成就。

G

重点领域典型企业

新闻出版发行和广播电视领域 G1

深圳报业集团2010年度发展情况综述

2010年，是国家社会和经济“十一五”发展的最后一年，它既是一个终点又是一个新的起点。这一年，深圳报业集团以科学发展观为指导，以建设“阳光报业、和谐报业、效益报业”的现代传媒信息集团为目标，以不断强化与改善党报和党报集团的宣传功能为核心，坚持以平面媒体资源为依托，调整优化结构、创新管理模式，积极培育新的产业集群，形成了“主业突出、多点支撑”的立体化产业发展格局。2010年，深圳报业集团紧紧围绕市委中心工作，牢牢把握服务大局，遵循新闻事业与报业经济同步健康稳定发展的方针，坚持党的宣传事业属性和文化产业属性的统一，取得了社会效益和经济效益的双丰收，并获得了2001～2010中国报业“领军品牌”称号。在第七届中国500最具价值品牌排行榜中，深圳报业集团旗下两大报入围前200强，品牌价值均有所提升，其中，《深圳特区报》品牌价值60.37亿元，居151位，《深圳商报》品牌价值47.15亿元，居190位；在“中国500最具价值品牌”媒体榜单上，《深圳特区报》和《深圳商报》分别排在第12位和第19位；在第三届中国品牌媒体高峰论坛上，《深圳特区报》夺得“2009～2010中国品牌媒体百强——中国城市党报10强”，《深圳商报》夺得“2009～2010中国品牌媒体百强——最具品牌价值财经类报纸”称号，《晶报》获“2009～2010

深圳商报社大厦

中国品牌媒体百强——都市报品牌竞争力10强”。

一、深圳报业集团新闻报道与传播功能

深圳报业集团发挥主流媒体优势，以高度的责任感，充分引导舆论，创新报道形式，扩大互动空间，增强传播功能，不断提高“新闻交响乐团”唱响主旋律的感染力和吸引力。

2010年，深圳报业集团在市委市政府的正确领导和市委宣传部的直接指挥下，围绕中心、服务大局，坚持政治家办报的方针，牢牢把握正确舆论导向，全面贯彻落实科学发展观，紧扣市委、市政府的中心工作，不断提高新闻宣传水平和舆论引导能力，多声部唱响主旋律交响乐，出色地完成了“特区建立30周年”、市第五次党代会、省委十届七次全会、世博会、文博会、高交会、联合国教科文组织全球创意城市网络深圳大会和对口援疆等若干重大宣传报道，有力地配合了市委、市政府的中心工作，体现了深圳市新闻媒体“辅政亲民”的优良作风。

发挥主流媒体优势，以高度的责任感，充分引导舆论，创新报道形式，扩大互动空间，增强传播功能，不断提高“新闻交响乐团”唱响主旋律的感染力和吸引力。

1. 围绕特区建立30周年主题，出色地完成了多项重大主题宣传活动。围绕经济特区建立30周年主题，集团领导高度重视，明确思路，根据不同阶段宣传需求，各报网建立了宣传报道领导小组与专题报道组，精心策划，浓墨重彩，既有“拳头”作品又有精彩活动。《深圳特区报》充分发挥党报“旗舰”优势，举全报社之力，高屋建瓴，精心组织，前后动用了近千个版面，总结报道了数百件大事，并推出了十大策划，全面深刻，热烈高昂，大气磅礴，高潮迭起地报道了深圳30年改革开放建设的巨大成就，圆满完成各项报道任务，获得市委市政府、广大读者和新闻界同行的广泛赞誉。与此同时，深圳报业集团也策划推出若干大型主题活动：《深圳特区报》承办“深圳经济特区30周年30位杰出人物”“深圳经济特区30周年100件大事”评选活动，各报和深圳新闻网密切配合，评选活动产生巨大影响。

2. 紧紧围绕汪洋书记提出的“三道题”，展开主题鲜明的时政报道。2010年，深圳报业集团紧紧围绕汪洋书记提出的“三道题”，以政治家的思维全力做好政务报道。2010年，集团先后重点报道了广东、全国“两会”，深圳市第五次党代会及深圳“两会”、省委全会等重大时政会议。市第五次党代会是特区建立30周年之际召开的一次十分重要的会议。在这场重大报道面前，报业集团形成了一个多声部组合的党报集团，唱出特色之曲。《深圳特区报》成为集团各报网中报道最全面、解读最权威、投入版面最多、风格最为沉稳大气的媒体；《深圳商报》反映了过去5年深圳市取得的经济成就；晚报以百姓的视角解读党代会的报告，推出“党代会报告民间解读”特别策划；《晶报》主动进行议题设置，充当意见领袖的角色，报道收到了很好的舆论引导效果。新闻网充当了党代会宣传报道“集成”的角色，共发布相关网络报道文章1200多篇、视频30段、图片800多幅、视频现场同步直播4场，总点击量超过1500万次。

3. 世博会、亚运会等国内盛事报道——图文并茂、精彩“海量”。

2010年以来，对上海世博会、广州亚运会及亚残运会等国内盛事，报业集团各报以高度的政治敏感，报道全面、精彩。上海世博会报道精彩“海量”。集团各报网全力出动，派近50余名记者数次赴沪深入采访世博会，凸显世界之精彩，挖掘深圳之元素，为读者奉献了精彩的“世博之餐”，集团四大报发表关于世博会的稿件5000多篇。广州亚运会报道图文并茂，据初步统计，集团共推出了超过200个版的亚运专题报道，发稿接近1000篇，图片超过600张。

4. 文博会、高交会、读书月等其他重点报道——言论先行，内容丰富、活动出彩。第六届文博会上，报业集团四大报分别推出“聚焦第六届文博会”“走进文博会”“第六届文博会”“晶彩文博”等专题报道，内容上加大对“回访”活动的报道，形式上突出言论先行、立意深远，挖掘报道了“文博会与世博会对接”“加快经济发展方式转变”等新元素、新亮点。

5. 改版增刊取得良好宣传效果。《深圳特区报》自2010年9月20日起进行了“版面刷新”，做强时政新闻及评论，做大民生新闻，做优财经新闻，做精社会新闻，做丰文化新闻，进一步强化该报“办一份有强大传播力的新型城市党报”的办报定位，增强党报新闻报道的吸引力和影响力。2010年《深圳商报》进行了新一次版面改革，

深圳报业大厦

第六届文博会七号展馆

突出“独家”，办“经济文化权威主流媒体”，改版的目标是办成在华南地区最受读者欢迎，在全国都有影响力，以经济、文化为主的权威性、综合性主流媒体。改版以后，《深圳商报》发行零售量有明显增长。《晶报》创办《大运行》《深圳创意周刊》，该专版成为深圳献礼联合国教科文组织创意城市网络大会、向各国代表团展示深圳国际视野的重要载体。

6. 深圳新闻网浏览量不断攀升。据统计，深圳新闻网的浏览量逐月上升。目前每天页面浏览量（PV）超过 1200 多万。在 (Alexa) 全球排名中，保持在 1700 多位，国内中文网站排名前进到 170 多位，在全国的新闻门户网站排名中，名列第 17 位，其社会影响日益增强。2010 年 7 月，中央外宣办副主任钱小芊同志来深圳新闻网考察时，对深圳新闻网的工作给予很高评价。深圳新闻网先后获国务院新闻办网络局颁发的“最佳人气奖”荣誉称号、“影响中国 2009—2010 年度最具品牌传播价值新闻网站”的荣誉称号。深圳新闻网的“我说深圳事”栏目，在广东省网络文化协会主办的“广东省首届网络文化精品评选”中，获“互动平台类精品铜奖”；“视听深圳”栏目获“技术创新奖”。

7. 集团图片社正式成立运营。2010 年 4 月，深圳报业集团正式成立了图片社，它不仅创新了深圳新闻图片集约发展的机制，同时也肩负起深圳新闻图片专业化的光荣使命。图片社成立后举办了“玉树长青”图片展，承担了 2011 年第 26 届大运会新闻图片中心运行方案的起草设计。2010 年图片社已举办图片征集评选展览活动 18 场次、航拍 3 次，展出图片精品 700 余幅，拍摄及征集图片作品约 1 万幅。同时，为市委宣传部、市委办公厅、各局、办等协助查找图片 25 次，图片约 3000 张。

二、深圳报业集团传媒科技园

深圳报业集团传媒科技园（龙华印务中心）项目位于深圳市宝安区龙华街道清湖工业园，项目建设用地 10.27 万平方米，总建筑面积约为19.22万平方米，总投资估算超过13.3亿人民币。该项目列入深圳市文化产业发展“十二五规划”，是深圳市重点文化产业发展项目之一。 该项目分两期建设，其中一期工程为“深圳报业集团龙华报纸印刷基地”，二期工程为一期配套工程“深圳报业集团龙华续建工程”和“深圳报业集团龙华书刊印刷基地”，龙华印务中心项目建成后，将是目前华南地区投资和规模最大的现代化印刷基地之一，发展空间广阔。

2003年，为解决报业集团日益壮大的报纸、书刊印刷需求和进一步拓展社会商业印刷能力，深圳报业集团决定斥巨资兴建高科技、现代化的大型龙华印务中心基地。兴建的龙华印务中心基地将具备以下功能：（1）承担报业集团10份报纸、5份期刊和1个出版社书籍的印刷，并且还将承担印刷集团各报刊所附带的插页广告。龙华印务中心不仅可以满足报业集团印刷生产业务量的80%以上，还可以承揽外委报刊及其他出版社相关出版物的印刷；（2）拟设立首家大型印刷博物馆，全面系统地收集整理、保存展示深圳市、广东省乃至港澳地区印刷发展的历史和文物古迹，以适应深圳市文化产业发展要求，弘扬中华文明；（3）拟设立印刷制品展销中心，新闻纸储备交易中心和印刷辅料展销中心，以延伸报纸生产上下游产业链，充分发挥印刷基地承担的传媒发展助推能力；（4）充分利用报业集团属下的《深圳特区报》《深圳商报》《晶报》《深圳晚报》四大主报近百名专业设计人员的人才资源优势，建立印刷产品设计制作中心，以创造更丰富的报业媒体传播题材和形式；（5）作为人力资源配套，龙华印务中心预计有印刷员工1000余人，报刊发行员工2000余人，因此，将建设部分员工公寓，为一线工人提供良好的居住环境；（6）拟设置两个大型职工食堂，方便3000余名员工就餐。龙华印务中心项目分两期建设，其中，一期工程为“深圳报业集团报纸印刷基地”，2006年9月开工建设，2008年10月竣工验收，总建筑面积55500平方米，实际投资7.9亿元。基地拥有大型高斯90机4台、罗兰75机1台、高斯75机1台，目前已投入生产运营。二期工程为“深圳报业集团书刊印刷基地”和一期配套工程“深圳报业集团龙华续建工程”，建筑面积136711.41平方米，计划投资5.4亿元。相关续建配套工程将延伸印刷上下游产业链，发挥龙华印务中心的龙头效应及其影响力，吸引国内外印刷材料和印刷制品供应商、分销商入驻，为他们提供交流的平台。借助印务中心巨大的产能和承接业务的能力，建立对外联系的窗口和对外交易的场所。目前，“深圳报业集团龙华续建工程”已进入规划设计阶段，“深圳报业集团书刊印刷基地”正处于设计招标阶段。两项工程计划2011年上半年相继动工，2013年完成建设。

2003年，为解决报业集团日益壮大的报纸、书刊印刷需求和进一步拓展社会商业印刷能力，深圳报业集团决定斥巨资兴建高科技、现代化的大型龙华印务中心基地。

深圳报业集团龙华印务中心项目，拓展了报业集团报刊印刷的业务范围和实力，极大提升报业集团报纸出版效率，增强了新闻事业与文化产业经营运作的能力，为稳定持续地推进现代文化产业服务提供了可靠保障。

三、深圳报业集团文博大厦项目

深圳文博大厦项目位于福田区新洲路与红荔路交汇处西南侧，1992 年由市委宣传部牵头立项建设，2007 年文博大厦产权移交至深圳报业集团并负责开发。该项目建设用地 5298 平方米，建筑总面积 108864 平方米，投资估算 7.4 亿元人民币，计划 2011 年动工，2013 年完成建设。深圳的文化产业已经成为深圳新经济发展热潮的亮点之一，而深圳文化产业传播的“高交会”和“文博会”十分需要一个交流、展示、互动和传播的平台。建设深圳文博大厦项目的主旨就是提供这样一个平台，成为深圳文化新闻发布与展示中心、文化产品博览中心、文博会议办公与交流中心。文博大厦的主要功能是：建造深圳市文化产业博览会的交易中心，以完成文化产业的市场化交易；文博会的信息发布中心，以完成深圳市文化产品展示交流传播；市文化产业孵化基地，为繁荣深圳文化产业培育更多更好的企业和产品；文博会及文化龙头企业的商务基地、文化产业创意研发中心公共服务平台、文化产品展示展销中心、文博会参展商会所等。深圳文博大厦的建设，将对深圳市文化产业起到拉动和辐射效应，促进文化产业的发展。项目与“文博会”搭台，将“文博会”做大做强，有利于推动中国文化产品进一步走向海外市场，提高国际竞争力。

建设深圳文博大厦项目的主旨就是提供这样一个平台，成为深圳文化新闻发布与展示中心、文化产品博览中心、文博会议办公与交流中心。

四、深圳报业集团新媒体文化产业基地

新媒体文化产业基地项目位于福田区商报路深圳商报大院内，项目是在深圳商报大院单身公寓旧址基础上，利用原规划剩余容积率进行改建、扩建工程。该项目建筑面积约为 52000 平方米，设计

2011 年 5 月推出《深圳十大观念》

深圳报业集团街区一角

建筑楼高 99 米，共 26 层，计划投资 3.4 亿元人民币。新媒体文化产业基地项目计划建设进度为：2010 年下半年开始前期工作，至 2013 年完成项目建设，目前项目处于规划报批阶段。新媒体文化产业基地定位为一个新媒体产业平台、一个文化产业运营中心。以集团深圳新闻网为龙头，集团各报下属的文鹏网、关爱网、问工网、房地网、车城网、搜购网等专业网站为主体，集团呼叫中心、直递广告、旗舰广告、平面设计、系列报刊等为支柱的新媒体及相关业务运作大平台。以运作集团香港商报上市为契机，整合集团资产，建立报业集团资本运作中心。该项目符合国家振兴文化产业政策，符合建设“和谐深圳”“效益深圳”和国际化城市的战略目标，符合报业媒体主导产业和发展方向。新媒体文化产业基地项目建设有利于深圳报业集团整合资源，提高网络文化产品服务的能力，加快网络媒体覆盖领域，为公众提供更加方便快捷的信息服务，提高市民的文化生活质量；有利于深圳报业集团开展跨媒体合作，跨网联动，向多媒体集成机构迈进，全面提升集团在新媒体行业的地位和影响力，引领深圳市新媒体产业健康、持续、高速发展。

实施步骤：目前该项目已经通过市发改委立项审批，正在申请规划部门批准“公寓楼”的拆除事项。2010 年投资预算 5000 万元，计划全部以自有资金投入。预计项目在 2013 年 6 月底前完成。

效益预测：项目建成后，集中集团新闻网等新媒体产业，形成集群效应，打造集团新媒体产业基地，按租金预计年均营业收入 5096 万元，年均利税 3517 万元。

五、深圳创意信息港项目

深圳创意信息港项目位于前海深港现代服务业合作区，属于国家级创意文化和传媒信息服务产业聚集园，代表着深圳创意文化和媒体信息服务产业发展的方向，在项目规划、产业规模、管理水平、运营模式等方面将成为深圳乃至全国的标杆。深圳创意信息港，将突出创意文化和媒体信息服务两大产业功能，形成创意文化产业聚集地、创意文化推广服务中心、深圳报业集团全媒体运营中心、深圳公共新闻信息发布中心四大文化产业要素平台，成为深圳乃至全国规模最大、产业要素完备的创意产业发展基地。项目符合国家文化产业振兴规划，符合深圳建设创意城市的战略目标，该项目已上报市委宣传部审批通过。

深圳创意信息港项目规划用地 20000 平方米，建筑面积 480000 平方米，计划总投资 51.7327 亿元人民币。创意信息港项目的经营收入将包括运营收入和物业租赁收入两部分，其中：项目运营收入主要来源于创意、设计、产品开发与转化、产业研发、产业信息、产品展示与交易、商务综合配套、全媒体服务等，该部分收入约占整个项目收入的 75%；物业租赁收入包括写字楼、裙楼、停车位租赁收入，约占整个项目收入的 25%。

深圳创意信息港项目规划用地 20000 平方米，建筑面积 480000 平方米，计划总投资 51.7327 亿元人民币。

深圳广播电影电视集团 2010 年度发展情况综述

深圳广播电影电视集团于 2004 年 6 月 28 日正式挂牌成立，由深圳电视台、深圳广播电台、深圳电影制片厂、深圳市广播电视传输中心等单位为主体整合而成。至 2010 年，集团拥有深圳卫视、都市频道、公共频道等 11 个电视频道和新闻频率、交通频率等 4 套广播频率，拥有天威视讯股份有限公司、文化产业（国际）会展有限公司、移动视讯有限公司、深广传媒有限公司等 30 多家控股企业，员工总数 6000 余人。

一、集团综合实力

1. 不断扩大自身影响力和竞争力。地面频道先后超越香港和境外所有在深圳落地频道收视份额总和，四套广播频率所占市场份额高达 60% 以上，牢牢占据着深圳广播电视市场的主导地位。集团被

深圳卫视跨年音乐会

权威机构评为中国“创新电视媒体十强”“中国卫视频道十强”和“中国省级卫视覆盖传播力最具成长性频道”。集团坚持优化产业结构，致力改变对广告产业的过分依赖，逐步形成了广告业、网络传输与服务业、内容产业、新技术新业务产业“四足鼎立”的产业模式，产业抗风险能力和可持续发展能力得到明显增强。

2. 着力推进频道频率的品牌化建设。集团坚持“品牌至上，内容为王”的发展理念，形成了一批知名栏目和大型活动品牌。深圳卫视以“中国前沿卫视”为频道定位，在全国卫视中的排名快速上升，创下了落地覆盖与市场份额增长速度全国第一的纪录。都市频道已逐步形成以《第一现场》为龙头，包括《1时间》《鞠说好看》《法观天下》和《都市路路通》的民生新闻栏目，收视率已于2009年整体超过香港翡翠台，位居深圳电视市场首位，成为深圳地区收视第一频道。粤语公共频道以《18点新闻》和《新闻广场》为龙头，2009年下半年以来迅速从本地的一个边缘化频道，跻身于强势频道行列，公共频道于2010年全面超过香港翡翠台，成为深圳地区收视第二频道、深圳地区收视第一粤语频道。栏目方面，集团先后打造了《深视新闻》《正午30分》《直播港澳台》《第一现场》《1时间》《新闻广场》《民心桥》《22度观察》《饭没了秀》《大牌生日会》《解密》等一批知名品牌栏目。集团在成功举办各类大型活动的基础上，还形成了中国国际新媒体影视动漫节、深圳卫视跨年音乐季演唱会、中国音乐金钟奖流行音乐大赛等品牌大型活动；此外，集团先后打造了《大过年》《五颗子弹》《家有爹娘》《命运》《兵峰》《和空姐一起的日子》《家有爹娘2》《天地民心》等影视文化精品，社会反响强烈。

二、集团2010年业绩

2010年，深圳广电集团各项工作取得显著成绩。集团总资产从2001年的10余亿元上升为2010年的超过60亿元。在产业经营方面，该集团营业收入突破30亿元大关，同比增长15.49%。“四足鼎立”产业结构中，广告收入同比增长11%，广告占总收入的比重从2009年全年的57.02%下降为55.64%；网络产业收入占比增至30.42%；新

锐流 2011 深圳卫视传播力大会现场

技术新媒体产业收入占比近 10%；内容及服务产业占比有所增长。

在市场份额方面，该集团频道年平均市场份额达 39.8%，完成目标任务 108%；频率年平均市场份额达 60.45%，连续三年保持在 60% 以上。其中，都市频道以 13.26% 的收视份额和 4.33 亿元的广告收入，进一步巩固了深圳广电市场的老大的地位；公共频道年平均市场份额全面超越香港 TVB，成为深圳地区第一粤语频道；卫视国际频道成功进入香港无线电视广播平台，收视率稳居落地香港的内地卫视频道前三甲，并创造了月度排名第一的纪录。

在大型活动与影视精品方面，首届中国国际新媒体影视动漫节和中国国际新媒体短片金鹏奖吸引了 26 个国家和地区的 2.34 万部作品参赛，凸显了该大赛的国际性和新媒体特性。12 月 31 日的终极盛典“声震世界”创下了 18 场大型跨年综艺音乐晚会收视排名前 6 位的好成绩；集团投资拍摄的《命运》《兵峰》《和空姐在一起的日子》《家有爹娘 2》《天地民心》等五部电视剧先后登陆央视八套黄金时段，创造了地方广电传媒在央视播出电视剧的空前纪录。

其他方面，有线电视数字化整转、网络改造和“三网融合”稳步推进，提前完成了 100 万户数字电视整转任务；IPTV 集成播控平台完成建设并实现与中央平台对接，成为唯一一个将平台建在非省会城市的试点城市；天威公司高清节目代理占有全国 60% 的市场。

三、集团 2010 年大事记

1 月 7 日，举办“音乐工程暨鹏城歌飞扬 2009 年度颁奖典礼”晚会。《走向复兴》等十首歌曲获得音乐工程优秀歌曲奖。市委常委、宣传部部长王京生，市人大常委会副主任邱玫，市政协副主席陈思平出席了颁奖典礼。

1 月 11 日上午，市委常委、宣传部部长王京生，深圳广电集团总裁王茂亮共同为“中国时刻”揭幕。启动仪式标志着深圳广电正式进入视频新媒体领域。

3 月 5 日下午，2011 年世界大学生运动会国际广播电视新闻中心项目移交仪式在深圳龙岗区奥林匹克中心举行。市委常委、副市

深圳卫视跨年音乐会

长吕锐锋，大运会执委会副主席、大运会执行局局长梁道行出席了移交仪式。

4月28日晚上，第七届关爱行动的十大最具爱心人物、十大最具爱心家庭、十大最具爱心企业、十大最具爱心社区等受到隆重表彰。市领导李锋、王京生、邱玫、姚欣耀，市老领导李海东出席了表彰晚会。

5月13日下午，第六届中国（深圳）国际文化产业博览交易会动漫分会场在怡景动漫画产业基地隆重开幕。国家广电总局宣传管理司司长金德龙，深圳市委常委、市纪委书记谭国箱出席了开幕式。

6月28日晚上，由市文明办、市文联、深圳报业集团、深圳广电集团联合主办的“发现快乐、守望幸福——首届寻找身边快乐幸福DV大赛颁奖典礼”在集团举行。

7月8日下午，省委常委、市委书记王荣，市委常委、宣传部部长王京生，市委常委、市委秘书长王毅一行到深圳广电集团调研，在深圳广电集团领导班子的陪同下参观了集团新闻中心和新媒体新技术新业务演示厅。集团总裁王茂亮向王荣书记作了题为《加快实现“两个跨越”，立志建设与现代化国际化先进城市相适应的广电事业》的工作汇报。王荣书记对深圳广电集团的工作给予了充分肯定，并对集团开展三网融合试点工作作了重要指示。

8月12日上午，由深圳广电集团主办的第二届深圳动漫节开幕式在深圳会展中心举行。220多家来自中国香港、台湾、内地的优秀动漫机构和60组来自杭州、广州、深圳的创意团队参展，“深圳第26届大运会特许商品”也在本届动漫节上启动首发式。

220多家来自中国香港、台湾、内地的优秀动漫机构和60组来自杭州、广州、深圳的创意团队参展，“深圳第26届大运会特许商品”也在本届动漫节上启动首发式。

8月29日下午，由深圳广电集团主办的“深圳纪事，因您而变——庆祝深圳经济特区建立30周年音乐精品会”在集团举行。音乐会分为《春天的故事》《走进新时代》《走向复兴》三大篇章。市政协副主席林洁出席了音乐会。

9月6日上午，深圳经济特区建立30周年庆祝大会在深圳大学城体育馆隆重召开。深圳广电集团圆满完成了庆祝大会的宣传报道和电视直播信号传送工作。深圳卫视午间新闻《正午30分》在全国卫星频道中率先完整播发了胡锦涛总书记在庆祝大会上的讲话视频图像，晚间《深视新闻》由30分钟延长至60分钟，全文播发了胡锦涛总书记的讲话。深圳广电集团新闻中心向央视新闻频道和广东省地面频道提供了庆祝大会直播信号。

11月9日晚上，由市企业联合会、市企业家协会、市企业文化研究会、深圳广电集团联合主办的“2010（第四届）深圳企业文化节颁奖典礼”在深圳大剧院大剧场举行。深圳市特发集团有限公司、深业鹏基（集团）有限公司、深圳市联创科技集团等企业荣获“2010年度深圳企业文化建设十佳单位”称号。市政协副主席林洁、市委宣传部副部长刘璋飙，市老领导厉有为、郑良玉、崔晓汉、吴井田出席了颁奖典礼。

11月12日下午，深圳广电集团副总经理郑鼎文与《淘宝天下》执行总经理韩伟签署了“深圳广电集团与阿里巴巴集团战略合作框架协议书”。双方将在音视频购物网站建设、有线电视网络购物、广深圳卫视跨年音乐季已分别在上海、北京、南京三个城市举行了演唱会，“声震世界·深圳站”是此次深圳卫视跨年演唱会的最后一场。同时，“2011《盛世钟鸣，祈福五洲》祈福文化全球电视直播活动”在深圳弘法寺举行。活动旨在通过敲钟祈福，祈福深圳、祈福大运，弘扬中国民族传统文化。

播电视线上节目和线下活动、大型活动、淘宝旗舰店等方面开展合作。

12 月 1 日下午，“锐流——2011 深圳卫视传播力大会”在深圳东部华侨城隆重举行。大会推出了深圳卫视 2011 年的版面、剧场、栏目、大型活动、主持人等全新资源，并公布了“2011 深圳卫视全球资源采购计划”。

12 月 6 日下午，由市委宣传部、市文明办、市市场监督管理局、市文体旅游局、深圳“设计之都”推广办联合主办，深圳广电集团承办的设计之都（中国·深圳）公益广告大赛颁奖仪式在深圳华侨城洲际酒店宴会厅隆重举行。本届大赛吸引了来自全国 19 个省市、自治区、港澳台以及加拿大、美国、法国、德国、日本等国家的参赛者，共评出 51 件获奖作品。市委常委、宣传部部长王京生出席了颁奖仪式。

12 月 7 日上午，由国家广电总局、深圳市政府主办，市文体旅游局、深圳广电集团承办的第二届中国国际新媒体影视动漫节短片金鹏奖启动仪式在深圳华侨城洲际酒店宴会厅举行。第二届金鹏奖在第一届成功举办的基础上更加突出国际化特点，并设立了金鹏奖官方网站，还将加大对新媒体短片项目的培育孵化和扶持力度。联合国教科文组织大会主席大卫森·郝伯恩、副市长吴以环、市文体旅游局局长陈威出席了启动仪式。

12 月 10 日、11 日晚上，由深圳读书月组委会、深圳广电集团主办的“第十一届深圳读书月经典诗文朗诵会”在集团举行。作为深圳读书月的品牌活动之一，本届经典诗文朗诵会以“向梦想致敬”为主题，分为《春风化雨》《拓荒南方》《心灵家园》《致敬梦想》四个部分，以诗歌的名义向深圳特区三十年取得的辉煌成就致敬。

12 月 28 日上午，数字电视普及工程 100 万户开通仪式在宝安中心区熙龙湾一期举行。宝安、龙岗和坪山新区有线数字电视整体转换 100 万户目标的完成，标志着深圳全面完成有线电视从模拟到数字的转换，实现了有线电视网络全网数字化。

12 月 31 日下午，“大运频道”“先锋大运频率”启动仪式在深圳广电集团大厦南大堂举行。集团旗下体育健康频道、新闻频率更名为“大运频道”“先锋大运频率”后，将重点围绕“办赛事、办城市、新大运、新深圳”的主题，全方位开展大运赛事的宣传报道。大运执行局局长梁道行、执行局常务副局长黄国强出席了启动仪式。

12 月 31 日晚上，“ 深圳卫视跨年音乐季——声震世界”在深圳世界之窗隆重举行。深圳卫视跨年音乐季已分别在上海、北京、南京三个城市举行了演唱会，“声震世界·深圳站”是此次深圳卫视跨年演唱会的最后一场。同时，“2011《盛世钟鸣，祈福五洲》祈福文化全球电视直播活动”在深圳弘法寺举行。活动旨在通过敲钟祈福，祈福深圳、祈福大运，弘扬中国民族传统文化。市委常委、市委统战部部长张思平，市大运执行局局长梁道行，市政协副主席林洁出席了活动。

四、集团 2010 年度荣誉

2010 年，深圳广电集团出品的多部作品登陆央视，多部作品、多位个人获得殊荣。集团共有 100 多部作品和个人获 200 多项国家级政府奖、学会奖、省级奖和深圳市级奖。《直播港澳台》节目获国家广电总局评选的综艺年度节目大奖、广东省优秀电视栏目奖以及中国电视最高学院奖——博雅奖；电视剧《马文的战争》获第 25 届中国电视"金鹰奖"；深圳卫视被评为"2009～2010 中国广电创新年度品牌"；《第一现场》和《1 时间》分别获得国家广电总局电视艺术交流协会发起评选的 2010 年度"全国电视民生新闻十大品牌栏目"和 2010 年度"全国电视民生新闻十大创新栏目"；公共频道被广电总局《中国广播影视》杂志社评为"年度最具成长创新力频道"。此外，技术管理中心制作的《唱迎 2010 声震世界深圳卫视跨年演唱会》获 2009 年度国家广电总局广播电视技术质量"金帆奖"二等奖。音乐频率录制的伦敦爱乐乐团《嘉年华序曲》和交通频率录制的广播剧《爱的承诺》获 2010 年度广电总局广播节目技术质量奖（金鹿奖）录制技术质量奖二等奖。集团还被评为"2001～2010 中国广电（城市台）领军品牌"，动漫基地荣获国家广电总局"最佳基地提名奖"。电视消息《深圳华为 PCT 申请跃居全球榜首》和电视新闻访谈节目《火车有一站叫唐古拉》及广播新闻栏目《民生直击》获广东新闻奖一等奖；大型晚会《声震世界·唱迎 2010——深圳卫视跨年演唱会》、广播社教栏目《读家新闻》等 10 件作品获广东省广播电视节目奖一等奖。陈君聪被评为"2009～2010 中国广电创新年度人物"；李静被评为全国"百优"广电理论人才；李也平获广东新闻"金枪奖"；王梅获 2010 年中国播音主持"金话筒奖"；陈红艳获评中广协电视制片委员会"第八届全国十佳制片人"；董俊获 2010 年度电视剧"全国十佳制片人"称号；董超获广东省"金话筒"奖等。

大力实施"走出去"战略，是深圳广电集团实现从地方性媒体向全国性媒体跨越的重要途径。该集团积极通过以下六条路径实现走出去，成效明显。

五、2010 年实施"走出去"战略情况

大力实施"走出去"战略，是深圳广电集团实现从地方性媒体向全国性媒体跨越的重要途径。该集团积极通过以下六条路径实现走出去，成效明显。

一是深圳卫视"走出去"。深圳卫视收视率在 2011 年新年伊始跻身全国十强。自 2004 年 5 月 28 日深圳卫视正式上星以来，已在全国 36 个副省级以上城市实现落地，在全国 285 个地级市实现无缝覆盖，地级以上市的覆盖率超过 85%，覆盖人口已达 7.5 亿。

二是全面推进地面频道对外合作。该集团先后与国内湖北电视台、太原电视台、郑州电视台等建立了合作关系。目前，"走出去"合作运营的太原、郑州等地电视频道，收视稳定，合作效益良好。

三是依托天威公司，实现网络"走出去"。该集团控股的上市公司天威视讯，其技术已经输出到全国五省九市。天威组建的内容集成公司，通过代理售卖和购买版权的方式，已获得 BBC、HBO、探索、时代华纳等公司高清节目在中国内地的独家销售权，占有中国 60% 的高清节目市场。

四是跨区域发展电视购物。2010 年，该集团旗下宜和购物频道新增了东莞、中山两个落地城市，实现了深圳、珠海、东莞等 9 个区域市场的同步经营。目前，购物频道已与湖南嘉丽购物、四川星空购物、沈阳北方购物等频道共同构建了全国电视购物协作体，成员频道将力争通过不断深入的合作建成全国性的电视购物平台。

五是积极推进“城市新媒体联合体”和“城市联合网络电视台”建设。2010 年 5 月，该集团发起成立了以城市电视台为主的包括全国 31 家地区性媒体的“城市新媒体联合体”，并进而组建“全国城市联合网络电视台”。

六是推进国际化发展。2010 年，深圳卫视国际频道正式播出，百分之百覆盖香港，收视率也稳居在香港落地的内地卫视频道前三强。此外，集团还与澳亚、华娱等境外卫视频道签署了合作协议。同时，集团与全球著名的媒体基金 IDG 合作，引进其资金和与其关联的道琼斯、美国赫斯特报业集团、时尚传媒集团等媒体资源，组建环球财经公司，目标是打造财经内容提供商。此外，还于 2010 年正式入股西部地区发行量最大的都市类报纸新疆《大晨报》，占有 27% 股份。

集团与全球著名的媒体基金 IDG 合作，引进其资金和与其关联的道琼斯、美国赫斯特报业集团、时尚传媒集团等媒体资源，组建环球财经公司，目标是打造财经内容提供商。此外，还于 2010 年正式入股西部地区发行量最大的都市类报纸新疆《大晨报》，占有 27% 股份。

六、集团 2010 年先进代表人物

王茂亮，1960 年 2 月出生，现任深圳广电集团党组书记、总裁，中共第五届深圳市委委员，工商管理硕士，高级编辑，武汉大学兼职教授，被中宣部确定为全国宣传文化系统“四个一批”人才，享受国务院特殊津贴。2005 年 7 月起任深圳广电集团党组书记、总裁。深圳广电集团近年拍摄的《夜·明》获中宣部“五个一工程”奖，《风帆起珠江》《不朽的医魂》《粤韵铿锵》等获中国广播影视大奖，《马文的战争》获金鹰奖和日本东京国际电视剧节特别奖，《大过年》《五颗子弹》《家有爹娘》等获广东省“五个一工程”奖；2010 年，反映改革开放伟大历程的《命运》等五部电视剧连续在央视黄金时间播出，并在全国引起热烈反响。王茂亮任深圳广电集团总裁五年来，提出并极力引领集团从地方性媒体向全国性媒体跨越，从传统媒体向现代传媒集团跨越，使得集团的竞争力、影响力和综合实力快速提升，广播电视市场份额和经营收入连续五年持续增长，成功摘掉了深圳广电市场“外强我弱”的帽子。2010 年，王茂亮被中国传媒年会评定为“2001—2010 中国传媒领军人物”。

戴杰，深圳广电集团编委会委员、都市频道总监。2008 年 4 月起，戴杰同志担任深圳广电集团都市频道总监，受命组织了“抗震救灾，深圳有爱”大型电视直播节目，创造了深圳电视史直播准备时间最短，直播时间最长等多项第一的纪录，频道收视率全面超过香港翡翠台，跃居深圳第一频道，并成为深圳地区唯一一个年创收超过 3 亿元的电视频道。

骆文川，深圳广电集团编委会委员、公共频道总监。2008 年起，骆文川同志任职公共频道总监。在任职公共频道仅 2 年的时间里，骆文川带领频道团队全面超越老牌境外竞争对手 TVB、省台方言频道珠江频道，成为深圳第一粤语频道、深圳第二频道。2010 年，全

年频道广告创收突破2亿元，完成频道年度创收任务的114%，开创了频道广告营销的新历史。同时《18点新闻》《新闻广场》收视率稳步上升，屡创新高。

吕建杰，深圳广电集团经委会委员、深圳市天威视讯股份有限公司董事长、总经理。2010年12月，他被中宣部评为全国宣传文化系统“四个一批”经营管理人才。2002年起，吕建杰同志任天威公司总经理。在他的领导下，天威公司致力于探索发展有线数字电视、有线宽频等创新业务，为深圳获得“全国有线数字电视示范城市”荣誉称号做出重大贡献，为行业探索了一条科学高效的有线电视数字化发展之路。

张育民，深圳广电集团经委会委员、广告管理中心主任。自2010年担任广告管理中心主任一年来，他带领广告管理中心全体员工，超额完成了集团下达的广告创收任务。2010年集团本部广告、卫视广告、地面电视广告、广播广告的播出量都创出了历史最高水平。

深圳出版发行集团2010年发展情况综述

深圳出版发行集团是融合出版发行业上下游资源于一体的企业实体，也是深圳三大文化产业集团和首批九个文化产业基地之一。现有员工近2000名，拥有3座超万平方米的大型书城和17家全资、控股公司，拥有“深圳书城”“弘文艺术”“书城培训”“书城电子”等知名品牌。集团以图书的编辑出版、发行、销售和文化产品流通为核心业务，经营范围涉及教育培训、数码科技、物业管理、书业软件、文化艺术用品及广告等行业，拥有书刊、音像、电子、网络、手机出版权。作为深圳市属国有三大文化集团之一，始终忠实履行国有文化企业的社会责任，积极探索以书业为核心的多元文化产业经营，创造性地将书城打造成为新型复合式文化生活空间、精神文

深圳中心书城

深圳书城杯——小学生经典诗文朗诵读表演赛

明建设重要载体和公共文化服务的重要阵地，这种现代化的书业经营管理模式，在全国起到了先导作用。

一、深圳出版发行集团发展历程及 2010 年经营情况

深圳出版发行集团的前身是深圳发行集团，而深圳发行集团的前身是深圳市新华书店。深圳市新华书店成立于 1979 年，1985 年以前直属广东省新华书店，1986 年划归深圳地方管理，实行事业单位、企业化管理，隶属市文化局（新闻出版局）。2004 年转制改企，组建深圳市发行（集团）公司。海天出版社 1984 年成立，为事业单位，2006 年底，根据市委市政府统一部署转制为企业。2007 年 11 月 20 日，经中宣部、新闻出版总署、广东省文化体制改革和文化大省建设领导小组和深圳市人民政府批准，原深圳市发行（集团）公司和海天出版社正式融合组建为深圳出版发行集团。在市委市政府的坚强领导和亲切关怀下，在市委宣传部、市文体旅游局、市国资局的帮助和指导下，深圳出版发行集团紧紧围绕深圳市中心工作，通过改革创新，各项事业迅速发展，在行业内外获得了广泛认可，并被授予多项荣誉。该集团连续 5 届被评为“广东省文明窗口单位”和“深圳市文明单位”，被中宣部、新闻出版总署评为“全国新华书店精神文明示范单位”，被中央文明办、国务院纠风办评为“全国创建文明行业示范单位”，先后获得过“深圳市文明单位”“创建全国文明城市先进集体”等多项荣誉。

2010 年，深圳出版发行集团在总承办第十一届深圳读书月、持续打造连锁经营五项核心技术、承担教材和地方教辅出版发行、进行数字出版探索、增加网点覆盖等方面开展了卓有成效的工作，取得了较好的社会效益和经济效益。全年该集团实现销售额 6.8 亿元，同比增长 8.14%; 实现利润 3693 万元 , 同比增长 47.7%。现有总资产近 12 亿元，固定资产原值近 7.5 亿元。

二、打造本土出版品牌，让深圳出版与深圳城市地位相适应

1. 海天出版社出版图书情况

2010 年，海天出版社全年出版图书 419 种，其中初版新书 264，重印书 155 种。图书总印数 958 万册。共完成营业收入 7850 万元，同比增长 88%。物业管理（租赁）收入 550 万元。利润总额 1020 万元，同比增长 703%。

2010 年是深圳特区成立 30 周年，海天出版社出版了《厉有为文集（上下册）》《李灏深圳特区访谈录》《深圳创新图文志》《深圳转型：一场城市治理模式的革命》《我的 1980：深圳特区民间叙事》等一系列反映深圳特区发展、建设的精品图书。在深圳第十一届读书月期间，在最短的时间内出版了《深圳读本：感动一座城市的文学》《青工读本：身边的幸福》。《中国设计全集》《中国玉器通史》《乌莎巴罗》和《自然国学丛书》申报了“十二五”国家重点图书、音像、电子出版物规划项目。

共有十种图书获得全国、省级奖项。2009 年城市出版社优秀图书十种：一等奖 3 种，《深圳读本》《管子的经济智慧》《健康其实很简单》；二等奖 7 种，《我是高考零分作文》《大开眼界看中医》《未来 100 年大预言》《任正非谈管理》《郭德纲这点事儿》《精益 TOC 实务指南》《肉丸冰淇淋营销学》；全国优秀畅销书 4 种，《向中国共产党学习》《民间股神第 6 集》《任正非谈管理》《巴菲特谈投资》。《未来 100 年大预言》获 2009 年度优秀引进版社科类优秀图书奖（由中国出版协会国际合作出版委员会、中国出版科学研究所、出版参考杂志社举办）。

深圳出版发行集团海天出版社主管主办的《花季·雨季》杂志，是深圳校园文学标志性出版物。2010 年，《花季·雨季》杂志结合了生动活泼的漫画形象、全国少儿优秀作文和名家精彩的故事，精心打造而成了一本青春阅读刊物。2010 年，累计发行 41 万册。通过举办“花季雨季”全国漫画大赛，已经扛起了中国青春漫画的大旗。首届“花季雨季”全国漫画大赛连续获得了深圳第十届、第十一届读书月最佳创新奖的荣誉。

深圳书城在线平台建设正在积极推行中，该平台是全国传统图书分销商第一批数字阅读服务平台，主要分为深圳书城实体店在线服务、交流平台和深圳出版发行集团的数字阅读服务平台两个部分。

2. 数字出版工作。

2010 年，集团数字出版走“精品双效”的出版路线，积极促进多载体立体出版的发展，不断寻求多元化创新。全年共审核出版电子音像出版物 62 种，其中已出版 60 种。72 集大型英语数字节目《HELLOSHENHEN（你好深圳）》获得第三届中华优秀出版物（音像出版物）奖，《深圳小学英语》获第三届中华优秀出版物（电子出版物）提名奖。

2010 年，深圳出版发行集团通过和深圳移动合作，积极探索无线移动文化消费服务，包括无线上网和手机书城等业务。中心书城区域已为读者提供免费的无线上网服务。深圳书城在线平台建设正在积极推行中，该平台是全国传统图书分销商第一批数字阅读服务平台，主要分为深圳书城实体店在线服务、交流平台和深圳出版发行集团的数字阅读服务平台两个部分。实体店服务平台使读者足不出户即可享受深圳书城实体店的便利服务，数字阅读服务平台将为读者提供新书试读本、电子图书期刊的在线和下载阅读服务。

3. 互联网文化建设

2010 年 8 月,深圳读书月官方网站“全民阅读网”正式上线运行。全民阅读网 (www.szsky.com) 是市民阅读文化生活的门户网站，是扎实开展全民阅读活动的新型公共服务平台，获得了 2010 全国新闻出版业网站百强荣誉，以及读书月最佳创新项目和优秀传播奖。

2010 年 8 月，深圳读书月官方网站“全民阅读网”正式上线运行。全民阅读网 (www.szsky.com) 是市民阅读文化生活的门户网站，是扎实开展全民阅读活动的新型公共服务平台，获得了 2010 全国新闻出版业网站百强荣誉，以及读书月最佳创新项目和优秀传播奖。

2010 年，深圳出版发行集团策划的“深圳书城火星城 (www.xing.com.cn) 文化产品数字化交易平台”“嘻嘻芒克”作品发行、“动漫衍生品交易平台 (www.supermars.net)”三个项目均进入了最终运行完善推广阶段。海天出版社官方网站正式开通,建立了包括企业概览、畅销书推荐、教辅教材下载、数目下载、章节阅读、会员中心等在内的具有海天特色的相关栏目。

三、持续完善以“体验式书城”为代表的大书城经营模式和引领中国发行业发展潮流的现代书业模式

以深圳书城中心城为代表的“体验式书城”模式逐渐成熟，书城变身成为创意产业孵化中心、城市文化生活中心和公共文化服务平台，以书业为核心的多元文化产业蓬勃发展，形成了应对未来竞争的优势。2010 年,中心书城完成了内部架构的调整和二层中厅改造,打造了“Cross 跨界”创意空间，出版物销售同比增长在全国同等级别书城中排名第一 (据开卷 2010 年 1-10 月份全国销售统计)，获得了中国实力书城、广东省文明窗口、深圳市首批“文化 + 旅游型示范基地”等称号，被评为第六届文博会优秀分会场二等奖，被列为“推荐香港人游玩的深圳十大去处”。罗湖书城实施了新的信息查询系统，试点专业店绩效考核，积极推进团购和智慧卡业务，完善专柜租赁管理,努力增收增效,同时初步制定了罗湖书城整体改造方案。南山书城提升了商品营销综合能力，引进了新的租赁项目，对原有项目进行了调整，提出了《深圳书城南山城项目调整及改造建议书》,努力打造以书为媒，聚焦出版物分销、文化培训、创意收藏和聚会休闲的文化生活新空间。

在成功运作三大书城的基础上，深圳出版发行集团的新网点建

育儿讲堂

设工作稳步推进。在市委市政府和宝安、龙岗两区政府的大力支持下，深圳书城宝安城和龙岗城的筹建工作正在积极推进；市委宣传部批复同意出版发行集团自筹资金建设出版配送中心，拟选址观澜东地区。两座新书城建设已纳入“十二五”规划征求意见稿。集团将形成“五连星、一基地”的区域连锁的新格局。

2010 年，深圳出版发行集团作为省里确定的三大主体之一，参与了全省新华书店的整合重组工作。根据省里统一部署，努力通过整合重组培育和强化集团在区域文化产业市场的核心竞争能力，将采用现金投入、资产置换的方式完成整合重组工作。划分区域内新华书店的重组整合是手段，发展是目的。集团在推动书店重组的同时，着力于发展，与当地政府就珠海书城、揭阳书城的规划建设进行洽谈，落实建设用地，筹措建设资金。珠海、揭阳市和宝安区政府已经同意《深圳出版发行集团划分区域内新华书店重组实施方案》，珠海、揭阳已完成人员安置、清产核资等方面的准备工作，宝安区新华书店整合重组实施方案也已基本完成。12 月，集团在揭阳成功举办了揭阳书展，取得了良好效果，初步在当地树立了集团形象。

四、以书业为核心拓展关联文化产业，立足创意，打造多元化经营，满足市民不断变化增长的文化需求

在发展主业满足市民阅读文化需求的同时，集团根据市民多方面不同的文化需求，发挥自身优势，以书业为核心拓展关联文化产业，已成功涉足电子出版、教育培训、数码科技、物业管理、书业软件及文化艺术用品行业。

2010 年，深圳出版发行集团多元化经营以专业化经营为导向，取得健康、迅速发展。世纪书香公司确立团购为主营业务，保持业务稳定增长；音像公司坚持以市场为导向，效益优先的原则，以制度化建设为抓手，通过资源整合加大营销力度，在持续低迷的市场形势下，保持了平稳发展；书城物业在做好租赁、物业管理的同时，基本完成了清新苑房改，配合完成了金山大厦八、九楼的回购，配合完成了罗湖城周边环境改造的前期工作；书城电子成功运作了全民阅读网，策划并实施了“深圳书城火星城（www.xing.com.cn）文化产品数字化交易平台”、“嘻嘻芒克”作品发行、“动漫衍生品交易平台”等创新项目；书城数码以市场开拓为龙头，强化内部管理为主线，调整结构、拓展电子书等新市场，确保平稳发展；书城培训重新制定了战略发展规划和战略人力资源管理措施，提高了市场竞争能力和风险抵御能力，经营业绩有了较大的提高，获得民政部颁发的“全国先进社会组织”等荣誉称号；书城广告加大项目开发力度，积极配合集团重点活动的组织；益文公司推行进口图书的零售、批发、团购的一体化管理，拓展图书馆市场，销售实现较快增长；弘文公司进一步完善企业管理流程，建立集体决策机制，不断深化营销工作，确立了弘文在文具零售行业的市场领导地位；龙岗区店在做好教材教辅发行工作的同时，努力在网点、团购等方面培育新的业务增长点。

在发展主业满足市民阅读文化需求的同时，集团根据市民多方面不同的文化需求，发挥自身优势，以书业为核心拓展关联文化产业，已成功涉足电子子出版、教育培训、数码科技、物业管理、书业软件及文化艺术用品行业。

五、成功承办第十一届深圳读书月、第六届文博会等活动，切实履行集团社会责任与文化使命

深圳出版发行集团已连续十一年总承办深圳读书月活动，开创了全民阅读的“深圳模式”。深圳读书月被中宣部、新闻出版总署、中央文明办评为“全国阅读活动先进单位”荣誉称号，60 多个城市在深圳读书月的影响下开始举办读书文化节庆活动。2010 年，深圳出版发行集团以“文明公民、阅读为荣”为年度主题，突出全民阅读与城市文明建设之间的关系，将阅读活动的开展与城市文明建设结合起来，开设“新高度”“新阅读”等五大板块共计 403 项主题活动，使广大市民能够从读书活动中感受到光荣、感受到快乐，从而成为更文明、更优雅的市民。深圳读书月深受市民群众喜爱，被评为最受欢迎的城市文化节庆。在去年特区成立 30 周年之际，读书月提出的“实现市民文化权利”“让城市因阅读而受人尊重”两大主题入选了深圳改革开放 30 年十大观念，充分显示了深圳读书月在推动全民阅读、塑造城市品格上的重要影响。

在新闻出版馆、新闻出版总署的深度介入下，集团成功承办了第六届文博会。总参展企业约为 164 家，其中文化产业核心层企业约占 80%，龙头企业约占 90%；国有单位与民营单位参展数量基本相等；海外参展单位约占总参展单位的 10%。李长春、刘云山、汪洋等党和国家领导人以及中宣部、新闻出版总署、广东省、深圳市有关领导多次深入场馆参观考察参展项目，8.5 万观众入场参观，展会实现总交易额 6.16 亿元。新闻出版馆连续两年在深圳市社会科学院牵头组织的第三方评估中荣膺总分第一和四个单项评比第一。

“深圳晚八点”是深圳出版发行集团以中心书城为平台打造的一项品牌文化活动。经过两年发展，项目组织、活动安排等已基本成熟。2010 年，在原有的基础上，该项目积极进行新的探索。首先是走进高校，在深圳大学举办了首场活动，得到师生好评；其次与英国领事馆合作，邀请了英国三位当代文学新秀担任活动嘉宾，与读者交流文学、文化，使活动开始步入国际化。进一步扩大了项目的文化辐射力和影响力。2010 年以来，已开展各类活动近百场，直接欣赏、参与群众达数十万人次，辐射百万人次，成为深圳市民晚上的重要文化活动选择和深圳主要品牌文化活动项目。

深圳出版发行集团参与主办、协办的外来青工文体旅游节、创意十二月、百万市民讲外语、市民文化大讲堂、关爱行动、社科普及周等社会文化活动，均成为深圳的品牌文化活动，营造了全民阅读的良好氛围。2010 年，集团继续参加香港书展，在深圳外区域树立了良好形象。

而对未来，面临着阅读方式和购书方式的转变两大挑战，深圳出版发行集团提出了积极应对战略：“改造提升传统书业阵地，探索发展新兴业态”。一方面要巩固传统书业阵地，通过模式创新、硬件改造、营销拓展、服务升级等方式不断满足市民群众的文化需求，进而提升传统书业的利润空间；另一方面积极利用数字信息技术，按照“文化 + 科技”的发展模式，探索数字出版等新型业态，占领新的阵地，对外则以香港书展等活动为契机开拓新市场，扩大业务范围，为集团带来新的增值和发展的空间。

数字文化视听领域 G2

深圳华强文化科技集团股份有限公司

【概况】深圳华强文化科技集团是华强集团股份有限公司旗下专业从事文化科技产业的集团公司，是华强集团近年来重点发展的产业领域。目前，华强文化科技集团下辖 26 个专业公司，拥有员工 6000 多人。2010 年，华强文化科技集团实现销售收入 11 亿元，利润总额 5 亿元，进入高速发展阶段。

【文化创意成果】胡锦涛总书记在十七大报告中指出：要“推动社会主义文化大发展，大繁荣”，“推进文化创新，增强文化发展活力”，“运用高新技术创新文化生产方式，培育新的文化业态”。华强文化科技集团以此为指导，通过学习国外文化产业发展的成功经验，分析研究我国文化产业发展的优势和存在的问题，走出了一条文化与科技融合的发展之路。具体经验做法：

一、文化与科技融合，创新产业发展模式。在国内率先提出“文化 + 科技”“文化与科技融合”的概念，并在“以文化为核心，以科技为依托”的核心理念指引下，大胆将高科技引入传统文化产业，将文化创意和科技创新完美结合，开创了独具特色、具有国际竞争力的文化科技产业，引领中国文化产业迈入新的发展阶段，为中国文化产业“走出去”奠定了坚实的基础。

二、打造“创、研、产、销”一体化的文化科技产业链。打造“创、研、产、销”一体化产业链是华强文化科技集团在确定“以文化为核心，以科技为依托”的企业发展核心理念后，为解决我国文化产业普遍规模较小、科技含量低、不具有国际竞争力等问题而采用的重要举措。该产业链将现代文化产业中“创意设计”“开发研究”“规模化生产”“市场营销”四大环节实施整合，形成了文化产业从源头到末端市场良性循环的产业链，使文化产业不仅极大地提高了生存能力，而且具有较强的核心竞争力。华强文化科技集团围绕“创、研、产、销”产业链进行了全面布局。首先，在深圳总部建立了创意设计中心，解决产品创意设计问题；其次，在深圳建立了隶属于集团的文化科技研究院和工程设计院，针对创意设计的需求给予高科技支持；第三，在天津和沈阳、青岛、郑州、厦门、湖南长株潭、芜湖分别建立文化科技生产基地，解决文化产业的规模化生产问题；最后，通过在国内外投资建立文化科技主题公园群、电视动画联播网、影视投资平台、国际市场营销等手段为华强文化科技集团的各种产品解决了销售问题。“创、研、产、销”四个环节环环相扣，形成了华强文化科技产业完整的产业链。

三、构建多元化、规模化的发展平台。华强文化科技集团针对我国传统文化产业结构简单、市场单一、互补性差、抗风险能力低等问题，学习国外大型同类企业发展经验，整合出“创意设计”“文化旅游”“影视出品”“媒体网络”“文化消费品”五大领域,包括“创意设计”“主题公园”“特种电影”“数字动漫”、“影视出品”“影视后期”“网络游戏”“电视联播网”“文化衍生品”“主题演艺”“旅游服务业”等十一个专业，形成优势互补产业链。

四、国际化发展战略，促进中国文化产业“走出去”。华强文化科技集团十分重视国际化发展战略，产品从创意研发初始就瞄准了国际市场。华强在十年发展中坚持参加国际重要博览会，建立了良好的国际关系，重点打造的环幕4D影院、特种电影成套设备、原创动漫产品、文化科技主题公园等产品也成为颇具国际竞争力的拳头产品，将中国文化产业逐步推向世界。

至2010年，华强文化科技集团已将70多套完全自有知识产权的环幕4D影院系统以及主题公园成套设备输出到美国、加拿大、意大利等全球40多个国家与地区，每年出租到上述国家和地区的配套特种电影影片超过20部。中国第一个出口国外的文化科技主题公园“方特欢乐世界”已在伊朗第二大城市伊斯法罕建成，华强同南非、乌克兰等国就大型文化科技主题公园的合作项目也在进行中。此外，华强近两年来出口到俄罗斯、克罗地亚、新加坡、中东等70多个国家和地区的部分优秀产品，还进入了全球知名媒体尼克频道（Nickelodeon）等国际主流媒体频道和欧洲市场。华强还通过国际化合作等方式在院线电影领域探索邀请好莱坞影帝参与拍摄中国文化背景的电影，并通过国际发行的模式来促进中国电影进入国际电影的主流市场。

五、坚持自主创新与自有知识产权，推进产业升级。华强文化科技集团先后获评“第二届中国文化企业三十强”“2009~2010年度国家文化出口重点企业”“国家文化产业示范基地”“世界知识产权组织版权金奖（中国）推广运用奖”“广东省十大创新企业”“广东省版权兴业示范基地”“深圳市文化+科技型示范企业”等多项殊荣。华强文化科技集团始终坚持原创，掌握完全自有知识产权，目前已拥有国内外专利百余项，国内外商标近150项，动画、影视及计算机软件著作权100余项。其中立体电影拍摄系统、子弹时间拍摄系统、

芜湖方特梦幻王国

悬挂式球幕电影《飞跃极限》

十二生肖总动员

无缝拼接、曲面校正、球面渲染等尖端技术填补了国内空白，已达到世界先进水平。

华强文化科技集团成立了专为文化创意提供科技支持的文化科技研究院，同集团的数字图像运算矩阵中心、数字电影特效实验室、特种音效实验室等科研单位共同承担文化产业的科研开发工作。同时，集团还成立了华强文化工程设计院，专业服务于公司文化科技产业基地的总体规划与设计。

华强文化科技集团成立了专为文化创意提供科技支持的文化科技研究院，同集团的数字图像运算矩阵中心、数字电影特效实验室、特种音效实验室等科研单位共同承担文化产业的科研开发工作。

【文化创意平台】创意设计：创意设计是华强文化科技产业的领头羊，主导着整个产业的发展，基本由概念创意、规划与总体设计、技术设计三部分组成，包含大型主题项目内容创意与策划、影视作品内容创意、文化科技产业基地规划与设计、文化科技主题公园创意与设计、特种电影创意设计、表演与演艺创意设计等多个方面。华强已先后完成芜湖、沈阳、青岛、长株潭等地的文化科技产业基地建设，“完成秦皇岛秦王入海”“乌克兰克里木半岛”“伊朗伊斯法罕”等主题公园，大型高科技舞台音乐舞蹈史诗《飞天》等一系列项目的创意、规划与设计工作。

主题公园：华强文化科技集团是国内唯一具有成套设计、制造、出口大型文化主题公园的企业，确立了以科幻类主题公园“方特欢

巨幕电影《生命之光》

乐世界”，中国文化类主题公园“方特梦幻王国”及中国影视类主题公园“方特影视乐园”为代表的三个主题公园品牌。安徽芜湖方特欢乐世界是华强的代表作之一，公园开业后便成为继黄山、九华山之后，安徽省又一著名旅游度假胜地，使芜湖一举成为旅游目的地城市。2010 年 4 月底，山东泰山方特欢乐世界开业，它是华强继芜湖方特欢乐世界之后又一个主题公园力作，当年就被评为“山东省旅游产业创新奖一等奖”“2010‘品牌山东’最具竞争力旅游景区”，成为山东省又一著名文化旅游景区。2010 年 12 月，芜湖方特梦幻王国开业，代表华强第二品牌主题公园正式推出。方特梦幻王国的各个项目中融入大量中华民族文化元素，“盘丝洞”“兵马俑”“水漫金山”“猴王”“十二生肖”等大型主题项目的创意和取材都直接来自于中国民间传说和故事，充分展现与传承了中国文化的核心内容，弘扬了中华民族精神和中国历史文化的主旋律。

特种电影：华强文化科技集团拥有国内目前最大、设备最齐全的特种电影专业公司，具有强大的特种电影技术研发力量，成功研发出环幕 4D 电影、环境 4D 电影、悬挂式球幕电影、跟踪式立体电影等十多类特种电影。其中环幕 4D 电影系统已输出到美国、加拿大、意大利等全球 40 多个国家和地区，相配套影片每年出口 20 余部。2010 年，华强最新研发制作的中国首个巨幕 4D 电影《生命之光》、大型车载全景立体动感电影《哪吒闹海》、4D RIDE《魔法城堡》进一步拓展了特种电影的种类和表现形式，同时完成了《未来警察》《甲骨文》《盘丝洞》《桃花仙》《决战金山寺》《悟空归来》《崂山道士》等多部特种电影的制作，并将特种电影系统“恐龙危机”出口至意大利。

数字动漫：华强文化科技集团实现了二维、三维动画片的无纸化、规模化生产，产量和生产效率均属国际一流水平。2010 年，华强进一步加大动漫投产力度，将更多中国元素融入动画创作，先后完成了《猴王传》《小鸡不好惹》《生肖传奇》系列、《小虫虫有大智慧》等长篇动画，获发行许可证动画产量达 12818 分钟，位居全国第二。

至 2010 年，华强动画已在央视少儿频道等国内 100 多家电视台播出，动漫产品出口到俄罗斯、克罗地亚、新加坡、中东等 70 多个国家和地区，进入尼克频道（Nickelodeon）等国际主流媒体，获得优秀国产动画片，首届中国十大卡通形象，“五个一工程”电视动画片优秀作品奖。

影视出品：华强通过国际化合作、国际发行的模式来促进中国电影进入国际电影主流市场，提出资源性投资的发展策略，打造国际先进的影视技术平台。该模式下出品的第一部电影《形影不离》，首次将好莱坞两届影帝 Kevin Spacey 引入中国电影出演主角。目前，华强已先后投资了《未来警察》《嘻游记》《大话天仙》《形影不离》《火影人》《百万巨鳄追缉令》《古今六人行》等多部电影电视作品。

影视后期：影视后期制作是电影与电视行业中技术含量最高的行业。华强文化科技集团的影视后期制作团队是中国享有盛名的影视后期制作专业团队，曾担任国内外知名影视作品的后期制作，具有丰富的后期制作经验。2010 年，华强文化科技集团又承担了中外合作大片《百万巨鳄追缉令》的后期制作工作。

电视联播网：华强文化科技集团充分利用原创动漫资源，打造了以儿童娱乐和动画片为主的首档原创动画剧场《方特大世界》。截至 2010 年底，动画剧场《方特大世界》已与深圳少儿、广州少儿、嘉佳卡通、福州少儿、青岛少儿等全国 100 多家电视台合作，每天在黄金时段连续播出，构建起集制作、发行和播出于一体的城市电视网络平台。今后 1 至 2 年内，华强电视联播网的国内合作电视台预计将扩展到 200 余家。

主题演艺：主题演艺是针对具体创意而投资打造的具有鲜明主题内容的专业演出。目前，华强已在现有的文化科技主题公园中提供了《欢乐家园》和《猴王》两个主题演艺项目，正在规划的大型主题演艺项目包括青岛华强文化科技产业基地的《海歌》以及郑州华强文化科技产业基地的《飞天》。

此外，华强建立起大型互动娱乐平台“方特网”，传播热门新闻、实用资讯、教育信息和自主开发的网络游戏等，并形成多元化游戏开发运营局面；文化衍生品主要涉及旅游产品和动漫衍生品，已成功推出嘟噜嘟比、海螺湾等系列产品；旅游服务业主要包括酒店、餐饮和旅游商业。

华强建立起大型互动娱乐平台“方特网”，传播热门新闻、实用资讯、教育信息和自主开发的网络游戏等，并形成多元化游戏开发运营局面；文化衍生品主要涉及旅游产品和动漫衍生品，已成功推出嘟噜嘟比、海螺湾等系列产品；旅游服务业主要包括酒店、餐饮和旅游商业。

除了打造多元化发展平台，华强文化科技集团还意识到规模化发展是企业做大做强的重要保证，是中国文化产业企业进入国际市场竞争的重要基础。目前，华强已先后在中国沈阳、青岛、郑州、厦门、芜湖建立文化科技产业基地，在天津建立国家 3D 影视创意产业园，以实现快速形成规模化生产的目标。文化科技产业基地包括生产基地和产品体验区，文化科技产业生产基地由“创意基地”“特种电影基地”“影视后期基地”“动漫基地”“游戏软件基地”“文化衍生品基地”以及“文化产业人才培训基地”等七个大型基地组成；文化科技产业产品体验区则由以科幻为主题的“方特欢乐世界”、以中国文化为主题的“方特梦幻王国”以及以影视为主题的“方特影视乐园”等三个完全自主创意的大型主题公园组成。上述产业基地建成后，将迅速扩大华强文化科技产业的发展规模，为我国文化产业做大做强起到很好的带头作用。

环球数码媒体科技研究（深圳）有限公司

【概况】环球数码媒体科技研究（深圳）有限公司（以下简称“环球数码”）成立于2000年8月，以文化娱乐、传媒产业为主业，是中国最早从事三维动画影视项目创意和制作的公司，是中国乃至亚洲最大的电脑图形、图像制作公司之一，拥有国际水平的三维动画生产线及先进的国际化管理队伍和生产控制系统等，能够自行研发、策划、制作及发行各种类型的三维动画影视剧，并一直坚持走原创路线，积极开拓海外市场，推动文化产品出口，在动漫行业中努力创新，取得了优异的业绩。

环球数码大厦

《潜艇总动员》剧照

【主营业务】环球数码的核心业务主要集中在以动漫行业和影视制作为主的领域，其中包括：三维动画影视剧的制作及发行、特种电影制作、影视特效及后期的创意制作、媒体频道包装创意、游戏创意领域的开发制作、动漫周边衍生产品创意开发、工业动画、虚拟演示研发和制作、多媒体公共服务平台。

环球数码拥有强大的行业竞争力，除了拥有成熟的培训品牌外，在三维软件技术应用、插件开发、辅助软件技术研发方面有着雄厚的软硬件实力以及丰富的开发经验。

环球数码拥有强大的行业竞争力，除了拥有成熟的培训品牌外，在三维软件技术应用、插件开发、辅助软件技术研发方面有着雄厚的软硬件实力以及丰富的开发经验。

【文化创意代表人物】金国平，环球数码公司董事长，深圳市政协委员，中国动画学会常务理事。个人先后担任过中国动画学会会长、国际动画协会理事、上海美术电影制片厂厂长、《卡通王》杂志社社长、上海动画影视（集团）公司总经理及上海电视台副台长等。他对动画及电影行业具有丰富的经验，致力于推动中国动画行业的发展。

【企业文化】环球数码一直秉承“以人为本，创意为先”的企业文化。2010 年，为庆祝环球数码成立十周年，公司先后举办了环球数码第一届街头篮球挑战赛、第四届羽毛球大赛、迎圣诞红色创意搬家 Party、环球数码亲子宝宝秀、“环球数码——我们的新家”拍摄等系列活动，并组队参加了南山区民营企业运动会。

环球数码将《潜艇总动员》首映前三天票房的片方分成，全部捐献给香港浙江大学教育基金会成立“浙江大学环球数码学生助学基金”和“浙江大学环球数码学生国际交流基金”。

【企业荣誉】至 2010 年，公司先后获得深圳市重点文化企业、深圳市高新技术企业、深圳市文化产业先进单位、广东省首批文化产业示范基地、深圳市文化产业基地、深圳市技术先进型服务企业、深圳市文化 + 科技型示范企业、中国创意产业领军企业、中国创意产业 100 强、高成长企业 100 强、中国服务外包成长型企业等荣誉称号。2007 年至 2010 年连续 4 年被评为国家文化出口重点企业，2010 年获选为国家认定动漫企业，并荣获深圳市重大精神文明建设成果奖。

【文化创意产品】《魔比斯环》讲述了 14 岁足智多谋的宇宙少年杰克，为了寻找失踪的科学家父亲，穿越魔比斯环（一种能瞬间到达宇宙任何地方的时空隧道），来到囚禁他父亲的拉菲卡星球——一个拥有奇迹、壮丽景观、神秘魔法的巨人王国。同时，杰克发现拉

《桃花源记》剧照

悬挂式球幕电影《飞跃极限》

环球数码公司自主开发、生产和拥有自主知识产权的动漫产品主要有：三维动画电影《魔比斯环》《潜艇总动员》，三维动画电视剧《潜水的奥力》及动画短片《夏》《桃花源记》《家园》《狐狸和乌鸦》等。

菲卡星球皇室的邪恶秘密，面对拉菲卡王国的沦陷、亲人身陷囹圄，杰克联手王子拉吉斯在充满魔法和惊险的巨人星球上与暴君展开了一场正义与邪恶的较量……

《潜艇总动员》讲述了两只实习小潜水艇阿力和贝贝的深海历险故事。它们历尽艰险，在团队的互助合作精神之下，它们努力学习，互相帮助，最后成长为优秀深水潜水艇。

《桃花源记》根据中国东晋诗人陶渊明的经典原作改编，巧妙地融合了中国传统的水墨画、皮影戏、剪纸、大写意等多种艺术手法。流水、涟漪以及缤纷飘落的桃花、随风摇曳的花草等动效在 3D 技术的平台上表现得淋漓尽致，给观众带来了全新的视觉体验。

【知识产权】环球数码公司自主开发、生产和拥有自主知识产权的动漫产品主要有：三维动画电影《魔比斯环》《潜艇总动员》，三维动画电视剧《潜水的奥力》及动画短片《夏》《桃花源记》《家园》《狐狸和乌鸦》等。除此之外，环球数码不断投入资金与人力，进行自主研发，先后出版了多本三维动画培训教材，并拥有 13 种计算机软件著作权。

【2010 年大事记】3 月 9 日，杭州市委、市政府考察团访问环球数码。

6 月 1 日，邀请好莱坞著名特效专家杨剑如到环球数码讲学。

8 月 31 日，环球数码大厦顺利通过竣工验收。

9 月 29 日，Dreamworks 创始人之一 Richard Zhuang 访问环球数码公司。

10 月 8 日，环球数码参加戛纳电视节，原创作品受众多买家追捧，与 16 个国家和地区达成预售意向。

11 月，环球数码搬迁至新落成的环球数码大厦。

深圳市大地动画传媒有限公司

【概况】深圳市大地动画传媒有限公司(以下简称“大地动画”)成立于 2007 年，是深圳市重点文化企业。大地动画以弘扬中华民族文化、振兴中国动画为己任，以推动国内动画进军影视主流市场并向产业化发展为宗旨，以为客户提供专业化、个性化服务为方向，不断吸收国内外 CG 公司制作经验、技术、视觉元素，把“以客户为中心、让客户满意”作为奋斗目标。公司主营业务项目：制作、复制、发行广播剧与电视剧和二三维动画片，卡通形象设计、漫画、专题专栏及广告业务、计算机软件动漫产品的开发与设计等。

【发展历程】大地动画前身为摆渡人卡通设计工作室，1999 年为深圳腾讯设计了卡通代言人 QQ 形象及系列动画、表情等。2007 年更名为深圳市大地动画传媒有限公司。2010 年 1 月，公司 28 集原创动画电视剧《鹏鹏环游记》，经国家、省、市三级广电、文化部门审批备案立项。2007 年以来，公司已经创作和正在创作中的动漫原创作品达到 15 部，其中具有自主知识产权的作品 15 部，申请专利保护的动漫形象 3 个，在国家级和省级获得金奖及银奖的动漫作品 5 个。

【远景展望】动漫产业迎来了跨越式发展的春天。大地动画自 2007 年成立以来，在深圳市良好的文化产业政策引导下，公司把做大做强动漫产业作为公司的重要发展目标，制订了比较详尽的公司动漫产业发展规划，计划在五年内成为广东省具有较大影响力的动漫企业，在十年内打造为在全国有影响力的动漫企业。

【2010 年大事记】1 月 5 日，公司取得了广东省广播电影电视局颁发的“广播电视节目制作经营许可证”。

2 月 18 日，公司为深圳地税局制作完成情景式办税服务动画。

4 月 18 日，公司高质量完成平安股份有限公司案件防控系列动画。

5 月 10 日，公司为深圳国家税务局制作的作品《假发票沉浮录》动画获得“全国第五届税法动漫大赛金奖”。

9 月 18 日，被深圳市文体旅游局授予“市重点文化企业”荣誉

大地动画一角

大地动画团队插画

大地动画团队插画

大地动画

称号。

10 月 1 日，公司为解放军某部队制作优秀带兵人黄立明 FLASH 动画。

11 月 1 日，公司为平安银行圆满完成《平安一代通》产品宣传动画短片。

12 月 24 日，公司成为“深圳文化产权交易所”一级项目商会员单位。

深圳市方块动漫画文化发展有限公司

【概况】深圳市方块动漫画文化发展有限公司（以下简称“方块动漫画”）成立于 2005 年，经营业务集动画创作、出版、发行及衍生产品研发、生产、销售为一体，是国内最具实力和发展潜力的动漫画知名企业之一。公司现有员工超过 200 人，每年制片量超过 3000 分钟。方块动漫画的制作中心设于深圳市福田区。

【文化创意产品】方块动漫画坚持原创精神，以“高品质、多元化”为宗旨，通过掌握世界领先的高新技术运用能力，制作了 10 部以上优秀电视动画作品以及 2 部高质量的动画电影作品，并获得全国“最佳动画长片奖”等海内外的多个奖项。

2008 年，公司推出的《风云决》动画电影，使中国动画电影发展真正走出了探索性的第一步，成为新世纪国产原创动漫里程碑式的经典之作。

2009 年，方块动漫画推出以中国人民解放军军事为题材的《正义红师》系列产品。《正义红师》在 2006 年获得八一电影制片厂全国独家授权。本剧创作充分结合现代战争特点及我国军事装备特色，经过三年时间创作完成，其产品像真度等受到观众普遍称赞。

2010 年，方块动漫画成功推出《超智能足球》动画电视，其精良的制作及国际化的定位，成为国内首部发行到全球60多个国家及地区的电视动画作品，也是继《风云决》后另一个新的突破。同时，在国内强势登陆省、市级以上60多个频道，包括中央电视台少儿频道及北京卡酷、广东佳嘉卡通等，皆取得较高收视率。

【成功经验】方块动漫画不断增强创作实力，努力提升市场竞争力，朝着高端化、多元化的方向发展。

（1）坚持贴近实际、贴近生活的创作精神。公司注重以“中国特色”、“中国故事”、“中国形象”为立足点，不断挖掘丰富的创作资源，积极打造思想性、艺术性、观赏性、趣味性俱佳的国产动画精品。

（2）坚持原创精神。公司大量引进了内地与香港动漫行业高级专业人才，构筑了一个富有创意与制作能力的动漫发展平台，努力创造原创性的动画形象。

（3）实施动画产业化战略。方块动漫画还致力于中国原创动画衍生产品的拓展，其衍生产品业务包括玩具、文具、礼品、书包、床上用品及家具等。

【企业荣誉】2006年，《古语新说》获2006年度全国“优秀国产动画片”三等奖。

2008年，《风云决》荣获2008年度第五届中国（常州）国际动漫艺术周国际动画作品比赛“最佳长片奖”、第五届金龙奖“最佳动画长片奖”、第一届厦门国际动漫节“金海豚”动画作品大赛“最佳影视动画奖”、2008中国动漫产业发展与青少年健康成长高峰论坛“最受青少年喜爱的十大国产动画片”、第16届北京大学生电影节“动画片创作奖”等。

《闪闪的红星之红星小勇士》获第四届中国国际动漫节“动画长片奖”、“最受青少年喜爱的十大国产动画片奖”，还获得香港“最佳数码娱乐奖（电脑动画优异证书）”。

2008年，《风云决》刷新中国华语动画票房纪录（票房超过3,300万元人民币）。

2009年，《正义红师》获第五届国际动漫博览交易会全国第二届动漫衍生产品设计开发大赛“最具产业价值三等奖”。

2010年，公司获得国家动漫企业认定证书和原创作品出口奖。公司还被评为“2009深圳国家动漫画产业基地十佳优秀企业”、“2009～2010年度国家文化出口重点企业”、“2009～2010年度国家文化出口重点项目”及“深圳市精神文明建设重大成果奖”等。

公司大量引进了内地与香港动漫行业高级专业人才，构筑了一个富有创意与制作能力的动漫发展平台，努力创造原创性的动画形象。

深圳市天朗时代科技有限公司

【概况】深圳市天朗时代科技有限公司（以下简称天朗公司）是深圳首批认定的20家“文化＋科技型示范企业”之一，也是国家级高新技术企业。天朗公司于 2005 年 11 月在深圳市注册，注册资金为 4420 万元人民币，民营中外合资（外资 20%，低于 25%）。公司内设研发中心、营销中心、MPR 国际事务中心等机构。天朗公司现有全资或控股子公司 4 家，随着海外业务的推进和需要，天朗公司将稳健地在欧洲、美国、拉美、非洲和南亚等地陆续设立控股公司，在全球展开 MPR 经营业务。天朗公司全球首创多媒体印刷读物（MPR）这一新的出版物品种，成功建构了多媒体复合数字出版整体解决方案，开发了可跨载体、跨内容表现形态、支持海量需求的“唯一关联编码”MPR 码，为内容（出版）产业、电子设备研发制造与网络运营 IT 产业提供了可真正实现产业链接的技术系统，为电子 IT 产业和出版产业实现数字出版产业链接提供了具有自主知识产权的核心技术并获得发明专利，并创建了 MPR 出版物系列标准。

天朗公司在 2010 年实现从单一的研发和抢占专利与标准制高点到销售盈利的转折。MPR 项目的地位已经为天朗公司创造了快速发展的有利条件。

【发展历程】2005 年 11 月，深圳市天朗时代科技有限公司成立并开始致力于有声出版物条码技术应用领域研究。

2006 年 12 月，成功举办 MPR 项目汇报会，MPR 项目获得国家新闻出版机构以及深圳市文改办领导的充分肯定，中国出版工作者协会决定设 MPR 出版物国际事务中心，负责推广 MPR 项目出版应用。

2007 年 11 月，在长春成立 MPR 教学应用研究所。

2008 年 3 月，MPR 读书网正式开通；4 月，成功召开“纸质数码有声出版物（MPR）科技成果推介暨新闻发布会”。获得深圳市高新技术企业认定证书；12 月，英文版 MPR 读书网正式上线启用。同年，获“中国创意产业先进单位”荣誉称号。

2009 年 4 月，MPR 出版物系列国家行业标准颁布；7 月，核心专利“二维码解码方法”获得国家发明专利授权；参加第三届中国数字出版博览会，MPR 多媒体印刷读物获创新技术奖；9 月至 10 月，参加建国六十周年成就展；参加第 61 届法兰克福书展；第一期 MPR 出版物系列标准培训班在北京开班；获得国家级高新技术企业认定证书；11 月，《MPR 出版物出版实务手册》由中国书籍出版社正式出版；12 月，第一本 MPR 版连续出版物《双语时代》上市。

2010 年 1 月，MPR 产品在印度首发；第三期 MPR 出版物系列标准培训班在哈尔滨开班；3 月，多媒体印刷读物（MPR）阅读工具（型号：MPR-J3201 教学仪、MPR-D3201 读书仪、MPR-1022B 阅读器、MPR-1031 阅读器）获深圳市福田区自主创新产品认定；4 月，获评“广东省诚信示范企业”；5 月，获评深圳市首批“文化 + 科技型示范企业”。

多媒体复合数字出版整体解决方案（MPR）系统工程是深圳市天朗时代科技有限公司的主营业务。由于项目的核心创意和产业起点是发明“多媒体印刷读物（Multimedia Print Reader）”这一新的出版物种，取其英文简称为 MPR。

【文化创意产品】多媒体复合数字出版整体解决方案（MPR）系统工程是深圳市天朗时代科技有限公司的主营业务。由于项目的核心创意和产业起点是发明“多媒体印刷读物（Multimedia Print Reader）”这一新的出版物种，取其英文简称为 MPR。MPR 立项目的是：

1. 为复合数字出版提供可实现的系统完整解决方案。

2. 为出版产业从事数字出版提供可实现多种媒体内容关联的核心数字技术系统（包括版权保护），并为IT产业所应用，进而实现建立格式统一的数字出版通用平台。

3. 造福读者，实现高质量均衡教育，促进各国家各民族文化融合与人类社会文明进步。

4. 为中国掌握世界文化资源，为中国出版事业占领世界制高点，为公司创造良好的经济效益。

MPR 为数字出版解决的问题：

1. 解决传统纸质印刷读物与数字出版不能关联的问题。

2. 解决目前尚无可供社会化产业级出版应用的数字编码难题。

3. 解决数字出版应用编码必须具备的条件。

【文化创意代表人物】李政放，天朗公司董事长兼总经理，长期从事出版工作，熟悉出版管理、编辑及其各方面关联业务，关注并研究出版业态。个人历十余年组稿并编辑出版三部百家书法集（《道德经百家书》《论语百家书》《孙子兵法百家书》），这些书法集曾被赵朴初、刘海粟等誉之为“旷世巨帙”之作。创办天朗时代公司，带领团队建设多媒体复合数字出版整体解决方案（MPR）系统工程，首创 MPR 出版物种。

吕迎丰，天朗公司常务副总，一直从事专业技术开发工作，有近二十年的项目开发管理经验，在图像处理以及条码识别等领域具有丰富的经验。中国标准化协会理事、深圳市专家库专家、深圳市高层次人才，获过 7 件发明专利、10 件国际发明专利授权，以及实用新型专利授权、各种著作权登记等近百件。

深圳市智慧星文化发展有限公司

【概况】深圳市智慧星文化发展有限公司，是一家集音像编辑、动画制作与发行、版权交易、多元化产品开发为一体的文化品牌企业，是首批“深圳市重点文化企业”、首批“深圳市文化 + 科技型示范企业”。公司大胆吸纳国际影视动画的创作理念与运作模式，秉承“诚信、共享、创新、高效”的企业精神，斥巨资生产制作了国内首部以侦探为题材的大型三维动画系列片《神探威威猫》,共 6000 多分钟。公司培养了一批国内一流的动画制作、设计人才，并拥有一支富有实战经验的运营管理团队。

《神探威威猫》系列动画片在国内外近 600 家电视台播放，在海外最大的华语影视王国麒麟电视台全面上映，隆重登陆北美地区。

【2010 年业绩】授权中国唱片广州公司出版发行《神探威威猫》系列 DVD 版，并在文博会期间面向全国首发上市。《神探威威猫》系列动画片在国内外近 600 家电视台播放，在海外最大的华语影视王国麒麟电视台全面上映，隆重登陆北美地区。

《神探威威猫 1–3》系列登陆中央电视台少儿频道，实现在央视首播,并投资运营“威威猫动漫精品屋”的首个形象店,成功建设“威威猫动漫商城”电子商务平台(www.winkeyshop.com)。

2010年启动新片《神探威威猫》之第6系列《红马甲行动队》动画片原创研发。第6系列的新故事，将以“深圳”为故事舞台，以拟人化的动画方式，表现深圳独特的群体——义工组织的“关爱和奉献”。作为中国内地第一个义工团体,“深圳义工”有着明显的“深圳标志”。“关爱和奉献”是义工的核心价值观，也是这个高速发展的现代化城市中一种独特、美丽、温情的人文元素。

【“走出去”战略】《神探威威猫》系列动画片相继发行到澳门电视台、北美地区的麒麟电视台、越南等国家和地区，都获得很好的收视率，其美名享誉海内外。

【企业荣誉】《神探威威猫》一经推出，很快得到了国家广播电影电视总局、文化部、新闻出版总署等的高度肯定，并被列为重点推广文化项目。公司荣获“中国最优秀动画片音像制品大奖”“中国最具代表性优秀动画影片金奖”“中国动漫产业十大影响力品牌”“深圳国家动漫画产业基地十大优秀企业”“中国最具竞争力十大著名品牌”等殊荣。公司是首批被授予的国家基地，也是“深圳市文化+科技型示范企业”。

【知识产权】至2010年，公司制作完成并拥有自主知识产权的作品有：中国首部原创大型侦探三维动画系列片——《神探威威猫》320集，共4800分钟(在国家广电总局已立项520集);电视教育片《威威猫状元坊》(三维、800分钟);电视MTV《威威猫乐天下》(三维、720分钟);包含可予授权的300多个卡通人物形象，共计拥有涵盖18个类别的注册商标102枚。

【远景展望】公司致力于将《神探威威猫》品牌化授权及品牌产业化运营，并将拥有15万分钟的贴片广告的资源供合作企业分享，努力把公司建设成为中国最具实力的动漫公司之一，为推动中国动画产业向市场化、品牌化、产业化、国际化、规模化方向发展而奋斗。

神探威威猫等卡通形象

深圳市网域计算机网络有限公司

【概况】深圳市网域计算机网络有限公司（以下简称“网域”）成立于1997年，是一家专业从事网络游戏开发、运营及网络应用研究的高科技软件公司，也是目前中国为数不多拥有自主2D、3D游戏引擎技术及知识产权的公司，同时也是中国最早的互联网综合服务提供商之一。至2010年，深圳网域已经成功开发并运营了休闲游戏平台《中国游戏中心》《上海热线游戏中心》及《青鹏游戏中心》，大型网游《华夏Online》《华夏Ⅱ Online》《华夏免费版》《QQ华夏》《英雄岛》及休闲网游《飘飘》，同时首款3D网游《九界》上市。目前仍有数款2D、2.5D、3D网游正在持续研发中。其中《中国游戏中心》已经成为拥有上亿注册用户，同时在线人数超过40万人的国内三大棋牌休闲门户之一。《华夏Online》入围2004中国互联网大会游戏论坛所评出的中国原创游戏排行榜；2007年5月推出的《QQ华夏》，目前在线人数已突破50万。

其中《中国游戏中心》已经成为拥有上亿注册用户，同时在线人数超过40万人的国内三大棋牌休闲门户之一。

深圳网域2008年的税后净利润为7937.9万元，2009年的税后净利润为6014.2万元。

【企业荣誉】至2010年，公司先后获得了“深圳市自主创新行业龙头企业”“深圳市文化产业基地”“深圳市重点软件企业”“深圳高新技术企业”等诸多荣誉。

【2010年大事记】2010年5月14日至5月17日，网域公司携2010年3D巨作《九界》，参展第六届中国（深圳）国际文化产业博览交易会。深圳网域本次参展展馆位于新媒体影视动漫展3号展馆，展位面积180平方米，展台布局风格稳重大气，采用了别具风情的展位设计，多视角全方位阐释着网域游戏的精华，此次文博会上深圳网域除了带来了拳头产品“华夏系列”产品及《英雄岛》外，更在此次展会上隆重展示首款自研3D玄幻巨作《九界》，受到了众多观众的喜爱，展会现场人气爆棚。《九界》作为2010年深圳网域的拳头产品，网域游戏为此付出了4年多的心血，百人策划团队，亿元巨资投入，为游戏的品质保证打下了牢固的基础。目前《九界》已开启了二次技术封测，二测共开放40级游戏内容，在首次技术封测的基础上，进行游戏版本的极大优化，同时新增西岭戈壁、苦水

网络游戏——九界

九界推广现场

荒漠、星河屿三大场景，千塔陵、雷神堡两大秘境，宗派系统将开放领地购买功能，并听取了广大期待《九界》玩家的强烈呼声，开放职业混修新体验。在《九界》的厚土大地上，还可以领略到各地不同的风土人情，游览各地雄奇瑰丽的美景，体会震撼人心的恩怨情仇。和志同道合的朋友一起结伴同行，除了可以在游戏中扮演自己喜欢的英雄角色，尚有无数充满乐趣和挑战的任务，自始至终贯穿整个世界。

2010 年，腾讯以 1.625 亿元人民币的代价收购其控股的网游厂商深圳网域剩余 40% 的股权。

【发展历程】 1997 年 4 月成立于深圳。

2000 年，深圳网域成功开发并与深圳电信合作运营了“中国游戏中心”。目前“中国游戏中心”已经成为拥有上亿注册用户、同时在线人数超过 30 万人的国内三大休闲棋牌站点之一。

2002 年，深圳网域第一款自主研发的大型多人角色扮演类网络游戏《华夏 Online》立项，《华夏 Online》历时三年制作，2004 年底正式推出市场并于 2005 年初顺利过渡到商业化运营阶段，在当年获得中国十大原创网游等多项荣誉，并入选首批国家民族网游工程。“中国游戏中心”和《华夏 Online》成功体现出了公司对超大流量、超强负载等网络应用的强大技术实力。

2004 年，《华夏 Online》的系列产品《华夏 II Online》正式立项并于 2006 年底推出入场。

2005 年，中型休闲类网络游戏《飘飘 Online》正式立项。大型 3D 多人角色扮演类网络游戏《New Life》正式立项。

嘉禾影城

【概况】嘉禾于1970年由邹文怀先生和何冠昌先生创建，至今已有40年的历史，是目前东南亚乃至全球都享有盛名的华语娱乐事业集团。近年来，嘉禾大力发展电影发行、影院建设和院线业务，现已成为新加坡、中国台湾和中国香港最具领导地位的电影娱乐集团公司，同时，嘉禾还是亚洲唯一跨区域性影城经营商，共有49间影城和345个影院。

嘉禾深圳影城，是由嘉禾集团斥资3500万元，按世界顶级影城标准兴建，并于2005年1月21日起在深圳华润中心万象城商业广场内正式营业。嘉禾深圳影城是CEPA政策实施以来，首家港资企业全资在内地市场上兴建的第一家现代化多厅影城。

该影城首期七个影厅，含一个贵宾厅，共1076个座位；二期于2009年10月正式全面开业，二期新增5个数字化影厅，与一期无缝连接，形成一个12影厅、2000个座位簇拥环绕的豪华影院，成为深圳最早实现数字化改造、升级和更新的高端影城，以完美、豪华、专业的崭新面貌，成为中国乃至东南亚顶级时尚高科技数字化影城的旗舰店。

在嘉禾集团专业影院管理团队的精心经营管理下，该影城是国内第一家最快速度突破年票房3000万的影院，2006～2008年，还连续三年蝉联中国影院票房排行榜首。

在嘉禾集团专业影院管理团队的精心经营管理下，该影城是国内第一家最快速度突破年票房3000万的影院，2006～2008年，还连续三年蝉联中国影院票房排行榜首。

【经营特色】1. 丰富的电影节目选择

12个影厅，每隔15分钟至30分钟就可上映一部影片，每日上映的影片多达8部，放映场次多达82场。

2. 全国唯一进口金属幕

嘉禾深圳影城二期，新增5个影厅全为数字影厅，其中9号影厅，更配备了全国唯一一块英国原产进口的世界知名品牌——“哈克尼斯”的金属幕，能容纳315人的大厅内，宽敞的大银幕为观众带来完美立体影像和超清晰的观影感受。

3. 区丁玉建声设计

嘉禾深圳影城二期在一级的影像基础之上，配备天籁级的音响设施，二期影厅全部采用美国进口的功放及音箱，邀请歌神张学友的音乐监制——香港著名音乐制作人区丁玉先生负责影厅建声设计，全力打造国际一流的听觉享受。

【2010年大事记】3月，嘉禾深圳影城《武动青春》新闻发布会暨明星见面会。

4月，《杜拉拉升职记》新闻发布会暨嘉禾明星见面会。

5月，2010年文博会“韩国影展”系列活动。

第六届文博会艺术节“韩国电影展”嘉禾明星见面会。

6月，《玩具总动员3》（3D）嘉禾看片活动。《叶问前传》嘉禾深圳影城明星见面会。

7月，《海上传奇》嘉禾影城新闻发布会暨明星见面会；《出水芙蓉》嘉禾影城明星见面会。

8 月,王力宏《恋爱通告》明星见面会;《龙凤店》嘉禾明星见面会。

9 月,《初恋红豆冰》嘉禾明星见面会。

11 月,《康定情歌》《爱情 36 计》《爱出色》三部影片的明星见面会。

12 月,《赵氏孤儿》嘉禾深圳影城明星见面会。

深圳雅图数字视频技术有限公司

【概况】深圳雅图数字视频技术有限公司（以下简称“雅图”）成立于 1998 年 5 月，是中国投影机行业最大的研发、生产制造企业，全球仅有的八家（包括索尼、三星等）投影机原厂制造企业之一，还是深圳市重点文化企业、深圳市“文化 + 科技”型示范企业、深圳市文化产业基地等。公司提供包括投影机、电影放映一体机、智能数字电视一体机、微型投影机、数字连锁影院、创意影视制作、智能游戏、文化信息资源共享工程等产品与服务。公司拥有包括香港在内的 5 家分公司及 22 个海内外办事处，与神州数码、佳杰、华彩达成渠道体系合作，建立了面向全球范围的渠道销售与服务体系，已打造成“中国投影机第一品牌”，并跻身国际知名品牌之列。

公司拥有包括香港在内的 5 家分公司及 22 个海内外办事处，与神州数码、佳杰、华彩达成渠道体系合作，建立了面向全球范围的渠道销售与服务体系，已打造成“中国投影机第一品牌”，并跻身国际知名品牌之列。

2010 年实现销售收入 9.15 亿元，实现利润 9257 万元。

【发展历程】1996 年至 1999 年,研发起步阶段:1996 年投入研发，1998 年雅图数字视频技术有限公司成立。1999 年，研制出中国第一台数字投影机，填补了国内空白，改写了国外品牌长期垄断国内市场的历史，实现雅图创业发展史上的第一次转折。

2000 年至 2004 年，拼搏生存阶段：面对 30 多个国际知名品牌，经受了技术攻关、品牌差异、渠道建立等巨大压力和严峻挑战，经及时分析总结、调整战略，采取“农村包围城市”策略，转战二、三线城市，并看准了细分市场的巨大潜力，找准突破口，赢得了宝贵的生存机会，实现了雅图第二次转折。

2005 年至 2009 年，逐步发展阶段：坚持贴近市场开展研发，贴近用户做服务，成为国内众多细分市场的首选品牌，赢得国内最大

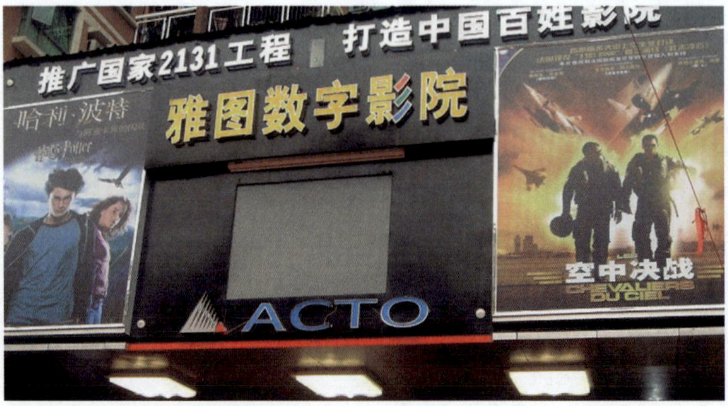

雅图首创的社区“数字连锁影院”模式

渠道商神州数码的主动合作，带动了渠道市场发展。2008 年金融危机爆发之际，出于对市场发展态势的准确把握，果断实施弯道超车、逆势扩张的战略，加大研发、品牌、渠道的投入，奠定了快速发展基础，实现了第三个转折。

2010 年至 2015 年，超越发展阶段：得益于 2008 年金融危机时期的战略布局，及时推出 60 款“军团级”产品，具有业内最齐备的产品线，成为行业的焦点，从而掌握了市场先机和竞争主动权，奠定了未来几年高速发展的基础。如今的雅图，技术领先、集成创新成为其快速成长的优势，在过硬的技术基础之上，注重科技与文化的深度融合，探索出以科技为载体、以文化为核心的“文化+科技”发展新模式。

【文化创意成果】1999 年，研制出国内第一台液晶数字多媒体投影机，填补国内空白；2002 年，推动投影机国家行业标准的制定；2003 年，研制国内第一台数字电影放映一体机；2005 年，研制 LCoS 65 寸 1080P 高清硅晶电视，创国内五个第一；2006 年，率先研制 DLP 高清数字光显一体机；2007 年首创具有深圳特色的雅图连锁影院商业运作模式；2008 年全球首推互动投影机、国内率先研制便携式微型投影模块；2009 年研制多人多点触控屏技术系统，填补了国内空白；2010 年，在搭建的 12 个创新设计平台上，研制了 60 款新产品，并完成了填补国内空白的光机贴合设备以及产线的安装、调试和投入生产。

雅图目前拥有 78 项专利技术，其中 58 项是全球一流的关键技术发明专利。在先后研制的十代百余款产品中，有 60% 产品技术先进性处于世界前十位；30% 处于世界前四位；10% 产品属于全球首推。雅图通过自主创新，源源不断地向国外知名品牌厂商（如优派、LG、奥图码、东芝、三菱等）输出专利或核心技术零部件，实现了真正意义上的由“中国制造”向“中国创造”的转变。

【“走出去”战略】在全球化视野下，雅图积极拓展海外市场，从 2008 年不到 20 个国家和地区，发展到 2010 年 58 个国家和地区。市场开拓从东南亚、中东、北非发展到欧美等国际主流市场。2010 年，外销收入同比增长 300% 以上。

在全球化视野下，雅图积极拓展海外市场，从 2008 年不到 20 个国家和地区，发展到 2010 年 58 个国家和地区。市场开拓从东南亚、中东、北非发展到欧美等国际主流市场。

公司积极实施“走出去”发展战略，继 2007 年成功收购美国富可视公司旗下的 SMT 公司（研发与制造业务）后，2009 年全面收购美国富可视公司全部品牌、渠道以及 300 余项专利（富可视目前市场份额在美国第一，欧洲第二，全球前六，累计销售额超 100 亿美元）。国家发改委、商务部批复并颁发了《企业境外投资证书》。2010 年 9 月，完成了对富可视旗下 ASK、PROXIMA、ASK&PROXIMA 三个品牌的收购，这将成为中国文化科技企业走向世界、中国民族文化品牌融入国际市场的成功案例。通过这次并购，雅图迈出了品牌国际化的坚实一步。雅图以投影、数字视听等媒介，成功地将中国的民族文化推向世界，让世界感受中国文化的魅力。

【企业荣誉】至 2010 年，公司先后荣获：国家文化出口重点企业、国家级高新技术企业、广东省优秀企业、广东省著名商标、深圳市民营领军骨干企业、深圳知名品牌、深圳市重点文化企业、深圳市文化＋科技型示范企业、深圳市文化产业基地、深圳市知识产权优势企业、深圳市南山区领军企业及中国电子、教育行业投影机标准和国家数字电视标准制定单位。

【文化创意代表人物】谢敬，男，1962 年出生，湖北武汉人，毕业于武汉工业大学机械电子工程专业，现任雅图公司董事长、深圳雅图数字影院有限公司总经理、中国电子视像行业协会常务理事、中国数字影院产业联盟理事长、中国电子视像行业协会大屏幕分会副理事长。2003 年至 2009 年，作为项目负责人连续六年主持国家工业和信息化部重大项目；2005 年至今，荣获“共和国经济建设功勋人物”“中国和谐社会杰出企业家”“2010 年广东十大创新人物”“广东省优秀企业家”等称号。

【社会责任】十多年来，雅图坚持履行社会责任，回报社会，共捐赠各类款项 1500 万元，资助贫困学生 516 名，捐赠投影设备价值 1600 万元。2010 年，向青海玉树捐赠现金 50 万元，并通过“文化共享工程”捐出 30 万元投影机设备，还与深圳义工联一起赴湖北贫困山区，资助贫困高中学生 200 余人。

【远景展望】投影研发制造：依托中国市场为基础，占据欧美主流市场，整合国际优势资源，积极实施海外并购扩张;雅图连锁影院：2013 年将达到 500 家，2016 年将达到 1000 家，成为全球最具影响力和社会价值的影院平台；文化视听产品：到 2013 年，计划实现收入 100 亿元；到 2016 年计划实现收入达到 500 亿元，实现全球投影制造第一品牌的目标。

【2010 年大事记】2010 年 5 月，中共中央政治局常委李长春亲临雅图考察。李长春称赞雅图“很有志气”，并勉励雅图 “有为才能有位。向华为学习，力争进入本行业的全球三甲”。中央政治局委员、中宣部部长刘云山鼓励雅图“为把民族品牌做大做强而努力”。

雅图文博会展示展览展位

4 月至 5 月，中央政治局委员、广东省委书记汪洋和省长黄华华以及深圳市委书记王荣、市长许勤先后到公司调研、考察。同月，公司被深圳市政府首批评选为“文化 + 科技型示范企业”“深圳市文化产业示范基地”。

6 月 6 日，央视一套《新闻联播》专门报道了雅图首创的可复制、有深圳特色的“社区连锁影院”商业运作新模式，引起社会的广泛关注。

6 月，雅图 LX640 多媒体投影机被正式纳入 2010 年度国家重点新产品计划。

7 月，雅图投影机以性价比综合评比排名第一，中标获得河北省“文化共享工程”13349 台投影机。

9 月，完成对美国富可视企业旗下 ASK、PROXIMA、ASK&PROXIMA 三个品牌的收购。

10 月 9 日，由雅图投资参与拍摄的《绝命岛》在北京举行首映礼，并于 12 日全球同步上映。

12 月，雅图公司正式通过南山区人民政府卓越绩效质量奖。同月，在“山西省文化共享工程”中以最高价中标 3000 台投影机。

深圳华映显示科技有限公司

【概况】深圳华映显示科技有限公司（简称 SDT）坐落在美丽的光明高新科技产业园区，为深圳光明新区颇具代表性的文化与科技代表企业。公司环境优美，设施齐全，现有员工 1000 人。自全球经济危机之后，公司运营转向代工，经营状况不断好转，效益不断提升，2010 年度营业额超过 16 亿元。

自全球经济危机之后，公司运营转向代工，经营状况不断好转，效益不断提升，2010 年度营业额超过 16 亿元。

深圳市华映显示公司

【发展历程】深圳华映显示科技有限公司为中华映管公司（CPT）在深圳投资注册成立，是 CPT 在大陆地区投资的第六家公司，为 CPT 在深圳设立的前沿基地，是 CPT 着眼于未来平面显示产业的远大前景，顺应公司全球发展的战略布局，并配合华南珠三角成为全球 3C 产业制造基地的策略而成立。深圳华映填补了本地产业链的空白，是华南地区第一家投产液晶显示模组的公司。

公司兴建于 2005 年，并于 2006 年正式投产。从 2006 年 9 月至 2007 年 9 月，一年内 SDT 销售创造了深圳的华映速度。2008 年公司受全球金融风暴影响，LCD TV 出货量增长趋缓。2009 年的经济萧条，也使公司面临艰难的局面。但公司通过持续改善成本结构等措施积极应对，提升了获利能力。在 2010 年，公司代工量稳步提升，再次取得骄人成绩。2010 年，SDT 销售达 2200K。SDT 积极寻求对外代工，代工量稳步增加，月平均代工量近 200K。产品优良率方面也有很大突破，平均优良率达到 99.5% 以上。

【社会责任】公司积极承担应有的社会责任。CPT 大陆区营运中心先后向四川汶川大地震、西南水灾、青海玉树地震受灾人民捐款300万多元。

2009年，CPT正式采纳“电子行业行为规范（即EICC）”作为企业社会责任政策之推行准则，确保工作环境安全无虞，员工权益受到保障与尊重，制程与产品落实污染预防。

CPT CSR（企业社会责任）报告书符合GRI G3A+等级（最高级别）与AA1000AS2008标准，且获得“2010年台湾企业永续报告——大型制造业组佳作奖”。

【企业荣誉】至2010年，公司荣获深圳市高新技术企业、2007年及2008年度工伤预防先进单位、2008年度劳动关系和谐企业、2009年广东省直通车服务重点企业称号。2009、2010年度为深圳出口大户企业。

【绿色低碳】1. 提倡绿色经营。CPT集团成立绿色经营委员会，其成立宗旨为确保公司绿色议题及企业社会责任有效之推动，朝向永续企业发展，达到“帮企业赚钱，赚钱的方式、过程对社会是有贡献的，对环境是友善的”这一目标。

2.SDT严格遵守ROSH指令，限制使用有害物质，并将HSF纳入公司部门级KPI进行管控，同时接受外部查证，并连续4年无缺失通过。

3. “减少碳排放、承担碳责任”。

深圳市移动视讯有限公司

【概况】深圳市移动视讯有限公司（以下简称“移动视讯”）是深圳广播电影电视集团移动电视频道，公司既是电视频道，又是文化传媒公司，主要负责经营深圳地区移动数字电视的节目制作与传播、网络传输覆盖以及移动电视商业运营。至2010年，公司已建立了完全覆盖深圳的数字电视单频网和移动电视终端网络。各类终端已经超过20000个，覆盖户外各个领域，形成包括地铁移动电视平台、公交移动电视平台、楼宇户外电视平台和增值业务运营等4大平台的媒体运营平台，是深圳最大的户外电视新闻联播网。

移动电视网络

移动电视网络

公司依托媒体资源优势和良好的经营前景，打造出深圳户外第一新闻广告传播网，成为深圳市民最喜爱的户外电视媒体，同时为党和政府开辟出了新的不可替代的新型宣传阵地，成为政府不可或缺的应急信息发布平台，是市委、市政府面向户外广大人群发布政府公共信息和应急信息的唯一的宣传平台，社会效益与经济效益凸显，是深圳最贴近百姓生活的新媒体之一。

【文化创意成果】1. 天网——中国城市最完善的地面数字电视单频网系统之一。

截止2010年12月，深圳成功建设好由10个发射主基站和10个直放站组成的深圳移动电视单频网络，移动电视信号成功覆盖深圳各行政区域版图，地面覆盖率高达96%以上，完全满足了移动电视的商务运营和移动电视增值业务的运营。这张优质的移动电视单频网络既为深圳移动电视全方面业务的开展提供了更为可靠更为有效的技术保障，同时也为开展移动电视增值业务、私家车载业务、交通导航业务、个人手持终端等个性化业务提供了一个优良的基础技术平台，更为未来新技术新业务的发展和运营提供了一个可供参考的模式。

2. 地网——电视终端近20000个，覆盖城市各个领域移动电视，以终端资源为主。截止2010年12月，深圳移动电视各类终端数量近2万个，形成以公交车移动电视传播网络、地铁移动电视传播网络、楼宇户外电视传播网络和移动电视增值业务运营网络为主的4大运营平台，每天固定影响800万人群。移动电视从全方位多角度多空间创新电视终端模式，影响和改变市民的收视习惯，现在已经成为深圳最大的户外电视新闻广告联播网。

目前频道每日播出18小时，节目类型丰富。频道栏目以自办与社会企业创制为主，其中《精彩视听》《笑笑小DV》《好片放映室》等自办栏目受到了广大观众的喜爱。频道还承担社会大型公益活动的组织策划和宣传，具有很大影响力的有“社科知识竞赛”，“幸福DV大赛”以及“防治艾滋病公益活动”等大型活动。通过承办此类活动，频道与社会公众进行互动，共同营造了一个文明进步的社会氛围，取得了深远的影响，并使频道得到广泛的认可。

【商业运营保障】1. 广告收入促进移动电视生存和发展。在移动电视发展的前期，主要也是依靠广告收入来促进发展的。一旦移动电视接收终端数量达到一定的规模，即可产生广告收入。支撑广告业务的移动电视接收终端主要有：公共交通移动电视（如公交车、出租车、轨道交通等）、楼宇电视、个人手持和USB—TV接收机等。移动电视拥有优越的带宽资源，具有广阔商业前景，能够提供个性化服务的增值服务业。

2. 提供个性化服务，收取月租服务收入。移动电视将充分利用其无线传输的技术优势，为消费者提供更多的个性化增值服务。从

每日播出750多套精彩电视节目 · 令原本枯燥的乘车时间变成了多姿多彩的快乐时光

移动电视接收终端领域来看，能支撑月租收入来源的终端市场主要有三大块，一是个人终端（如便携式手持移动电视、个人电脑）的收视月租；二是商务车、私家车等车载移动电视收视月租；三是基于移动电视传输网络 GPS 实时动态交通导航系统所产生的月租服务收入，这是当移动电视发展到一定规模阶段时为用户提供的个性化产品与服务。

3. 增值服务业务推动移动电视产业持续发展。移动电视网络增值服务业，可以形象地比喻为移动电视产业持续发展的驱动器。利用移动电视网络平台传输无线数字付费电视节目和其他具有较高商业价值的高速宽带数据流，来实现移动增值业务服务和移动多媒体网络平台服务，具有不可估量的商业前景。从技术角度看，移动电视网络资源是一个完善的传输平台、互动平台，它本身就是一个地面无线电视网络增值服务平台。在现代信息社会要求实现信息到个人的时代，移动电视可以为我们做得更多，如点播式、双向互动等数字内容服务。

在现代信息社会要求实现信息到个人的时代，移动电视可以为我们做得更多，如点播式、双向互动等数字内容服务。

【2010 年大事记】3 月，频道节目在中国广播电视协会交通宣传委员会组织评选的中国移动电视节目大赛中，获得一等奖 1 个，二等奖 1 个，三等奖 2 个，共 4 项大奖。

3 月至 6 月，频道承办了“幸福 DV 大赛”，并于 6 月成功举办颁奖晚会，晚会主题“寻找身边快乐幸福的人”使人们深刻认知正确的世界观、积极的人生观和社会道德观，营造一个积极向上的社会氛围，取得了良好的社会效果。

5 月，公司（频道）荣获深圳市政府首批“文化 + 科技示范企业”称号。

8 月，频道组织、策划并承办了深圳市第八届“社科知识竞赛”活动，再次为深圳社会文明的发展作出贡献。

12 月，频道承办了“防艾不妨爱”的防治艾滋病大型公益活动，进一步提升了社会对防治艾滋病的认识，同时得到了社会各界的广泛认可。

11 月 16 日，公司（频道）与深圳市地铁三号线投资有限公司就深圳地铁三号线移动电视项目正式签约。

深圳市康达富影视制作有限公司

【概况】深圳市康达富影视制作有限公司，前身为深圳市康达富文化传播有限公司，成立于 2003 年 1 月，是一家专业化的影视策划、制作、发行机构。作为一家民营影视公司，以独特的题材策划、专业的制作团队、准确的市场定位，从一开始就走在同行业的前列。公司成立之初，致力于“打造中国最好的都市情感剧”的目标和宗旨，强调“少而精”的生产定位，以剧本题材的策划改造为突破口，吸纳国内最有创意能力的编剧、导演以及其他各专业的精英人才，全力打造出了一批具有深厚文化内涵和广泛社会影响力的影视作品。

【发展历程】公司成立于2003年1月28日，注册于广东省深圳市。至2010年，先后制作完成并已经与观众见面的作品有：26集电视剧《亲情树》（2003年）、32集电视剧《香樟树》（2004年）、26集民族风情剧《妈妈的酱汤馆》（2006年）、29集电视剧《相思树》（2008年）、超长篇电视情节剧《天涯咫尺——离散篇·上卷》（2009年）。公司已经拍摄完成的5部电视剧中，两部获得中国电视剧最高奖“飞天奖”和全国“五个一工程”奖优秀作品奖等奖项10多个，其中4部在国内最大的播出平台——中央电视台播出。

2008年起，公司将业务重心进行了“由单一为中央电视台制作，转变为央视与地方台两大市场并举”的战略调整，成立了发行部，在题材选择上也不再拘泥于“现代都市情感”。《天涯咫尺》是首次面对地方台市场打造的超长篇千集大戏。

2008年起，公司将业务重心进行了“由单一为中央电视台制作，转变为央视与地方台两大市场并举”的战略调整，成立了发行部，在题材选择上也不再拘泥于“现代都市情感”。

2009年初，国家广播电影电视总局给公司颁发了《电视剧制作许可证》（甲种），公司拥有了独立中外合拍电视剧资格和剧本审查立项资格，成为全国拥有甲级许可证的20家民营影视机构之一。

目前，公司累计实现销售收入将近8000万元，上缴税收约500万元。

【文化创意产品】《亲情树》剧情简介：《亲情树》讲述一个正直善良的女狱警与亲生女儿以及三个女囚犯留下的三个孩了组成的特殊家庭，围绕一桩看似意外的车祸命案而引发出的一个质朴感人的故事。故事真实反映了亲情、爱情在物欲、名利、生活变幻面前的起伏波折、聚散离合。

《香樟树》剧情简介：《香樟树》为我们讲述了这样一个故事，三个青春美丽，生于同月同日的女大学生在香樟树下约定“十年”之后再在香樟树下相聚。可这十年对于这三位刚刚走出校门的好朋友来说，竟像一生那样漫长。这十年之间，她们拥有了很多人生美好的东西，爱情、家庭、事业，但也经历了人的一生当中几乎所有的变故，而友情的力量却支撑她们走过了这短暂而又漫长的十年人生路。

《相思树》剧情简介：《相思树》为观众讲述了一个感人的都市情感故事，从云南到上海讨生活的打工妹萧晓牧一直在寻找上海青年康凯，因为她是骗得了康凯的资助，才供弟弟萧晓朴读完高中、考上大学的。她希望向康凯诚恳道歉，并还清康凯的钱。在与康凯相处的过程中，萧晓牧渐渐爱上了他。为了能与康凯比肩，也为了回报当年康凯的无私捐助，萧晓牧不断地学习、追求，决心成为一名对社会有贡献的人……

《妈妈的酱汤馆》故事简介：故事发生在朝鲜族聚居的延边地区，围绕一个酱汤馆的经营纷争，描写了一个家庭中兄弟、兄妹之间的手足情。该剧通过两个家庭、两代人之间错综复杂的情感纠葛，反映了延边大地秀美宜人的自然环境和丰富多彩的民族风情。除了亲情、友情和爱情外，该剧还突出励志色彩。

【企业荣誉】《亲情树》荣获第24届“飞天奖”一等奖、第22届“金

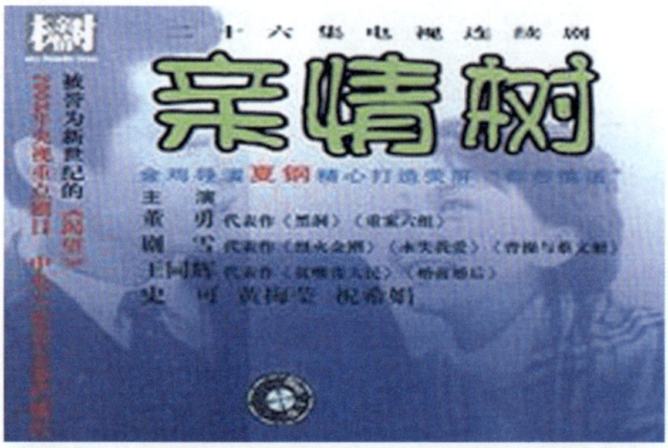

《亲情树》

《香樟树》

相思树

妈妈的酱汤馆

鹰奖”优秀电视剧奖等。

《香樟树》荣获第25届“飞天奖”三等奖、首届中国广播电视大奖铜奖、第十届精神文明建设“五个一工程”优秀电视剧作品奖等奖项。

《相思树》荣获广东省第七届精神文明建设“五个一工程”优秀作品奖。

【文化创意代表人物】郭新强：深圳市康达富影视制作有限公司总裁、制片人，毕业于南开大学中文系。主要作品：电影《与往事干杯》（第24届葡萄牙国际电影节评委会特别奖），电视连续剧《爱车爱你》《亲情树》《香樟树》《妈妈的酱汤馆》《相思树》等。

曾 皓：著名导演、监制。主要作品：《亲情树》《天涯咫尺——离散篇·上卷》《仙剑奇侠传》《徽娘·宛心》《田教授家的28个房客》《梧桐雨》《宝贝女儿好妈妈》《水浒》（新版）等。

深圳市欣博阅科技有限公司

【概况】深圳市欣博阅科技有限公司（以下简称“欣博阅”）成立于2009年8月20日，注册资本人民币1000万元，系一家集电子系统开发、设计、软件开发、内容制作、品牌推广及销售渠道建设为一体的、专业从事IT终端解决方案业务的高科技文化企业。公司目前以电子书、平板电脑为主要产品，发挥自身在系统集成、产品设计、软件研发、内容加工及品牌建设等方面的优势，将自有品牌电子书努力打造为中国著名电子品牌，同时专注于为电子阅读行业提供内容推送服务。

【发展历程】2009年10月，欣博阅电子阅读器在海外上市；11月，与中国最大内容提供商中文在线合作，开创国内数字出版新格局；12月，荣获“2009推动中国数字出版产业杰出贡献奖”；12月，在中国上市场推出第2代电子书G6。

2010年2月，在市场推出全球最轻最薄电子书G5；4月，欣博阅G5电子书获“小熊在线2010年度编辑推荐奖”。7月，与中国移动合作开发移动电子书。8月，国内首款9.7寸电子书欣博阅G10正式上市。11月，成为深圳市第十一届读书月活动电子书唯一合作伙伴。12月，荣获2010年中国数字出版产业领军品牌。

【经营业绩】至2010年，在北京、上海、广州等中心城市设立了专属的欣博阅品牌体验店；代理商队伍覆盖一、二线核心城市，并逐渐向三线城市拓展延伸，全国销售形象终端（店）超过300个；为国际知名品牌、知名出版商提供ODM服务，畅销中东、欧美30多个国家，全年销量达80000台，销售额达到近8000万元。

【文化创意产品】欣博阅电子阅读器功能：

1、支持格式最为齐全（支持国际主流的所有格式，包括office等）；

2、3G、wifi上网功能，能通过网络随时随地下载内容；

公司目前以电子书、平板电脑为主要产品，发挥自身在系统集成、产品设计、软件研发、内容加工及品牌建设等方面的优势，将自有品牌电子书努力打造为中国著名电子品牌，同时专注于为电子阅读行业提供内容推送服务。

3、先进节能技术，业内待机时间最长，一次充电可达 80 天；

4、多国语言互相转换翻译，词典灵活，可以导入更新词库；

5、支持批注、重力感应、TTS 有声朗读等功能。

目前，欣博阅与正版数字内容传播机构中文在线达成战略合作，欣博阅电子阅读在上市时就预装了大量正版的畅销图书，中文在线在发布新书时，也在第一时间通过欣博阅电子阅读器同步出版。利用中文在线目前注册网络作家 4 万余位、在销图书超过 20 万册的丰富资源，欣博阅可以在第一时间为其产品用户提供最新、最好、最有趣的数字阅读内容。

公司十分注重产品的创新，比如全球最薄的 G5、国内首款 9.7 寸的 G10 等电子书都填补了市场的空白，被很多个性化需求的消费者追捧；另外，欣博阅电子书产品的工业设计、软硬件设计在行业内一直保持着领先水平，所以在迪拜电子展、香港电子展、德国汉诺威 CeBIT 等国际电子展会上，均获得行业以及客户的认可。英雄本色之欣博阅 G10 电子书，线条圆润、做工细腻，9.7 英寸的超大电子墨水屏，外观融合欧美最流行的设计理念，使得 G10 在众多精巧的电子书中显得特立独行。16 灰阶的 E-ink 屏、上万册图书的海量内存、80 天的待机时长，重力感应、版式切换、书签翻页跳转、PDF 五级放大等多种功能，G10 完美地诠释了当今电子书最便捷的操作系统。作为一款高尚礼品的杰出代表，欣博阅 G10 是一款支持 wifi 并预留 3G 接口的电子书，它能在第一时间获得最新书籍、资讯，可以随时随地访问 Internet 下载。

欣博阅与正版数字内容传播机构中文在线达成战略合作，欣博阅电子阅读在上市时就预装了大量正版的畅销图书，中文在线在发布新书时，也在第一时间通过欣博阅电子阅读器同步出版。

【企业荣誉】荣获“2009 推动中国数字出版产业杰出贡献奖”；欣博阅 G5 电子书获“小熊在线 2010 年度编辑推荐奖”；荣获 2010 年中国数字出版产业领军品牌。

深圳市迪威特数字视讯技术有限公司

【概况】深圳市迪威特数字视讯技术有限公司（以下简称“迪威特”）是深圳市天威视讯股份有限公司与深圳国家工试中心合资的高科技企业，注册资金 3000 万元。作为国内首家以数字电视综合业务信息系统为研发方向的高科技企业，迪威特公司先后承担了“数字电视综合业务信息系统”等多项国家、省、市高新技术产业化项目，取得了“数字电视的视频点播方法”和“电视银行”等多项专利。公司致力于为广电网络运营商提供综合业务运营支撑系统（BOSS）整体解决方案，以及各项咨询和 IT 外包服务。近年来开发的骨干产品包括：下一代广电综合业务运营支撑系统（DVTe NG BOSS）、呼叫中心系统（DVTe Call Center）、综合业务网上营业厅系统（DVTe OBS）、节目推荐系统（DVTePRS）和新媒体系统（DVTe sziLife）等，目前各类系统已成功应用于深圳、厦门、合肥、长沙等八省十七地的广电网络。公司还积极开展各系统的新版本升级研发工作，为各地广电网络运营商提供优质的系统维护和升级服务。迪威特公司坚持“立足深圳，走向全国;服务有线，服务广电”的经营思想，以“按需服务，伴您左右”为服务理念，积极为广电网络运营商提供本地化的专业服务，立志做中国一流的广电综合业务运营支撑系统提供商。迪威特公司开发的相关数字电视综合业务信息系统软硬件，技术上大胆创新，使数字电视系统具有兼容性、灵活性、适用性、持续性和可操作性，更契合市场的需求，可以跨越网络平台，跨越接收终端，实现用户多元性的需求。

【企业荣誉】2010 年，公司被评为“深圳市重点文化企业”、国家级“高新技术企业”、深圳市首批“文化 + 科技型示范企业”。

2010 年，董事长吕建杰获得“深圳经济特区 30 年行业领军人物”称号。公司为深圳市数字电视产业协会秘书长单位。

【文化创意代表人物】吕建杰，深圳市天威视讯股份有限公司董事长兼总经理。研究生学历，高级经济师。从 2005 年开始，吕建杰带领深圳市天威视讯股份有限公司员工顺利进行深圳地区数字电视整体转换。

杨鑫，深圳市迪威特数字视讯技术有限公司总经理，研究生学历，高级经济师。

深圳市中意安娜文化传播有限公司

【概况】深圳市中意安娜文化传播有限公司（以下简称“中意安

第 19 届世界模特小姐大赛国际总决赛（图一）

娜”）是一家经营承办大型国际性文体赛事的专业文化传播机构。经营范围包括国际大型选美赛事、模特经纪、品牌推广、时尚发布会、演唱会、大型展会、国际体育赛事以及其他国际文化交流活动等。中意安娜隶属于中意国际集团（香港）有限公司，该集团在国际商贸领域特别是在东南亚商贸活动中拥有较强国际影响力。中意安娜是“世界模特小姐大赛”全球唯一合法授权主办和承办单位。

中意安娜一贯秉承“诚信务实、团队合作、创新发展、专业专一”的经营理念。公司一直致力于传播时尚潮流文化，打造国际合作交流平台，已经步入了国际商贸与文化交流的发展新阶段。

【世界模特小姐大赛】至 2010 年，中意安娜已连续 7 年承办“世界模特小姐大赛”。

2005 年 11 月，经国家文化部批准，中意安娜将该赛事引进深圳并承办该项赛事，与深圳市政府合作在深圳世界之窗举办“深圳首届国际旅游文化节暨第 17 届世界模特小姐大赛国际总决赛”，取得圆满成功。

2006 年 12 月，中意安娜继续将“第 18 届世界模特小姐大赛国际总决赛”放在深圳世界之窗举办。

2007 年，山西省运城市被世界模特小姐国际组织机构选定为“第 19 届世界模特小姐大赛国际总决赛”的主办城市。

2008 年，在“世界模特小姐大赛”迎来 20 岁生日之际，世界模特小姐大赛全球组委会总部也正式落户中国深圳。“第 20 届世界模特小姐大赛国际总决赛”和“龙园意境第 20 届世界模特小姐大赛中国总决赛”同时在深圳举行。

2009 年，“第 21 届世界模特小姐大赛国际总决赛”以“美丽世界，放飞梦想”为主题，汇聚了全球 60 多个国家和地区选拔的世界模特小姐。深圳市文体旅游局及深圳报业集团、深圳广电集团为大赛联合主

办单位。同时，“第 21 届世界模特小姐大赛国际总决赛”与“第 11 届中国（深圳）国际高新技术成果交易会”同期举办，参赛选手在高交会招待晚会上纷纷展示各国的异域文化风情，盛情迎接来自世界各地的客商，为打造未来“全球高科技第一大展”增添了美丽的国际时尚色彩，得到了深圳市委、市政府领导的充分肯定和嘉宾的高度赞誉。

2010 年 11 月，以“美丽城市，美丽盛宴”为主题的第 22 届世界模特小姐大赛中国总决赛和国际总决赛在深圳锦绣中华民俗文化村举办，来自世界各地的名模佳丽闪亮登场，让已是“三十而立”的鹏城魅力四射、活力十足。

【社会影响力】在世界模特小姐大赛的超级人气影响下，国内许多省市，特别是珠三角区域的城市和知名企业都要求参与赛事，并派大批人员专程赶来观摩大赛。

世界模特小姐大赛已成为深圳与全球众多国家及地区之间沟通和联系的重要桥梁之一。作为深圳一张炫目的“城市名片”，其功能和效应有力推动了深圳在文化、旅游等方面进一步与国际接轨。

其他典型企业选介

深圳市鑫吉泰影视传媒有限公司，成立于 2007 年 10 月 10 日，注册资本为 300 万元，2010 年被评为深圳市重点文化企业。公司成立三年多来，共投资 1200 万元，与中央电视台、吉林省影视剧制作集团、广东省委宣传部等单位合作，联合出品、摄制了三部电视连续剧，总共 96 集。2007 年 11 月，公司投资 100 万元，与中央电视台、

第 19 届世界模特小姐大赛国际总决赛（图二）

吉林省影视剧制作集团、吉林市电视台联合出品、制作了27集电视剧《静静的白桦林》。2008年1月，公司投资210万元，与广东省委宣传部、深圳市委宣传部、广东电视台、广东南方影视节目联合制作中心，联合出品、制作了26集电视连续剧《深圳湾》。

2010年，公司投资700万元与中央电视台、北京华晟泰通传媒投资有限公司、西安曲江影视传媒有限公司联合出品四十集电视剧《李白》。该剧已于2010年1月16日在中央电视台无锡影视剧制作基地杀青，现后期制作已完成，广电总局及中央电视台审片也已通过，计划2011年下半年在中央电视台一套黄金时段首轮播出，2012年在全国卫视、地方台和海外华语电视台第二轮发行。

深圳市佳邦文化发展有限公司，成立于2001年，现有深圳市华时通数码技术开发有限公司、深圳市弟克岛数码科技有限公司两家子公司。经过多年的发展，公司已成长为一家集动漫创作制作、网络技术开发、艺人包装、演艺经纪、版权交易、音像制作、批发、零售于一体的综合型文化企业。佳邦文化由最初的音像制品零售起步，建设零售门店和专柜五十余家。2005年从零售业务延伸到批发、音像制品发行、艺人包装等多种业务，建成了音像行业完整的业务链。2008年确定了以"文化+科技"为战略指导思想以后开始转型，先后收购深圳市华时通数码技术开发有限公司、深圳市弟克岛数码科技有限公司，建立G3原创音乐网（www.yyg3.com）、佳邦商城网（www.jbshop.cc）。佳邦文化依托科技手段打破了地域限制，签约了阿幼朵、乌兰、杨乐、梁虎威、嘎日布等30多位艺人和5000余首原创作品，并通过佳邦商城，让全国的经销商都能在第一时间在平台上下订单，提高了效率、节约了成本，为更好地拓展全国市场打下了基础。

2010年佳邦文化零售业务实现收入953万元，发行、批发业务实现收入2043万元，其余收入累计达425万元。

深圳市佳邦文化发展有限公司，成立于2001年，现有深圳市华时通数码技术开发有限公司、深圳市弟克岛数码科技有限公司两家子公司。

深圳市西贝文化传播有限公司，成立于2006年4月，前身为成立于1999年的西贝影视工作室。公司主要经营影视制作业务，尤以动画片的经营为主，能独立完成动画项目的策划、剧本撰写、动画影视制作、电视发行、媒体宣传、衍生产品研发等全产业链业务。公司目前拥有两部获得国家广电总局授予的"优秀国产动画片"及"全国年度精品动画片"的作品《Q城宝贝》和《与阳光一起回家》，共计1741分钟，被全国46家电视台购片播放，先后获得15项国家级奖项及奖励；公司目前已有七个动画形象的四大类注册商标，准备投入产品开发。公司业已开始第三部作品《小班中班大班》的工作，衍生产品的市场投放也将于2011年启动。

2010年，公司主要有两方面的业绩：一方面是完成《与阳光一起回家》的电视台播映发行工作，同时出版该作品；另一方面，为配合国家大力开办幼儿园的国策，联手中央教育科学研究所发行全国幼儿园教材开发多媒体学具、教具和动画片，研发出独特的情景教学包并推向市场。

深圳市华天世纪文化传播有限公司，成立于2008年10月6日，注册资本人民币300万元，是一家具有自主制作影片作品资格的民营企业。在全球经济危机的影响下，公司作为深圳市的文化企业，努力在全球经济不景气的情况下克服各种困难，共开拍了《天边的云》《天缘》两部电影。此外公司积极借鉴先进的制作经验与技术，完善经营管理的各个环节，打造具有规模化与可持续发展能力的产业核心竞争力。2010 年公司被评为深圳市重点文化企业，并得到政府的大力支持与资助。公司努力在中华民族深厚的文化底蕴基础上，投资开发健康、时尚、娱乐及丰富艺术价值的影视文化产品，与国际上先进的文化理念接轨，打造出深圳自己独特的行业品牌风格。公司在影片《天缘》制作结束后，接下来筹拍电影《街舞》，以及电视剧《掩盖》(公安题材 30 集连续剧)、《我们曾经是战士》和《天使，从深圳出发》等影片。公司致力于传播民族文化和艺术、弘扬民族文化精神、开创具有特色文化传播方式，与时俱进、把握时代脉搏，捕捉拍摄典型事例。公司同时宣传、传播新时代和谐社会涌现的楷模，办成民众喜闻乐见的文化产业，创建独具品牌的文化企业。

在全球经济危机的影响下，公司作为深圳市的文化企业，努力在全球经济不景气的情况下克服各种困难，共开拍了《天边的云》《天缘》两部电影。

深圳市明德文化传播有限公司，拥有一批来自教育界、出版界、传媒界和美国硅谷的专家顾问和专业创意团队，在深圳宝安、东莞投资建设了两个专业的立体书生产基地。作为 2010 年上海世博会深圳案例馆项目赞助商，明德文化集策划、研发、生产、经营于一体，其业务涵盖儿童立体书、婴幼儿情感文化用品、创意文化礼品、益智玩具等文化内容产业和家庭教育、早期教育等，始终坚持中国原创，是中国第一家做原创儿童立体书和立体书海外版权输出的文化企业。2010 年，明德文化被认定为深圳市重点文化企业。明德文化“卡比龙”儿童玩具书本着“专注于中国原创”的原则、“创造力舞动未来”的信念，以独到的纸艺立体造型和中国文化元素来打造儿童立体书绝世经典。“卡比龙”的“5 比”特色是：1. 比平面图画书更有利于幼儿理解事物；2. 比平面图画书更能激发幼儿的探索欲、求知欲，有立体、多功能、会动的特点；3. 比平面图画书更能培养幼儿对书的亲近感，更能满足儿童动手探索的需求，有利于儿童养成从小爱书的习惯；4. 比平面图画书更接近国际教育理念的潮流；5. 比平面图画书更能激发孩子的创造力，培养孩子走向成功之路。

BEIJING 2008
Candidate City

深圳陈绍华作品 申奥标志

UNIVERSIADE 2011
SHENZHEN
Candidate City

韩湛宁作品 第 26 届大运申办标志

Universiade SHENZHEN 2011

高鸣作品 第 26 届大运会标志

创意设计服务领域 G3

嘉兰图设计有限公司

嘉兰图主要专注于工业制造业的产品设计与品牌策划，主要涉及的服务领域有：通讯终端、消费电子、家用电器、医疗仪器、工业设备、安防设备。

【概况】深圳市嘉兰图设计有限公司（以下简称“嘉兰图”），2000 年 11 月创立于深圳。至 2010 年，公司在北京、成都、顺德等地设立了分支机构，在 10 年的发展历程中，嘉兰图一直致力于帮助客户提升品牌及产品竞争力，并多次荣获 Red Dot、iF 等全球设计大奖。嘉兰图为客户提供以工业设计为核心的产品创新解决方案，内容涉及市场与用户研究、品牌与产品策划、产品造型与结构设计、模具制造及供应链管理的产品创新全过程。

借助工业设计平台的持续创新能力和信息、网络资源及产业链资源优势，嘉兰图还建立了供应链事业部、制造事业部等相关业务部门，逐步成为一个以创新设计为核心的集团企业。

【主营业务】嘉兰图主要专注于工业制造业的产品设计与品牌策划，主要涉及的服务领域有：通讯终端、消费电子、家用电器、医疗仪器、工业设备、安防设备。嘉兰图设计在功能、成本和形式上能给客户产品带来价值。嘉兰图公司的自主创新型通讯产品供应链服务在业务模式上本身就是一种创新，它改变了普通工业设计公司“客户提出设计要求，设计服务企业被动提供工业设计服务”的传统业务流程，主动研究市场需求，设计开发产品样机，然后积极寻找客户，结合客户的具体需求再修改设计，组织下游资源生产制造，最后以产品批量供货的形式交付客户。

【企业荣誉】伴随着中国工业设计的发展与成长，嘉兰图走过了十年的辉煌历程。成立至今，嘉兰图创造了中国工业设计界多个“第一”：第一家获得全球设计最高奖——红点至尊奖（Red Dot）的中国公司；第一家被国际工业设计协会和美国设计师协会吸纳为团体会员的中国企业；第一家获得“中国创意产业十大领军企业”的本土工业设计机构；第一批获得国家高新技术企业认定的深圳本土设计公司；第一家进入手机设计领域的国内工业设计企业；第一批深圳市“文化产业基地”。

嘉兰图在 2004 年获得拉斯维加斯 ICES——最佳创新奖，2005 年至 2006 年连续两次获得拉斯维加斯 ICES 设计与工程奖；2006 至 2010 年连续四次获得全球享有盛誉的“红点”设计大奖。

【文化创意代表人物】丁长胜，嘉兰图公司总裁。深圳市五届人大代表、中国工业设计协会理事。嘉兰图经过近十年的发展，已成为中国本土最大的工业设计服务提供商。

王永才，中国高级工艺美术师，合作创立深圳市嘉兰图设计有限公司并任副总裁，从事工业设计工作。其个人主导的设计项目超过 200 项。

赵宝东，嘉兰图北京分公司总经理，荣获“2010 光华龙腾奖中国设计业十大杰出青年”称号。

【文化创意产品】化雪自救器：全球设计大奖“红点至尊奖”——工业设计领域最高荣誉。此设计利用化学反应产生蒸汽，从而释放出大量热量，可以使雪在短时间内融化，遇难者只需在遇到雪崩的时候迅速启动该自救装置，便可以将身体周围的雪融化，完成自救。

化雪自救器：全球设计大奖“红点至尊奖”——工业设计领域最高荣誉。此设计利用化学反应产生蒸汽，从而释放出大量热量，可以使雪在短时间内融化，遇难者只需在遇到雪崩的时候迅速启动该自救装置，便可以将身体周围的雪融化，完成自救。

老人机：这是一款专门针对老年人群这一市场细分所设计的易用性通讯产品。按键和显示屏的字符显示都设计特别大，容易操作。采用单显屏幕，输入字体大，橙色 LED 背光，适合视力退化的年长人使用。精简菜单层级设置减少了操作步骤，增加手机侧键实现 FM、手电筒、键盘解锁键及音量调整的功能，并都采取直接推上推下的开关操作，简化操作。

独特的“SOS”求救功能。最大限度降低因贻误最佳抢救时间造

双边拖鞋 - 红点概念至尊奖 2008

2010 年红点产品设计奖 -CP11

手指咖啡杯 -09 年红点概念奖

成的损失。键盘的 3 个手机个性化图标。两边是分别代表儿子和女儿的图标，方便老人一键拨通常用号码。

【2010 年大事记】2010 年自主产品老人手机 CP09 荣获 iF 产品设计奖，老人手机 CP10 荣获 iF 产品设计金奖，第三代老人手机 NOARK 低压电器荣获红点产品设计奖，老人手机 CP10 荣获中国专利优秀奖。

2010 年，北京分公司总经理赵宝东被评为“2010 光华龙腾奖中国设计业十大杰出青年”，公司被评为“2010 年度广东省科技服务业自强企业”。

2010 年 3 月，公司被评为“深圳市精神文明建设重大成果单位”。

4 月，日本最大的广播电视机构 NHK 电视台播出了对嘉兰图设计的采访报道，对嘉兰图在老年人产品领域的深入研究以及在老人手机领域的先进做法进行了介绍。

7 月 14 日，市委常委、副市长陈应春及南山区副区长罗敏和市科工贸信委、国土资源局、国税局、地税局、中小企业服务中心等领导一行，到嘉兰图公司进行考察调研。

11 月 19 日，2010 年上海国际音响大展暨第二届国际音响格兰披治颁奖盛会在上海浦西洲际酒店举行，公司造型设计部副总监陈兴博荣获“放大器外形设计创新奖”。

2010 年自主产品老人手机 CP09 荣获 iF 产品设计奖，老人手机 CP10 荣获 iF 产品设计金奖，第三代老人手机 NOARK 低压电器荣获红点产品设计奖，老人手机 CP10 荣获中国专利优秀奖。

深圳市建筑设计研究总院有限公司

【概况】深圳市建筑设计研究总院有限公司始建于1982年，为深圳市直属的大型国家综合甲级设计院。本部设在深圳，下设第一、二、三分公司和城市环境设计研究所、众望建设监理公司、精鼎建筑工程咨询有限公司、总源物业管理有限公司及直属设计部所，驻外机构有重庆分公司、武汉分公司、北京分公司、合肥 分院、成都分公司等。公司主要从事各类民用及工业建筑设计、装饰工程设计、城市规划编制、施工图设计文件审查、建筑科学技术研究、建筑新材料新技术推广和应用以及建设工程监理、造价咨询等业务。

至2010年，公司伴随着深圳经济特区的发展而不断成长，从一个只有几十人的设计室发展到目前拥有从业人员2200余人的大型综合设计院，其中全国工程勘察设计大师1人，教授级高级工程师8人，高级工程师236人，工程师343人，助理工程师563人；国家一级注册建筑师98人，国家一级注册结构工程师89人，国家注册电气、公用设备、造价工程师55人，国家注册规划师7人；教授级高工8人，高级职称245人，中级职称296人，初级职称473人；国家一级注册建筑师95人，国家一级注册结构工程师92人。

【质量·品牌】深圳市建筑设计研究总院有限公司是全国第二家通过ISO9001质量管理体系认证的设计单位，通过多年运作，已建立了一套完整有效的质量管理体系。公司一直本着“以人为本”的设计理念，以质量和服务赢得市场。“精心设计、质量第一、优质服务、诚信为本”是该院的质量方针。该院是深圳市最早使用现代化图像手段表现建筑方案、实现局域联网设计、办公的设计单位之一。

【文化创意成果】至2010年，公司所完成的几千余项项目中，覆盖了各类公共建筑、商业建筑、体育建筑、住宅建筑及教育建筑等。先后设计了深圳市深房广场、深圳市邮电枢纽中心大厦、广东省委办公楼、温州会展中心、深圳市大学城清华大学园区和哈尔滨工业大学园区、深圳市基督教堂、云天化集团总部办公楼与科技楼、深港西部通道旅检大楼、福州地区大学城福建医科大学一期、香蜜湖水榭花都、深圳布吉桂芳园（第五期）、金港豪庭等标志性建筑，与境外事务所合作设计完成了深圳市地王大厦、深圳市市民中心、深圳世贸中心大厦、深圳市宝安体育馆与和黄中航广场等大型设计项目。近年来在安徽的公共建筑有合肥市政务文化新区政务中心、安徽艺术职业技术学院、合肥联合大学、安徽省立医院、合肥国际创新展示馆等工程。近年来，公司还参与完成了多项国家、省、市规范、规程、地方标准的编制工作，包括《建筑抗震设计规范》《钢管混凝土组合柱结构设计规程》《深圳市民用建筑设计技术要求与规定》《深圳市居住建筑节能设计规范》等，获得近三十项国家、省、市级科研成果奖。目前公司已完成国内外建筑工程设计项目3200余项，其中100多个项目荣获国家、省、市优秀工程设计奖。

参与完成了多项国家、省、市规范、规程、地方标准的编制工作，包括《建筑抗震设计规范》《钢管混凝土组合柱结构设计规程》《深圳市民用建筑设计技术要求与规定》《深圳市居住建筑节能设计规范》等，获得近三十项国家、省、市级科研成果奖。

【企业荣誉】至2010年，公司先后荣获中国优秀企业、中国十

孟建民主持设计的台北流行音乐中心

大建筑设计院之一、诚信建设十大杰出贡献单位、中国建设行业信用AAA级单位、中国行业十佳雇主企业、全国建设系统先进集体等殊荣，并连续5年获得全国民用建筑设计院综合竞争实力排名第5名。2008年，深圳市市政府还向公司颁发了“援建四川地震灾区先进集体”称号，被国家住房和城乡建设部授予“全国住房城乡建设系统抗震救灾先进集体”称号。2010年，被科技部评定为“高新技术企业”，公司被市政府确定为援疆建设设计总咨询单位。

【文化创意代表人物】孟建民，中国建筑学会常务理事，深圳市建筑设计研究总院有限公司董事长、总建筑师，深圳勘察设计行业协会会长。个人从事建筑设计30年。

深圳市中世纵横设计有限公司

【概况】深圳市中世纵横设计有限公司成立于1994年，总部位于深圳设计之都田面创意产业园。2010年公司被评为广东省工业设计示范企业、深圳市重点文化企业。

公司服务范围涵盖城市公共设计、工业产品开发、导示系统设计和品牌塑造与视觉传达系统设计四大板块，纵贯策划、设计、顾问、传播、施工等多个环节，横跨工业设计、平面设计、规划设计、环境艺术设计、建筑设计等多个专业、多个领域，致力于为高端客户提供全方位、系统化、从平面到空间的一站式总包设计服务。公司的客户主要有：国家体育场（鸟巢)、深圳地铁、广州地铁、北京火车南站、香港亚洲国际博览馆、武汉琴台大剧院、上海中建大厦、深圳腾讯大厦等。

【发展历程】1994年，公司成立，启动工业产品开发与平面设计

广州地铁导示系统设计

深圳地铁导示系统设计

服务业务。

1996 年，附加式插座、儿童益智毯等 3 项产品获得发明专利。

2003 年，担纲深圳地铁导示系统设计，2 项成果荣获“深圳市科技研究成果”，其中一项获实用新型专利，建设部科技成果推广项目。

2006 年，参与国家体育场鸟巢、天津奥林匹克中心体育场、北京火车南站等三个北京奥运工程的视觉和导示系统设计，设计总监张健民荣获 2008 中国设计贡献奖（奥运服务特别奖）。

2007 年，作为骨干企业率先入驻福田区“设计之都”创意产业园，公司主持设计的主题壁画荣获“省长杯”广东工业设计奖。

2008 年，深圳地铁安全逃生导示系统荣获中国创新设计红星奖及“省长杯”广东工业设计大奖。

2008 年，荣膺“中国创意产业高成长企业 100 强”大奖。作为龙头企业应邀入驻“广东工业设计城”，采用全新的商业模式全面启动工业产品开发业务。

2009 年，担纲顺德区陈村镇主干道改貌工程设计，全面进入“旧改”工程设计领域。

【2010 年大事记】2010 年，公司作为广东省第五届“省长杯”全程设计支持单位，提供 LOGO、奖杯及全部推广物料的设计工作；为广东工业设计城、广东工业设计培训学院提供多项设计服务；作为深圳大运会设计服务商提供多项设计服务；完成西安曲江、顺德大良、顺德北滘、顺德陈村、南海狮山等城市公共设计项目，城市公共设计业务突飞猛进；中标美的总部大厦导示系统设计、成都地铁导示系统设计、东莞地铁导示系统研究，进一步奠定公司在全国

深圳设计之都主题壁画设计

导示系统设计领域的龙头地位；完成产品开发10余项，申报专利10项，荣获德国工业设计iF奖1项。

【文化创意代表人物】张建民，全国首批高级工业设计师，高级工艺美术师，中国机械工程学会工业设计分会理事，广东省工业设计协会常务理事，深圳市设计联合会副主席。2008年，获“广东省十大青年设计师”称号。

深圳市设计之窗文化发展有限公司

【概况】深圳市设计之窗文化发展有限公司成立于2006年8月，注册资金108万元，深圳市重点文化企业，公司以“为广大的设计师群体服务，为设计人员提供信息交流、版权保护、业务推广等服务”为宗旨。主要运营中国设计之窗、数字作品备案中心、优务网等。

深圳市设计之窗文化发展有限公司成立于2006年8月，注册资金108万元，深圳市重点文化企业，公司以“为广大的设计师群体服务，为设计人员提供信息交流、版权保护、业务推广等服务”为宗旨。

【2010年大事记】2010年4月，接受深圳市市场监督管理局委托，编辑出版知识产权普及读本《漫画知识产权》。

5月，智慧服务电子商务系统——优务网（www.u5.cn）正式开通运行。在第六届文博会上举行开通仪式，深圳市市场监督管理局徐友军局长为开通仪式揭幕。文博会期间，公司展示了近年来为创意设计行业所做的各个公共平台。在第六届文博会上，公司联合广东省包装技术协会设计委员会、深圳市创意设计知识产权促进会、深圳市平面设计协会、深圳市设计联合会、深圳市包协设计委员会等五大行业协会共同发布了对创意设计行业起到积极指导作用的三个重要文件：《设计服务公平准则》《设计师职业道德公约》《中国平面设计指导价格》。

6月23日，与深圳市创意设计知识产权促进会共同举办“创意设计知识产权管理高级培训班”第一期。

10月，在深圳市市场监督管理局的大力支持下，与深圳创意设计知识产权促进会联合开发“深圳创意设计业数据库”，从深圳市30多万企业信息中筛选出33100家主营业务为创意设计的企业。数据库是深圳“设计之都”应用科技手段促进创意设计业发展的一个重要成果，建成后可以查询深圳市创意设计业的基本情况，包括从业人员、经济效益、知识产权情况等。

中国设计之窗网：中国设计之窗网（www.333cn.com）于2000年9月正式开通，经过10年多的运营，网站已经成为国内排名第一的综合设计门户网站，日点击量突破700万，注册会员20多万。

数字作品备案中心：数字作品备案中心（www.szdc.org）是深圳市市场监督管理局“深圳数字作品版权管理系统”中首个开通的子系统，由深圳市设计之窗文化发展有限公司负责研发和运营。备案中心针对设计行业的需求和创意设计作品创作的规律特点，对备案流程进行了优化，符合设计作品快速方便、低成本备案的特殊要求；

为全面推广深圳创意设计企业，优务网建成开通“深圳创意设计平台”(sz.u5.cn)，全国各地的需求者不管在什么地方，只要有互联网，都可以通过“深圳创意设计平台”寻找深圳设计企业、委托设计业务并通过这个平台完成合作。

以电子备案证书为核心，具有客观真实、操作快捷的特点；通过简单的作品备案操作，将设计作品的创作时间、作者、内容等作为初始证据固定下来，能够为知识产权确权提供有力的证据。通过作品备案，可以有效防止侵权行为的发生，并大大降低维权成本，社会效益明显。

2011 年，数字作品备案中心将强力推出备案新功能——作品管理、作品转让、多图备案、大附件、文字作品备案等，为创意设计行业提供更全面的作品备案和知识产权服务。

优务网：2010 年，在深圳市政府的大力支持下，公司研发了目前国内、国际领先的智慧服务电子商务系统——优务网（www.u5.cn）。优务网以保护知识产权为核心，通过身份验证、资质认证、价格指数、合同备案、第三方账户监管、递进式验收等多个国内独创的功能系统，解决目前创意设计行业交易中的诚信问题，改善目前在创意设计服务交易过程中服务价格与服务质量偏离、验收标准不公平而导致的创意成本无法控制的现状，给创意设计产业建设一个公平健康的环境，为全社会提供高质优价的设计服务。

为全面推广深圳创意设计企业，优务网建成开通“深圳创意设计平台”（sz.u5.cn），全国各地的需求者不管在什么地方，只要有互联网，都可以通过“深圳创意设计平台”寻找深圳设计企业、委托设计业务并通过这个平台完成合作。

深圳市浪尖设计有限公司

【概况】深圳市浪尖设计有限公司（以下简称“浪尖设计”）成立于 1999 年 5 月。公司起名“浪尖”，取义“上善若水，无小不大”，形成“宽广谦和、由小做起、持之以恒”的企业文化。公司发起人罗成、陈汉良凭借多年积累的港资企业设计服务经验，并从外资企业设计需求着手，跟紧国际潮流趋势，经过 12 年努力奋斗，浪尖设计已发展成为国内工业设计行业的知名企业，并与国内外诸多品牌企业及供应商建立了长期战略合作伙伴关系。

至 2010 年 12 月，浪尖设计已服务近 1000 家企业，优秀的设计产品得到广大消费者认可，为企业赢得了更高的附加值，并形成了

浪尖设计公司的核心竞争力。目前，浪尖设计在深圳设计产业园拥有5000余平方米的总部办公大楼，全机构共有专业设计师、结构工程师及研究人员600余名。除传统工业设计服务团队外，公司内部还成立了专业的用户体验研究机构、CMF策略团队、产品工艺材质储备中心、结构测试实验室、精密手板模型车间等，致力于为客户提供优质、完善的设计服务。

【“走出去”战略】至2010年，浪尖设计在全球建立了10家设计研发机构。

2002年，浪尖设计在东莞市成立了东莞市汇鼎塑胶模具实业有限公司，从事高端产品的塑胶模具研发和产品加工。自2007年起，浪尖设计逐步在成都、宁波等市及加拿大多伦多市设置分支机构，不断增强自身在国内珠三角、长三角及西部地区和海外的行业竞争力。

【自主创新】坚持自主创新，进行自主品牌产品的研发、设计及生产和销售。

（1）开发文化与科技相结合类型的新产品。浪尖设计自主研发的品牌“吉祥生活 A-style”相关产品，已经占领了国内高端动漫衍生产品和时尚家居用品市场，其愉悦、和谐的情感体验得到了众多消费者的喜爱。

（2）提供以集成为主的设计服务。2008年，浪尖设计成立了浪尖科技集成事业部，提供以集成为主的设计服务。从产品策划到产品走向市场，为有品牌、有渠道的客户提供配套解决方案。在与客户的紧密合作和具体实践中，浪尖设计发现以设计为主导的ODM模式比以工厂为主导的ODM模式要灵活，经过创新与改进，集成了许多具有鲜明设计风格的产品。

（3）保持创新团队的出色创造力。浪尖设计在内部成立了“浪尖设计学院”，提出“沉淀智慧、传递关爱、求实创新、自强不息”的院训，着力进行员工培训，培养和造就更多热爱设计的创新型人才。

持创新团队的出色创造力。浪尖设计在内部成立了“浪尖设计学院”，提出“沉淀智慧、传递关爱、求实创新、自强不息”的院训，着力进行员工培训，培养和造就更多热爱设计的创新型人才。

深圳市市政设计研究院有限公司

【概况】深圳市市政设计研究院有限公司成立于1984年，隶属于深圳市地铁集团有限公司，是一家技术力量雄厚、专业配备齐全、人员结构合理，且具有市政行业、轨道交通、公路工程、建筑工程、城市规划、工程勘察、工程咨询、风景园林等甲级设计资质及施工图审查一类资质的国有综合科研设计企业。公司现拥有高级工程师200余人，其中教授级高级工程师、博士、博士后30人，并拥有深圳土木工程领域第一家“博士后创新实践基地”。

至2010年，研究院项目范围已延伸到全国20多个省市，设计出了深圳彩虹（北站）大桥、深南大道、东莞大道、深圳地铁罗湖站及罗湖口岸交通枢纽工程、深圳市福田交通综合枢纽换乘中心等。

【企业荣誉】近几年，研究院荣获了“城市土地学会亚太区卓越奖”“全国优秀工程勘察设计奖”“深圳市优秀设计金牛奖”等各类优秀设计奖100余项。先后还荣获了“国家科学技术进步奖”“建设部华夏建设科学技术奖”“广东省科技进步奖”“深圳市科技进步奖”等科技进步奖16项，获得国家发明专利和实用新型专利多项。公司是国内首家BLM应用技术示范单位，先后被评为“全国CAD应用示范单位”“广东省信息化建设示范单位”“深圳市勘察设计行业优秀企业”，并于2000年通过ISO国际质量保证体系的认证。

至2010年，研究院项目范围已延伸到全国20多个省市，设计出了深圳彩虹（北站）大桥、深南大道、东莞大道、深圳地铁罗湖站及罗湖口岸交通枢纽工程、深圳市福田交通综合枢纽换乘中心等。

【2010年大事记】2010年1月1日，研究院杭州分院在杭州CBD钱江新城天星龙大厦举行了隆重的揭牌仪式。

2月20日，总参四院周丰峻院士、北京交通大学谭忠盛教授等评审专家一行来院考察指导工作。同月，研究院规划与景观院取得东莞市虎门港管理委员会公开招标的《东莞市虎门港立沙岛湿地工程》和深圳市坪山新区发展和财政局公开招标的《坪山新区燕子岭公园二期建设工程设计》。

3月10日，市政三院在深圳市高快速路照明及监控设施工程勘察设计竞标中夺得标魁。该项目道路照明及监控设施总投资额为2.3亿元。

4月6日，全院开展了第五届帮扶困难职工捐助活动，全院共554人伸出热情的援助之手，共募得款项45642元。4月10日，全院分七批进行以强化团队意识为目的的市政院卓越团队拓展训练。4月27日成功举办了“铁魂在我心中”主题演讲比赛。

5月4日，研究院承担设计的深圳地铁5号线上水径站、下水径站顺利通过由深圳市轨道办、地铁公司、中铁南方公司、设计监理等单位专家组成的深圳地铁5号线主体结构验收组的初步验收。

6月22日，邀请广州三环专利代理有限公司董事长温旭教授进行“知识产权保护——没有硝烟的战场”专项讲座。

8月2日，在银湖度假村举办了第二届员工家长恳谈会。本次座谈会共邀请了近几年新入院的21名优秀员工的23位家长。

9月12日至17日，深圳地铁集团有限公司在深圳市麒麟山庄组织召开了深圳市轨道交通7号线、11号线工程总体设计专家评审会。院7号线、11号线工程总体、副总体、主要项目负责人等参加了会议。

10月22日，深圳市地铁集团有限公司召开了《深圳市轨道交通线网控制中心前期研究报告》专家评审会。研究院王建新副院长、轨道交通院陈卓如副院长及研究项目组主要人员等参加了会议。

12月22日，研究院与中国地质大学（武汉）战略合作协议签订暨产学研基地授牌仪式在圣廷苑酒店隆重举行。同月，公司召开2010年部门总结暨质量体系管理评审会议。自2010年6月以来，全院已有7项计算机软件著作权在国家版权局申报登记成功。

【文化创意代表人物】陈宜言，深圳市市政设计研究院有限公司总经理（院长）、党委书记，教授级高工。主张公司必须坚持“优质高效、规范创新、顾客满意、持续改进”的质量方针，将服务和创新作为工作的重点，争做城市优质市政设施和建筑设计的主要实施者、“公共设施总为民”的积极诠释者、城市个性魅力的重要营造者、物质文明与生态文明和谐的真实实践者。

G4 现代印刷领域

中华商务联合印刷（广东）有限公司

【概况】中华商务联合印刷（广东）有限公司（以下简称广东公司）是中华商务联合印刷（香港）有限公司旗下全资子公司，成立于1995年，是一家集书刊印刷、商业印刷、包装印刷、数码印刷于一体的大型印刷企业，注册资金1881万美元，公司位于深圳市龙岗区平湖镇，占地近10万平方米，现有员工1400人。2010年完成销售收入达11亿元人民币，比上年增长14%，利润也得到同步增长。

【发展历程】中华商务联合印刷（香港）有限公司于1980年由商务印书馆和中华书局在香港所设的印刷厂联合成立，具有百年悠久历史的商务印书馆和中华书局曾对中国近代教育和出版事业产生深远的文化影响，中华商务秉承这百年积淀传承的文化品质，紧紧抓住改革开放的大好时机，转移阵地，调整结构，辛勤耕耘，持续改善，逐渐使中国的民族文化品牌走向世界。

广东公司自1995年成立以来，即积极开拓海外业务又加强国内市场耕耘，取得了丰硕的成果，年销售额基本上呈两位数增长。1998年，公司引进国内第一条商业轮转八色机，开启国内商业印件快速交货之先端，之后持续引进多条生产线，尤其2006年购进两台速度更快幅面更大的Sunday2000高速轮转印刷机，建成了中国最大的商业轮转印刷基地。

【“走出去”战略】广东公司近百分之七十的订单来自海外市场，公司先后在美国、日本、欧洲等城市设立办事处，聘用当地人员开拓和承接业务，融入当地市场文化与竞争。近年来，在国家“走出去”战略指引下，中华商务抓住机遇，依托地域和人才优势，强化绿色和环保理念，调整产品结构，努力创新转型，以进一步适应海外市场竞争的需求。目前中华商务的营销渠道已从欧洲、美国、日本、澳大利亚等国家延伸到南美、中东、俄罗斯等地，共设立7个办事处。公司每年都积极参加法兰克福书展、美国芝加哥书展、英国伦敦书展、北京国际图书博览会、深圳文博会、德国德鲁巴(Drupa)印刷及纸业博览会以及国内外文化出版行业的盛会。

【企业荣誉】至2010年，成为中国首家印刷企业率先并连续十四年获得被誉为“印刷界的奥斯卡”的美国印刷工业联会PIA

— Benny Award50 个奖项， 2007～2010 连续四年在美国 PIA 印刷赛事中获得全场大奖总数第一。十多年来，参加美国金墨奖 (GoldInk Awards) 奖项评选获得逾 300 个奖项。自 2006 年参加美国 WOA Awards 赛事以来，共获得逾 10 个金奖。中华商务在近年连续两届的中华印制大奖赛事中也取得55个奖项，其中金奖9个；自2007年开始，连续两届获得由商务部、文化部、广播电影电视总局、新闻出版总署四部委联合评定的“国家文化出口重点企业”。2010 年荣获“深圳市精神文明建设重大成果奖”。

【社会责任】多年来，中华商务捐助绿化造林，积极参与捐助在中国内地或海外的救灾。2008 年，给汶川大地震灾区捐款 120 万元，还在贵州省荔波县创办了贵州荔波县“中商水岩希望小学”，捐款建设河源市龙川县龙母镇龙母中心小学。2010 年 6 月，与香港三联书店组织策划出版发行《印刷的故事》，并将所有版税收益全数捐赠给公司希望基金。为响应新闻出版总署建设“农家书屋”的号召，公司出资在山东资助十家“农家书屋”。

【企业文化】公司 2008 年建成的“中华商务印刷百年展”被中国印刷协会称为“印刷行业的爱国主义教育基地”。中华商务投入约 1500 万元，建成 4000 平方米的综合培训楼，制定了系统的培训机制，开设了营销、管理、技术以及文化娱乐等方面的培训课程。中华商务培训中心是中国印刷行业中第一个企业式院校，对于提高员工的专业知识和文化水平，为员工自主学习、自我提升创造了良好条件。中华商务还为员工开设了图书馆、多媒体教室、网吧、演讲大厅等文化设施，举办读书月活动，倡导大家读好书、看好书，鼓励大家把自己的读书心得发表在公司的内刊上，营造“好读书、读好书”的文化氛围。

除此之外，中华商务定期举办诸如员工运动会、卡拉 OK 比赛、员工旅游、员工篮球赛、公司庆典聚餐等活动，丰富员工业余生活。公司还发挥工会的桥梁纽带作用，经常举办“关爱女性健康”“心里健康”知识讲座等，很受员工欢迎。2010 年，公司党总支被深圳市直属机关党委评为先进党组织。

厂区

【文化创意成果】1996 年至 2007 年，承担《故宫博物院藏文物珍品系列》印制工作，全书共六十册，完整而系统地荟萃了故宫珍藏中的极品，这项跨世纪的文化工程前后达 11 年。

1997 年，为香港特区政府印制限量版《百花争艳庆回归》画册（赠送给参加香港回归仪式的各国元首），成功应用调频网技术在宣纸上印刷，再现名家墨迹风采。

1999 年承印国家级图书《敦煌》，该套丛书共 26 卷，是国内外第一套以专题形式全面介绍敦煌石窟的大型图文著作，图文印刷精美，再现中华民族传统文化精华。

2010 年，印制《香港弹起》画册。该书以立体的形式展示了香港住宅的变迁。同年，又印制了《中国弹起》，获得了国家新闻出版总署领导的好评。

【2010 年大事记】2010 年 2 月，创建自有文化品牌米可 · 兰迪（Microland）。

3 月，荣获深圳市"精神文明建设重大成果奖"；开展数字资产管理 DAM、数字版权保护 DRM、跨媒体制作和设计、物流服务、RFID 包装技术等创新项目。

6 月 18 日，在香港金钟万豪酒店举行成立 30 周年志庆酒会暨《印刷的故事》发布仪式，国家新闻出版总署柳斌杰署长发来贺电，香港特别行政区政务司司长唐英年到会主礼。

6 月，中华商务希望基金捐建河源市龙川县龙母镇龙母中心小学建造教学楼等；与香港三联书店组织策划出版发行《印刷的故事》，并将所有版税收益全数捐赠给公司希望基金。

9 月 28 日，在上海东郊宾馆举行中华商务研发中心揭牌。

10 月，获评"广东省诚信示范企业"。

12 月，获评"深圳市十大书香企业"。

工厂车间印刷设备

星光印刷（深圳）有限公司

【概况】星光印刷（深圳）有限公司（以下简称“星光”）是香港星光集团的全资附属机构，于1992年在宝安西乡设立，也是集团在国内设立的第一个全资公司，具有独立的法人资格，注册资本为800万美元，购置（租赁）厂房面积共计达8.5万平方米，到目前为止，总投资额已超过6亿元，是国内设备最先进、规模最大的印刷制品企业之一。从1992年成立至今，每年度的业务量均保持稳定上升。从2004年起，公司连年入选由科印传媒（科印网）、《印刷经理人》杂志组织评选的“中国印刷企业百强”，并名列前茅。2010年总营业额6.86亿元，产品100%出口欧美等地。

【质量·品牌】2007年3月，首届中国（广东）国际印刷技术展览会（Print China）在东莞举行，星光与全国印标委首次就印后加工标准的制定达成初步合作意向，此举得到了世界著名印后设备供应商——瑞士博斯特集团（Bobst）的积极响应与大力支持。9月，三方签订了《关于起草制定印后3项加工标准的协议》，三项加工工序分别为：模切、烫印与压凹凸、制盒。同年11月，在星光每年举办一次的标准化论坛上，一并举行了“新标准制定新闻发布会”，印后加工标准的制定正式对外公布并提上议事日程。2008年6月21日，经国家新闻出版总署审查同意，颁布实施，标准号分别为：《纸质印刷品模切过程控制及检测方法》（CY/T 59－2009）、《纸质印刷品烫印与压凹凸过程控制及检测方法》（CY/T 60－2009）及《纸质印刷品制盒过程控制及检测方法》（CY/T61－2009）。2009年9月21日，历时5天的ISO/TC130第23届国际印刷标准化年会在北京召开，全国印标委携该三项印后加工标准向大会提出了“关于组建印后标准联合工作组”的提案，大会并作出决议：“同意中国牵头建立新的印后项目工作组，中国承担工作组的组长和秘书处。”这是迄今为止中国印刷业在ISO国际标准化组织中首次拥有如此重要的话语权。

这是迄今为止中国印刷业在ISO国际标准化组织中首次拥有如此重要的话语权。

【社会责任】至2010年，由星光集团倡导而举办的慈善活动有：中央政府驻香港联络办赈济汶川地震，香港广东社团总会赈济汶川地震；香港梅州联会赈济汶川地震；广东省韶关市天井海联小学教学楼修缮捐资；江西省沙田希望小学重建；香港“海鸥助学团”西北兰州大学助学计划；广东省梅州市嘉应学院助学计划；广东省梅县南口中学奖学金赞助。

2008年12月3日，星光集团有限公司获香港印艺学会（HKGAA）和香港品质保证局（HKQAA）联合评审的“企业社会责任金奖”。这是一年一度香港印制大奖的重要奖项，表彰星光集团在公司管理、研究和发展、人力资源管理、员工权益保护、健康和安全标准、积极参与社会公益活动和环境保护方面作出的杰出贡献。

2010年11月8日，为表彰星光在公司管理、印刷技术标准研究开发、专业人才培养和环境保护等方面作出的杰出贡献，公司荣获香港首届“优秀印刷企业管理大奖”金奖。

【文化创意代表人物】林光如，香港星光集团董事局主席，新加坡国立大学工商管理硕士。广东省梅县南口人。他自幼历尽磨难，16岁时独闯香港，以客家人坚忍不拔的精神及自身练就的超人胆识，在上世纪70年代，从一部二手印刷机起家，发展到目前有多家子公司分布香港、中国内地和新加坡的多元化跨国集团，成为亚洲最大的印刷企业之一。林光如曾获得香港十大杰出青年的荣誉，是香港特区政府荣誉勋章获得者，第10届、第11届全国政协委员。

深圳市裕同印刷股份有限公司

公司厂房总面积达50万平方米，员工人数逾万人。公司自2001年以来，营业额每年保持30%以上的增长率，2009年营业额达到14.3亿元，荣获“2009年中国印刷100强第五名”。

【概况】深圳市裕同印刷股份有限公司（以下简称“裕同”）1996年成立以来，经过十多年的成长，现已发展成为集团公司，全资控股10家子公司，分别是香港裕同印刷有限公司、越南裕同印刷包装有限公司、苏州裕同印刷有限公司、上海裕同印刷有限公司、三河市裕同印刷包装有限公司、珠海市裕同印刷包装有限公司、烟台裕鸿印刷包装有限公司、苏州昆迅包装技术有限公司、苏州永承包装印刷有限公司、苏州永沅包装印刷有限公司，并在深圳、珠海、上海、苏州、烟台、三河以及越南北宁省设立了生产基地，还在香港、台湾、纽约、伦敦等地设置了服务中心，为客户提供全领域的印刷包装服务。公司厂房总面积达50万平方米，员工人数逾万人。公司自2001年以来，营业额每年保持30%以上的增长率，2009年营业额达到14.3亿元，荣获“2009年中国印刷100强第五名”。

【主营业务】公司主要经营高档纸品类印刷业务，为高端客户提供设计、制造、服务一体化配套服务。尤其是IT国际大厂的包装配套能力，在国内首屈一指，目前已为多家世界IT国际大厂（包括索尼、三星、海尔、富士康、惠普、比亚迪、华为、联想、索尼爱立信、华硕、微软等世界500强知名企业）提供配套包装的制造与服务，建立了适应IT业界管理特色的经营管理模式，并赢得客户的信赖与支持。

【2010年大事记】2010年4月，获优秀“劳务工之家”称号；被评为深圳市包装行业协会副会长单位，被认定为国家高新技术企业单位。

6月，被评为深圳市市级技术中心企业。

8月，获得G7认证证书。通过SGS认证公司的ISO9001：2008证审核。

9月，公司与深圳市携创技工学校联合办校，成立携创技工学校裕同校区。

【企业荣誉】至2010年，裕同公司先后被评为“深圳市印刷行业十强”“2008年宝安区工业百强企业”“宝安区民营百强企业”“2008年度宝安区纳税百强企业”、“中国优秀民营科技企业”等。董事长王华君先生先后荣获“中国优秀民营科技企业家”“紫荆花杯2009

杰出企业家”“深圳市宝安区十大杰出青年”，连任深圳市第四届、第五届人大代表，还担任过2008年北京奥运火炬手。

【文化创意代表人物】王华君，经济学硕士，高级经营师，现任深圳市裕同印刷股份有限公司董事长。除本企业的业绩被行业公认名列前茅外，其本人在管理创新、科技创新、经营模式创新、文化创新及社会责任等方面也做出了突出贡献。

【社会责任】公司曾向江西九江市慈善总会捐赠300万元成立助学基金，帮助贫困学生。2007年，向江西波阳等地捐赠30多万，购置两台母亲健康快车及设备。四川汶川地震及青海玉树地震后，裕同举办情系玉树捐款活动，还在贵州等地捐款援建希望小学。

深圳光华印制有限公司

【概况】深圳光华印制有限公司于1991年成立，是中国印钞造币总公司在深圳经济特区设立的窗口企业。作为中国人民银行总行、国家税务总局、中国印钞造币总公司指定的票据印制企业，光华公司主要承印：增值税发票、有价证券、银行支票、存折、存单、金银纪念币（钞）鉴定证书及不干胶封签、保险单、各种学历证书、证件、门票等各类安全防伪印品，形成了增值税发票、银行票据及高端防伪印品三大核心业务，业务范围覆盖全国31个省、自治区、直辖市及香港、澳门特别行政区。安全防伪印品种类覆盖银行、税务、保险、政府采购、高端防伪民品等各个领域。

公司依托中国印钞造币总公司技术中心强大资源优势，拥有专业、有效、独特的防伪技术手段。专供专用防伪纸张：拥有印钞行业纸张生产厂家专供的防伪证券纸、防涂改纸、专用图案水印纸、

工厂大门

专用安全线纸、荧光纤维纸等。

专供特种防伪油墨：拥有印钞行业油墨技术中心专供的覆盖一、二、三线防伪并且具有技术独占性的高端防伪油墨。超线设计能力：拥有印钞行业防伪设计软件和专业的美术设计团队，能够将“超线”技术与艺术效果完美的结合。

印制技术：拥有印钞行业独特的防伪印制技术，胶印、凹印、丝印、柔印多种印刷形式相结合，丰富印刷品的表现手段同时增加了印刷技术难度。

先进高效的生产和检测设备：拥有马天尼 8 色、6 色轮转胶印，海德堡 CD102-4 等先进的印刷设备及高效的“证照”加工生产线。拥有先进的视觉质量检测系统，在线质量检测、离线质量检测可以覆盖每单张印品，确保产品出厂的质量。

特色管理模式：具有专业特色的安全监控管理系统及数字化管理模式，确保高端防伪产品的数字和信息安全。

【发展历程】深圳光华印制有限公司始建于 1984 年，作为筹建中的特区货币印制单位，深圳光华公司由此孕育。1985 年特区货币事宜因故停办。经中国人民银行总行和深圳市人民政府批准，公司正式成立，转型成为以印钞技术服务金融行业及社会的特种安全印务的企业，是印钞造币行业中率先实现市场运行机制的企业。2003 年 7 月，经中国人民银行总行批准，公司改制变更为深圳光华印制有限公司，注册资金 5000 万元。其中中国印钞造币总公司 3900 万，占 78%；中国长城硬币投资有限公司 600 万，占 12%；北京人银科工贸有限责任公司 500 万，占 10%。从 1992 年起，公司成为中国印钞造币总公司的全资子公司。从 1992 年承印财政部国库券开始，公司先后成为人行总行、工行总行、建行总行、交行总行等银行和国税总局及人保总公司、平安保险公司、中国金币总公司的供应商。公司现有长期固定客户 900 余家，具有承担国家任务的优良资质和为安全印务市场提供高级防伪产品的丰富经验。

【2010 年大事记】1 月 16 日，中国人民银行总行监察局局长王辛敏到公司检查指导工作；

2 月 6 日，举办公司十八周年庆典暨迎春歌舞会，并表彰评选出 2009 年度光华之星和先进集体；

3 月，公司成立营销中心，营销体系改革正式拉开帷幕；

6 月 2 日，召开第十次股东会暨董事会会议，会议审议通过了《关于北京人银科工贸有限责任公司转让股权的议案》；

7 月，承印 2010 年上海世博护照产品；

8 月 20 日，中国人民银行总行区延佳司长一行来公司调研；

10 月 29 日，中国印钞造币总公司董事长敖惠诚一行来公司进行调研指导工作；22 日，深圳市文体旅游局文产处领导来公司调研。

【企业荣誉】2009 年，公司被评为“华南标签印制企业竞争力 50 强”企业。2010 年，荣获“广东省劳动用工守法优秀企业”“深圳市重点文化企业”称号。

2009 年，公司被评为“华南标签印制企业竞争力 50 强”企业。2010 年，荣获“广东省劳动用工守法优秀企业”“深圳市重点文化企业”称号。

深圳市裕华兴印刷制品有限公司

【**概况**】深圳市裕华兴印刷制品有限公司成立于1997年，注册资金800万元，为深港合资民营性质的有限责任公司。公司注册在深圳市龙岗区，主要经营特种印刷及其制品，从成立之初的22人发展到2010年的240人，注册资金到达5000万元。经过十五年发展，已在全国成立约60多家门店的销售网点。分别还成立了华南总部、华东、东北、西南分公司。在本行业的影响涵盖中国(含台湾地区)、欧、美、东南亚等国家和地区。公司目前已收到国家知识产权局专利受理书十七项，另获得了“管理示范企业”、文化创新重点企业、深圳市高新技术企业及国家注入资金的创新基金企业等荣誉。

企业现在拥有：自主研发队伍——直接参与新技术和新产品开发的人数为18人，占公司总人数的11.46%，全部具有硕士以上学历。核心研发人员具有国外工作研究和带领国家重点建设课题的经历；生产能力——拥有固定资产净值5500余万元，自有生产面积12000平方米，拥有专业生产许可证等相应证照手续且早已完成ISO9000等一系列国际认证；营销能力——拥有全国4个分公司及60多家均布在大中型城市的销售门店及销售人员；管理能力——公司建设之初即已注意与国际现代化管理接轨，严格按照国际标准化管理模式和体系在运行，使产品、效益、人员规划、远景规划、经营战略、企业文化建设及企业责任都有清晰的目标和认识；客户管理——对企业生存的帮助者——顾客的感恩，完善体现在客户信息管理系统（CMS）上，系统详细记录和管理一切与客户相关的信息，建设了一套完整的客户评估与反馈信息流程，让每个客户的需求能及时有效地得到满足，形成利益共同体。

企业现在拥有：自主研发队伍——直接参与新技术和新产品开发的人数为18人，占公司总人数的11.46%，全部具有硕士以上学历。

【**主营业务**】商标材料，包括印刷及包装材料，业绩比例约54%；标签及其制造，包括服饰、床上用品、玩具标签及吊牌、电池标签，酒类/饮料标签，日化用品标签，其他用品标签等产品印刷。业绩比例约27%；高端电子识别标签，RFID电子标签，业绩比例约19%。

【**2010年大事记**】7月15日，投入1500万人民币采购了一批印刷设备，其中包括日本小森丽色龙LS440对开四色印刷机和一批后道加工设备，大大提高了企业印刷事业部的印刷加工能力，同时取得了申请出版物印刷许可证的资格，自此以后，公司业务重点将转为文化出版物印刷。

7月26日，参加龙岗区“百家工程”导入卓越绩效管理模式，在导入的过程中，对整个企业的管理结构进行了梳理、优化，使得企业在领导、战略、测量分析、客户、员工、过程管理、结果等方面得到了提升，12月底正式通过验收，为企业走向卓越打下了基础。

7月20日，评为深圳市高新技术企业。

12月9日，原财政部部长项怀诚同志一行来公司参观指导，对于公司大力发展以杜邦特卫强为原材料的绿色环保印刷品给予了肯定，并亲自参观了生产车间的生产过程。

12 月 15 日，鉴于公司 2010 年在大陆市场上对于杜邦特卫强销售的良好业绩，美国杜邦公司决定与公司签订更长期的合作协议。

深圳大公印刷有限公司

【概况】深圳大公印刷有限公司（以下简称“大公印刷”）成立于 1994 年，由香港《大公报》发起并控股投资成立的中外合资印刷公司，是首家中外合资报业印刷公司。大公印刷具备国家印刷一级企业资质，是广东省印刷协会理事单位，深圳市印刷行业协会常务理事单位，现有员工 350 余人，固定资产 2 亿元，占地面积达 2 万平方米。

【发展历程】经过十多年的不断发展，公司拥有 9 条大型进口印刷生产线，形成了以设计创意、制版、印刷、装订为龙头，并辅以印刷物资采办、进出口加工等多元化生产和服务的格局，年产值超 2 亿元人民币。业务范围涉及报纸、杂志、画册、书籍等印刷领域。业务覆盖中国以及美国、日本等国家。大公印刷是一家设备精良、技术上乘、工艺先进、人才密集的大型国际化印刷企业。多年来，公司一直坚持“质量第一”和“为用户服务”的经营理念，早在 1996 年 12 月，公司就在国内报业中首家通过了 ISO9000 国际质量体系认证。

公司先后承印了多种大型画册，质量一直处于行业领先地位，获得客户好评。面对新的机遇和挑战，大公印刷力争早日建成大型综合性现代化印刷企业集团。公司坚持“高起点，高质量，高品位”。公司从开业的第一天起就建立了质量保证体系，将“每一个印件都让客户满意”的质量方针悬挂于墙，植根于心。内部强化质量，外部开拓市场，牢牢抓住质量这条企业的生命线。

【文化创意成果】先后承印了《开国元勋》《伟人周恩来》《邓小平与香港》《安子介画册》《军旗——世纪的风采》《改革开放二十年我的参与——霍英东》《回归——镜头下历史的见证》等大型画册。先后承印了中国艺术家大型画集：《况达山水画集》《梅墨生画集》《傅梅影梅花集》《孙公明作品集》《郭淑玉作品集》《于占德作品集》《王德力作品集》《于光辉作品集》《华其敏画集》《崔子苑画集》《周永家画集》、《张明军画集》《史文集画集》《黎明画集》《汪国新画集（精装本）》《上关超英牡丹集》《吴齐山水画》等。以上大型画集均荣获省级优质产品奖。

大公印刷是一家设备精良、技术上乘、工艺先进、人才密集的大型国际化印刷企业。多年来，公司一直坚持“质量第一”和“为用户服务”的经营理念，早在 1996 年 12 月，公司就在国内报业中首家通过了 ISO9000 国际质量体系认证。

深圳华生创新包装股份有限公司

【概况】2002年12月25日，深圳华生包装股份有限公司经商务部批准以整体变更形式改制为外商投资股份有限公司，后于2009年7月10日变更为深圳华生创新包装股份有限公司。华生总股份为1.64亿元，其中外资占89%，内资占11%。华生公司占地面积5.1万平方米，生产车间6万平方米，主要从事各种包装纸板、纸箱、彩盒和适应市场需求的纸制产品研究开发、生产销售和技术服务业务，已经形成各类瓦楞纸板、瓦楞纸箱、彩盒包装及纸制商品等四大产品体系，是中国包装印刷行业较大的集新产品技术研发、产品生产制造和进出口业务于一体的高新印刷企业。公司率先采用先进的全面计算机化管理，引进了全球最先进的瓦楞纸板生产设备、彩印设备及全球最先进的包装印刷技术，整个生产环节运用ERP系统，在生产经营、财务管理以及风险控制方面具备一套严谨高效的操控程序。公司建立了规范的法人治理结构，有专业的技术研发中心，并拥有一支高素质的市场销售、企业管理、技术研发团队。华生经过20年发展，现已建成为中国包装印刷行业重点加工、设计及生产基地。

公司率先采用先进的全面计算机化管理，引进了全球最先进的瓦楞纸板生产设备、彩印设备及全球最先进的包装印刷技术，整个生产环节运用ERP系统，在生产经营、财务管理以及风险控制方面具备一套严谨高效的操控程序。

【2010年大事记】2月，公司获5项使用新型专利证书。

3月，公司荣获两项企业生产管理软件专利著作权。

4月，公司组织开展“向灾区人民献爱心”捐款活动。

5月，公司荣获“广东省名优企业”和“广东省名优产品”称号。

6月，公司再次荣获三项国家实用新型专利证书；公司董事长林国雄先生荣获第二届“中华杰出商业领袖”社会责任奖。

9月，公司入围“深圳知名品牌”评选。

10月，公司荣获“深圳市包装行业自主创新领军企业”求是荣誉称号。

11月，公司当选为深圳市包装行业协会第八届副会长单位，公司总经理当选为深圳市包装行业协会第八届副会长。公司董事长被评选为“行业杰出贡献企业家”称号。

12月，公司荣获“全国外商投资双优企业”荣誉称号 ；公司荣获“2010中国包装科技创新优秀奖”，同月，公司在“全国行业领先品牌企业宣传推介活动”中获殊荣。

【企业荣誉】公司是中国包装联合会常务理事单位、深圳市包装协会副理事长企业、深圳市商业联合会理事单位、“鹏城减废行动”会员单位、深圳市质量协会团体会员。公司先后获得“2009年度中国包装20强”“2009年度广东省诚信示范企业”、连续7年“中国印刷企业100强”“全国外商投资双优企业”“中国市场服务品牌”“深圳市包装行业楷模企业”、深圳发展银行“2009年度钻石合作客户”等荣誉称号；公司董事长先后获得“2009年香港影响中国60年十大杰出贡献人物之一”“2009年度中国企业创新优秀人物”等荣誉称号。

深圳市九星印刷包装集团有限公司

【概况】 深圳九星印刷包装集团有限公司（以下简称“九星”）是一家综合印刷包装企业，1989 年成立，隶属华润三九医药股份有限公司，2007 年随三九一起加入华润集团，成为华润旗下子公司。目前，拥有深圳和上海两个生产基地，总面积达 3 万平方米，注册资金共计 1585 万美元，总资产 3.7 亿元人民币，企业员工约 1100 人，年产能近 5 亿元人民币。九星为客户提供从设计到印刷、印后加工、物流运输的一站式服务，专业生产纸类包装品，核心产品为折叠纸盒、瓦楞彩盒和手袋，产品范围涉及中高档医药、电子、烟酒、日化、服装、食品等诸多领域，年产纸盒超过 20 亿个，标签超过 10 亿枚。

【2010 年大事记】 1 月，随着精益项目启动会的圆满落幕，九星精益项目在精心筹备了两年后，终于正式启动。启动精益项目目的是希望通过一整年的精益项目推进，将精益文化贯彻落实到员工日常工作中，达到优化工作流程、提高工作效率、提升管理水平、实现自主改善的最终目标。

启动精益项目目的是希望通过一整年的精益项目推进，将精益文化贯彻落实到员工日常工作中，达到优化工作流程、提高工作效率、提升管理水平、实现自主改善的最终目标。

12 月，由中国印刷技术协会、中国印刷及设备器材工业协会、中国印刷科学技术研究所、上海市印刷行业协会、上海太阳机械有限公司主办的“2010 太阳标签印制大奖”比赛中，九星送评两个参赛作品“华润三九医药防伪封口签”“百雀羚凡士林保湿润肤霜标签”分别获评铜奖、优胜奖。

【企业荣誉】 公司先后获得“2010 中国印刷百强”“2010 中国包装优秀品牌”“深圳市 2009 年重点文化企业”和 2010 年第七届“深圳知名品牌”等。公司技术中心被深圳市政府正式认定为“深圳市企业技术中心”。

【质量·品牌】 20 年多的发展历程中，九星积累了丰富的生产经验，连续多年获评“中国印刷百强”。

九星始终坚持走技术创新之路，使新技术成为九星的核心竞争力。2000 年九星成立技术研发中心，并及时将高科技防伪技术转化为生产力，应用到客户的产品上面，为客户带来了良好的经济效益和社会效益，同时专注于高速机包盒的制作工艺，不断为客户提供符合个性要求的包装纸盒。经过近十年的发展，研发中心已不仅仅从事防伪研究，并且从事防混装、机包盒、技术革新等专项研究，为客户提供个性化的解决方案，并在 2009 年进一步升级整合成立了工程系统，由行业经验丰富的工程师组成专家团队，第一时间将世界上最先进的设备、材料、工艺运用到客户的产品上。新技术已成为九星的核心竞争力。/2007 年，九星获评了深圳市高新技术企业并成为中国防伪技术协会副会长单位，2008 年参与制定防伪技术两项国际标准。到目前为止，九星共拥有 40 多项防伪项目和 10 多项自主发明专利。

为鼓励员工的创新精神，九星每年进行创新项目评选并设置高额奖励，通过技术和设备改造，实现多项“国内首创”，为公司和客户带来了较大效益”。

深圳市科彩印务有限公司

【概况】深圳市科彩印务有限公司由国内印刷行业龙头企业贵联控股有限公司投资兴办，成立于 2003 年 3 月，注册资金 1.45 亿元，总资产 5.4 亿元，占地面积 6.6 万平方米，建筑面积 8.5 万平方米，主营烟标印刷业务。2004 年至 2010 年 10 月，公司累计实现烟标产量 260 万大箱，实现销售收入近 23 亿元，实现利润逾 4.5 亿元，向国家缴纳税金 1.8 亿元，是一家集设计、开发、生产、销售为一体的高新技术包装印刷企业。

公司拥有世界最先进的适合高中档包装产品生产的印前、印刷和后加工配套设备 291 台套，具备每年 120 万大箱烟标的生产能力。公司始终坚持“以人为本，创新求才”的人才管理理念，公司现有员工 530 人，其中大专学历占 20% 以上，设计开发及专业技术人员 60 多人，具备多年经验的生产及设备操作骨干近百人。

公司致力于以最诚挚的服务、最优质的产品为客户提供最完善的服务，与国内多家中烟工业公司保持良好的战略合作，是湖南、安徽、江苏、贵州、湖北、川渝、广东、云南、红云红河等烟草工业集团合格稳定的供应商。

【质量·品牌】公司创建伊始，即高起点、高标准地实施全员、全过程以客户满意为基础的 ISO9001：2008 质量管理体系，2006 年以来又先后通过 ISO14001：2004 环境管理体系和 OHSAS18001：1999 职业健康安全管理体系，形成了“三合一”（质量、环境、安全）综合管理体系。2010 年在国内烟标印刷行业率先推行了 ISO10012：2003 测量管理体系。为保持企业效益的持续增长，公司管理层创造性地提出并实践“(3×7)21 管理模式”，拓展精细管理内涵。引入卓越绩效管理模式，充分激发持续发展动力。应用“9S”标准强化现场管理，生产和经营效益显著提高。开展全员绩效管理，最大限度地调动员工的积极性和创造性。

科彩印务工厂

博斯特八色凹印机

【企业荣誉】公司先后荣获"广东省服务业百强企业""广东省诚信示范企业""重点文化企业""国家级高新技术企业""重点文化企业""省清洁生产企业""坪山新区质量奖想法示范企业"。公司产品获得荣誉："芙蓉王"系列曾荣获中国烟盒装潢艺术展评委会金奖、首届中国长春（国际）食品烟酒包装形象展示活动包装形象金奖、中国名牌烟标设计金奖、2006年中国十大烟标金奖等荣誉；"黄果树（典藏）"荣获中国十大烟标最佳装潢设计奖；"黄山（新视界）"荣获2007年中国十大烟标金奖；"紫气东来（韵）"荣获中国十大烟标金奖；"黄山（50）"荣获第七届中国包装印刷质量评比金奖；"阿里山（天韵）"荣获2010年第八届中国包装印刷产品质量评比银奖；"双喜红玫王"荣获2010年第二届凹版印刷精品赛折叠纸盒类优秀奖等。

深圳市美嘉美印刷有限公司

【概况】美嘉美公司成立于1993年，注册资金1100万元，总资产近亿元。经营范围包括印刷包装书刊、出版、设计、广告、市场策划、纸张销售、货物进出口、技术进出口等业务。

【发展历程】公司创办初期，启动资金只有几万元，员工只有十几个，没有先进的设备，没有专业技术人员，甚至没有一间像样的厂房。军人出身的巫培芳不畏风险，开始了艰辛的创业之路。公司经历了从无到有，从小到大的发展历程，目前在宝安区观澜拥有17000多平方的工业园，拥有海德堡CP2000对开4色、5色，双色、单色、四开四色等印刷机共5台，拥有高端的后道加工设备，拥有专业技术人员、高级管理人员及员工队伍200多人。公司集书刊、策划、广告、彩印、包装、特种印刷为一体，是印刷行业中最具规模的专业化印刷企业之一。

【2010 年大事记】2010 年 1 月，为庆祝特区成立 30 周年，由海天出版社出版，我司承印《深圳百科全书》。

4 月，承印市史志办编著的《红色定格——深圳地区革命历史图集》。

7 月，“美嘉美”品牌被评为 2009 年度广东省优秀自主品牌；同月，获广东省企业联合会、广东企业家协会授予的“2010 年广东省企业 500 强”称号。

12 月，经市委两新组织工委批准，公司成立中共深圳市美嘉美印刷有限公司委员会，共青团深圳市美嘉美印刷有限公司委员会。

【企业荣誉】公司承印的《诸子百家》被外交部礼宾司选为我国领导人出访赠礼用书。《NEW A CHIEVEMENTISM 宣传册》《美力家宣传册》获全国首届金光印艺大奖。《泉州年鉴》《百家姓氏》等丛书在 2007 年福建省的评比中获得年度文字、印刷、包装环保创新奖。公司先后被深圳市政府授予“首届创建全国文明城市先进单位、文明单位”“深圳市实施再就业优秀企业”“深圳市‘十佳’优秀企业”等荣誉称号。

G5 高端工艺美术领域

周大生珠宝有限公司

【概况】2010年度，周大生珠宝有限公司作为一家集玉石饰品、钻石及宝石镶嵌首饰的生产、批发、零售为一体的集团企业，公司董事长周宗文荣获“深圳特区30年杰出贡献企业和行业领军人物奖”。周宗文此次获奖，是对他带领周大生珠宝成为国内规模最大的珠宝连锁品牌和对珠宝行业贡献的肯定，也是深圳市对整个深圳珠宝产业为深圳带来的经济成就的肯定。

至2010年，公司营销网络覆盖全国32个省、市、自治区、直辖市的300多个大中城市，连锁店/柜1400多家，拥有研发设计和生产制造中心，40个区域运营管理机构，核心业务涵盖珠宝首饰生产和销售的全过程，构成完整的产业链，成为珠宝王国中正在腾飞的金龙。

【发展历程】上世纪九十年代初，“港龙洋行”与“周氏合大”公司合资创立的香港周大生珠宝有限公司，发展为多元化投资的企业集团。中国珠宝市场巨大的市场消费潜力吸引它进入深圳。周大生一直致力于钻石文化的推广和传播，不遗余力地实施品牌价值的全方位提升。这期间，中国珠宝业也完成了从数量扩张、粗放经营向注重质量、打造品牌的转变，以周大生珠宝为代表的优秀的品牌全面地完善自身的运营服务管理体系，成为行业发展的中坚力量。

【成功经验】（一）成功引入卓越绩效管理模式。2009年9月周大生启动卓越绩效管理模式导入项目，2010年5月，周大生珠宝被选为罗湖区卓越绩效模式推广工程9家试点单位之一。卓越绩效模

周大生珠宝卖场

式是目前国际上公认的能有效改进企业经营效率、提升企业竞争力的管理方法，也是深圳市“市长质量奖”的评审标准。

（二）大力实施金龙腾飞战略。公司制定了2007~2020年“金龙腾飞三部曲”战略规划，构建了“一个目标、两个愿景、三期战略、四大基石、五行运营、六张网络”的战略体系，通过资源整合提升了核心竞争优势，建立了“零售连锁经营”的赢利模式。

（三）构建完善的顾客支持机制。公司建立了经销商服务体系，3个“6+1”顾客服务机制，网络及400、800服务呼叫中心热线等的全方位顾客支持机制，这对周大生珠宝的快速连锁和版图扩张提供了有力的支持。

（四）坚持走信息化管理之路。公司2003年就开始建立了企业资源计划（ERP）管理系统，目前该系统已升级到了第3代，通过内部光纤互联、VPN等技术方式将全国1400多家零售店纳入了实时的物品和财务汇总管理。

（五）全面提升员工素质和技能。公司十分注重关键岗位的职业生涯规划，也打造了务实高效的全员培训体系。专业化师资队伍实施全方位多层次实战培训，致力于提升全员素质和技能。周大生全员培训体系极大地促进了公司各级经营管理团队的经营管理能力、终端服务水平和终端销售业绩全面提高。针对终端导购，开设“启航源动力、加速灵动力、超越新动力”进阶培训；针对终端店长，开设“致胜赢动力”专项培训。针对内部管理，组织“赢家特训营”和其他素质类培训课程，提升员工职业素养、培养积极心态。

针对终端导购，开设“启航源动力、加速灵动力、超越新动力”进阶培训；针对终端店长，开设“致胜赢动力”专项培训。

（六）全面理顺高效流程管理体系。公司梳理并完善18个一级业务流程和300多个子流程，并根据内外部环境变化和经营发展需要，不断更新运行体系和关键流程，推动了工作系统的不断创新，有利于快速响应顾客需求。同时，周大生公司对关键业务过程进行了持续改进和创新，率先建立二级物流网、三级联动培训督导网等体系，发挥出了强大的资源整合能力，形成了区别于竞争对手的差异化盈利模式。

珠宝卖场

【企业荣誉】至 2010 年，公司先后荣获“中国驰名商标”“中国名牌（珠宝首饰　玉石饰品）”“创建中国珠宝品牌龙头企业”、中国产品质量电子监管网首批入网百家名优企业等诸多荣誉。

【2010 年大事记】1 至 3 月，签下 200 家开店协议。

4 月，周大生“幸福时刻，爱传中国”网络大赛获奖作品出炉；腾龙工程第五期实习培训圆满结束；周大生精细化营销培训助推“无缝隙”传递。

5 月，周大生沈阳二级物流中心开业；周大生上海珠宝展受追捧。

7 月，董事长接受 CCTV 采访，畅谈品牌神速发展的心得。

8 月，周大生先锋训练营第二期集训结业；启动东北新战略。

9 月，闪亮登场 2010 深圳珠宝展，尽显行业领军风范；举办罗湖时尚之夜感恩答谢晚会；战略深度转型拉开帷幕。

10 月，周宗文董事长荣获深圳经济特区 30 年行业领军人物称号。

11 月，周大生发布 2011 珠宝时尚潮流趋势；周大生聚焦 2010 年中国国际珠宝展；千名经销商齐聚深圳共话周大生品牌发展前景；周大生与几大商业银行建立供应链金融战略合作伙伴关系；林志玲邀周大生高层同台秀珠宝，坦言周大生珠宝添魅力；周大生达到 1400 家珠宝连锁店。

12 月，周大生荣获“创建中国珠宝品牌龙头企业”称号；董事长周宗文受邀央视《财经下午茶》访谈。

至 2010 年，公司先后荣获“中国驰名商标”“中国名牌（珠宝首饰　玉石饰品）”“创建中国珠宝品牌龙头企业”、中国产品质量电子监管网首批入网百家名优企业等诸多荣誉。

深圳市粤豪珠宝有限公司

【概况】粤豪珠宝有限公司（以下简称“粤豪”）是国内较具影响力的综合性大型珠宝公司，以其领先的设计、独到深远的文化内涵，以及全面的优质服务而称雄业界。2003 年 3 月，在粤东隆进珠宝首饰有限公司的基础上，经过不断的管理创新与流程改革，创立了高品质、多品类、独具特色和重要影响力的产品体系。公司每年推出各类新品 200 万件，日生产加工能力达到 1.3 万件。2008 年起，公司连续 3 年上交国家税金超 3000 万元。至 2010 年，公司总资产达到 6 亿余元。

【品牌·质量】（1）强化企业创新意识。粤豪拥有一支集生产、设计、产品研发为一体的高品质专业团队，曾在国内外各种设计大赛中屡获殊荣。在第二届“黄金畅想”金饰设计大赛中荣获“优胜奖”、第五届中国珠宝首饰设计大赛中荣获“金银奖一等奖”、第六届中国珠宝首饰设计（昭仪杯）大奖赛中荣获“职场装一等奖”“运动装二等奖”。公司不仅和国内著名院校开展合作，而且还在欧洲、亚洲等地设立产品研发小组，以其观念的前瞻性和领先的艺术设计水平开发了一系列优秀新产品，从 2005 年的“鑫婚之喜”、2007 年的“欢姻喜点”、2008 年的“盛世牡丹”、2009 年的“婚庆九宝”，到 2010 年

粤豪珠宝办公楼

的“中华福金”，粤豪将中国传统文化与现代审美时尚结合，走出一条差异化的产品路线，深刻地阐述了珠宝的文化内涵，体现了消费者的情感诉求，创造了新的市场需求。

（2）质量是粤豪珠宝的生命线。粤豪一向以行业标杆自励，产品质量为其关注的头等大事。在检测标准上，粤豪系全国首饰标准化技术委员会成员，与全国首饰标准化技术委员会合作，率先研制出全国首个“黄金检测标准样品”，向全国各省及地市检测机构提供检测标准参照物，提高了检测工作的高效性与精准性。高标准的质量要求和严谨的商业自律是粤豪保持卓越品质的重要保证。

【企业荣誉】粤豪旗下“隆进”被评为中国名牌产品、广东省著名商标，“简金品”被评为中国驰名商标、广东省著名商标，“玉翠山庄”时尚镶嵌翡翠品牌被中国珠宝玉石首饰行业协会授予天然翡翠证明商标与中国珠宝首饰业驰名品牌称号。粤豪先后被世界黄金协会认定为“唯有金推广活动指定供货商”“K-gold 活动指定供货商”，被国际铂金协会指定为“协力推广商”“指定供货商”，并荣获 2009 年全国黄金行业先进集体、2010 年创建中国珠宝品牌龙头企业等荣誉。

【2010 年大事记】粤豪作为国内黄金珠宝行业的领军企业，一直以崭新的姿态活跃在国内珠宝的舞台上。

3 月 9 日至 12 日，成功举办“春情夏意”2010 新品采购节。

5 月 27 日，携手国际铂金协会联合发布 2010 春夏铂金新品潮流趋势及“爱的圆舞曲”主题系列。

6 月 30 日，“蓄饰・绽放”时尚盛典于深圳大中华喜来登酒店隆重举行，期间，“共和国的名片”第二套“人民币纯金微缩金条”与粤豪时尚黄金品牌“芷琳美金”上市发布。

7 月 30 日，粤豪珠宝授予大同银星金店“玉翠山庄”时尚翡翠品牌山西总代理。

9 月 14 日上午，粤豪珠宝隆重举行了由中国 100 位著名书法大师联袂贡献、2010 广州亚运会会徽设计者张强领衔设计的新品系列——“中华福金”发布仪式。

10 月 14 日，国家珠宝玉石质量监督检验中心与粤豪珠宝战略合作签约仪式在国检中心隆重举行。

11 月 11 日，旗下著名品牌“玉翠山庄”携总价值 2 亿元的顶级翡翠亮相北京国际珠宝展。

深圳市天彩祥和翡翠珠宝有限公司

在深圳 2010 国际工业博览会上，《祥龙宝瓶》《枫桥夜泊》《生生不息》分获“金凤凰”中国工艺美术精品金、银、铜奖。《精彩·璀璨》《吉祥·瑰宝》《吉祥·大运璧》《吉祥·UU》分别获大运会工艺礼品金奖、银奖、铜奖及优秀奖。

【概况】深圳市天彩祥和翡翠珠宝有限公司（以下简称“天彩祥和”）位于深圳市龙岗区布吉街道办三联水晶玉石文化村，主要产品包括天然翡翠珠宝饰品和雕琢玉器、高档国礼级天然玉石礼品，为深圳 26 届世界大学生夏季运动会首批签约特许生产商。目前，公司有 250 多名雕刻技艺全面的玉雕技师团队，拥有大型切割机、油机、多功能雕刻机、锣机、电子机等 300 多件生产设备，800 多平方米现代化空调车间。在深圳宝安机场、北京大栅栏，以及杭州、重庆等城市开设了 12 家品牌专营和加盟店，总营业面积达到 1000 平方米。每年生产销售超 5 万件大小手工玉器雕件，以做工精、技艺绝、寓意深而深受市场欢迎。

2010 年，实现销售总收入 4500 万元，实现利润 1637 万元。

【文化创意代表人物】公司董事长江增祥先生 ,1988 年进入翡翠玉石行业，潜心钻研玉石开料、设计、雕刻、抛光等，尤其对翡翠毛料的甄别独具慧眼。公司创作的《世外桃源》《满载而归》《恭喜发财》《慈辉》《花开富贵》5 件大型翡翠玉雕作品获中国珠宝玉石首饰行业协会颁发的中国玉石雕刻作品最高奖项“天工奖”。

在深圳 2010 国际工业博览会上，《祥龙宝瓶》《枫桥夜泊》《生生不息》分获“金凤凰”中国工艺美术精品金、银、铜奖。《精彩·璀璨》《吉祥·瑰宝》《吉祥·大运璧》《吉祥·UU》分别获大运会工艺礼品金奖、银奖、铜奖及优秀奖。

【盈利模式】直接采购原料，严控产品质量（合格率 100%），谋划成品价值最大化。加大终端铺设力度，运用直营、加盟、代理多种运营方式，加快产品从生产到实现资金回笼。

【2010 年大事记】2010 年 1 月 16、17 日，公司独家举办了两场主题为“金虎迎春献天彩，翡翠淘宝纳祥和”的 2010 新年拍卖淘宝会。8 个小时的激烈竞价，实现现场成交额达 150 余万元。

1 月 20 日，天彩祥和与深圳第 26 届世界大学生夏季运动会执行局签约，成为深圳大运会首批特许经销商，同时也是龙岗区文化企业第一家签约单位。

4 月 23 日至 26 日，深圳第二届国际工业博览会在华南城隆重召开，天彩祥和携大运吉祥物珠宝玉石 UU 参展。其中 3 件翡翠玉雕作品获得了本次展会颁发的“金凤凰”中国工艺美术精品奖，4 件产品获大运会工艺礼品设计奖。同时还获得最佳展位奖。

5月14日，由天彩祥和承办第6届深圳国际文化产业博览会深圳中心书城分会场启动，成为当天分会场的一大亮点。董事长江增祥在“设计对接制造，跨界拉动提升”活动上与大运设计团队代表王粤飞在活动现场签订了合作协议书。

5月16日，承办第6届深圳国际文化产业博览会三联分会场大运特别礼品及翡翠成品拍卖会。这是天彩祥和连续三年为该项活动承办拍卖会。期间一件精彩系列的璀璨24件套以38000元的价格被拍走。

6月30日，市委常委、龙岗区委书记蒋尊玉到公司参观考察。

7月，公司获准成为龙岗首批导入“卓越效绩管理”模式的文化企业。

7月18日至22日，天彩祥和参加了在澳门举办的中国玉文化节，展出了150多件大型翡翠玉雕艺术和成品，实现销售额130万澳币。这是天彩祥和第一次组团参加大陆以外的展会，也是实现走出国内、向海外拓展的第一步。

8月28日，天彩祥和携手世界第一大球会观澜高尔夫深圳会所共同举办了“观澜湖玉美茗香沙龙”活动，诚邀中国宝玉石专家田军先生到球会讲授翡翠鉴赏知识。

9月15日，公司参加为期5天的深圳国际珠宝展在会展。公司重点突出了“引领玉石文化，传承民族薪火”这一文化理念。

9月20日，2010年广东省职业技能大赛深圳赛区玉器雕刻大赛实操比赛在公司玉雕厂成功举行。

11月13、14日，2010年翡翠精品秋季淘宝会再次拉开帷幕，260件拍品，有一半为无底价起拍。两天共成交147万，近300名玉友参加了竞拍。

深圳市百泰珠宝首饰有限公司

【概况】深圳市百泰珠首饰有限公司（以下简称“百泰”）是集首饰研发、生产加工、批发及零售于一体的世界最大的黄金首饰加工制造商之一。旗下拥有“深圳市金百泰珠宝首饰有限公司”“杭州航民百泰首饰有限公司”“深圳市百泰钻饰有限公司”“深圳市百泰金艺科技有限公司”“深圳市百泰首饰精铸有限公司”“深圳市百泰首饰制造有限公司”“环冠珠宝金饰（深圳）有限公司”等十家全资子公司和控股公司。公司拥有环境幽雅、设施一流的现代化大型工厂近2万平方米。生产经营黄金饰品、黄金摆件、中高端钻饰镶嵌、PT、K金、宝石等珠宝首饰的批发、进出口及相关配套业务。公司从国外引进先进设备，采用先进工艺进行生产，拥有意大利、瑞士、日本等国家先进的首饰加工设备，并实现了模具生产计算机智能控制，年产加工黄金首饰能力达100吨，每年推出各类新品数千

宝福珠宝设计制作的铂金船——起航

款。公司除了开发、经营自身产品之外，还长期为国内外许多著名企业如香港周生生、周大福等以及国内各大零售品牌进行来料加工。公司大力开发具有自主知识产权的技术和产品，年开发新品数千款，现申请专利 154 项，其中 11 项发明专利、9 项实用新型专利，外观专利 134 项、著作权 12 项。目前公司拥有专利权 85 项。公司已在全国各地开办直营店、加盟店近 400 家。

【发展历程】 2000 年，深圳市百泰珠宝首饰有限公司成立；

2002 年，成为上海金交所综合类会员（唯一拥有两个席位企业）。

2003 年，杭州航民百泰首饰有限公司成立。

2004 年，被授权为世界黄金协会“囍福”结婚金饰合作商（全国 400 多个城市授权经营）。

2005 年，深圳市金百泰珠宝首饰有限公司成立，获“中国国家博物馆唯一指定黄金艺术品生产商”。

2006 年，被授权为世界黄金协会“囍福”结婚金饰唯一指定供货商及推广商（全国 400 多个城市授权经营）；举办首届中国时尚黄金首饰论坛 。

2007 年，实施品牌战略加盟连锁计划，细分黄金首饰市场，推出“环冠时尚”、“百泰首饰”和“尚金缘”三大品牌；与沃尔玛（中国）投资公司实现战略合作。

2008 年，深圳市百泰首饰制造、百泰首饰精铸、百泰金艺科技 3 家分公司成立。与 2008 北京奥组委建立合作关系，百泰是 2008 奥运会的授权指定的第三方奥运会黄金纪念品的生产商。

2009 年，深圳市百泰钻饰有限公司成立；举行“新理念、新形象、新发展”品牌推广会；与国家珠宝玉石质量监督检验中心、清华大学深圳研究生院设计艺术研究所达成品牌战略规划及品牌形象等项目合作。

【公司荣誉】 至 2010 年，公司已获得“中国名牌”产品和“中国驰名商标”称号，是全国珠宝行业和深圳市首家获得“国家标准化良好行为 AAAA 级认证企业”。公司还获得“广东省百强民营企业”“深圳市民营领军骨干企业”“深圳市重点文化企业”“深圳市自主创新行业龙头企业”称号，还是国家标准委员会的委员、“贵金属及珠宝玉石饰品企业标准联盟”秘书长单位。

至 2010 年，公司已获得“中国名牌”产品和“中国驰名商标”称号，是全国珠宝行业和深圳市首家获得“国家标准化良好行为 AAAA 级认证企业”。

【2010 年大事记】 2010 年 1 月，中华民族艺术珍品《百泰和合盘》全国隆重首发；百泰首饰“福文链”掀起六角佛珠链工艺革新；“和合旺运”十二生肖系列上市。

2 月，百泰首饰“甜蜜蜜”系列上市。

3 月，百泰电铸金条上市；百泰首饰 2010 年总代理商研讨会在深圳召开；市委统战部副部长尹小满一行来百泰参观。

4 月，百泰首饰 2010 年新品金条隆重上市；“好运宝宝”推出虎头锁包；推出新品金条“五常之德”；积极筹办“大运会礼仪知识培训”；获盐田区安全生产单位称号；组织销售人员参加“顾问式销售技术”培训。

5 月，百泰首饰向玉树灾区捐款 10 万元；百泰首饰“出生”“满月”“百天”纪念金条上市；百泰首饰在第六届文博会上充分展现当今黄金文化产业的成果，《百泰和合盘》被誉为黄金工艺礼品中的大乘之作。

6 月，召开百泰首饰产品方向和元素研讨会；百泰首饰“漂流瓶”系列新品上市；举办百泰法务知识培训；荣获“深圳市级绿色单位”称号。

7 月，百泰党支部举办庆祝建党 89 周年活动；积极参与“万家企业安全行”宣教活动，并获市“安全生产先进企业”称号；百泰首饰“千回百转”新品上市。

8 月，举办百泰首饰歌手挑战赛；“和合婚庆”钻饰系列上市。

9 月，百泰获深圳经济特区 30 年创意纪念品设计大赛两项银奖；“和合婚庆”钻饰系列上市；2010 囍福结婚金饰上市；举办百泰首饰第九届产品展销会。

10 月，深圳市委常委、市委统战部部长张思平来百泰首饰调研；百泰首饰兰州西单店隆重开业；“印象百泰·和合之美”大型产品主题酒会盛况在深圳卫视播出；四川电视台探访百泰首饰“和合”文化。

11 月，世界大运会组委会领导来百泰首饰参观考察；百泰荣获 2010 深圳珠宝首饰行业唯一“全国模范职工小家”称号；百泰首饰联手招商银行举办尊崇客户专场交流会；《百泰和合盘》领衔“北京礼物”亮相北京文博会。

12 月，百泰首饰举办首届金牌店长培训班；百泰首饰圣诞节新品“SUPER STAR”系列上市；百泰首饰义工服务队成立；百泰首饰成为深圳大运会贵金属特许生产商。

11 月，世界大运会组委会领导来百泰首饰参观考察；百泰荣获 2010 深圳珠宝首饰行业唯一“全国模范职工小家”称号；百泰首饰联手招商银行举办尊崇客户专场交流会；《百泰和合盘》领衔“北京礼物”亮相北京文博会。

千禧之星珠宝股份有限公司

【概况】千禧之星珠宝股份有限公司（以下简称“千禧之星”）创立于 2000 年，擅长宝玉石镶嵌技术和设计，其产品精工、精致、精美，简洁明了的设计风格融合了欧美时尚和中国风韵，柔和、唯美的线条图形使款式多样且内涵丰富，精湛细腻的镶嵌技艺，完美演绎着人与自然的和谐。2007 年 12 月，千禧之星与 Schachter & Namdar Asia Ltd. 签署了中国内地独家代理协议，成为在中国内地唯一可以合法使用南非美钻标志的珠宝品牌。

【发展历程】1997 年 8 月，千禧之星的前身—— 浙江临海首饰工业公司深圳铂金厂正式在水贝开业。开业之初，工厂只有 30 多名工人，以对外倒模加工业务为主，生产少量镶嵌和素金首饰。

2000 年 4 月，注册成立千禧之星珠宝实业发展有限公司，并斥资 1500 万元，购买了水贝工业区厂房 3000 平方米，职工宿舍 700 平方米。同时购置数百万元的国内外先进生产设备。工厂员工已达 200 多人，资净产达 3000 万元，成为初具规模的珠宝首饰生产企业。

2006年，专卖店数量已达300余家。千禧之星品牌在多年的市场拓展中获得了业内和消费者的广泛认同。

2007年5月，千禧之星在线销售平台正式开通，依托遍布全国的300余家专卖店和数万优质钻石库，该网站成为国内首个有实体支撑的在线珠宝销售平台。同年7月，千禧之星与软银赛富基金成功签约，软银赛富基金首批向千禧之星注入1250万美金（人民币1亿元），共同组建股份公司，以帮助千禧之星的市场拓展和品牌整合推广。同年8月18日，千禧之星杭州钻石珠宝会所正式开业，这是千禧之星在一线城市开设的第一家旗舰概念店，标志着千禧之星概念店计划的启动。

2008年至2009年，千禧之星陆续在沈阳、上海、南京、深圳、北京、长沙等重要城市开展南非美钻市场推广活动。

【"走出去"战略】2006年10月，千禧之星美国公司在纽约曼哈顿第五街正式开业，这是千禧之星继香港分公司后成立的第二家海外分支机构。它的成立标志着千禧之星开始规模化进军国际市场。至2010年，千禧之星的产品在海外寻找到了众多极具实力的合作伙伴，包括美国迪斯尼公司、美国最大的银饰品公司A.G.M、阿联酋THANGAN公司、土耳其阿塔赛公司等等。

【公司荣誉】至2010年，公司先后获得了中国珠宝首饰行业驰名品牌、广东省名牌产品、中国名牌、中国驰名商标等殊荣。

【千禧之星与南非美钻】南非钻石历来以高品质、大颗粒美钻受到全世界时尚人士和收藏界的追捧。千禧之星联合南非美钻推广机构，获得了南非美钻在中国的独家代理权。南非美钻销售机构是一家拥有7个著名钻石矿区的钻石推广商，也是全球唯一注册并使用南非美钻原产地标志的机构，其销售的每一颗钻石均通过国际权威钻石鉴定机构美国宝石学院GIA认证，表明其正宗南非原产地身份。

【2010年大事记】（一）公司对2010年优秀销售区域及个人进行了表彰。江浙区王红梅获管理进步奖、赵宜敏获自营拓展贡献奖、上海区鲁琦获销售增长奖、北京区马红杰获利润增长奖、西北张杨获加盟拓展贡献奖、泰兴鼓楼薛蓉获单店成就奖、华南区周娟获年度进步奖、东北区邓荣华获工作勤奋奖、湖南区周敏获区域潜力奖、山东区林群获成本控制奖。

（二）千禧之星受邀作为福田国际服装（服饰）文化旅游节唯一指定珠宝赞助商和协办单位。2010年12月17日，由深圳市文体旅游局和福田区人民政府共同主办的文化旅游节在福田香格里拉酒店隆重举行。深圳市副市长吴以环为旅游节剪彩，千禧之星获组委会颁发"最具价值时尚珠宝品牌"。

（三）2010年4月14日，青海省玉树藏族自治州玉树县发生7.1级地震。千禧之星全体员工自发捐款，公司第一时间向深圳市红十字会捐款20万元。公司还组织了"大爱无疆，祈福无声——千禧之星心系玉树签名祈福"活动，衷心祈愿玉树同胞能早日战胜震灾，重建美好家园。

深圳市翠绿珠宝首饰有限公司

【概况】深圳市翠绿珠宝首饰有限公司（以下简称为“翠绿珠宝”）成立于1996年，是一家集黄金、铂金、镶嵌珠宝首饰生产、加工、批发、零售和自营进出口于一体的大型珠宝首饰企业。翠绿公司拥有设计研发、生产加工、销售展示一条龙的现代化工业园——“翠绿珠宝首饰工业园区”，厂房面积达20000余平方米，拥有黄金、铂金、炫舞金、镶嵌等4个专业生产厂，从意大利、日本等国家引进国际先进首饰生产设备300余台（套），拥有高级设计师、技师等专业人才1500余名。

【主要产品】至2010年，翠绿珠宝经过坚持不懈的研发投入，开发了大量引领国内珠宝首饰行业潮流的新产品，推出的“炫舞金”时尚千足黄金精品、“VCC”铂金系列以及“合家欢”“执子之手”美钻等精品系列获得了业界及消费者的普遍赞许。珠宝首饰花色品种逾60000个，产品覆盖全国90%以上的区域，形成了纵横交错的大中华营销网络。

至2010年，翠绿珠宝经过坚持不懈的研发投入，开发了大量引领国内珠宝首饰行业潮流的新产品，推出的“炫舞金”时尚千足黄金精品、“VCC”铂金系列以及“合家欢”“执子之手”美钻等精品系列获得了业界及消费者的普遍赞许。

【品牌·质量】翠绿珠宝顺利通过了ISO9001国际质量体系认证，先后获得了“中国名牌产品”“中国驰名商标”“中国畅销商品”“消费者信得过产品”“全国黄金行业先进集体”等荣誉称号，并获得各类专利100多项，相继成为上海黄金交易所首批（综合类）会员单位、世界黄金协会和国际铂金协会指定的生产商与推广商、“2010年世博会特许商品生产商和零售商”以及2010年第16届亚运会贵金属产品生产商和分销商。翠绿珠宝是世界黄金协会、国际铂金协会指定生产商和推广商。国际铂金协会组织的“隽永铂金，炫目绽放”的巡展活动中，翠绿创作的“古城”“民族风”“苗寨风情”“太阳雨”“韵律”“丽影”“繁华蜜语”“我的围巾”“生活风情”“随想空间”“公主情”铂饰入选。与国际铂金协会一对一合作推广的“天使之恋”铂金系列，深情款款地演绎了情侣间那份天使般的纯洁、稀有及永恒的爱恋。翠绿设计师在设计大赛中也屡获大奖，J.adore灵感金饰设计大赛中，翠绿两件作品《香氛故事》《点睛》获金奖。

【传统文化传播】2010年12月30日，翠绿的“中华攲器”荣获了上海世博特许产品创新奖，不仅让世界对中华民族传统文化有了更深入的了解，也唤起了国人对中华民族传统文化的关注与热爱。攲器是中国古代用来打水的器皿，这种器皿在没装水时或装水少时是倾斜的，水装得适中不多不少时就会端正，如果水装过多或装满它就会翻倒。最早从攲器的独特原理提出人生哲学理论的是孔子，“满则覆，中则正，虚则攲”，过犹不及，中庸和谐。当今世界人类追求和谐稳定、共同发展的理念体现了孔子“和”的思想精髓！孔子带领学生到鲁桓公庙论攲器的故事流传至今，攲器蕴含了人生哲理，被中国历代君王恭敬地放置座位之右，这就是座右铭的来历。“中华攲器”取材于民族文化的金银工艺品，以纯金（Au999）铸造，攲身“仁、义、礼、智、信”五个代表孔子思想精髓的字错落环绕排列，正反两面正中浮雕“礼”“和”二字，寓意孔子名言“礼之用和为贵”的道理。敧器下半部分别浮雕青龙、白虎、朱雀、玄武，这些取自中国古代四大方位的瑞兽图腾，是吉祥、安康的象征。

【2010年大事记】2010年5月，各地大中专学校频访翠绿珠宝，洽谈校企双赢合作；推行ISO双体系认证，创造和谐企业环境；情系玉树灾区，奉献翠绿员工爱心；翠绿上海、北京两地新店相继开业。

6月，典藏世博首选翠绿“中华敧器”；翠绿首饰编织“幸福样本”；翠绿炫舞金新品“旋舞”上市；世界黄金协会Eily Ong经理一行来公司考察调研。

7月，“我们在一起”系列第二期新品“ 和音”上市；翠绿“清明上河图纪念金/银”火热发行；翠绿首饰喜获“中盈杯”篮球赛第四名。

8月，“我们在一起”系列续推“神往”新品。

9月，中宝协孙文盛会长前来翠绿参观调研；公司开始导入卓越绩效模式；举办翠绿奇幻水上幻境珠宝秀活动。

10月，翠绿推出“守月待兔”生肖新品；翠绿员工捡拾百万货品还失主。

11月,翠绿珠宝举办“2010年度演讲大赛”；举办第二届“翠绿杯”篮球比赛。

12月，翠绿的“中华敧器”（产品编号：P15408）荣获了上海世博特许产品创新奖；翠绿“炫舞金”再添新品系列。

深圳市钻之韵珠宝首饰有限公司

公司总部位于深圳，主营珠宝首饰设计、生产加工、批发销售和连锁加盟等业务，另在香港、北京、上海、沈阳、南京设有多家分公司，在比利时安特卫普、美国纽约、中国香港均设有钻石和黄金采购中心。

【概况】深圳市钻之韵珠宝首饰有限公司（以下简称“钻之韵”）是一家集首饰的款式开发、生产加工、批发零售、品牌加盟为一体的多元化、综合性首饰企业。公司一直秉承“诚信、求实、发展”的经营思路，现业务区域已遍及全国一百多个大、中城市，在广大客户中树立了良好的商誉。公司总部位于深圳，主营珠宝首饰设计、生产加工、批发销售和连锁加盟等业务，另在香港、北京、上海、沈阳、南京设有多家分公司，在比利时安特卫普、美国纽约、中国香港均设有钻石和黄金采购中心。钻之韵是中国珠宝玉石首饰行业协会副会长单位和深圳市黄金珠宝首饰行业协会副会长单位。

【发展历程】钻之韵在1998年进入深圳，并于2000年正式注册成立。钻之韵进入了这个行业并开始涉足珠宝生产加工制造，虽然当时还只是以小规模的形式做珠宝贸易，但在十年里孕育出光彩夺目的钻之韵珠宝品牌。

2001年，深圳市珠宝行业开始了规模发展，显露出良好的发展态势，市政府也开始关注珠宝产业的发展，并推动形成了以万山为基地的珠宝产业园，钻之韵珠宝借此历史良机搬迁至万山珠宝园，并在这一年研发出 18K 素金产品，开始以配件作为企业的重点，并在几年时间内规模急速扩增，工厂从业人员到 2004 年多达 500 人，并实施两厂分工的策略，“时来运转”和 18K 金齐头并进。

2006 年，珠宝行业的竞争也愈来愈激烈，钻之韵珠宝在 2006 年把目标投眼于新产品的开发，在保障产品工艺和品质的基础上不断创新,以精工来应对挑战。“时来运转”与“通灵小钻”“快乐小钻”“K 金系列”及“群镶系列”，构建出一条完整的产品链，融原创性、前沿性、高品质、高科技于一身。

【质量管理】在产品品质控制方面，钻之韵对品质的要求越来越高，钻之韵在管理和质量控制环节做了一系列的工作：对公司员工的首饰鉴定知识进行培训，保障高品质的开端，同时在产品质量检测方面也加强了力度，公司还引进了国外许多先进的首饰检测设备，先后通过了 ISO9001 质量管理体系认证和 ISO14001 环境管理体系认证。钻之韵争取出厂的每一件产品都在品质方面做到完美，不让一件有问题的产品流出公司。

【产品研发】公司专门聘请了业内资深人士运营产品研发，公司也经常参与行业内设计领域的研讨交流，多次在业内的首饰设计比赛中获奖。公司在设计设备方面充分运用了科技化的电脑制图，更加精确的同时与生产环节也结合得也更为紧密，提高了工艺水准也提高了生产效率。钻之韵珠宝董事长认为，未来珠宝首饰饰品的款式将逐渐趋向精工、经典和欧化发展，一个企业要在竞争中占得先机，必须走在行业的最前沿，而钻之韵珠宝正是跟随着这个趋势在探索前行。

公司专门聘请了业内资深人士运营产品研发，公司也经常参与行业内设计领域的研讨交流，多次在业内的首饰设计比赛中获奖。

【市场推广】钻之韵已经形成了完善成熟的品牌体系，在国内发展了多家加盟店，并通过旗舰店的模式和主流媒体的辐射巩固已有的一线市场，希望以这个标准来带动二线市场的开发和发展。与此同时，钻之韵也关注着国外市场的开发，公司很早就开始进军欧美和东南亚市场，公司的产品开发分为两部分，一边专做国内的传统款式，而另一边则是比较欧化的款式，专做迎合西方人佩带习惯的首饰产品。

【企业荣誉】至 2010 年,先后荣获“中国驰名商标”“中国名牌”“中国珠宝首饰业驰名品牌”“中华金银珠宝名牌”、“深圳知名品牌”“深圳市重点文化产业基地”等多项荣誉称号。

深圳市宝怡珠宝首饰有限公司

【概况】深圳市宝怡珠宝首饰有限公司（以下简称“宝怡珠宝”）成立于 1990 年，是一家专业从事贵金属镶嵌类饰品的设计研发、制

宝怡珠宝在业内率先提出“珠宝综合服务提供商”品牌经营战略，经过五年来的不懈努力与辛勤耕耘，在产品设计研发以及知识产权专利方面屡获殊荣。

造加工、批发销售及品牌连锁加盟的综合性大型企业集团。公司总部拥有标准厂房8000余平方米，各类专业技术人才及高素质管理人员1700多人，至2010年，公司自营和加盟品牌店300多家，专业客户超过1400家。公司是中国珠宝玉石首饰行业协会、深圳市黄金珠宝首饰行业协会副会长单位和国际铂金协会中国协力推广商及中国指定生产商，还与戴比尔斯钻石机构、世界铂金协会、世界黄金协会等国际权威机构建立并保持着良好的合作关系。

2010年9月15日，享誉国内外的深圳国际珠宝展在深圳会展中心拉开序幕。珠宝展恰逢深圳特区成立30周年，在这个历史性的时刻，有着20年发展历史的宝怡珠宝，在本届展会上大展风姿。在产品展示上，宝怡珠宝在充分提升冰糖、男士经典系列的基础上，以先期火爆市场的职场精英女性钻饰系列——DOLALA作为本届展会的重点展示款，并辅以写意自然的金色礼赞以及彰显纯爱的甜蜜国度系列时尚款，且首度公开展示公司精心设计研发的尚品碧玺。

宝怡珠宝在业内率先提出“珠宝综合服务提供商”品牌经营战略，经过五年来的不懈努力与辛勤耕耘，在产品设计研发以及知识产权专利方面屡获殊荣。公司在“HRD”“EFD”“大溪地”等国际珠宝设计大赛及“精工产业、领先·中国”中，宝怡荣获团体组全国首饰制作工艺大奖、个人组别镶嵌组国家一等奖及个人组别起版组国家二、三奖等数个重量级大奖。宝怡研发的发簪、项链、手镯、皮带扣AB以及环保低耗执模防护设备等产品获得国家知识产权局的数十项新型实用及外观设计专利。

【质量·品牌】当今国际首饰世界劲吹自然风，优雅、线条的简约主义盛行，首饰世界开始回归自然。宝怡珠宝的设计风格正好契合了这一首饰界流行趋势，将生活中的灵感融入潮流首饰，为珠宝设计界注入了多彩的时尚元素。公司设计总监邓雄和他的设计团队紧握国际时尚潮流的脉搏，广泛参与国际设计比赛，在“2008CHINA”国际珠宝设计大赛上，邓雄以《美在参与》获奖。公司还成功设计“2008铂金婚戒系列”、“晨光”系列，获得了客户和业界同行的一致好评。同样，在公司的设计中，文化元素处处可见，其中最令人称道的当属《木兰新篇》。在第五届“周大生杯”中国珠宝首饰设计大奖赛上，“木兰新篇”钻石护腕获得了一等奖，这一原创设计至今仍在业界传为佳话。《木兰新篇》将中国古代文字和经典故事以钻石巧妙组合，体现了现代女性的不羁和干练，带来了一股清新的设计之风。而在日常的设计中，坚持丰富宝怡首饰的文化内涵。比如“爱情海”系列就结合了飞鸟、鱼类、风车、玫瑰花等多种概念，产品融入了丰富的人文元素，随后“爱情海Ⅰ”“爱情海Ⅱ”相继推出，系列产品历经数年而经久不衰。“灵洁”系列则借鉴了古希腊的“回形纹”元素，倡导热爱生活、向往自由的理念，成为广大女性彰显个性的魅力首饰。

【发展历程】1990年，宝怡珠宝前身宝怡珠宝首饰加工厂由现公司董事长周厚躬先生于深圳亲手创立。

2005年，4月，经中国宝玉石协会评选，“宝怡”牌珠宝首饰荣获“中国珠宝首饰业驰名品牌”称号；

2005年9月至2007年3月，“宝怡”发簪、项链、手镯、皮带扣AB以及环保低耗执模防护设备、压注机等产品及设备荣获国家知识产权局的十项专利；

2007年，“宝怡——爱琴海”系列钻饰隆重推出，引起业界轰动，并为沪上百年名企老凤祥独家代理其全国零售业务。同年，荣获“2007时尚盛典暨第三届时尚品牌榜珠宝首饰类年度最受欢迎品牌”称号；

2008年，宝怡珠宝成为“深圳珠宝”区域品牌成员企业；

2009年，“宝怡”被国家工商总局评为“中国驰名商标”。

【企业荣誉】至2010年，宝怡珠宝获得的各类荣誉主要有：“中国驰名商标”“中国著名品牌”“中国珠宝首饰业驰名品牌”“中华金银珠宝名牌”“中国珠宝首饰业驰名品牌”“中华金银珠宝名牌称号”“深圳知名品牌”“中国名牌产品”“广东省名牌产品”以及“广东省著名商标”等。

深圳市艺美联家私实业有限公司

【概况】深圳市艺美联家私实业有限公司（以下简称“艺美联”）是香港美联家私旗下的公司，在深圳建立了三家规模庞大的工艺红木家私厂。公司产品（包括紫檀木、黑檀木、鸡翅木、酸枝木、花梨木等红木工艺家私）远销美国、新加坡、马来西亚、法国、日本及台湾等二十多个国家和地区，在国内外享有良好的声誉。

2010年，由艺美联原创设计制作的大型红木艺术雕刻家具《江山多娇》成为行业关注的焦点，《江山多娇》以1.8亿元人民币成交，刷新了当代红木家具价格的世界纪录，也让红木艺术家具首次跨进亿元艺术收藏品的行列。

【文化创意成果】《江山多娇》大型艺术雕刻家具：此作品由美联家私有限公司设计制作，总长22.12米、高2.8米，经300余名

艺美联明典系列家具

匠师耗时 8 年精心雕刻、打磨而成，规格庞大堪称史无前例，曾于 2003 年荣获“大世界吉尼斯之最”证书。

《江山多娇》以一幅展开的神州万里江山画卷为背景，在画卷中点缀了金陵大观园十二钗、七仙女、文武财神、三星福禄寿以及现代美女等人物形象，雕刻手法丰富多样，人物形象栩栩如生。整套作品在秉承传统家具科学精巧的榫卯结构的同时，以现代艺术群雕的创作理念，开创了以大型系列家具为形式载体、以名贵红木为雕刻材料、以丰富多变的雕刻方式为工艺手法、以开合起伏的大动态对比方式为主体节奏、以传统典故与文学名著内容为题材、以波澜壮阔的时代主旋律为精神内涵这一独特的大型家具雕刻艺术形式。

《江山多娇》大型红木艺术家具曾先后荣获第五届中国国际家具展设计特等奖、第二届中国(深圳)国际文化产业博览会特别金奖等殊荣。

《江山多娇》设计者、美联家私总设计师胡冠军坚持把人文历史和叙事风格渗进家具中，使古典家具的艺术内涵更为丰富，表达更为多元化。在造型方法、功能设计上，特别考虑了现代生活的习惯和需要。此外，家具雕刻的纹饰借鉴了民间吉祥图案、剪纸、神话故事等元素，对表现手法进行了丰富和创新。

【企业荣誉】至 2010 年，公司连续六届入选全国红木家具品牌单位。美联家私有限公司董事长张洪林高票当选“2010 中国红木家具行业风云人物”，美联家私有限公司荣获“2010 年最具影响力中国红木家具十大品牌企业”。

深圳市天工坊文化发展有限公司

【概况】作为中国内地第一家琉璃专业机构，深圳市天工坊文化发展有限公司（以下简称“天工坊”）是一家专业从事古法琉璃研究的企业，著有中国第一本古法琉璃通史类专著《天工第一坊》。公司具有强大的研发与生产能力，在古法琉璃的设计、工艺、生产等领域拥有多项自主知识产权，现已建成国内最大的古法琉璃生产与加工基地，配备了业内罕有的规模化、专业化的研发队伍和营销团队。多年来，在众多国家文物机构的大力支持与协作下，天工坊在古法琉璃研发领域取得了长足的发展。

在商务、外事礼品、促销品以及建筑装饰等诸多方面，古法琉璃都已成为一种全新的时尚。

今天，不仅天工坊琉璃专卖已成为最具市场吸引力的经营方向之一，在商务、外事礼品、促销品以及建筑装饰等诸多方面，古法琉璃都已成为一种全新的时尚。流云霓彩、天工自成。天工坊古法琉璃正日益成为中国工艺礼品的标识与象征。2010 年，天工坊在深圳龙岗已经拥有 1.8 万平方米的生产基地和 400 多名员工，已经有摩托罗拉、中国海外、华润、招商银行、华为、金龙鱼、康佳等著名企业客户，在新加坡及国内的北京、天津、昆明、武汉等地拥有一百多家专卖店和连锁加盟店。目前，正筹备成立一个琉璃艺术博物馆。

【主营业务】琉璃、水晶工艺品、各种礼品、会议纪念、家居饰品、节庆用品。

【发展历程】2001 年起步于深圳，由杨怀宇和其他两位股东创立。企业成立之初曾面对巨大的亏损，经过 4 年的发展，市场份额不断扩大，成为中国内地第一家古法琉璃生产企业。

公司曾推出依据康熙御笔、恭王府珍藏的福字碑原版拓本制作而成作品“天下第一福”，自面市以来广受消费者青睐，其成功不仅是工艺上的突破，更重要的是对民族文化深层次挖掘上的成功。继“天下第一福”后，天工坊推出了“真金琉璃聚宝盆”等。

【企业荣誉】至 2010 年，公司荣获第四届“深圳知名品牌”荣誉。琉璃作品“平安如意”作为外事礼品赠与来深圳考察的国际大体联主席基里安一行；琉璃作品“琉璃辟邪”被香港奥委会主席霍震霆选中，赠送给来访的国际奥委会主席罗格。公司还是深圳市工艺礼品行业协会会长单位，中国工商联商会副会长单位。

依波精品（深圳）有限公司

【概况】依波精品集团成立于 1991 年，系香港上市公司（0256）中国海淀集团旗下全资子公司，是“中国名牌产品”依波表的制造企业，专业设计、生产、销售“依波”牌中高档手表和贵金属产品。依波集团下设依波企业技术中心、依波精品（深圳）有限公司、深圳帕玛精密制造有限公司、依波金殿购物中心、The Branch Office of

依波金—真金真情真永远

Ebohr LuxuriesInternational Ltd. 和依波大厦管理有限公司等企业。依波企业技术中心是依波集团制定企业标准、贯彻ISO质量体系、研究材料应用和高端制造工艺的专业机构。该中心与高等学府合作研发的贵金属混炼技术、纳米耐磨技术已在依波产品中成功应用并为消费者创造出了增值利益。

【主营业务】"中国名牌"EBOHR——依波表，国际品牌KANA——卡纳女装珠宝表、瑞士品牌CODEX——豪度男装机械表亚太区独家代理权和遍布中国内地的销售网络。

【发展历程】1991年2月，国家轻工部特批的外商独资企业"深圳光大钟表有限公司"，在深圳注册成立。经过十几年的发展，依波从一个起步之初濒临破产的钟表企业到销售业绩增长25倍、净资产增长30倍、纳税贡献增长50倍、利润增长60倍，其品牌价值近17个亿；公司从最初经营低档表到经营中高档表，从默默无闻到获得"中国名牌产品"称号。

【企业荣誉】至2010年，连续6年荣登"中国500最具价值品牌"排行榜，2009年在瑞士日内瓦获颁"B.I.D"世纪质量金奖。此外，依波品牌还获得过"中国名牌产品""中国500最具价值品牌""中国制造业500最佳效益企业""最具影响力的深圳品牌""深圳市300家最具成长性企业""深圳市质量管理奖""区长质量奖"等众多荣誉。依波设计研发的"纳米"硬膜系列手表、太空陶瓷系列手表和高科技电磁充电手表，获得了多项国家专利并被认定为"中国企业新纪录"，是独具竞争优势的创新产品。最新开发的豪华机械表、JUMBO(珍宝)系列大表、镶锗新彩陶系列腕表、"SPRING"系列女装腕表等等都是引领国际潮流的畅销产品。

【品牌·质量】依波公司设有品牌营运、设计研发、品质控制及信息管理四个管理中心。品牌营运中心下属32个遍布全国的分支机构、由700多个专卖店和销售专柜构成的覆盖全国的营销网络和40多个售后服务中心。设计研发中心拥有强大的设计队伍，率先在钟表行业内使用世界上最新的计算机协同设计平台——PLM系统，形成了高效的产品创新能力。品质控制中心全面执行ISO9001质量保障体系，利用全套瑞士检测设备、全封闭无尘防静电车间、自动化装配线和严酷环境实验室，控制年产150万只手表的质量，全心全意地维护消费者的权益和依波品牌的声誉。信息管理中心利用ERP系统，率先在行业内实现了对公司业务的全过程管理，在办公自动化、通讯数字化、销售数据实时化等方面达到了行业领先水平。

该中心与高等学府合作研发的贵金属混炼技术、纳米耐磨技术已在依波产品中成功应用并为消费者创造出了增值利益。

【2010年大事记】5月，依波在美国纽约荣获B.I.D.（国际权威质量评价组织）颁授"世纪质量白金奖"殊荣。

6月，依波连续七届荣登"中国最具价值品牌500强"排行榜，品牌价值增至17.97亿元，较上年度增长11%。

8月，依波集团首次聘请台湾著名艺人吴佩慈小姐为Kana品牌代言人。

9月，依波精品（深圳）有限公司董事总经理陶立喜获"深圳经济特区30年行业领军人物"的荣誉。

10 月,《以创新理念为导向的企业升级战略》获得全国轻工业企业管理现代化创新成果二等奖。

11 月,“依波”“EBOHR”商标已经通过广东省著名商标认定。

深发工艺家私(深圳)有限公司

【概况】深发工艺家私(深圳)有限公司(以下简称“深发”)其生产基地位于深圳市宝安区观澜街道,旗下有深发工艺家私(深圳)有限公司、深圳市深隆行实业有限公司、深圳市深发轩木家私制品有限公司,总占地面积 8 万多平方米,拥有员工 2500 余人。公司是集设计开发、生产、销售于一体的大型家具生产企业,公司自 1980 年创办以来,已有 30 年的历史,是中国最早的红木家具制造企业之一。

【发展历程】高档红木家具原来限于皇宫和达官显贵家中拥有,1980 年,老百姓对红木家具开始表现出前所未有的热情。作为红木家具生产厂家,深发红木公司自然焕发着勃勃生机。在深发进入北京市场之前,中国的红木家具市场主要集中在南方,如昆明、杭州、郑州、武汉等地以及国外市场。当时红木家具销售的方向,台湾地区比较多,美国、加拿大也有。

1996 年,香港深发红木正式进驻北京市场,建立了七八家红木家具店,众多厂家商家跟进来,红木家具销售红火起来。深发成功进入上海、北京,并占领全国市场销售的龙头地位,并因创下十年零投诉业绩而为同行称道。红木家具在中国各地有很多种风格,最具代表性的是广式、京式和苏式。深发以生产广式家具为主。广式家具的特点首先是用料单纯,清一色,比如花梨或紫檀,大多一木制成;用料粗壮、造型厚重,看着就实实在在;讲究吸收西洋造型和雕刻精美的西式图案,或梅兰竹菊动物等传统图案;

多福沙发

多姿多彩的镶嵌艺术更是一绝，所用材质如大理石、玉石、珐琅、陶瓷、螺钿、象牙等令家具熠熠生辉；用生漆漆膜，做出来的家具看起来特别舒服，触摸润滑有光泽，手感好，线条也特别清晰。除仿欧式家具外，也仿明清中式家具，还有结合现代家具款式的造型。公司主要生产花梨木家具，它的特点是特别实用，并且还有很大的升值潜力。京式家具以仿明清古典家具款式为主，用材多采用黑酸枝、红酸枝、以及越南香枝木，这样的家具吸引了很多喜爱古典样式的消费者。深发家具的特点一是家具用料大气，看着舒坦；二是家具款式能与现代家居的装修配套。

从 2003 年开始，公司主动邀请中国林科院木研所和市场产品质量监督检验所，对所售的红木家具实行“双保真”的质量检验。每件家具都有标明自己身份的数码标签，由于经过了注册，可以上网查询，这样保真就有了权威性。

【品牌·质量】公司自创办以来，本着“以人为本，以质量求生存、以顾客为上帝”的宗旨和“科学管理、持续改进，塑造精品”的质量方针，继承和发扬了中国红木家具的千年文化古韵，深受顾客一致好评。红木家具也是传统文化的一部分，做好红木家具事业就是在弘扬中华民族优秀文化。中国家具史上，红木家具留下了重重一笔，挥写了文明古国的源远流长，贯穿了中华民族的文化传承，彰显了中国红木家具的典雅精粹。美轮美奂的红木家具推陈出新，世代相传的红木乐章经久不衰。现代红木家具依然在中国名贵家具市场独占鳌头。“深发”红木家具，采用“黄花梨”“紫檀”“黑檀”“酸枝”“花梨”等名贵木材加工而成，其产品涉及“家居”“办公”“酒店”“休闲”等多个系列及上万种款式，保证了不同类型的顾客的需求，亦是家居、收藏极品。

公司自创办以来，本着“以人为本，以质量求生存、以顾客为上帝”的宗旨和“科学管理、持续改进，塑造精品”的质量方针，继承和发扬了中国红木家具的千年文化古韵，深受顾客一致好评。

公司将中国传统红木家具制作与现代工艺相结合，打造“深发”红木品牌。至 2010 年，公司已获得 30 多项专利，在国际性的大型展会中多次荣获金奖，并在同行业中率先分别通过了 ISO9001 质量管理体系认证、ISO14001 环境管理体系。2010 年 9 月，被全国工商联红木家具专业委员会评定为“中国红木家具行业 30 强企业”，并荣获中国红木家具行业“风云人物”称号。

【文化创意代表人物】张祝林，籍贯浙江乐清，现任深发工艺家私（深圳）有限公司董事长、政协深圳市第五届委员会委员，深圳市总商会常务理事、深圳市红木家具行业协会会长、北京市家具行业协会副会长、深圳市家具行业协会副会长、全国工商联红木家具专业委员会执行会长。张祝林先生曾获深圳市总商会 2008 年度特殊贡献者、深圳市“热心公益企业家”、深圳市十大杰出温商等荣誉。

丰盛书柜

G6 文化旅游领域

深圳锦绣中华

【概况】深圳锦绣中华发展有限公司（以下简称“锦绣中华”）坐落在美丽的深圳湾畔，下属锦绣中华微缩景区及中国民俗文化村，以“弘扬中国民族文化，创建世界一流景区”为宗旨，以展示中国优秀传统文化而闻名，在中国文化主题公园发展史上具有里程碑的地位。2010 年，景区共接待海内外游客 145 万人次，总收入 14839 万元。

【发展历程】锦绣中华是中国文化主题公园的先行者。1989 年，锦绣中华景区开业，是中国第一个大型文化主题公园，它浓缩了中国最著名、最富代表性的名胜古迹、人文景观、地方民居，是中国五千年灿烂文化和 960 万平方公里锦绣河山的荟萃和缩影。1991 年，锦绣中华的姊妹篇中国民俗文化村景区建成开园，是国内第一个荟萃各民族民居建筑、民俗风情和民间艺术于一园的大型文化旅游景区。景区先后接待 130 多位外国元首、政要及社会知名人士。邓小平 1992 年南巡曾专程到此参观游览。

【企业荣誉】至 2010 年，公司先后荣获全国旅游行业先进集体、中国旅游胜地四十佳、全国民族团结进步模范单位、全国外商投资双优企业、“中国青年文明号”（中国民俗文化村）、全国创建文明行业工作先进单位、全国文化工作先进集体、全国质量管理先进企业、国家 5A 级旅游景区、全国民族地区青少年爱国主义教育工作先进单位等殊荣。

6 月，广东省首届少数民族文艺汇演在广州举行，公司代表深圳市选送的原生态民俗打击乐《丰收乐》荣获银奖。

11 月，获首届中国国际旅游文化节颁发的“影响中国旅游的一座文化主题公园”银奖。

【文化创意代表人物】林树森，国家一级舞蹈编导、中国舞协会员、深圳舞协副主席、深圳民间文艺家协会副主席，享受深圳市政府特殊津贴，担任锦绣中华艺术总监和深圳市民族团结发展促进会副会长。他创作的舞蹈《穆斯林礼赞》获国家经典作品提名奖，广东省第五届艺术节编导一等奖、作曲一等奖、服装设计一等奖。他还创作了大型舞蹈诗画《绿宝石》《龙凤舞中华》《东方霓裳》等。

【2010 年大事记】2010 年 11 月 16 日下午，中央政治局委员、

国务院副总理回良玉亲临锦绣中华 / 民俗文化村视察。

1 月 1 日至 3 日，景区隆重推出“篝火狂欢夜，迎新火把节”活动，与广大游客同庆新年。

2 月 13 日至 15 日，景区推出“春节大庙会”主题活动，让广大中外游客在锦绣中华 / 民俗村度过了一个地道纯正的中国年。

3 月至 4 月，景区举办“蝶恋花春游季”，打造“春游活动季”的概念，取得了小投入、大产出的效果。

5 月 1 日，公司与甘肃省甘南藏族自治州联合举办为期 7 天的“香巴拉 · 风情节”。

6 月 13 日，“天翼传奇，王者降临”网络 传奇超级演唱会在锦绣中华 / 民俗村举行。

7 月 3 日至 8 月 29 日，景区举办“七彩云南 · 泼水节”活动，整个暑期（7、8 月）景区共接待游客 29.4 万人次，同比增长 28.7%。

9 月 11 日，“中华一家亲，欢聚深圳湾——第九届海峡两岸各民族中秋联欢晚会”在景区隆重举行。

10 月 1 日至 7 日，景区携手广西河池市政府、新疆乌鲁木齐市政府共同举办以“丝路新疆歌舞秀、生态河池文化周”为主题的“民族狂欢节”活动。

10 月 15 日至 11 月 19 日，“迷情聊斋夜”主题活动在景区举行。

11 月 22 日晚，第 22 届世界模特小姐大赛国际总决赛暨颁奖晚会在景区举行，60 余位来自世界各地的佳丽参与决赛角逐。

深圳欢乐谷

【概况】深圳欢乐谷是国家 5A 级旅游景区，是一座融参与性、观赏性、娱乐性、趣味性于一体的中国现代主题公园，园区分为西班牙广场、魔幻城堡、冒险山、欢乐时光、金矿镇、香格里拉森林、飓风湾、阳光海岸和玛雅水公园九大主题区，有 100 余个国际先进、国内领先的游乐项目。深圳欢乐谷多年来一直致力于为游客提供多元化的游玩体验，园区全年上演时尚、梦幻的主题表演节目，还定期举办国际滑稽节、时尚文化节、欢乐谷狂欢节、国际魔术节、万圣欢乐节等主题活动。

随着“欢乐谷”品牌在北京、成都、上海、武汉等地落地，欢乐谷开创了中国首个自主创新主题乐园全国连锁经营的先河。

随着“欢乐谷”品牌在北京、成都、上海、武汉等地落地，欢乐谷开创了中国首个自主创新主题乐园全国连锁经营的先河。

【发展历程】“欢乐谷”品牌创建于 1998 年，是华侨城集团旗下知名主题公园连锁品牌。深圳欢乐谷于 1998 年 10 月 1 日正式建成开放，经过 12 年发展，秉承“建不完的欢乐谷、玩不完的欢乐谷”的发展理念，创造“常看常新、常玩常新”的顾客价值，经过二期、三期、四期的滚动发展，实现了市场竞争力、品牌影响力的一次次飞跃。自 2006 年至 2009 年，深圳欢乐谷作为国内唯一入选主题公园，

欢乐谷的不夜天 / 官居铁

连续四年名列亚太地区主题公园游客人数排行榜前十名，充分彰显欢乐谷作为中国主题公园行业领跑者的实力。

【经营业绩】2010 年，深圳欢乐谷全年接待游客 305 万人次，连续 8 年入园量居国内主题公园之首。

【企业荣誉】至 2010 年，深圳欢乐谷凭借良好的经营业绩和在履行社会责任中所做的工作，获得了社会各界的广泛认可和好评，先后荣获“行业创新奖（玛雅水公园）”“中国旅游知名品牌”“全国五一劳动奖状”“全国文明风景旅游区”“2007 年优质服务明星单位”“全国青年文明号”“广东省用户满意服务明星企业”“最具爱心企业”“诚信示范企业”“亚太主题公园十强”“中国最佳魔术节·梅林奖”“深圳市建市 30 周年十大优质服务单位”“2010 年度最受网友欢迎的旅游景区”“深圳市优秀消费者权益服务站”“2010 深港市民喜爱的度假胜地”等荣誉。

【社会责任】2010 年春节前，与《深圳商报》携手举办第五届“外来工子女欢乐节”，免费邀请一百个外来工家庭到欢乐谷游玩，彰显爱心企业形象；儿童节与《晶报》联合举办“阳光小记者低碳宣言”活动，倡导绿色环保生活理念；暑假期间与《深圳晚报》、搜房网联合举办第七届欢乐社区总动员，构建深圳社区交流平台，丰富社区居民文娱生活，促进了团结友爱、和谐互助的新型邻里关系。此外，暑假期间深圳欢乐谷还分别与《深圳商报》《南方都市报》《深圳晚报》联合举办了“自闭症儿童畅游欢乐谷”活动、“留守儿童圆梦行动”等多项公益活动，为社会弱势群体送上关爱与欢乐。多年以来，从捐助海啸、地震灾区，到邀请特殊儿童、贫困学生、留守儿童免费畅玩，到让表演团队深入灾区、福利院为人们带去欢乐，欢乐谷不断兑现着对社会的爱心承诺。深圳欢乐谷成为深圳市最富有爱心的标杆企业之一，先后两次荣获由深圳市关爱办授予的“最具爱心企业”称号。

【2010 年大事记】2010 年 1 月 16 日，儿童网上乐园“摩尔庄园”在深圳欢乐谷魔幻城堡落地，给儿童们提供了“现实版”的网络乐园。

精彩的演出——炫艺天空

3 月 6 日，100 名身披婚纱的靓丽女性，参加深圳欢乐谷“新娘向前冲”三八妇女节特别活动。

4 月 11 日，中央电视台、新华社、中国旅游报和人民网等知名媒体共 50 多位记者来到深圳欢乐谷，体验了“低碳华侨城，环保生态行”媒体生态体验之旅。

5 月 1 日至 3 日，举办欢乐谷时尚文化节。

5 月 22 日，公司举办“环保小卫士——低碳宣言绿色行动”活动。

5 月 23 日，深圳市一千多名外来青工相聚深圳欢乐谷，参加了第六届深圳市外来青工文体节——外来青工服饰文化展演活动。深圳欢乐谷获得第六届外来青工文体节组委会颁发的突出贡献奖和最佳企业文化奖。

7 月 17 日，深圳欢乐谷举行以“文明礼仪伴我行”为主题的第七届欢乐社区总动员活动，六个社区数百名居民相继登台亮相，进行表演及水上竞技 PK，展示了阳光进取、奋勇争先的社区风采，表达了深圳人民迎大运、庆世博的喜悦心情。

9 月，《和解之道——深圳消费争议和解示范企业成果巡礼》一书正式出版。受邀参与编写的深圳欢乐谷通过《和解之道》一书，与广大读者分享了多年来和解各类消费纠纷的成果和经验。

9 月 30 日，深圳市市长许勤、副市长吴以环、市政协副主席林洁等领导出席了 2010 深圳国际旅游文化节暨深圳欢乐谷第 11 届国际

欢乐谷精彩演出

魔术节开幕晚会，开启了深圳欢乐谷第 11 届国际魔术节的魔幻盛典。

10 月 21 日，深圳欢乐谷收到由深圳广播电影电视集团和深圳市城市管理局联合颁发的“时光隧道”特别活动收藏证书与奖牌，深圳欢乐谷的一代门票载入深圳历史。

明思克航母世界

【概况】明思克航母世界以其鲜明、独特而丰富的军事文化内涵，开创了旅游业的先河，其独具魅力的创意和深刻而丰富的军事文化内涵吸引了海内外广大游客，取得了良好社会效益。

公园由海上和陆上两部分组成。海上宏伟壮观的航空母舰舰体让游客深入其中，感受高科技的新奇刺激。飞行甲板精彩绝伦的仪仗表演更是引人入胜，大型航母“启航仪式”将前“明思克”号航母检阅、启航、出访、升旗仪式原景再现。中国首个以航空母舰为放映基地的“4D 情景体验舱”，还原“明思克”海战全貌，融军事、国防与娱乐为一体。影片故事脚本由军事和历史专家设计，场景则取自当年“明思克”号海军士兵的真实生活，艺术再现了明斯克航母真实的武器装备系统的作战场景，将震动、坠落、吹风、喷水等特技引入影院。

海上宏伟壮观的航空母舰舰体让游客深入其中，感受高科技的新奇刺激。

【经营情况】“明思克航母世界”主题公园最早于 2000 年 9 月 27 日开业，先后经历了德隆、中信两大企业近 10 年的经营过程。2010 年 6 月 30 日，深圳市南宇投资有限公司出资 1.4 亿元购得“明思克航母世界”的全部经营性资产。在短短半年时间里，接待游客超过 15 万人次，经营业绩得到稳步提升。航母景区逐年在环境、景观建设上加大投入，严格按照旅游景区 4A 等级要求使景区内游客服务中心、引导标识系统、景区网络建设、咨询服务建设等景区主要功能性服务设施有了显著改观，努力为游客营造一个优美舒适的游览环境和休闲氛围。

明思克航母世界

此外，航母景区坚持准军事化管理，突出抓好服务质量，进一步确立“培养一流队伍、实施一流管理、提供一流服务、树立一流形象”的“四个一流”目标，采取“请进来、走出去”等形式进行专业的军事知识培训，每半年进行一次“星级导游”“星级营业员”“星级仪仗标兵”的考评活动，保证为游客提供高质量的服务。

海上田园

【概况】海上田园位于深圳市宝安区沙井街道，地处珠江入海口东岸水陆滩涂接壤处，首期开发面积 173 万平方米。旅游区内湖泊、河涌纵横交错，岸上密林遍布，绿草如茵，红树林、芦苇荡、桑基鱼塘内外鸟飞鱼跃，园区四季花开，空气清新，环境十分优美。

海上田园集观光游览、休闲度假、会议培训、生态科普、健身疗养等功能于一体，园区内设基塘田园、生态文明馆、生态度假村、田园广场、水乡新邨、农家风情寨、红树林实验基地、欢乐天地、生态科普雕塑群、桃林苑等十大景区，共有景点五十余处。位于芦花湖畔的生态度假村更是风格独具：树居、船居、洞居、穴居、螺姬居、水上木屋、水乡新邨等客房布局多姿多彩，拥有客房二百余间。

【评价参考】在寸土寸金的深圳，在现代化城市建设飞速发展的今天，深圳成功营造了一方湿地生态乐园。深圳的大片红树林滩涂湿地和桑基鱼塘渔农文化历史遗存被保护起来，将持续地向市民渗透保护湿地的生态理念。

【2010 年大事记】2010 年 2 月 14 日（虎年正月初一），举办“2010 玫瑰闹新春，海上田园南狮拜虎年”活动。

5 月 1 日至 3 日，邀请三创吉尼斯纪录的赛买提·艾山表演高空走钢丝绝技，吸引众多游客入园观看。5 月 1 日当日入园 3.1 万人次，当日销售 60 元门票达 1 万张。“五一”假期前三天入园总人数 5.7 万人次，与上年同比增长 27%，经营收入 183 万元，同比增长 30%。

5 月 8 日，由宝安区妇联主办的“宝安区第四届母亲文化节开幕式”在海上田园举行，宝安区副区长李惠民、宝安区组织部长赵燕民等领导出席开幕式。

5 月 17 日，公司在深圳市文体旅游局 2009 年度旅游统计工作“百分制”评比中荣获特等奖，评比总分为 106 分（满分为 108 分）。

6 月至 7 月，公司参加深圳市文体旅游局牵头组织的“关爱在鹏城，旅游进厂区”关爱劳务工大型公益活动，配合市政府接待工厂员工入景区开展文体旅游活动。

10 月 1 日至 7 日，举办“金秋十月海上田园飞起来”主题活动，邀请曾获第十届中国吴桥国际杂技艺术节特别奖的国内著名杂技艺术团。

12 月 3 日，公司被深圳市创建节水型城市领导小组授予深圳市节水先进单位称号。

海上田园——黑风二

哭泣的森林

海上田园——湿地

海上田园——螺姬居

海上田园鸟瞰图

12 月 17 日，海上田园旅游区获得“农业部水产健康养殖示范场”称号。

深圳野生动物园

深圳野生动物园是中国第一家放养式的野生动物园，建于山清水秀的深圳西丽湖畔，占地面积 60 多万平方米，园内奇异多姿的飞禽走兽，幽雅恬静的自然环境，布局独特的园林设计，曾荣获国务院授予的“中华之最”光荣称号。

【概况】深圳野生动物园是中国第一家放养式的野生动物园，建于山清水秀的深圳西丽湖畔，占地面积 60 多万平方米，园内奇异多姿的飞禽走兽，幽雅恬静的自然环境，布局独特的园林设计，曾荣获国务院授予的“中华之最”光荣称号。

园内放养着 300 多种，近万头（只）野生动物。目前，深圳野生动物园是世界上惟一拥有虎狮兽和狮虎兽的动物园。斥资八百万元打造的全球首个 5D 影视剧场——交互式动物卡通电影《非常狮虎兽》。每天上午 11 点开始的百兽彩车大巡游和每天下午近 40 分钟的大型动物广场艺术《百兽盛会》，带给游客全新的感受。

【企业荣誉】至 2010 年，公司先后荣获“深圳市文明示范单位”“深圳市绿色景区”称号。

【2010 年大事记】2010 年 2 月，深圳野生动物园主办深圳首届生肖文化节，恰逢虎年春节，首届生肖文化节是集虎展览、虎表演、虎文化、虎科普、虎民俗、虎皮影、虎变脸、虎艺术、逗虎喂虎体验等于一体的大型节日庆典活动。

4 月 1 日，深圳野生动物园与深圳蓝天社行为语言中心合作并成立自闭症儿童华南康复基地。

6 月 1 日，全球首座 5D 影院在深圳野生动物园落成开放。

7 月 1 日，大型动物主题彩车巡游项目《出征》正式启动。

深圳东部华侨城

【概况】东部华侨城，位于中国深圳大梅沙，山地面积近 9 平方公里，是华侨城集团精心打造的国家生态旅游示范区和世界级度假旅游目的地。东部华侨城集两个主题公园、三座旅游小镇、八家度假酒店、两座 18 洞山地球场、大华兴寺和天麓地产等项目于一体。主要包括：大侠谷生态乐园、茶溪谷度假公园、茵特拉根小镇、海菲德小镇、茶翁古镇、大华兴寺、茵特拉根酒店、茵特拉根温泉、菩提宾舍、瀑布酒店、房车酒店、黑森林酒店、茵特拉根城堡酒店、火车营地、咖酷旅馆、云海谷高尔夫会员球场和公众球场、天麓地产等，体现人与自然的和谐共处。

东部华侨城还精心打造了《天禅》《天机》《天音》《天籁》等多台文化演艺项目，每年的春夏秋冬，还会分别推出“山地祈福节”“山地采茶节”“国际茶艺节”“山海放歌节”“瑞士风情节”“山地冰雪节”等主题活动，为广大游客带来无限精彩。

【发展历程】2003 年 8 月，东部华侨城正式以“深圳华侨城三洲田投资有限公司”的身份亮相。2006 年 9 月 19 日，“深圳华侨城三洲田投资有限公司”正式更名为“深圳东部华侨城有限公司”。2007 年 8 月，东部华侨城一期项目正式投入试业。2009 年 8 月 1 日，东部华侨城全面开业。

【社会责任】2010 年东部华侨城积极开展公益活动，为生态旅游树立标杆。一是精心组织策划了“与地球相爱吧”一系列国内首创的公益活动，携手深圳航空开展全国首个旅游、航空跨行业碳补偿计划的年度合作。携手中国移动深圳分公司开展全国首个旅游、通信低碳应用计划等系列活动。二是与深圳报业集团合作，开展“感恩深圳 · 欢动 30 年”大型公益活动，接待近万名特区建设者。

2010 年下半年，为感谢退伍老兵对深圳建设发展及社会治安付出的积极贡献，东部华侨城组织广东省边防总队深圳特检站、深圳市公安边防支队、深圳市公安局消防支队、深圳市公安局交通警察支队等近 2000 名退伍老兵前来景区参观游览。

2010 年，东部华侨城还与深圳市民爱特殊儿童福利院联手组织老师、小朋友前往东部华侨城开展户外活动。同时坚持在门票销售中对持有残疾人证件、军人证件的人给予一定优惠。

2010 年，东部华侨城为盐田区上交税额 6.36 亿元，直接为盐田区解决就业岗位近 4000 个。并以接待游客 353 万人次的骄人数据，引领了深圳旅游行业，带动了整个盐田旅游事业的蓬勃发展。

2010 年，东部华侨城为盐田区上交税额 6.36 亿元，直接为盐田区解决就业岗位近 4000 个。并以接待游客 353 万人次的骄人数据，引领了深圳旅游行业，带动了整个盐田旅游事业的蓬勃发展。

【企业荣誉】2010 年，东部华侨城分别荣获第 16 届年度 THEA 奖之杰出成就奖、中国铂金高尔夫度假村、全国青年文明号、绿色创建社会责任特别贡献奖、中国酒店业最佳业主、中国十大最具魅力酒店、中国最具国际影响力旅游目的地、2010 中国低碳地产最佳人居模范别墅、国际最佳旅游度假胜地、2010 节能中国贡献奖、节水型单位、ASIA2010 年亚洲酒店论坛合作伙伴等。

东部华侨城

【2010年大事记】1月10日，东部华侨城天麓八区开盘。

1月30日，东部华侨城茵特拉根火车营地落成。

3月6日，东部华侨城《天禅》晚会喜获“第16届年度THEA奖之杰出成就奖”。

3月9日，深圳市交通运输委员会党组副书记、副主任黄敏和盐田区区委书记袁宝成及常务副区长龙岳华等领导到东部华侨城，协调解决东部华侨城完善交通设施的相关事宜。

3月19日，东部华侨城获得“深圳市2010年度重大项目证书”。

5月12日，东部华侨城低碳旅游学院举行揭牌仪式。同月，中国旅游品牌世界之旅在澳门召开，深圳东部华侨城荣获“中国最具国际影响力旅游目的地”奖；东部华侨城被深圳文体旅游局评为第二批“深圳市文化产业基地”。

8月10日，东部华侨城茵特拉根黑森林酒店喜迎开业。

10月1日，东部华侨城茵特拉根瀑布酒店B楼、大侠谷火鸟山谷、深海探奇项目正式对外开放。

10月21日，深圳市规划国土委副主任许重光等领导到东部华侨城召开现场办公会，协调解决东部华侨城规划建设相关事宜。

11月12日，原中共中央政治局常委、国务院副总理李岚清偕夫人章素贞参观东部华侨城。

11月16日，中央政治局委员、国务院副总理回良玉参观东部华侨城。

12月20日和21日，由华侨城股份有限公司、中央电视台联合主办，东部华侨城承办的“2010·2011中央电视台群星跨年盛典”在大侠谷天机剧场和国际宴会厅进行录播。

网络服务领域

G7

深圳市宜搜科技发展有限公司

【概况】深圳市宜搜科技发展有限公司（以下简称“宜搜”）是全球领先的中文手机搜索服务提供商。宜搜科技总部设在深圳，在北京建有研发中心，员工规模已达300多人，拥有200人的专业产品和技术研发团队。

宜搜科技专门根据用户的行为需求提供高品质的搜索服务，到目前为止已自主开发了网页、MP3、图片、小说、游戏、新闻、软件、主题、铃声、商品、答案、本地12个频道，让手机用户可以随心所欲快捷地搜索到准确信息，为企业提供无线网络营销推广服务。至2010年，作为高科技、高成长的新兴领域IT公司，宜搜科技受到众多投资机构的青睐，已获得三笔风险投资，总金额近2000万美元。

【经营业绩】宜搜科技通过结合自身产品特性以及市场需求调研，研发出为中小企业提供B2B、B2C服务的移动广告、大型品牌广告平台的宜搜智告，以及用户付费的手机数字商店三大系列产品，成为宜搜的最直接盈利模式。2010年，宜搜市场处于快速成长期，公司总体盈利额达到1.2亿，环比增长60%。在未来2年，随着移动搜索市场的全面爆发，宜搜的收入将达到10亿人民币以上。通过5年的不懈努力，依托领先的技术、强大的营销策略、优秀的管理制度和良好的市场形象，宜搜始终保持着行业的领先地位，市场份额稳步上升。

根据最新中国移动WAP市场占有率报告显示，宜搜以43.55%的绝对优势占据市场的主导位置，综合竞争力排名位列第一。

目前，宜搜日均PV达到5.5亿，日搜索次数1.3亿，活跃用户数达1亿。

【文化创意代表人物】汪溪，是中国第一批移动互联网专家，有着11年的从业经验。1999年开始专注于移动互联网领域，创立深圳讯天科技有限公司，是中国移动互联网音乐／社区的开创者。

汪溪善于把握用户需求，对市场有着敏锐的洞察能力和深刻的体验。2005年，创立宜搜科技，再次用自己的创业行动来引领移动互联网的潮流。

2010年，宜搜CEO汪溪先后获得“2009年度移动互联网影响力人物”“2010华南新经济年度人物奖”。2010年5月，汪溪被选为深圳市第五届人大代表。

【企业荣誉】2009 年，宜搜科技在“第五届亚太投资峰会”上获“2009 年度最具投资价值企业”大奖。

10 月，宜搜科技获得“2009 德勤中国高科技、高成长 50 强”并且高居排名榜前五位。

12 月，宜搜科技入选“德勤高科技、高成长亚太地区 500 强”前十名。

2010 年 4 月，宜搜科技获深圳市福田区“优秀互联网企业移动互联网奖”。

7 月，荣获第二届网博会“电子商务类最具发展潜力企业奖”。

10 月，荣获“2010 德勤高科技、高成长中国 50 强”等荣誉。

【2010 年大事记】2010 年 3 月，深圳市福田区领导班子在区长张青山的带领下，到宜搜科技进行调研。区领导对移动互联网行业和宜搜给予了充分的肯定，十分看好宜搜的未来和成长性。同月，搜狐与宜搜达成协议，正式进军移动搜索市场，双方合作推出的 WAP 搜索合作版本正式上线。搜狐旗下的搜狗手机搜索网站，利用宜搜的网页转换技术，可以在手机上阅读到在 web 电脑上的资讯，这也是宜搜技术上的一次创新之举。

5 月，宜搜科技获深圳市“文化 + 科技示范性企业”称号。文化与科技的结合是宜搜的主要特色，也是宜搜一贯坚持的指导方针。作为一个文化企业，宜搜致力于手机新媒体的应用。同月，宜搜成为第六届文博会独家移动互联网合作伙伴，通过宜搜与文博会合作的手机 WAP 网站，手机网民可以随时随地查询第六届文博会的相关资讯。这也是文博会首次启用移动互联网信息服务平台，为广大市民提供便民服务。同月，宜搜科技援建的地震灾区小学正式落成，这座小学位于四川省石棉县安顺彝族藏族乡。同时，宜搜员工还捐助该希望小学的几十名贫困学生九年义务教育的生活费用。

6 月，宜搜科技 CEO 汪溪参加 CHINA TMT2010 移动互联网投资峰会上并发表主题演讲。

10 月，宜搜与淘宝网合作提供随时随地手机购物。在宜搜手机搜索网站的主页上，有“搜商品”的字样，手机用户只要用宜搜手机搜索引擎搜索淘宝网上的商品，并且可以点击商品链接直接进行购买。宜搜提供了整个商品的选择、购买、支付一体化服务流程，非常方便。宜搜参加戴尔在中国启动的“创我成功之道”活动，并作为中国中小企业的唯一代表出席美国戴尔的全球创业英雄活动。

宜搜参加戴尔在中国启动的“创我成功之道”活动，并作为中国中小企业的唯一代表出席美国戴尔的全球创业英雄活动。

走秀网

【概况】深圳走秀网络科技有限公司成立于 2007 年 10 月，注册资本 1 亿元，公司商业模式独特，各行业资源丰富，管理与盈利能力独树一帜，具备较强的开拓与创新能力。经过 3 年发展，公司已发展成拥有电子商务（B2C、B2B）、会展特卖、团购、DM 及杂志、数据营销、网络联盟、线下店等多渠道整合营销、时尚电商产业链纵向一体化的综合性网络零售服务商，中国十大 B2C 企业。公司主营的走秀网 B2C 商城（www.xiu.com）于 2008 年 3 月上线运行，目前注册用户约 600 万。作为国内时尚网络购物的领头羊，公司一直致力于为全球品牌商提供高质量的传播与销售、为用户提供最具性价比的海内外时尚品牌商品，并引领国内多层次消费群体的时尚潮流，带动国内时尚消费与全球同步，让时尚全球化、时尚大众化。

作为国内时尚网络购物的领头羊，公司一直致力于为全球品牌商提供高质量的传播与销售、为用户提供最具性价比的海内外时尚品牌商品，并引领国内多层次消费群体的时尚潮流，带动国内时尚消费与全球同步，让时尚全球化、时尚大众化。

【发展历程】2008 年 3 月，走秀网上线运行。

2009 年 3 月，在艾瑞咨询机构的调查报告中，走秀网获得时尚类 B2C 网站第一名。

6 月，被认定为“深圳市重点文化企业”。

2010 年 1 月，合资公司“远正文化传媒”成立，获得《麻省理工科技创业》杂志的中文版运营权。

4 月，获得“中国互联网企业 AAA 级信用评价”。

5 月，推出特色资讯频道、线上电子杂志 issue1，将时尚资讯与导购有机结合。

8 月，走秀网时尚产业的延伸品牌——《秀 PLUS》DM 杂志诞生。

9 月，旗下的国内首家奢侈品团购网——“秀团网”上线运营。

10 月，子公司“北京新秀传媒公司”成立。

深圳市迅雷网络技术有限公司

【概况】深圳市迅雷网络技术有限公司（以下简称“迅雷”）于 2002 年底由邹胜龙、程浩先生始创于美国硅谷。2003 年 1 月底，创办者回国发展并正式成立深圳市三代科技开发有限公司。“三代”于 2005 年 5 月正式更名为深圳市迅雷网络技术有限公司。“迅雷”立足于为全球互联网提供最好的多媒体下载服务。

“迅雷”——迅雷使用的多资源超线程技术基于网格原理，能够将网络上存在的服务器和计算机资源进行有效的整合，构成独特的迅雷网络，通过迅雷网络各种数据文件能够以最快的速度进行传递。多资源超线程技术还具有互联网下载负载均衡功能，在不降低用户体验的前提下，迅雷网络可以对服务器资源进行均衡，有效降低了服务器负载。迅雷是个下载的软件，迅雷本身不支持上传资源，它只是一个提供下载和自主上传的工具软件。速度成就奇迹，迅雷用云计算为下载引擎提速 3 倍，每月近 7 成网络用户有效使用迅雷产品超 2 亿小时，每日为互联网快递 11PB 数据，相当于 1100 万部高清电影；云下载的计算功能等于 5000 万台计算机。

【企业文化】公司推崇人的文化和市场文化的结合。迅雷采用美国硅谷现代化企业管理模式,追求平等和开放的沟通与交流。在迅雷，员工彼此学习并参与最酷的互联网技术的开发与推广，在保证工作结果的前提下，弹性安排工作时间，自由上网。公司员工能够通过得到公司优厚的股票期权来真正地共同拥有公司。同时，薪金和福利不逊于任何其他外企，双周薪的工资发放制度也是迅雷公司文化中一个闪亮组成。在迅雷，欣赏冒险精神和创新能力，并为每个人提供充足的发展空间和发展前景。

【2010 年大事记】2010 年 5 月 13 日，中共中央政治局委员、中央书记处书记、中央宣传部部长刘云山在中共广东省委副书记、广东省长黄华华，中共中央宣传部副部长孙志军，文化部党组成员、副部长杨志今，广东省委常委、深圳市委书记、市政府代市长党组书记王荣，深圳市委常委、市委秘书长戴北方，深圳市委常委、宣传部部长王京生等陪同下，来到深圳市迅雷网络技术有限公司视察。

刘云山部长一行参观了公司，并听取了迅雷 CEO 邹胜龙对迅雷公司 7 年发展经营状况的工作汇报。刘云山部长勉励企业要从战略高度审视科学技术在文化发展中的重要地位和作用，积极推动文化与科技的融合，推进文化产品的数字化、网络化传播，不断提高文化发展科技含量，提高文化产品的表现力、感染力，更好地用先进技术建设先进文化、传播先进文化。视察结束后，刘云山部长与迅雷 CEO 邹胜龙一同合影留念。

2010 年，公司全面完成“迅雷看看”升级版网站建设。迅雷看看的节目阵容可谓包揽众多主流一线卫视，做到了多、好、快。2011 年 1 月以后，万众期待的迅雷看看全高清化升级版网站正式与众多网友见面。近百部 720P 高清电影和近 2500 集高清电视剧成为高清规模化运营的第一批内容。2010 年备受关注的贺岁大片《大笑江湖》《赵氏孤儿》等影片也将在迅雷看看迎来网络首播。

2010 年，公司全面完成“迅雷看看”升级版网站建设。迅雷看看的节目阵容可谓包揽众多主流一线卫视，做到了多、好、快。

迅雷
www.xunlei.com

深圳市茁壮网络股份有限公司

【概况】深圳市茁壮网络股份有限公司（以下简称“茁壮网络”）成立于2000年，是全球领先的数字电视业务平台及应用软件提供商，致力于向客户提供创新的产品、服务和解决方案，为客户创造长期的价值。公司总部位于中国深圳，并在香港、北京、上海、重庆、武汉、杭州等地设有分支机构，营销及服务网络遍及全国26个省，能够为客户提供快速、优质的服务。至2010年，公司正处于持续的高速成长期，现有员工700人左右，其中85%的员工从事技术工作，员工中大学（含大专）以上学历占98%以上。目前，茁壮网络已占据国内数字电视市场70%的市场份额，包括深圳天威、北京歌华、杭州华数、湖南有线等，覆盖用户数超过8400万户；在国际市场，茁壮网络的iPanel系列产品在世界各地的运营商中得到了大规模的实际商用，包括香港电讯盈科、香港宽频、日本GeoBB、台湾中华电信、韩国SKT等。

至2010年，公司正处于持续的高速成长期，现有员工700人左右，其中85%的员工从事技术工作，员工中大学（含大专)以上学历占98%以上。

【主营业务】茁壮网络（iPanel）专注于数字电视业务平台的开发和服务，包括语音读报、电视相册、房屋信息等贴近百姓生活的各种应用等。公司已积累了优质的产业链资源，和厂商建立了各种技术、市场合作关系。其中，合作的机顶盒厂商已有100多家，如长虹、创维、九洲、TCL、银河等；合作的芯片厂商20多家，如海思、ST、海尔、晶晨等。

茁壮网络是中国音频、视频及多媒体系统与设备标准化技术委员会的核心成员，国家信息产业部中间件标准制定小组的成员，也是国家广电总局数据广播信息业务标准的主要起草者之一。

2010年，第十四届中国国际软件博览会在北京展览馆举办，全球领先的数字电视增值业务平台及应用开发服务提供商茁壮网络（iPanel），携数十款数字电视最新应用成果亮相软博会，向各界领导、专家等展示iPanel在数字电视领域取得的成果。国家工信部李毅中部长在参观了具有三网融合概念的iPanel展台后，对iPanel给予了高度评价。

【发展历程】茁壮网络自2000年成立至今发展良好，2005年后更是势头强劲，茁壮网络拥有100%的增长率。2009年，茁壮网络赢得亚洲风险投资巨头兰馨投资以及达晨创投的2.5亿元融资。随着市场的不断扩大，茁壮网络将眼光投向数字电视产业链的建立和完善上，从2008年的“产业链成果展”到2009年的“独立内容提供商大会（ICVC)”，茁壮网络不遗余力为数字电视行业的发展贡献自己的力量，积极强化产业链上下游的认知和交流，推动数字电视产业链的完善和升级。作为数字电视行业的优质企业，iPanel永不止息地探索最新的研发技术，身先士卒做行业革新的先行者，成为目前中国数字电视产业中技术最强、规模最大的数字电视业务平台及应用软件提供商。

【企业荣誉】茁壮网络被核定为“国家规划布局内重点软件企业”和“国家高新技术企业”，并于2008年6月被评为“自主创新行业龙头企业”。茁壮网络被列入2009福布斯中国潜力企业，连续两年被评为“清科中国最具投资价值企业50强”，2009年位列第八位。

G8 会展和广告及培训文化服务领域

深圳会展中心管理有限责任公司

【概况】 深圳会展中心管理有限责任公司（深圳市中国国际高新技术成果交易中心）前身为深圳会展中心，于 2004 年 12 月由原深圳会议展览中心、深圳市中国国际高新技术成果交易中心及深圳中国国际高新技术成果交易会展览中心整合组建而成。2006 年在深圳事业单位改革中划转为企业，2008 年 1 月更名为深圳会展中心管理有限责任公司，公司现有员工三百余人。深圳市投资控股有限公司为公司的唯一股东，履行出资人职责。

深圳会展中心管理有限责任公司每年承接并服务的各种展览和会议千余个，展览总面积近 200 万平方米，位列全国展馆前三甲。公司承办的中国国际高新技术成果交易会，每年在深圳会展中心举行，展览面积超 10 万平方米，是中国规模最大、最具影响力的科技类展会，被誉为“中国科技第一展”。

【经营业绩】 2010 年度在会展中心共举办展览项目 89 个，创历史新高；展览总面积达 205 万平方米，历史上首次超过 200 万平方米；承办会议和餐饮项目 1540 场次，会议场地利用率同比增长近一倍。公司财务快报显示，全年营业收入首次突破 2 个亿，达 2.15 亿元，完成预算的 112%；实现利润总额 3177 万元，完成预算的 104%，全面超额完成了控股公司下达的经营指标，受到上级单位的充分肯定。

【发展历程】 1999 年，深圳市高交会展览中心建成投入使用，举办首届高交会，实现深圳会展业第一次腾飞。

2000 年，成立深圳市中国国际高新技术成果交易中心。

2000 年，深圳会展中心破土动工。

2004 年 12 月，深圳市高交会交易中心、原高交会展览中心和原深圳会议展览中心筹备办三家机构整合成立企业化管理的事业单位——深圳会展中心，成立深圳会展中心临时领导小组。

2005 年 3 月，深圳会展中心正式投入使用。随着展馆可供展出面积的扩大，带动全年展览规模上升近 20%，其他业务随之快速发展，实现深圳会展业的第二次腾飞。

2006 年 11 月，原深圳会展中心由事业单位转制为企业，整体划转到市投资控股有限公司。

2008 年 1 月，市投资控股公司正式任命了新的领导班子，并将

深圳市会展中心

原深圳会展中心正式更名为“深圳会展中心管理有限责任公司”，宣告3年多的临时状态结束。

2008年12月至2009年9月，基本完成“劳动、人事和薪酬”三项制度改革，建立了全新的组织管理架构。

【主营业务】深圳会展中心管理有限责任公司主要负责组织承办包括中国国际高新技术成果交易会在内的各类商业性和非商业性重要会展和品牌会展；负责深圳会展中心展馆经营管理；展览和会议的组织与经营；为展览和会议提供工程设计及施工、广告、餐饮、停车场、进出口报关、商务等配套服务。

【企业荣誉】荣获市投资控股公司授予的“双文明优秀奖”“2009年度信息宣传工作先进集体”称号。荣获深圳市总工会授予的深圳市“双爱”活动先进企业称号。荣获中国会展经济研究会授予的“中国最具创新活力的中国会展中心”奖牌及证书。荣获南方报业传媒集团授予的南都“十年功勋单位金榕树奖”。荣获中国会展行业年会组委会、全国会展评选活动办公室授予的“新世纪十年·中国十大政府主导型展会奖、中国优秀展览场馆奖、中国最佳展览场馆奖”等殊荣。

【2010年大事记】3月，公司2010年度经营管理责任书签字仪式隆重举行，公司党委书记、董事长李真与公司党委副书记、总经理苏彦伟同志签订了《经营班子2010年度经营管理责任书》，苏彦伟总经理分别与14个部门的部长（主任）签订了各部室《2010年经营管理责任书》。

3月至4月，被市投资控股公司授予“双文明优秀奖”“2009年度信息宣传工作先进集体”称号；被深圳市总工会授予深圳市“双爱”活动先进企业称号；被中国会展经济研究会授予“中国最具创新活力的中国会展中心”奖牌及证书；被南方报业传媒集团授予南都“十年功勋单位金榕树奖”。

8月，被中国会展行业年会组委会、全国会展评选活动办公室授予“新世纪十年·中国十大政府主导型展会奖、中国优秀展览场馆奖、中国最佳展览场馆奖”殊荣，授予公司董事长苏彦伟同志“新世纪十年影响中国会展 60 人”称号。

9 月，“深圳企业走进以色列推荐会暨签约仪式”在深圳会展中心桂花厅举行，以色列工业贸易和劳工部部长本雅明·本－埃立泽亲自率领 10 多人的以色列代表团出席。深圳市政府副秘书长南岭、深圳市科技工贸和信息化委员会副主任刘锦、深圳会展中心管理有限责任公司董事长苏彦伟、深圳会展中心管理有限责任公司副总经理康永魁，以及近 100 位深圳企业和媒体代表出席了推介会。苏彦伟董事长代表高交会组委办与以色列工贸部就合作举办第十三届高交会以色列分会事宜签订工作备忘录，中以政府官员等嘉宾现场见证了签约仪式。

10 月，深圳市委、市政府在市民中心多功能厅召开了第十二届高交会深圳市动员大会。会议由深圳市委常委、常务副市长、高交会组委会副主任吕锐锋主持，深圳市副市长、高交会组委会副主任兼秘书长袁宝成通报了第十二届高交会筹备工作进展情况，深圳市委副书记、市长、高交会组委会主任许勤做动员讲话。

11 月，公司被深圳企业文化节组织委员会授予“特区设立 30 年深圳企业文化建设功勋企业”、授予公司董事长苏彦伟同志“特区设立 30 年深圳企业文化建设功勋人物”称号；同月，第十二届中国国际高新技术成果交易会在深圳会展中心隆重开幕。中共中央政治局委员、国务院副总理回良玉出席开幕式并宣布交易会开幕；同月，第十二届中国国际高新技术成果交易会在深圳会展中心圆满落下帷幕。

深圳市公交广告有限公司

自 2007 年起至 2011 年，公司与海南白马广告媒体投资有限公司合作经营，公司也由单纯的经营者逐渐转变为车身媒体资源的管理者和服务者，五年实现纯利润超过 2 亿元，为深圳城市公交事业减负增收起到举足轻重的作用。

深圳市公交广告有限公司是深圳巴士集团股份有限公司属下全资控股公司，广东省一级广告企业，成立于 1991 年，是深圳目前规模最大的从事公交广告媒体经营、设计、制作、发布、代理的专业性广告公司。

公司拥有深圳巴士集团所有线路车辆、场站的广告经营权。公交车媒体总量达 169 条线路、3500 多台车辆，分布于深圳主干道、商业区的公交候车亭广告牌 321 个。

1999 年至 2010 年十年间，连续获评“全国广告行业文明先进单位”称号。2003 年起，公司广告年营业收入均达 4000 万元以上，年上缴国家税收 700 多万元。自 2007 年起至 2011 年，公司与海南白马广告媒体投资有限公司合作经营，公司也由单纯的经营者逐渐转变为车身媒体资源的管理者和服务者，五年实现纯利润超过 2 亿元，为深圳城市公交事业减负增收起到举足轻重的作用。

深圳市公交广告有限公司广告产品形式多元化，有全车身、半车身、双侧、海报、椅背广告等，拥有一批稳定的客户群体，如年度投放超百万的商业客户有麦当劳、康师傅、三星、松下、泸州老窖、

深圳公交广告——喜力

北大青鸟等。公司与市水务局、燃气局、深圳航空、红十字会、大运会等公用事业或组织亦建立长期合作关系。多年来，深圳市公交广告有限公司在进行经营活动的同时不忘履行社会责任，积极投身社会公益事业，关注民生、心系百姓，始终致力于通过车身媒体传播积极的社会文化，推动公益文化理念。公司每年投入公益广告额达 300 万元，相当于广告总营业额的 5%左右。公司还通过公交车身载体发布工会、禁毒办公室、红十字会、残疾人联合会、人运会等公益广告。

深圳市机场广告有限公司

【概况】深圳市机场广告有限公司以深圳机场媒体为依托，逐步参与广告创意、策划、整合营销、代理、品牌建设等业务的经营，逐步发展为一个跨区域、跨媒体、跨客户群体的综合性广告公司。深圳机场 2010 年客流量达 2628 万人次，稳居继北京、上海、广州之后的第四大繁忙空港。

深圳市机场广告有限公司广告影响力日益增强，现已有国内外著名企业和著名品牌的客户二百余家。公司拥有一支专业的策划设计、制作队伍，多次在全国广告作品展评中获奖，公司以高起点、

机场广告灯箱

机场广告灯箱

机场广告灯箱

高档次、高效益和少而精的指导思想进行媒体规划。从 1991 年至今，已从单一的经营机场传统路牌发展为经营机场区域内所有户内、户外等多种媒体形式的广告公司，其中自有经营的媒体含户外立柱、灯箱、电视、电子刷屏、LED、LCD、连屏、实物展示、登机桥、挂幅、体验区、登机牌、手推车、资料架、易拉宝、安检篮、玻璃贴和空港杂志等媒体。

2010 年，公司在减少了约 2000 平方米广告媒体面积的情况下，营业收入达到 1.75 亿元，同比增长了 21.13%。至 2010 年，公司荣获“中国最大 50 家广告公司”“深圳市文明企业”“全国广告行业文明单位”等称号。另外，公司承办的《空港》杂志创刊于 1993 年，是由深圳机场主管主办、有国内国际刊号的连续出版物。

2010 年，机场广告公司在节能减排方面做了大量工作。因目前 LED 技术日趋成熟，亮灯寿命达 5 万小时以上，且光衰度控制在 15% 以内。经广告公司对试装 LED 灯箱进行测试，光照度为 2700 留明以上，且灯光均匀，完全可满足广告照度要求。灯箱每平方米的功率不足 60W，而传统光源（T8 管）每平方米的功率 160W 以上，因此，我司将原来 T8 日光灯管改装 LED 光源。广告灯箱安装 LED 光源与传统光源相比，可省电 60% 以上。

深圳机场广告公司致力于建成华南区域内，具备媒体网络式投放、品牌营销能力的，针对高端受众群体的综合性广告公司。

深圳机场

文化产业研究机构

G9

深圳大学文化产业研究院

【概况】深圳大学文化产业研究院依托深圳大学资源，经多年努力，形成了以“学术·高端·原创”为特色，以“创新·创意·创业”为定位的文化产业教学、研究与开发格局，打造了由美术部落、设计部落、传媒部落、建筑部落、演艺部落、影视部落等组成的创意集群。深圳大学连续三年成为深圳文博会分会场，内容包含展览展示、文艺演出、各大活动赛事、艺术品交易等；打造了3号艺栈、美术馆、科技楼展厅等多个展示空间。深圳大学文化产业研究院紧密结合深圳市“文化立市”、大力发展文化创意产业的战略规划，坚持“深化文化产业研究，服务地方经济发展，构建学术交流平台”的宗旨，凝聚整合校内外研究力量，组建精锐科研团队，积极承担各类纵横向课题，在学术研究、决策咨询、社会服务、国际交流、项目开发、校企合作等方面取得系列成果；注重学术影响与社会效益并重，努力创建立足深圳、服务广东、辐射全国的文化产业学术研究中心、资料信息中心和人才培养中心，进一步提升深圳大学在华南地区乃至全国文化产业研究领域的地位。通过学术研究与产业实操的有效结合，成为文科“产学研”的示范基地；借助运行机制创新，为科研机构管理和体制改革积累有益经验。

【发展历程】深圳大学文化产业研究院成立于2009年5月，为学校首个跨学院、多学科的综合性研究机构。研究院依托校内与文化产业相关的学院，拥有在艺术、设计、传媒、广告、建筑、影视、动漫、旅游、经济、管理、法律等文化产业相关领域研究人员200余人。深圳大学副校长李凤亮教授任院长，传播学院院长吴予敏教授、艺术设计学院院长齐凤阁教授、师范学院副院长钟曦教授任副院长。研究院聘请了国家、省市宣传文化部门领导及一批文化产业知名专家组成顾问团和学术委员会。深圳大学文化产业研究院成立以来，先后承担了一批国家和省市重点科研项目，举办了多次论坛、演讲活动，参与发起、筹建了深圳荔园文化产业发展有限公司。2010年5月，文化产业研究院成为“深圳市文化产业教学与培训基地”。2010年10月，“文化产业科研创新平台建设”获得“中央财政支持地方高校发展专项资金”资助，研究院建设进入一个新的阶段。

深圳大学文化产业研究院坚持“深化文化产业研究，服务地方经济发展，构建学术交流平台”宗旨，努力打造“国家文化产业创新与发展研究基地”，成为立足深圳、服务广东、辐射全国的文化产业学术研究中心、资料信息中心和人才培养中心，成为特色鲜明的文化产业科研创新平台和文科“产学研”结合示范基地。目前，深圳大学文化产业研究院主营业务包含学术研究、决策咨询、人才培养和产业实操四大方面。

1. 学术研究：承接各类纵横向课题，形成特色主攻方向、高水平研究队伍和标志性学术成果，形成文化产业研究学术品牌；借助文博会分会场的承办，通过多种方式，打造境内外文化产业高端科研机构的交流平台，加强国际学术交流与合作。

2. 决策咨询：作为智囊团参与中央及地方文化产业发展战略制定和重要文化活动策划，长期跟踪研究标杆文化企业，为深圳市乃至全国文化产业类企事业单位的发展提供决策咨询，做到持续服务、靠前服务、精致服务。

3. 人才培养：打造“深港创意书院”，整合各类资源，开展文化产业专题培训，大力培养文化产业人才。开展好文化产业高端学历教育、文化产业高端人才国际课程培训、文化产业相关从业人员证书培训、文化产业相关行业业务培训四大类人才培养。

“美术部落”以3号艺栈艺术家为主体，集合深圳大学美术专业的教师构成原创方阵。

4. 产业实操：以学术方式参与学校文化产业企业组建、校园文化产品设计、文化创意产业园开发、高端艺术品经营、大学出版社和大学书店运营等，发挥文博会深圳大学分会场的特色和优势，探索高校文化产业发展新模式。

【校园文化产业园区】校园奇葩：美术部落

“美术部落”以3号艺栈艺术家为主体，集合深圳大学美术专业的教师构成原创方阵。深圳大学3号艺栈是由原学校3号实验厂房改造而成的全新艺术原创基地，占地5000平方米，聚集22个艺术家工作室，涵盖雕塑、国画、版画、油画、壁画、书法等不同美术领域，是深圳知名的高端艺术原创基地。美术部落艺术家的作品在近年举办的大型拍卖会上，得到国内外收藏界的高度关注，原创作品入选国际国内各类大型画展。刘声雨教授荣获乌兹别克斯坦荣誉院士称号；潘喜良教授的画作《热土》被中国美术馆收藏，成为该馆收藏的最大一幅人物国画；邹明教授的环艺雕塑作品入选北京地铁装饰。由著名版画理论家齐凤阁教授任主编、著名版画家钟曦教授任副主编的《中国版画》，是目前我国版画界唯一一本学术刊物。

立体组合：设计部落

“设计部落”以年轻的艺术设计学院为依托，汇集了100多位艺术和设计专业教师，其中不乏国内知名学者。专业横跨平面设计、服装设计、工业设计、环艺设计、家具设计、陶艺设计、数字媒体与动画、印刷、摄影等，其综合性和多元化已成为广东省内同类学院的一大特色。完善的设施、良好的条件为设计部落开展设计创作提供了有力保障，青年教师张立川的服装设计作品《仲夏夜之梦》获得2009年全国美展金奖。近年已经开展将学生的优秀设计作品向市场化经营转化的实操，对学生进入创意产业经营起到了良好的带动作用。

青出于蓝：传媒部落

“传媒部落”依托传播学院在新闻传播、广告、传媒研究、广播电视、网络与新媒体等方面的综合实力以及近50名专业人才的优

深圳大学校园

势迅速崛起，近年获得广东省高校人文社科重点研究基地、广东省重点学科和国家级实验教学示范中心。该部落以创新型人才培养模式而著称业界。学生工作室承接了企事业单位委托的多项广告设计、广告营销策划、大型活动策划项目，实施了多项重大活动的运作，具有广阔的市场前景。该部落师生在教育部主办的全国大学生广告艺术大赛等多项专业竞赛中获得了500多个奖项。

都市魔方：建筑部落

“建筑部落”依托深圳大学建筑与城市规划学院，在引领建筑设计同市场结合方面成就突出。其建筑学科早在1993年就被列为广东省重点扶持学科，1999年升级为广东省重点学科，成为省内与华南理工大学建筑学专业双雄并列的两个重点学科之一。2002年，“建筑学”专业被评为广东省名牌专业。2006年又被建设部评为创新先进单位。实力雄厚的专业建筑师和设计师队伍的形成，加之完善的硬件设施（仅建筑学馆就达1.1万多平方米），使建筑部落不论在基础研究还是科研成果转化方面都取得了丰硕成果并屡获大奖。

该部落主攻方向为大型舞蹈剧、戏剧、音乐剧原创品牌，近年来在艺术同文化市场结合方面取得了显著成绩。

彩练舞空：演艺部落

“演艺部落”汇集了包括央视原著名主持人、国家一级演员在内的各类专业教师50多人，培养的演艺人才多次获得国内各类演艺大奖。该部落主攻方向为大型舞蹈剧、戏剧、音乐剧原创品牌，近年来在艺术同文化市场结合方面取得了显著成绩。与深圳市文联联合制作了三台大型舞蹈剧，在深圳保利剧院公演。创作多部原创话剧，在深圳各区文化馆公演，其中《我是一名义工》获得文化部奖项。

百花齐放：影视部落

“影视部落”依托传播学院和信息中心的仪器设备，传播学院、文学院的编导力量，师范学院艺术系的表演骨干，成为校园文化产业的一支新生力量。影视部落以纪录片、新媒体电影等创作与市场化开发为特色，承办了“第三届中国手机电影盛典”“全国大学生短片大赛”等活动。师范学院教师谷雪儿编导的纪录片《最后的大东巴》2009年问世，并在第六届文博会深圳大学分会场举行了与国内外多家电视台的纪录片版权交易签约仪式。

【2010年大事记】2010年5月12-18日，第六届中国（深圳）国际文化产业博览交易会深圳大学分会场开幕。文产院获“深圳市文化产业教学与培训基地”称号，揭牌仪式于开幕式举行。本次深圳大学分会场活动分别设在学校科技楼、3号艺栈、艺术村、音乐厅、演会中心等校园文化艺术场所，陆续展出深圳大学师生优秀作品、3号艺栈艺术原创基地作品及学生创业园创意成果作品，举办“创新·创意·创业：高校文化产业发展”论坛、纪录片《最后的大东巴》版权交易签约仪式暨首映礼、首届国际新媒体影视动漫节获奖作品展播与数字媒体创意体验活动、深大青春演出季4场专场演出及深圳大学服装设计毕业作品展演暨设计大赛系列活动。

6月14-17日，由文产院、暨南大学和北京大学艺术学院联合主办的“世界华语电影：诗学·文化·产业”国际学术研讨会在暨南大学顺利举行。

2010年6月14-17日，由文产院、暨南大学和北京大学艺术学院联合主办的“世界华语电影：诗学·文化·产业”国际学术研讨会在暨南大学顺利举行。

9月，《文化产业视野下的艺术原创与价值转换》成功申报“2010年广东省高校人文社科重点研究基地重大项目”。

10月，“文化产业科研创新平台建设”获得“中央财政支持地方高校发展专项资金”资助。

11月2日，由文产院承办的“第二届深圳学术年会高端学术沙龙：深圳影视产业发展研究”圆满闭幕。本次沙龙活动以“深圳影视产业发展研究”为主题，共同探讨深圳影视产业发展的若干问题。内地知名导演谢飞、香港新锐导演张经纬等校外嘉宾应邀出席此次沙龙活动。

11月11日-13日，由宝安区文化局与深圳大学文化产业研究院联合主办的“2010宝安区企业文艺骨干高级研修班”顺利举行。来自宝安区十个街道的50位企业文艺骨干代表齐聚荔园课堂，进行为期三天的培训，本次培训采取课堂授课、参观考察、学习座谈等丰富多样的形式，邀请业界知名专家学者及行业翘楚进行讲学。

11月21日，文产院11月21日至22日，深圳大学副校长、文化产业研究院院长李凤亮教授出席由中国人民大学和文化部文化产业司共同主办的“文化创意产业与品牌城市”国际论坛（2010），作题为“文化产业园区集群：理论·特质·趋势”的精彩演讲。

11月24日，文产院各部门和中心负责人聘任仪式在深圳大学国际会议厅D厅举行，章必功校长、李凤亮副校长，文产院顾问胡经之教授出席了聘任仪式，章必功校长亲自给各部门和中心负责人颁发聘书。

12月7日，深圳大学副校长、文化产业研究院院长李凤亮教授出席联合国教科文组织创意城市网络2010年深圳国际大会开幕式，并在“新媒体·新技术与文学工作坊”论坊上作了发言。

12月16日，深圳大学文化产业研究院作为学术单位成功协办“深港文化创意论坛”，深圳大学副校长、文化产业研究院院长李凤亮教授出席了大会开幕式，并作精彩讲演。

12月，深圳大学文化产业研究院官方网站http://ici.szu.edu.cn正式上线。

文化演艺服务领域 G10

深圳市歌舞团演艺有限公司

【概况】深圳歌舞团成立于 1987 年 10 月。其主要职能：配合市委、市政府的工作，进行文化宣传演出;宣传党的路线、方针、政策;创作演出优秀的歌舞剧目，为广大群众服务；弘扬民族文化，积极进行公益性演出、商业性演出和对外文化交流演出。

深圳歌舞团先后创排了大型歌舞《开拓者礼赞》《太阳·大海·江河》《深圳之春》《再创辉煌》、大型现代舞剧《深圳故事·追求》、大型纪实剧式歌舞《祖国，深圳对你说》及男子群舞《行囊落下是故乡》等一大批艺术精品佳作。其中大型现代舞剧《深圳故事·追求》荣获 1999 年度中宣部“五个一工程”奖和 2000 年度文化部“文华新剧目奖、音乐奖、舞美奖、表演奖”，大型纪实剧式歌舞《祖国，深圳对你说》荣获 2001 年度中宣部“五个一工程”奖;男子群舞《行囊落下是故乡》荣获全国第五届舞蹈比赛表演三等奖和优秀创作奖；十几人次先后获得国家及省级各类艺术大赛大奖。

2004 年 8 月 10 日，深圳市歌舞团演艺有限公司在世界之窗正式挂牌，至此深圳市歌舞团由原深圳市文化局直属事业单位，转制为华侨城集团所属文化企业，成为国内艺术表演团体转企改制的先行者。业界人士认为深圳歌舞团的改革为全国文化体制改革提供了一种值得借鉴的模式，显示出了一种敢于创新的精神。

深圳歌舞团

深圳音乐厅

【概况】深圳音乐厅是深圳市人民政府投资兴建的大型现代文化设施。它坐落在市中心区风光秀美的莲花山脚下，占地面积26345平方米，建筑面积41423平方米。深圳音乐厅由国际著名的日本设计师矶崎新先生主持设计，其建筑外观造型独特，用“红黄蓝白黑”五色象征中国五行“金木水火土”的完美寓意，被国内外建筑专家誉为新世纪世界音乐厅建筑之精品。

深圳音乐厅共设有一个交响乐演奏厅、一个小剧场及一个国际一流的录音棚。交响乐演奏厅的总面积2323平方米，呈峡谷梯田式，中为岛式舞台，舞台面积251平方米，共1600座观众席。观众席座位行距1.05米，贵宾席座位行距1.3米。深圳音乐厅的建筑声学由日本永田音响公司设计，混响时间设计为1.8秒至2.0秒。各观众分布席均由倾斜的反射墙板围起，顶部的反音板与之相结合达到完美的自然声效果。音乐厅以原声为主，但为了配合其他类型演出需求，特地由国际扩声专家设计了目前最为先进的电声系统作辅助。

深圳音乐厅建筑声学国际一流，适合演出大型交响乐、室内乐、重奏、合唱、音乐剧、电影音乐会，举办各类音乐赛事等，是深圳市大型高雅艺术活动的主要场所之一。

此外，深圳音乐厅还配有音乐沙龙、音乐培训中心、视频制作室及音乐咖啡厅等其他附属设施。深圳音乐厅设计独特，设施先进，是目前国内硬件设施最好的音乐厅之一。深圳音乐厅建筑声学国际一流，适合演出大型交响乐、室内乐、重奏、合唱、音乐剧、电影音乐会，举办各类音乐赛事等，是深圳市大型高雅艺术活动的主要场所之一。

【2010年大事记】2010年主要承办活动：

1月，2010年伦敦爱乐乐团新年音乐会。维也纳节日交响乐团2010年新年音乐会。纯粹听觉新年音乐会——世界顶级花腔女高音迪里拜尔联袂维也纳管弦乐团专场。

2月，2010深圳市新春音乐会。“美丽星期天”之新春特别版——音乐伴你过大年（新春关爱系列文化活动）。

3月，飞扬971纯粹听觉——“爱心无限，电波传递”——慈善音乐会。

4月，世界名团巡礼——斯图加特广播交响乐团音乐会（莱蒙·水榭春天冠名2010春聆音乐厅音乐会）。

深圳音乐厅夜景

5月，刘惜君 音乐·源泉 Live 音乐会。中国琴坛的传奇故事——赵聆·肖邦钢琴作品独奏音乐会。2010文博会艺术节——名家经典演唱会文博会艺术节——名家诗歌朗诵会。

6月，六一乐翻天——美国喜剧大师音乐幽默剧。经典游戏动漫及宫崎骏作品六一大屏幕视听音乐会。

7月，歌剧之夜——《卡门》（交通银行·深圳交响乐团2010春夏音乐季音乐会）。海峡爱乐乐团两岸巡演音乐会。

8月，“三十年深圳梦典”大型诗乐晚会。

9月，金秋放歌·国庆序曲——中国首席男高音范竞马中外经典音乐会。

月亮河——荷兰马兰多轻音乐团音乐会（“招商银行·2010秋聆音乐厅”演出季）。

10月，庆祝深圳特区成立30周年——2010薛伟、张立萍金秋音乐会。庆祝深圳经济特区建立30周年——但昭义国际获奖弟子钢琴协奏曲专场音乐会。

11月，诗歌深圳——第三届广东诗歌节暨零点星首届深圳诗歌节朗诵会。大型交响合唱音乐会“东方红”（招商银行冠名2009秋聆音乐厅音乐会）。

12月，“向梦想致敬”——第十一届深圳读书月经典诗文朗诵会。蓝色理想——2010老狼深圳音乐会《我们依然激情燃烧》庆祝深圳经济特区建立30周年大型交响合唱诗歌音乐会。

12月，“向梦想致敬”——第十一届深圳读书月经典诗文朗诵会。蓝色理想——2010老狼深圳音乐会《我们依然激情燃烧》庆祝深圳经济特区建立30周年大型交响合唱诗歌音乐会。

深圳大剧院有限公司

【概况】深圳大剧院是1984年市政府投资兴建的特区著名八大文化设施之一，1989年正式开业。

大剧院成功地接待了来自世界各地及国内著名艺团体653个，演出场次1450场，接待海内外观众100多万人次。江泽民、吴邦国、李长春、李鹏、乔石、刘华清、丁关根、习仲勋、程思远、吴阶平、赛福鼎、王光英等都曾来到大剧院观看演出；登台大剧院的著名艺术家有李德伦、严良堃、殷承宗、汤沐海、杨鸿年、新凤霞、牛得草、马金凤、袁世海、梅葆玖、谭宗尧、林连昆、许忠、薛伟、刘德海、谭盾、戴玉强、关牧村、杨丽萍、李传韵、李云迪等。

2004年，深圳市委、市政府决定对经过十几年运作、设备设施老化陈旧的大剧院进行改造，主要是对消防、供配电、空调、给排水和智能化等方面进行设备改造和更新，对室内外环境进行全面整合。改造工程由深圳市建筑工务署组织实施，室外设计由法国欧博建筑与设计公司承接，室内设计由北京市建筑与规划设计公司深圳院承接，建设单位是深圳泛华工程有限公司。改造后的大剧院面貌焕然一新，更加体现了国际化和人文化。

2006年3月22日，经改造的大剧院以崭新的面貌举行了隆重的复业演出活动。首场演出特邀请上海越剧院排演的中国经典越剧《红楼梦》，数百张珍贵图片组成的大剧院辉煌历史图片展览在剧院大堂内开展，这是大剧院辉煌历程的一个缩影，也将成为经过改造的大剧院的美好记忆的唤醒和光荣历史的传承。多年来，深圳大剧院以弘扬民族优秀文化、扶持和倡导高雅艺术为己任，为营造深圳高层次的艺术空间做出了不懈的努力，繁荣了深圳的文化事业，提升了深圳人对舞台艺术的审美情趣，被誉为深圳“高雅艺术的殿堂”。

【2010年演出活动】承办专题系列“戏聚星期六”40场。

“新春关爱月演出”5场。

“小剧场话剧”32场。

“交通银行·深圳交响乐团2010秋冬音乐季”17场。

承办“第九届中国艺术节”“文博会艺术节”“中法艺术之春”3项大型文艺演出15场。

深圳交响乐团有限公司

深圳交响乐团创办于1982年。在深圳市政府的大力支持下，经过20多年奋斗，已成长为委市中国优秀的职业交响乐团之一，在国际、国内乐坛树立了应有的艺术地位。

【概况】深圳交响乐团创办于1982年。在深圳市政府的大力支持下，经过20多年奋斗，已成长为委市中国优秀的职业交响乐团之一，在国际、国内乐坛树立了应有的艺术地位。

从1987年始，乐团每年进行国内巡回演出，走遍大江南北，并多次到台湾、香港、澳门演出；曾应邀出访欧洲，在德国柏林爱乐大厅、捷克布拉格斯美塔娜音乐厅举办交响音乐会，均获音乐界专家、新闻媒体和广大听众好评。2004年5月，乐团应文化部之邀参加“相约北京”艺术节，在中山纪念堂和中央音乐学院音乐厅举办音乐会，并担任第三届中国国际钢琴比赛乐队协奏，誉满京城。2006年，为首届世界佛教论坛的举行，组织创作了大型交响合唱《神州和乐》，并在上海、广州、深圳和新加坡、印尼、马来西亚、中国香港等地演出，轰动国内外僧俗界。2006年10月，成功担任中国深圳国际钢琴协奏曲比赛的协奏，受到中外评委的一致赞扬，2007年1月应邀出访德国、法国、意大利等国家。

乐团每年演出100多场音乐会，平均上座率位居国内乐团前列。先后录制了肖斯塔科维奇的《第五交响曲》、舒曼《第四交响曲》、斯特拉文斯基《春之祭》、佛教主题音乐《神州和乐》、勃拉姆斯《第一交响曲》等作品。

深圳交响乐团将大力推进文化体制改革，坚定贯彻“追求一流、服务大众”的理念，进一步提高演奏水准，励精图治，苦练内功，虚心学习，自强不息，进一步扩大乐团在国内外的影响力，攀登交响乐艺术的新高峰。

【2010年演出活动】2010年，承办的主要活动：3月，深圳交

深圳交响乐团

响乐团2010年春夏季音乐会开幕。“爱心无限，电波传递”慈善音乐会。4月，英伦之风——埃尔加作品专场音乐会。国家大剧院第二届“中国交响乐之春”《交响山歌·客家新韵》。5月，深圳大剧院音乐厅“管乐专场音乐会”。深圳音乐厅“文博会艺术节之名家经典演唱会”。法国指挥家米迦勒·戴博图执棒深交“田园音乐会”。6月，与假声男高音歌唱家肖玛合作演出“世界歌剧精选音乐会”。7月，深圳音乐厅与韩国指挥大师咸信益及旅美小提琴家陈曦合作演出交响音乐会 。在深圳音乐厅上演歌剧《卡门》。与阿根廷大提琴演奏家大卫·特劳斯特合作演出“普罗科菲耶夫专场音乐会”。携《神州和乐》《交 响山歌·客家新韵》献礼第十届中国国际合唱节。参演上海音乐厅举办的“庆世博——深圳交响乐团音乐会”。9月，“贝多芬第七交响曲”开启深圳交响乐团“2010秋冬音乐季”大幕 。奥地利作曲家布鲁克纳的“英雄交响曲”音乐会。10月，德国作曲家瓦格纳的歌剧选曲专场音乐会。“品鉴经典交响音乐会”。深圳音乐厅与韩国指挥大师朴恩圣合作演出“2010秋冬音乐季”第五场音乐会。11月，“俄罗斯风采”音乐会。12月，深圳音乐厅与德国指挥家、小提琴演奏家特罗森·詹尼克合作演出弦乐主题音乐会。

2011深圳新年音乐会。

华夏艺术中心

【概况】华夏艺术中心是华侨城集团公司属下以弘扬华夏文明，沟通海内外文化交流，提高社区人口素质，发挥艺术教育功能为宗旨的多功能、综合性文化实体。“华夏”建筑面积13500平方米，由四层V字形大楼和艺术广场组成，建筑设计古朴典雅，获全国第六届优秀建筑设计金奖，是深圳和华侨城城区内不可多得的文化景观。

作为广东省、深圳市乃至全国范围内颇负盛名的文化阵地，“华夏”一直为弘扬高雅艺术不遗余力。15年来，引进中外优秀剧目300余场，约20万人次在这里欣赏过艺术表演。中央芭蕾舞团、东方歌舞团、中央乐团、北京人民艺术剧院、上海京剧院、中国台湾“云门舞集”现代舞团、俄罗斯国家芭蕾舞团、西伯利亚小白桦舞蹈团、德国科隆室内乐团、维也纳施特劳斯圆舞曲乐团、法国青年芭蕾舞团、美国世界民族舞蹈团、巴西民族歌舞团、非洲“黑火”歌舞团等来自亚洲、欧洲、美洲、非洲及澳洲的国内外著名艺术团曾在这里留下身影。

2003年，艺术中心为拓宽演出渠道，丰富广东演出市场，成立了华夏演出公司。演出公司的主要业务涉及国内国外演出经纪，艺团艺员包装代理，演艺项目承办制作，企业文化活动策划等等。艺术中心拥有一支业务过硬的策划队伍，先后在东莞等地为企业的庆典策划、组织各类展演，取得良好的效果，得到了客户的一致好评。中国第十二届“飞天奖”颁奖晚会、中国大中型企业经济技术洽谈会、第五届世界华人舞蹈周以及各大中型企业的庆典等国内外600余场国际、国内重大活动曾在这里举办。

华夏艺术中心设施精良、功能齐全，华夏影剧院于1993年被评为广东省特级影院（首批）。华夏影剧院成立以来共放映电影6000余场，先后有70万人次到这里观看中外佳片。

钢琴、电子琴、声乐、舞蹈、书法、绘画等各类艺术培训班，跆拳道、史丰收速算法、瑜伽功等各类培训常年在这里开课，先后有9万余人次接受了培训。为了普及中华文化艺术，“华夏”于2003年11月成立了华夏文化艺术学校，艺术培训朝做精做专的方向发展。2002年至2006年，“华夏”成功举办了5届“国务院侨办海外侨校中华才艺师资培训班”，得到了国务院侨办领导和海外华侨的一致好评。

华夏艺术中心设施精良、功能齐全，华夏影剧院于1993年被评为广东省特级影院（首批）。华夏影剧院成立以来共放映电影6000余场，先后有70万人次到这里观看中外佳片。

2004年至2005年间，“华夏”斥资近六千万元，进行全面装修改造。装修改造之后的新“华夏”，功能规划更科学，产业结构更合理，硬件设施更完备，管理服务更规范。

目前“华夏”拥有一个中型剧院，4个专业电影院，20余间专业艺术培训厅室。华夏艺术中心历年来组织、策划和承办的文化活动已创出自己高品质的品牌，得到社会各界的高度认同，在发展、成长的道路上留下了坚实的脚印。站在新的起点上，“华夏”将与全国文化界朋友广泛合作，提高利用率，增加知名度，为推动文化事业的健康、快速发展作出自己的贡献。

【2010年演出活动】美国百老汇舞台剧——《LUMA光影人》首次中国巡演；孟京辉最新音乐剧——《三个橘子的爱情》；美国迪斯尼舞台剧三大经典童话——《白雪公主》《灰姑娘》《美女与野兽》；孟京辉经典话剧——《恋爱的犀牛》；大型歌剧——《木兰诗篇》；华夏艺术中心经典剧目之几米音乐剧《向左走，向右走》；中日版昆曲——《牡丹亭》。

马背民族的极品原声：《草原印象》——内蒙古原生态音乐会；“天空之城——小娟·山谷里的居民”深圳演唱会；沙里晶古筝乐团

专场音乐会。

音乐舞台剧《弹琴说爱》。

西班牙国宝级舞团——亚吉拉·拉法叶舞蹈团全本弗拉明戈舞剧《卡门》。

全本弗拉明戈舞剧——《波莱罗》。

中国台湾全民大剧团话剧——《疯狂电视台》。

俄罗斯国立芭蕾舞团芭蕾舞剧——《天鹅湖》。

王伟忠、赖声川话剧《疯狂电视台》。

野百合也有春天——潘越云出道30年金曲演唱会。

法国·德国·奥地利联合制作经典音乐舞剧——《巴黎圣母院》。

美国百老汇音乐歌舞秀——《星光璀璨百老汇》。

世界著名爱尔兰踢踏舞剧——《舞魂》。

纪念老舍先生诞辰111周年——林兆华戏剧作品《老舍五则》。

深圳现代芭蕾舞团

【概况】深圳现代芭蕾舞团成立于2001年，是全国唯一的一家民营专业芭蕾舞团。作为一个专业的芭蕾艺术团体，芭蕾舞团自成立以来，没有政府拨款，在市场夹缝中求生存。现代芭蕾舞团始终以原创作品为根本，坚持创作具有中国民族特色的、结合现代风格的芭蕾舞作品。

作为一个专业的芭蕾艺术团体，芭蕾舞团自成立以来，没有政府拨款，在市场夹缝中求生存。现代芭蕾舞团始终以原创作品为根本，坚持创作具有中国民族特色的、结合现代风格的芭蕾舞作品。

经过了几年的探索与打拼，开创了一条将前卫的现代舞同传统的芭蕾舞结合的新路子。先后把金庸小说《神雕侠侣》、古典名著《画皮》、红色经典《红梅赞》、经典音乐剧《音乐之声》搬上芭蕾舞台，几年来他们创作的200多个舞蹈节目多次在国内外获奖。

芭蕾舞团创建之初经历了很长一段艰难时期：没钱请专业编导，就自己编排舞蹈；没有排练厅，就租用民宅作排练厅。2008年，中国先后经历冻雨、地震、奥运等大悲大喜，商演市场急剧萎缩，芭蕾舞团濒临倒闭，在宝安区宣传文化部门的关怀与支持之下，芭蕾舞团搬进了宝安影剧院后楼，团名也改成了“深圳现代芭蕾舞团”。

现代芭蕾舞团自成立以来，连续3年被深圳市文化局评为“优秀社团”，多次参加省市大型文艺晚会以及重大庆典文艺活动的演出，其作品也屡次获得国际文化艺术奖。凭着多年的苦心经营及业绩积累，现代芭蕾舞团接到了更多的演出活动，主要客户群是市区政府“文化进社区”项目及电视台、电台以的文化活动。

深圳市粤剧团

【概况】深圳市粤剧团前身为宝安县粤剧团。1979 年 3 月，在原宝安县粤剧团的基础上，经过筛选、整顿和充实，组建深圳市粤剧团，这是深圳市第一个专业戏曲表演团体。科级建制，编制 50 名。

1982 年 7 月，编制增至 60 名，仍属科级单位。1983 年 4 月，改集体所有制为国营事业单位，正式职工 47 人转为国营职工。1984 年 9 月，编制增至 80 名，经费按财政补差办法解决。1989 年 3 月，剧团升为正处级单位。2000 年底，80 名编制不变，实有 106 人。团内设办公室、艺术室、演员队、舞台队、乐队和经营科。团领导职数 1 正 2 副。专业人员中，具有高级职称 9 人，中级职称 33 人，初级职称 31 人。获国务院特殊津贴 2 人。

粤剧团在毗邻香港特殊的文化氛围中，剧团坚持弘扬中国戏曲艺术而一枝独秀。剧团成立以来，主要的创作、改编剧目有《鸳鸯泪洒莫愁湖》《情僧偷到潇湘馆》《风雪夜归人》《阴阳怨》《何真归明》《情系中英街》《大潮》（与万丰粤剧团合作）和《牌坊村新传》。主要演员有冯刚毅（一级演员）、黎小玉、郑秋怡、卓佩丽、李伟昌、苏春梅。曾文炳为一级编剧。

深圳粤剧团创立 30 年间，由当初一个县级规模的小剧团发展成为在全国戏剧界享誉盛名、在海内外颇具影响的专业艺术团体，逐渐发展成为中国粤剧改革创新的领军剧团。古装粤剧《鸳鸯泪洒莫愁湖》连演 300 多场，创下粤剧演出最高纪录；粤剧团自己培养的演员冯刚毅获得第 6 届中国戏剧梅花奖，成为粤剧界获得该奖项的第一人；现代粤剧《风雪夜归人》赴新加坡商演获得巨大成功，成为第一个在国外演出的现代戏；现代粤剧《情系中英街》获得“五个一”工程奖、文华新剧目奖、深圳市粤剧团演员在表演折子戏《盗仙草》文华表演奖，成为粤剧界第一个同时获得多项国家级最高奖的剧团；深圳市粤剧《牌坊村新传》获得第八届中国人口文化奖；

深圳粤剧团创立 30 年间，由当初一个县级规模的小剧团发展成为在全国戏剧界享誉盛名、在海内外颇具影响的专业艺术团体，逐渐发展成为中国粤剧改革创新的领军剧团。

深圳市粤剧团演员在表演折子戏《盗仙草》

2003 年，深圳市粤剧团《驼哥的旗》获得国家舞台艺术精品提名奖，成为粤剧界第一个获此荣誉的剧目；同时《驼哥的旗》还荣获第十五届中国曹禺戏剧奖第一名，荣获第九届“五个一工程”奖；2007 年，深圳市粤剧团《明士》在广东省粤剧大汇演中荣获最高奖优秀剧目奖和优秀组织奖。

【2010 年演出活动】4 月，受邀赴香港进行“香港演出周”，献演大型古装粤剧《风雨泣萍姬》《鸳鸯泪洒莫愁湖》《宝玉哭晴雯》和《精品折子戏专场》等 4 场戏。

9 月，深圳粤剧团“精品粤剧展演”在深圳大剧院唱响，《鸳鸯泪洒莫愁湖》《风雪夜归人》《情系中英街》等经典粤韵余音绕梁，展示出深圳粤剧 30 年的探索与辉煌。

4 月，应台湾三重市邀请，深圳粤剧团前往台湾三重市进行为期 3 天的文化交流，并演出折子戏与现代粤剧《风雪夜归人》。

10 月，赴南宁演出经典剧目《风雪夜归人》《鸳鸯泪洒莫愁湖》《刁蛮公主憨驸马》《搜书院》等。

H

部分行业协会概况

2011 SHENZHEN CULTURAL INDUSTRIES YEARBOOK

in china

深圳市设计联合会

【概况】深圳市设计联合会成立于 1987 年 4 月 8 日，系全国各省市中较早成立的地方设计组织机构。2004 年 5 月 8 日，经市政府批准将深圳市工业设计协会更名为深圳市设计联合会，成为深圳市跨部门跨行业，与各类设计有关的企事业单位、个人组成的联合性设计行业协会机构。会员单位包括 600 余家工业设计公司，会员有上万名设计从业者。协会拥有一大批国内一线知名品牌的工业设计公司如飞亚达、康佳、洛可可、嘉兰图、浪尖、鼎典、灏域、东来、融一、迪特格、怡美、朱古力、盛世长城等工业设计公司，它们分别多次荣获德国 iF 工业产品设计大赛 iF 奖、红点产品设计奖、中国创新设计红星奖 、省长杯优良工业设计奖、中国红棉至尊奖等殊荣。协会成立 20 多年以来，致力于推动工业设计的发展，如每年一届的“中国（深圳）国际工业设计周”大型工业设计品牌活动，现已成功举办四届，受到业界广泛好评。

2009 年 11 月，配合市委宣传部组织优秀设计师参加 2009 年 12 月 7 日（创意设计日）召开的“深圳市设计师大会”。

协会拥有一大批设计业领跑者。如“中国设计业十大杰出青年”中，深圳设计联合会有 4 位入选。在红点奖、iF 奖中，深圳设计联合会有众多的获得者，并拥有神 5、神 6“太空表”设计者和设计四辆国产汽车的首席汽车造型设计师等。

【文化创意代表人物】刘振，高级工艺美术师、中国著名新锐策展人、深圳市设计联合会常务副主席、秘书长、深圳市龙文文化传播有限公司创办人荣获 2007 深圳市文化英才称号、2008 中国设计业十大杰出青年称号。 自 2003 年起，主持策划“设计商年展”“创意十二月”“创意设计博览会”等大型设计交流活动；策划、组织首届、第二届“中国姓氏文化节”及“国际老子文化节”。2009 年，发起成立深圳设计产业园，这是全国首个以“设计师为主导、打造设计产业链为主旨”的产业园区。

自 2003 年起，主持策划“设计商年展”“创意十二月”“创意设计博览会”等大型设计交流活动；策划、组织首届、第二届“中国姓氏文化节”及“国际老子文化节”。

罗成，深圳市浪尖工业产品造型设计有限公司创始人、总经理，中国工业设计协会理事，深圳市设计联合会副主席。

陈向锋，深圳市鼎典工业产品设计有限公司总经理，深圳市设计联合会常务副主席。2008 年获评“广东省十大青年设计师”，深圳市鼎典工业产品设计有限公司被评为“广东省十大设计机构”。

孙磊，高级工程师，高级工艺美术师，高级工业设计师，现任飞亚达公司设计总监、创新设计部经理，深圳设计联合会常务副主席。2006 年荣获“2005 中国设计业十大杰出青年”，2008 年荣获 CIDF 中国企业产品创新奖金奖一项，优秀奖一项，并带领团队获得“最佳设计团队”奖。2009 年荣获 CIDF 金奖、最佳材料设计奖、2009 中国最佳创新设计师奖。2010 年神舟七号航天表荣获德国红点设计奖。

2007 年首倡并成功举办“创意点燃时尚”DIY 行业第一届 ID 流行趋势发布会，引领 DIY 行业工业设计风潮。

王永才，深圳市嘉兰图设计有限公司副总裁，深圳市设计联合会副主席，2006 中国设计业十大杰出青年。2000 年合作创立嘉兰图并任副总裁，其本人主导的设计项目超过 200 项。历经 9 年的发展，嘉兰图已成为中国实力最强的工业设计品牌之一。

刘茂起，在产品与品牌规划中对工业设计有独到见解，创立“6m7 理论”。2007 年首倡并成功举办“创意点燃时尚”DIY 行业第一届 ID 流行趋势发布会，引领 DIY 行业工业设计风潮。连续四届亲自主持的行业 ID 设计大赛每年都获得全国四五十个设计院校的支持并吸引近六千学生参加。

姚远，TCL 多媒体全球工业设计中心深圳设计总监，2007 中国设计业十大杰出青年。

【2010 年大事记】2010 年 12 月 24 日，协会与文博会联合举办了 2010 首届中国（深圳）创意生活展暨第四届国际工业设计周。共有 100 多家工业设计及科技企业参展，有洛可可、嘉兰图及法国朱古力设计等知名设计企业参加。

2010 年 5 月，深圳市设计联合会负责第六届中国（深圳）国际文化产业博览交易会创意设计馆的策展及招商、招展等工作，并获得了主办方颁发的优秀组织奖。深圳市设计产业园作为此次文博会的新增分会场，参展企业有 120 多家，参展面积达 3000 平方米，三天成交项目超过 90 个，成交金额超 11 亿元。深圳市设计联合会携手 UT 斯达康（中国）有限公司、中国网络电视台（CNTV）、南方传媒集团共同主办了“UT 斯达康杯”首届中国（深圳）互动电视界面 UI 设计大赛，对推动我国 IPTV 互动电视产业的发展具有重要意义。

12 月，由深圳市设计联合会与德旭贸易（深圳）有限公司联合主办，深圳技师学院承办的 2010“TTAF 杯”酷玩娱乐终端延伸产品设计大赛开赛，大赛以时尚的新颖命题吸引了北京理工大学、西南交通大学等全国多所知名院校参与。本次大赛在全国范围内征集作品，时间跨度三个月，有 150 多名选手到现场参赛。

深圳市工艺美术行业协会

【概况】深圳市工艺美术行业协会是由本市从事工艺美术生产、研究、营销的企事业单位和个人自愿组成的行业组织，于 1989 年 5 月经政府部门批准成立。其宗旨是在遵守国家制定的有关法规政策的前提下，充分发挥其对上协助政府、对下服务企业的桥梁、纽带、助手和参谋作用，促进本行业的不断发展。协会为会员提供的主要服务项目：政策指导与扶持、行业发展重要项目的合作、专业技术职务推荐申报、行规行约及行业标准制订、组展、专刊宣传、维权、技术交流培训、信息交流、联谊活动、国内外考察、法律支持等。

【2010年大事记】2010年1月18日，深圳市伍辉（玉雕）、杨怀宇（琉璃）、陈志忠（金属工艺）荣膺广东省工艺美术大师荣誉称号，受到广东省省长黄华华接见。

3月30日，"第六届文博会分会场认定公示"，工艺美术类分会场15家，占35家分会场的43%。

4月10日，举办创新文化艺术产品——丝翎檀雕全国专家鉴评会。

4月24至27日，由励展华博展览（深圳）有限公司主办的"第18届中国（深圳）国际礼品、工艺品、钟表及家庭用品展览会"展览总面积为10万平方米，设置8大功能馆，共计48000个国际标准展位全部招展完毕，充分巩固了中国礼品第一展地位。

5月13日，斯达高瓷艺发展（深圳）有限公司制作的面积最大的瓷版画《乾隆大阅图》入选上海大世界吉尼斯之最证书。

5月14至17日，第六届文博会"中国工艺美术精品展"在9号馆成功举办，展位面积15000平方米，718个标准展位，参展商252家，来自全国34个省市区。中共中央政治局常委李长春，中共中央政治局委员、中宣部长刘云山，中共中央政治局委员、广东省委书记汪洋，文化部部长蔡武，人民日报社社长张研农，新华社社长李从军，文化部副部长杨志今，商务部部长助理王超，广电总局副局长田进，新闻出版部署副署长蒋建国，中国贸促会会长万季飞，广东省省长黄华华，深圳市委书记代市长王荣等领导参观文博会工艺美术馆。本展设大师作品、红木艺术、陶瓷、珠宝、民间工艺、现代工艺、刺绣7大展区，展期4天，观众总人数达552940人，其中专业观众53730人（含境外专业观众8934人），总交易额达20.2亿元，其中，福建莆田展团签约项目投资额2.5亿元，笋岗工艺礼品城主会场交易额1.7亿元，深圳艺美联公司现场销售额5010万元，外销6672万美元。

第六届文博会"中国工艺美术精品展"在9号馆成功举办，展位面积15000平方米，718个标准展位，参展商252家，来自全国34个省市区。

8月26日，举办"笋岗杯"深圳经济经济特区建立30周年创意纪念品设计大赛。市文体旅游局副局长尹昌龙等领导出席。

8月27日，在深圳特区报、深圳商报联合主办的"深圳特区建立30周年深圳会展荣誉盛典"上，协会承办的文博会工艺美术展荣膺"深圳最具潜力品牌展会"奖，廉建利理事长，协会副理事长、励展华博展览（深圳）有限公司董事长蒋承文荣膺"深圳会展业领军人物"奖，麦庆照秘书长，协会副理事长、深圳市澳腾利展览展示策划有限公司总经理柏然，协会理事、深圳市中诗展览有限公司总经理林桃荣膺"会展业拓荒牛"奖。

11月2日，召开《深圳市工艺美术大师评审认定办法》（草案）论证会，市委宣传部副部长苏会军主持，市人力资源与社会保障局、市法制办、市文体旅游局、市科技工贸与信息化委员会、市工艺美术行业协会有关负责人参加了会议。会议就文件修改及规范、牵头部门、法规依据等达成了共识。

11月18日，全国人大常委会原副委员长、中国工艺美术协会名誉理事长李铁映在深圳市工艺美术协会名誉理事长厉有为以及福田区委宣传部长王强、福田区文产办主任林延岳陪同下，出席了在深圳雅昌艺术馆的书画家笔会。李铁映名誉理事长兴致勃勃地与书画家们进行了技艺探讨与交流。应深圳市工艺美术行业协会请求，李铁映名誉理事长为深圳市工艺美术行业协会会刊题写了“深圳工艺美术”刊名。

12 月 9 日，文化部第四批国家文化产业示范基地命名授牌，协会会员企业深圳市永丰源实业有限公司、深圳市同源南岭文化创意园有限公司获得命名。

12 月 9 日，为期 4 天的联合国教科文组织创意城市网络 2010 年深圳国际大会落下帷幕。协会秘书长麦庆照、副秘书长喻连生应邀出席大会，协会会员企业“斯达高”“宜雅红木”“清祺书”“美景”代表工艺美术设计业参加了大会精品展，其展品受到中外嘉宾高度赞赏。

【2010 年协会工作】受市文体旅游局委托，起草《深圳市 2010~2015 年旅游纪念品开发方案》，提出深圳市旅游纪念品开发的整体规划、重点环节、基本保障；向政府部门呈报了《关于在罗湖“工艺城”引入深圳高端工艺美术总部的建议》，为“工艺城”建设提供协调服务和公共平台建设的组织保障；参与市文体旅游局主持的《文化产业专项资金管理暂行办法》征求意见会，及市文化创意产业“十二五”规划和配套政策研讨会。同时 2010 年配合政府部门开展相关活动。协会起草了《深圳市工艺美术大师评审认定办法（草案）》，2010 年 12 月，科工贸信委将修订后的《办法》报请市法制办审查后定稿，将由市政府常务会议审议通过。

为“工艺城”建设提供协调服务和公共平台建设的组织保障；参与市文体旅游局主持的《文化产业专项资金管理暂行办法》征求意见会，及市文化创意产业“十二五”规划和配套政策研讨会。

2010 年，协会还组织专业技术职称评审，20 人已取得中级职称任职资格，4 人获初级职称任职资格。另有 3 人报经省高评委评审，取得高级工艺美术师任职资格。另外本年度发展新会员 13 家。

2010 年 12 月 9 日，“永丰源”“中丝园”获国家文化产业示范基地命名。

2010 年 5 月 14 日，中共中央政治局委员、中宣部部长刘云山参观文博会工艺美术馆。

2010 年 5 月 16 日，中共中央政治局常委李长春参观文博会工艺美术馆。深圳《百泰和合盘》被国家珍宝馆收藏。

2010 年 5 月 13 日，斯达高瓷板画《乾隆大阅图》获《吉尼斯大世界》证书。

深圳市勘察设计行业协会

【概况】深圳市勘察设计行业协会是由各勘察设计（及与之相关）单位自愿组成的一个非赢利性、行业性社会团体，具有独立法人资格，于 1991 年 12 月 28 日正式成立。

一直以来，深圳市勘察设计行业秉持先进的设计理念、超前的技术水平和现代的服务意识，成为国内设计界的翘楚之一。据统计，全国各省市重大居住项目设计的招投标中，深圳设计企业的被邀标率和中标率位居榜首。在全国历年勘察设计工程评选活动中，深圳企业获奖数量位居前列。仅 2009 年，深圳勘察设计行业纯设计产值 90 亿元，直接关联建设工程投资额 3000 亿元。深圳勘察设计作为“深圳设计”一张响亮的城市名片，担当起“设计之都”的主力军角色。

至 2010 年，深圳市共有 200 多家勘察设计相关企业，从业人员 2 万余人，其中 9 成以上为专业技术人员。根据建设部行业年报统计系统得知，近 5 年来，深圳勘察设计行业总体营业收入以年均 9% 速度增长，其中 2009 年度本市本行业营业总收入达 90 亿元，人均年产值 40 万元，人均创利税 3 万元。深圳勘察设计企业“走出去”日益增多，约 80% 营业收入来自市外、省外，基本实现“设计输出”。2009 年，在深圳市政府初步认定公示的深圳市 180 家“总部企业”中，深圳勘察设计行业占据 9 席；近三年来，该协会会员单位荣获省部级以上“优秀工程勘察设计奖”超百项。

【建筑节能】建筑能耗要占社会总能耗三成之多。在建设“资源节约型、环境友好型社会”之中，深圳勘察设计行业协会坚持倡导设计绿色理念，力行节能减排，引导行业的正确发展方向。

协会每年度要开展大量关于绿色、节能等先进设计理念的宣传、培训工作。为了将建筑节能落到实处，及时组建建筑节能专家库，并在行业标准编制和“优秀工程评奖”中，将“建筑节能”作为前置条件。此外，协会主动调查、了解建筑节能在政策层面存在的问题，及时向政府相关部门建言献策，力促改进和完善。该行业在建筑节能设计技术标准体系建设方面，获得了业内人士的充分肯定。近 5 年来所设计的建筑物，凡建筑节能设计不合格的图纸，不得用于施工和建设。

协会每年度要开展大量关于绿色、节能等先进设计理念的宣传、培训工作。为了将建筑节能落到实处，及时组建建筑节能专家库，并在行业标准编制和“优秀工程评奖”中，将“建筑节能”作为前置条件。

【服务平台】“规划设计行业发展论坛”：2009 年 4 月，协会与政府部门联手，成功主办了以“活力城市，多彩建筑”为主题的第二届论坛，旨在促进深圳市规划及设计行业与外界的融合、交流和合作，把握行业最新脉动，提升深圳市乃至全国的规划及设计水准。这次论坛，包括港澳台代表在内的 800 多名专家、学者及专业人员齐聚鹏城。该论坛树立了深圳市在全国城市规划及建筑等设计领域的标杆地位。

“深圳——香港城市建筑双城双年展”：通过国内外各界专业人士、机构与媒体事件性的话题，启动城市间、行业间关于思想文化和设计理念的碰撞、交流。

“深圳市建设工程专家库信息管理系统”：向全社会开放，无偿提供给相关用户使用。现有 1437 名专业技术专家入库，已为职称评审、工程评优及工程评标等业务多次提供专家评审服务。

【社会责任】协会勤于履行社会责任。在汶川特大地震发生之后及政府发出号召援建新疆喀什以来，协会充分挖掘技术资源，先后援建川甘灾区和新疆喀什，受到社会各界肯定。2008 年，汶川大地震牵动了中华儿女的心。深圳市勘察设计行业各企业为灾区人民踊跃捐款400多万元。协会还组织多批行业专家开赴地震灾区一线，在陇南建立“深圳勘察设计援建现场工作站”，实施零距离援建（直至现在，仍有后期服务人员留守）。同时，以协会重建工作委员会为依托，牵头发起“甘肃陇南灾区新校园设计竞赛”活动，并募集善款100多万元，组织设计、援建灾区幼儿园及学校。在深圳市定向援建喀什以来，市勘察设计行业各企业充当援建先锋队，已在现场完成医院、福利中心和小学的援建设计（现小学已基本建成）。

深圳市印刷行业协会

1月至4月，深圳市印刷行业协会受市新闻出版局委托，办理了深圳市2000余家印刷企业《印刷经营许可证》的换证、初审及发放证件工作。

【2010年大事记】1月12日，举办了“深圳市员工工资支付条例讲座”。

1月至4月，深圳市印刷行业协会受市新闻出版局委托，办理了深圳市2000余家印刷企业《印刷经营许可证》的换证、初审及发放证件工作。

3月11日，深圳市印刷行业协会副会长单位中华商务联合印刷（广东）有限公司和深圳雅昌彩色印刷有限公司，荣获2009年至2010年度国家文化出口重点企业称号。

3月26日，香港特别行政区环境保护署、深圳市人居环境委员会、深圳市科技工贸和信息化委员会和深圳市印刷行业协会共同举办“印刷包装行业清洁生产研讨会”。

4月7日，深圳市印刷行业协会组团参观考察了由中国印刷技术协会主办的“中国国际彩盒展”，60名企业代表报名参加。本次展览云集国内外知名彩盒生产设备制造商，展示了国际最新技术。

5月14日至17日，由新闻出版总署印刷发行管理司、中国印刷技术协会、深圳市新闻出版局主办，深圳市印刷行业协会承办的第六届文博会“绿色（环保）印刷展”取得圆满成功。

6月30日，举办了“印刷企业加工贸易进出口操作管理讲座”。

7月7日，深圳市印刷行业协会配合深圳市科技工贸和信息化委员会召开“印刷行业企业座谈会”，并汇报了深圳市印刷产业高端化发展情况。

7月16日，深圳市新闻出版局在中华商务公司召开“印刷企业文化安全及安全生产现场交流会”，广东省印刷复制业协会会长陈均、深圳市印刷行业协会王哲秘书长出席并作专题发言。

8月11日，深圳市科技工贸与信息化委员会与深圳市印刷行业协会在市民中心联合召开“纳米制版技术产业化座谈会”。

10月22日，深圳市印刷行业协会组织12家企业16人的代表团应邀出席了第八届两岸三地印刷业交流联谊会活动暨澳门印刷业商会成立40周年大会。

11月16日至11月23日，“一样的图书，不一样的感觉”展览在深圳中心书城南座2楼展出。

【行业荣誉】至2010年，深圳印刷业荣获国家和省级奖项6000余项，获得美国等国家和香港地区的大奖5000余项。中华商务、雅昌、当纳利等企业多次荣获被誉为全球印刷界“奥斯卡”的Benny Award金奖，深圳市成为荣获此项殊荣最多的中国城市（约占全国获奖比例的92%）。在2005至2008中国印刷企业100强评比中，深圳市印刷企业平均每年稳占20席。

深圳市工业设计行业协会

【概况】深圳市工业设计行业协会于2008年5月底正式成立，属于深圳市一级行业协会。通过发挥协会的聚集效应，实现工业设计与传统制造业的无缝对接，促进深圳市工业设计行业的创新、交流与合作，帮助深圳现代工业和制造业实现产业升级。截至2010年12月底，由最初的49家发起单位增至218家会员单位。两年多时间里，协会搭建了广阔的国际设计合作平台，与香港设计中心分别代表深港双方签订了《深港创新圈——深港设计战略框架合作协议》。协会先后与以色列设计工厂（IDW）、中国台湾创意设计中心、印度通信和制造业协会、新加坡设计师协会、丹麦设计中心等国际机构签署设计战略合作协议，主动引入国际化交流合作平台，实现深圳设计与国际接轨。协会于2009年成为ICSID（国际设计联合会）会员。

协会通过举办每年一届的中国（深圳）国际工业设计节、深港文化创意论坛、海峡两岸设计精品展、两岸青年设计师设计工作坊等活动，引进和分享国际最先进的设计理念，全面提升和促进中国工业设计产业的发展。2010年5月，中共中央政治局常委李长春、中宣部部长刘云山分别视察深圳工业设计精品展区。

协会通过举办每年一届的中国（深圳）国际工业设计节、深港文化创意论坛、海峡两岸设计精品展、两岸青年设计师设计工作坊等活动，引进和分享国际最先进的设计理念，全面提升和促进中国工业设计产业的发展。

至2010年，共有13600多名来自包括港、澳、台和海外地区的专业人士参加了协会组织的9次国际性设计活动。通过协会平台，促成会员间及会员与制造业间近百次合作，设计产值超过20亿元。

【发展历程】从1987年至今，深圳市已经吸引并培育各类工业设计人员数万人，纯工业设计外包公司超过500家，工业设计企业总计超过3500家，设计公司数量、规模及人才均居全国之首。

2008年，在深圳设计公司和品牌企业的发起下，工业设计专业组织——深圳市工业设计行业协会正式成立。该机构属非营利性的地方性社会团体，是社会团体法人。协会会员包括飞亚达、迈瑞、长城计算机、创维、TCL、长虹、三诺等国际品牌制造商，以及嘉兰图、麦锡、洛可可、怡美、融一、中世纵横、心雷等著名工业设计公司。协会全职员工10人，专家顾问15人。协会倾力打造的中国（深圳）国际工业设计节已经成为中外业界规格最高和规模最大的国际盛会。

深圳市室内设计师协会

深圳市室内设计师协会以团结深圳室内设计师，促进学术研究，提升专业水平，推进国内外同行的交流合作为宗旨，以“服务、沟通、协调、监督”为基本职能。

【概况】深圳市室内设计师协会以团结深圳室内设计师，促进学术研究，提升专业水平，推进国内外同行的交流合作为宗旨，以“服务、沟通、协调、监督”为基本职能，现有专业设计师会员1500余人，团体会员110家，理事会成员136人，其中常务理事39人。会员大多是深圳各大装饰设计企业的总经理、设计总监、设计部经理等。

2004年10月13日，深圳市室内设计师协会经深圳市民政局批准注册登记。六年来，协会在提升设计师队伍素质、规范行业管理、净化市场环境、促进国内外室内设计界交流合作、推动设计产业发展等方面作出了重要贡献。

【2010年大事记】2010年4月，协会理事会通过了《深圳市室内设计师协会章程》修正案，协会采取轮值会长制，轮值会长由新一届理事会第一次会议选举产生，轮值会长以团队的形式开展工作，对协会实行集体领导。

5月，举办了第二届会员代表大会暨深圳室内设计2009年度颁奖典礼。YAC杨邦胜酒店设计顾问公司董事长、设计总监杨邦胜当选第二届理事会2010至2011当值会长。

8月，深圳室内设计师协会与和记黄埔强势打造2010顶级设计赛事——“鹏城杯”御峰园House 3.0样板房设计大赛，已成功举办过三届的“鹏城杯”为众多优秀的青年设计师搭建了展示才华的平台。

12月10至12日，在深圳市委、市政府的大力支持下，由深圳市“设计之都”推广办公室、深圳文体旅游局、深圳市福田区人民政府、深圳市室内设计师协会与中华室内设计网联合主办2010第五届深圳国际室内设计文化节，有力地推动室内设计工业全面发展。

【“走出去”战略】积极引领深圳室内设计业融入国际市场，参与国际设计交流，参与有影响力的国际设计大赛，通过国际舞台把深圳高端设计师推向国际市场。

2006年11月，在吉隆坡召开的亚太空间设计师联合会（APSDA）上，深圳市室内设计师协会获得参会各国代表全票通过，成功加入亚太空间设计师联合会。

2008年5月，两年一届的APSDA亚太空间设计师联合会在新加坡举行，李益中的两幅参赛作品获亚太地区室内设计最佳设计作品大奖，该奖项每两年评选一次，代表亚太地区室内设计师的最高荣誉。由深圳市室内设计师协会举办的第四届深圳国际室内设计文化节在APSDA的积极推动下，得到了亚太组织各成员国兄弟协会的大力支持，来自澳大利亚、印尼等各会员单位主席、理事长莅临深圳，对深圳市室内设计行业拓宽国际路线起到重要推动作用。

【文化创意代表人物】杨邦胜，深圳市室内设计师协会2010年至2011年当值会长，YAC杨邦胜酒店设计顾问公司董事长、设计总监，他所带领的YAC团队已完成65个五星级酒店室内设计，获国际国内大奖100余项。

赵庆祥，深圳市室内设计师协会第二届理事会常务副会长兼秘书长，中华室内设计网总裁、深圳市室内设计国家职业技能鉴定所所长。致力于为海内外室内设计师及关联产业搭建一个协作交流、永续提升的桥梁和舞台，发掘和培养更优秀的室内设计精英，让中国室内设计文化走向世界。

刘波，深圳市刘波室内设计有限公司创始人、设计总监，深圳市室内设计师协会第二届理事会轮值会长。在顶级酒店室内设计上颇有心得，成为亚太地区酒店室内设计新潮流的带领者。刘波室内设计有限公司于2002年被英国《世界建筑》评为“世界室内设计事务所100强”，2006年被美国《Interior Design》杂志中文版评为“中国室内设计100强”第二名。

刘波室内设计有限公司于2002年被英国《世界建筑》评为“世界室内设计事务所100强”，2006年被美国《Interior Design》杂志中文版评为"中国室内设计100强"第二名。

洪忠轩，亚太区著名酒店设计师，深圳市假日东方室内设计有限公司设计总监，深圳市室内设计师协会第二届理事会轮值会长。

郭杰，深圳市建艺装饰设计工程公司总工程师，深圳市室内设计师协会第二届理事会轮值会长。从事设计行业近30年，中国建筑装饰协会专家组专家，2005年荣获“中国室内设计20年”设计功勋奖。

聂剑平，深圳市世纪雅典居装饰设计工程有限公司设计总监，深圳市室内设计师协会第二届理事会轮值会长。2002年与合伙人成立澳大利亚设计顾问公司和澳大利亚建筑中心，专事别墅项目开发策划及设计工作。

琚宾，深圳市水平线空间环境艺术设计有限公司首席创意总监，深圳市室内设计师协会第二届理事会轮值会长。曾获2009中国室内设计师年度封面人物、2009中国室内设计20周年杰出青年设计师等称号。

彭旭文，名雕·丹迪别墅设计事务所总设计师，深圳市室内设计师协会第二届理事会轮值会长。全国资深别墅设计师，中国设计界专家库成员，曾获亚太区室内设计大赛二等奖、全国室内设计双年展金奖。

魏雪松，WJ魏雪松酒店设计顾问有限公司设计总监，深圳市室内设计师协会第二届理事会轮值会长。国内著名资深酒店设计师，先后被授予“IAID最具影响力中青年设计师”“全国十大新锐人物”“全国百名优秀室内建筑师”等荣誉称号。其团队获“2009至2010年度十大最具影响力酒店设计机构”“2009年度最佳设计公司”等奖项。

【协会荣誉】2009年5月，被文博会组委会授予“最佳组织奖”“最佳展示设计奖”。另外，还荣获深圳品质生活 “杰出团队奖”、深圳首届品牌家居联盟室内设计行业功勋奖等。

深圳市服装行业概况及协会工作

【概况】深圳市服装行业协会成立于1988年8月18日，是由深圳市从事服装、服饰、纺织等相关企业自愿组织的行业性、非营利性的社会组织。协会下设理事会、常务理事会和书处，秘书处为协会常务机构，下设会员部、展览部、新闻中心、大型活动部、设计师专业委员会、女装专业委员会、内衣专业委员会等部门。

协会每年与深圳市科工贸信委等共同主办有“中国（深圳）国际品牌服装服饰交易会”（每年7月）、“深圳国际纺织面料及辅料博览会”“深圳国际时装周”等大型展会活动,主办有“深圳服装网”、《深圳服饰》报。目前拥有会员单位800余家，集中了深圳市大多数优秀的服装企业。协会的宗旨是:科学发展、服务企业、当好政府参谋，发挥企业和政府间的桥梁和纽带作用,推动产业升级、实施品牌战略、打造产业交易平台、开拓国内外市场。

【协会荣誉】1993年至2009年，深圳市服装行业协会连续多次被上级主管部门评为“先进单位”；其中2002年被市民政局评为“十佳社团”；2004年被国家民政部评为“全国先进民间组织”；2005年被省民政厅评为“全省先进民间组织”；2009年获中国服装品牌年度“推动大奖”；2009年被评为“深圳市社会组织评估5A等级”单位。

深圳服装协会通过确立“整体推广”思路，积极组织深圳服装企业参加中国国际服装服饰博览会、香港时装节、上海时装周等多个国内专业服装展。同时也带领企业参加首尔服饰生产展、韩国大岳时装节、英国伦敦时装周等境外展示活动。

【“走出去”战略】深圳服装协会通过确立“整体推广”思路，积极组织深圳服装企业参加中国国际服装服饰博览会、香港时装节、上海时装周等多个国内专业服装展。同时也带领企业参加首尔服饰生产展、韩国大岳时装节、英国伦敦时装周等境外展示活动。2008年至2010年，深圳市服装行业协会连续三次组团参加伦敦时装周，并举办“深圳时装产业推介会——时尚深圳”系列活动。以深圳本土设计师梁子、谢海平等为代表的深圳设计师，在国际舞台上全方位展示了深圳时装的魅力。

【2010年大事记】2010年1月，协会组织几十家企业参观考察香港时装节。

3月11日，陕西服装行业协会来深圳就两地服装产业的发展状况以及深圳服装品牌如何进一步开拓北方市场进行了探讨与交流。

3月28日至4月1日,由市科工贸信委、服装协会共同组织的“时尚深圳”服装行业代表团，参加第十八届中国国际服装服饰博览会。深圳知名时装品牌在展会上举行了时尚专场秀。

4月6日下午，受深圳服装协会邀请，法国时尚设计师协会主席格拉斯曼先生一行在深圳服装协会会议室作主题为“2011年春夏流行趋势”的讲座。

7月10日晚，举办“罗湖时尚之夜”启动仪式暨第十届服交会颁奖晚会，法国、意大利、英国的国际品牌与罗湖知名服装品牌，联袂上演国际时装大戏。

8月4日，深圳市副市长袁宝成一行，在市贸工科信委、国土规划局、财政局、服装协会等单位负责人的陪同下，到大浪服装基地考察建设情况。

9 月 17 日至 21 日，应英中贸易协会的邀请，由深圳市科工贸信委副主任陆建带团，由深圳市科技工贸和信息化委员会、深圳市服装行业协会组织的深圳“欧洲经贸代表团”，参加在伦敦举行的“2011 春 / 夏伦敦时装周”，成功举办了“2010 深圳时装产业推介会——时尚深圳”系列活动，是伦敦时装周历史上规模最大、规格最高的中国时尚活动。

深圳市平面设计协会

深圳市平面设计协会成立于 1995 年，是国内首个非营利性的平面设计专业组织，旨在组织、展示设计界杰出的成果，鼓励和促进专业创作和专业学术研究，促进协会和国际专业机构的学术交流。协会在尊重每一位会员的同时，让会员分享协会的荣耀，引导会员成为时代领先的学术研究者和专业实践者。在未成立协会前，协会的创立者在 1992 年组织中国第一个平面设计专业大展“GDC 平面设计在中国”，在国内外产生了广泛的影响，成为平面设计在中国兴起的标志性展览，之后专业的设计师队伍得到迅速壮大。

深圳市平面设计协会成立后，成功举办了 GDC 平面设计五次展览活动。从 2005 年开始，确立为双年竞赛展览项目。至 2010 年，协会还组织了各类展览和学术交流活动。如沟通海报展、in china 邀请展、法国当代设计展，X 展以及改革开放 30 年创作展等一系列高水平的展览。协会每年还组织出版画册、年鉴和刊物，使平面设计

2009 年 12 月 7 日 · 深圳首届设计师大会现场

得到了很好的推广和社会认知。在深圳被联合国教科文组织授予“设计之都”称号之际，平面设计更成为深圳设计的主要行业代表之一。深圳市平面设计协会先后与美国、德国、法国、英国、日本、意大利、丹麦、韩国等国家进行了交流，并在多个国家举办展览，让中国的设计走向世界。

深圳市平面设计协会现有一百多名会员。协会会员多次获得过世界各地设计赛事和国际展览的奖项，取得了享誉国际的设计艺术成就。同时，深圳设计师的设计服务遍及全国的大型企业集团和文化机构，产生了较大的经济效益和社会价值。

政策与法规

2011 SHENZHEN CULTURAL INDUSTRIES YEARBOOK

深圳市文化产业促进条例

深圳市第四届人民代表大会常务委员会
公告 第八十四号

《深圳市文化产业促进条例》经深圳市第四届人民代表大会常务委员会第二十次会议于2008年7月22日通过，广东省第十一届人民代表大会常务委员会第五次会议于2008年9月26日批准，现予公布，自2009年1月1日起施行。

第一章 总则

第一条 为了深入实施文化立市战略，健全完善文化产业发展的促进和保障机制，加快文化产业发展步伐，增强文化软实力，依据国家有关法律、法规的规定，结合深圳市（以下简称本市）实际，制定本条例。

第二条 本条例所称的文化产业，是指为社会公众提供文化、娱乐产品和服务的活动，以及与这些活动有关联的活动的集合。

本条例所称的文化企业，是指从事前款规定生产经营活动的生产经营单位。

第三条 促进文化产业发展应当遵循以下原则：

（一）统筹规划、协调发展；

（二）鼓励自主创新；

（三）扶持特色和优势文化产业；

（四）强化知识产权保护；

（五）社会效益和经济效益相统一。

第四条 市、区人民政府（以下简称市、区政府）应当制定文化产业发展规划，并将其纳入国民经济和社会发展规划以及城市总体规划。

市、区政府在制定文化产业发展规划时，应当采取多种形式广泛征求社会各界意见。

第五条 市、区政府应当根据文化产业发展规划，制定相应的文化产业政策；对纳入政府投资导向目录的鼓励性文化产业项目，应当予以引导、扶持。

第六条 市、区政府应当在土地、资金、人才等方面，优先支持发展新兴和原创文化产业，重点扶持特色和优势文化产业，积极促进民族和传统文化产业化。鼓励和支持非公有制文化企业的发展。

第七条 市政府文化产业发展行政事务机构履行下列职责：

（一）贯彻执行有关文化产业发展的法律、法规和规章；

（二）组织拟定、实施文化产业发展规划和政策；

（三）参与制订政府投资导向目录，参与政府投资的文化产业项目的论证和审核；

（四）对文化产业发展进行综合协调、指导和服务；

（五）协调、指导文化产业园区和基地建设以及文化产业项目的预申报工作，推进重大文化产业项目建设；

（六）组织和指导文化产业展示交易、信息平台、公共技术平台的建设；

（七）按照有关规定监管文化产业发展专项资金；

（八）法律、法规规定和市政府赋予的其他职责。

市政府有关部门应当在各自职责范围内促进文化产业发展。

第二章 创业发展扶持

第八条 市、区政府应当建立健全文化产业发展的信息、技术、交易服务平台，构建本市文化产业发展支持体系，营造有利于促进文化产业发展和创立知名文化品牌的环境。

第九条 市、区政府和司法机关应当加强知识产权保护制度建设，完善知识产权行政执法与司法保护机制。积极提供知识产权公共服务，支持和指导文化企业增强自我维权的意识和能力。

第十条 市、区政府应当扶持文化产业园区和基地的建设，支持建立以企业为主导、市场化运作的文化产业园区和基地，引导相关文化企业和中介机构进入文化产业园区和基地。打造国家级创意产业园区，积极吸引知名文化企业、中介组织和研究培训机构把总部或者研发、制造、采购、财务中心设在园区。

支持将旧城区、旧村、旧工业区改造成为文化产业园区和基地。

第十一条 引导依法成立各类文化产业领域的行业协会。

第十二条 鼓励发展独立公正、规范运作的文化中介机构，增强服务功能。

鼓励中介机构在市场开拓、投资融资、产权交易、文化经纪、资质认定等方面为文化企业提供服务。

第十三条 国家机关、事业单位和社会团体，在使用政府财政性资金采购文化产品和服务时，在同等条件下应当优先采购本国自主创新型的文化产品和文化服务。

第十四条 文化企业可以按照有关规定享受国家、省以及本市扶持文化产业发展的各项优惠政策。经认定为高新技术企业的，也可以选择享受国家、省以及本市扶持高新技术产业发展的各项优惠政策。

第十五条 市、区政府应当建立科学、合理的评价与激励机制。对获得年度最佳创意成果转化、年度最大出口量文化企业以及为本市文化产业发展作出突出贡献的个人给予适当的奖励。

第三章 出口扶持

第十六条 鼓励和支持文化企业依法从事下列文化产品和服务出口业务：

（一）赴境外开展音乐、戏剧、杂技、民间文艺等商业演出；

（二）赴境外开展图书、报刊、电子出版物、艺术品、工艺美术品等商业展览、展销活动。

第十七条 鼓励和支持文化企业按照有关规定与国际著名文化制作、经纪、营销机构合作，利用境外合作者的资金、技术和营销渠道，生产制作科技含量高、资金密集型的出口文化产品和服务，开展国际营销。

第十八条 市、区政府以及相关服务机构应当为文化企业从事文化产品和服务出口业务提供指导和支持，并在研发设计、境外投资、对外合作、出国参展、广告宣传、整体推广、营销网络、金融保险、知识产权保护、公共信息服务等方面给予扶持。

第十九条 市、区政府应当充分利用中国（深圳）国际文化产业博览交易会等文化产品和服务展示交易平台，推动文化产品和服务出口。

市文化产业发展行政事务机构、相关行业主管部门和行业协会应当组织有影响的文化商业项目到境外参加国际演出、评比和展览活动。

第四章 资金支持

第二十条 金融机构、担保机构、产权交易机构以及中介机构应当为文化企业提供相关服务。

支持文化企业通过发行债券、股票等方式在国内外资本市场筹集资金。

第二十一条 文化产业发展专项资金重点扶持发展新兴文化产业和特色品牌文化企业以及文化企业的文化创意、成果转化、重大文化项目和文化人才的培养。

文化产业发展专项资金管理办法由市政府另行制定。

第二十二条 建立和完善文化产业发展专项资金投入绩效评估机制。

市文化产业发展行政事务机构应当会同有关部门对文化产业发展专项资金的使用情况和项目执行情况进行年度评估，并将评估结果报告市政府；市财政、审计部门应当监督检查专项资金的管理和使用情况。

第五章 人才培养与引进

第二十三条 编制人才工作规划和人才引进目录时，对涉及文化产业人才的内容，应当征求相关文化企业、文化行业协会的意见。

第二十四条 鼓励和支持高等院校、科研机构、职业培训机构和文化企业建立具有规模化、专业化、市场化、国际化的文化产业教学、科研和培训基地。

鼓励高等院校根据文化产业发展的实际需要调整专业设置。

鼓励和支持高等院校、科研机构与境外机构联合培养文化产业人才。

第二十五条 鼓励和支持民族（传统）文化的技艺大师、传人收徒授业。

以师承关系学习民族（传统）技艺，取得相应职业资格的，可以享受相应的人才待遇。

第二十六条 市政府有关部门应当根据文化产业发展的实际需要，制定相应的政策，建立灵活用人机制，支持用人单位引进文化产业中的高端人才和紧缺的专业人才。

第六章 附则

第二十七条 市政府应当在本条例实施之日起六个月内制定相应的配套办法。

第二十八条 外资从事文化产业依照有关法律、法规的规定执行。

第二十九条 本条例自2009年1月1日起施行。

深圳市文化产业发展规划纲要（2007～2020）

前言

“当今时代，文化越来越成为民族凝聚力和创造力的重要源泉，越来越成为综合国力竞争的重要因素，丰富精神文化生活越来越成为我国人民的热切愿望。”文化产业在全球范围的迅速崛起，是文化在人类发展历史进程中战略地位日益上升的突出表现。自工业革命以来，人类不断改变生产方式、提高生产力水平，推动产业发展历经工业经济时代、信息经济时代，目前正进入文化经济时代。文化产业从本质上讲，是人类在满足基本物质需求的条件下，向满足精神需求迈进的产物。文化产业既体现了产业演进的自然规律，更体现了人类从攫取自然资源满足物质需求走向发挥文化创造力，实现人的全面发展、实现人与自然和谐共存的伟大文明进程。

文化经济时代的到来，引发全球生产方式的深刻变革，并极大地影响了各国各地区的产业结构、布局和发展趋向。科技进步导致产品生命周期越来越短；大批量流水线生产方式开始向模块化、网络化生产方式转变；产业类型由制造业为主导向服务业为主导转变；产业进步也开始由技术创新为先导向文化创意为先导转变。文化正在逐步超越土地、劳动和资本，成为新的重要生产要素。创造新思想和新表达形式的能力，正成为决定全球化、信息化背景下区域竞争力的关键因素。文化产业日益成为国家软实力的重要组成部分。

我国正处在工业经济时代、信息经济时代和文化经济时代交织而成的复杂历史时空之中。1978年以来，由于历史的机遇，深圳成为中国改革开放的前沿阵地，充当了引领中国工业化和信息化的“排头兵”。改革开放20多年后的今天，随着城市营商成本的不断攀升，深圳日益面临诸如四个“难以为继”和四个“严峻挑战”的发展困境。在科学发展观的指引下，深圳再次发挥“开拓、创新”“敢为天下先”的“深圳精神”，2003年在全国率先确立了“文化立市”的城市发展战略，并于2005年进一步提出：“要在继续大力发展高新技术、金融和物流等三大支柱产业的同时，努力把文化产业培植成为第四大支柱产业”。

为了进一步引导和加快文化产业的发展，明确深圳文化产业发展的指导思想、发展目标、基本思路、重点领域、区域布局和支撑保证，指导未来第十二、十三个五年文化产业发展规划的编制，为文化产业的发展预留必要的发展空间，特制定《深圳市文化产业发展规划纲要（2007～2020）》（以下简称《纲要》）。本《纲要》以《国家“十一五”时期文化发展规划纲要》《广东省建设文化大省规划纲要（2003—2010）》《广东省文化产业发展“十一五”规划》《深圳2030城市发展策略》为编制依据，并与《深圳市国民经济和社会发展第十一个五年总体规划》《深圳市文化发展规划纲要（2005—2010）》《深圳市文化产业发展“十一五”规划（2006－2010）》相衔接。

考虑到文化产业作为新兴产业具有行业跨度大、涉及门类多、与传统行业交叉重叠的复杂性，以及国内外对文化产业范围界定的诸多争议，为便于统计数据的搜集整理，本《纲要》所称文化产业以国家统计局2004年颁布的《文化及相关产业分类》（国统字[2004]24号）及2005年国家统计局与相关部委联合完成的《文化及相关产业指标体系框架》（国统字[2005]2号）范围为准。同时在制定过程中，结合深圳文化产业发展的实际情况，在确定发展思路、重点产业领域和考虑产业布局等行文过程中，对涉及的相关产业门类进行尽可能清晰的界定，以保证《纲要》的指导意义。

一、发展基础

（一）深圳文化产业发展现状

1. 增长速度和总量连上新台阶，对地方经济增长的贡献日益显著自确立“文化立市”战略以来，深圳文化产业呈领先增长的态势。2006年，文化及其相关产业的增加值达到381.96亿元，拉动GDP增长1.59个百分点。2005~2006年，文化产业增加值分别比上年增长16.2%、25.9%，高出当年GDP增长率0.58、10.9个百分点；文化产业增加值占深圳市GDP的比重由6.1%提高到6.7%。随着文化产业规模扩大、领域拓宽和业态创新，企业单位数和从业人员数均日益增加。

2. 传统优势文化产业继续稳步增长，新兴文化产业发展势头良好

目前，深圳文化产业已经形成了以外围层为主体、核心层和相关层为新兴增长点的产业结构体系。2006年，相关层（包括文化用品、设备及相关文化产品的生产，文化用品、设备及相关文化产品的销售）实现增加值266.74亿元，占深圳市文化及相关产业增加值总额的69.8%。核心层（包括新闻服务、出版发行和版权服务，广播、电视、电影服务，文化艺术服务）实现增加值为67.13亿元，占深圳市文化及相关产业增加值总额的17.6%，比上年增长35.3%。外围层（包括网络文化服务、文化休闲娱乐服务、其他文化服务）实现增加值48.09亿元，占深圳市文化及相关产业增加值总额的12.6%，比上年增长22.7%，发展后劲较足。

依托高新技术和设计人才聚集的优势，创意设计、动漫及网络游戏等与数字网络技术相融合的新兴行业发展迅猛，成为深圳文化产业中极具增长潜力的新亮点。深圳设计业在全国乃至亚洲显示出领先优势，“2008北京申奥”“世界建筑师大会”申办标志等一批在海内外有广泛影响力的作品，均出自深圳设计师之手。2006年深圳网络文化服务业实现增加值5.7亿元，比上年增长47.9%。2006年深圳市经营动漫游戏类企业共337家，其中漫画经营企业81家、动画经营企业206家、游戏经营企业11家，另有复合经营类企业39家，从业人员约1万人。数字电视、数字音乐呈现良好的发展势头，产生了国内规模最大的数字移动电视、数字音乐、网络游戏研发、生产和服务企业。

3. 本市文化消费总量不断增加，周边地区文化消费潜力大

随着收入水平的不断提高，深圳居民消费的总量和结构发生了深刻变化。从1990到2006年，居民人均可支配收入由4127元提高到22567元，消费性支出由3671元上升到16628元，居民人均支出的恩格尔系数由47.2%下降到33.3%，消费结构呈现多元化、多层次的态势。2006年，人均教育文化娱乐服务支出为2264元，比上年增长15.9%，其占总消费性支出的比重为13.6%，比1990年提高了7.5个百分点。

深圳毗邻港澳，位处珠江三角洲核心位置。周边城市市民生活富足，文化消费能力较强，聚集了大量的潜在文化产品和服务消费者。珠三角快速轨道网构筑的“1小时经济圈”，密布的高速公路网络将深圳与周边城市联为一体，大大提升了珠三角综合运输系统的水平。深圳独特的区位优势，使其文化市场具有良好的辐射周边城市消费群体的能力。

4. 市场体系日臻完善，多元化投资主体结构逐步形成

在政府的积极引导和推动下，深圳率先建立起社会主义市场经济的体系和框架。经过“十五”时期的着力培育和发展，深圳市文化市场体系及运行机制进一步完善，演出、娱乐、出版、图书、广告等各类文化市场日益走向成熟和规范，形成一批在华南地区乃至全国都具有较大影响力的批发市场。以资本、货币、技术产权、人才等一批要素市场为核心的大市场体系不断发展完善，文化产业聚集辐射功能显著增强，引领华南、服务全国的能力进一步提高。在切实有效的市场体系推动下，深圳市涌现出一批规模较大、效益良好的国有和民营文化企业。这些企业在自由竞争的环境下迅速成长，具有鲜明的市场原发性，市场化和产业化程度较高。毗邻香港的地缘优势，吸引了大批港资积极投身于深圳文化产业的经营。投资渠道日益多元化，呈现出国家、集体、民营、外资等所有制形式共存共荣的发展格局。

5. 空间布局相对集中，区域文化产业发展各具特色

深圳的设计业、动漫游戏业、印刷业、工艺美术业等都采用了集中式的空间发展模式。以园区为主、紧密结合旧城改造的文化产业布局模式，不仅有利于缓解土地资源的紧缺，也造就了一批各具特色的文化产业聚集区。各区

均拥有具备较大影响力的文化产业龙头企业、重点项目和重要文化基础设施，文化项目作为区域增长极的带动作用日益凸显。福田区根据在创意设计、传媒出版、数字内容、艺术培训、高雅艺术演出、会展等产业方面的资源优势，建设了一批富有影响力的文化产业聚集基地。罗湖区在动漫游戏业、黄金珠宝和古玩为主的工艺美术业方面，具有较强的特色。盐田区注重发挥自然环境优美、旅游资源丰富的优势，使具有山海特色的文化产业亮点纷呈。南山区以创意设计、动漫游戏、传媒印刷、演艺娱乐、数字内容、文化旅游等为重点，建设形成了一批特色产业园区，其中包括华侨城集团等国家级文化产业示范园区。宝安区将印刷包装业、工艺美术业、设计产业列为文化产业的支柱行业。龙岗区工艺美术业和印刷业发展迅猛，文化产业发展呈现“数量大、产值高、亮点多”的鲜明特点。

6. 初步形成文化产业促进体系，为文化产业发展提供支撑力量

近年来，深圳从多个方面努力构建文化产业促进体系，为文化产业的发展提供各种支撑力量。深圳市委、市政府已在政策层面确定了文化产业作为城市发展第四大支柱产业的地位，出台了《深圳市文化发展规划纲要（2005—2010）》《中共深圳市委深圳市人民政府关于大力促进文化产业发展的决定》《深圳市知识产权战略纲要（2005—2010）》，以及将要出台的《深圳市文化产业促进条例》等政策法规文件，为深圳文化产业的发展提供了政策保证。此外，深圳还成立了市文化产业发展办公室这一市政府直属机构，专门负责推动文化产业的发展；设立了深圳市文化产业发展专项资金，扶持文化产业的发展；至今已连续成功举办三届的中国（深圳）国际文化产业博览交易会是中国唯一国家级、国际化、综合性的文化产业盛会，它的成功创立和举办，不仅为中国文化产业发展搭建起一个高起点、高规格的展示、交易、信息平台，而且使大量资金、项目、观念、信息、技术、人才在深圳汇聚，成为推动深圳文化产业发展的助力器。

（二）深圳文化产业发展的优势和劣势

1. 深圳文化产业发展的优势

观念优势。20 多年来，作为一座年轻的充满活力的移民城市，深圳不仅吸纳了大量来自国内外的人才，而且以其改革开放排头兵的优势和多元、包容的城市文化，发展出各种层出不穷的新观念、新精神，它极大地促进了深圳城市整体快速发展，无形中也构成了深圳文化产业发展的观念优势。深圳人的市场观念、开放观念、创新观念和竞争观念，以及鼓励创新、宽容失败、脚踏实地、追求卓越的城市精神，培育了深圳特有的文化价值观，为文化产业发展提供强大的思想源泉和精神动力。

体制优势。由于深圳改革开放较早，在政府的引导、推动下，深圳在全国率先基本建立了社会主义市场经济体系和框架，形成了国家、集体、民营、中外合资、深港合资、外商独资等多种所有制形式并存的发展格局，为深圳文化产业发展增添了发展活力；由于较少受计划经济体制下资源配置的约束，深圳文化产业市场化和产业化程度比较高，与国际资本和国际市场对接的能力比较强；近年来，深圳确立并实施了“文化立市”战略，提出要将文化产业发展成为继高新技术产业、金融业和物流业之后的第四大支柱产业，并制定了相关的配套政策，使深圳在文化投融资、文化市场的开发等市场化运作方面，独具体制优势。

科技优势。深圳以信息技术为代表的高新技术产业在国内居于领先地位，深圳的宽带普及率接近香港、韩国等宽带普及率最高的地区，ADSL 的用户数量和市场渗透率在全国遥遥领先，具有全国最大互联网出口带宽，深圳市光纤接入网络覆盖率高达 100%，这为深圳文化产业发展提供了强有力的基础设施支持。深圳高新技术产业多年来一直保持快速发展态势，2006 年实现产值 6294 亿元，占规模以上工业总产值的比重为 53.9%。深圳高新技术特别是信息技术的研发与制造优势，为传统文化产业的改造与升级，发展以信息技术为手段和载体的设计、动漫游戏、数字内容等新兴文化产业提供了技术支撑。

区位优势。由于毗邻港澳，深圳文化产业发展具有其他城市所不具有的区位优势。深圳由此不仅可以直接面向国际、国内两个市场，而且可以直接接受香港的观念、体制、人才、

金融、信息等优势的辐射，开展与香港的深层次合作。随着深港合作由前店后厂分工阶段向纵深经贸合作阶段推进，深港合作的产业部门从之前的简单加工业跃升到带有高技术含量和文化内涵的产业部门。在长期的合作中，香港和深圳形成了有所区别的核心竞争力，香港在国际营销等方面有着不可替代的优势，深圳由于对内地市场情况比较熟悉，在贸易、服务方面占据优势，这有利于深圳在深港文化产业合作过程中实现分工互补、错位发展。

2. 深圳文化产业发展的劣势

产业人才相对缺乏，文化生态不够完善。深圳高校和科研机构稀少的缺陷，严重制约了文化产业人才的培养和聚集。与上海、北京、广州等地相比，深圳文化产业人才资源劣势比较明显。深圳文化产业人才不仅总量相对不足，而且结构失衡现象比较严重，高层次人才短缺、外流现象比较普遍。此外，由于城市文化氛围和文化环境有待进一步提升，与北京、上海等城市比起来，深圳的文化生态显得不尽合理和完善，也成为深圳文化产业发展的某种劣势。

产业结构不平衡，文化服务业比重偏低。深圳文化产业结构不合理，文化制造业所占比例过大，文化服务业比重则明显偏低。2005 年，深圳信息传输、计算机服务和软件产业以及文化体育娱乐产业的增加值合计为 187.53 亿元，占 GDP 的比重为 3.81%。增加值总量仅相当于上海、北京、广州的 42.93%、24.85%、65.12%，比重分别比这三个城市低 0.97、7.15、1.78 个百分点。而且，多数文化行业的产业链处于的中低端，存在明显的高端原创不足、终端营销能力不强的产业链缺陷。

本地营商成本不断增加，制约文化产业发展。随着深圳的迅速发展，以房地产价格和劳动力价格为主的城市营商成本也在不断提高，加上深圳文化产业以文化制造业为主，在高端产业价值链条上的优势不足，迫使文化产业企业不断从租金昂贵的中心区域向租金相对便宜的边缘区域转移，甚至迁往成本更低的地区，从而在有形无形中制约了深圳文化产业的发展。

（三）深圳文化产业发展的机遇和挑战

1. 处于全球消费和生产方式演变下的深圳产业发展转型需要发展高附加值的文化产业

随着人类社会进入信息时代，社会生活的时空概念发生了巨大变化，消费品的设计、制造和销售需要进一步满足高质量、短时间、个性化、智能化等要求，甚至要按照用户的具体偏好进行定制化生产。在信息时代，模块化生产逐步取代流水线生产，文化、创意元素的价值得到凸显。文化产业不仅成为消费品价值提升的催化剂，也成为技术变革的源头之一。在深圳，土地、人力资源等成本不断攀升，而环境承载力在不断下降，经济增长逐步迈入高成本时代。应对高成本时代，需要催生高附加值产业。文化产业属于典型的高附加值、低资源消耗产业，其在深圳产业转型中的地位更加突出，成为深圳变“制造车间”为“创意之都”的重要媒介。不能适时启动文化产业发展战略的区域，将沦为被动的消费者，被迫接受创意先进区域以商业形式开发的文化思想、产品和服务。

2. 互联网技术的发展和移动互联网时代的到来使高起点发展深圳文化产业成为必然

在未来十五年，人与互联网的障碍将逐步消失，现实世界和虚拟现实趋于融合。用户获得互联网应用的终端手段日趋多样化，网络服务与移动互联网（手机终端）日益结合。视频服务在手机终端的应用将不断繁荣，赋予文化产业巨大的市场价值。三网合一推动 Internet 借助 IPTV 挺进电视用户群这一庞大群体，造就广阔的市场空间。移动电信网络和 Internet 在未来的进一步高度结合，特别是 3G 时代的到来，将会对互联网产业格局造成新冲击，改变目前的文化产业市场格局。深圳必须尽快洞察和把握国内外互联网技术发展的态势，抓住移动互联网时代的商机，高起点发展文化产业。

3. 国家和广东省政策层面的大力推动为深圳发展文化产业提供广阔的战略空间

2006 年 1 月党中央、国务院正式下发了《关于深化文化体制改革的若干意见》，对文化体制改革做出全面部署。《国家“十一五”时期文化发展规划纲要》将抓好文化产业体系建设确定为“十一五”时期文化发展的六大重点之一，明确了未来五年重点发展的产业门类。深圳是我国文化体制改革综合性试点地区，中央要求深圳在深化文化体制改革、发展文化产业、提供公共文化服务、推动中华文化走向世界等方面，继续探索创新，做出示范；要求深圳全力办好中国（深圳）国际文化产业博览交易会（以下简称“文博会”）。广东省要求深圳依托对外开放和体制创新示范区的优势，做大做强文化经济，在全省文化产业发展总格局中发挥龙头作用。中央和广东省对深圳的要求和期望，对于深圳发展文化产业既是压力更是动力，将为深圳文化产业提供前所未有的黄金战略机遇期。

4. 珠三角都市圈产业分工协作雏形初现为深圳引领珠三角文化产业发展提供契机

珠三角地区面积 4.7 万平方公里，常住人口 5000 多万，经济总量占广东省的 70% 以上。长期以来，珠三角地区制造业主要以代工为主，低成本时代的价格战和引资战导致珠三角地区产业结构雷同化现象严重，缺乏主导产业分工协作。随着珠三角都市圈正在逐次进入文化创意经济时代，各城市在发展文化产业过程中，依托区域资源优势，逐渐形成了主业相对突出的分工协作格局。珠三角地区作为深圳经济发展的重要腹地，各城市产业分工协作将强化对深圳文化产业的支持，延长深圳文化产业的产业链，推动深圳文化产业由“单兵作战”向“兵团作战”转化。

5. 发达国家强势文化产业的冲击与渗透迫使深圳必须奋起直追

全球化时代文化创意作为新兴的生产要素，逐步成为经济价值创造的主体，文化产业所蕴藏的创造新思想和新的表达形式的能力正在成为世界各国或地区应对全球化竞争的利器。随着我国改革开放的不断推进，特别是加入世界贸易组织后，国际文化产品进入我国文化市场的规模越来越大、品类越来越多。与此同时，深圳文化制造业比重大、生产集约化程度不高、产业链缺失、产业组织水平低、文化内容产业国际贸易逆差严重等问题进一步凸显，这要求深圳必须发挥后发优势，实现跨越发展。

二、发展目标与战略思路

（一）指导思想

坚持以邓小平理论和“三个代表”重要思想为指导，深入贯彻落实科学发展观，按照“和谐深圳、效益深圳”和建设国际化城市、全球先锋城市的总体要求，以及“文化立市”的战略部署，将发展高端文化产业作为转变城市经济增长方式、优化产业结构、提升城市综合竞争力的重要着力点；利用深圳对外开放程度高和深港社会、经济联系密切的优势，加快国际化步伐，积极探索面向国际市场、深港高度联动的文化产业发展新模式；充分发挥深圳高新技术产业比重大和移民城市文化多元的特点，强化创意、创新、创造的城市精神，引领区域高端文化产业发展的新潮流；坚持经济效益和社会效益相统一的原则，在充分发挥文化产业对城市经济发展的带动作用的同时，引导传统优势产业走文化改造之路，不断满足人民群众日益增长的精神文化需求。

（二）基本原则

重点突破和整体推进相结合。从深圳高新技术产业比重大的特点出发，以实现高新技术产业和文化产业互动融合为突破口，改造提升当前具有相对优势的文化行业，以点带面，逐步实现各个产业门类整体推进、联动发展，全面繁荣深圳文化产业。

集中发展和区域均衡相结合。适应深圳经济发展的阶段性特征和区域性差异，根据不同文化产业门类和不同价值链环节对配套条件的要求，结合各区域的实际条件和功能定位，统筹项目布局，既要适当促进产业的相对集中，有针对性地选择重点培育的产业，又要兼顾区域的均衡，形成产业的错位发展和协调发展的格局。

超前规划与分步实施相结合。根据深圳建设可持续发展的全球先锋城市的战略定位，立足深圳的城市特点和文化产业的发展现状，借鉴国际文化产业的普遍发展规律，在满足国民经济和社会发展规划、城市总体规划、近期建设规划、土地利用总体规划和其他相关城市规划的前提下，对深圳文化产业发展进行高起点的超前规划，同时分阶段地制定五年规划和重点门类的分行业规划，有针对性地出台各项具体配套措施，分步实施、稳步推进。

政府引导和市场机制相结合。坚持市场化的产业发展方向，充分发挥市场在文化产业资源配置中的基础性作用；切实转变政府职能，在弱化政府对文化产业发展直接参与的同时，强化政府在产业引导、政策调节、公共服务等方面的作用，重点推进，完善文化产业促进体系。

开放市场和规范管理相结合。在国家政策法规允许的范围内，最大限度地降低准入门槛，不断开放文化市场；通过规范管理，进一步保护知识产权，打击各种违法经营行为，维护公平竞争，形成文化市场竞争有序发展的良好局面。

（三）发展目标

1. 总体目标

到 2020 年，深圳文化产业总体实力和核心竞争力大大增强，文化产业增加值占本地 GDP 的 11% 左右，成为深圳举足轻重的支柱产业；其增长速度明显高于本地 GDP 增长速度和全国可比城市文化产业增长的平均速度；实施重大文化产业项目带动战略，培育一批在全国处于龙头地位并具有较强国际竞争力的文化产业集团、骨干企业和战略投资者，引进和培养一批文化大师级人才，形成一批优势文化行业和文化品牌，打造一批空间布局合理、产业关联度大、辐射带动能力强的基地和区域性特色文化产业群；形成现代与传统融合、区域布局合理、内外源经济均衡发展、产业组织体系健全、技术领先、资源集约利用的文化产业发展格局，使深圳成为国内一流、亚洲领先、全球知名的文化产业先锋城市。

2. 阶段目标

近期阶段（2007 – 2010）。本阶段的主要目标是扩大文化产业的总体规模和调整优化文化产业结构相结合。要大力发展文化产业核心层，增加文化产业核心竞争力，要积极构建和完善文化产业的公共服务平台，大力吸引国内外投资，不断增加对文化产业的投入，以文化产业园区发展和项目发展为抓手，在进行总量扩张的同时促进质的优化。继续发展目前具有较大市场规模和相对优势的传统文化产业，促进新兴的具有良好前景的产业门类的发展，到 2010 年，深圳文化产业增加值达到 700 亿元左右，占本地 GDP 的比重达到 8% 左右，年均增长速度达到 15% 以上，初步确立起其支柱产业的重要地位；使深圳成为在国内居于领先地位、在国际具有一定知名度的文化产业中心城市。

中期阶段（2011 – 2015）。本阶段的主要目标是优化文化产业结构和提升文化产业素质。要在保持文化产业稳步发展的同时，着重促进产业结构的调整优化，使部分产业的优势进一步凸显和巩固，上中下游产业链条较为完善，高附加值、高回报的产业环节不断得以加强，拥有一批有明显优势的行业、有品牌效应的企业和产品，文化产业人才队伍进一步扩大。到 2015 年，文化产业增加值达到 1300 亿元左右，年平均增长 13% 左右，占 GDP 的比重达到 9% 左右，文化产业作为国民经济支柱产业的地位进一步稳固。深圳成为国内乃至亚太地区文化产业发展的领先城市。

远期阶段（2016 – 2020）。本阶段的主要目标是全面提升文化产业的整体素质，完成文化产业的整体转型和文化产业内部及相关行业充分融合，使文化产业对其他产业的渗透和关联效应更加显著，推动深圳经济全面进入创意经济时代。到 2020 年，文化产业增加值达到 2300 亿元人民币左右，占本地 GDP 的比重达到 11% 左右，增长速度达到 12% 以上，文化产业对国民经济的贡献率进一步提高，对其他产业的拉动效应更加明显，其强力支柱产业的地位因此确立，深圳基本建设成为国内顶级、亚太地区一流、全球知名的文化产业先锋城市。

（四）发展思路

深圳市未来 15 年文化产业的发展思路是：一个主攻方向、六个发展策略、三个紧密结合、三个重要抓手。

一个主攻方向

坚持以数字内容产业的发展为主攻方向，大力发展高端文化产业。以深圳具有比较优势、市场前景良好的数字内容产业为突破口，带动相关行业发展，不断提高数字内容产业的比重和地位。对文化制造业进一步调整改造，延长高附加值的上下游产业链。

六个发展策略

创新引领策略。发挥年轻移民城市的创新精神，以建设创新型城市为契机，以创意引领文化产业发展，大力鼓励自主创新，促进文化产业与高新技术产业的高度融合，加快促进产业升级，综合运用政策、项目、公共服务平台等多种手段，建立文化产业创新体系，增强深度开发能力、增值能力和市场营销能力，使创新成为深圳文化产业发展的灵魂。

集群发展策略。通过产业基地和高端文化产业聚集区的建设，加强对文化产业公共技术、服务、信息平台建设的投入，实现新建和“三旧”改造相结合，龙头企业和重大项目相结合，扶持和促进中小文化企业的成长，集成各方有效资源，加强集群内部的有机联系，发挥产业聚集效应和企业创新能力，实现集约化发展。

品牌提升策略。抓住项目、产业链、产品、品牌、服务、管理等关键环节，努力提升深圳文化产业品牌影响力，塑造“文化深圳、魅力深圳”的城市形象，培育一批具有研发能力和自主知识产权的文化企业及文化产品和服务品牌。

人才高地策略。树立“以人为本”的理念，建立完善符合国际惯例的人才流动、引进、培养、使用、分配和服务机制。以建设创新型城市为载体，依托年轻有活力的城市文化氛围，以释放人才潜能、提高人才效益为目标，盘活存量人才，以特色产业人才需求为主导，造就一批领军人才，吸纳一批急需人才。

外拓合作策略。立足珠三角、对接香港、影响华南、服务全国。利用珠三角都市圈加速形成的机遇，加强与珠三角以及国内其他城市的文化产业合作，构筑文化产业发展大平台，全面提高原始创新、集成创新和引进消化吸收再创新能力。

走出去策略。利用文化产业国际转移的契机，提高承接较高层次国际外包业务的能力，积极参与高端分工。增强文化产业参与国际合作与竞争的能力，支持和鼓励文化产品和服务出口，形成自有文化品牌，提高深圳文化产品在国际市场的占有率和竞争力。

三个紧密结合

文化产业与高新技术产业发展紧密结合。充分发挥关联带动作用，深度挖掘、依托、吸纳、整合、联动相关产业资源，逐步减少或取消文化产业进出障碍，制定技术融合扶持政策，根据市场需求搭建产业融合的公共服务平台，促进文化产业与高新技术产业紧密结合和共同发展。

文化产业的发展与城市功能优化紧密结合。在城市建设中融入文化和创意要素，主动与“中心强化、两翼伸展”的城市空间结构衔接，找到文化产业与城市功能优化的内在联系和结合点，使文化产业切实成为深圳城市魅力提升的黏合剂。

文化产业发展与深港共建国际大都会紧密结合。充分重视香港文化产业发展较早，已经形成的资金、人才、信息、营销等优势，延续深圳文化产业承接香港的产业转移的历史脉络，适应近年来深港互动进程的发展需要，充分利用毗邻香港的区位优势，加强深港合作，促进深圳文化产业的快速发展。

三个重要抓手

抓健全与完善文化产业促进体系。在强调市场在资源配置中的基础地位和企业在产业发展中的主体地位之外，要促进文化产业的更好更快发展，政府必须以健全和完善文化产业促进体系为抓手，通过技术开发与共享、金融服务、信息服务、中小企业创业孵化等公共服务平台的搭建，为文化产业发展营造良好的平台环境。

抓知识产权保护。通过完善文化知识产权保护法规体系、建立健全专项治理与长效管理相结合的文化知识产权保护机制、确立有效的文化知识产权保护模式，为文化产业的发展创造良好的产权制度环境。

抓大项目带动。依托一批重大基础性、功能性项目，推进产业融合、聚集以及产业链整合。在政策许可的框架内，引进一批投资规模大、辐射带动作用强、科技含量高、市场前景好、能够优化生产布局和产业结构的大项目落户深圳；逐步将本地有市场、有规模、有影响力、有竞争力的企业培育为龙头企业；做好产业配套，积极承接香港以及周边区域大项目的辐射，催生特色产业链。

三、重点领域

（一）创意设计业

创意设计业包括广告设计、建筑设计、工业设计、时装设计、IC 设计和软件设计等行业。

以建设“全球创意设计之都”为发展目标，充分利用深圳创意设计业目前良好的发展基础和在全国的相对优势，依托房地产业、建筑业和室内装饰业的快速发展，进一步提高深圳室内设计业在国内外的地位；依托印刷业、广告业的快速发展，进一步提高深圳平面设计业在国内外的地位；以高新技术产业为依托，利用珠三角地区全国领先的工业基础，通过设计创新和改进实现新产品开发，以服务制造业的高端工业设计为重点，促进工业设计的提升；大力发展互联网广告业，确保深圳在信息设计领域的领先地位；继续保持IC及软件设计业的优势。

制定并落实促进创意设计业发展的配套政策，成立为设计业服务的支持机构，发展各种设计中介服务，扶持和鼓励本土设计师参与国内外的行业交流活动，在加强深圳设计公共信息服务平台基础上，帮助本土设计企业开拓国内国际市场；以高新技术产业为依托，运用各种已有的高新技术，融入美学、环境学等因素，通过设计创新和改进，实现新产品开发，提升深圳设计技术和创意水平；强化区域合作，尤其是深化深港在创意设计领域的交流与合作，加强与香港创意设计产业机构的信息交流，充分整合深港两地的资源与优势，推进产业升级，进一步提升深圳创意设计业在国内外的市场份额和行业地位；借助"深圳城市／建筑双年展"的品牌推广优势，高起点展示深圳室内设计、服装设计、工业设计、平面设计等创意设计业；借鉴都灵经验，发掘大运会优势，向全球推介深圳创意设计业，提升深圳创意设计国际化水平。

（二）动漫游戏业

动漫游戏业包括动漫软件平台的开发、动漫画、Flash、Cosplay和游戏软件、以动漫游戏内容开发的衍生产品和服务。

依托深圳IT产业发展的优势和动漫游戏产业的发展基础，抢占全国动漫游戏产业高地；借助完善的移动平台和互联网平台，将动漫游戏业的发展和腾讯QQ、迅雷等网络软件相结合，促进动漫和游戏产业向3G领域的移植和延伸；在稳健发展休闲游戏等网络游戏的同时，以手机游戏为重心，努力成为全国手机游戏的领先城市，确保全国网络游戏产业和休闲游戏的领先位置；积极探索电视游戏、单机游戏、游戏外包等游戏领域，拓宽游戏产业链。

积极开展对未来互联网发展趋势的预测研究，正确把握动漫游戏业的性质，抓住二代互联网和移动化的机遇。理顺融资渠道，建立投资基金，鼓励和促进社会资本参与，对重点企业进行必要的扶持。对国产游戏开发运营企业提供更加优惠的财税政策与补贴，建立网络游戏产业共性技术平台。根据网游的高风险、高投入、高回报的特征，鼓励和促进民间资本进入网游产业，积极引进产业扶持基金或风险基金参与运作。应进一步加强对动漫产业发展的政策扶持，建立更好的动漫画投融资环境，促进动漫产业链的开发与完善，使深圳成为中国乃至全世界的"动漫谷"。

（三）数字视听业

数字视听业包括DVD碟片、MP3、MD等声像激光电子播放器，延伸至多功能彩屏短信手机等视听产品制造业，以及数字电视、IPTV、楼宇电视、车载移动电视等。

立足于数字电视、IPTV、手机电视等众多新媒体的发展趋势，推动数字技术在影视业上的充分应用。未来重点发展的方向是：利用全国最高宽带普及率优势，争取到2020年成为全国IPTV产业最领先的城市；在IPTV产业逐渐发展成熟的基础之上，利用低人口年龄结构优势，大力发展手机电视；把握好网络视频的发展机遇，正确认识手机电视、楼宇电视、移动电视、IPTV、"播客"等视听新媒体的作用，引导大众接受新的视听媒体形式和认识到其价值，将视听新媒体作为数字影视产业的重要组成部分。

稳步发展传统电影电视剧产业，推动传统电影电视剧产业的数字化，打造"魅力深圳"影视工程；完善影视商业推广模式，推动多元化经营；以视听新媒体作为深圳数字影视产业未来发展的重点，加强数字化视频的制作与出品，争当全球数字化视频的内容供应商；以深圳广电集团为依托，建立影视内容产业基地，大力抓好影视剧制作生产和发行，推出一批数字影视剧精品；引导民间资本、境外资本向影视业投资，与国外著名视听产业集团合作进行电影院改造，探索与外资联合成立电影公司，共同开发视听节目；保持传统电影电视剧产业的优势，大力发展数字影视。

（四）新媒体产业

新媒体产业主要是以计算机信息处理技术为基础，以网络、手机以及其他有线、无线互动载体作为运作平台的数字化媒介集合，包括数字电视、高清电视、移动电视、手机媒体、网络视频、楼宇电视、互联网、电子杂志等在传统媒体基础上不断改造与延伸的传媒产业。

加快深圳新媒体产业的发展，带动基于互

联网、无线网络、数字广播电视等网络基础上众多产业的转型和融合，形成软件服务商、设备提供商、电信运营商、印刷出版者等共同参与发展的良好局面；以 3G 技术、Web2.0 与 Web3.0 为新的传播技术平台，实现互联网、电信网和广播电视网三合一，整合资源，优化结构，实现新媒体与传统媒体产业的融合发展；推进传媒出版发行业、广电业、图书出版业的数字化战略，开展报网互动，手机报等数字化实践，加强数据库建设，延伸与拓展传统传媒出版业的产业链；做大做强深圳报业集团、深圳广电集团，加快传媒出版业体制改革，促进结构调整和市场整合，做大市场规模，推动高新科技与传统出版业的结合，积极促进出版产业向多媒体、网络化发展；加大对媒体产业发展支撑性研究与发展战略研究的投资力度。建立适应新媒体产业的运作机制，主要包括竞争机制、制约和保障机制、动力机制等。

在立足传统手段的基础上，开发与拓展新媒体产业的发展，借助手机电视、网络电视、移动电视、电子杂志等新媒体载体，完善跨媒体、跨行业、跨地区的传媒产业链，发展综合性传媒产业，实行“走出去”策略，从深度和广度上促进深圳文化产业的高速发展。

（五）现代印刷业

现代印刷业包括数字印刷、柔印行业、其他印刷行业（立体印刷、快速印刷、标签印刷、胶印）等相关行业。

继续保持深圳的中国高档精美的包装、书刊印刷的生产基地和全国最重要的高端精品印刷中心地位，利用高新数字技术，推动印刷产业不断升级。其重点领域包括：发展无版印刷、彩色桌面排版、数字化印刷、多色印刷设备、高档印刷材料等一体化高端印刷产业；稳步发展精装书籍印刷，保持深圳印刷的品牌特色；重点发展大中型印刷企业和拥有核心技术的印刷企业，拓展出版、传媒、创意策划、艺术收藏、装帧设计等相关产业门类，进一步形成以印刷为主线的“文化产业链”，将生产性服务和创意性服务扩展到与印刷相关联的行业。

直接嫁接香港印刷业在技术、管理等方面的优势，充分发挥深圳大型印刷龙头企业的带动作用，打造创新平台，整合设计创意、制版、印刷、印后加工、交易、物流等系统功能，通过信息化的科学管理，打造环环相扣、优势互补的产业链，使各个功能得到最大程度的发挥，形成产业链条的良性循环；以高起点、高水平、高质量、高效益作为产业发展指导，逐步实现印前数字网络化，印刷多色高效化，印后多样、自动化和器材高质系列化；以高新技术手段推动产业升级，掌握印刷先进技术，实现传统印刷业向“高、新、特、精、专”的转变，全面提升行业的核心竞争力。

（六）文化旅游业

文化旅游产业包括主题公园、自然生态、都市风情、滨海休闲、乡村观光、人文历史、购物美食以及高尔夫体育休闲等八类主要旅游产品所带动的产业。

依托现有基础和文化旅游资源，以运动休闲型旅游为新亮点和再次腾飞的引擎，以滨海度假型旅游和现有的文化主题公园旅游为支撑，合理规划未来文化旅游发展，实现海陆空立体发展。其重点领域包括：在继续维护、拓展以华侨城主题公园为代表的文化旅游品牌的同时，挖掘本地区文化资源，突出文化在旅游中的重要作用，挖掘本地区文化资源，特别是客家文化、海滨文化资源在旅游发展中的重要作用；利用“大运会”举办的契机，以高尔夫、山地休闲运动、水上休闲运动为发展重点，打造成为中国最前卫、最具活力的休闲运动之都；积极发展游艇经济，打造游艇研发、设计、制造、销售产业链，建设中国南方游艇产业基地。

以文化为主线，优化深圳旅游业；加大宣传力度，集高端化、集群化为 体，塑造深圳文化旅游核心形象，打造高端化、多样化、生态化、信息化的现代旅游之都；优化高尔夫等体育休闲旅游业的运行机制，通过定期举行国际和国内具有品牌性质的大型比赛，扩大影响力，增强持续发展能力；建立健全文化旅游教育体系，发挥综合大学优势，进一步提升深圳大学、暨南大学深圳旅游学院及深圳职业技术学院与旅游的相关专业，培养高素质专业人才；科学规划，突出重点，在开发旅游资源的同时注重保护自然环境，实现协调发展。

（七）演艺娱乐业

演艺娱乐业主要包括高雅文艺演出、娱乐

场所的演出、主题公园演出、商业促销演出和旅游场所的演出以及相关的策划、导演、教育等相关内容。

以高科技、高资金密集、国际化为发展路向，以建设中国流行歌舞娱乐演艺中心为目标，深圳演艺娱乐业未来发展的重点方向为：创造出独具特色的流行音乐歌舞，努力将深圳打造成为“中国的百老汇”；加快产业聚合过程，稳步发展旅游演艺业；深化演艺娱乐业同餐饮、零售、旅游等行业的链接程度，拓展产业链条，加快产业聚合进程，提升整体竞争能力。

将高水准的高雅艺术团体列为非营利性演出机构，实行经济补助、政策促进，对高雅艺术给以经济扶持。实行与管理分级相配套的税收征管分级。深化经营企业的体制改革，鼓励支持非公有资本进入政策许可的演艺业。坚持依法管理演艺娱乐市场，不断健全和完善演艺娱乐市场管理机制。增强版权意识，实施“走出去”战略。

（八）高端工艺美术业

高端工艺美术业是采用现代前沿的科技、设计理念、工艺、材料和经营模式的工艺美术业，还包括黄金珠宝加工业、玩具研制、艺术品流通和拍卖业等。

依托工艺美术业在产业化和“走出去”中居国内同行领先地位的行业优势，以建设“中国现代工艺美术之都”为目标，重点打造工艺美术产业集群，建设具有国际影响力的工艺美术产业基地；继续提升黄金珠宝加工业的竞争力，拉长产业链；提升创意和品牌意识；扶持文博会工艺美术展、家庭用品及玩具展、国际珠宝展再上新台阶。在文化产业“走出去”的战略中，进一步发挥先导作用，重点在东南亚、北美、欧洲地区建立和发展网络化、规模化的海外市场。

推进10大专业市场，10大出口企业、10大行业品牌的整体打造，组建深圳工艺美术学院、中国工艺美术（深圳）博览馆、中国玩具总部经济大厦，形成更为完整的产、供、销和人、财、物配套服务的产业链，实现持久、协调、集约发展。

四、空间布局

（一）总体布局

根据《深圳市城市总体规划（2007 － 2020）纲要》对城市功能的定位，并力求与高新技术产业、工业的空间布局协调，文化产业空间布局采用“一核、两翼、多组团”的总体空间格局。

“一核”：以福田区、罗湖区、南山区华侨城和高新区作为发展文化产业的动力核，推动设计业、数字内容产业聚集，同时依托福田中心区现有的传媒产业基础，形成“创意中心”。

“两翼”：将文化产业发展的动力核向东、西两侧延伸，连接现有的文化产业组团。西翼主要承担现代印刷、生态旅游、生产性服务业功能，轴线上重点建设的组团包括：蛇口片区、南油片区、光明新区、龙华新城和观澜片区等。东翼主要承担高端工艺美术、文化体育休闲旅游等功能，轴线上的重点建设组团包括：布吉片区、龙岗中心城、体育新城片区、大鹏半岛片区、沙头角片区、东部华侨城和大小梅沙片区。

“多组团”：依托区域现有基础，重点建设福田文化产业组团（中心区、八卦岭、新洲南、泰然）、罗湖文化产业组团（翠竹水贝、东湖、黄贝、南湖、笋岗）、盐田文化产业组团（沙头角、东部华侨城、大小梅沙）、南山文化产业组团（华侨城、高新技术科技园、蛇口、南油）、宝安文化产业组团（宝安中心片区、光明新区、龙华新城、沙井片区、观澜片区、福永片区）以及龙岗文化产业组团（布吉、体育新城、大鹏半岛）。

福田中心区文化产业圈（含田面村）——整合中心区资源，依托报业集团、广电集团、凤凰卫视等大型文化设施和主要媒体集团，打造国际性文化集团总部聚集地；建立以创意设计和数字内容产业为核心，商务旅游业、演艺业为支撑的文化产业体系，将本片区建设成为我国创意经济的“顶级展台”。

八卦岭——在本次规划的中远期，通过工业区用地的置换与改造，预留发展创意设计业的用地。

新洲南——以世纪工艺品文化广场为核心，配合上、下沙、金地工业区改造工程，形成集工艺品研发、鉴定、展览、交易等为一体的文化产业圈，同时为文化产业发展预留用地。

泰然——发挥泰然工业区科技与文化产业相辅相成的优势，以文化和科技结合为方向，发展数字内容产业和广告业。

翠竹水贝片区——以黄金珠宝加工业为基础，完善黄金珠宝研发设计和展示功能，重点发展与黄金珠宝相关的工业设计业和高端工艺美术业。

东湖——整合梧桐山下原有的创意资源，建设原创文化艺术创作基地，建设民间博物馆村，打造具有特色的生态文化产业园。

黄贝——依托怡景动漫产业基地和深圳古玩城，加强本片区动漫产业和古玩业发展。

南湖——依托创意文化广场的建设，以300多家创意企业为基础，打造创意交流展示平台，促进创意产业的发展。

笋岗——依托满京华艺展中心和家居装饰材料大卖场，促进特色工艺品业做大做强。

沙头角——在人文精神方面，以建设人文中英街为重点，着力挖掘一国两制文化内涵，保护和传承鱼灯舞、天后宝诞等地方特色的非物质文化遗产；在行业发展方面，以发展电动玩具设计制造为重点，其他设计创意行业为辅。

东部华侨城——利用生态旅游资源优势，借助高品位的度假设施和丰富的度假休闲活动，将本区建设为具有国际水准的综合性休闲度假胜地。

大小梅沙——完善大梅沙片区旅游配套设施，推动小梅沙片区整体改造，提高旅游产业附加值，打造具有浓郁海滨风情和生态文化特色的水上运动中心、休闲度假胜地，着力打造梅沙原创音乐产业基地。

华侨城——完善、升级现有旅游项目，建设高等级酒店，打造成能代表我国地方特色和民族特色的主体文化产业聚集区和主题文化旅游产业带。依托高新技术产业优势，在侨城南片区大力发展影视动漫业，将其发展为深圳市影视动漫基地之一；在侨城北片区，利用旧厂房改造扩大LOFT园区规模，打造具有特色的工作室和创意产业组合。

高新技术科技园——逐步置换和改造传统工业，适当扩大科研用地，大力发展与高新技术产业相关的设计、数字内容等科技含量较高的文化产业。

蛇口——依托创意产业园的建设以及蛇口工业区的改造，重点发展数字内容产业和设计业。

南油片区——依托深圳动漫城的建设，启动旧工业区改造，重点发展动漫产业、工业设计产业和现代传媒业。

宝安中心片区——重点发展创意设计产业，形成创意设计产业群、孵化器、创意设计基地，推动宝安区高新技术产业、先进制造业、传统优势产业和现代服务业的发展和提升。

光明新区——以光明南高新园区为发展极核，以石岩高新园区为辅助，整合公明街道村镇级园区，配合高新技术研发等城市职能的发展，为中远期高科技文化产业的择地新建预留发展用地。

龙华新城（宝安中部组团）——配合龙华印务中心的建设，积极承接香港生产性服务业沿西部滨海地区的转移，依托雄厚的印刷业基础，逐步向具有核心原创能力和自主知识产权的高端精品印刷中心演进，推进本区和深圳市的印刷业向检测、研发等技术含量较高的方向发展。规划在龙华清湖工业园内建设龙华影视基地，开发影视制作、生产与广播影视相关联的项目，促进影视内容业等文化产业的发展。

观澜片区——依托已建成的观澜高尔夫及网球基地和观澜版画原创产业基地的建设，综合发展高尚休闲旅游业、文化体育业和高端工艺美术业等。

沙井片区——以海上田园风光旅游区、红树林湿地公园生态旅游、沙井蚝文化、黄舒墓孝文化为主要内容，大力发展生态农业观光旅游、科普教育游、健康美食游、孝文化旅游。

福永片区——以凤凰山文化旅游区为依托，以文天祥事迹为重点，整合凤凰山的忠孝文化、宗教文化等，努力塑造成集生态观光、历史文化、爱国主义教育为一体的历史文化旅游区。

布吉片区——建设大芬油画工艺美术基地、三联水晶玉石文化村和深圳南岭文化创意园。将该片区建成集创意设计、加工制作、交易展示、休闲旅游于一体的文化产业聚集区，重点将大芬油画美术基地建成为配套完善、景观优美、效益显著、运作模式先进的国家级文化产业示范基地。

体育新城（龙岗中心城）——以体育新城的规划建设为契机，通过建设和完善区域内现代化、多功能、综合性体育场馆、文化中心和会展场馆及相关配套，大力发展文化体育产业，将本区建设成为珠三角东岸最具有现代化气息、生态环境优美的文化体育中心。

大鹏半岛——在本次规划的近期，大力发展滨海旅游业。将该区划定为深圳市文化产业发展的重要战略拓展区域，预留中远期发展数字影视基地等高端文化创意产业的用地。

（二）功能分区

福田区：以强化深圳市文化、信息和商务中心地位为目标，以设计业、高端工艺美术业、演艺娱乐业、新媒体产业作为发展重点，借助成熟的文化市场，承担“城市文化形象的集中体现区的重要组成部分，设计和创意产业集中地”的功能。

罗湖区：以建设成为深圳市的文化娱乐旺区、创意产业基地为目标，将设计业、动漫游戏业、高端工艺美术业和演艺娱乐业作为发展重点，以及业已形成的星罗棋布的歌舞娱乐场所，发挥优越的区位优势，承担“体现城市文化形象，集中创意文化产业与特色文化产业”的功能。

盐田区：以建设成为优美的滨海旅游城区、高品位的文化和生态城区为目标，以体育休闲旅游业为发展重点，依托山海自然资源和历史文化资源，承担“深圳市的文化休闲旅游基地”的功能。

南山区：以建设成为面向国际、辐射港澳珠三角地区的高新产业技术创新中心、文化创意服务中心、区域旅游服务中心为目标，以创意设计业、数字视听业、动漫游戏业、文化旅游业、演艺娱乐业作为发展重点，发挥优越的高新技术产业优势、科研教育优势和专业人才优势，承担“与电子信息技术密切相关的文化产业的聚集区，深圳市文化旅游及数字内容产业基地”的功能。

宝安区：以建设成为深圳市休闲旅游和生态观光旅游基地、现代印刷业中心为目标，以现代印刷业、设计业和休闲文化旅游业作为发展重点，依托已形成的印刷业优势和用地资源相对较充裕的条件，承担“深圳市现代印刷业中心，设计业与制造业升级结合的示范区，生态旅游区”的功能。

龙岗区：以建设珠三角东岸最具现代化气息、生态环境优美的文体休闲旅游中心为目标，全面推动生态旅游产业和文化制造业高端化发展，以现代印刷业、体育休闲旅游业和高端工艺美术业作为发展重点，承担“深圳市现代印刷业基地、文体休闲旅游基地、高端工艺美术产业基地和影视制作基地”的功能。

（三）分期建设

1. 近期建设规划

根据用地布局的差异，分为集中式的文化产业园区建设以及非园区式的文化项目。近期具有一定发展基础以及具备启动条件的文化产业园区多采用企业主导的发展模式。其中，属于旧工业区改造的有：世纪工艺品文化广场、田面“设计之都”产业园、F518 创意园、水贝黄金珠宝首饰产业基地（二期）、招商创意产业园（二期）、华侨城 LOFT 创意文化园（二期）、深圳动漫城等；属于旧村改造的是大芬油画村（二期）；科技园动漫及网游产业基地按照法定图则所规定的行政办公及相关配套用地性质的新建形式；深职院动漫一条街采用临时建筑开发形式。此外，龙华印务中心、龙华影视产业基地采用择地新建的园区式发展模式。

以非园区式布局的重点建设项目包括：华侨城主题公园、宝安海上田园生态旅游区、东部华侨城、大小梅沙滨海旅游区以及体育新城。其中，西翼以华侨城主题公园为核心发展休闲文化旅游业，并向西延伸至宝安区的生态旅游区；东翼以东部华侨城项目和大小梅沙等滨海旅游资源以及体育新城的运动休闲类旅游项目为核心，发展运动休闲旅游。

针对新兴文化企业制定优惠政策，促进新兴文化产业与高新技术产业密切协作。继续加强滨海文化旅游、体育旅游等非园区式重点文化项目的建设，完善项目的配套建设，深入挖掘项目文化内涵。在近期，引导印刷业逐步向城市两翼集中，使印刷业在宝安、龙岗区实现聚集式发展。

2. 远期建设规划

继续完善文化产业园区建设，运用城市更新指导思想，对特区内现有旧工业区实施“腾笼换鸟”改造，对工业用地进行改造升级和功能置换，为文化产业发展提供空间。根据《深圳市近期建设规划（2006 – 2010）》《深圳市工业布局研究与规划》，具备工业区置换改造条件、文化产业发展基础并且符合文化产业园区布局要求，适宜发展成为新兴或传统文化产业的园区有蛇口、南油、侨城北、泰然、梅林、八卦岭、水贝、布心、莲塘和沙头角等旧工业区。预计在规划远期，通过旧工业区改造可获得文化产业用地规模为 6.7 平方公里左右，建筑面积总量约为 1327 万平方米。

重点建设的非园区式文化产业项目包括：大鹏滨海生态旅游区、葵涌影视创意产业区。

结合光明新区、东部华侨城、观澜片区等高新技术、生态旅游、特色文化地区的城市规划，充分利用区域的功能特色，大力发展文化产业。

五、支撑体系和对策措施

未来十五年应从塑造和强化“文化深圳”品牌、促进文化产业同高新技术产业的融合和向其他产业的渗透、拓展本地文化消费市场、增大文化产品和服务的出口等任务出发，强化理念、组织、人才“三大保障”，完善市场、经济政策、知识产权保护和服务、重大项目服务“四大体系”，搭建技术创新、金融服务、中小企业创业孵化、公共信息、文化产品博览交易、版权资源管理服务、区域合作“七大平台”，促进文化产业快速、健康、可持续发展。

（一）强化三大保障

1. 理念保障

各级领导要从实践“三个代表”重要思想、全面贯彻落实科学发展观、构建和谐社会的高度，深刻认识实施文化立市战略的重大意义，切实把文化产业摆到更加突出的位置，将其纳入到国民经济和社会发展总体规划、城市发展策略和城市总体规划，加强对文化产业发展的指导协调，增强文化行政的能力。坚持先进文化导向，采取多种形式大力宣传发展文化产业的意义、目标和措施，动员全社会力量参与，形成发展合力。鼓励公共设施和公共场所采用有创意的设计，激发民众对艺术和设计的兴趣，产生对文化产业发展的催化作用。开展“创意社区”项目，释放居民的创造才能和创造热情，达到将艺术、文化、设计、商业、技术等与社区发展规划相结合的功效，形成一批充满活力、富于创造性、具有文化底蕴和一定创业、技术水平的“标杆社区”，使“文化深圳”落实到最基层。

2. 组织保障

由市主要领导挂帅，分管领导牵头，确定深圳市文化产业发展战略、规划和政策，统筹协调，解决文化产业发展中的重大问题。市文产办作为政府主管文化产业的核心职能部门，负责深圳市文化产业总体规划编制、政策制定，推动文化产业重大项目的落实。各行业主管部门和有关职能部门要各司其职，依法加强行业引导、服务和监管职能，通力合作，全面落实，形成促进文化产业加速发展的良好氛围和有效合力，确保市委市政府实施“文化立市”战略、加快文化产业发展的部署落到实处。制定加速发展文化产业各重点领域中长期行动计划，明确各行业主管部门为推进行业发展的责任主体，按照“一业一责”原则，负责研究制定本行业发展规划和相关政策，并组织实施。把文化产业发展的各项工作目标和发展项目层层分解，落实到具体部门和单位，并列入干部任期目标。制定考核办法，建立监督机制，定期进行检查考核。各区以及市直各相关部门要结合实际，制订出台相应的配套文件，建立年度工作目标责任制，落实具体工作措施。

3. 人才保障

——摸清文化产业人才供求缺口现状。由市文产办牵头，联合有关高校、咨询机构和企业，负责深圳市文化产业人才统计以及人才培养计划的制订、协调等工作。根据未来的发展需要，对深圳市文化产业人才需求的数量、层次、结构等逐项进行专题研究，在此基础上建立文化产业专门人才数据库，重点解决文化产业发展中的结构性短缺和层次失衡的问题，减少构建人才发展平台的盲目性。

——注重引进高层次人才。通过各种方式，大力引进高层次、高技能、通晓国际通行规则和熟悉现代管理的高级文化产业人才。进一步完善文化产业人才、智力和项目相结合的柔性引进机制，在文化产业各个领域引进一批具有国内外影响、行业权威、善经营、懂管理的核心人才，在入户、住房、配偶就业和子女入学等方面给予优惠政策，形成人才优势。

——建立健全人才评估体系和激励机制。通过有力的措施留住、用好人才，努力创造让各类人才充分施展才干的良好环境。在文化产业管理部门和国有企业人才评价方面，建立以能力和业绩为导向、科学的社会化的人才评价机制。根据德才兼备的要求，坚持群众路线，注重实践检验，构建以业绩为依据，由品质、知识、能力等要素构成的各类人才评价指标体系。完善人才评价手段，大力开发应用现代人才测评技术，努力提高人才评价的科学水平。建立健全与市场经济体制相适应，符合各类人才特点、体现工作业绩、鼓励创新创造的分配激励机制。建立健全现代产权制度，探索产权激励机制。鼓励有条件的国有文化企业对作出突出贡献的经营管理人才、专业技术人才实行期股、股权激励。探索人才资本及科研成果有偿转移制度，建立以政府奖励为导向、用人单位和社会力量奖励为主体的人才奖励体系，充分发挥经济利益和社会荣誉双重激励作用。逐步建立文化产业重要人才政府投保制度，建立健全文化产业人才保障制度。

——加快紧缺人才培养步伐。推进人才培训的国际交流合作，建立境外培训基地，定期选派一批与文化产业发展直接相关的公务员、研究人员和企业经营管理人员到文化产业发达国家和地区学习培训。引导高等院校加快文化产业相关学科的建设，增设紧缺专业，培养急需人才。鼓励各级各类科研院所和社会培训机构发展各个层次、各种类型的文化产业职业教育，支持它们积极开展文化产业网络教学，扩大教育覆盖面，多快好省地培养文化产业急需的实用性人才。建立文化产业专业技术人员继续教育体系，系统地进行文化产业人才培养。重点吸引一批跨国公司、国内外著名培训组织来深圳建立培训机构，支持大芬油画村等国家文化产业创新与发展研究基地参与文化产业人才的培养、培训工作。按照《中华人民共和国职业教育法》《中华人民共和国民办教育促进法》等法律、法规的规定，对文化产业教育培训机构实行认证制，加强文化产业专业技术人员从业资质管理，稳步推进职业资格证书制度和培训、考核市场化，加强培训项目、培训证书和培训机构的管理，提高在职人员的业务水平。

——吸引本地年轻人积极投身文化产业。通过媒体宣传、组织比赛等形式，吸引本地年轻人参与到文化产业的发展之中。由政府出面组织“青年创意比赛”，为深圳乃至全国的青年提供一个展现创意才华的平台，为吸引年轻人从事文化产业打下良好的氛围基础。

（二）完善四大体系

1. 完善市场体系

——放宽市场准入。近期内要全面落实国务院发布的《关于非公有资本进入文化产业的若干决定》以及《深圳市人民政府关于加快文化产业发展若干经济政策》的要求，降低投资准入门槛，积极鼓励非公有资本以多种形式进入一般竞争性文化行业。尽快制定《深圳市文化产业投资指导目录》，明确鼓励、允许、限制和禁止投资的项目，进一步放宽市场准入条件和领域。在短期内，坚持“非禁即入”原则，除国家有特殊规定的以外，竞争性领域和对外资开放的领域，都要对民营资本开放。在实施优惠政策的投资领域，其优惠政策对所有投资主体同样适用。从长期看，要逐步解除非公有资本投资参股从事文化产业在股份比例方面的限制，以及经营范围限制。

——培育大型文化企业和集团。以市场为导向，以品牌为纽带，打破部门分割和行业壁垒，积极培育一批在全国同行业具有竞争优势的文化企业集团，打造一批能带动行业发展的龙头企业。鼓励有条件的文化企业发展成为跨国公司，向外输出优质文化产品和服务，培育国际品牌。在财税、人才、信息服务、银行信贷、出入境管理等方面，为企业开拓国内国际市场、扩大市场份额、提高国际竞争力创造条件，拓展深圳市有比较优势的文化产业发展空间。

——鼓励、支持和引导中小文化企业发展。为中小文化企业营造公平的竞争环境，通过有针对性的文化经济政策帮助其解决发展中面临的难题，降低创业风险和创业成本，提高创业成功率。

——健全中介组织。促进行业协会市场化运作，健全行业自律机制，增强自律和服务功能。扩大行业协会的覆盖面，使其面向全社会的同行业企业，积极吸收民营企业、外资企业等各类经济组织入会，更好地发挥行业协会的桥梁纽带作用。推动各类中介机构与挂靠的行政部门脱钩，发展一批文化经纪机构、代理机构、仲裁机构等文化中介组织，鼓励文化中介机构向规模化、网络化、品牌化、规范化方向发展。

——改善市场服务。优化提升和建设一批具有鲜明特色的大型化、高档次、现代化的专业市场，培育形成一批国际性、全国性的文化产品和服务市场中心，合理发展相关卫星市场。在文博会的基础上，打造一批专业化、品牌化、国际化的行业会展，促进产业与市场、会展的互动。以“中国文化产业网”为媒介，将政府资讯和市场交易融为一体，加快文化产品、文化服务交易的电子商务平台建设，增强市场综合服务功能。

——完善文化市场综合执法的体制机制。加快文化产业地方立法和执法检查工作，加强对文化市场的引导和管理，加大文化市场综合执法力度，形成“两级政府、三级管理、四级网络”，将执法重心下移，维护文化安全和合法经营，繁荣文化市场。

2. 完善经济政策体系

——充分利用国家、省相关优惠政策。相关部门应对照《技术更新改造项目贷款贴息资金管理办法》(对外贸易经济合作部、财政部 2002 年第 26 号令)、《出口产品研究开发资金管理办法》(外经贸计财发 [2002]527 号)、《应用技术研究与开发资金管理暂行办法》(财教 [2004]3 号)、《“技术创新引导工程”实施方案》(国科发政字 [2006]31 号)、《印发关于进一步加强技术改造投资推进企业技术进步的若干规定的通知》(粤府〔1999〕48 号)、《印发〈关于扩大高新技术及设备进口的意见〉的通知》(粤外经贸厅字〔2004〕25 号)、《广东省名牌带动战略实施方案》(粤府办〔2003〕18 号)、《深圳市人民政府关于加快文化产业发展若干经济政策》等文件规定，积极帮助文化企业争取国家和省有关技术改造、成果转化、科技创新、产品研发、高新技术设备进口、品牌建设等方面的各项优惠，督促区级地方配套资金及时、足额到位。认真执行税收政策，确保各项优惠措施落实到位。及时、足额办理出口退税，允许企业按照相关规定加速固定资产折旧。

——制订、完善和落实促进文化产业发展的相关政策。逐步建立以产业政策为主要调控手段的文化产业宏观管理体制。把文化产业中的高端设计产业和基于信息产业技术的数字内容产业视为“软工业”，逐步将对高新技术产业的扶持政策延伸到此类产业。抓紧落实市政府出台的关于促进文化产业发展的若干经济政策。

——保证文化产业的项目用地。在满足城市规划和相关文化产业发展规划的前提下，相关职能部门要积极参与文化产业项目的论证，并从深圳实际出发，搞好文化产业发展的用地布局规划。建设用地指标要向文化产业倾斜，凡是文化产业项目，尤其是重大基础设施和标志性文化工程用地，纳入重点项目用地服务范围，优先予以保障。工业企业退出的土地，对文化产业的待建项目优先予以考虑。相关部门要加强文化产业项目建设用地批准后的管理，强化对土地开发利用情况的监督检查，督促土地使用者按照合同规定实施项目建设，防止土地圈而不用。鼓励使用多层的标准厂房，切实提高容积率。积极推动旧工业区向文化产业用地转变，并使文化产业用地积聚。

3. 知识产权保护和服务体系

研究制定文化产业知识产权保护和促进办法，启动“深圳市知识产权优势提升计划”等工程。鼓励知识产权评价机构发展，建立健全知识产权信用保证机制，支持和鼓励利用知识产权保护实现企业自律和行业自律。加强文化产业版权保护，支持现代著作权保护技术的开发和应用，建立版权侵权举报制度，严厉打击侵权行为，重点打击制作、发行、分销领域内的盗版活动，维护著作权人的合法权利。努力提高文化产业知识产权创新能力，鼓励自主创新形成的成果及时申请、注册相关权利，保护和推广文化产业著名商标。

4. 重大项目服务体系

按照“储备一批、规划一批、建设一批”的滚动发展原则，筹划、论证、筛选、确定好各类重点项目，建立文化产业重大项目库。重大项目实行特事特办，甚至“一项一策”，开辟重大项目审批绿色通道。坚持紧约束条件下集约用地、节约用地的原则，通过自主创新和发展循环经济，推进土地使用从外延式扩张向内涵式集约转变，结合“三旧”改造，发展都市文化产业，提高土地资源利用效率。大项目的用地计划由市级安排或由市向上争取，需跨区供地的，由市政府协调解决。定期召开市、区主要职能部门负责人参加的联席会议，协调解决大项目推进发展中的具体矛盾和问题。重大项目建设情况，通过媒体向社会公布，年终进行检查考核并向社会公示。

（三）搭建七大平台

1. 技术创新平台

通过科技计划对文化产业中的共性技术研发进行直接干预，促进共性技术和关键技术实现跨越式突破。采用政府牵头、企业界和学术界广泛参与的方式，积极开展共性技术的预测和共性技术开发计划的制订。对基础性强、公共特征明显的共性技术加大财政投入力度，同时引导相关的研究院所、研究型大学以及企业成立合作组织来对共性技术进行研发，加快共性技术的开发速度。积极推进“官产学研”合作研究，建立利益共享、风险共担的长效机制。充分发挥企业的主导作用，重点扶持技术创新能力强、辐射范围广的大企业、大项目建立关键技术研发中心、服务中心和产品检测检验中心，促进新技术的广泛应用和成果共享。对于政府和企业合作研发的技术成果，政府在认定其知识产权归属问题上应向企业倾斜，通过授予企业专有权，鼓励企业积极从事共性技术研究和扩散。

2. 金融服务平台

——拓宽投资渠道。调整国有资本对文化产业的投资范围，推动国有资本投资机制的转变，构造一批以国有资本为主体的文化投融资运营主体。鼓励非公有资本以直接投资、间接投资、项目融资、兼并收购、租赁等形式进入一般竞争性文化行业，以及对中小型国有文化企业进行嫁接改造。充分利用资本市场的投融资平台和结构调整功能为大型文化企业上市融资提供保障。

——整合金融资源，畅通各种融资渠道。积极运用银团贷款、融资租赁、项目融资等多种方式，支持文化产业的重大项目建设。引导金融机构加大对发展前景好的文化企业的支持力度，集中资金支持重点文化产品出口项目，为文化产品和服务出口大户提供相应的资金保障。在加强信用制度建设，控制金融风险的前提下，在信贷政策方面采取更加灵活多样的措施，探索专利权、著作权以及经过评估的文化资源项目、销售合同、门票等现金流量等作为银行信贷抵押的途径和方式，使文化产业发展得到更多的间接融资支持。

——探索建立文化产业创新风险投资机制。降低创投行业的进入门槛，在主营业务方面增加范围，吸引更多民营企业参与到风险投资领域。在重点文化产业园区建设孵化器，吸引各类风险资本，为科技含量较高、成长潜力较大、市场竞争力较强的中小企业提供综合服务。

3. 中小企业创业孵化平台

建设创业孵化基地，降低创业成本和创业风险，提高创业成功率。由政府支持设立“共同创作室”，在设计、动漫游戏等重点扶持发展的行业中，为那些具有一定技术但深受资金短缺困扰的中小企业提供长期、系统的扶持。

4. 公共信息平台

研究建立符合国际惯例、反映深圳文化产业发展特点和水平的统计指标体系，建立全面调查、抽样调查和滚动调查相结合的统计制度，进一步提高统计数据的时效性、准确性和权威性。加强文化产业形势分析工作，建立健全文化产业发展的监测、预警、预测、统计信息定期发布制度。密切跟踪国际国内文化产业发展情况，及时反映最新动态与趋势。广泛集成相关力量，开展对文化产业尤其是高端的内容产业发展规律、不同发展模式的深入研究，建立较为全面的理论体系，为开展文化产业发展促进工作提供理论支撑。建立文化产业发展动态、产业政策数据库，为文化产业中的市场主体提供及时准确的信息支持，降低它们搜索信息的成本。

5. 文化产品博览交易平台

由中华人民共和国文化部、中华人民共和国商务部、国家广播电影电视总局、中华人民共和国新闻出版总署、广东省人民政府和深圳市人民政府联合主办的中国（深圳）国际文化产业博览交易会作为中国唯一一个国家级、国际性、综合性文化产业博览交易会，以博览和交易为核心，全力打造中国文化产品与项目交易平台，促进和拉动中国文化产业发展，积极推动中国文化产品走向世界。

要遵循市场经济和文化产业发展规律，进一步推动文博会完善办展机制，提高服务水平，努力提高国家级地位，提升国际性影响，树立精品化意识。以打造“检验和促进我国文化产业发展的平台，推动中华文化走出去的平台，服务中西部发展的平台”为基本定位，突出提高文博会的权威性和影响力，突出文化产业的核心内容，突出和催生有实力、有竞争力的大型文化企业或企业集团，充分体现文化产业、会展行业的发展特点和市场需求，不断总结经验，推动展会的机制创新、内容创新、营销模式创新、服务创新和管理创新，努力打造中国文化产业展会的“龙头品牌”。

6. 版权资源管理服务平台

建立文化产业作品版权登记资助制度，促进具有自主知识产权的原创作品版权资源又好又快发展。制定数字作品版权登记、备案制度，建立数字作品版权数据库，为权利人维权、为行政执法和刑事司法提供初步证据。建设版权资源管理系统，汇集国内外有关知名版权登记机构、图书馆、互联网等的版权资源，打造国际版权资源积聚中心。建立作品版权交易系统，促进版权资源的国内与国际贸易。分行业研究开发版权资源，为创意设计、动漫游戏、数字视听、新媒体、现代印刷、文化旅游、演艺娱乐、高端工艺美术等重点行业的发展提供创新、保护、管理和运用服务。积极开展与国际知识产权组织、发达国家与地区知识产权组织版权资源管理机构的交流与合作，为文化产业实施“走出去”战略服务，为拓展文化产业发展的国际空间服务。

7. 区域合作平台

树立“大市场、大作为”的观念，了解、收集国家市场信息，利用“文博会”和各种经贸洽谈会等平台，制定本土企业和产品的外向推广计划，支持、鼓励文化企业实施“走出去”“请进来”的战略。进一步加强深港文化产业合作与互动，承接香港在文化信息、文化人才、文化的产业化运作、文化资源配置机制、文化的国际交流等方面优势的辐射，构建“深港文化产业都市圈”。以泛珠三角区域经济合作为平台，开展文化产业的跨区域深层次合作，推动生产要素的跨地区高效流动和资源的优化整合。

深圳文化创意产业振兴发展规划（2011～2015年）

进入21世纪以来，作为文化、科技和经济深度融合的产物，文化创意产业凭借独特的产业价值链、快速的成长方式，以及广泛的产业渗透力、影响力和辐射力，成为全球经济和现代产业发展的新亮点，其发展规模与影响程度已经成为衡量一个国家和地区综合竞争力的重要标志。

党中央、国务院高度重视发展文化产业，明确提出推动文化产业成为国民经济支柱性行业。胡锦涛总书记在庆祝建党90周年大会上的重要讲话中深刻指出，必须以高度的文化自觉和文化自信，继续大力推动社会主义文化大发展大繁荣，加快文化体制改革，加快构建公共文化服务体系，加快发展文化事业和文化产业，让人民共享文化发展成果。站在新的历史起点上，进一步做强做大我市文化创意产业，将文化创意产业打造成为重要的战略性新兴产业，是深入贯彻落实中央重大战略部署，实现社会主义文化大发展大繁荣，满足人民群众精神文化需求、保障人民群众文化权益的重要内容，是增强城市文化软实力和综合竞争力，加快建设文化强市的重要举措，是构建以“高、新、软、优”为特征的现代产业体系，加快转变经济发展方式，创造深圳质量的重要途径，是推动创新发展、转型发展、低碳发展、和谐发展，加快建设国家创新型城市、全国经济中心城市和国际化现代化先进城市的必然选择。

为加快我市文化创意产业发展，根据国家《文化产业振兴规划》、《广东省建设文化强省规划纲要（2011～2020年）》，编制《深圳文化创意产业振兴发展规划（2011～2015年）》。

本规划所述文化创意产业，是指以创作、创造、创新为根本手段，以文化内容、创意成果和知识产权为核心价值，以高新技术为重要支撑，为社会公众提供文化产品和服务，引领文化产业发展和文化消费潮流的新兴产业，主要包括新闻出版、广播影视、创意设计、文化软件、动漫游戏、新媒体、文化信息服务、文化会展、演艺娱乐、文化旅游、非物质文化遗产开发、广告业、印刷复制、工艺美术等行业。

一、发展基础和面临形势

（一）发展基础。

产业发展态势迅猛。自2003年在全国率先确立“文化立市”战略以来，深圳文化创意产业以年均接近25%的速度快速发展，2010年文化创意产业增加值达726亿元，位居全国大中城市前列。2004至2010年，文化创意产业增加值占全市GDP的比重由4.6%提高到7.6%，成为带动经济快速健康发展的重要引擎。

行业发展全国领先。创意设计业优势地位明显，是中国现代平面设计的发源地，工业设计、室内设计占全国较大市场份额，成为国内第一个被联合国教科文组织认定的“设计之都”。动漫游戏业起步早、发展快，文化软件服务、互联网信息服务、数字电视、数字音乐发展势头良好，涌现出腾讯、A8音乐等一批知名领军企业，汇聚了大批文化创意人才。文化旅游引领国内潮流，华侨城集团、华强文化科技集团是中国最具创意和创新能力的知名文化旅游企业。深圳还是中国最大的高端印刷及黄金珠宝生产基地，占据了国内60%以上的市场份额。新闻出版、广播影视、文化会展等行业也都在全国具有重要的影响力。

发展模式特色鲜明。深圳充分发挥高科技城市、金融中心城市和滨海旅游城市特色，深度挖掘、整合、联动相关产业资源，形成了“文化＋科技”、“文化＋金融”、“文化＋旅游”等产业发展新模式。以高新技术创新文化生产方式的“文化＋科技”模式，为文化创意产业高端起步、跨越发展奠定了强大的技术保障。以文化产权交易所、文化产业投资基金为主导的“文化＋金融”模式，不断创新对文化企业的金融支持方式，构建了文化产权交易、文化产业投融资、文化企业孵化的重要平台。以主题公园、文化创意产业园区和基地为依托的“文化＋旅游”模式，有效延伸了文化创意产业链。

集聚效应逐步显现。在政府的有力引导和推动下，深圳文化创意产业采用行业集聚、空间集中的发展策略，培育建设了一批文化创意产业重点项目，建立了田面“设计之都”创意产业园、华侨城LOFT创意产业园、怡景国家动漫画产业基地、大芬油画村、观澜版画原创产业基地等40多个具有一定规模和影响力的文化产业园区和基地，形成了区域发展特色，构建了较为合理的产业布局。

要素市场加快建立。打造了全国唯一的国家级、国际化、综合性文化产业博览交易会，为文化创意产业发展提供高端平台和重要推力。在国内较早建立了文化产权交易所，参与发起设立了首支国家级大型文化产业投资基金。文化创意产业投资呈现多元化的发展格局，涵盖国有、民营、中外合资等多种模式。同时，深圳毗邻港澳，地处珠三角地区核心位置，面向国际、国内两个市场，可以更好地接受国内外先进的观念、体制、人才、金融、信息等辐射，推动文化创意产品和服务“走出去”。

产业环境不断优化。深圳作为全国首批文化体制改革综合性试点地区之一，不断推动文化体制机制创新，先后出台了《深圳市文化产业发展规划纲要（2007～2020）》、《深圳市文化产业促进条例》、《关于加快文化产业发展若干规定》、《关于扶持动漫游戏产业发展的若干意见》、《关于促进创意设计业发展的若干意见》、《关于支持和促进深圳文化产权交易所发展的若干意见》等规划、法规和专项文件，把文化产业作为第四大支柱产业加以扶持，为产业发展提供了良好的环境和政策法规保障。

深圳文化创意产业在快速发展的同时，也存在一些问题和不足，比如：产业结构不尽合理，整体国际竞争力不够强；产业原创能力和关键技术研发能力需要进一步提升；有利于产业健康发展的政策体系、市场环境、管理模式和人才支撑体系需要进一步完善等。

（二）面临形势。

国家和广东省的大力推动为深圳加快发展文化创意产业提供了新机遇。加快发展文化产业是党中央立足经济社会发展全局，着眼科学发展，转变经济发展方式，推动社会主义文化大发展大繁荣，实现全面建设小康社会目标作出的重大战略部署。2009年，国务院发布《文化产业振兴规划》，首次提出文化创意产业，将其置于优化文化产业结构、需加快发展的重点文化产业门类之首。国家“十二五”规划纲要鲜明提出推动文化产业成为国民经济支柱性行业。国务院批复的《深圳市综合配套改革总体方案》明确要求把深圳建设成为有国际影响力的文化创意中心。2010年，广东省委省政府发布《广东省建设文化强省规划纲要（2011～2020年）》，要求深圳做大做强以创意内容为核心的文化服务业，努力建设成为文化自主创新中心、区域文化中心和国际文化名城。同时，深圳还是全国“三网融合”试点城市之一。中央和省对加快文化产业发展的高度重视、对深圳的支持与厚望，为深圳加快发展文化创意产业提供了最为有力的保障，使我市文化创意产业实现跨越式发展面临前所未有的黄金战略机遇期。

率先转变经济发展方式、创造深圳质量对加快发展文化创意产业提出了新要求。当前，深圳正处于经济转型和产业升级的关键时期，资源、环境和土地空间约束日益增强，对产业发展的高端化、集约化要求不断提高。文化创意产业作为新兴的智慧型产业，具有高附加值、低能耗、低排放、低碳绿色、生态环保的重要特征和优结构、扩内需、增就业、促跨越、可持续的独特优势，其影响力与渗透力大大超出了一般产业的范围，是加快转变经济发展方式、推进经济结构战略性调整的重要抓手。同时，文化创意产业在满足人民群众精神文化需求，提升市民文化素质和品位，构建城市文化品质和品牌，增强城市的精神力量方面具有不可替代的特殊意义。深圳作为经济特区，必须紧紧抓住难得的战略机遇，大力发展文化创意产业，积极培育新的经济增长点，推动产业结构优化升级，不断提高经济增长的质量和效益，提升城市人文精神，增进民生幸福，努力当好推动科学发展促进社会和谐的排头兵。

国际上文化创意产业的快速发展给深圳带来了新挑战。自20世纪末英国首先提出发展“创意产业”以来，文化创意产业在全球范围迅速崛起，人类正进入文化经济时代。美英日等发达国家创意产业占GDP的比重已超过汽车等传统产业，以新兴产业的姿态迅速发展成为支柱产业。世界产业发展的最新趋势表明，创意和创新已经成为城市发展与繁荣的基本动力，知识和理念推动着财富的创造和社会的现代化。深圳作为我国对外开放的窗口，要以国际视野把握未来产业发展方向，积极借鉴和引进国外新兴产业发展理念、先进管理方式和优秀创意灵感，加快发展文化创意产业，着力推动其走向国际市场，努力提升产业整体实力，在激烈的国际竞争中赢得主动。

全国各地文化创意产业的竞相发展形成了竞争新格局。近年来，在国家的倡导和支持下，全国各大城市先后制定了相关发展规划和政策，将文化创意产业作为未来发展的支柱产业，各地文化创意产业发展态势迅猛，竞争日趋激烈，初步形成了多个以中心城市为龙头、辐射带动周边城市的区域文化创意产业集群。全国的发展态势，对深圳既是压力、也是动力，深圳理应在文化创意产业的发展上大胆创新，先行一步，力争上游，努力在全国新一轮大发展的总体格局中发挥先导和引领作用。

科学技术的突飞猛进为深圳文化创意产业发展创造了新优势。高新技术是文化创意产业发展的重要支撑，科学技术的每一次革新都会带来文化创意产业的快速跃升。深圳始终把科技创新作为城市发展的主导战略，全力推进国家创新型城市建设，2010年全市高新技术产品产值超过10000亿元，全社会研发投入占GDP比重达3.64%，每万人专利申请及发明专利授权量均居全国大中城市第一位，PCT国际专利申请量连续7年居国内首位。不断进步的科学技术和日益浓厚的创新氛围，将有力提高文化创意产业的科技含量，丰富文化创意产业的产品和服务形态，让深圳文化创意产业呈现光明的发展前景。

二、指导思想和发展目标

（一）指导思想。

以邓小平理论和“三个代表”重要思想为指导，深入贯彻落实科学发展观，牢牢把握社会主义先进文化前进方向，紧紧围绕科学发展主题和转变发展方式主线，以改革创新和科技进步为动力，以壮大实力、提高竞争力为核心，以满足人民群众多样化多层次多方面精神文化需求为目标，发挥经济特区文化多元的优势，强化创意、创新、创造，着力推动文化创意产业规模化、集约化、专业化、高端化、国际化发展，着力构建以“高、新、软、优”为特征的现代产业体系，着力打造有国际影响力的文化创意中心，争当文化产业发展的领头羊，努力提升市民文化品位和城市文化品质，增强城市文化软实力和综合竞争力，为建设文化强市，率先实现社会主义文化大发展大繁荣奠定坚实基础，为转变经济发展方式，创造深圳质量提供新的动力，为建设国家创新型城市、全国经济中心城市和国际化现代化先进城市注入新的活力。

（二）发展目标。

文化创意产业快速发展。2011 ～ 2015 年，文化创意产业年均增长 25％左右，2015 年文化创意产业增加值达到 2200 亿元，文化创意产业总产出超过 5800 亿元，使文化创意产业成为深圳重要的战略性新兴产业和国民经济支柱性产业。

产业结构不断优化。大力发展新兴文化业态，做大做强以创意内容为核心的文化服务业，占领文化创意产业链高端，构建现代文化产业体系。到 2015 年，文化创意产业增加值占全市 GDP 的比重达到 14.5％以上，使文化创意产业成为推动全市产业结构优化升级和经济发展方式转变的主导产业之一，努力将深圳打造成为我国乃至国际上重要的文化创意产业先锋城市、世界知名的“设计之都”和国际时尚创意中心。

产业主体发展壮大。培育发展一批掌握核心技术、拥有原创品牌、具有较强市场竞争力的骨干文化企业和企业集团，加快规划建设一批文化创意产业重大项目，形成富有活力的优势企业群和具有特色的优势产业集群，打造一批在国内外有重要影响的文化品牌，使深圳成为具有世界水平的创意产业集聚区。创新能力显著提升。完善以企业为主体、市场为导向、产学研相结合的文化科技创新体系，广泛运用数字化、网络化技术和软件技术，大幅提高文化企业的装备水平和文化产品的科技含量，提升文化原创能力和研发能力，使深圳成为重要的文化创意产业创新中心和应用研发高地。

市场体系日益完善。丰富文化产品市场，培育文化人才、信息、技术、资本等要素市场，开拓大众性文化消费市场，促进文化产品和服务的合理流动。着力打造文博会国际知名品牌，构建国家级的文化创意产业发展平台，推动文化产品和服务出口，拓展海外文化市场，使深圳成为中华文化“走出去”的重要基地。

三、主攻方向和重点领域

国际文化创意产业发展的主要趋势是高度重视文化创意环节的开发和拓展，高度重视数字技术、网络技术和软件技术等现代信息技术手段的支撑和应用。深圳发展文化创意产业，要牢牢把握这一基本特征和发展趋势，以“高、新、软、优”为切入点，瞄准文化创意和科技创新两大主攻方向，重点发展创意设计、文化软件、动漫游戏、新媒体及文化信息服务、数字出版、影视演艺、文化旅游、非物质文化遗产开发、高端印刷、高端工艺美术等十大产业，承继现有发展基础，努力形成新的特色优势领域，不断提高产业综合实力。

（一）两大主攻方向。

1. 强化文化创意支撑。

坚持内容为王，把内容建设放在突出位置，把提升文化产品的内涵和质量作为发展文化创意产业的基本着力点，推出更多高品位、高水准的文化精品，以内容优势赢得产业发展优势。注重挖掘文化资源、提升文化创意、开发原创作品和打造文化品牌，增强文化创意对各产业领域的渗透，使最新的文化创意和设计理念延伸到文化产品和服务生产、制作、传播、营销的全过程，最大限度地提升相关产业的文化含量和文化附加值，凸显“设计之都”、“创意城市”的产业特色和城市形象。

2. 强化科技创新支撑。

自觉站在科技发展的最前沿，积极推进文化与科技相融合，用高新技术改造传统文化产业，大力培育新兴文化业态，推出更多兼备科技含量与文化含量的新兴文化产品，在重点领域和关键环节形成更多具有自主知识产权的创新技术，抢占文化创意产业发展的制高点。抓住“三网融合”试点和国家具有自主知识产权的 TD-LTE 规模试验放在深圳的机遇，以数字技术、软件技术、新一代移动通信、下一代互联网、云计算等先进技术支撑和提升创意设计业、新闻出版业、动漫游戏业、音乐及影视制作等的研发、生产、传播和营销能力，做大做强数字内容产业，凸显国家创新型城市的应用研发和高新技术优势。

（二）十大重点产业。

1. 创意设计业。

重点发展工业设计、平面设计、服装设计、城市与建筑设计、室内设计，以及广告创意与设计、品牌策划与营销等行业。

深化“设计之都”品牌建设，提升全社会创意设计意识，营造浓厚的创意设计氛围。落实《关于促进创意设计业发展的若干意见》，加大对创意设计业的扶持力度，设立和打造具有世界影响的创意设计专业展会和专业大奖，规划建设一流水准的创意设计博物馆，完善创意设计业发展的整体环境和设施条件，打造一批具有国际竞争力的创意设计品牌企业，引进和培育一批知名设计大师，进一步巩固深圳创意设计业在全国的龙头地位。积极支持“深圳设计”，推动组建“设计联盟”，促进创意设计各领域的交融与整合，加快发展绿色创意设计产业，提升深圳创意产业的整体水平。大力发展工业设计，着力增强工业设计创新能力，支持拥有自主知识产权的工业设计成果产业化。鼓励企业整合创意设计、策划咨询等环节，设立企业设计中心或独立的创意设计企业，提供行业性、专业化的创意设计服务。鼓励企业将可外包的设计业务发包给专业设计企业或设计机构，扩大设计服务市场。建立健全创意设计业专业技术人员职业资格认定制度，扶持新生设计力量，调动设计师和设计企业的积极性。利用我市作为全球创意城市网络成员的有利条件，发挥市“设计之都”推广办公室和创意文化中心的积极作用，创办“设计之都”中英文网站，加强创意设计领域的国际交流与合作，推动深圳设计力量参与国际竞争，推广“深圳设计”、“深圳创意”品牌，提升深圳创意设计国际化水平。加强城市建筑的人性化设计和艺术化改造，不断提升城市内涵和文化品位。

2. 文化软件业。

重点发展文化创意相关软件支撑技术和应用服务模式，推动软件技术与文化创意内容的融合，催生一批先进文化软件产品和公共技术平台。

发挥深圳软件产业领军优势，依托软件产业基地、出口基地、研发基地、骨干企业和大学科研院所，突破数字内容的生成、处理、检索与保护等关键核心技术，大力发展面向“三网融合”、数字视听、数字出版、动漫游戏等领域的应用软件和公共技术平台。重点研发3D场景建模技术、3D图形引擎技术、3D视频编解码技术、三维动作捕捉与识别技术、高逼真快速渲染技术、交互式感知技术等数字内容生成和内容数字化技术；研发网络媒体内容自动分类技术、个性化检索技术、数字内容保护与监管技术，促进数字内容管理与监控；研发面向移动设备的数字信息压缩、摘要、格式转换与传播技术；开发基于超级计算和云计算的3D内容自动生成软件、跨平台3D游戏引擎、智能终端3D交互式图形系统、数字电视内容生成软件与中间件；加紧制定数字标准、内容标准和技术标准，力争纳入行业、国家乃至全球标准体系。

3. 动漫游戏业。

重点发展原创动漫游戏产品的创作和研发、动漫游戏公共服务平台、以动漫游戏内容开发的衍生产品和服务等。

加强动漫游戏公共服务平台建设和技术开发，提高动漫游戏原创能力、开发能力和制作水平，打造受众喜爱的具有民族特色、国际化的动漫形象和品牌，形成创意、制作、营销、播放、版权交易、衍生品开发的完整产业链和盈利模式，将深圳建设成为具有重要国际影响力的动漫游戏产业基地。促进拥有自主知识产权的网络游戏技术、电子游戏软硬件设备等产品的开发，提高游戏产品的文化内涵，大力开拓网络休闲游戏、手机游戏和家庭视频游戏市场，抢占娱乐游戏产业高地。

4. 新媒体及文化信息服务业。

重点发展以“三网融合”为基础和运作平台的数字化传媒产业和文化内容服务，完善跨媒体、跨行业、跨地区的传媒产业链。

促进传统媒体和新兴媒体的融合发展，加强本市传媒集团与电信运营商的合作，加快发展手机报、手机网站、手机广播电视、网络广播电视、移动多媒体广播电视、数字高清电视、IPTV、电子报、电子杂志，开发移动文化信息服务、数字娱乐产品等增值业务，建设一批新媒体优质品牌。继续推动报网台互动，延伸与拓展传统传媒出版业的产业链。加大对重点网站的扶持力度，稳步推进重点网站以互建链接、内容供应、技术合作等方式开展国际合作，促进主流媒体借助互联网平台扩大影响力。加强基层网站建设，支持基层网站向街道和社区发展。加强网络立法及管理，完善行政监管与行业自律相结合的互联网管理体系，扶持发展优秀商业门户网站。

5.数字出版业。

重点发展教育类电子出版物、数字图书、互联网音像出版物、纸质有声读物、手机出版物等以数字化内容、数字化生产和数字化传输为主要特征的出版新业态。

推进平面媒体、图书出版业的数字化战略，推动数字技术、网络技术与传统出版业的结合，促进出版产业向多媒体、网络化发展，实现传统出版向数字出版的转型。建设数字化教育出版平台，提升教育数字化、现代化水平。顺应网络阅读潮流，办好全民阅读网，为市民提供全新的网络阅读体验空间，全方位满足市民阅读文化生活需求。发挥深圳动漫游戏、数字视听产业优势，加强数字化音视频的制作与出品，形成互动教育、数字图书、数字报刊、网络出版、手机出版、电子出版、有声阅读等特色产业集聚的数字出版产业链，打造国家级数字出版基地。

6.影视演艺业。

重点发展影视剧创作、原创音乐、数字影视、高雅文艺演出、主题公园演出以及相关的策划、导演、教育培训等。

继续大力实施“影视工程”、“音乐工程”，加强对文艺作品生产的引导，提升影视内容生产制作水平，催生一批体现时代精神、富有艺术内涵、在全国有广泛影响的精品力作，打造深圳影视演艺品牌。推动数字技术在影视、演艺、音乐产业的充分应用，满足多种媒体、多种终端对影视数字内容的需求，实现文化生产、传播和消费方式的转变。大力发展影视后期制作技术和相关产业，加强舞台艺术的数字化采集和传播。加快数字化院线建设，推广社区数字连锁影院，开拓影视发行渠道，完善影视产业链和商业模式。结合青春城市特色支持原创音乐，拓宽原创音乐数字推广平台。鼓励文化设备提供商研发新型电影院、数字电影娱乐设备、便携式音响系统、流动演出系统及多功能集成化音响产品。研究借鉴国际演艺业巨头的成功经验，支持华侨城集团整合演艺资源，做强做大深圳歌舞团演艺公司。扶持高雅文艺演出，大力支持开展群众性演出活动。进一步加强各级各类文化基础设施建设，为市民提供良好的演艺文化服务平台。

7.文化旅游业。

重点发展与主题公园、文化创意产业园区、文化场馆、文化活动、人文历史等深度结合的旅游产业。

支持文化与旅游相互融合、相互促进，推进文化资源向旅游产品转化，丰富旅游文化内涵，提升旅游产品的文化创意水平和旅游服务的人文特质，开启独具魅力的深圳文化体验之旅。依托华侨城、观澜湖等5A级旅游景区和美丽的滨海岸线资源，继续发展文化主题公园和滨海休闲度假型旅游。强化深圳现代都市风情、时尚消费、美食购物的吸引力，大力发展时尚文化旅游。不断发掘本地人文历史、岭南文化和特色古建筑、古村落的潜在价值，开发提升文化创意产业园区和博物馆、纪念馆等文化场馆的旅游功能，形成文化旅游业的新亮点。以大型展会、重要文化活动为平台，培育新的文化旅游消费热点。

8.非物质文化遗产开发。

重点发展利用优秀非物质文化遗产开发的文化产品和服务，与文化旅游业紧密结合，大力推进有市场前景的非物质文化遗产项目实现产业化。

按照“保护为主、抢救第一、合理利用、传承发展”的方针，切实做好传统技艺的保护和传承工作，创新传承方式，鼓励全国各地具有产业和市场潜力的传统技艺来深开发文化产品，拓展服务项目，开拓旅游市场，推动我国优秀文化遗产走近群众、走向市场，在与产业和市场的结合中实现传承和可持续发展。积极运用数字技术、网络技术以及声光电等现代科技手段研究、发掘、展示传统技艺，再现传统生产技术和工艺流程，不断提高“非遗”的保护和开发利用水平。支持以“非遗”保护开发为特色的文化旅游产业园区建设，营造有利于“非遗”保护传承和开发利用的良好氛围，吸引国家级“非遗”项目向深圳聚集，加大有深圳地方特色的“非遗”开发力度，努力将深圳建设成为我国“非遗”保护传承和产业化的重要基地。

9. 高端印刷业。

重点发展数字印刷、绿色印刷、立体印刷、快速印刷等相关产业。

以高新技术手段推动传统印刷业改造升级，继续保持全国最重要的高端精品印刷中心地位。加快发展无版印刷、彩色桌面排版、数字化印刷、多色印刷设备、高档印刷材料等高端印刷产业，逐步实现印前数字网络化，印刷多色高效化，印后多样、自动化和器材高质系列化。发挥龙头印刷企业的带动作用，拓展创意策划、出版传媒、艺术收藏、装帧设计等创意性服务，形成印刷产业链的良性循环，推动印刷复制产业从单纯加工服务型向现代服务型转型升级，全面提升行业核心竞争力。

10. 高端工艺美术业。

重点发展黄金珠宝、高档工艺礼品、原创油画及版画等行业。依托工艺美术业产业化、高端化和“走出去”在全国行业领先的优势，建设具有国际影响力的工艺美术产业基地。采用现代前沿科技、设计理念、工艺、材料，结合时尚消费趋势，提升黄金珠宝加工业的创意设计水平和技术含量，打造深圳黄金珠宝业自主品牌。提升工艺礼品产业研发设计和生产营销能力，打造中国品牌高档工艺礼品研发出口基地。依托大芬油画、观澜版画在国内外工艺美术界的影响力，积极推动原创油画、版画发展，促进产业向高端化发展，形成新的文化品牌。

四、主要任务

（一）加大产业创新力度。

充分发挥“文化＋科技”、“文化＋金融”、“文化＋旅游”特色，推动文化生产方式、营销方式、传播方式的创新，拓展新型文化产品和服务。推动传统文化产业融合数字技术、互联网、软件等高新技术，不断提高产业核心竞争力。推动文化创意领域的科技研发纳入国家科技创新体系，鼓励我市优势文化创意企业积极参与高新技术研发和国际标准、国家标准、行业标准制定，掌握市场竞争的主动权，拓展产业发展的新空间。

（二）着力构建产业支撑平台。

不断优化政府服务，加大资金支持力度，完善产业支撑服务体系。大力推动建设文化创意产业公共技术平台，为原创产品研发、创新技术应用提供便捷、有效、低成本的公共技术服务，提高文化创意企业的整体研发能力。完善文化创意产业公共服务平台，加强市场推广、资源共享和产业化服务，打造一批具有国际影响力的专业文化会展等高端文化活动，为文化企业提供连接国内外市场的产品展示及交易机会。健全文化投融资服务平台，鼓励金融产品创新，畅通文化创意产业投融资渠道。

（三）提高产业集约化水平。

发展文化创意产业总部经济，推动内涵式增长、集约化发展。统筹文化创意产业园区建设，集成各方有效资源，打造一批主业突出、集聚效应明显、具有国际影响力的优势文化创意产业集聚区，加快建设一批文化产业创新、示范和孵化基地，促进文化资源合理配置。加强产业集群内部的有机联系，进一步推动产业融合、集聚以及产业链整合，提高产业集中度和单位面积的经济效益。依托重点文化创意产业园区和龙头文化企业，引进和建设一批投资规模大、辐射带动作用强、科技含量高、市场前景好的文化创意产业大项目，增强产业发展后劲。

（四）做大做优做强文化创意企业。

支持深圳报业集团、深圳广电集团、深圳出版发行集团以社会效益最大化和经济效益最优化为导向，积极探索利用资本市场实现创新发展，提高经营管理水平和市场竞争能力，大力发展新媒体、新技术、新业务，提升产业层次，增强舆论引导能力和文化传播能力，打造在全国乃至世界有广泛影响的现代文化传媒集团。支持三大文化集团积极参与、运营好文博会、深圳文化产权交易所、中国文化产业投资基金等国家级文化产业发展平台和重大产业项目，成为文化创意产业的重要推动力量和战略投资者。

支持重点文化创意企业以市场需求为导向，

以创新创意为动力，以自主知识产权为核心，不断提高研发生产和市场开拓能力，扩大投资加快发展，打造一批拥有先进技术和自主知名品牌，具有较强发展实力和国际竞争力的文化创意领军企业，引领我国文化产业新兴业态发展。支持文化创意企业实施跨地区、跨行业、跨所有制兼并重组，实现跨区域发展、规模化经营。大力支持、积极吸纳社会资本和外资进入法律和政策允许的文化创意产业领域，着力引进一批国内外知名文化创意企业、跨国公司和重大项目，提升我市文化创意产业的整体实力。鼓励、支持和促进中小文化创意企业向“专、精、特、新”方向发展，培育发展富有活力的优势企业群体，形成合理的文化创意产业发展格局。

（五）优化产业布局。

根据各区域产业发展基础与资源优势，突出重点、适度交叉、协调推进、错位发展，形成各具特色的功能区域，实现文化创意产业合理布局、集约发展。

福田区：发挥中心城区优势，重点发展创意设计、文化会展、影视演艺、新媒体和文化信息服务业。

罗湖区：发挥现代商贸业、金融服务业优势，重点发展黄金珠宝、工艺礼品等高端工艺美术业和动漫产业。

盐田区：发挥山海自然资源优势，重点发展原创数字音乐产业和文化旅游业。

南山区：发挥高新技术产业和科研教育优势，重点发展文化软件、数字内容、创意设计、文化旅游及演艺娱乐业。

宝安区：发挥先进制造业和人文历史优势，重点发展工业设计、工艺礼品和艺术原创与服务业。

龙岗区：发挥滨海岸线资源和制造业优势，重点发展非物质文化遗产开发、高端印刷、高端礼品饰品和休闲旅游业。

光明新区：发挥高新技术产业聚集和新区体制机制创新优势，重点发展创意技术研发和文化旅游业。

坪山新区：发挥先进制造业聚集和新区体制机制创新优势，重点发展工业设计和影视制作业。

前海片区：贯彻落实《前海深港现代服务业合作区总体发展规划》，发挥特殊的区位和政策优势，重点发展创意设计、新媒体及文化信息服务业、数字出版业。

（六）推动文化创意产业“走出去”。

依托文博会促进文化创意产品与项目的国际贸易，鼓励支持本市文化创意企业和单位参加境外图书展、动漫展、影视展、演艺展、艺术节、游艺游戏设备展览等国际展会和文化活动，利用境外节展平台促进广播影视作品、出版物、动漫游戏、高端工艺美术等文化产品和服务出口，提高深圳文化创意产品和服务在国际市场上的占有率。充分发挥我市境外经贸代表机构的作用，鼓励文化创意产业行业协会与海外相关机构合作，积极举办文化创意产业投资贸易推介活动，搭建贸易服务平台。支持具有竞争优势和经营管理能力的文化创意企业通过独资、合资、控股、参股等多种形式，在国外兴办经营实体，建立文化产品营销网点，推动深圳文化创意产品直接进入国际市场。支持华强文化科技主题公园和文化科技产品“走出去”，实现国际化、规模化发展，打造国际文化科技主题公园品牌。鼓励文化创意企业海外上市融资。

（七）深化文化创意国际和区域合作。

利用深圳独特的地理位置和改革开放优势，在积极实施文化“走出去”战略的同时，广泛借鉴国外先进文化发展成果、理念和经验，积极引进资金、技术、项目和人才培养机制，加强文化创意领域的国际交流与合作，提升深圳文化创意产业的国际化水平。

深化深港文化创意产业合作，整合产业资源，促进区域创意设计、动漫游戏、数字出版、影视传媒等产业的分工协作和优势互补，吸引国内外文化创意企业总部、知名设计机构、文化中介服务机构、研发中心、采购中心入驻，共同打造世界级的文化创意产业中心。推进深港电视媒体、平面媒体、网络媒体的合作，促进两地传统媒体和新媒体的发展。借助澳门的独特优势，加强深圳文化创意产品在葡语国家的推广。充分发挥深圳与台湾经贸文化合作基础好的优势，扩大对台文化交流领域，共同提升两岸文化创意产业发展水平。

加快推进深莞惠、深汕文化创意合作，实现产业互补、资源共享，共同打造珠江东岸文化创意产业孵化中心，提升深圳文化创意产业在珠三角地区乃至全国的影响力、辐射力。

（八）积极扩大文化消费。

把扩大市民文化消费、提升文化消费水平作为文化创意产业实现再生产和扩大再生产的关键环节，加快发展大众文化消费市场，开发中高端消费市场，培育特色文化消费，形成新的文化消费增长点。着力建设学习型城市，继续办好"读书月"、"市民文化大讲堂"、"深圳晚八点"、"创意十二月"等品牌文化活动，发挥好公益性文化场馆的功能，鼓励发展民间博物馆，提高市民文化素质和鉴赏水平，引导树立健康向上的文化消费理念。努力降低成本，提供价格合理、丰富多样的精神文化产品和服务，提高市民文化消费意识和能力。开发与文化创意结合的教育培训、健身、旅游、休闲等服务，带动相关产业发展。支持金融机构积极开发文化消费信贷产品，为文化消费提供便利的支付结算服务，不断满足文化创意产业多层次的消费信贷需求，促进文化市场繁荣发展。强化文化市场监督管理，切实维护文化消费权益。

五、重大工程

实施会展平台、技术支撑、产业集聚、文化金融、传播推广等五大工程，全面提升文化创意产业发展水平。

（一）会展平台工程。

将文博会打造成为国际知名品牌。坚持"专业化、国际化、市场化、精品化、规范化"的办展方针，突出文化产业核心层、文化创意度和"文化＋科技"特色，强化高端引领，增加科技含量，进一步提升文博会的国际知名度。完善办展机制，创新招商招展模式，发挥"招商引资"和"招才引智"的积极作用，着力引进代表我国文化创意产业发展水平和方向的龙头文化企业和品牌项目，聚集文化创意人才和创意成果，吸引有实力、有影响力的海外采购商，促进文化产品和服务交易与出口，到2015年，展会总成交额达到1800亿元以上，出口额超过30亿美元，使文博会成为展示我国文化改革发展成果的重要窗口、促进文化创意产业发展的重要引擎、推动中华文化"走出去"的重要平台。办好文博会重大配套活动和分会场，提升展会的权威性、影响力和产业带动力。学习借鉴国际会展先进管理经验，积极探索商业化运作模式，增强文博会的市场开发与运营能力。推动文博会博览项目和文化产业自主创新成果产业化，打造"永不落幕的文博会"。

做强深圳创意设计奖、深圳·香港城市/建筑双城双年展、中国（深圳）国际工业设计节、中国（深圳）国际工业设计博览会、中国（深圳）国际创意·设计·品牌博览会、平面设计在中国、深圳国际室内设计文化节、深圳服装节、深圳市公益广告大赛等创意设计节展赛事活动，借助其品牌推广优势，高起点展示和向全球推介深圳创意设计业。

以创新的理念办好中国国际新媒体影视动漫节、中国国际新媒体短片金鹏奖、中国流行音乐金钟奖、中国（深圳）大芬国际油画博览交易会暨大芬国际油画节、深圳动漫节、华侨城旅游狂欢节、国际杂技节，以及国际珠宝展、工艺品、礼品、家庭用品、玩具展等一批文化创意产业节展和赛事活动，使深圳成为专业会展云集、影响和辐射广泛的国际文化会展中心城市。

（二）技术支撑工程。

依托高等院校、职业技术院校、重点文化创意产业园区基地、相关行业协会及行业龙头企业，在创意设计、动漫游戏、数字出版、影视制作、新媒体等领域加快建设一批技术水平先进、服务功能强大的文化创意产业公共技术平台，为文化创意企业提供仪器设备、科学数据、软件程序、检验检测等技术资源共享服务。推动在关键技术领域和重点企业建设一批企业技术中心、工程中心、工程实验室和重点实验室，提高文化创意企业技术研发能力和文化产业整体创新能力。鼓励企业加强数字技术、网络技术、安全播出等关键共性技术的研发，加快关键技术设备改造更新，促进新技术广泛应用。引导和支持企业组建各类产业联盟和技术联盟，充分发挥联盟在完善产业标准体系、制定技术标准、加强知识产权保护等方面的积极作用。

加快推进面向"三网融合"的有线电视基

础网络设施、视频业务平台、数字内容集成运营平台、有线电视网络核心机房以及无线电视覆盖系统的建设，为“三网融合”业务的开展提供技术和基础设施保障。

（三）产业集聚工程。

建设和提升华侨城创意文化产业集聚区、田面“设计之都”、深圳设计产业园、南海意库二期、F518时尚创意园、127陈设艺术产业园、中新国际创意设计产业园、坂田创意设计产业园、龙岗创意生活设计城、花样年文化创意广场等一批创意设计产业园区基地，增强企业孵化和公共服务功能，完善创意设计产业链，为创意设计企业提供最佳的栖居、交流、发展环境，夯实创意设计业发展基础。

建设和提升深圳创意信息港、华强文化创意产业研发基地、怡景国家动漫画产业基地、环球数码创意文化科技研发基地、深圳动漫园、龙岗动漫创意产业园、深圳广电集团文化产业中心、新媒体文化产业基地、南山互联网产业园、蛇口网谷、国家级数字出版基地、华南数字音乐基地、梅沙国家音乐创意产业基地等一批文化创意产业园区基地，形成行业规模大、竞争力强的新媒体、动漫游戏、影视音乐、数字出版等数字内容产业集群。

建设和提升大芬油画村产业集聚区、观澜版画原创产业基地、欢乐海岸、东部华侨城国家生态旅游示范区、雅昌艺术中心、深圳书城宝安城、深圳书城龙岗城、文博宫、中国丝绸文化产业创意园、坂田手造文化街、永丰源瓷文化公园、深圳报业集团龙华印务中心、深圳国际创意印刷文化产业园、深圳出版发行集团出版配送中心、深圳古玩城、中华宝玉石精品国际博览交易中心、笋岗工艺礼品集聚区、水贝－布心珠宝时尚产业总部、宝福珠宝产业园、百泰珠宝产业园、西部国际珠宝城等文化创意产业园区基地，在文化旅游、“非遗”产业化、高端印刷、高端工艺美术等领域打造一批知名品牌。

（四）文化金融工程。

加强深圳文化产权交易所建设，创新运营模式、交易制度和交易品种，积极探索建立文化创意领域产权评估、登记托管和质押机制，提升综合性投融资服务和文化创意企业孵化功能，打造立足深圳、对接港澳台、服务全国、面向世界的国家级文化产权交易、文化创意无形资产评估和投融资综合服务平台。

重点支持中国文化产业投资基金的发展，鼓励有实力的企业、团体、个人依法发起组建各类文化产业投资公司和文化产业投资基金，推进文化产业与资本市场、政府投资与社会投资的良性互动。

鼓励银行业金融机构创新金融产品和服务，加大对文化创意企业的金融支持力度。积极推动文化创意企业上市融资，力争１０家左右的文化企业实现上市目标。支持符合条件的文化创意企业发行企业债、集合债和公司债，扩大债券融资规模。完善担保、再担保和互保金制度，开发支持文化创意产业发展和文化创意企业“走出去”的贷款担保业务品种。加快培育和完善文化创意产业保险市场，有效分散文化创意产业项目的运作风险。

（五）传播推广工程。

依托深圳报业集团、深圳广电集团、深圳出版发行集团和腾讯、迅雷等一批知名互联网企业的既有优势，加强与电信企业的合作，建立多形式、多渠道、广覆盖、高效率的文化传播平台，推广深圳文化精品、创意产品和文化服务。重点加强深圳新闻网、中国时刻网、华夏城视网络电视台的建设，推进深圳新闻网转企改制做强做大，建立重点新闻网站多语种传播平台，推动深圳卫视国际频道海外落地，借助新兴媒体提高对外传播能力。鼓励深圳文化企业在国内城市建设数字连锁影院、开展文化会展等活动，建立全国性的文化传播渠道。

六、保障措施

（一）加强组织保障。

在市战略性新兴产业发展领导小组的架构下，建立由市委、市政府相关部门参与的深圳文化创意产业发展联席会议制度，协调推动我市文化创意产业发展，组织推进重大建设项目，发布文化创意产业重点支持领域，就文化创意产业发展专项资金的管理和使用进行沟通协调，提出年度计划等。建立相关的考核、评价和责任制度，将发展文化创意产业各项任务的落实情况作为评价各区、各相关部门工作实绩的重要内容。

（二）深化文化体制改革。

深入总结“全国文化体制改革先进地区”经验，以创新理念引领文化改革发展，加快转变文化发展方式，解放和发展文化生产力，激发全社会的文化创造活力。进一步转变政府职能，充分发挥市场配置资源的基础性作用，落实《关于鼓励和引导文体旅游领域社会投资的相关配套政策措施》，降低文化市场准入门槛，拓展投资机会，营造有利于企业发展壮大的体制机制和市场环境，进一步支持民营企业、社会资本参与文化建设，发展文化创意产业和文化事业。推动文化创意产业和文化事业互动发展，形成多元投入、相互支持、相互促进的良好机制和发展格局。引导文化企业建立健全现代企业制度，完善法人治理结构，不断提高经营管理水平和市场竞争能力。充分发挥各类文化行业协会在宣传推广、行业自律、市场规范、信息交流、咨询评估、市场调查、政策研究等方面的作用，促进文化创意产业健康发展。扶持经纪、代理、咨询、策划等文化中介组织，为文化创意企业提供法律、财务、信息、交流等服务。完善文化市场监督管理机制，运用先进技术手段提高管理效能和水平，建立良好的文化市场秩序。

（三）建立健全相关制度体系。

认真落实国家、省、市鼓励支持文化产业发展的规划、法规和税收、金融、土地等优惠政策，进一步研究制定符合文化创意产业规律的政策措施，完善原创内容、技术研发、人才激励、投融资等各项扶持政策。加强文化创意产业知识产权保护和服务，建立文化创意作品著作权登记资助制度，对创意成果应用、知识产权评估、抵押融资和贸易等进行扶持。建立文化创意产业统计核算制度和科学的统计指标体系，完善统计监测与考核，注重产业发展资料的收集整理，编纂出版《深圳文化创意产业年鉴》，为促进产业发展提供决策依据和信息服务。

（四）加大财政、金融扶持力度。

2011~2015年，市政府每年集中5亿元资金，设立文化创意产业发展专项资金并制定相应管理办法，用于引导和支持文化创意产业的发展。加大对文化创意产品和服务的政府采购力度，拓展文化创意产业市场空间。充分发挥区域性金融中心城市的优势，落实国家、省金融支持文化产业振兴和发展繁荣的有关政策，建立完善文化投融资体制机制，培育文化创意产业的战略投资者，构建一流的文化创意产业投融资服务平台，推动文化与市场对接、文化与资本融合。

（五）构筑文化人才高地。

坚持培养和引进相结合，落实《关于加强高层次专业人才队伍建设的意见》等全市性人才政策，积极创造有利于培养、吸引、汇集全球创意创新人才的政策环境和人文环境。面向国内外重点引进文化创意产业的领军人物，积极探索建立各种类型的创意人才工作室。进一步办好本地高校的艺术、设计、软件、传媒、表演等相关专业，积极探索在创意设计等文化创意领域建立特色学院，鼓励高等院校、职业院校与企业联合创办文化创意学院，鼓励各类教育培训机构开设相关创意设计专业，根据文化创意产业的发展需要确定人才培养计划。支持建设大学生创业孵化基地，吸引全国高校人才来深进行文化创意创业孵化。健全文化创意产业人才评价体系、资质认证和激励机制，建立文化创意人才信息库，制定实施文化创意人才推广计划，加快培养和引进一批懂文化、会经营、善管理的高层次文化经营管理人才，一批掌握现代高新技术、善于运用科技手段推动文化创意产业发展的创新型人才和一批熟悉文化贸易规则、善于开拓国际文化市场的外向型人才，为文化强市建设提供坚强的人才保障和智力支撑。

（六）保障产业空间需求。

将文化创意产业建设用地纳入城市空间专项规划，根据产业布局要求，由规划部门与文化行政部门共同编制。在积极推动节约集约和高效利用土地资源的前提下，优先保障文化创意产业用地，优先安排重大文化创意产业项目用地计划指标，文化创意企业用房优先纳入创新型产业用房规划。鼓励文化企业积极参与旧工业区、旧村、旧城区改造，建设创意设计、动漫游戏、影视制作、音乐创作、创意研发等高端文化创意产业项目，促进产业结构升级和城市功能更新。对新建或通过城市更新建设的文化创意产业项目，给予优惠地价支持。加强对文化创意产业建设用地开发的监督管理，保证项目建设按合同规定实施。

各区及新区应参照本规划制定各自区域文化创意产业发展规划，建立相应的组织保障和政策保障体系。鼓励各区及新区设立文化创意产业发展专项资金，对文化创意产业的发展给予有力支持。

中共深圳市委、深圳市人民政府关于大力发展文化产业的决定

2005年12月2日

为全面实施文化立市战略，加快文化产业发展，不断提高深圳市的综合实力和国际竞争力，努力构建和谐深圳效益深圳，促进国际化城市建设，特作如下决定。

一、把发展文化产业摆在更加突出的位置

（一）充分认识发展文化产业的重要意义。党的“十六大”指出，“发展文化产业是市场经济条件下繁荣社会主义文化、满足人民群众精神文化需求的重要途径”，要“完善文化产业政策，支持文化产业发展，增强我国文化产业的整体实力和竞争力”。这是党中央在新形势下繁荣社会主义先进文化的重大战略部署。近年来，随着高新技术向文化领域的广泛渗透及全球经济的一体化，文化产业作为新的经济增长点迅速崛起，在优化产业结构、推动经济增长、促进劳动就业、提高服务业水平、扩大对外影响等方面显示出独特的优势。发展文化产业，已经成为提升产业竞争力、增强城市综合实力的必然选择。市第四次党代会提出将文化产业培育成深圳市第四大支柱产业。各级党委、政府要从实践“三个代表”重要思想、落实科学发展观、建设和谐深圳效益深圳的高度出发，深刻认识发展文化产业的重要意义，增强责任感和紧迫感，像抓高新技术产业一样切实把文化产业放在突出位置抓好抓实，实现文化产业的快速发展。

（二）明确深圳市发展文化产业的指导思想。以邓小平理论和“三个代表”重要思想为指导，坚持以人为本，树立和落实科学发展观，按照和谐深圳效益深圳和建设国际化城市的要求，继续实施文化立市战略，创新文化产业发展的理念、思路和体制，发挥政府的引导和扶持作用，发挥市场配置资源的基础性作用，发挥企业生产经营的主体作用，做大做强文化产业，提高文化产业对经济增长的贡献率，满足广大市民群众日益增长的精神文化需求。

（三）确定深圳市发展文化产业的总体目标。博采世界文化精华，借鉴国内外先进经验，挖掘深圳市人文和自然资源，实现文化与市场的对接、文化与科技的结合、文化与财富的转换，促进文化产业的跨越式发展，到2010年形成以文化产业集团为龙头、多种所有制文化企业共同发展，体系完备、结构合理、特色鲜明、竞争有序、市场繁荣、效益显著的文化产业发展格局，深圳市文化产业增加值占GDP比重达10%以上，城市居民人均文化娱乐消费支出占全部消费性支出的比重提高到20%左右，文化产业成为深圳市重要支柱产业，深圳成为具有国内领先地位和国际影响力的文化产业发展中心城市之一。

二、创新文化产业管理体制和运行机制

（四）切实转变政府职能。继续推进文化管理体制改革，逐步理顺政府与文化企业、文化市场之间的关系。要实现文化事业与文化产业的互动，通过发展文化产业繁荣文化事业。政府管理要从以行政手段为主逐步向以经济和法律手段为主转变，将重点放到产业规划、市场监管、政策支持、法规建设、公共服务上来。

（五）发挥企业在产业中的主体作用。按照现代企业制度的要求，继续推进报业、广电、发行三大文化集团体制改革，完善法人治理结构，创新经营管理机制，使之成为主业突出、规模化程度高、核心能力强的文化集团。要积极稳妥地推进经营性文化事业单位的转企改制工作，使之成为自主经营、自负盈亏、自我发展的市场主体。组建演艺集团，实现规模化经

营，提高文化资源的利用率，提高节目创新能力、市场营销能力和品牌推广能力，逐渐壮大深圳市演艺市场。要进一步发挥华侨城集团等在文化旅游、影视传媒、歌舞娱乐业、创意产业园区、数字视听产品等方面的优势，带动相关产业的发展。要大力发展不同所有制经济和中小企业，努力形成以产业集团为骨干、各类中小型文化企业共同发展的文化企业群，不断壮大深圳市文化企业的总体实力。

（六）加强国有文化资产监督管理。坚持责、权、利相统一，管人、管事和管资产相结合的原则，制定国有文化资产管理办法，实施对国有文化企业社会效益和经济效益的评估、监测、考核办法。规范国有文化资产授权经营管理模式，有效监控国有文化资产的运行，落实国有资产保值增值的责任，建立归属清晰、权责明确、保护严格、流转顺畅的现代产权制度。

（七）推进文化领域投融资体制改革。鼓励社会资本投入国家鼓励发展的文化产业，逐步形成投资主体多元化、投资方式多样化、投资机制市场化的文化投融资体制。允许民营资本和外资依法进入文化领域，利用国外先进的管理、技术和资金，提高深圳市文化产业的水平和质量。鼓励金融机构在独立审贷的基础上，适当向文化产业倾斜，在文化企业的设立、项目投资、兼并、收购、上市等过程中发挥积极作用，探索建立知识产权型无形资本的信贷体系。鼓励和支持有条件的文化企业上市融资。建立风险投资机制，吸引风险投资机构进入文化产业，鼓励风险投资基金参股、收购、兼并各类文化企业，畅通资本退出渠道。建立文化企业信用担保体系。

（八）培育和规范文化市场体系。文化市场是文化产业发展的基础，是连接文化产业和文化消费的桥梁和纽带，要进一步加强对文化市场的管理和培育。要加强对文化产品和服务的市场准入、生产制作、市场营销的监督管理，对关系到国家文化安全的项目进行严格把关。继续深化文化市场综合执法体制改革，加大执法力度、规范执法行为、提高执法水平，建立“两级政府、三级管理、四级网络”的管理体系，以规范促发展，以管理促繁荣，为文化产业的健康发展营造良好的文化市场环境。大力实施知识产权战略，加强文化领域的知识产权保护，促进拥有自主知识产权的文化企业快速成长。

（九）建立和健全中介组织。支持、鼓励行业协会在规范会员行为、制定行业标准、维护行业权益、规范资质认证、组织行业交流、加强政企沟通等方面发挥积极作用，推动行业的健康发展。积极发展文化中介组织，鼓励社会力量投资和开办文化中介服务机构，鼓励开展文化的经纪、代理、推广、咨询和组织业务，充分发挥文化中介服务对文化生产力的促进作用，搞活流通环节，活跃文化市场。

三、加大扶持文化产业发展的力度

（十）将文化产业发展纳入“十一五”规划。《深圳市国民经济和社会发展第十一个五年规划》（以下简称“十一五”规划）是深圳市未来五年的发展蓝图。要按照“产业第一”的方针，在“十一五”规划中科学统筹各类产业的布局，形成文化产业与其他产业相互推动、齐头并进的良好局面。要在认真调研、科学分析的基础上，根据国内国际文化产业发展的规律和趋势，编制《深圳市文化产业发展“十一五”规划》，明确深圳市文化产业发展的方向和重点，挖掘、整合文化资源，形成合理的文化产业发展布局，增强文化产业可持续发展的能力。要做好文化产业近期建设规划，实现长期规划与短期安排的有效结合。要探索建立科学的文化产业统计评价制度，使之成为分析研究决策的基础。

（十一）加强文化产业基地建设。整合、优化现有资源，聚集产业要素，以产业集约化、规模化、现代化模式，坚持产业的集约化发展，规划建设一批文化产业基地和产业聚集区，重点建设国家动漫游戏产业基地和印刷产业基地、文化产品出口基地。推动构建创意产业孵化器，加强文化产业公共技术、服务、信息平台建设，推动文化创意企业的快速成长，打造并完善文化产业链，提升文化产业结构，形成具有比较优势的文化产业群。

（十二）设立文化产业发展专项资金。加大对文化产业资金投入的力度，优化财政在文化领域的投入结构和投入方式，充分发挥财政资金的引导和带动作用，支持有市场发展前景的文化项目的产业化，支持关键技术的开发，支持文化产业链的形成。要制定与产业导向相配匹的资金使用办法，把好钢用在刀刃上，放大财政资金的投入效应。

（十三）高质量地办好“文博会”。要在中央指导下，与各主办单位密切配合、精心组织，按照“政府支持、社会参与、市场运作、搭建平台”的思路，坚持市场化模式、明确专业化方向、突出国际化特色，把“文博会”办成我国重要的综合性文化会展品牌，办成像“广交会”那样的中国文化产品出口交易会。要强化交易功能，促进国内外文化信息、项目、人才、产品、资本和技术的汇聚，推进国内外文化产业企业的交流与合作，打造集文化产品展示、文化产业要素交易和文化产业研究交流为一体的平台。

（十四）打造一批文化产品品牌。品牌是企业竞争优势的集中体现。要充分发挥深圳高新技术产业和技术创新方面的优势，抓住深圳市建设“自主创新型城市”的契机，大力培育文化精品，加强对重点企业、重点产品的扶持和宣传，发挥它们在自主创新中的引领带动作用，引导和推动文化企业提高自主创新能力，推动文化与高科技的紧密结合，提高文化产品与服务的附加值，增强文化企业的品牌意识，以品牌带动产业优势的形成。

（十五）在开放性环境中提升产业竞争力。加强国际文化产业合作，构筑文化产业发展的广阔平台，积极实施“走出去”的战略，增强深圳文化产业参与国际合作与竞争的能力，支持和鼓励文化产品的出口，制定文化企业走出去的配套保护和扶持政策，不断扩大文化产业的国际文化市场份额，提高深圳文化产品在国际市场的占有率。拓宽国际文化贸易渠道，使深圳成为全国性文化产业出口基地。鼓励深圳文化企业与国际文化产业集团合作，拓展深圳文化产品的国际市场空间。吸引国际娱乐传媒集团和大型娱乐设施落户深圳。探索组建中外合资影视节目制作公司，进一步开展印刷、动画加工制作和音像制品分销（电影除外）的对外合作。在影视、动漫、印刷、设计、工艺美术等行业领域培育一批大型外向型文化企业和文化项目。

四、营造良好的文化产业发展环境

（十六）加强对文化产业发展的领导。各级党委和政府要把加快文化产业发展作为经济社会发展的重要工作，建立健全组织领导机构，加强对深圳市文化产业发展工作的领导，制定政策规划，整合行政资源，实施统一管理，提供公共服务。各区、各有关部门要密切配合，加强协作，形成合力。要加强督促、检查和考核，确保市委、市政府关于加快文化产业发展的部署落到实处。

（十七）完善法规体系。充分运用法律和政策手段解决文化体制改革和文化产业发展中出现的新问题、新情况。遵循文化产业发展规律，结合实际情况，抓紧制订出台《深圳市文化产业促进条例》等法规规章，及时废止、修改不适应文化产业发展形势的规范性文件，为文化产业的长远发展提供具有前瞻性、实效性、可操作性的法制体系。

（十八）加强人才队伍建设。各级领导要牢固树立人才是第一资源的观念，重视文化人才的成长，营造良好的文化人才发展环境，优化文化人才资源配置，促进文化人才聚集，鼓励文化人才脱颖而出。要完善分配制度，探索鼓励一些拥有特殊才能和自主知识产权的人才，以知识产权、无形资产、技术要素等作为企业股份参与利润分配；要创造条件，争取吸引一批国际国内一流的文化名人和文化经营大师来深发展和创业，对能带动整个行业发展的文化产业的领军人物或高级人才，实行特殊政策给予引进，在住房、家属工作安排及子女就学等方面给予特殊照顾；要打破各种条件限制，建立灵活的人才培养、引进和使用机制，加强培训工作，打造培训公共平台，重点培养具有创意的设计人才、懂经营善管理的人才和中高级技工人才，建设一支高素质的文化产业人才队伍。

中共深圳市委、深圳市人民政府关于促进创意设计业发展的若干意见

为全面落实科学发展观，进一步提升创意设计业的影响力和核心竞争力，促进创意设计与产业和群众生活融合，打造更具国际影响力的"设计之都"，加快国家创新型城市建设，特制定以下若干意见。

一、深化思想认识，明确目标任务

1. 发展创意设计业的重要意义。加快发展创意设计业，提高创意设计水平，是深圳市深入实践科学发展观，弥补自然资源劣势，建设资源节约型和环境友好型社会，转变经济增长方式的必由之路；是不断提升深圳市自主创新能力，促进产业结构优化升级，催化由"深圳制造"向"深圳创造"跃升的重要途径；是引发生产和消费环节的价值增值，提高产品品牌价值，创造产业高附加值，提升经济质量和效率的重要推动力。加快发展创意设计业，有利于塑造开放包容、时尚先锋、活力四射、富有创新精神的现代深圳文化形象，极大地提升城市文化品位和气质；有利于深入开发和推广城市品牌，提高城市国际化水平，将深圳打造成为世界一流水准的"设计之都"；有利于促进创意设计更加贴近群众生活，影响并改进人们的生活方式，提高人们的生活品质，更好地满足人民群众的精神文化生活需求。

2. 发展创意设计业的指导思想。坚持以科学发展观为指导，大力实施"文化立市"战略，以打造"设计之都"为主线，充分依托联合国教科文组织创意城市网络，营造创意设计环境，加快公共服务平台建设，加强政府引导，促进产业聚集，强化人才建设，加大资金投入，保护知识产权，增强组织保障，全面推动创意设计业快速发展，进一步促进深圳市产业转型升级，提升城市文化软实力。

3. 发展创意设计业的基本原则。

——自主创新原则。高度重视创新和创意的关键性作用，加大原创力度，提高创意设计业的原创能力，发挥创意设计的时尚先锋和潮流引领作用，提升产业综合竞争力。

——国际化原则。以更宽广的国际视野推进创意设计业各个领域发展，加强国际创意设计业沟通交流，培育国际化创意设计企业，输出深圳创意设计理念，进一步扩大深圳作为"设计之都"的影响力和辐射力。

——以人为本原则。尊重创意设计业从业人群，充分发挥设计师在城市发展中的重要作用。营造全民创意氛围，激发群众的创意力和欣赏力，提升群众生活品质。

——市场导向原则。坚持与产业相结合，以市场需求带动行业发展。充分发挥市场配置资源的基础性作用，促进创意设计业进一步提高效率、改进服务，形成政府引导、市场运作、自我发展的良性机制。

4. 发展创意设计业的目标任务。以建设国际创意文化中心为目标，力争将创意设计业打造成为深圳市文化产业的支柱行业，总体实力和核心竞争力大幅增强，对深圳市经济增长的贡献率进一步提高，增长速度高于深圳市 GDP 增速和文化产业的平均增速，形成创意领先、特色鲜明、人才聚集、配套齐全、体系健全、政策完善的产业发展格局，成为拉动深圳市自主创新和产业结构转型升级的引擎，不断提升城市品位和群众生活水平；做大做强一批业内领先的创意设计企业，引进和培育一批具有国际影响力的创意设计大师，拥有一批具有较高知名度的创意设计品牌，形成具有中国风格和深圳特色的创意设计流派；力争引领中国创意设计业潮流和风尚，占领中国创意设计业高地，成为中国创意设计业的标杆；力争与世界创意设计潮流和趋势接轨，在国际创意设计先锋城市中占有一席之地。

二、尊重设计价值，营造创意环境

5. 加大创意设计宣传推广力度，打造深圳"设计之都"品牌。实施《深圳全民创意行动纲领》等"1+6"品牌运营计划，充分开发"设计之都"品牌内涵和影响力，与全球创意城市网络成员开展交流合作，积极向全球推介深圳城市创意设计品牌，塑造并输出"设计城市"理念。加大媒体对深圳创意设计宣传力度，通过开办创意设计的中英文报纸期刊、电视栏目、"设计

之都”中英文官方网站，同时配合实施境外推广、宣传活动、宣传品制作等工作，多渠道、全方位、深层次宣传推广深圳“设计之都”城市品牌和深圳创意设计品牌。

6. 优化创意设计业社会环境。建设有较高设计含量的环境设施，提高城市公共空间创意度，提升城市品位。开展创意设计全民参与行动，编制创意读本进入深圳市中小学课堂，组织创意设计展览走进社区，向全社会宣传和推广设计理念，营造全社会崇尚设计、尊重设计、弘扬创新文化的良好氛围。

7. 举办具有国际影响力的节庆赛事活动。在继续办好“创意十二月”活动、扩大“创意设计日”影响的基础上，加大对中国（深圳）国际工业设计节、中国（深圳）国际创意·设计·品牌博览会、平面设计在中国、深圳国际珠宝节、深圳国际室内设计文化节、深圳·香港城市\建筑双城双年展、深圳服装节、深圳市公益广告大赛等各类行业顶尖节庆赛事活动的支持力度，积极承办和参加联合国教科文组织全球创意城市网络相关会议和活动。

8. 提升创意设计理论研究水平。加大对创意设计基础理论领域的投入，为基础理论工作提供资助，翻译、引进一批有内容、有深度的创意设计理论类著作，鼓励创意设计理论书籍的撰写、出版、发行，努力打造具有深圳特色的创意设计学派。

三、加快平台建设，健全服务体系

9. 建设创意设计公共服务平台。整合社会资源，创新运作机制，灵活采用政企共建、服务外包、设备租赁等多种形式，加快公共服务平台建设。

——企业及项目孵化平台。建设“创意工场——深圳创意设计企业及项目孵化基地”，为拥有自主知识产权，创意设计水平较高，商品化、产业化和市场前景较好的创意设计企业及项目提供低成本办公生产用地和全方位创业辅导。

——公共技术服务平台。通过财政补贴等手段，加快推进行业协会及行业龙头企业建设公共技术服务平台，为创意设计业提供仪器设备、科学数据、软件程序、检验检测等技术资源共享服务。

——信息共享服务平台。建设创意设计图书馆（室）、创意设计博物馆，为创意设计业提供图书、数据库、资料库、模型等基础参考资料，满足创意设计企业、设计师对设计类文献等基础资源的需求。支持“设计之都”官方网站建设和各类创意设计互联网等媒体服务企业发展，为创意设计业提供产业信息。

——成果展示及交易服务平台。通过举办“文博会”“创博会”及行业相关博览会等展会，为创意设计业提供作品、产品展览和交易的公共服务，扩大产业信息交流。

——国际交流平台。举办各类国际及深港澳创意设计交流活动，开展专业性学术交流和主题性高层论坛，为创意设计业搭建国际、国内双向交流平台。

10. 扶持创意设计业协会发展。重点扶持工业设计、平面设计、室内设计、建筑设计、服装设计、动漫设计、工艺美术等行业协会发展。通过政府采购等方式，向符合条件的行业协会购买重大创意设计活动、行业调研等服务项目；市文化产业发展专项资金对行业协会建设的公共服务平台予以财政补贴；鼓励各设计类行业协会组织本行业优秀设计师交流团与国外先进创意设计城市进行交流。

四、加强基地建设，促进产业聚集

11. 推进国家级创意产业园区建设。建设国家级创意产业园区，以创意人才高端培训和教育为基础，以创意设计产品研发生产为龙头，融合深港两地优势资源，建立深圳创意产业集约发展的公共服务平台，吸引国际知名创意企业总部、中介组织和研究培训机构进驻，打造中国乃至亚太地区国际创意产业基地。

12. 支持各类创意设计园区基地发展。结合深圳市城市更新计划，根据旧工业区、旧商业区、旧住宅区、城中村及旧屋村改造等实际情况，鼓励改造建设各类创意设计园区基地，享受各项扶持政策和措施。改善创意设计产业园区基地周边环境、基础设施和交通条件，鼓励园区基地拓展功能，促进创意设计业与旅游业相结合，将创意设计园区基地建设成为具有浓郁人文环境、向国内外游客广泛宣传深圳创意设计的窗口。

五、强化人才建设，增强创意动力

13. 注重创意设计人才教育培训。支持行业协会、龙头企业利用行业、企业资源，加强与国内外著名设计专业院校的交流合作，建立创意设计高校教育实训基地，重点扶持和依托深圳大学、深圳职业技术学院、深圳信息职业技术学院、深圳高级技工学校、大学城各研究生院等院校创意设计学科建设，推动创意设计理论教育和实践培训相结合。完善设计人才的再教育机制，聘请国内外知名设计师，每年不定期持续开展“创意设计大师班”活动，丰富业界掌握设计新趋势、新理念、新技术的渠道。支持创意设计劳动技能培训机构发展，建立创意设计社会培训网络。

14. 引进创意设计优才和专才。研究建立创意设计业人才资质认证体系。根据创意设计业对人才的特殊需要，进一步加大优秀创意设计人才和专业设计人才的引进力度，不断完善人才引进机制，积极为高层次创意设计人才落实特殊人才政策，为深圳市创意设计业发展提供充分的人才和智力保障。鼓励行业协会和行业龙头企业统筹规划本行业人力资源队伍建设。开展各种设计类技能大赛，符合当年招调工条件的，经核准可获专项招调工指标。

六、加大资金支持，拓宽融资渠道

15. 加大财政资助力度。市文化产业发展专项资金重点扶持优秀品牌、重大项目、龙头企业发展，带动深圳创意设计业再上新台阶。深圳设计师获邀到世界各地交流讲学，市文化产业发展专项资金给予一定资助。

16. 实施创意设计业政府奖励。设立深圳创意设计奖，每两年举办一届，市文化产业发展专项资金中安排资金，奖励为深圳创意设计业发展作出突出贡献的企业和设计师。

17. 拓宽创意设计业投融资渠道。加快设立文化产业投资基金，鼓励社会资金、金融机构投入创意设计业。支持深圳文化产权交易所为中小创业型创意设计企业、项目以及创意成果转化提供融资服务。鼓励银行和其他金融机构对创意设计企业开展知识产权质押业务，支持和引导担保机构为创意设计企业的融资提供担保。为创意设计企业在创业板等国内外资本市场融资创造条件。

七、保护知识产权，营造公平环境

18. 加强创意设计业知识产权保护工作。组织创意设计企业和设计师进行知识产权等相关法律法规的学习培训，提高业界的知识产权保护意识和能力。发挥深圳市数字设计作品备案中心和深圳市创意设计知识产权促进会等组织的作用，建立健全具有深圳特色的创意设计项目知识产权预备案制度。加大创意设计作品在产品转化过程中的知识产权保护监督力度，依法严厉打击侵权行为。

19. 加强创意设计业制度保障体系建设。完善创意设计业发展有关配套政策和法规、规章，营造公平竞争环境。积极为深圳创意设计业引进国际先进创意设计项目和人才，以及参与国际合作和竞争提供法律服务。支持创意设计行业协会为本行业提供法律服务，维护行业合法权益。

八、加强组织保障，促进统筹发展

20. 明确促进创意设计业发展的组织机构和职能。市“设计之都”工作领导小组要加强对深圳市发展创意设计业工作的组织领导和统筹协调,全面推动深圳市“设计之都”建设。市“设计之都”推广办公室统筹协调“设计之都”和创意设计业品牌宣传推广工作，深圳创意文化中心作为专责机构具体执行。支持深圳创意文化中心组建深圳创意设计联合会，联合各行业协会的力量，有效整合产业资源，大力促进深圳创意设计各行业间的交流。

21. 加大规划指导力度。制定“设计之都”近期和中远期建设规划，将创意设计业作为深圳市文化发展“十二五”规划的重点。制定创意设计业专项规划，在此基础上组织和指导各行业协会分别制定工业设计、平面设计、室内装饰设计、建筑设计、服装设计、动漫设计、工艺美术等重要细分行业的专项分规划，对产业空间布局、园区基地建设、重点项目开发、人才引进培育、配套政策措施和规划实施步骤等方面，作出前瞻性的全面统筹安排。

22. 加强相关配套政策措施保障。相关部门要研究制定和完善相应的配套政策措施，加强对创意设计业发展的指导和支持。市发改委、文体旅游局、统计局要配合做好创意设计业统计指标体系建设。市财政委要加大对创意设计业发展的财政投入力度。市规划国土委要结合城市更新的推进，支持创意设计产业园区基地及重大项目的发展。市人力资源保障局要做好创意设计业人才资质认证体系建设，落实高层次创意设计人才享受深圳市特殊人才的有关政策。各区根据辖区创意设计业发展的实际需要，提出各自扶持创意设计业发展的政策措施。

中共深圳市委、市政府关于深圳市文化产业园区和基地认定管理办法（试行）

第一章 总则

第一条 为规范深圳市文化产业园区和基地的申报、认定、考核及相关管理工作，引导和促进深圳市文化产业园区和基地的建设，根据国家、省有关扶持文化产业发展的政策和深圳市《关于建设文化产业园区（基地）的实施意见》，结合深圳市实际，制定本办法。

第二条 文化产业园区是指经深圳市人民政府文化产业发展办公室（以下简称市文产办）认定的聚集了一定数量的文化企业，具有一定的产业规模，具备自主创新研发能力，并具有专门的服务管理机构和公共服务平台，能够提供相应基础设施保障和公共服务的文化产业综合聚集区。

文化产业基地是指经市文产办认定的自主创新研发能力强，产业配套服务体系完善，专业领域贡献突出，并在同行业中有较大影响力的具有一定规模的文化企业（机构）或文化产业某一行业的聚集区。

第三条 深圳市文化产业园区和基地的认定遵循公开、公平、公正；统筹规划、促进集约、协调发展；政府扶持、社会投资、产业导向；“三旧”改造项目优先及重点文化产业领域优先等原则。

第四条 市文产办负责深圳市文化产业园区和基地的认定、审批、考核及相关管理工作。

第五条 各区文化产业主管部门按照属地管理原则对区内申报单位的申报材料进行汇总并给出初审意见；协助市文产办对区内的文化产业园区和基地进行监督管理。

第二章 认定条件

第六条 文化产业园区认定条件

一、社会效益和经济效益显著；

二、重视知识产权保护工作，守法经营，无违法、违规行为；

三、具有较强自主创新和市场开拓能力，发展速度较快；

四、具有合法、完备的立项审批手续；

五、园区开发单位的实际投资额5000万元人民币以上；

六、有组织健全的专业管理机构和完善的管理制度，有专门的知识产权保护机构；

七、有完善的配套服务设施和公共服务体系，公共服务平台不少于2个；

八、园区的规划建筑面积5万平方米以上，第一期建筑面积不少于1万平方米，连续2年经营收入均在5亿元人民币以上，其中年经营收入大于5000万元人民币的企业不少于2家，入驻文化企业20家以上，占全部入驻企业70%以上，年文化产业收入占总收入的60%以上；

九、园区开发单位及管理机构具有独立法人资格；

十、有切实可行的中长期发展目标和规划。

第七条 文化产业基地认定条件

一、社会效益和经济效益显著；

二、重视知识产权保护工作，守法经营，无违法、违规行为；

三、具有较强自主创新和市场开拓能力，发展速度较快；

四、具有大专以上学历的人员占员工总数的30%以上，或具有中级以上专业技术资格的人员（或同等资格条件）占员工总数的15%以上；

五、产业规模、经营收入及利税位居本市同行业前10名之内；

六、实际投资额 1000 万元人民币以上；

七、用于产品开发、市场营销、知识产权保护的经费投入占经营收入的 10% 以上；

八、企业或机构具有独立法人资格；

九、行业聚集区要有专门的管理服务机构和配套公共设施及公共服务平台；

十、有切实可行的中长期发展目标和规划。

第三章 申报、认定程序

第八条 深圳市范围内符合本办法第三章有关认定条件的文化产业园区开发单位、基地管理单位和文化企业（机构）均可申报。

第九条 申报单位需认真填写《深圳市文化产业园区认定申请表》或《深圳市文化产业基地认定申报表》，并提供下列材料：

（一）企业营业执照副本；

（二）企业组织机构代码证、税务登记证；

（三）企业资质证书及近三年获得的各项荣誉证书；

（以上三项需验原件留复印件加盖公章）

（四）企业近两年的财务报表；

（五）《深圳市文化产业园区认定申请表》或《深圳市文化产业基地认定申报表》中所填报的各种数据的有效证明材料；

（六）申报单位认为需要提供的其他材料。

第十条 申报单位通过深圳市文化产业信息网（www.szwenchan.gov.cn）填写相关申请表，并将申请表加盖公章连同其他书面材料一式三份报所在区文化产业主管部门。各区文化产业主管部门按本办法的认定条件进行初审，对符合条件的，签署初审意见后将材料报送市文产办。市文产办对申报单位进行现场考察。

第十一条 市文产办聘请文化产业方面的专家、学者及政府相关部门代表组成专家评审委员会，负责根据本办法及考察结果对申报单位进行评审，并给出评审意见。

第十二条 市文产办根据专家评审委员会意见对申报单位及材料进行审核，评定出合格的文化产业园区和基地。对评审不合格的单位于 5 个工作日内给予通知并说明原因。评审结果在深圳市主要媒体上公示（公示期 5 天），无异议的申报单位由市文产办授予“深圳市文化产业园区”或“深圳市文化产业基地”称号，并颁发证书和牌匾。对被提出异议的申报单位，由市文产办进行资格复核，不能通过复核的申报单位将不能被认定为深圳市的文化产业园区或基地。

第四章 管理和考核

第十三条 市文产办对深圳市文化产业园区和基地实行动态管理，每年 3 月底前，被授予市文化产业园区或基地称号的单位应将上一年度的发展情况及考核材料（与申报材料要求相同）通过辖区文化产业主管部门报市文产办。每年 6 月由市文产办负责组织对园区和基地的建设、管理和运营情况进行考核。

第十四条 被认定的市文化产业园区和基地有下列情况之一的，由市文产办认定为考核不合格，并提出警告：

（一）经营管理不善，不能达到园区或基地认定条件；

（二）投入不足，不能按计划为园区或基地提供相关配套公共服务；

（三）后续建设不能按计划组织实施；

（四）知识产权保护不力，园区或基地入驻企业有违法侵权行为。

第十五条 被认定的深圳市文化产业园区和基地有下列行为之一的，由市文产办撤销其文化产业园区或基地称号，收回认定证书，予以摘牌，并三年内不再受理其申请。

（一）连续两年考核不合格；

（二）提供虚假材料；

（三）园区或基地行为对社会造成严重不良影响；

（四）不服从市、区文化产业主管部门依法管理。

第十六条 经认定的文化产业园区和基地若发生以下重大变更行为之一，应在变更后 15 个工作日内将变更情况报市文产办。如变更后不符合园区或基地认定条件，市文产办将撤销其文化产业园区或基地称号，收回认定证书，予以摘牌。

（一）园区或基地的功能发生变更；

（二）园区或基地的管理单位发生变更；

（三）园区或基地的公共服务平台或基础设施发生变更；

（四）影响园区或基地经营的其他变更。

第十七条 经认定的文化产业园区和基地有效期为5年（违反本办法第十五条被撤销称号的除外），到期后按相关办法重新认定。

第五章 附则

第十八条 本办法自颁布之日起施行。

二〇〇八年一月十一日

深圳市鼓励三旧改造建设文化产业园区（基地）若干措施（试行）

为全面实施文化立市战略，推动文化产业集约化、规模化、品牌化发展，实现将文化产业培育成为我市第四大支柱产业的目标，根据中央、省、市的有关文件精神和《中共深圳市委深圳市人民政府关于大力促进文化产业发展的决定》（深发〔2005〕18号），结合我市“三旧”改造的实际情况，特制定鼓励“三旧”改造建设文化产业园区（基地）的配套政策措施。

本文件所称“三旧”是指旧工业区、旧村、旧城区。目前政策措施指向以旧工业区改造建设为重点，旧村、旧城区改建可参照此政策，但受市有关专项政策的限制。

本文件所称文化产业园区（基地）是指：利用“三旧”改造集聚创意设计、动漫游戏、影视制作、音像制作、艺术创作、咨询策划、文化中介、传媒出版、现代印刷等项目和企业的文化产业园区（基地）；具有孵化器功能和文化企业集聚空间的文化产品研发中心、展示交易中心等；具有一定规模和师资，从事文化产业培训、人才培养、产业研究的教学培训基地；具有文化产品经营、展示、流通，或兼有旅游、娱乐功能的文化产品专业市场（街）。园区（基地）由市文化产业发展办公室（以下简称市文产办）认定。

“三旧”改造建设文化产业园区（基地），符合工业区升级改造的，享受《关于工业区升级改造的若干意见》（深府〔2007〕75号）规定的扶持政策。

一、立项原则

（一）“三旧”改造建设文化产业园区（基地），遵循规划先行、优先办理的原则，根据我市已批准生效的城市规划和《深圳市文化产业发展“十一五”规划》（深文产〔2007〕34号），由市文产办会同规划部门统一规划，统筹协调。具体审批事项由市、区业务主管部门根据审批权限按级次审批。

（二）发展改革、规划、国土、城管、工商、税务、金融、公安消防等相关主管部门接到“三旧”改造项目申报后，严格按照现有相关规定中公布的行政许可工作时限作出书面批复。凡经申报被列为市（区）重大建设项目的，享受市（区）政府有关部门提供的“绿色通道”服务。

（三）鼓励“三旧”改造项目整体开发，分布于文化主导企业周边同类企业的可纳入产业园区（基地）范围，以主导产业为核心，围绕主导企业建立文化产业群，完善产业链。文化产业集聚园区（基地）达到产业集聚基地认定条件的，经认定后可享受市产业集聚基地的优惠政策。

二、土地政策

（一）“三旧”改造项目比照高新科技项目用地，实行优先安排。

（二）根据文化产业发展规划，鼓励有计划地开展“三旧”低效地和闲置土地的收购工作。旧工业区改建成文化产业园区（基地）的，保持土地性质不变。

（三）“三旧”改造的文化产业园区（基地），用地符合《深圳市城中村（旧村）改造暂行规定》（深府〔2004〕177号）和《关于工业区升级改造的若干意见》（深府〔2007〕75号）的，从其规定。

三、财税政策

（一）“三旧”改造的文化产业园区（基地）免交公共消防设施配套费、供水设施增容费、城市房屋拆迁管理费；免收产业园区（基地）项目涉及的其他属于本市的行政事业性收费。文化产业园区（基地）周边配套设施改造项目原则上由各区予以配套解决。

（二）鼓励文化产业园区（基地）对入驻企业提供优惠。每年由市文产办和物价局根据周边商业用房租金价格发布文化产业园区（基地）租金指导定价。文化产业园区（基地）的水电按我市工业用电用水标准计算，不得高于周边工业用电用水标准。

（三）鼓励园区（基地）实施“走出去”战略，大力推动文化产品和服务出口，对园区（基地）内具有自主知识产权和自主品牌的文化创意产品和服务出口，按照国家有关政策法规享受出口退（免）税政策。对在境外提供文化劳务取得的境外收入不征营业税，其中符合国家规定的企业所得依法免征企业所得税（执行期限至2008年12月31日）。

（四）入驻园区（基地）的单位和个人从事文化产业技术转让、技术开发业务和与之相关的技术咨询、技术服务取得的收入，经市科技信息局认定，并将有关认定证明文件报相关部门备案后，可免征营业税。企业、事业单位服务于园区（基地）文化产业的技术转让、技术开发、技术咨询和技术服务所取得的技术性服务收入，符合税法规定的，依法减征、免征企业所得税。

四、平台政策

（一）鼓励工商、税务、知识产权等部门为入驻企业提供便捷公共管理服务。建立健全知识产权保护机制，鼓励园区（基地）建立知识产权保护联盟、各种资质认证中心、版权资源信息中心和版权评价交易中心等，建立维权举报奖励机制，加大对侵权行为的打击力度。

（二）鼓励开发营运商和企业在园区（基地）建设各种技术、专业、交流等平台。文化产业园区（基地）公共服务平台建设项目，经市文产办立项并经市政府批准后，可按照“建设方投资为主，专项资金扶持为辅”的原则，在落实建设资金来源后，向市文化产业发展专项资金申请项目补贴，补贴标准参照《深圳市文化产业发展专项资金管理暂行办法》（深府〔2005〕220号）执行。

（三）鼓励产、学、研联姻，为入驻园区（基地）企业提供研究开发、技术训练、信息交流、生产制作、展示推介等集合平台。鼓励专业公司与中小企业签订长期合约，在企业的成长初期为其提供无偿或低价服务，待企业盈利后该专业公司再提供有偿服务。为入驻企业提供低价或无偿服务的专业公司，符合《深圳市民营及中小企业发展专项资金管理暂行办法》（深府办〔2006〕232号）规定的资助范围和条件的，可申请服务建设支出补贴金。

五、金融政策

（一）进一步完善文化企业融资担保机制，鼓励风险投资基金、产业基金、投融资公司及中介机构联合组成文化产业园区（基地）创业基金，为“三旧”改造的文化产业园区（基地）建设融资提供担保，打造文化产业园区（基地）中小企业融资平台。

（二）鼓励金融机构对“三旧”改造进行信贷支持。鼓励商业银行对符合信贷条件的文化产业园区（基地）开发商给予一定的利率优惠。鼓励投资、信托、金融中介公司等为文化产业园区（基地）改造项目提供整体融资方案，开拓“三旧”改造建设文化产业园区（基地）项目融资渠道。

（三）由市文产办牵头，协调有关部门建立入驻文化企业、企业主要经营管理者信用及评估体系，为入驻企业享受政策优惠以及融资推介等提供可靠依据。

六、人才政策

（一）支持高等院校、职业院校、科研机构与园区（基地）联合建设文化产业人才培养基地，为文化产业园区（基地）以及入驻企业培养专业和复合型人才。

（二）鼓励园区（基地）聘用海内外高层次的经营管理人才、创意策划人才、营销经纪人才和复合型人才，文化产业园区（基地）人才引进享受高新科技人才引进的同等待遇。

七、奖励政策

（一）鼓励文化产业园区（基地）发展总部经济，对总部设在文化产业园区（基地）的企业，政府给予一定的支持。加大政府对自主知识产权和自主品牌的支持力度，对园区（基地）内的自主创新产品和服务实行优先采购。

（二）在政策允许范围内，鼓励文化产业园区（基地）开拓国际市场，引进国际知名文化传播、投资企业开发“三旧”改造项目并进行运营。鼓励文化产业园区（基地）在境外设立办事处，推广文化产品。

（三）市文产办会同有关部门对文化产业园区（基地）管理、服务、产业促进等指标进行业绩考核。考核优秀的由市主管部门授予“文化产业示范园区（基地）”牌匾，并优先推荐申报国家或省级文化产业示范基地。

八、保障措施

（一）加强组织领导。领导、协调工作由市文化体制改革与文化立市工作领导小组负责，具体工作由市、区文产办承担，负责协调解决园区（基地）开发、建设和管理中的重大问题，考核文化产业园区（基地）管理机构的业绩以及完成政府委托的其他事项。

（二）为避免重复建设和无序竞争，由市文产办对市、区文化产业园区（基地）建设进行分类和指引，形成合理的梯次结构。鼓励各区根据市的规划对“三旧”改造建设文化产业园区（基地）项目制定优惠政策，市文产办对同时享受市、区优惠政策的情况进行协调，市区联动，营造环境。

本文件由市文化体制改革与文化立市工作领导小组办公室负责解释。

关于建设文化产业园区（基地）的实施意见

深府［2008］160号

各区人民政府，市政府直属各单位：

根据《广东省建设文化大省规划纲要（2003年—2010年）》（粤发〔2003〕15号）和《深圳市文化发展规划纲要（2005年~2010年）》（深发〔2005〕1号）要求，为全面实施文化立市战略，加快深圳文化产业发展，建立深圳市文化产业园区（基地）（以下简称园区（基地）），提出以下实施意见：

一、园区（基地）分类

园区（基地）主要分为四种类型。第一类是“企业示范园区（基地）”，是依托现有大型文化企业（集团）或机构设立的文化产业园区（基地）和动漫游戏、创意设计等专业性园区（基地）；第二类是具有孵化器功能和文化企业聚集物理空间的“孵化园区（基地）”，包括“创意产业园区（基地）”等；第三类是具有一定规模，从事文化产业行业培训、人才培养、产业研究的“教学和培训园区（基地）”。第四类是具有文化产品经营、展示、流通，甚至兼有旅游、娱乐功能的文化产品专业市场（街）。

各类国家级和省级文化产业园区（基地）或专业园区（基地），同时作为园区（基地）。

二、建设目标

（一）总体目标

以先试点、后推开的方式，从2006年1月到2010年分5年滚动评审，将具有较好基础、较强实力和较大发展潜力的园区（基地）纳入建设发展规划，并重点扶持若干具有国内领先、较强国际竞争力的文化企业（集团）。力争使文化产业增加值占GDP的比重和对国民经济的贡献率进一步提高，使每个园区（基地）的文化产品产值和盈利水平居全国前列，文化产品的出口创汇和国际竞争力进一步提高，文化对社会、政治、经济影响的基础性作用进一步发挥。

（二）具体目标

1. 通过3—5年以至更长时间的建设，重点扶持有较大发展潜力和拓展空间的文化企业（集团），力争形成一批文化产业品牌，产值规模居全行业的前列。

2. 至2010年，建成若干涵盖数字内容、动漫游戏、创意设计、传媒印刷、影视音像、工艺美术、文化旅游等文化产业的孵化和培育中心，形成一批具有一定规模的特色文化产业园区（基地），平均产值规模领先于国内先进水平。

3. 至2010年，扶持一批有发展潜力以及重大创新意义的文化项目，培育若干在全国同行领先的企业，文化产值规模进一步扩大。

4. 整合现有教育培训资源，至2010年，在本市高等院校、文化企业及社会机构逐步形成一批教学和培训园区（基地），负责本市文化产业相关人才的教育和培训。

三、组织管理

（一）园区（基地）建设的管理部门为深圳市人民政府文化产业发展办公室（以下简称市文产办），负责对园区（基地）的认定、授牌和年审等各项重大问题的决策和决定。

（二）深圳市文化产业发展专家咨询评审委员会（以下简称专家委员会）为园区（基地）的认定提供评审意见。

（三）市文产办制订园区（基地）认定标准及管理办法，负责园区（基地）的认定、考核及相关监督管理工作。

四、认定程序

（一）基地建设采取政府支持、文化企业（集团）自建为主的方式，实行竞争入选、定期评估、不合格淘汰的动态管理。

（二）园区（基地）建设完成后，由投资建设单位向市文产办提出认定申请。

（三）市文产办根据有关条件，对入驻企业或机构的材料进行形式审核，经资格审查、实地考察后，将符合条件的申请单位提交专家委员会评审。

（四）市文产办根据专家委员会意见审定园区（基地）。评审结果在有关新闻媒体上公示5天。市文产办组织专家委员会专家对有异议的申报企业或机构进行复核。符合认定标准的园区（基地），由市文产办予以公告，授予“深圳市文化产业园区（基地）”称号，并颁发相应牌匾和证书。

五、政策支持

（一）鼓励结合深圳市旧城区、旧村、旧工业区（以下简称“三旧”）的实际情况改造建设园区（基地）。“三旧”改造的园区（基地），可免交城市基础设施配套费、公共消防设施配套费、供水设施增容费、城市房屋拆迁管理费。涉及的其他属于本市的行政事业性收费，减收或免收。

（二）经深圳市评定的园区（基地），将优先推荐申报国家和省文化产业主管部门组织的各类文化产业园区（基地）的评选。

（三）进入园区（基地）的文化企业、机构和项目可享受国家、广东省有关文件和深圳市有关发展文化产业的各项扶持政策与措施的支持。市文化产业发展专项资金可对园区（基地）内公共服务平台建设项目予以补贴。

（四）对园区（基地）内列入国家和省、市重点规划的建设项目，且符合建设条件的给予优先安排，建设项目用地指标按有关规定予以解决。对园区（基地）内引进社会投资建设项目，涉及申请用地的，优先采用公开招标、拍卖或挂牌方式公开供应土地。鼓励文化企业以短期租赁方式使用土地，鼓励文化企业租用现有物业从事文化产业经营，以提高土地利用效率并减轻文化企业的初期投入。公益性文化设施建设和相关配套设施项目可全部或部分免缴各项工程的二类费用。

（五）鼓励园区（基地）对优秀文化项目进行投资，或与入驻园区（基地）的优秀企业合作开发。经专家委员会评审通过的原创知识产权文化项目，市文化产业发展专项资金可给予项目补贴。对园区（基地）内组织的优秀文化项目，市文产办优先予以储备，并向有关社会文化产业投资基金推荐。

（六）大力支持园区（基地）的招商引资工作，主动搭建“走出去”的平台，积极引导、广泛宣传，吸引行业内龙头企业及配套企业进入园区（基地）。

（七）鼓励、支持园区（基地）自行制定优惠政策，重点支持入驻企业的原创自主知识产权的文化项目发展和文化产品及服务“走出去”，并形成法律、金融、管理等专业服务网络，为入驻企业的孵化培育和市场开发提供专业服务。

（八）被认定为文化产业教学和培训园区（基地）的高等学校和科研机构，服务于文化产业的技术转让所得，在一个纳税年度内，技术转让所得不超过500万元的部分，免征企业所得税；超过500万元的部分，减半征收企业所得税。

（九）鼓励园区（基地）产、学、研有机结合，走规模化、专业化、市场化、国际化发展道路，对管理效益明显、培养文化产业经营管理人才成果显著的园区（基地），经市文产办审定，可给予一定的资金扶持或奖励。

（十）建立政府绿色通道，参照《印发深圳市关于加强和完善人口管理工作的若干意见及五个配套文件的通知》（深府〔2005〕125 号）中《深圳市户籍迁入若干规定》等办法，对园区（基地）在人才引进、子女就学、工商注册登记等方面给予支持。

（十一）鼓励、协助园区（基地）入驻企业按规定积极申报国家和省、市有关部门组织的科技成果申报、项目资助和各种奖励。

六、检查评估

园区（基地）实行试行期，自授牌之日起，试行期为一年。试行期满由市文产办组织专家委员会并协同有关行业主管部门对园区（基地）运行的社会效益和经济效益情况，以及经费、政策措施落实情况等进行考核。考核合格者，继续予以支持。不合格者，撤销其资格，收回证书和牌匾，直至追回已获得的各种资助。

七、其它

本意见自颁布之日起实行。市政府于 2005 年 12 月 28 日颁布《关于建设文化产业基地的实施意见》（深府〔2005〕218 号）同时废止。

二〇〇八年七月十五日

关于扶持深圳市动漫游戏产业发展的若干意见

各区人民政府，市政府直属各单位：

根据国务院《关于推动我国动漫产业发展的若干意见》（国办发〔2006〕32 号）和市第四次党代会关于加快深圳市动漫基地建设、重点发展动漫游戏等文化产业的要求，为推动深圳市动漫游戏产业健康快速发展，结合深圳市动漫游戏产业发展实际，现提出以下意见：

一、加强对深圳市动漫游戏产业发展的组织领导，建立科学的决策机制

（一）成立深圳市推动动漫游戏产业发展领导小组。由市政府领导任领导小组正、副组长，市政府各有关部门和深圳报业集团、广电集团、出版发行集团主要负责人为领导小组成员。领导小组负责深圳市动漫游戏产业发展重大项目的决策。

（二）在深圳市文化产业发展专家咨询评审委员会下设动漫游戏行业工作委员会，成员由相关政府职能部门和涉及动漫游戏产业链各环节的专家组成，负责对深圳市动漫游戏产业重大项目提出论证意见，参与专项资金资助项目的评审，为制定深圳市动漫游戏产业发展的相关政策提供专家咨询，参与制定动漫游戏行业技术规范等。

二、加强政府引导和财政资金扶持力度，推动形成成熟的动漫游戏产业链

（三）做好动漫游戏行业政策制定和享受扶持政策的动漫游戏企业认定工作。由市文化产业发展办公室（以下简称市文产办）牵头，组织市相关部门，参照国务院相关部门制定的行业认定标准，制定动漫游戏企业认定和分级标准、年审管理办法，并负责牵头组织相关部门进行认定和年审工作。

（四）从 2006 年起，每年从文化产业发展专项资金中安排一定的资金作为动漫游戏产业发展资金，重点支持动漫影视、教育动漫、网络游戏开发、手持多媒体终端等领域的原创产品的创作生产，以及深圳市民族民间动漫游戏素材库、动漫游戏产业信息平台、公共技术检测平台等公共服务体系的建设。资金的投放原则应重点考虑扶持优秀品牌、重大项目和龙头企业的发展，以带动深圳市整体动漫游戏产业再上新台阶。本条所述的原创产品是指自主知识产权归属在深圳市工商注册登记成立的企业。

（五）将具备条件的动漫游戏企业和高校纳入深圳市科技研发资金的资助范围，并对动漫游戏产业发展中基础性、战略性和前瞻性核心技术的研发和产业化给予倾斜支持。

（六）政府在采购动漫游戏产品和设计时，同等条件下应优先采购深圳动漫游戏企业的产品和设计。深圳市教育机构采购动漫教育产品时，应优先考虑本土原创产品。深圳广电集团在节目播出上应向本土原创动漫倾斜，每年优先采购深圳原创的动画片作品；卫星频道要设置动画剧场或动漫游戏栏目，优先介绍和播出深圳动漫游戏企业和动漫游戏产品。

（七）积极扶持深圳动漫期刊和电子出版机构发展。鼓励、支持深圳的会展公司与国际知名动漫游戏会展公司合作举办国际动漫游戏展。

（八）实施“城市动漫游戏形象标识工程”。与建设“创意设计之都”相衔接，在城市整体形象设计中，导入动漫游戏设计理念，形成由城市吉祥物、动漫公园、公益广告、大型会展、城市雕塑、路牌路标等组成的系列动漫游戏形象标识。动漫游戏产业园区、动漫公园要成为展示深圳市知名企业、品牌、卡通明星以及生产制作流程的特色旅游景点。大力开发深圳市原创的动漫游戏类旅游纪念品，全面打造都市动漫游戏形象。

（九）政府鼓励举办深圳动漫节、深圳动画片创意策划大奖赛、深圳手机游戏创意策划人奖赛、我最喜爱的卡通形象评选等大型活动。大奖赛活动评选须包括创意内容和整套市场开发方案。深圳主流媒体要对大奖赛做全程策划报导。深圳市文化产业发展专项资金可对重点赛事给予适当支持。

三、加大对动漫游戏企业的投融资支持力度，增强其市场竞争力

（十）加大对动漫游戏企业的投融资支持力度，鼓励动漫游戏企业建立现代企业制度。鼓励非公有资本平等地投资和参与各类动漫游戏产品的研究开发和创作，引导外商投资各类动漫游戏产品的研究开发和创作，鼓励深圳市大型文化企业通过参股、控股或兼并等方式进入动漫游戏产业。将具备条件的动漫游戏中小企业纳入“科技型中小企业技术创新基金”资助范围。积极支持深圳市符合条件的动漫游戏企业境内外上市融资。

（十一）鼓励担保机构对动漫游戏企业提供融资担保，支持成立专门的文化产业担保机构和专业的文化产业风险投资机构。鼓励银行和其他金融机构对动漫游戏企业开展知识产权质押业务。

（十二）市文产办组织编写深圳市动漫游戏企业和项目投融资目录，通过宣传片、宣传手册和参加业内会展等渠道积极开展对外推介宣传。

四、进一步优化市场准入环境，提高办事效率和服务水平，扶持动漫游戏产业发展

（十三）放宽动漫游戏企业注册资本条件。凡法律、行政法规无特殊要求的，注册资本3万元以上即可成立动漫游戏行业有限责任公司。

（十四）支持以知识产权和科技成果作价出资设立动漫游戏企业。允许科技成果评估作价出资入股。可用货币估价并可以依法转让的知识产权，均可作为注册资本出资入股。动漫游戏行业有限责任公司以知识产权和科技成果出资可达注册资本的70%。

（十五）保护知名动漫游戏企业名称字号。对于使用知名动漫游戏企业的字号作为本企业名称字号且容易引起公众误解的，不予核准登记或责令改正。

（十六）为动漫游戏企业发展提供便利直通车服务，对分支机构较多的动漫游戏企业实行上门集中年检。

五、加大税收优惠，增强动漫游戏企业市场竞争力

（十七）凡符合条件的动漫游戏企业经认定为高新技术企业或者软件企业，可依法享受深圳市高新技术企业或者软件企业相关税收优惠政策。经认定的深圳市动漫游戏企业可按深圳市重点文化企业享受相关优惠政策。

（十八）鼓励在深圳市创办动漫企业。经市文产办组织认定的新办动漫企业，自工商注册登记之日起，免征3年企业所得税。按规定可以免征3年企业所得税的新办动漫企业是指2004年1月1日至2008年12月31日期间登记注册，从无到有设立的动漫企业。原有企业分立、改组、转产、合并、更名等形成的动漫企业，不视为新办企业。符合上述条件的企业，可依法向主管税务机关提出免征企业所得税申请，依法享受免税优惠。

（十九）加大对动漫游戏企业自主创新投入的所得税前抵扣力度。允许企业按当年实际发生的研究开发费用的150%依法抵扣当年应纳税所得额。对企业发生的职工教育经费支出，不超过工资薪金总额2.5%的部分，准予扣除；超过部分，准予在今后纳税年度结转扣除。允许动漫游戏企业实行固定资产加速折旧制度，但应在进行企业所得税纳税申报时按照税法规定进行纳税调整。

（二十）深圳市动漫游戏企业在本市从事技术转让、技术开发、技术咨询、技术培训、技术承包的技术性服务所取得的技术性收入，经深圳市科技主管部门认定登记后，报主管税务机关备案，免征营业税。

（二十一）深圳市动漫游戏企业在境外取得的劳务收入不征营业税，境外已缴纳的所得税款可按规定予以抵扣。动漫游戏产品出口可按照国家现行税法规定享受出口退（免）税政策。

（二十二）经国务院有关部门认定的动漫企业为自主开发、生产动漫直接产品，所需进口自用设备及按照合同随设备进口的配套件、备件，按现行国家税收优惠政策执行。

六、推动构建深圳动漫游戏产业发展的支撑平台，支持动漫游戏产业园区（基地）建设，促进动漫游戏“产、学、研”一体发展

（二十三）支持建立动画节目制作中心、动漫游戏公共技术平台服务中心、动漫游戏设计开发人员资质鉴定认证、动漫游戏测评及培训中心、网上版权交易中心等支撑平台。

（二十四）积极支持建设集人才教育与培训、技术研发与服务、龙头企业集约发展、中小企业孵化以及国际经济技术合作等多功能一体的动漫游戏产业园区（基地）。鼓励、资助投资人在动漫游戏产业园区（基地）内设立动漫游戏技术培训和资质认证企业、公共技术设备服务公司和公共秘书服务公司等公共配套服务项目，以支持动漫游戏企业孵化和发展。

（二十五）利用深圳广电集团怡景动漫基地，创建深圳怡景动漫产业园区，构建影视动漫游戏播出、研发、制作、节目交易、衍生产品开发和人才培训平台。鼓励南山区等有条件的区依托现有的高新技术产业园、软件园创办动漫游戏产业园区，促进该产业与高新技术产业的结合。支持深圳市旧工业区、旧城区、旧村改造为创意设计和动漫游戏企业聚集地，促进深圳市产业升级，形成产业聚集效应。

七、支持动漫游戏产业人才培养和引进，增强动漫产业发展后劲

（二十六）以高校为依托，整合教学资源。发挥深圳大学城、深圳大学培养动漫游戏高端人才的作用，培育既懂文化创意又懂经营管理、具有开拓市场能力的复合型人才，搭建动漫游戏专业研究、技术交流、产学研合作的平台，努力建设成为国家级动漫游戏教学研究培训基地。发挥深圳职业技术学院、深圳信息职业技术学院等高职院校和深圳高级技工学校培养动漫游戏高技能人才的作用，鼓励有条件的企业创办培训机构，扩大深圳市动漫游戏人才队伍。

（二十七）实施“动漫游戏教育工程”。支持建立深圳动漫游戏展览馆，开展“优秀国产动漫游戏作品进校园”活动，开展青少年原创动漫游戏大赛，扩大国产动漫游戏产品的影响；鼓励在中小学设立校园健康动漫网站，加强校外网吧和网站的管理，加强对引进动漫游戏产品的审查，确保其内容积极健康。

（二十八）积极引进动漫游戏人才，优化动漫游戏人才结构。对动漫游戏企业和项目所需人员，在调工、入户等方面给予优先考虑，将动漫创意、制片、游戏开发、动漫游戏市场开发和管理人才列入市人才引进目录，予以重点引进。对引进的国内非本市户籍的具有高级专业技术资格、高级技师技术等级、硕士研究生毕业以上学历人员、留学人员以及市级及以上专业赛事获奖人员，凡符合相关条件的，可申请办理人才居住证或海外留学人才居住证，并在子女入托入学、医疗保险和租用市、区政府廉租房等方面享受优惠。鼓励设立卡通动画、影视后期制作、电脑美工、游戏开发等职业技能鉴定机构，通过中级以上职业技能鉴定并符合市外招调员工条件的，可凭市劳动保障局颁发的职业资格证书申请入户。

八、加强市场监管和知识产权保护，为动漫游戏产业发展营造良好环境

（二十九）加强知识产权保护力度。建立完善的动漫游戏产业知识产权保护体系，制定动漫游戏产业知识产权保护的法规、规章和规范性规定文件，对引进、播放、经营境外动漫游戏产品要有更加明确的法规可依，加大对本市动漫游戏产品及其衍生产品的知识产权保护力度和对侵权盗版违法行为的打击力度，维护健康的市场秩序，保护动漫游戏经营单位和用户的合法权益，营造良好的发展环境。

（三十）保护和推广本市动漫游戏产业著名商标。制定动漫游戏产业商标管理办法，定期编制和发布深圳市动漫游戏产业著名商标名录。

（三十一）加大深圳市动漫游戏企业或个人专利申请资助支持力度。建立动漫游戏版权交易和保护中心，提供作品版权登记、版权保护、版权代理、产业信息、卡通授权等多项服务，为企业和个人的作品版权登记提供一条更为便捷的通道，促进版权服务发展。

九、支持动漫游戏产品“走出去”，拓展动漫游戏产业发展空间

（三十二）实施“深港双城互动计划”。加强与香港文化及创意产业机构的信息交流，大力吸引香港创意企业和人才来深创业、发展；鼓励香港动漫游戏企业和经营机构将开发、制作、加工、培训及营销等业务部门迁入深圳；争取国家有关主管部门在深圳市范围内实行港资动漫游戏企业国民待遇试点。

（三十三）利用深圳区域优势，依托珠三角区域的深入合作，实现优势互补、资源共享、创造品牌、培育人才、交流信息及繁荣文艺等，全面提升区域文化，将深圳打造成为泛珠三角区域动漫游戏产品的创意中心、资源配置中心、生产制作中心、消费中心。

（三十四）动漫游戏企业拓展海外市场，纳入计划的可获得中小企业国际市场开拓资金、支持外经贸发展专项资金的支持。

（三十五）加强与国内外业界的交流。市文产办和相关行业协会应积极组织深圳市优秀动漫游戏企业赴国内外参加专业动漫游戏展会，积极开展海外宣传和营销活动。市外事管理部门在办理因公出国手续及出国名额等方面予以支持。

十、其他

（三十六）本意见自颁布之日起实行，市政府于 2005 年 12 月 28 日颁布的《关于扶持深圳市动漫游戏产业发展的若干意见》（深府〔2005〕219 号）同时废止。

二〇〇八年七月十四日

深圳市重点文化企业认定和考核管理暂行办法

第一条 为了进一步促进本市文化产业持续、快速、健康发展，根据有关政策法规，参照国家统计局公布的《文化及相关产业分类》，结合深圳的实际制定本办法。

第二条 本办法适用于在深圳市工商行政管理局注册的各类文化企业。

第三条 深圳市人民政府文化产业发展办公室（以下简称“市文产办”）是本市重点文化企业认定管理工作的主管部门，负责组织实施本办法。

第四条 深圳市重点文化企业应符合下列条件：

（一）深圳市注册成立的企业；

（二）申请企业应拥有良好的文化产品或服务，以及现代化的组织架构、经营模式和经营手段，且主营业务属于深圳市文化产业发展专项资金重点扶持的领域范围；

（三）申请企业属于创作研发型的，年主营业务收入规模应达到 100 万元以上，且占企业当年总收入的 80% 以上；申请企业属于中介服务型的，年主营业务收入规模应达到 200 万元以上，且占企业当年总收入的 80% 以上；申请企业属于生产型的，年主营业务收入规模应达到 1000 万元以上，且占企业当年总收入的 60% 以上，年实际纳税额 100 万元以上；

（四）新设企业如果注册资本金大于 200 万元，或实际投资总额已达到 300 万元以上，并且拥有原创自主知识产权成果亦可申请认定，新设企业是指 2006 年 1 月 1 日以后登记注册的企业。经认定后，如果企业自工商注册登记之日起三个会计年度内，仍未达到本办法第四条第三项规定的条件，将取消该企业的认定；

（五）从事原创自主知识产权成果研发或创作的申请企业，暂未达到有关标准，但其原创成果对深圳市文化产业发展有重大贡献的亦可认定为重点文化企业。

第五条 申请认定为深圳市重点文化企业的单位应如实提供下列材料：

（一）《深圳市重点文化企业认定申请书》。

（二）企业营业执照副本和法人代表证明书（验原件，交复印件）。

（三）经会（审）计师事务所审计的本企业上年度财务会计报表。

（四）主营业务收入专项审计报告及税务机关出具的纳税证明（验原件，交复印件）。

（五）验资证明文件（验原件，交复印件）。

（六）产品或技术鉴定证书、专利证书、产品质量检验报告、信誉等级或荣誉证书等。

（七）有利于评审专家了解情况的其他相关资料。

第六条 深圳市重点文化企业认定申报程序：

（一）申请企业应先通过深圳市文化产业信息网（www.szwenchan.gov.cn）进行网上申报，网上获得受理编号后，打印《深圳市重点文化企业认定申请书》，连同其他需提供的书面材料一起装订成册，并加盖单位公章，报送市文产办，同时将申请材料报送辖区区文化产业主管部门备案；

（二）市文产办根据本办法规定对申报材料进行初审，并对列入初审合格的企业，安排组织现场考察，现场考察人员由市文产办工作人员及相关行业专家组成；

（三）市文产办依照本办法规定的认定标准和现场考察意见进行评审。市文产办对通过评审的企业进行核准，并下达批准文件和颁发《深圳市重点文化企业认定证书》。

经认定为深圳市重点文化企业的，可以持《深圳市重点文化企业证书》享受有关优惠政策。

第七条 经认定的深圳市重点文化企业，应在每个季度 15 日前向市文产办报送上季度统计报表，报送方式可采取网上申报。

第八条 对经认定的深圳市重点文化企业实行年审考核制度。认定未满 1 年的重点文化企业可不参加年审。企业应提供以下材料，并加盖单位公章，于每年的 3 月底前报市文产办审核：

（一）《深圳市重点文化企业年度考核表》。

（二）《深圳市重点文化企业认定证书》副本。

（三）经会（审）计师事务所审计的上年度财务会计报表。

（四）税务机关出具的上年度纳税证明。

第九条 如企业有下列情况之一，取消重点文化企业资格：

1. 生产和经销假冒伪劣商品或严重侵犯知识产权的行为；

2. 偷税、骗税、抗税或逃避追缴欠税；

3. 发生重大安全生产事故或环境污染事故；

4. 严重违反劳动法律、法规、规章；

5. 在企业信用信息系统或银行的诚信系统中有严重失信记录；

6. 未年审逾期超过一年；

7. 未按时向市文产办报送季度报表累计超过 3 个季度，或报表有虚报、瞒报情况累计超过 3 次的；

8. 企业连续两年未达到本办法第四条规定的条件；

9. 有其他严重违法行为。

考核通过的企业在其《深圳市重点文化企业证书》上加盖有效期的印鉴，企业可持加盖印鉴的证书和有关文件到政府有关部门办理优惠政策手续。

第十条 经认定的文化企业若发生变更行为，应及时将变更情况上报市文产办，并办理有关手续。

第十一条 本办法由市文产办负责解释。

第十二条 本办法自发布之日起实施。

中共深圳市委、深圳市人民政府关于支持和促进深圳文化产权交易所发展的若干意见

深发[2010]4号

为促进深圳文化产权交易所（以下简称深圳文交所）加快发展，搭建服务全国文化产业发展的投融资平台，推动文化产业生产要素合理流动，加快文化产业发展，根据中央和省委有关文件精神，结合深圳市实际，现就支持和促进深圳文交所发展制定如下意见。

一、充分认识支持和促进深圳文交所发展的重要意义，明确深圳文交所的发展目标

（一）重要意义。文化产权交易市场是文化产业要素市场的重要组成部分，加快文化产权交易市场的发展，将为促进我国文化产业快速发展提供重要的战略支撑。建设深圳文交所，推动文化产权进场公开、公平、公正交易，为文化企业著作权、商标权和专利技术等文化产权交易提供专业化服务，是培育我国文化产业流转市场的战略性举措。深圳文交所的建设，有利于加强文化产权保护，有利于促进文化创意成果转化，有利于推动文化产业又好又快发展。支持促进深圳文交所的发展是深圳市承接和实施国家文化产业发展战略的重要举措，是深圳市为促进我国文化产业健康持续发展开辟新路的探索实践。各级、各部门要高度重视，统一思想，提高认识，积极创造条件，为深圳文交所的建设和发展提供强有力支持。

（二）发展目标。以建设立足深圳、对接港澳台、服务全国、面向世界的文化产业投融资中心为目标，进一步建立健全交易机制，不断丰富交易品种、扩大交易规模，创新交易方式，加强知识产权保护，充分利用资本市场做大做强文交所，培育一批在国际国内市场具有较强核心竞争力的文化产业品牌，切实把深圳文交所建设成为与“文博会”配套、交易活跃、功能健全、运作规范、服务完善的文化产权交易市场。

二、准确把握深圳文交所发展应遵循的原则

（一）政府引导推动和市场化运作相结合。既要充分发挥政府在培育、引导、规范、扶持文化产权市场方面的积极作用，又要坚持以市场化运作为主体，发挥市场机制在提高效率、改进服务水平等方面的优势，形成政府引导、市场化运作、企业化管理的良好机制。

（二）突出深圳特色与服务全国相结合。着眼于与“文博会”相配套，突出重大项目、创新型项目、“文化＋科技”项目的产权交易和文化进出口贸易，加强与港澳台合作，形成具有深圳文化产权交易品牌特色、服务全国的高层次投融资平台。

（三）统一市场和专业化运作相结合。深圳文交所要适应深圳市产权交易市场发展要求，作为深圳市产权交易市场的一个专业交易板块，相对独立运作。要根据文化产权所具有的特殊属性，做好文化产权内容审查和知识产权保护工作，建立政府监管与行业自律相结合的有效市场监管机制。

（四）争取多方支持和自主建设相结合。既要抓住国务院出台《文化产业振兴规划》带来的机遇，积极争取中央各有关部委和省的支持，争取国家资源，又要坚持以深圳为主，加快深圳市文化产权交易市场建设步伐，促进深圳市文化产业发展。

三、建立完善深圳文交所运作和管理机制

（一）加强对“文博会”的配套服务。深圳文交所要充分利用“文博会”交易和投融资平台作用，主动做好与“文博会”的配套衔接，切实为“文博会”展览产品、项目提供权威、诚信、高效的交易平台，做好优质项目输送、投融资等配套服务。

（二）丰富交易品种，创新交易方式。深圳文交所要设立符合市场需求的交易体系，积极在“文化＋科技”等领域探索推出标准化、类证券化的文化交易品种。着力提高服务质量，为市场参与主体提供各类价格指数、交易指引等增值服务。探索有利于文化产权流动、投资者便利进出的交易方式。

（三）完善文化产权交易的规则和制度体系。深圳文交所要建立健全交易规则及登记托管、结算交割、交易监督、信息披露等规章制度，认真履行挂牌审核、信息内容认定和披露、交易方案确定和实施、交易主体和结算资金监管等职责，确保文化产权交易市场安全、有序运行，保护交易参与者的合法权益。

（四）注重防范各类风险。深圳文交所要注重防范文化产权交易市场的潜在风险，包括涉及内容和文化安全问题等；防范各类产权纠纷，加强信息披露和风险揭示，探索引入担保机制；防范交易品种带来的金融风险，加强市场自律和投资者风险教育。新设立交易品种，必须经过充分研究论证。

（五）加大监管和知识产权保护力度。深圳文交所要设立内容审查小组，对交易产品内容进行界定，实施内控，确保市场交易产品内容符合国家有关规定。要做好知识产权保护工作，切实保障知识产权所有人、投资者和债权人的权益。

（六）加强深圳文交所自身建设。深圳文交所要进一步建立健全运营绩效考核指标体系，加强运营团队建设，提高经营管理水平，促进规范运作，不断提升经营效益。

四、积极为深圳文交所发展提供政策支持和运营保障

（一）加强组织保障。调整和充实深圳文交所建设工作领导小组，领导小组成员单位包括市委宣传部、市发展改革委、财政委、文体旅游局、国资局、市场监管局等相关部门及深圳文交所股东单位，主要负责协调和解决深圳文交所建设中出现的重大问题。推动组建文化产权交易指导委员会，成员由中央、省、市有关部门的领导和全国文化产业界专家组成，进一步整合、利用好国家、省有关文化产业和文化产权交易资源，为文化产权交易市场建设提供决策咨询意见。

（二）积极推动深圳文交所与“文博会”配套发展。支持深圳文交所打造“文博会”常设交易平台，对“文博会”展览项目免费挂牌，提供信息发布、项目展示等服务。每届“文博会”期间，支持深圳文交所在主场馆内设置“深圳文化产权交易所服务专区”，参照公益性和国家政策性项目的展位补贴政策给予适当补贴。

（三）加大财政扶持力度。2010年至2014年，市财政每年划拨500万元，5年共2500万元（含开办费），支持深圳文交所建设和发展。同时，对深圳文交所办公场地给予租金优惠，深圳文交所正式成立第1年和第2年租金由市财政全额补贴，第3年至第5年租金由市财政补贴50%。市文化产业发展专项资金对深圳文交所建设公共服务平台项目给予一定补贴，在落实建设方资金来源后，项目补贴金额控制在该项目实际总投资的30%以内，金额原则上最高不超过600万元。

（四）推动国有文化产权进场交易。市属国有企业文化产权（资产）转让或租赁，行政事业单位文化产权（资产）和市政公共文化资源的有偿转让或租赁，除经市国有资产监管部门批准免予进场的交易外，必须通过深圳文交所进行交易；市属国有企事业单位投资文化产权（资产），除在同一授权经营机构或企业集团内发生产权变动，或经市国有资产监管部门批准免予进场的交易外，必须通过深圳文交所进行交易。市国有资产监管部门应按照有关规定制定国有文化产权免予进场交易的标准。

（五）鼓励民营文化产权进场交易。申报深圳市文化产业发展专项资金资助的项目，须在深圳文交所办理产权登记手续；经认定的深圳市重点文化企业，及入驻经认定的深圳市文化产业园区和基地的民营企业，其文化产权项目免费在深圳文交所挂牌，深圳文交所提供信息发布、项目展示等服务。

（六）积极探索金融支持方式。鼓励深圳文交所与各类金融机构、担保机构、风险机构、投资基金等建立战略合作伙伴关系，引导社会资本投资文化产业，吸引各类、各地文化产业投资基金进场交易文化产权项目。探索建立宣传文化部门与证券监管部门项目信息合作机制，支持深圳文交所加强对适合创业板市场的中小文化企业项目的筛选和储备，推荐符合条件的企业上市融资。

（七）加强人才引进和团队建设。大力支持深圳文交所经营班子成员和专业人才面向海内外公开招聘，引进聘用的海内外高层次管理人才、创意人才和营销经纪人才，凡符合深圳市高层次专业人才认定标准的，享受高层次人才相关优惠政策。发展中介经纪队伍，支持深圳文交所实行会员制，广泛发动证券公司、文化经纪机构、经纪人入会，组成自律性的会员制组织，逐步形成以深圳文交所为主，产权代理机构、会计师事务所、律师事务所、风险（创业）投资公司、资产评估机构等相配套的服务体系和协调机制。

（八）形成合力，加大支持力度。深圳文交所建立和发展涉及面广，政策性强，各有关部门要加强协调配合和调查研究，及时反馈与总结实际运行中的经验和做法，提出有针对性措施，支持解决文化产权交易中出现的问题，促进深圳文交所的有序发展。市宣传文化部门要大力宣传深圳文交所文化产权交易项目，借助“文博会”宣传平台，加大面向海内外的宣传力度，吸引各类投资者关注文化产权交易市场；要统筹推动深圳文交所的建设工作，履行行业监管职责，监管文化产权交易的内容和导向，并积极协调文化产业龙头企业、民营企业进场交易。市发展改革委要支持深圳文交所基础设施立项和建设，并为其健康发展提供指导意见。市科工贸信委要支持深圳文交所进行科技创新，比照支持高新技术产权交易市场建设的有关做法指导支持深圳文交所建设。市财政委要采取切实可行的财政支持措施，加大对深圳文交所的财政投入力度。市国资局要指导、推动国有文化产权进场交易。市市场监管局要在文化产权交易鉴证、过户、质押登记等各种服务方面给予政策支持，加强知识产权保护力度。市城管局要积极支持提供深圳文交所办公场地。市金融办要研究制定在金融方面支持深圳文交所建设的政策措施。各区和其他各部门、各单位要把支持和促进深圳文交所发展纳入重要工作日程，切实履行相关职责，确保各项工作任务的落实。

二〇一〇年五月十二日

J

2010 年度深圳市文化产业大事记

2011 SHENZHEN CULTURAL INDUSTRIES YEARBOOK

2010年度深圳市文化产业大事记

1月4日，深圳广电集团就天威公司上市监管有关事宜与市国资委进行沟通咨询，市文改办参与。

1月9日，中宣部牵头召集文博会各主办单位在北京召开文博会工作协调会，调整了文博会协调领导小组和工作机制，对第六届文博会筹备任务做出具体分解。会议由中宣部常务副部长雒树刚主持，中宣部副部长孙志军、文化部党组副书记、副部长欧阳坚、广电总局副局长胡占凡、新闻出版总署党组副书记、副署长蒋建国，商务部部长助理王超，中国贸促会副会长张伟和广东省委宣传部副部长、省文改办主任赖斌，深圳市委常委、宣传部长王京生出席了会议。

1月15日，海上田园旅游区通过全国旅游景区质量等级评定委员会评审，成为国家4A级风景旅游区。

1月26日上午，副市长张思平主持召开会议，协调解决粤剧团转企后存在的有关问题。市委宣传部、市委政研室（改革办）、市财政委、文体旅游局、信访办、投资控股公司有关负责人参加了会议。

2月5日，深圳出版发行集团总经理陈锦涛和雅昌企业（集团）有限公司董事长万捷双双入选“新中国60年百名优秀出版人物”和“新中国60年百名优秀出版企业家”，而广东省同时获得此“双百”人物称号的仅为深圳此二人，折射出深圳这座城市在出版发行、文化建设领域中的努力和建树。

2月23日，由全球主要设计城市市长率团参与的“世界设计城市峰会”在韩国首尔举行。会上，深圳市委常委、常务副市长许勤向与会代表介绍了深圳“设计之都”的建设经验，向全球创意城市推介深圳“设计之都”品牌，共同探讨如何通过创意设计产业的发展，提升市民生活品质，提高城市竞争力和可持续发展能力。

深圳市委常委、常务副市长许勤向与会代表介绍了深圳“设计之都”的建设经验，向全球创意城市推介深圳“设计之都”品牌，共同探讨如何通过创意设计产业的发展，提升市民生活品质，提高城市竞争力和可持续发展能力。

2月23日至25日，市委常委、宣传部长王京生带队赴京，向中宣部汇报中国文化产业投资基金在深圳注册、深圳文交所建设、文博会工作和文化发展战略论坛等工作。

3月2日，市委常委、宣传部长王京生主持召开会议，传达贯彻中宣部主持召开的第六届文博会筹备工作会议精神，研究部署经济特区成立30周年纪念活动有关工作。市委宣传部、市文体旅游局、市文联、市社科院、报业集团、广电集团、出版发行集团主要负责同志参加了会议。

3月5日，一部历时5年编纂、约150万字的厚重之作《深圳百科全书》在深圳中心书城隆重首发，这是深圳第一部城市百科全书，也是深圳人献给深圳经济特区建立30周年的一份沉甸甸的厚礼。

3月5日晚19点52分58秒，腾讯QQ同时在线用户数首次突破1亿。这是人类进入互联网时代以来，全世界首次单一应用同时在线人数突破1亿。业界对此反应热烈，认为这是中国互联网发展史上的重大突破，在海量用户运维上已达到国际领先水平，同时有望引领更多中国互联网独创应用的实现。

3月8日，市委书记刘玉浦，代市长王荣，市委常委、宣传部长王京生率相关部门负责人赴京，向中宣部领导汇报文博会筹备、文化产业投资基金设立等相关工作。

3月16日下午，市委宣传部副部长吴忠主持召开深圳文化产权交易所有限公司发起人股东大会暨首届董事会，讨论并现场签署发起人协议、公司章程，产生首届董事会董事及董事长、监事长等。

3月22日下午，市文改办主持召开会议，研究“文化企业30强”推荐工作具体事宜。市文体旅游局及相关文化企业负责人参加了会议。

3月25日下午，市委常委、宣传部长王京生率队前往省委宣传部，向省委常委、宣传部长林雄和省委宣传部、省文化厅有关负责同志汇报了第六届文博会筹备工作和纪念深圳经济特区建立30周年活动的有关情况。

4月6日，代市长王荣率队赴中宣部汇报文博会、文交所建设、文化产业投资基金等有关工作，市委常委、宣传部长王京生及宣传部有关负责同志随行。

4月20日下午，市委宣传部副部长吴忠主持召开会议，讨论研究深圳市文化产业发展专项资金2010年度项目申报有关事宜。

4月21日下午，市委市政府召开文博会动员大会，省委常委、市委书记、代市长王荣要求深圳市进一步增强大局意识、使命意识、精品意识，努力把第六届文博会办成一届亮点更多、效益更好、影响更广的文博会。市领导李意珍、李锋、王京生、李铭，市政府秘书长李平，文博会组委会成员单位负责人参加了动员大会。

市委市政府召开文博会动员大会，省委常委、市委书记、代市长王荣要求深圳市进一步增强大局意识、使命意识、精品意识，努力把第六届文博会办成一届亮点更多、效益更好、影响更广的文博会。

4月27日、市委常委、教育工委书记李意珍，市委常委、宣传部长王京生、副市长闫小培分别带队到文博会分会场调研，了解第六届文博会筹备情况。

4月29日，中宣部副部长孙志军在京主持召开文博会工作会议，听取文博会筹备工作进展情况汇报，研究文化产品出口等问题。文化部、商务部、广电总局、新闻出版总署等主办单位和广东省、深圳市有关领导参加了会议。

4月30日，市委常委、宣传部长王京生带队开展“下基层送服务促转变”调研活动，就文化企业发展面临的问题进行了协调。

5月11日，深圳市举行首批“文化+科技型示范企业”“文化+旅游型示范园区（基地）”授牌仪式，授予深圳华强文化科技集团股份有限公司等20家单位为深圳市“文化+科技型示范企业”，华侨城集团等28家园区（基地）为“文化+旅游型示范园区（基地）”。授牌仪式上还授予F518时尚创意园等14家单位为“第二批深圳市文化产业基地”，深圳大学等3所院校为“深圳市文化产业教学和培训基地”。

5月12日，中共深圳市委、深圳市人民政府下发《关于支持和促进深圳文化产权交易所发展的若干意见》（深发[2010]4号）。

5月14-17日，第六届中国（深圳）国际文化产业博览交易会在深圳举办。本届文博会在规模档次、成交量、专业化水平、国际化程度、社会关注度等各方面都刷新历届文博会的记录，文化产业核心层更加突出，骨干文化企业参展更加踊跃，“文化＋科技”特色更加明显，投融资交易功能更加完善。文博会共设8个专业展馆和35个分会场。1797家政府组团、企业和机构参加文博会。全国31个省、自治区、直辖市及港澳台地区全部参展，首次实现“满堂红”和“全家福”。文博会总成交额达1088.56亿元，比上届总成交额增加207.87亿元，同比增长23.6%，合同成交额351.03亿元，占总成交额32.25%，同比增长101%。文化产品出口交易额114.06亿元，占总成交额10.48%，比上届增长30.12%。参观人数达367.49万人次，海外专业观众8.693万人次。

本届文博会在规模档次、成交量、专业化水平、国际化程度、社会关注度等各方面都刷新历届文博会的记录，文化产业核心层更加突出，骨干文化企业参展更加踊跃，“文化＋科技”特色更加明显，投融资交易功能更加完善。

5月14日下午，中宣部组织文化部、商务部、广电总局、新闻出版总署、国家统计局和光明日报社、经济日报社在深圳召开文化产业发展信息发布会。会上，国家统计局发布了文化产业统计报告；商务部发布了2009年度国家文化出口重点企业和重点项目入选名单；光明日报社、经济日报社发布了第二届“文化企业30强”名单并授牌。备受关注的深圳文化产权交易所5月14日正式投入运营。

5月15日至16日，中共中央政治局常委李长春在中共中央政治局委员、广东省委书记汪洋，省长黄华华，省委常委、深圳市委书记、代市长王荣等陪同下，考察深圳文博会，并先后考察了深圳文化产权交易所、A8音乐集团、雅图数字视频技术有限公司等。

5月15日，由中宣部等国家十二部委主办的文化产品和服务出口工作座谈会在深圳召开，中共中央政治局委员、中央书记处书记、中宣部部长刘云山出席会议并讲话。中央有关部门和部分省区市党委宣传部负责同志以及部分文化企业负责人出席了会议。

5月26日，中宣部在京召开座谈会，落实中央领导同志重要批示精神，就如何充分发挥上海和深圳两家文化产权交易所的作用、推动文化产业又好又快发展进行研究，同时听取两家文化产权交易所运行情况和下一步发展的介绍。市文改办倪鹤琴同志率队参会。（5月8日，长春同志在中宣部文艺局第31期《文艺信息》刊登的“文化企业上市融资需要产业价值链条明晰”一文上作出批示：“云山并蔡武、树刚同志：大力支持深圳、上海加快完善文化无形资产评估、抵押等中介服务，解决金融和文化产业对接的瓶颈制约问题。”）

5月31日，按照王荣同志的要求和京生同志的批示精神，市文改办召集华强文化科技集团有关负责人，就落实中央领导最新批示精神进行专题研究，了解集团的相关诉求，提出意见和建议。

6月20日，深圳新书《梦非梦》在北京王府井新华书店举行签售及研讨会，与会专家和读者普遍认为该书装帧精巧典雅、内容清新隽永，是一本关于梦想教育和哲理普及的优秀作品。《梦非梦》是由海天出版社出品、深圳本土独创的文化学说精神读本。

6月24日，由中国珠宝玉石首饰行业协会、市文体旅游局、罗湖区政府主办，市黄金珠宝首饰行业协会承办的“2010中国（深圳）国际珠宝首饰设计大赛全球新闻发布会暨启动仪式”，当天下午在香港会展中心隆重举行。

6 月 28 日，世界品牌实验室在京发布了 2010 年（第七届）《中国 500 最具价值品牌排行榜》。深圳报业集团旗下两大主报再次保持了入围前 200 强的成绩，品牌价值稳步提升。其中深圳特区报品牌价值 60. 37 亿居第 151 位,深圳商报品牌价值 47. 15 亿居第 190 位，两报品牌总价值为 107. 52 亿元，首次突破百亿大关。

7 月 8 日，王荣、王京生、王毅等市领导前往报业集团、广电集团、出版发行集团调研，寄望新闻媒体、宣传文化工作要勇于肩负起社会责任，继续唱响主旋律，为新一轮科学发展发挥导向作用，引领社会积极向上、有序发展，自觉成为促进社会和谐的有生力量。

7 月 9 日，广东省委宣传部在广州召开“加快我省文化企业股改上市工作座谈会”，省委常委、宣传部长林雄同志出席并讲话。市委宣传部及华强、天威、雅昌、雅图有关负责人参会。天威公司在会上作经验发言。

7 月 14 日下午，市委宣传部专题研究深圳新兴文化产业振兴发展规划和政策、第七届文博会策划方案、文博会分会场考评奖励办法等事宜。

7 月 15 日，深圳第 26 届世界大学生夏季运动会工艺礼品设计作品评选活动在龙岗陶瓷产业园举行，这次活动收到来自全国各地的设计作品 300 余件，经专家评选出金、银、铜奖作品 62 件，其中五洲同春合和尊等 15 件作品获得金奖，另有银奖 17 件，铜奖 18 件优秀奖 12 件。

7 月 19 日，市文体旅游局局长陈威接受媒体记者采访时表示，该局将大力实施五大工程，以更大力度抓好深圳的文化建设，争做文化产业发展龙头大市。

7 月 19 日，市文改办召开会议，就广东省文化产业发展专项资金的使用、签约等工作进行部署。市文体旅游局文产处，获得资助的相关文化企业的财务负责人参加了会议。

7 月 22 日，今年的香港书展深圳出版界大展拳脚。深圳出版发行集团携总码洋达 120 万元的 2000 种简体书参展。中国图书进出口深圳公司、深圳市求实图书有限公司、深圳市尚书房文化发展有限

第 26 届大运会主场馆设计效果图

公司和深圳市中映良品文化传播有限公司也设有展位。

7月23日，市委副书记、市长许勤率队赴华强文化科技集团调研，落实中央领导同志的指示，研究支持华强文化科技产业做强做大。王京生、吕锐锋、吴以环、李平等领导参加了调研。

7月26日，许勤市长主持召开深圳市三网融合试点工作会议，启动深圳市三网融合试点工作。

8月5日，市委常委、宣传部长王京生和副市长吴以环率队赴深圳市新经典广告制片有限公司调研。

8月5日，省委十届七次全会吹响了建设“文化强省”的号角。近年来，深圳文化产业迸发出创新力和竞争力，以跨越式发展跻身四大支柱产业，增加值以20%的速度高速增长。2009年，深圳文化产业增加值达531亿元，占GDP比重达6.5%。深圳，已成为全国文化产业发展浪潮中的先锋城市，“文化＋科技”的深圳模式，更为中国文化产业发展探索出一条新路。

省委十届七次全会吹响了建设“文化强省”的号角。近年来，深圳文化产业迸发出创新力和竞争力，以跨越式发展跻身四大支柱产业，增加值以20%的速度高速增长。2009年，深圳文化产业增加值达531亿元，占GDP比重达6.5%。

8月9日，深圳市召开三大集团经营工作会议。市委常委、宣传部长王京生，副市长唐杰出席了会议。

8月23日，市文改办会同市文体旅游局、文交所工作领导小组办公室有关负责人到文交所调研，就文交所工作开展有关情况及下一步发展思路、政策诉求进行深入了解。

8月23日至25日，市文改办主持召开文化创意产业振兴发展规划和政策课题组调研座谈会，就规划和政策的起草广泛征求各区文产办、创意设计行业协会以及数字音乐、数字出版、新媒体、动漫游戏、影视制作文化企业等各方意见。

8月23日，在深圳经济特区迎来30华诞之际，作为庆祝深圳特区成立30周年的献礼书，深圳读书月组委会办公室、深圳出版发行集团和海天出版社重点图书《深圳读本——感动一座城市的文字》(2010版)隆重首发。新版《深圳读本》约40万字，分为散文卷、诗歌卷、歌词卷、小说·报告文学卷四部分，共收录散文32篇、诗歌51篇、歌词13首、小说及报告文学8篇。

9月15日，2010深圳国际珠宝展览会在会展中心开幕。作为国内最大规模的黄金珠宝展会之一，本届珠宝展吸引了25个国家与地区的1000多家珠宝商参展，该展也一举跻身世界十大珠宝展会行列。

10月9日下午，市长许勤同志听取了文化创意产业振兴发展规划及政策起草和第七届文博会筹备工作情况汇报，肯定了前一阶段起草课题组的工作，就进一步完善规划和政策提出了修改意见。市委常委、市委宣传部部长王京生，副市长吴以环同志参加会议。

11月1日，第十一届深圳读书月开幕。本届读书月的主题是“文明公民，阅读为荣”。省委常委、市委书记王荣宣布，第十一届深圳读书月正式开启。

11月11日，华侨城集团成立25周年庆祝晚会在洲际大酒店举行。华侨城集团将致力于成为中国文化旅游产业的航空母舰。

11月16日，第十一届深圳读书月主题活动之一，“一样的图书，不一样的感觉”展览在中心书城南区2楼展出。该展览由深圳读书月组委会、深圳市新闻出版局主办。

12 月 13 日，深圳读书月组委会、深圳出版发行集团和海天出版社共同打造的读书月重点图书《青工读本——身边的幸福》在深圳书城正式发布。

12 月 7 日，这一天是深圳“创意设计日”。当天，联合国教科文组织创意城市网络 2010 年深圳国际大会隆重开幕。随后三天大会中，来自 17 个国家 23 个城市的网络代表、全球创意领域的学者专家和知名人士近 500 人齐聚“设计之都”——深圳，在“新科技 · 新媒体与创意城市合作”主题下，围绕设计、文学、音乐、电影、美食、民间艺术和媒体艺术等 7 个创意产业门类展开积极探索。

附件1：深圳市文化产业重点企业名单

（排名不分先后）

深圳市万科影视有限公司
深圳市宝福珠宝首饰有限公司
深圳市雅福珠宝首饰有限公司
深圳市灵智伟业文化传播有限公司
深圳市道一广告有限公司
华夏英杰墨宝园有限公司
深圳华新彩印制版有限公司
深圳市摩掌信息技术有限公司
深圳市新超亮特种显示设备有限公司
深圳市美丽同盟科技有限公司
深圳华强数码电影有限公司
华视传媒集团有限公司
深圳神笔动画设计有限公司
深圳市国投盈讯科技有限公司
深圳市中润网络科技有限公司
深圳市深动力动画设计有限公司
深圳市鼎典工业产品设计有限公司
深圳市创艺园景观工程有限公司
深圳市先科娱乐传播有限公司
深圳市灵狮文化传播有限公司
深圳市傲天通信有限公司
深圳市神州龙资讯服务有限公司
深圳市唐人动画影业有限公司
深圳市通产丽星股份有限公司
深圳市泽钿丰数码影视文化有限公司
深圳市银溪数码技术有限公司
深圳淘智科技有限公司
深圳市奥雅园林设计有限公司
深圳女报杂志社
深圳市西贝文化传播有限公司
深圳市康达富文化传播有限公司
深圳市美中信息技术有限公司
深圳市金一百艺术品有限公司
深圳市康达富影视制作有限公司
深圳市中境动漫文化传播有限公司
深圳市建筑科学研究院有限公司
深圳市泰禾广告制作有限公司
深圳市鹰达印刷包装有限公司
深圳市希之光科技有限公司
深圳新媒讯信息咨询有限公司
深圳市裕同印刷包装有限公司
深圳市大凡珠宝首饰有限公司
深圳市星光达珠宝首饰实业有限公司
深圳科诗特软件有限责任公司
深圳市易扑天下科技有限公司

深圳华强数字动漫有限公司
深圳华强游戏软件有限公司
深圳走秀网络科技有限公司
深圳华强智能技术有限公司
深圳浪尖工业产品造型设计有限公司
深圳市佳邦文化发展有限公司
深圳市力创世纪科技有限公司
深圳市远航科技有限公司
深圳市掌世界网络科技有限公司
深圳市龙岗书城有限公司
深圳市聚合互动科技有限公司
深圳市爱乐盟网络科技有限公司
深圳市南天门网络信息有限公司
深圳市研成创意设计有限公司
深圳市麦锡工业产品策划有限公司
深圳市红筑东方工程设计有限公司
深圳市热点传媒有限公司
深圳市名雕丹迪设计有限公司
深圳大学反光材料厂
深圳市点石数码科技有限公司
搜评网络（深圳）有限公司
深圳市丑石设计制作有限公司
深圳市仓颉通文化传播有限公司
深圳市大芬文化艺术实业有限公司
深圳市大博金动漫设计有限公司
深圳市易讯天空网络技术有限公司
深圳市华鼎文化发展有限公司
深圳市创世实业有限公司
深圳东方逸尚服饰有限公司
深圳市文化产业（国际）会展有限公司
深圳市零点星影视文化发展有限公司
深圳市美视达文化传播有限公司
深圳市祥钰精品制造有限公司
深圳市新动广告有限公司
深圳市大王山中饰国际珠宝交易股份有限公司
商凯集团（深圳）有限公司
斯达高瓷艺发展（深圳）有限公司
深圳市数视通信息技术有限公司
深圳市俊波软件有限公司
深圳九星印刷包装集团有限公司
力嘉包装（深圳）有限公司
深圳市水晶石电脑图像技术开发有限责任公司
深圳市东方韵文化传播有限公司

深圳市星光传媒文化发展有限公司
深圳市雁盟文化产业投资有限公司
深圳市淑女屋时装股份有限公司
深圳市姜峰室内设计有限公司
深圳市哈哈动漫文化传播科技有限公司
深圳市乐通天下科技有限公司
深圳市联合空间展示艺术有限公司
深圳市柏高广告有限公司
深圳市科彩印务有限公司
深圳市视联通文化传播有限公司
深圳市清祺书文化产业有限公司
深圳市联想空间艺术工程有限公司
深圳市汉者科技发展有限公司
深圳市明德文化传播有限公司
深圳市文泰影业有限公司
深圳市开心听信息科技有限公司
深圳市华天世纪文化传播有限公司
深圳市相互广告有限公司
深圳市新经典广告制片厂有限公司
深圳市于强环境艺术设计有限公司
深圳市五巨科技有限公司
深圳市方直科技有限公司
深圳市蓝海梦想网络科技有限公司
深圳市天助人和信息技术有限公司
深圳扬丰印刷有限公司
深圳市彩梦科技有限公司
深圳市易尚洲际展示有限公司
深圳市柠檬企业形象策划有限公司
深圳市高盛广告有限公司
深圳市派尚环境艺术设计有限公司
深圳红日东升文化传媒有限公司
深圳市迅雷网络技术有限公司
深圳市海谷神动漫设计有限公司
深圳市森广源实业发展有限公司
深圳掌媒科技有限公司
深圳市飞天网景通讯有限公司
深圳市众歌文化发展有限公司
深圳市华村设计事务有限公司
深圳市航诚投资管理有限公司
深圳市同源南岭文化创意园有限公司
深圳市掌网立体时代视讯技术有限公司
深圳市壹柒伍网络科技有限公司
深圳市美工企业管理有限公司
深圳市融创天下科技发展有限公司
深圳市佳信达印务有限公司
深圳市汇巨信息技术有限公司
深圳市彪骐数码科技有限公司
深圳市纵横四海航海赛事管理有限公司
深圳市粤豪珠宝有限公司
深圳市风火广告有限公司
深圳博克斯数码动画有限公司
深圳市创炬信息技术有限公司
深圳市裕华兴印刷制品有限公司
深圳市鑫吉泰影视传媒有限公司
深圳市陈绍华设计有限公司
幻音科技（深圳）有限公司
深圳市采纳品牌营销顾问有限公司
深圳市珍爱网信息技术有限公司
深圳市经理人传媒有限公司
深圳市新原野影视传媒有限公司
深圳市海恒智能技术有限公司
深圳市八泽科技有限公司
深圳市美意年珠宝首饰有限公司
深圳市前景在线广告有限公司
深圳市百泰珠宝首饰有限公司
深圳市汇深网信息科技有限公司
深圳市汉音科技有限公司
深圳市迪威特数字视讯技术有限公司
深圳冰川网络技术有限公司
深圳市天趣网络科技有限公司
深圳市亿佳网络技术有限公司
深圳市中世纵横设计有限公司
深圳市唐码之光广告有限公司
深圳市艺博堂环境艺术工程设计有限公司
深圳掌媒科技有限公司
深圳天珑移动技术有限公司
深圳市翰田广告有限公司
深圳市飞亚达（集团）股份有限公司
深圳市如一精品制造有限公司
深圳市路通网络技术有限公司
深圳市崇德影视传媒有限公司
深圳市及时沟通广告有限公司
深圳市创炬信息技术有限公司
深圳市东大景观设计有限公司
深圳市旺盈彩盒纸品有限公司
深圳盛游网络科技有限公司
深圳市创世互动科技有限公司
深圳市现代装饰杂志社有限公司
深圳市嘉讯软件有限公司
深圳市掌世界网络科技有限公司
深圳市花季雨季杂志社有限公司
深圳市帝元天下影视文化传播有限公司
深圳市红树林环境艺术设计有限公司
深圳市城市空间规划设计有限公司
星光印刷（深圳）有限公司
深圳市广田建筑装饰设计研究院
深圳市掌炫世纪网络科技有限公司
深圳市无域互动信息技术有限公司

深圳市威美实业有限公司
深圳市金之彩科技有限公司
深圳市麦迪逊广告有限公司
深圳市蕾奥城市规划设计咨询有限公司
深圳好视网络科技有限公司
深圳市震华高新电子有限公司
深圳市正鑫源实业有限公司
深圳市莱科电子技术有限公司
深圳第七大道科技有限公司
深圳出版发行集团
深圳市中通信息科技发展有限公司
深圳市掌中酷柚科技有限公司
深圳城市在线网络技术有限公司
深圳华强文化产品发展有限公司
深圳市快易典电子技术有限公司
深圳市杨邦胜室内设计有限公司
深圳市吉盟首饰有限公司
深圳市人文天地实业有限公司
深圳市经典演出有限公司
深圳梅沙音乐文化有限公司
深圳市中视典数字科技有限公司
深圳市雅乐实业有限公司
深圳书城中心城实业有限公司
深圳市欣博阅科技有限公司
深圳光华印制有限公司
深圳市东方辉煌文化传播有限公司
深圳市龙文文化传播有限公司
深圳市龙霸影视传媒有限公司
深圳市雨桥动漫有限公司
深圳市飞图广告有限公司
深圳市绿创工业设计有限公司
深圳书城南山城实业有限公司
深圳书城罗湖城实业有限公司
深圳中华商务安全印务股份有限公司
深圳市欣事达文化传媒有限公司
深圳市欣事达文化传媒有限公司
深圳市第三空间信息技术有限公司
深圳市美思科技有限公司
深圳市赛梅斯凯科技有限公司
深圳市五行创新文化传播有限公司
深圳市伟禄科技股份有限公司
深圳市时代龙音公关顾问有限公司
深圳市雷骏科技有限公司
深圳市高小龙影视广告制作有限公司
深圳市创意文化投资发展有限公司
深圳市越众影视有限公司
深圳市天宇星影视文化有限公司
深圳市谷雨影视制作有限公司
深圳市盈富通科技有限公司

深圳市盛德丰实业发展有限公司
深圳市伯仲通信技术有限公司
深圳市方块动漫画文化发展有限公司
深圳市电影制片厂
深圳博鳌文化传媒有限公司
深圳市报业集团出版社
深圳市华动飞天网络技术开发有限公司
深圳世纪阳光文化传播有限公司
深圳市嘉兰图设计有限公司
深圳市腾讯计算机系统有限公司
深圳市星缘文化传播有限公司
深圳太阳卡通策划设计有限公司
深圳市金版文化发展有限公司
深圳市宜搜科技发展有限公司
深圳市拇指天下科技有限公司
深圳市单仁咨询有限公司
深圳市优易网信息科技有限公司
深圳市英途联盟文化传播有限公司
深圳市泽木文化传播有限公司
深圳市宝怡珠宝首饰有限公司
深圳市钻之韵珠宝首饰有限公司
深圳市红彤彤广告有限公司
深圳市千禧堂企业形象设计有限公司
深圳市永丰源实业有限公司
深圳市设计之窗发展有限公司
鸿波信息有限公司
深圳市华亚和讯科技有限公司
深圳市一览网络有限公司
深圳市盈盛创富通讯发展有限公司
深圳市丕微科技企业有限公司
深圳市哈林影视文化传播有限公司
深圳市播播信息技术有限公司
深圳市艺中天动漫艺术有限公司
深圳市中青宝网网络科技股份有限公司
深圳市嘉乐比实业有限公司
深圳市书城电子出版物有限责任公司
深圳市欢乐动漫有限公司
深圳市稳展广告有限公司
深圳市凤凰星影视传媒有限公司
深圳市深广传媒有限公司
深圳互动未来科技有限公司
深圳一立动画设计有限公司
深圳市互动通信科技有限公司
深圳市天禄琳琅文化艺术传播有限公司
深圳市腾龙堂动漫文化传播有限公司
深圳市艺华信息技术开发有限公司
深圳劲嘉彩印集团股份有限公司
深圳雅图数字视频技术有限公司
深圳市华夏动漫科技有限公司

深圳市移动视讯有限公司
环球数码媒体科技研究（深圳）有限公司
深圳市万科影视有限公司
华夏英杰墨宝园有限公司
深圳市道一广告有限公司
深圳市雅福珠宝首饰有限公司
深圳市怡美乐实业有限公司
深圳市智慧星文化发展有限公司
深圳市国际文化产业博览交易会有限公司
深圳市利德行投资建设顾问有限公司
深圳市柏星龙创意包装设计有限责任公司
深圳市梁子时装实业有限公司
深圳市同路广告有限公司
深圳市秀城环境艺术设计有限公司
深圳市中孚泰实业股份有限公司
深圳市马一丁广告有限公司
深圳市美道实业发展有限公司
深圳市赛瑞景观工程设计有限公司
深圳市园林设计装饰工程有限公司
深圳市研成策划有限公司
深圳市格雅表业有限公司
城市建设研究院深圳分院
深圳市国际印象建筑设计有限公司
深圳市龙帆广告有限公司
深圳市铁汉生态环境股份有限公司
深圳市新城市规划建筑设计有限公司
深圳市华阳国际工程设计有限公司
深圳市东大建筑设计有限公司
深圳市残友动漫文化发展有限公司
深圳市设计中心有限公司
深圳市粉蓝衣橱服饰有限公司
深圳奥意建筑工程设计有限公司
深圳市亚讯时代网络技术有限公司
朱古力设计咨询（深圳）有限公司
深圳市心雷工业产品设计有限公司
深圳市赢家服饰有限公司
深圳市中意安娜文化传播有限公司
深圳市星弧广告有限公司
深圳市新和泽森实业有限公司
深圳市奔雷广告有限公司
深圳市阿里巴巴广告有限公司
深圳市泛蓝广告有限公司
深圳市如心广告有限公司
深圳市海龙企业形象设计有限公司
深圳市宏美聚信广告有限公司
深圳市慧锐通电器制造有限公司
天王电子（深圳）有限公司
深圳市盈佳世纪网络科技有限公司
深圳市网纤时代网络科技有限公司

深圳市普乐方文化科技有限公司
深圳市梦天堂网络文化发展有限公司
深圳市摩财宝动漫网络科技有限公司
深圳市数虎图像科技有限公司
名山网络科技股份有限公司
深圳市利华动画设计有限公司
深圳市博胜坊动漫设计有限公司
深圳市梦龙移通信息技术有限公司
深圳市天拓立方通讯科技有限公司
深圳市乐在科技有限公司
深圳华侨城哈克文化有限公司
深圳市盛讯达科技股份有限公司
深圳市天境世纪网络科技有限公司
深圳市蓝马旺文化传播有限公司
深圳市禾美文化传播有限公司
深圳市卡尼珠宝首饰有限公司
深圳市宝福和文化传播有限公司
金一文化发展有限公司
深圳市山水田园实业有限公司
观澜山水田园文化旅游园
深圳市贺贺文化艺术有限公司
深圳市雅诺信珠宝首饰有限公司
深圳市皇家精典工艺礼品有限公司
深圳市姚氏珠宝首饰有限公司
深圳市金嘉利珠宝首饰有限公司
深圳市子光艺术设计有限公司
深圳市古玩城文物监管物品有限公司
深圳市爱迪尔珠宝股份有限公司
深圳市艺美联家私实业有限公司
深圳市笋岗工艺城有限公司
深圳市富理实业有限公司
深圳市缘与美实业有限公司
深圳市瑞麒珠宝首饰有限公司
深圳市自由美标识有限公司
天时印刷（深圳）有限公司
深圳市摩码科技有限公司
深圳市宜美特科技有限公司
深圳市贤俊龙彩印有限公司
深圳市指媒科技有限公司
深圳市爱德曼思科技有限公司
深圳市华普电子技术有限公司
深圳市新宇龙信息科技有限公司
深圳市蔚科电子科技开发有限公司
深圳市茁壮网络股份有限公司
深圳市万兴软件有限公司
深圳市金盾天下科技有限公司
深圳市世文通文化传播有限公司
深圳市海云天教育测评有限公司
深圳市中博科创信息技术有限公司

深圳宜和股份有限公司
深圳深讯和科技有限公司
深圳亚太传媒股份有限公司
深圳市多尼卡电子技术有限公司
深圳速浪数字技术有限公司
深圳市左岸文化传播有限公司
深圳市中映良品文化传播有限公司
深圳市中书出版发行事务有限公司
深圳市友谊书城有限公司
深圳华侨城国际传媒演艺有限公司
深圳美迅嘉润影视投资有限公司
深圳世界之窗有限公司
深圳市辉睿文化传播有限公司
深圳市凯高影视文化传播有限公司
深圳市海岸明珠文化传播有限公司
深圳市点石成金影视文化有限公司
深圳市华茂创业投资管理有限公司
深圳市立音文化产业投资有限公司
深圳市兆通影视设备技术有限公司
深圳诺亚金视文化传媒有限公司
深圳市民典影视传媒有限公司

附件2：第六届文博会设立35个分会场

1 水贝珠宝项链街区分会场
2 笋岗工艺礼品城分会场
3 满京华艺展中心分会场
4 深圳国家动漫画产业基地分会场
5 航诚艺都分会场
6 深圳古玩城分会场
7 深圳田面设计之都创意产业园分会场
8 世纪工艺品文化广场分会场
9 雅昌艺术馆分会场
10 深圳书城中心城分会场
11 深圳乐器城分会场
12 中国茶宫分会场
13 深圳设计产业园分会场
14 深圳动漫园分会场
15 华强文化科技集团分会场
16 深圳大学分会场
17 东部华侨城分会场
18 梅沙原创音乐前沿基地分会场
19 观澜版画原创产业基地分会场
20 F518时尚创意园分会场
21 深圳市雁盟酒店文化产业园分会场
22 汉玉立体艺术创意园分会场
23 宝安国际珠宝交易中心分会场
24 深圳22艺术区分会场
25 国瓷永丰源分会场
26 观澜山水田园文化产业园分会场
27 大芬油画村分会场
28 三联水晶玉石文化村分会场
29 深圳市宝福李朗珠宝文化产业园分会场
30 中国丝绸文化产业创意园分会场
31 深圳龙园观赏石基地分会场
32 中国东方国际茶都分会场
33 龙岗动漫创意产业园分会场
34 深圳陶瓷文化产业园分会场
35 玫瑰海岸婚庆文化产业基地分会场

编辑说明

为更好地服务"文化强市"战略，推动文化深圳建设，由中共深圳市委宣传部牵头，市文体旅游局、市统计局、市文改办、海天出版社联合编写《深圳文化产业年鉴》（以下简称《年鉴》）。《年鉴》编写工作从2010年开始，按年编纂出版，以进一步做好深圳文化产业资料收集整理和总结归纳工作，为推动深圳文化产业繁荣发展提供文献资料。简要说明如下：

《年鉴》编纂的指导思想与组织构架

宗旨：以邓小平理论和"三个代表"重要思想为指导，全面落实科学发展观，宣传文化产业政策，汇集文化产业信息，把握文化产业发展趋势，大力推介文化企业，服务文化强市建设。

功能与作用：比较全面、系统、准确反映每年度深圳市文化产业发展状况，集中展示新形势下深圳市文化产业的新业态、新成就、新经验。充分体现深圳文化发展理念，促进文化市场体系建设，培育文化企业核心竞争力，积极催生产业发展新政策，引导文化产业创新发展，推动文化企业"走出去"，促进"文化深圳""创意深圳"建设，努力形成影响力更大、辐射力更强的城市文化软实力。

《年鉴》的编纂体例与主要内容

《年鉴》体例主要按"栏目""条目"进行分类整理。《年鉴》主要内容如下：

特稿：主要刊登深圳市党政领导及主管部门领导关于文化产业发展的重要讲话。

发展概况：综合反映深圳市文化产业年度总体情况、行业发展情况及深圳市各区文化产业年度发展情况。

文件法规：汇编近期深圳市文化产业发展的政策、法规及相关管理办法等。

产业服务平台：反映中国（深圳）国际文化产业博览交易会每届交易情况；介绍深圳市文化产权交易所和文化产业较具影响力的节庆、会展、论坛等活动情况。

园区（基地）及上市企业：反映各类文化园区（基地）和文化产业上市企业的年度发展情况 。

典型企业：介绍文化产业各领域典型企业年度的发展情况。

行业协会：反映文化产业相关行业协会的年度工作情况。

图书在版编目（CIP）数据

深圳文化产业年鉴 / 中共深圳市委宣传部编 .—深圳 : 海天出版社 , 2011.11

ISBN 978-7-5507-0129-8

Ⅰ . ①深… Ⅱ . ①中… Ⅲ . ①文化产业 – 深圳市 – 2010 – 年鉴 Ⅳ . ① G127.653

中国版本图书馆 CIP 数据核字 (2011) 第 059285 号

深圳文化产业年鉴 2011

出 品 人 尹昌龙
出版策划 毛世屏
责任编辑 蒋鸿雁
王 民
责任校对 钟愉琼
责任技编 梁立新
书籍设计 韩湛宁

出版发行 海天出版社
地　　址 深圳市彩田南路海天大厦　邮编：518033
电　　话 0755-83468023　传真：0755-83469566
电子邮箱 njwm2011@126.com
设计制作 深圳市亚洲铜设计顾问有限公司
印　　刷 深圳市美嘉美印刷有限公司
印　　张 18.2
开　　本 880mm X 1194mm 1/16
字　　数 600 千
版　　次 2011 年 11 月第 1 版
印　　次 2011 年 11 月第 1 次印刷
定　　价 128.00 元